U0628024

东营工业四十年

陈安忠　编著

中国石油大学出版社

山东·青岛

图书在版编目（CIP）数据

东营工业四十年／陈安忠编著．-- 青岛：中国石油大学出版社，2023.3

ISBN 978-7-5636-7414-5

Ⅰ．①东… Ⅱ．①陈… Ⅲ．①地方工业－工业史－东营 Ⅳ．① F429.523

中国版本图书馆 CIP 数据核字（2022）第 159129 号

书　　名：东营工业四十年
　　　　　DONGYING GONGYE SISHI NIAN

编　　著：陈安忠

责任编辑：杨　勇（电话　0532-86983559）
封面设计：青岛友一广告传媒有限公司

出 版 者：中国石油大学出版社
　　　　　（地址：山东省青岛市黄岛区长江西路 66 号　邮编：266580）
网　　址：http://cbs.upc.edu.cn
电子邮箱：zyepeixun@126.com
排 版 者：青岛友一广告传媒有限公司
印 刷 者：山东省东营市新华印刷厂
发 行 者：中国石油大学出版社（电话　0532-86983560,86983437）
开　　本：787 mm × 1 092 mm　1/16
印　　张：39
字　　数：614 千字
版 印 次：2023 年 3 月第 1 版　2023 年 3 月第 1 次印刷
书　　号：ISBN 978-7-5636-7414-5
定　　价：160.00 元

序

东营建市就要 40 年了。人有"四十不惑"之说,一个城市,在 40 岁这个节点上,总结既往,以启未来,当属不惑之举。

在建市以来竞相发展的各项事业中,东营地方工业的发展尤其值得大书特书。建市之前,东营这一带属于黄河尾闾传统农业为主的经济欠发达地区,地方工业基础十分薄弱。计划经济时期,由于自然地理和基础条件的限制,除国家石油主管部门直属的胜利油田外,国家对国有工业项目的布局和投入在这里几近为零。

从这样一个起点出发,40 年过去,东营工业今天怎么样了?本书给出了这样一组数字:东营工业规模位居全省第四,全国民营企业 500 强数量全省第一,不少行业诸如地方炼油、子午胎、新闻纸、石油装备等规模全国第一。这些数字当然远不是东营工业的全部,但仍是有说服力的。数字背后的发展历程、经验得失,更值得回顾总结。

作者陈安忠自 1987 年起,连续 26 年在东营市从事经济体制改革和工业发展管理工作,从 2000 年起,先后担任东营市体政委、经贸委、经信委、发改委主任,亲历了东营地方工业深化改革快速发展的全过程,是东营工业发展的见证者、建设者,又是主管部门的组织领导者。今天作为一位书写者,由他来讲述东营工业发展的故事,阐释发展过程中的经验,有话语权,也有权威性。

作者发挥长期从事工业经济及相关工作的职业优势,调动积年的实践经验和思想积累,对东营建市以来工业发展的历程、走过的道路、取得的成就、积累的经验,做了全面回顾总结、深入研究分析和系统讲述阐发。作者是一个勤于学习、善于思考且有思想的人,他循着东营工业的来路和读者一同走过从前,不仅告诉大家,建市以来东营的工业是怎么做的,都做了什么,还解释了为什么这样做,给人以思想的启迪。这样不仅让读者知道过去,了解现在,还可从中窥见和发现未来工业发展的去向。可以说,这是一本内容丰富、资料翔实,有分析、有观点,具有存史资政价值的东营工业全书。

回顾过去是为鉴今启后。读作者在书中对东营工业发展经验的总结,感受最深者有三,可谓"天、地、人"。

天者,抓住了改革开放的天时。我国从20世纪70年代末作出改革开放的历史抉择,东营建市正逢其时。东营人审时度势,对多种所有制企业实施了民营化、市场化改革,为东营市工业经济的崛起提供了体制保证和强大动力。

地者,发挥了石化资源富集的地利。丰富的油气资源是东营的突出优势。东营工业坚持立足实际打优势之仗,从炼油起步,适时向化工、新材料延伸发展,形成了以石化产业为主导的产业体系,撑起了东营工业经济的一方天地。

人者,实现了一代人的自我超越。不少人昨天还是土里刨食的庄稼汉,一个华丽转身后就成了企业家。实现这个身份和角色的转换,我们的这些乡亲们,要比南方经济发达地区那些从前辈就有工商基因传承的人们,付出的不知多出多少。他们实现的是脱胎换骨的自我超越,经受的是凤凰涅槃浴火重生。他们做出的贡献,不只是东营工业经济快速发展的业绩,还有已经并且继续从工业文明和文化基因的层面,对东营的今天和未来产生深远影响。

这些经验,从形而下的层面看,是企业改革、产业布局和人的转变的具体做法。从形而上的层面看,对企业实行民营化、市场化改革,是从工业生产力水平低下的实际出发,遵循生产关系适应生产力发展水平的规律作出的正确抉择。在工业布局上主打石化产业,是立足当地资源优势和现有基础,坚持按经济规律办事的必然结果。实现农民向企业家、企业经营者转变,体现了人这个生产力的第一要素在工业发展中的主导作用。而贯通这些经验做法的灵魂则是,一切从实际出发,坚持按客观规律办事。

这样去认识和对待这些经验,便于在今后工业的发展中继续坚持和运用这些成功的做法,更重要的是要把握这些经验的实质。自觉坚持一切从实际出发、思想符合实际、主观符合客观、遵循客观规律,坚定不移地深化改革,发扬改革精神,用改革的办法解决影响和制约发展的各种新的矛盾和问题,为工业的发展不断注入新的动力。在产业的结构布局上，既坚持支柱产业的相对稳定性，又正视油气资源不可再生的属性和新能源对传统能源的替代趋向，在继续发挥现有资源和产业优势的基础上，着眼未来未雨绸缪，使思想认识和发展实践适应不断变化的客观实际。从由于历史原因地方工业中公有制经济先天不足，民营企业居于主体地位的实际出发，更加自觉地把非公有制经济作为社会主义市场经济的重要组成部分，不断优化民营企业的发展环境，促进民营经济发展壮大，大力弘扬企业家精神，引导民营企业家不断超越自我，跟上时代前进的步伐，适应经济由快速增长向高质量发展的转变。

20 世纪 70 年代，我曾在作者读书的一所中学工作两年，说来有一段师生之缘。几个月前，作者将电子书稿发给我，并致信谈了他写本书的缘由和初衷。他说道："我从事经济工作 20 多年，深深地热爱着我的岗位，我的事业。我为全市工业的发展，可以说做到了呕心沥血、殚精竭虑。即使已经退居二线，依然牵肠挂肚，魂牵梦绕。那份割舍不下的爱，促使我把东营工业发展的奋进历程、艰辛工作、骄人业绩、美好愿景写下来，以了却我几十年来为东营工业发展写本书的心愿。"他说得热诚恳切，令我心生感动。阅读书稿，作者如数家珍的叙述和倾情走心的论说，更让我对其上述之言深以为然。凭自己的认知体验，我甚而感到，作者是一个被自己的工作精神感动过的人，是一个激情燃烧的生命。1987 年，25 岁的作者到市体改委工作，之后连续在工业和相关部门供职 26 个年头。这个时期，正是东营这座年轻城市从百端待举到各业竞相发展的时代。作者本人，从 25 岁到 50 出头，也处于人一生干事创业的最好年华。时代为他提供了平台和机缘，让他得以在一个领域深耕细作 26 年，在为工业发展做出应有贡献的同时，也实现了自己的人生价值。

时光荏苒，我心目中尚还年轻的作者，不觉也已届退休之年。热切期望他退居之后，珍惜难得的工作经历和宝贵的经验积累，凭一腔热情和满腹经见，为东营工业经济的发展发挥余热，继续奉献。

一个激情燃烧的生命，余热也会是滚烫的。

卢得志

2023 年 2 月

　　提到东营,人们首先想到的应该是它的三张名片:黄河在这里入海,孙子在这里诞生,胜利油田在这里崛起。殊不知东营还有另外的名片——人口小市,工业大市,资源未枯竭型城市转型发展样板城市,我谓之工业改革发展的"东营现象"。虽然东营建市时间短,人口也不多,但其工业主营业务收入2008年跃居山东省第五位,2012—2016年、2019年排山东省第三位,2017年排第二位,2020年排第六位。1983—2020年,东营工业主营业务收入增长340余倍,发展速度位居山东省第一。优势特色产业规模快速膨胀,地炼、子午胎、石油装备、新闻纸产能全国第一,其中地方炼化企业炼油规模占全国的8%,子午胎产能占全国的1/4。"群象经济"是东营工业发展的一大特色,2017年18家企业入围全国民营企业500强,为建市以来最高,2020年14家企业入围,入围数量连续多年居山东省第一。工业发展促进了经济社会快速协调发展。多年来,东营市人均GDP(国民生产总值)在全国名列前茅,人均居民储蓄、人均财政收入排山东省第一,社会事业蓬勃发展。

　　盛世修志,志载盛世。治国者以史为鉴,治郡者以志为鉴。本书试图记载东营工业改革发展的历程,揭示东营工业改革发展的奥秘,意在歌颂改革开放的新时代,讴歌东营人的创业创新精神,抒发我对东营工业改革发展刻骨铭心的爱。

　　在伟大改革开放精神的激励下,东营人发扬敢闯敢试、敢为人先、埋头苦干、力争上游的精神,坚持解放思想、与时俱进、真抓实干,坚定不移地实施工业强市战略,深化改革开放,立足资源优势,强化项目建设,推进科技创新,打造金融生态,弘扬企业家精神,优化营商环境,走出了一条资源型城市转型发展的成功路子,促进了工业经济超常规发展。

深化改革是东营工业发展的关键一招。1993—2003年,东营市全面实施了民营化、市场化的国有和城镇集体企业改革,主要内容是实现"三个到位",即把产权制度改到位,把职工身份改到位,把经营机制转换到位。通过深化改革,逐步理顺了政企关系,转换了企业经营机制,调动了经营者和职工的生产经营积极性。企业经营管理的活力竞相迸发,工业经济发展的源泉充分涌流。

"项目为王"是东营工业发展的核心理念。项目是发展的基础载体。一切围绕项目转、千方百计上项目是东营工业发展一以贯之的要求和实践。首先是解决项目从哪里来的问题:通过围绕资源,依靠油田,依靠优势产业、优势企业带动和招商引资等上项目。其次是解决钱从哪里来的问题:通过银行贷款、上市融资、发行债券、企业间相互拆借、社会集资等形式筹集资金。第三是解决营商环境问题:"院墙内的事企业办,院墙外的事政府办",重商、亲商、扶商、护商蔚然成风。

立足资源禀赋是东营工业发展的显著特点。东营市因油而生、因油而兴,丰富的石油资源是东营工业发展最大的优势。石油勘探开发带动了燃料型石油加工业的发展,炼油产业由小到大,由弱到强,东营市也因此成为全国地炼规模最大的市。进入21世纪后,东营炼化产业链条逐步拉长,逐步实现由炼油向化工、新材料的延伸,产业发展阶段也正在实现由高速增长向高质量发展的转变。丰富的油气、盐卤资源,优越的区位优势,宽裕的环境容量,巨大的市场空间,使得工业立市、化工强市成为东营市的战略选择,成就了东营市工业发展业绩和成长空间。

特色鲜明的企业家精神是东营工业发展的宝贵财富。一批具有鲜明时代特征、地方特色、世界水准的东营企业家,胸怀家国,担当作为,在五彩斑斓的东营大地上书写着企业家精神的华彩篇章。我把东营老企业家精神概括为:敢闯敢冒、勤劳简朴、诚实守信、敢于做大。他们大多出身农民,学历不高,白手起家,凭借有的是胆量、有的是毅力、有的是干劲、有的是智慧、有的是诚信,学着干、比着干、拼命干。他们追求做大、努力做大,硬生生地托起了一个个大企业,聚合成一个个大集群,创造了工业改革发展的"东营现象"。如今的企业家新生代,知识丰富、视野开阔、开拓进取、意气风发,正在高举创新大旗,努力开创工业高质量发展新局面。

在取得显著成绩的同时,东营工业也还存在一些问题,如传统优势产业大而不强,新兴产业发展缓慢;研发基础薄弱,高端人才短缺,科技创新短板明显;生产经营环节处于产业链中上游、价值链中低端,产业链现代化进程不快;知名企业、名牌产品不多,品牌效应不强;部分企业大而不强,核心竞争力不突出;重化工业占比高,生产性服务业发展滞后,节能减排任务重等。总体上看,东营工业尚处于中低质量发展阶段,向高质量发展攀升的任务非常艰巨。

工业是经济发展的"压舱石"。在中国经济从高速增长向高质量发展转变的关键时期,东营将科学应对新发展阶段,落实新发展理念,融入新发展格局,以一往无前的奋斗姿态、风雨无阻的精神状态,改革不停顿,开放不止步,发展高质量,推动工业发展塑成新优势、迈上新台阶、开创新局面,打造黄河流域生态保护和高质量发展"东营样板",为全面建设社会主义现代化国家、实现第二个百年奋斗目标做出新的更大的贡献。

作 者
2022 年 12 月

目 录
CONTENTS

第一章
一座因油而生的新兴工业城市

第一节　城市概况

东营市有三大名片:黄河在这里入海,孙子在这里诞生,胜利油田在这里崛起。

黄河,发源于青藏高原巴颜喀拉山北麓的约古宗列盆地,在东营市入海,全长约 5 464 千米,流域面积约 752 443 平方千米,是世界第五大长河,中国第二长河。黄河是中华文明最主要的发源地,中国人称其为"母亲河"。黄河流经东营 138 千米,从垦利区注入渤海(见图 1-1)。

图 1-1　黄蓝交汇(高建军　摄)

孙武(约公元前 545—约公元前 470 年),字长卿,春秋末期齐国乐安(今山东广饶县)人。春秋时期著名的军事家、政治家,后世尊称"兵圣"或"孙子(孙武子)",又称"兵家至圣",被誉为"百世兵家之师""东方兵学的鼻祖"。

1961 年 4 月 16 日,在今东营市东营村附近打出了第一口工业油流井——华八井,日产原油 8.1 吨,标志着胜利油田被发现。1991 年胜利油田原油产量达到 3 355 万吨,创历史最高水平。

【位置·面积】东营市位于山东省北部黄河三角洲,域内小清河以南广饶县区域成陆较早,5 000 多年前就有人类繁衍生息;西部利津县区域大约成陆于春秋战国时期;北部、东部系近代黄河泥沙造陆所成。南北最大纵距 123 千米,东西最大横距 74 千米,土地总面积 8 243 平方千米,海岸线长 412.67 千米。

【建置】东营市建市前的历史主要沿广饶、利津、垦利 3 县区历史追溯。位于南部的广饶县历史悠久,于汉高祖六年(公元前 201 年)置县;位于西部的利津县于金明昌三年(公元 1192 年)1 月以永利镇升置利津县;垦利县(今垦利区)区域大部系黄河新淤地,1943 年,在中共垦区抗日民主政权的基础上建立垦利县。

1961 年 4 月,华北石油勘探处在原广饶县辛店公社东营村附近打成区域内第一口勘探井——华八井,从此,拉开华北石油会战的序幕。1962 年 9 月 23 日,在东营构造上打的营 2 井获日产 555 吨油流,为当时全国日产量最高的油井。为纪念打出这一高产油井,胜利油田始称"九二三厂"。随着石油勘探开发会战的深入推进,东营村一带逐步形成由油田会战指挥部和一些二级单位机关及后勤单位组成的矿区城镇,人称"基地"。1965 年 3 月,为支援石油会战,经中共山东省委批准,惠民地委在此设立县级工作机构——中共惠民地区东营工作委员会和东营办事处,但无行政辖区,只负责组建和统辖一批为矿区服务的商业、金融、邮电等机构。1971 年 6 月 11 日,九二三厂更名为"胜利油田"。

为适应胜利油田发展和开发建设黄河三角洲的需要,1982 年 8 月,山东省政府向国务院请示成立省辖地级市——东营市;同年 11 月 10 日,国务院以〔82〕国函字 249 号文件批复山东省政府请示,划原惠民地区的垦利、利津 2 县,广饶县的 4 个公社,沾化县(今沾化区)的 4 个公社,博兴县的 1 个公社和 3 个大队,成立省辖地级市——东营市。1983 年 8 月 30 日,国务院以〔83〕国函字 175 号文件批复山东省政府请示,把广饶县划归东营市。1983 年 10 月 15 日,东营市成立庆祝大会召开(见图 1-2),东营市正式挂牌成立。

图 1-2　1983 年 10 月 15 日东营市成立庆祝大会(梁延庆　摄)

【区划】建市之初,全市划为东营、牛庄、河口 3 个区,广饶、利津、垦利 3 个县。1984 年撤社改乡、撤队改村。1987 年 6 月,牛庄区与东营区合并为东营区。此后多次进行乡镇规模调整,撤并一些乡镇。据市民政局 2020 年底统计,全市有 5 个县区,包括 25 个乡镇(23 个镇、2 个乡)、15 个街道办事处。

【人口】2020 年底户籍人口 197.96 万人,常住人口 219.35 万人。居住在城镇的人口为 156.72 万人,占 71.45%。

【土地资源】土地总面积 1 236.5 万亩,其中未利用地面积 379 万亩,占土地总面积的 30.7%。1855—1985 年,黄河平均每年淤地造陆 3 万至 4 万亩;1985 年后,因黄河来水量减小,造陆速度趋缓。

【矿产资源】主要有石油、天然气、地热、岩盐、石膏、地下卤水、油页岩、煤、矿泉水、贝壳、砖瓦黏土等。东营市是胜利油田主产区,截至 2016 年底,胜利油田已找到不同类型油气田 83 个,累计探明石油地质储量 54.83 亿吨,天然气 415.74 亿立方米。2020 年原油产量 2 219.17 万吨,占全国的 11.38%。原盐产量 173.1 万吨,占全国的 3.23%。

至 2020 年底,中国海洋石油集团有限公司(下简称中海油)勘探开发的垦利油田群包括垦利 9-1、垦利 9-5/6 和垦利 16-1 共 3 个油田区块,探明石油地质储量合计 11 517 万立方米,预计高峰期年产原油 150 万立方米,累计产油

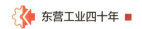

1 241 万立方米,油田全生命周期可生产 7 800 万桶优质原油。

第二节　发展成就

【**经济发展**】2020 年,全市生产总值为 2 981.19 亿元。分产业看,第一产业为 156.56 亿元,第二产业为 1 678.53 亿元,第三产业为 1 146.10 亿元。三次产业结构为 5.3∶56.3∶38.4。全年社会消费品零售总额为 653.40 亿元。全年一般公共预算收入为 249.34 亿元。其中,税收收入为 168.42 亿元,税收收入占一般公共预算收入的比重为 67.6%。年末全市金融机构本外币存款余额为 4 122.79 亿元,本外币贷款余额为 3 333.72 亿元。全年货物进出口额为 1 344.34 亿元。其中,出口额为 455.34 亿元,进口额为 889.00 亿元。全年居民人均可支配收入为 42 204 元。其中,城镇居民人均可支配收入为 52 684 元,农村居民人均可支配收入为 20 003 元。2020 年全国城市人均 GDP 排名,东营市位列第十三位。

【**城市荣誉**】全国文明城市、国家卫生城市、国家环境保护模范城市、国家园林城市、中国优秀旅游城市、国家可持续发展实验区、全国双拥模范城市、国家现代林业建设示范市、中国温泉之城、中国人居环境奖、平安中国建设示范市。

第三节　资源型城市转型发展典范城市

一、资源诅咒

资源诅咒是一个经济学的理论,多指与矿业资源相关的经济社会问题。丰富的自然资源可能是经济发展的诅咒而不是祝福。

国际货币基金组织和世界银行的一项研究表明,在经济发展、腐败、冲突、新生儿死亡率和扫盲率方面,资源拥有国要比那些资源匮乏的国家差得多。在非洲,安哥拉等拥有大量资源的国家在战乱中衰败,中东地区频生事端则让这种理论更具说服力。

资源诅咒出现过很多次,像俄罗斯这样的大国都中过招,至今都还受其影响。

委内瑞拉国土面积不到 100 万平方千米，但是它的石油储量却是全球第一。该国 90% 以上的外汇靠的是石油出口，90% 以上的商品靠的是进口。因此油价高企的时候就富得流油，油价大跌的时候就穷得狼狈。

从 2014 下半年到 2016 年，油价下滑约 50%，委内瑞拉是受低油价拖累最严重的国家。长期低迷的油价让委内瑞拉的经济陷入崩溃，该国的通货膨胀率高达 700%，国民生活状况不断恶化，物资严重缺乏，群众到处游行，抢劫等暴力事件比比皆是。2016 年 6 月委内瑞拉石油产量跌至 13 年来最低。

资源诅咒为何如此厉害？委内瑞拉的经济为何会变得岌岌可危？原因是多方面的，包括受美国制裁、全面国有化、宏观政策扭曲、基础建设落后等，关键是该国对石油出口过度依赖。政府倚仗石油挣钱，财富来得又易又快，人们都躺在政府财政上欢愉享乐。当资源盛宴结束后，人们才发现财富如此难留，当想起寻找新的财富模式时，却发现一切都晚了。单纯依靠石油的同时失去了更多发展机会，其他国家却依靠科技、金融等发展壮大。

2001—2020 年，中国 GDP 排名下滑最大的 10 个城市中，内蒙古占了 2 个，分别是通辽和包头，而在跌幅前 20 榜单中，属于内蒙古的还有呼和浩特和鄂尔多斯。这几个城市经济的衰退和东北的鹤岗、大庆等有类似的地方，主要是资源诅咒。早有学者指出，一个国家发现并大规模开采自然资源三五年即可实现资源驱动的繁荣，但此后，深度衰退几乎无法避免：人均收入在低位徘徊，高通胀、高失业。

靠自然资源吃饭的城市，稍有"风吹草动"就会"伤风感冒"，甚至"重病缠身"。拿包头来说，其曾经以重工业立命，成了"草原工业心脏"，稳稳的内蒙古"经济一哥"。不过包头经济长期粗放经营，加上局限在产业链上游，产品附加值不高，发展速度逐步放缓，曾经贡献包头 1/3 税收的包钢也出现产能过剩，经营困难，2014—2016 年连续 3 年亏损。鄂尔多斯更明显，靠着丰富的煤炭储量和煤炭市场的繁荣，其人均 GDP 曾经一度排名全国第一。但是好景不长，2012 年后，煤炭价格一路下挫，黄金十年结束，经济结构单一的鄂尔多斯在短暂辉煌之后迅速衰落，其投重资打造的康巴斯新城更是一度变成了全国知名的"鬼城"。

二、全国资源型城市转型发展

资源型城市是指以本地区矿产、森林等自然资源的开采、加工为主导产业的工业城市。我国的资源型城市是随着工业特别是重工业的发展而兴起并逐步壮大的。国务院首次界定的262个资源型城市约占我国城市总量的30%，其矿产资源开发的增加值约占全部工业增加值的25%，高出全国平均水平1倍左右。

资源型城市为国家经济建设与发展提供能源与原材料支撑，为社会提供大量就业机会，促进了城镇化建设，也带动了区域经济发展，为中国经济发展作出了重大贡献。但经过短短几十年的发展，我国资源型城市普遍面临着一些共同的瓶颈，可持续发展遇到了前所未有的挑战，主要表现为：

（1）矿竭城衰趋势。城市经济过度依赖资源和资源型主导产业支撑，随着资源总量减小，产业效益呈下降趋势。资源一旦枯竭，则矿竭城衰。

（2）产业结构单一。在三大产业中，第二产业比重较大，多数在60%～70%，甚至80%以上。产品的科技含量和附加值普遍较低。资源型产业萎缩，接续替代产业能力不足。

（3）就业问题突出。由于产业结构失衡，第三产业发展滞后，对劳动力吸纳能力有限，就业渠道单一，失业率上升，居民收入下降。

（4）环境问题严重。矿业生产过程中所产生的"三废"（废水、废气、废渣）对土地、水体和大气等生态环境破坏力强，环境污染和生态破坏问题严重。

（5）综合竞争力弱。资源型城市由于存在后备资源不足、整体技术落后、基础设施薄弱、经营管理粗放等诸多问题，综合竞争力相对较弱。

（6）锁定效应明显。主要体现在资源产业的结构难以伴随着政策、技术、市场的发展而升级，包括技术锁定、结构锁定、功能锁定、认知锁定等，转型发展内生动力不足。

资源型城市转型升级对于中国区域经济可持续发展具有重要意义。针对资源型城市的转型问题，我国已相继出台了许多重要文件和政策，各级政府也加大了对资源型城市转型发展的政策支持并取得明显成效。2001年，辽宁省阜新市被确定为全国首个资源枯竭型城市经济转型试点市。2002年11月，党的十六大报告提出"支持以资源开采为主的城市和地区发展接续产业"。2003年10月，中共中央、国务院《关于实施东北地区等老工业基地振兴战略的若干意见》正式印发,明确提出对东北地区资源型城市转型的推动与支持。2007 年的《东北老工业基地振兴规划》中,把加快推进资源枯竭型城市转型作为促进东北振兴的重大举措之一,指明了资源型城市可持续发展目标、方向和举措。党的十七大报告明确指出,帮助资源枯竭地区实现经济转型。同年,国务院印发了《关于促进资源型城市可持续发展的若干意见》,首次提出了建立资源开发补偿机制和衰退产业援助机制,加大财政一般性和专项转移支付力度等系列政策,并于 2008 年确定首批 12 个资源枯竭型城市,此后又分别于2009 年和 2012 年确定第二批 32 个、第三批 25 个资源枯竭型城市。2013 年国务院出台的《全国资源型城市可持续发展规划(2013—2020 年)》,首次在全国界定了 262 个资源型城市,其中 69 个为资源枯竭型城市,并将资源型城市分为成长型、成熟型、衰退型和再生型 4 种,明确了不同类型城市的发展方向和重点任务。国家税务总局、国土资源部(今自然资源部)于 2017 年印发《关于落实资源税改革优惠政策若干事项的公告》。2018 年 1 月,国家发展和改革委员会出台《关于加强分类引导培育资源型城市转型发展新动能的指导意见》。诸多政策红利将助力我国资源型城市转型升级。

三、资源型城市转型发展的东营实践

如何破解资源诅咒,避免油尽城衰,是一道重大课题。为此,东营人进行了艰苦卓绝的探索,摸索出了一条资源型城市转型发展的新路子,就是坚定不移实施工业强市战略,大力发展链条经济和替代产业。

一是突出工业的主导地位,能发展多快就发展多快。东营具备发展工业的得天独厚的条件,地处大平原,地下有石油、盐卤资源,沿黄又沿海,区位也不错,是个发展工业的好地方。有人说在重化工业向高加工度转化的时代,服务业不发达经济就不发达。我认为,三次产业的比例关系因城市而异,不必拘泥于全国、全省其他市怎么样。2020 年,东营三次产业的结构为5.3∶56.3∶38.4,山东省为 7.3∶39.1∶53.6,全国为 7.7∶37.8∶54.5,用发达城市三次产业的结构去套东营,是削足适履,这不科学,也不合理。

二是突出资源加工,化工产业能搞多大就搞多大。东营相较于其他地区的最大优势是石油、盐卤资源丰富,就地取材、就地加工,既便捷又集约。石油直接在开采当地炼制,成本低效益高,何乐而不为,非要远途运到南方沿海城

市去加工,不是算错了账吗? 2020 年,东营市石油化工、盐化工、有机化工营业收入占到全部工业的 60%,这是合理的。

三是突出创新驱动,着力增强发展动力。体制创新推进了民营化进程,管理创新提升了企业适应市场的能力,技术创新提高了企业技术含量、附加值,总之,通过创新提高了企业核心竞争力,提升了企业生存发展能力。当然,不同的发展阶段对创新的认识和创新水平的提高有一个过程。粗放发展阶段,创新的地位不够重要,近年来,全社会创新意识逐步增强,企业的技术创新主体地位不断巩固,创新投入和平台建设力度越来越大,创新型城市建设成效显著,越来越适合高质量发展的要求。

四是突出油气科学开采,实现油田可持续发展。通过技术进步科学管理有计划开采,胜利油田近年来年产油气当量维持在 2 300 万吨左右,延长了开发年限。

五是突出延链、补链、强链,着力实现产业集群化和产业链现代化。东营的优势产业已从当年的孤立节点实现了链条延伸,橡胶轮胎已经形成了全产业链。炼化一体化中 PX(二甲苯)路径已经延伸到 PET(聚酯涤纶)。

六是突出骨干企业带动,着力发展"群象经济"。石化、盐化、铜冶炼和压延等项目投资量大,产出值高,容易做大。东营市因势利导,坚持实施大企业培育战略,大企业发展势头强劲。2021 年全国民营企业 500 强中,东营企业有 15 家。

七是突出节能减排,建设资源节约型、环境友好型社会。持续加大能源节约力度,万元工业增加值能耗统计数值持续低于全省平均水平。不断加大水气治理力度,PM2.5、化学需氧量大幅降低,天更蓝了,水更绿了,空气更清新了。

八是突出有为政府建设,着力优化营商环境。城市基础设施建设日新月异,软环境建设久久为功,东营市已成为最适合投资创业的城市之一。多措并举,持续发力,一个资源型城市转型发展的东营模式已然成型。东营市曾经在全国资源型城市转型发展工作会议上作了经验介绍。

在今后相当长的时期内,东营都将立足自身优势,大力发展资源加工业,努力方向是提高产业技术含量和增加值,提高核心竞争力,实现高质量发展,但总体上讲,非资源加工型的高新技术产业将依然不是东营发展的强项。

专栏一　东营市GDP变化情况（现价）

年　度	GDP/亿元	生产总值指数
1983年	20.76	102.99
1985年	61.92	233.37
1990年	65.74	270.08
1995年	229.26	456.46
2000年	465.11	706.59
2005年	1 145.74	1 384.98
2010年	2 359.94	2 726.63
2015年	3 450.64	4 504.34
2020年	2 981.19	3 891.54

注：2018年全国工业普查后数据有修正。

专栏二　中海油（东营）油田开发有限公司

2021年9月30日，中海油宣布，我国渤海再获亿吨级油气发现。2020年12月17日，东营市与中海油合作开发垦利油田群项目在东营市完成合资公司——中海油（东营）油田开发有限公司注册，作为国内首个石油勘探开发领域实施的混合所有制项目，其实施标志着国内混合所有制改革迈出重要一步。合资公司由中海石油（中国）有限公司与东营市市属国企——东营港经济开发区财金投资发展有限公司及民企——富海集团新能源控股有限公司参股组成，占股比例分别为85%、5%、10%。项目总投资102.38亿元，合资公司注册资本35亿元。项目建成后，高峰期年产原油约150万立方米，油田全生命周期可生产7 800万桶优质原油，所产原油将优先供应东营市的炼化企业，可极大缓解当地炼化企业原油采购难题，为东营打造鲁北高端石化产业基地奠定能源基础。

说明：专栏中出现的图、表如果与标题相接，则将其作为正文文字内容的一部分，不加序号和名称。

一、成立背景

2017年5月,中共中央、国务院印发的《关于深化石油天然气体制改革的若干意见》中明确提出"逐步形成以大型国有油气公司为主导、多种经济成分共同参与的勘查开采体系"。中海油作为我国最大的海上油气开采企业,在渤海湾原油年产量已逾3 000万吨,目标是增产到4 000万吨。东营所辖海域现有8处安全作业区,已建成平台40座。中海油在产业发展布局上实施"两洲一湾"战略,已将东营市作为"一湾"(环渤海湾)战略的实施基地,在东营布局了码头、仓储、原油上岸及炼化企业。

二、推进工作

根据党中央关于"加大国内油气勘探开发力度,抑制国家油气对外依存度过快增长,保障国家能源安全"的重要指示精神,2018年10月,垦利油田群开发项目列入国务院第三批重要领域混改试点名单,东营市与中海油以垦利油田群为重点,以混改项目为突破口,力争实现税收和统计的属地化,进一步开创中央企业与地方政府利益分配的新格局。通过设立合资公司,实现中央企业与地方政府的合作,打造"企地合作"的新典范。以混改试点项目为模板,总结可复制、推广的经验,推动企地合作。通过市场化运作,央企与民企进一步融合,产生集聚效应,为国家开放民营企业准入能源开发市场提供依据。2018年11月20日,国务院国资委党委在胜利油田召开推进中央企业基层党建座谈会期间,东营市委、市政府主要负责同志专门与中海油时任总经理汪东进同志探讨渤海油田油气资源在东营上岸的可行性。2019年2月26日,中海油和东营市签署《合作开发渤海区域垦利油田框架协议》,约定成立混合所有制公司,合资开发垦利油田群项目,所产油气在东营上岸,优先用于东营市的炼化企业。随后,东营市与中海油天津分公司积极配合,在项目立项、海洋保护地调整、环评手续办理、用海手续办理及税收落地等方面开展了大量工作,为合资公司注册解除障碍。

三、项目概况

该项目主要以开发水下油气资源为主,通过建设海上平台、海底输油管线将所产油气输送上岸。项目采用中海油最先进技术,严格按照国家能源勘探开发要求,保障周边开发绿色、可持续、健康发展,可持续开采 25 年以上。垦利油田群包括垦利 9-1、垦利 9-5/6 和垦利 16-1 共 3 个油田区块,探明石油地质储量合计 11 517 万立方米,预计高峰年产油 150 万立方米,累产油 1 241 万立方米。油田群开发采取"整体部署、分期开发"策略,先期以垦利 16-1 油田区块为目标开展混改工作,垦利 9-1、垦利 9-5/6 油田区块将根据海洋保护地调整情况适时纳入合资范畴。

专栏三　2012—2020 年东营市与大庆市主要经济指标比较

年　度	城　市	年末总人口/万人	土地面积/万平方千米	原油产量(绝对量)/万吨	地区生产总值/亿元	公共财政预算收入/亿元	规模以上工业主营业务收入/亿元	固定资产投资/亿元	贷款余额总量/亿元
2012 年	东营市	185	0.792	2 733	3 000	158	10 292	1 963	1 805
	大庆市	281.7	2.12	4 000	4 001	140.3	4 254.4	1 375	671.8
	差　值	−96.7	−1.328	−1 267	−1 001	17.7	6 037.6	588	1 133.2
2016 年	东营市	192.8	0.824	2 295	3 479	221	13 236	2 472	3 507.5
	大庆市	275.8	2.12	3 656	2 610	130.2	2 843.6	565.3	957.5
	差　值	−83.0	−1.296	−1 361	869	90.8	10 392.4	1 906.7	2 550.0
2020 年	东营市	197.9	0.824	2 219	2 981	249.3	7 203.7	653.4	3 333.7
	大庆市	270.8	2.12	3 000	2 301	184.6	2 676.8		1 206.4
	差　值	−72.9	−1.297	−781	680	64.7	4 526.9		2 127.3

注:① 年末人口数为户籍人口数。

② 2020 年,东营市全市规模以上工业资产总额为 8 024.07 亿元,营业收入为 7 203.74 亿元。胜利油田生产原油 2 219.17 万吨、天然气 5.64 亿立方米。全市原油一次加工能力提高到 7 720 万吨,全年原油加工量为 5 510.44 万吨。

说明:书中引用的部分数据因出处不同,或统计时采取的进位要求不同,故同一数据前后略有差异或出入。

第二章
工业发展的阶段性特征

为叙述方便,本章每个阶段分为 3 个层面:一是宏观层面,主要写国家、山东省改革发展的部署和形势;二是中观层面,主要写东营市改革发展的举措和形势;三是微观层面,主要写东营市域内企业的改革发展措施和成效。

第一节　起步蓄势阶段(1983—2005 年)

一、宏观层面:"三个有利于"根本标准

1979 年,中国经济体制改革启动。伴随改革的推进,旧的计划经济体制逐渐解体,新的市场经济体制因素迅速成长。基于 2 种不同体制因素的新旧利益格局的冲突和摩擦日益加剧,经济运行失序日益严重。宏观经济运行格局与态势在双重经济体制之下的运行中积累的不健康因素逐渐增多,经济逐渐趋向过热。1988 年,中央决定对国民经济实行 3 年"治理整顿"。与此同时,人们对改革开放产生了 2 种截然不同的看法:一种是用传统社会主义观点衡量改革,否定改革的"左"的看法;另一种是用新的社会主义观点看待改革,肯定改革开放的观点。1992 年春,邓小平同志在南方谈话中提出"发展才是硬道理"和"三个有利于"根本标准,平息了这场争论,坚持和巩固了"一个中心两个基本点"这一党在社会主义初级阶段的基本路线。

1992年,中共山东省委五届九次全体会议将建设"海上山东"和黄河三角洲开发列为全省2个最重要的跨世纪工程。

2003年1月10日,山东省政府以鲁政字〔2003〕24号文件,正式批复同意在黄河三角洲(东营)建设山东加工制造业基地。省政府在批复中明确指出:"省政府现行的促进全省经济发展的优惠政策均适用于加工制造业基地的建设。省政府有关部门要在各自的职责范围内,对加工制造业基地的建设积极予以支持。"这是继"发展黄河三角洲高效生态经济"列入国家"十五"计划、联合国工发组织确认东营市为"国际绿色产业示范区"之后,东营市获得的又一块含金量较高的"金字招牌"。

二、中观层面:民营化取向的改革

建市初,东营市工业基础薄弱,国有和城镇集体工业企业零星分布,个头小体质弱。县属工业企业:广饶县只有播种机厂、化肥厂、液压机械厂、花边厂、酒厂;垦利县只有炼油厂、化肥厂、磷肥厂、机械厂、造纸厂、印刷厂;利津县只有麻纺厂、酒厂、化肥厂、造纸厂等。另外还有供销系统的几家油棉厂。之后乡镇企业异军突起,渐成燎原之势。伴随着工业发展,企业改革也从以减税让利为主要内容的政策调整转到以股份制、股份合作制为主要形式,以建立现代企业制度为目标的制度创新上来。在1990—1993年企业产权制度改革实践基础上,在"姓资姓社"争论声中,东营市排除一切干扰,在全省率先实施了"公有资本从地方一般国有、城镇集体企业退出"改革,并且鼓励公有资本全部退出,不再花钱复制旧体制。

这一时期,东营工业快速发展,工业总产值从1983年的20.75亿元,增长到2005年的1 673亿元,22年翻了六番,年均增长22.08%,全省排名第七。

三、微观层面:企业成为"四自"法人实体

市场化取向的规范彻底的企业改制,使企业真正成为自主经营、自负盈亏、自我约束、自我发展的"四自"法人实体和市场竞争主体,让企业完全面向市场、充分进入市场独立开展生产经营,极大地调动了企业生产经营的积极性,企业固定资产投资大幅增长,经营效益不断提高。

第二节　高速增长阶段(2006—2016 年)

一、宏观层面:又好又快发展

党的十七大报告中指出,要促进国民经济又好又快发展。又好又快发展是体现科学发展观本质要求的经济发展,它要求在经济发展中把质量和效益放在突出位置,在注重质量和效益的基础上求得发展的速度。

2011 年 1 月 4 日,国务院批复《山东半岛蓝色经济区发展规划》,标志着全国海洋经济发展试点工作进入实施阶段,也标志着山东半岛蓝色经济区建设正式上升为国家战略,东营市全域纳入这一规划,成为国家层面海洋发展战略和区域协调发展战略的重要组成部分。

二、中观层面:投资是"牛鼻子"

又好又快发展是针对全国而言的,是一种目标要求。东营市建市时间短,地方工业基础薄弱,人才匮乏,交通不便,工业发展首先要解决有的问题,其次才是优的问题。这一时期,东营市工业经济发展一直以"快"为主,"快"在"好"前,以"快"促"好"。市委、市政府动员全市上下牢牢抓住投资这个"牛鼻子",鼓励指导企业上项目,帮助企业筹资金,着力在铺摊子、上项目上下功夫、求突破。

东营市工业发展历程有几个重要节点,可以看出工业增长速度之快。1991 年全市规模以上工业企业总产值过百亿,2004 年过千亿,2012 年过万亿。工业主营业务收入从 2006 年的 2 464.27 亿元,增长到 2016 年的 13 236 亿元,10 年增长了 4.4 倍,年均增长 18.39%,全省排名从 2006 年的第七提高到 2016 年的第三。东营市几大特色产业在此期间快速发展。

三、微观层面:项目为王

这一阶段东营工业企业发展最突出的特点是千方百计上项目。企业负责人发挥企业的事自己说了算的机制灵活优势,瞅准时机筹集资金上项目,钱多上大项目,钱少上小项目,没钱借钱也要上项目。大企业带头上,中小企业跟着上,照抄照搬也要上,有的甚至连图纸和工艺设计也借用别人的。昨天还是烧砖的、卖香油的、垒院墙的、杀猪的、摆地摊的,今天就成了企业主,明天可能就是企业家。虽然项目质量良莠不齐,大多集中在产业链的中上游、价值链的中低端,但是,一个以重化产业为主的日渐庞大的产业规模膨胀起来了,产业体系建立起来了,一个个带有"土"味的特点鲜明的产业集群发展起来了,一个个略显虚胖的骨干企业成长起来了。

第三节　高质量发展阶段(2017 年以后)

一、宏观层面:高质量发展

高质量发展是 2017 年中国共产党第十九次全国代表大会首次提出的新表述,表明中国经济由高速增长阶段转向高质量发展阶段。

2019 年 9 月 18 日,习近平总书记在主持召开黄河流域生态保护和高质量发展座谈会时强调,黄河流域生态保护和高质量发展,同京津冀协同发展、长江经济带发展、粤港澳大湾区建设、长三角一体化发展一样,是重大国家战略。

2020 年 10 月 29 日出台的《中共中央关于制定国民经济和社会发展第十四个五年规划和二〇三五年远景目标的建议》提出,"十四五"时期经济社会发展要以推动高质量发展为主题。习近平总书记指出,"高质量发展,就是能够很好满足人民日益增长的美好生活需要的发展,是体现新发展理念的发展,是创新成为第一动力、协调成为内生特点、绿色成为普遍形态、开放成为必由之路、共享成为根本目的的发展"。

2018 年 1 月 3 日,国务院正式批复《山东新旧动能转换综合试验区建设总体方案》(国函〔2018〕1 号),同意设立山东新旧动能转换综合试验区。要求坚持新发展理念,坚持质量第一、效益优先,以供给侧结构性改革为主线,以新技术、新产业、新业态、新模式为核心,以知识、技术、信息、数据等新生产要素为支撑,促进产业智慧化、智慧产业化、跨界融合化、品牌高端化。

二、中观层面:打造山东高质量发展增长极

为推动东营工业高质量发展,东营市于 2018 年提出打造山东高质量发展增长极,建设鲁北高端石化核心区等思路,主要措施是:在扶优限劣破产出清

上求突破;在新上 PX、乙烯、轨道交通等高端项目上下功夫;在推进稀土催化研究院、高等化工研究院等创新平台上做文章;在产业智能化发展上布新局;在结构优化升级上蹚路子;在营商环境打造上出实招;在恢复金融生态上做文章。

三、微观层面:质量第一,效益优先

高质量发展的核心是质量第一和效益优先,要求着力推动质量变革、效率变革、动力变革,增强企业竞争力、创新力、抗风险能力,做实做优做强企业。

2017 年以来,东营市越来越多的工业企业调整优化发展思路和措施。一是把创新摆上第一动力的位置,空前重视技术创新,提升企业核心竞争力。二是精干主业,不再盲目搞无关多元化。三是加强企业管理,实施名牌战略,提高产品和服务质量。四是提高运行质量,提升企业发展的稳定性、协调性和可持续性。五是资不抵债扭亏无望的企业破产出清。和全省一样,经 2018 年国家第四次经济普查,东营工业总产值大幅缩水为 6 597 亿元,2020 年为 7 203 亿元,增长 9.2%,增幅明显减小。

第四节　东营工业发展为什么这么快

一个地区经济发展快与慢、质量高与低不是偶然的,也不是想实现就能实现的。

我们先来看广东省经济发展极不平衡的情况。从 1989 年起,30 多年来,广东的经济总量一直位居全国第一。2020 年,广东的 GDP 超过 11 万亿元。

有一个事实对广东来说挺尴尬的,就是这个经济总量最大的省,同时也是全国贫富差距最大的省。以第七次全国人口普查数据计算,在广东的 21 个地市中,只有深圳、珠海、广州、佛山、东莞 5 个地市的人均 GDP 超过 7.2 万元(全国平均值),其余 16 个地市的人均 GDP 全部低于全国平均值。其中,有 10 个地市的人均 GDP 低于 5 万元,在省内垫底的梅州人均 GDP 只有 3.1 万元,不到深圳的 1/5。也就是说,广东的富裕主要是靠粤中地区,也就是珠三角的几个城市撑起来的。而在粤北、粤东和粤西地区,还有很多地方仍然非常贫穷,它们所代表的,是不常被人忆起的另一面的广东。而且近年来,广东省内的贫富差距有扩大趋势。2019 年,珠三角地区以不到广东省 1/3 的面积,贡献了

全省 GDP 的 80.7%，较上一年提高了 0.2 个百分点。为什么广东的区域发展水平如此悬殊？主要有 3 个方面的原因。

第一是地理条件。广东省内有将近 80% 的面积是山地和丘陵，而且主要就分布在粤北、粤东、粤西 3 个区域。特别是粤北地区，既不临海又多山地，这就导致清远、韶关、河源等地交通不便、基础设施建设落后，阻碍了城市的发展。而珠三角平原是广东省内最大的平原，又靠近珠江入海口，海陆位置优越、港口优良，因此，坐拥珠江三角洲的粤中地区能成为经济核心并不奇怪。

第二是中心城市的虹吸效应。珠三角的广州、深圳等城市毗邻港澳，改革开放初期，它们恰好赶上了港澳地区的产业结构升级和制造业的大规模转移。港澳地区的大量低端制造业以所谓"三来一补"（即来料加工、来样加工、来件装配和补偿贸易）的方式渗透到了深圳、东莞、佛山等地。于是，珠三角享受着资金和技术上的很大红利，迅速成为中国经济外向型程度最高的地区。但这也造成了负面效应：一方面，资本大量地涌入珠三角地区，却无视了面积占到广东省 2/3 的粤北、粤东和粤西地区；另一方面，珠三角强大的虹吸效应，又将这些落后地区的资金和人才也吸引到了发达的珠三角，这就进一步造成了非珠三角地区发展的滞后。

第三是营商环境。粤东、粤西的部分城市，比如汕头、湛江，拥有平原、天然良港等区位优势，在改革开放初期也享受了国家提供的诸多优惠政策。汕头是国家在 1980 年确立的四大特区之一，而湛江曾经是广东的第二大城市，在过去享有"北有青岛，南有湛江"的美誉。但在 20 世纪 80 年代末到 90 年代，这 2 个城市的走私活动猖獗，都出现了震惊全国的走私大案。由于营商环境混乱，企业开始从湛江和汕头大量外迁，这使得 2 个城市的经济发展在一段时间内快速滑坡，到今天还没有恢复元气。汕头是著名的侨乡，国内外富豪众多，但汕头籍富豪大都在市域外投资兴业，何也？营商环境不优是主因。

广东的情况说明，一个地区的发展由其内在的决定性因素起作用，不是你想发展好就能如愿，也不是你领导坚强有力就能由落后变为先进。同样道理，一个地区工业发展的快慢、质量的优劣，也是由其诸多内在因素起作用的。

东营作为新兴的工业城市，建市不足 40 年，工业发展速度、总量居山东省前列，地炼、子午胎、石油装备、新闻纸等产能全国第一，全国民营企业 500 强数量在省内遥遥领先，可以说，创造了具有鲜明特色的"东营现象"。东营工

业发展为什么这么快?

第一,靠地理条件。东营位于黄河入海口三角洲地带,东临渤海,与日本、韩国隔海相望,北靠京津冀经济区,南连山东半岛蓝色经济区,向西辐射广大内陆地区。与北京、济南、青岛等大城市的距离不远不近,虽享受不到充分的辐射,但却避免了过多的虹吸,且具备合适的产品销售半径。一望无际的大平原,四季分明的气候,沿海、沿黄充足的水源,立体交通的逐步完善,较大的污染物排放空间,决定了这里是工业发展的绝佳之地。

第二,靠资源禀赋。当然,资源禀赋也是地理环境的重要组成部分,这里拿出来单独说只是强调资源禀赋对东营工业发展有特殊重要的作用。东营地下资源一是石油,累计探明石油地质储量54.83亿吨,胜利油田近年来年油气产量当量维持在2 300万吨左右。东营有储量巨大的盐矿和卤水资源,盐矿估算地质储量在5 000亿吨以上。有了石油和盐卤资源,炼油、油化工和盐化工就具备了得天独厚的条件,东营成为全国地炼最大的市、盐化工较大的市就不难理解了。

第三,靠民营经济。东营建市初期,地方乡及乡以上国有、城镇集体企业数量少、规模小、效益差。1993—2003年的企业改制,实现了国有、城镇集体企业的民营化,企业焕发了生机和活力。随着国家对民营经济的肯定和支持,以及油田存续企业改制为地方民营企业,东营地方民营经济发展如火如荼,以至于出现了石化、盐化、轮胎、新闻纸、铜冶炼和压延等优势产业集群,利华益集团(全称利华益集团股份有限公司)、华泰集团(全称华泰集团有限公司)等众多优势企业。2020年,胜利油田主营业务收入只占全市工业的7.36%,而地方工业几乎是清一色的民营经济,另外还有少量的中石化(全称中国石油化工集团有限公司)、中化集团(全称中国中化集团有限公司)、中海油、大唐集团(全称中国大唐集团有限公司)、山东高速(全称山东高速集团有限公司)等央企、省属国企和国有控股企业。在东营地方国有企业基础差、底子薄、规模小、活力弱的情况下,机制活、活力足的民营体制成就了东营地方工业的大发展,这点和义乌等江浙地区有些类似,民营经济为主体,区域经济活跃度就高了,生命力就强了,发展就快了。

第四,靠营商环境。东营是个移民城市,外来人的开放、包容,当地人的勤劳、俭朴、诚信、不服输,构成了东营文化的主基调,构成了东营企业家精神的主要内容。在这种文化氛围中,靠山吃山、靠水吃水,发挥资源优势;宁为鸡首,不为牛后,做就做到最大;有借有还,再借不难,诚信为本,这些带有地域特色的发展理念,成了企业家的信条。同时,市委、市政府因势利导,开展信用东营建设,改革审批制度,打造法治政府、廉洁政府、高效政府,逐步形成了具有东营特色的营商环境。

专栏一 工业企业主要经济指标

一、大中小型工业企业数量变化情况

年 份	1983 年	1990 年	2000 年	2010 年	2020 年
大型企业数量/家	1	1	16	18	34
中型企业数量/家			19	92	96
小型企业数量/家	230	323	152	805	715
合计数量/家	231	324	187	915	845

二、大中小型工业企业总产值(当年价)变化情况

年 份	1983 年	1990 年	2000 年	2010 年	2020 年
大型企业总产值/亿元	21	69	505.67	1 752	3 060.92
中型企业总产值/亿元			24.43	1 167	1 834.55
小型企业总产值/亿元	2	9	40.29	1 430	1 659.29
合计总产值/亿元	23	78	570.39	4 349	6 554.76

三、工业企业资产情况统计

年 份	1995 年	2000 年	2005 年	2010 年	2015 年	2020 年
资产总计/亿元	378	564	1 187	4 070	9 468	8 214.73
固定资产/亿元	284	427	780	2 401	5 115	3 453.99

注:① 1998 年、2007 年、2011 年国家统计局对规模以上企业的界定不一致,影响专栏中统计数字的一致性。

② 2019 年,《东营统计年鉴》中工业企业划型多出了纯小型和小型。

③ 统计范围为全部国有工业企业和年销售收入 500 万元以上的非国有工业企业。

专栏二　2020年规模以上工业企业规模效益情况

单　位	企业数量/家	营业收入/亿元	利润总额/亿元
东营区	120	648.4	18.3
河口区	82	648.7	16.8
垦利区	109	668.7	26.1
广饶县	221	2 362.1	49.3
利津县	80	575.9	18.4
东营经济技术开发区	85	739.3	41.1
东营港经济开发区	60	1 030.6	44.3
胜利油田	1	530.1	−156.4
总　计	758	7 203.7	57.9

专栏三　1983—2020年规模以上工业企业规模效益情况

年　份	企业数量/家	总产值(当年价)/亿元	总产值指数（78年为100）	利润/亿元	利税/亿元
1983年	239	20.75	99.2	7.03	9.32
1985年	256	64.77	148.3	4.74	11.21
1990年	462	87.99	198.9	−1.33	−0.90
1995年	756	262.35	244.7	3.64	3.43
1998年	124	303.33	251.6	7.08	4.40
2000年	187	570.41	312.5	184.87	247.87
2005年	459	1 673.31	1 114.0	462.84	593.94
2010年	895	6 037.86	3 151.5	705.20	1 148.47
2015年	996	13 189.05	7 557.4	862.06	1 277.67
2018年	865	6 597.50	9 375.8	38.48	427.09
2020年	758	7 203.70	10 237.3	57.90	

注：① 自1998年起，工业企业统计范围由乡及乡以上企业改为规模以上企业，即年主营业务收入2 000万元以上工业企业。

② 2018年数据为国家统计局第四次经济普查修订后的核算数据，之后以此为基数进行统一核算。

专栏四　制造业固定资产投资情况

年　份	投资额/亿元	备　注
1983 年	0.004	纺织工业中的棉麻毛丝
2000 年	0.205	机械工业
2005 年	228.63	
2010 年	594.55	
2015 年	1 432.0	
2017 年	1 314.18	

注：2018 年之后统计部门不再公布固定资产投资额，只公布每年增幅。本表所列数据仅供参考。

专栏五　工业营业收入全省排名

年　份	营业收入排名	年　份	营业收入排名
2001 年	第　五	2011 年	第　四
2002 年	第　七	2012 年	第　三
2003 年	第　七	2013 年	第　三
2004 年	第　七	2014 年	第　三
2005 年	第　七	2015 年	第　三
2006 年	第　七	2016 年	第　三
2007 年	第　六	2017 年	第　二
2008 年	第　五	2018 年	第　六
2009 年	第　六	2019 年	第　三
2010 年	第　五	2020 年	第　六

专栏六　地方工业固定资产投资情况

"七五"期间（1986—1990 年），全市地方工业固定资产投资 4.2 亿元。

"八五"期间（1991—1995 年），东营市实施"工业强市"战略，地方工业固定资产投资 19.5 亿元,是"七五"期间 4.64 倍。

"九五"期间(1996—2000 年),全市地方工业固定资产投资 75.89 亿元,是"八五"期间的 3.89 倍。

"十五"期间(2001—2005 年),全市地方工业固定资产投资 465.25 亿元,是"九五"期间的 6.13 倍。

"十一五"期间(2006—2010 年),招商引资持续深入发展,地方工业固定资产投资 1 677.6 亿元,是"十五"期间的 3.61 倍。

"十二五"期间(2011—2015 年),全市地方工业固定资产投资 5 511.9 亿元,是"十一五"期间的 3.29 倍。

"十三五"期间(2016—2020 年),2016 年,全市地方工业完成固定资产投资 1 056.6 亿元;2017 年,全市地方工业完成固定资产投资 995.9 亿元。2018 年全国经济普查后不再公布工业投资总量指标。

第三章
工业产业结构演变与进化

第一节 关于产业结构

产业结构是指产业的构成及各产业之间的联系和比例关系。所谓工业产业结构是指工业产业内部各产业的构成及其相互之间的联系和比例关系。

从发达国家的历程来看，工业化一般可分为 3 个阶段。第一个阶段是以轻工业为中心的发展阶段。像英国等欧洲发达国家的工业化过程是从纺织、粮食加工等轻工业起步的。第二个阶段是以重化工业为中心的发展阶段。在这个阶段，化工、冶金、金属制品、电力等重化工业都有了很大发展，但发展最快的是化工、冶金等原材料工业。第三个阶段是工业高加工度化的发展阶段。在重化工业发展阶段的后期，工业发展对原材料的依赖程度明显下降，机电工业的增长明显加快，这时对原材料的加工链条越来越长，零部件等中间产品在工业总产值中所占比重迅速增加，工业生产出现"迂回化"特点。加工度的提高，使产品的技术含量和附加值大大提高，而消耗的原材料并不成比例增长，所以工业发展对技术、装备的依赖大大提高，深加工业、加工组装业成为工业内部最重要的产业。

对于处于工业化中期的地区，产业结构由以轻工业为主体转向重化工业迅速增长，工业劳动力开始占主体地位，第三产业迅速发展。这一时期，地区产业布局的主要内容是重化工业的布局以及与此相适应的城市体系布局和地区产业结构的塑造。以上3个阶段,反映了传统工业化进程中工业结构变化的一般情况,并不意味着每个国家、每个地区都完全按照这种顺序去发展。从东营的情况看,重化工业特点鲜明,历程较为漫长。我认为,这是东营市的必然选择、最佳选择,体现了东营市在全国工业这盘棋中的特殊优势,是合乎规律的,是合理的,也是可行的,必须脚踏实地走好这条路。坚定不移地走好这条路,就会顺风顺水,一路坦途;绕开这条路,另辟蹊径,贪高求洋,必然会荆棘丛生,伤痕累累。

第二节　产业结构定位有其必然性

受区位、气候、自然资源、人口规模、劳动力素质、政策调整、历史沿革等的影响,产业结构是发展变化的,又是相对稳定的。在相对确定的一段时间里,一个地区的产业结构有其必然性,这一点很多人认识不到,总想凭主观努力随心所欲地上项目,迅速地优化产业结构,结果往往是欲速不达,被碰得头破血流,只留下一地鸡毛。以具体项目为例,武汉投资规模上千亿元的芯片项目没几年就成了烂尾工程,东营的8英寸芯片项目胎死腹中,全国多地都在跃跃欲试上大型芯片项目,但成功实施的没有几个,这说明大型芯片项目不是想上就能上的,也讲究天时地利人和。从区域来讲,东营是全国最适合搞化工的地区,但也是服务业占比较低的地区。北京是最适合搞服务业的城市,一定不适合大规模搞工业特别是化工。也就是说,你这儿的优势产业在别处可能就是劣势产业甚至是禁止上的产业。一个地区只有找准产业定位并坚持走下去才能达到理想的效果,就怕主要领导不懂装懂、反复无常、好高骛远、见异思迁。多年来,省对市产业结构调整的要求几乎都是服务业占比每年提高多少个百分点,仿佛不论何时何地,服务业占比高就是产业结构调整得好,殊不知像东营这样的重化工业城市,相比于高高在上的工业体量,无论生产性服务业还是生活性服务业占比都不会高,除非你动手脚、做假账。有的领导对深圳的高科技公司狂热,殊不知这些公司在深圳如鱼得水,在汕头就无法生存,到了东营可能寸步难行。譬如,手机生产厂商大都在广东,在北京都不行,在东营更不行,何也?深圳有完善的手机产业集群,东营有吗?若零配件都需要从广东进,那手机成本得多高,何况手机芯片的研发,东营能做到吗?连华为都在手机高端芯片上被卡了脖子,不得不出售高端手机业务,东营就更不用说了。

拿东营来说,广饶县是人口大县、工业强县,其工业发展规模和质量在东营一骑绝尘,三分天下有其一。历史上广饶县就有重视工业的传统,即使是计划经济时期,广饶县的橡胶管、农机配件等小作坊也在坚持发展。到了改革开放时期,广饶县的工业发展如鱼得水,乡镇企业异军突起,造纸、纺织、石化、轮胎产业集群快速发展。在发展工业上,其他县区和广饶相比都逊色不少,非不想也,实不能也。一个是即使政府无为而治,工业企业也如雨后春笋破土而出,挡都挡不住。一个是即使政府使出千般力气,也往往事倍功半,不推不动,甚至推而不动,零零星星地散落着几家企业,且大部分像不见长的老头树,可怜巴巴地立在那儿。当然,其他县区也各有各的优势产业,有的位于中心城区,商贸发达;有的则是传统农业大县,易于发展种养殖业。就是在广饶县各乡镇,产业特点也很鲜明。大王镇是山东省的工业强镇,其工业销售收入占全县的1/3,大企业、强企业数量抵得上市内一个县区,但西部的乡镇则大多是农业乡镇,这么多年也没发展起来几家像样的工业企业。

国内外也有一些典型案例说明了产业结构定位有其必然性。

一、俄罗斯的产业结构

俄罗斯经济总量小,经济结构单一,无论是 GDP 还是财政收入都高度依赖三大支柱产业:天然气、石油为主的能源产业,军工产业,农业。要是这三大支柱产业垮了,俄罗斯经济也就轰然倒塌了。

毫无疑问,能源产业历来都是俄罗斯的第一大支柱产业。2018 年,俄罗斯能源体系的产值约占 GDP 的 25%,达 4 117.5 亿美元,贡献了俄罗斯财政收入的 45% 左右。

俄罗斯的第二大支柱产业是军工产业,斯德哥尔摩国际和平研究所 2019 年 4 月发布的 2018 年全球军火出口的数据显示,俄罗斯 2018 年的武器出口额高达 377 亿美元,仅次于美国。

从 2016 年起,俄罗斯农业呈现出高速增长的态势。俄罗斯是全球最大的小麦出口国。2017 年,俄罗斯的粮食产量为 1.31 亿吨,其中小麦为 5 000 万吨。俄罗斯农业部公布的数据显示,2018 年,农产品出口额约为 260 亿美元,同比增长 23% 左右,农产品已经跃升为俄罗斯的第三大支柱产业。

但从俄罗斯的产业结构以及财政收入等方面来衡量,俄罗斯永远都高度依赖石油、天然气为主的能源产业。这么单一的经济结构,表明俄罗斯的经济是非常脆弱的,增长的天花板随手可及。这个可以从俄罗斯的制造业增加值、外贸来佐证。

2018 年,俄罗斯的制造业增加值为 2 039.9 亿美元,世界排名仅为第十二位,中国制造业约为俄罗斯的 20 倍,美国制造业是俄罗斯的 10 倍,韩国制造业则是俄罗斯的 2 倍多,就连墨西哥、印度尼西亚的制造业规模也都超过了俄罗斯。2018 年,俄罗斯货物贸易进出口总额约为 6 871.2 亿美元,仅为美国的 16.33%,跟我国相比就更少了。

俄罗斯产业结构为什么会日趋严重地畸形发展,原因是多方面的。一是资源优势。俄罗斯的石油、天然气产量居世界前列。靠山吃山,这个产业来钱快,赚钱多,不发展它发展谁。地广人稀,有利于农业发展。二是军工业高度发达,这个产业既能捍卫国家主权,又能挣钱。至于轻工业,和以上产业相比,没有优势,制约因素多,人口少,气候冷,效益差。这就造成了俄罗斯重工业畸高、轻工业畸低的产业结构特点。以上两点是传统因素,苏联时期就已经存在,苏联解体后"休克疗法"式的经济转轨,则加剧了俄罗斯产业结构的畸形发展。俄罗斯的经济转轨未能真正激发社会活力,没有走一条通过建立宏观调控机制,发展民营企业及中小企业,鼓励科技创新,建立完善的市场经济体制的路子。其主要特征有:一是寄生于权力的寡头,垄断了多数经济资源。民营企业及中小企业发育程度很低,没有建立起一个健康的市场经济秩序。二是经济"去工业化",能源初级材料加工业越来越成为经济的主要构成部分,技术密集型产业逐渐被边缘化。三是"轻重失调"的问题继续存在,工业体系残缺不全,消费市场和商业服务低迷。

二、国内纺织服装产业链条

产业链太传统只能怪"出身"不好。

从产品角度来说,品牌运作就是产业链的最高环节。以纺织服装为例,在这条传统的产业链中,从低到高依次是新疆(棉花)、山东(纱线)、江浙(面料)、广东(服装)、北京(品牌),这些区域的经济水平依次递增。

从商业角度来说,金融才是产业链的最高环节。中国区域经济格局是这样来的:新疆—山东—江浙—广东—北京—上海。究其本质是这样的:材料—加工—成品—品牌—金融。

这条产业链倒过来行不行?不行。让北京市成为棉区,新疆发展总部经济,那简直是开玩笑。

三、贵州茅台现象

贵州茅台 2020 年 6 月 2 日早盘股价走高,冲至 1 427.9 元/股,总市值达 17 934 亿元,创历史新高,一度超越工商银行,成为 A 股市值最高的股票。2020 年茅台实现营业总收入 977 亿元,实现净利润 455 亿元。12 月 31 收盘,贵州茅台的股价再攀新高,达到 1 998 元/股,总市值突破了 2.5 万亿元。

看到这里,不禁要问,茅台当股王,凭什么?要我说,凭的是它的稀缺性,凭的是它的高端高质高效。茅台镇最合适的产业就是茅台酒。赤水河畔茅台镇能出产高端茅台酒,7 千米以外的地方就不行。这就是产业结构的必然性,一方水土产一种酒。但反过来,你让茅台镇发展其他产业,譬如汽车、化工,那不就糟蹋了这块绝无仅有的造酒业宝地吗?再说也不现实。

第三节　鲜明的重化工业特点

在过去的产业经济学中,往往根据产品单位体积的相对重量将工业划分为轻、重工业。产品单位体积的重量大的工业部门就是重工业,重量小的就属于轻工业。属于重工业的工业部门有钢铁工业、有色冶金工业、金属材料工业和机械工业等。

《中国统计年鉴》中对重工业的定义是:为国民经济各部门提供物质技术基础的主要生产资料的工业。轻工业为主要提供生活消费品和制作手工工具的工业。在研究中,常将重工业和化学工业合称为重化工业。

在近代工业的发展中,化学工业居于十分突出的地位,因此,在工业结构的产业分类中,往往把化学工业从重工业中独立出来,与轻、重工业并列。这样,工业结构就由轻工业、重工业和化学工业三大部分构成。也常有人把重工业和化学工业放在一起,合称重化工业,同轻工业相对。

重化工业泛指生产资料的生产,包括能源(煤炭、石油、电力等)、机械制造、电子、化学(硫酸、制碱、化肥、石油化学等)、冶金(钢铁、有色金属等)及建筑材料(水泥、玻璃等)等工业。现代意义上的重化工业也指资金和知识含量都较高的基础原材料产业,还包括电力、石化、冶炼、重型机械、汽车、修造船等,产品市场覆盖面广,为国民经济各产业部门提供生产手段和装备,被誉为一个地区经济的"脊梁",也是一个国家国民经济实现现代化的强大物质基础。有关专家认为,"轻加工业发展阶段→重化工业发展阶段→高加工度化发展阶段→技术集约化发展阶段",是被普遍认可的工业化进程规律。其中,重化工业有"起飞产业"之称。

重化工业发展的主要特点:一是企业规模较大。由于投资规模大,重化工业企业的生产经营更容易产生规模效应。二是增长速度快。重化工业属于资本密集型工业,这种规模经济能支持区域经济高速增长。三是增长周期长。重化工业是适应居民消费结构升级需要的产业,附加值比较高,市场生命力比较强,具有长周期特性。四是技术含量较高。重化工业是为国家各产业提供技术装备和生产原料的产业。相对于轻工业,尤其是需要大量人手进行加工生产的传统轻工业来说,重化工业属于技术密集型产业。五是产业牵动性强。重化工业产业的关联度高,产品链条长,带动能力强。六是消耗能源较多。据统计,我国重工业单位产值能耗为轻工业的4倍。七是环保成本较高。重化工业产生的废水、废气、固体废弃物比较多,如果不妥善处理,很容易造成环境污染。

一、东营的工业产业结构具有鲜明的重化工业特点

为什么这样定位呢?一是东营属于资源型工业城市。东营市是伴随着胜利油田的开发建设而成立并发展壮大的。除了石油资源外,东营地下盐卤资源丰富,盐碱地也适宜棉花的生长。这样,东营的主要工业资源可概括为"一黑二白",黑的是石油,白的是盐和棉花。有了得天独厚的资源优势,以资源加工为主导产业的东营工业发展就驶上了快车道,相对于第一、第三产业来说,东营工业发展一骑绝尘。在三次产业结构中,东营第二产业比重大,第一产业、第三产业比重小。1983年三次产业结构为19.1:72.7:8.2,2013年为3.3:68.3:28.4,2020年为5.3:56.3:38.4。也就是说,经过37年的发展,全市第二产业增加值在三次产业中的占比只下降了16.4个百分点。

二是东营属于重工业城市。首先,从轻重工业结构看,1983 年东营工业总产值轻重工业比为 8.6∶91.4,2000 年为 14∶86,重工业占比开始降到 90% 以下,2017 年为 9.5∶90.5,重工业占比又升到了 90% 以上,2019 年为 8.57∶91.43。其次,东营涉的工业门类中重工业居多,主要是化工、有色金属、机械制造。2020 年东营市工业主导产业占比见表 3-1。

表 3-1　2020 年东营市工业主导产业占比

主导产业	企业数量/家	营业收入		利润总额	
		累计/亿元	占比/%	累计/亿元	占比/%
石化产业	119	4 346.3	60.33	107.5	185.66
有色金属产业	20	595.2	8.26	13.4	23.14
橡胶产业	61	478.5	6.64	15.3	26.42
新材料产业	47	221.0	3.07	35.5	61.31
石油装备产业	112	112.3	1.56	2.0	3.45
生物医药产业	21	80.5	1.12	11.1	19.17

注:2020 年东营市规模以上工业实现营业收入 7 203.7 亿元,实现利润 57.9 亿元;胜利油田实现营业收入 530.1 亿元,实现利润为 −156.4 亿元。

从表 3-1 中的数据可以看出,2020 年石化、有色金属、橡胶、石油装备 4 个产业的营业收入占东营市规模以上工业的 76.80%,占地方的 82.90%。

东营市地方工业主导产业中重工业占绝对数量,特点是:资金、技术密集,形成规模快,带动能力强,容易发展成集群;资源加工型产品多,增长周期长;高耗能、高污染。这就具有典型的重化工业特征。当然东营工业主导产业带有资源初加工特点,其技术只是蕴含在设备和工艺中,决定了其当下的发展水平是中低端的,但有了这个基础,东营工业高质量发展将指日可待。

二、为什么东营工业一直维持重化工业为主的产业结构

东营工业从建市之初走的就是一条以重化工业为主的路子,这是一条因地制宜扬长避短的路子,也是一条成功的路子。一是围绕资源、围绕油田上项目。建市之初,东营市地方工业规模较小,以石油天然气开采为主的采掘工业一业独大。之后,围绕石油、盐等自然资源以及围绕油田装备所上项目逐渐增多,重化工业比重逐渐加大。建市以来,全市发展较快的产业中,属重化工业

的有石油加工、冶金、轮胎、机械、建材、化肥、化工原料、水泥等。属轻工业的有食品、饮料、纺织、缝纫、造纸、印刷、工艺美术等。虽然轻工业发展速度相对较快，但由于其基数小，故占比不高。

二是资源加工型的传统产业占比高。传统产业是和新兴产业相区别的。传统产业也称传统行业，主要指劳动力密集型的、以制造加工为主的行业。新兴产业是随着新的科研成果和新兴技术的诞生并应用而出现的新的经济部门或行业。东营市主导产业中，除生物医药和新材料产业外，都属于传统产业，而且生物医药和新材料这2个产业的规模都比较小，占比也不高。

三是"两高一资"产业占比高。"两高一资"产业指的是高耗能、高污染、资源型产业。专指国家统计局、国家发展改革委确定的六大高耗能行业：石油、煤炭及其他燃料加工业，化学原料和化学制品制造业，非金属矿物制品业，黑色金属冶炼和加工业，有色金属冶炼和压延加工业，电力热力生产和供应业。六大高耗能行业中，东营有5个，仅没有黑色金属冶炼和加工业。

东营的这种产业结构合理吗？答案是现实的就是合理的，适合的就是合适的。

东营之所以成为重化工业城市，有它的必然性，也可以说是合理性。东营工业主导产业的发展，有的是依托资源禀赋，如石化、盐化；有的是围绕油田，如石油机械产业；有的是有历史传承，如橡胶轮胎产业。这些产业的共同点是市场容量大，创业初期不需要较高创新能力，不需要高精尖技术人才，只要有人干出了名堂，后继者就会紧随其后，蜂拥而上，一个重点产业很快就形成了。

石化产业是东营市地方最大产业，这不是偶然的，也很好解释。胜利油田坐落在东营市，也就是说，当地就产石油。计划经济时期，运营炼油厂要有计划原油指标，地方炼油厂计划原油指标虽少，但却解决了有的问题。改革开放初期，地方炼油厂冲破禁锢，顽强地求生存。从地方政府层面看，上面不让审批炼油，但可以审批沥青、渣油加工等。在油区看着原油从本地源源不断地流到外地，为别处创造税收，觉得不合理，就要变通。没有原油指标怎么办？就通过收落地油、发展油公司、高价购买解决，反正我有机制优势，你给一点阳光我就灿烂，你不给阳光我也死不了。后来，国家政策层面开了口子，民营企业可以加工从国外进口的燃料油。燃料油是一种创造，就是经过常减压处理后的石油，国外厂商闻风而动，将原油轻微处理后以燃料油的形式卖给国内民营炼油厂,当然"三桶油"是不会买的,因为这种油和原油相比质次价高。即使这样,我们的民营炼厂也是如获至宝,有总比没有好。这段时期,业内称"三桶油"炼厂吃"细粮",地炼企业吃"粗粮",吃"细粮"的连年亏损,靠财政补贴,吃"粗粮"的大都盈利,不断壮大。再后来,国家认可了地方审批的炼油厂,同时给了大量的使用进口原油的指标。解决了原料问题,地方炼厂终于可以与"三桶油"炼厂平等竞技一决高低。这还真应了那句话,坚持就是胜利,我们地炼的坚持与其说是坚持,不如说是硬撑,硬撑的个中艰辛只有企业家和他的管理团队知道,只有地方各级领导知道。

盐化工也是东营的支柱产业。为什么?因为东营有原盐,2020年规模以上工业原盐产量达 106.9 万吨。

有了石油、原盐等工业资源,还要具备其他条件。比如,环境容量。东营土地总面积 8 243 平方千米,地广人稀,两面靠海,环境容量大,具有发展化工产业的得天独厚的条件。

东营没有铜矿石、没有废杂铜,有色金属怎么就起来了呢?这也不难理解。这个行业同样属于资金密集型行业,当地没有原料,就依靠进口,铜精矿进口智利的,废杂铜进口美国的,只要有带头的,只要有资金,不愁形不成产业集群。

以上是从资源禀赋、从轻重工业比例关系探讨东营的工业产业结构,后面2 节着重从传统和新兴工业发展的角度探讨东营工业发展的趋势和变化。

第四节　传统产业根深叶茂,老树发新芽

传统产业也称传统行业,是以传统技术进行生产和服务的产业,是工业化过程中起支柱与基础作用的产业,传统工业企业包括纺织、钢铁、机电、汽车、化工等。

实际上,传统产业没有一个标准的定义,但有一点是公认的,就是传统产业是和新兴产业相对应的,新兴产业经过一定时间演变,可能会转化为传统产业。

我认为,东营工业产业结构从建市到现在,一直到今后相当长一段时间内,都将以传统产业为主,这是有必然性规律性认识的,这在前面的章节中已

经阐述过。我们所要把握的是要遵循产业演变规律,不断用高新技术改造提升传统产业,提升其技术含量和附加值,提高其加工度,使其老树发新芽,茁壮成长,枝繁叶茂。

2018年以前,东营市确定的地方工业九大主导产业都属于传统产业。按占比依次包括石化产业、有色金属冶炼和压延业、橡胶轮胎制造业、盐化产业、石油装备制造业、造纸业、纺织业、农副食品加工业、汽车及零配件业。其中,石化产业、橡胶轮胎制造业、石油装备制造业市场份额均为全国第一,将在后面专章研究。

一、有色金属冶炼和压延业

狭义的有色金属又称非铁金属,是铁、锰、铬以外的所有金属的统称。广义的有色金属还包括有色合金。有色金属冶炼和压延业是东营市无中生有的产业。第一家规模较大的有色金属冶炼和压延企业是东营方圆有色金属有限公司(下简称方圆公司),创建于1998年,属于民营企业。创建初期企业规模较小,1999年年产1万吨阴极铜生产线投产运行。此时,正值全国经济高速发展、产品市场需求旺盛期。方圆公司一方面立足废杂铜回收冶炼,加大对再生铜资源的开发、利用;另一方面加强内联外购,建立起遍及全国的铜原料供应基地和网络体系,坚持低成本扩张,夯实发展基础。2000年实现产能翻番,阴极铜产能达到2万吨。

2005年,方圆公司阴极铜产能达到8万吨。

2006年,方圆公司开始延伸产业链,先后引进氧化矿熔炼、阳极泥加工处理等技术工艺,原料构成从单纯废杂铜、粗铜拓展到精铜矿领域,产品从单纯阴极铜扩大到黄金、白银等稀有贵金属(见图3-1)。

2007年,方圆公司新增阴极铜产能8万吨,销售收入突破100亿元。

图3-1 方圆公司"鲁方"牌金锭,
为"国标一号"产品

2008 年 1 月,山东天圆铜业有限公司(下简称天圆铜业)注册成立。其以废旧杂铜为原料,生产高精度铜及铜合金板带、高速铁路电车接触线、棒材、阳极板等产品。2008 年 12 月 16 日,方圆公司自主研发的"氧气底吹熔炼多金属捕集技术"示范工程成功投产运行,逐步形成以"氧气底吹熔炼多金属捕集技术"为核心的一系列具有完全自主知识产权、世界领先的技术工艺。为保障原料供给,公司利用国内、国际 2 个市场,开发 2 种资源,立足全球配置资源,相继与南美、非洲和东南亚的 20 多个国家建立贸易关系,初步形成精矿、废杂铜、外协阳极铜三足鼎立的资源保障格局。"鲁方"牌高纯阴极铜获有色金属行业产品质量最高荣誉"金杯奖"。方圆公司牵头组建东营铜圈俱乐部,将区域内 12 家有色金属企业聚合成团,结成产业联盟,带动形成千亿元规模的黄河三角洲"铜"产业集群,有色金属冶炼和压延业从无到有,逐渐成长为东营市的优势产业。

2009 年 7 月,天圆铜业加工低氧杆的线杆二车间开始安装。同年 12 月,天圆铜业的"鲁铜"牌带材获评山东名牌。很多企业都能生产高精度电子铜带,但能达到天圆铜业所生产的 0.05 毫米规格的确属少数。不仅达到超薄,而且其性能还有所提升。超薄电子铜带作为一种基础材料在多个领域获得广泛应用,比如电子产品、5G 基带、航空航天、新能源汽车等领域。一辆传统的燃油车用铜量是 23 千克,一辆新能源汽车用铜量达到 83 千克。天圆铜业铜排生产线如图 3-2 所示。

图 3-2 天圆铜业的铜排生产线

2010年4月,山东亨圆铜业有限公司(下简称亨圆铜业)注册成立。同年5月,山东金信新材料有限公司(下简称金信公司)成立。同年7月,天圆铜业与北京交通大学、中铁建电气化局共同签订三方合作协议。

2011年,方圆公司在原有产能规模基础上,优化提升设备水平,由生产制造型企业向技术服务型企业转型。其以公司具有完全自主知识产权、世界上最先进的"氧气底吹熔炼多金属捕集技术"为依托,与诸多世界先进企业建立技术研发、成果转化、原料采购等合作关系,成为全国乃至全球有色金属行业最具竞争力企业。同年,山东迪赛机电有限公司(下简称迪赛机电)铜材车间综合楼项目、双向拉伸聚酰亚胺薄膜车间及3号车间顺利开工建设。同年,第一次实现出口,出口交货值1 520万元。

2012年,方圆公司粗铜冶炼能耗创世界最低水平,成为全世界工业领域循环经济、高新技术标准化的标杆企业。同年5月,山东省最大的高精铜材深加工企业——亨圆铜业投产运营,金信公司建成。5月8日,亨圆铜业举行第一期年产2万吨精密紫铜管项目投产庆典,高精铜材深加工取得成功。同年10月,金信公司一期10万吨阳极铜项目投产。金信公司拥有精炼车间、电解车间、铜杆车间、辅助车间、动力车间等先进车间设备,生产电解铜(含铜量99.99%,并出口国外)、无氧铜杆等产品,销售铝锭、铝制品、粗铜、电解铜、多晶硅、金银制品。产品应用于空调、冰箱制冷,暖通,油管,舰船,海洋工程,铁路电气化及各种高档电缆等多个行业和领域。

2013年1月,迪赛机电双向拉伸聚酰亚胺薄膜项目建成投产。同年7月,亨圆铜业年产17万吨低氧光亮铜杆项目投产运营。同年12月,天圆铜业在东营市工商行政管理局重新注册,主要业务范围扩大到铜材产品加工、销售及售后服务,货物仓储,铁路接触线制造,自营、代理各类商品及进出口业务。方圆公司全年产阴极铜37.6万吨、黄金16.8吨、白银367.5吨,进口额突破30亿美元。

2015年,全市有色金属产业完成工业总产值1 104.35亿元,阴极铜产能69.66万吨/年。

2016年,全市拥有有色金属产业规模以上企业14家,方圆公司、天圆铜业等5家企业主营业务收入超过百亿元。阴极铜产能90万吨、低氧线杆产能27万吨、阳极板产能45万吨。生产精炼铜74.8万吨、铜材34.3万吨。天圆铜板带生产线、亨圆连铸连轧生产设备国际先进,迪赛机电是我国长江以北地区唯一生产高速列车接触线的企业。

2017年全市有色金属产业实现主营业务收入1 148.07亿元,阴极铜产能79.63万吨/年。天圆铜业破产。

2018年,全市拥有有色金属产业规模以上企业14家,实现主营业务收入704亿元。阴极铜产能94万吨,居全省第一位;低氧线杆产能27万吨;阳极板产能45万吨。

2019年,全市有色金属产业实现主营业务收入753.62亿元,阴极铜产能32.14万吨。

2020年,全市拥有有色金属产业规模以上企业17家,阴极铜产能30.69万吨。2018年始方圆公司经营形势急转直下,资金链断裂,2020年被债委会托管经营。

经过多年发展,东营市铜产业链初具规模(见图3-3),从铜矿石炼铜、废杂铜电解铜,到形成铜管棒、铜板带、铜箔、铜基合金,这些材料,既是一些传统产业的基本材料,又是九大战略性新兴产业发展所必需的。如随着5G时代到来,从云空间—基站—个人终端都离不开高端电子铜箔这种实现最终需求的基础材料。

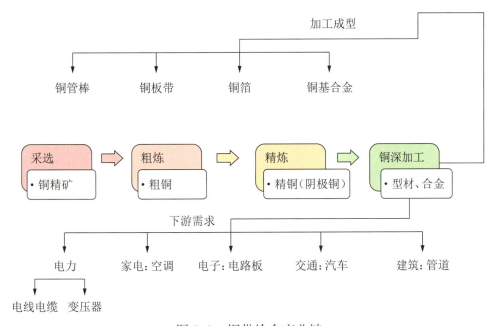

图3-3　铜供给全产业链

二、盐化产业

化工是"化学工艺""化学工业""化学工程"等的简称。凡运用化学方法改变物质组成、结构或合成新物质的技术,都属于化学生产技术,也就是化学工艺,所得产品被称为化学品或化工产品。

化工行业可划分为石油化工、基础化工以及化学化纤三大类。其中基础化工分为九小类:化肥、有机品、无机品、氯碱、精细与专用化学品、农药、日用化学品、塑料制品以及橡胶制品。

盐化工,又叫氯碱工业,属于基础化工,近几年又归类为海洋化工。盐化工是指利用盐或盐卤资源,加工成氯酸钠、纯碱、氯化铵、烧碱、盐酸、氯气、氢气、金属钠,以及这些产品的进一步深加工和综合利用。盐化工产业不仅提供了"三酸两碱"中的盐酸和烧碱、纯碱,而且可向下游延伸生产 PVC(聚氯乙烯)、甲烷氯化物、环氧丙烷、TDI(甲苯二异氰酸酯)/MDI(二苯甲烷二异氰酸酯)等多种重要的基础化工原料,以及众多的精细专用化学品,是带动其他行业发展的基础原材料。本节讲的主要是东营市的盐化工,从统计角度讲属于化学原料和化学制品业。

(一)盐业

东营盐业发展具有悠久的历史。800 多年前,在汀罗镇曾经有一座雄伟的铁门关,是明清两代繁华的水旱码头、海防重镇和盐运要地,一度驰名中外。

东营市海岸线长 412.67 千米,有着丰富的地下卤水和海水资源。地下卤水资源分布面广;海水为半日潮型,24 小时均可开沟纳潮,土壤表面多为黏土和亚砂土;北温带半湿润大陆性气候。这些条件对开滩晒盐都极为有利,全市宜盐面积约 120 万亩(见图 3-4)。

1983 年,全市盐田总面积为 14 005.1 亩,生产能力 7 万吨;原盐生产企业34 家,其中,县营企业 2 家、乡镇企业 15 家、村办企业 17 家。

1990 年,全市共生产原盐 4.78 万吨。

1996 年初,全市有制盐企业 12 家,其中大型企业 1 家(东营市广饶县盐化工业集团总公司)、中型企业 1 家(东营区王岗盐场),另有垦利永丰盐场、垦利县盐场、利津县盐场等小型企业多家。全市盐田总面积 7 330 公顷,生产面积 6 260 公顷,主要产品有原盐、洗精盐、溴素和氯化镁,生产能力分别为 48万吨、5 万吨、500 吨和 3 500 吨。全年共生产原盐 24.29 万吨。

图 3-4 沧海盐田（刘文明 摄）

2000 年，全市共生产原盐 13.99 万吨。

2005 年，全市共生产原盐 42.36 万吨、溴素 607 吨、氯化镁 10 122 吨、食盐 24 488 吨。全市盐行业实现现价工业总产值 1.58 亿元。

2010 年，全市共生产原盐 183.95 万吨、溴素 5 873 吨、氯化镁 17 779 吨、食盐 50 564 吨。全市盐行业实现现价工业总产值 5.66 亿元。

2015 年，全市原盐生产能力为 469 万吨/年，盐田面积 77.75 万亩，生产原盐 346 万吨，销售原盐 270 万吨，生产溴素 9 939 吨、食盐 6.75 万吨。全市盐行业实现现价工业总产值 5.04 亿元。

2018 年，全市生产原盐 175.2 万吨。

2020 年，全市有制盐企业 6 家，共生产原盐 106.9 万吨，营业收入 4.26 亿元。

（二）盐化工业

在海水晒盐基础上，随着地下盐矿和卤水资源的开发，东营具备了盐化工发展的资源优势。盐化工和石油化工的结合，为东营化工业发展开辟了广阔的前景。

1996 年以前，东营市盐化工和精细化工重点企业主要有山东金岭集团有限公司（下简称金岭集团）、东营市化工厂等，主要产品有烧碱、纯碱、液氯等，企业产品单一，产业基础薄弱。

1994 年，金岭集团在全国乡镇企业中第一个上马氯丙烯项目，打破国有企业垄断氯丙烯技术和市场的格局,在氯丙烯市场占有了一席之地。

1996 年,金岭集团为满足氯丙烯生产对氯气的需求,建成投产氯丙烯扩建、烧碱、热电联产三大项目。东营市化工厂(见图 3-5)同胜利油田合资成立东营联成化工有限责任公司(下简称联成公司),总投资 8 216 万元,建设年产 1 万吨环氧氯丙烷项目。同年 2 月,黄河口氯碱厂成立并开始兴建一期 1 万吨/年离子膜烧碱工程项目。

图 3-5　东营市化工厂厂区

1997 年,东营市化工厂因经营不善而导致亏损严重,银行债务达到 1.3 亿元,每月亏损 130 万元。时任东营市体改委主任的谷汉瑞向市委、市政府提出建议,由华泰集团对其实施兼并。主要理由有:第一,华泰集团是优势企业;第二,华泰集团造纸需要烧碱,华泰集团兼并东营市化工厂有利于完善其产业链条,实现低成本扩张。市委、市政府采纳了该建议,华泰集团兼并了东营市化工厂,接纳了 800 多名面临下岗的职工,成立了东营华泰化工集团有限公司(下简称华泰化工)。华泰集团对原有生产装置扩产改造,并增上热电项目。同年 10 月,改造 3 万吨/年隔膜烧碱装置,产能增加 1 倍。联成公司投资 19 063 万元新上 2 万吨/年环氧树脂项目,投资 2 800 万元新上保水长效复合肥项目。翌年,华泰化工即扭亏为盈,直到现在华泰化工仍是华泰集团利税大户,多年占据华泰集团子公司中利税第一名位置。不得不说,这一典型案例反映了市委、市政府的改革意识、市体改委的担当勇气和华泰集团的进取精神。

1998 年,黄河口氯碱厂生产的离子膜烧碱获东营市科技进步一等奖;二期 1 万吨/年离子膜烧碱工程项目建成投产,从而形成 2 万吨/年离子膜烧碱生产能力,产品经省、市技术监督部门检验,均达国际标准,并取得 ISO 9000 国际标准证书;投资 780 万元增上 500 吨/年三甲酚项目,投资 249 万元增上 5 000 吨/年离子膜固碱项目。

1999 年 3 月,华泰化工新建热电一期 6 兆瓦机组,同年 9 月开机成功,蒸汽、用电基本实现自给,生产成本大幅降低。黄河口氯碱厂再投资 500 万元增上超细碳酸钙、500 吨/年橡胶促进剂项目,投资 4 800 万元增上 1 000 吨/年气相法白炭黑项目。10 月,华泰化工 1 万吨/年氯丙烯项目投产;热电项目、3 万吨/年隔膜烧碱装置改造项目、1 万吨/年氯丙烯项目成功投运,扭转了收购兼并初期严重亏损的局面。

进入"十五"后,华泰化工利用副产品氢气增上双氧水(即过氧化氢,下同)项目,并引进世界先进的离子膜烧碱制备工艺。2001 年 8 月,热电二期 6 兆瓦机组建成投产;2003 年 4 月,4 万吨/年双氧水项目开工建设。

2003 年,金岭集团建成投产我国长江以北第一套甲烷氯化物生产装置,实现对氯气的深度加工,获得国家科技进步二等奖;公司形成年产 25 万吨生产能力,成为全国最大的甲烷氯化物生产企业之一。

2004 年 11 月,华泰化工热电三期 25 兆瓦机组建成。

2005 年 3 月,12 万吨离子膜烧碱一期建成,生产设备及技术均从比利时索尔维集团引进。同年 11 月,10 万吨双氧水项目投产。这些项目的投产,保证了华泰集团造纸化工原材料的供应,提高了企业效益。

2006 年起,基于东营地区海盐及地下矿盐资源丰富的条件,东营市提出"大力发展盐化工和精细化工,拉长产业链条"的发展规划。同年 7 月,华泰化工 12 万吨离子膜二期项目建成。

2007 年 11 月至 2008 年 3 月,华泰化工整体搬迁入驻东营经济技术开发区。

2008 年,集石油化工、精细化工、氯碱化工于一体的综合性化工企业东营市海科瑞林化工有限公司(下简称海科瑞林)成立。

2009 年,金岭集团在东营经济技术开发区投资 50 亿元建设 60 万吨/年离子膜烧碱、30 万千瓦/年热电、24 万吨/年苯胺、20 万吨/年甲烷氯化物四大项目,实现各产品间的衔接配套,实现生产经营最佳效果和资源利用最大化。同年 10 月,华泰化工与世界 500 强公司、世界知名化工医药企业比利时索尔维集团签署合资协议,在东营共同建设年产能 18 万吨食品级、电子级高端双氧水项目。从 2009 年开始到 2010 年 11 月,华泰化工在东营经济技术开发区滨海滩涂地上建成当时世界技术最先进、单条生产线能力最大的 50 万吨/年离子膜烧碱项目(见图 3-6)。至此,华泰化工氯碱产能达到 62 万吨/年,进入全国氯碱产能前列。

图 3-6　华泰化工 50 万吨/年离子膜车间

2011 年,华泰化工提出"打造双百万吨、双百亿元化工产业基地"目标,总投资 120 亿元,通过拉长产业链条,向上游原盐开采、下游产品深加工拓展。9 月,华泰化工与比利时索尔维集团合资建设的年产 18 万吨双氧水项目成功开机;11 月,年产 3 万吨氯丙烯项目投产。山东海科胜利电化有限公司借 2010 年中心城区周边化工企业搬迁之机,于 2011 年 1 月 10 日,成立东营市赫邦化工有限公司(下简称赫邦化工),在东营港经济开发区建设 20 万吨/年离子膜烧碱项目。

2012 年 5 月,华泰化工环氧氯丙烷装置投产;同年 7 月,老厂区第一个搬迁项目——16 万吨/年双氧水项目开机。

2013 年,华泰化工投资 10.38 亿元,在垦利经济开发区建设 700 万立方米/年采输卤项目,建成后年可开采地下卤水483万立方米,浓缩湿盐40万吨,除满足自身生产需要外,还可供应周边企业;陆续上马12万吨/年搬迁改扩建25万吨/年离子膜烧碱、10万吨/年苯胺、8万吨/年环氧丙烷等一批大项目。

2014年,全市盐化产业完成工业总产值550.5亿元。金岭集团实现主营业务收入162亿元、利税16.2亿元、利润13.4亿元。

2015年,全市盐化产业完成工业总产值594.8亿元。

2016年,全市盐化产业实现主营业务收入633亿元、利税53.6亿元、利润41.1亿元。全市有规模以上企业21家,主营业务收入过百亿元企业3家、过10亿元企业5家、过亿元企业8家。离子膜烧碱产能184万吨/年,居全省第一。隔膜法烧碱装置全部淘汰。全年生产烧碱191.3万吨,产量占全省的23.8%。金岭集团是全国最大的烧碱、苯胺、甲烷氯化物生产基地之一,2016年实现主营业务收入191.5亿元、利税15.6亿元、利润12.76亿元。

2017年,全市盐化产业实现主营业务收入643.41亿元、利税58亿元、利润44.7亿元。

2018年,全市盐化产业实现主营业务收入199.6亿元。

2019年,全市盐化产业实现主营业务收入124.7亿元。

2020年,全市规模以上盐化工企业生产烧碱(折100%)173.3万吨,是2005年的7.41倍。东营经济技术开发区烧碱规模155万吨/年,金岭集团烧碱规模140万吨/年(含淮安市60万吨/年)。

东营市盐化产业发展体现出以下3个特点:

一是盐化工业循环经济日益成熟。为使资源高效利用,形成了卤(海)水"一水六用"的资源综合利用模式。"一水六用"就是:海水放养贝类、鱼虾等海产品;初级卤水放养卤虫;中级卤水供纯碱厂工艺冷却;吸收了化工废热的中级卤水送溴素厂吹溴;经提溴后的卤水送到盐场晒盐;晒盐苦卤生产硫酸钾等产品。历经多次提取,卤(海)水中的有用物质基本上被"吃干榨尽",不仅实现了资源的高效利用,而且保护了生态环境。

在"一水六用"的基础上,加大自主创新,相继开发了以碱、溴、苦卤和精细化工系列为主的四大循环经济产业链条,就是:以原盐为原料生产纯碱、氯碱;以纯碱为原料生产硝酸钠、亚硝酸钠、小苏打、白炭黑等;以纯碱厂废液为原料生产氯化钙、氯化钠,纯碱厂的盐泥用于热电锅炉烟气脱硫;以制盐苦卤为原料生产硫酸钾、氯化镁等；以氯气为原料生产溴素、甲烷氯化物；以溴素为原料生产十溴联苯醚、氢溴酸等系列产品。从而形成了以上下游产品接续成链、关联产品复合成龙、资源闭路循环为特色的生态工业体系，实现了产品及其废弃物在体系内的再资源化，做到了水畅其流，物尽其用，能尽其力，变废为宝，实现了经济、社会和环保3个效益的统一。

二是向精细化工产业方向发展。精细化工模式产业链的延伸以氯碱装置为基础，配套建设规模化的氯产品，然后以相应氯产品为基础向下衍生生产消耗氢、烧碱的下游产品。该产业链模式的核心点是：氢气、氯气、烧碱及其下游产品贯穿其中，许多中间产品相互作用，生成多种精细化学品。

三是盐化、石化一体化发展。盐化工和石油化工一体化发展是东营化工产业发展的有利条件和特色。如以乙烯、丙烯和芳烃为原料，开发有机氯和有机胺两大系列产品，并延伸下游产业链。盐化工属于传统无机工业原料行业，产品技术含量和附加值都比较低，产业链短，难以单独继续向下游发展。长期以来受国家产业政策影响，绝大多数石化企业因为没有盐化工基础和产业优势只能发展石化，而盐化工企业又不能轻易涉足石化行业，制约了盐化工和石油化工一体化发展。国外盐化工大都配套石化原料，产业链较长，附加值高，如陶氏化学公司、巴斯夫股份公司等。石化盐化相结合可延伸出众多有竞争力的下游化工产品。东营的石化、盐化企业打造一体化链条，条件优越，项目众多，效益显著，应继续深化。

三、纺织业

建市后很长一段时期，东营市是棉花产区，纺织业是东营市的传统产业。1996年，全市有纺织业独立核算企业17家，重点企业有东营市棉纺织厂、东营市第二棉纺织厂、东营市第三棉纺织厂、利津县纺织总厂、东营市印染厂、东营市第一印染厂、东营市海丽丝针织制衣有限公司、东营市天利针织品有限公司等。同年，东营市印染厂出资319万元收购广饶县国有企业东营市服装厂，并将其更名为东营市鑫海服装厂；投资600多万元，建成污水处理厂一期工程；投资5 000多万元，增上6台圆网印花生产线。是年，全市纺织业独立核算企业生产棉纱11 296吨、棉布1 718.5万米、印染布670万米。

1997年1月，东营市印染厂成立进出口公司，取得自营进出口权。东营市棉纺织厂改制并更名为东营市天信纺织有限公司（下简称天信纺织）。同年

3 月,山东利津麻纺织厂投资 1 650 万元改造落后棉纺纱锭,增上国产最先进的 2 万锭纺纱设备,生产能力大幅提高。

1998 年,东营市第二棉纺织厂新增细纱机 17 台、100 英寸织机 12 台、剑杆织机 4 台。同年 5 月,山东利津麻纺织厂新品 PVC 霸王革通过省级鉴定验收。12 月,山东利津麻纺织厂改制为山东利津雅美纺织有限公司(下简称雅美纺织)。

1999 年,东营市印染厂正式更名为山东大海集团有限责任公司(下简称大海集团),进入集团化、多元化发展阶段。是年,全市纺织业实现第一次出口,出口交货值 4 240 万元。

2000 年,大海集团投资 4 000 万元新上的 5 万纱锭棉纺项目建成投产;新注册成立山东大海染整股份有限公司。同时,将稻庄镇政府所持有的公司股份一次性买断,与政府脱钩成为民营企业。同年,天信纺织与淄博鲁泰纺织公司联合成立鲁信纺织有限公司,引资 6 500 万元。同年 10 月,东营市第二棉纺织厂更名为东营市宏远纺织有限公司(下简称宏远纺织)。

2001 年 6 月,由山东俊富实业有限公司与中国香港特别行政区天乙实业有限公司共同出资建设的山东俊富无纺布有限公司(下简称俊富无纺布公司)投产运营。大海纺织二期 3 万纱锭扩建项目投产运营,公司棉纱生产能力达到 8 万纱锭。2001 年后,天信纺织引进喷气织机、自动接经机、自动穿筘机、高速整经机等先进设备;在巩固丝棉交织、竹棉交织品种的基础上,开发牛奶纤维和天丝交织品种;利用公司原料优势,开拓 PIMA 棉和埃及棉品种。

2002 年,大海集团投资 4.7 亿元在广饶经济开发区增上 12 万纱锭高档精梳棉纺项目;采用中科院设计工艺(技术转让费 760 万元)。

2003 年,三阳纺织有限公司(下简称三阳纺织)成立,主要生产纯棉高支漂白纱线、PIMA 棉纱线和高支高密漂白布、弹力布等(见图 3-7);山东昊龙集团有限公司(下简称昊龙集团)成立,主要从事棉花加工、纺纱、织布、床上用品等产品的生产经营;大海集团新上年产 1 500 万米高档服装面料喷气布机项目动工建设。

2004 年 6 月,大海集团在广饶经济开发区新上一期 7 万纱锭高档针织用纱生产线投产运营,公司棉纱生产能力扩大到 25 万纱锭。同年 10 月,宏远纺织实施增资扩股,山东垦利石化有限责任公司出资 650 万元,垦利县供电公司出资 100 万元,宏远纺织股东出资 608 万元,股本总额增至 1 358 万元。

图 3-7　三阳纺织有限公司细纱车间

　　2005 年,大海集团在东营经济技术开发区新建一期年产 5 万纱锭高档棉纺项目和 108 台高档喷气织机项目。是年,纺织业初步形成以精梳纱、印染布和高档面料为核心产品的纺织品加工产业链。全市规模以上企业生产纱 12.7 万吨、布 5.8 亿米、印染布 2.5 亿米、非织造布 8 624 吨,大海集团、天信纺织分别入选 2004—2005 年度中国印染行业和棉纺行业竞争力十强企业,2 家企业 2005 年实现销售收入分别占全市规模以上纺织企业的 32.0% 和 19.0%。

　　2006 年,大海集团子公司东营鹏杰色织有限公司(下简称鹏杰色织)投资 8 200 万元的二期 5 万纱锭高档棉纺项目投产,公司纺纱能力达到 30 万纱锭生产规模。东营天虹纤维有限公司高档锦纶、丙纶膨体纱项目动工建设。同年 5 月,山东澳纳纺织科技有限公司成立,总投资 3.5 亿元,注册资金 9 000 万元,项目总规模为 15 万枚环锭纺、7 000 锭倍捻机,主营业务为棉花收购加工、纺纱和进出口贸易(见图 3-8)。投资 3 亿元的外商独资山东帝纱纺织项目实现当年引进、当年建设、当年投产,主要生产高档家纺、服装及装饰面料。同年 10 月,宏远纺织投资 1.5 亿元新上纺纱设备 50 184 锭。

　　2007 年,山东利津雅美纺织有限公司收购利津县阳光纺织有限公司,并更名为山东利津盛雅纺织有限责任公司。同年 10 月,宏远纺织投资 1.5 亿元新上纺纱设备 61 104 锭。

　　2008 年,雅美纺织获批 OCIA 国际有机认证机构有机棉生产经营资格。中国鹏杰纺织有限公司在新加坡证券交易所成功上市挂牌交易,成为东营市

图 3-8 山东澳纳纺织科技有限公司车间

第一家在境外上市的纺织企业。"大海"牌产品成功入选 2006—2007 年度山东省"重点培育和发展的出口名牌"。

2009 年，鹏杰色织上市公司总市值 2.6 亿元，"大海"牌商标再次被国家工商总局（今国家市场监督管理总局）认定为中国驰名商标。

2010 年 12 月，宏远纺织投资 1.3 亿元新上紧密纺 51 408 锭。是年，全市纺织业产能达到 280 万纱锭，生产纱 54.1 万吨、布 6.3 亿米、印染布 3.7 亿米。

2011—2013 年，国内纺织业受国际市场需求低迷、企业订单不足、国内外棉花差价大、成本上升等因素影响，企业竞争力减弱，大量向东南亚转移。市内纺织业开始实施产业调整，淘汰落后产能，不再增上纺织项目而转型发展，部分企业被市场淘汰出局。大海集团加快在新能源和循环经济领域布局，山东天信集团有限公司（下简称天信集团）开始在有色金属方面发展，雅美纺织开始投资化工项目，许多企业实施多元化经营、生产差异化产品。

2014 年，全市规模以上纺织企业完成工业总产值 662.1 亿元。大海集团实现主营业务收入 166 亿元、利税 28.7 亿元、利润 18 亿元。

2015 年，全市规模以上纺织企业 40 家，实现主营业务收入 631.18 亿元。

2016 年，全市规模以上纺织企业 38 家，实现主营业务收入 595.75 亿元。

2017 年，全市规模以上纺织企业 39 家，实现主营业务收入 454.79 亿元。

2018 年，全市规模以上纺织企业 35 家，实现主营业务收入 35.37 亿元（工

业普查数据）。

2019年，全市规模以上纺织企业35家，实现主营业务收入36.9亿元，出口交货值1.97亿元。

2020年，全市规模以上纺织企业34家，实现主营业务收入56.89亿元。

纺织业曾经是东营市支柱产业，发展势头很好，因为当地有棉花，有大量廉价劳动力，市场有巨大需求，行业进入门槛较低。随着市场变化，劳动力等的成本上升，原有的比较优势丧失，加之未能及时向产业链、价值链高端延伸，东营纺织业几年间由兴到衰，退出了主导产业行列。

四、造纸业

东营域内首家造纸企业为垦利县纸浆厂，1959年5月由山东省工业厅投资100万元兴建，设计能力日产50吨纸浆；1960年，厂房尚未建成，因严重缺水，设备无法投入生产；1961年，因财政无力继续投资而下马。1977年5月，县财政投资135万元，筹建垦利县造纸厂；1979年8月投产，当年生产35克油光纸132.1吨，包装纸28.5吨，产值19.16万元，职工108人，固定资产总值126.7万元；1980年10月亏损5.1万元，被迫停产；1983年7月，县政府决定关闭该厂；1983年底，全部机械设备卖给广饶县大王造纸厂。

1971年5月，中国人民解放军第九七三七工厂（亦称济南军区军马场造纸厂）创建，1972年8月1日投产，时有职工156人，主要设备为日产5～7吨的1575双圆双烘缸造纸机。

1976年，广饶县大王造纸厂成立，时有职工60人，主要设备为1台1092抄纸机，年生产能力为255吨（见图3-9）。

1977年，利津县投资227万元，在六合乡（今属河口区）建设造纸厂；1980年10月试产，当年生产包装纸210吨，亏损3.1万元，停产；1982年再次试车生产，到年底产纸106.6吨，亏损6.5万元，再度停产；1984年，该厂移交河口区。

20世纪80年代初，华泰集团先后购买下马的利津造纸厂、垦利造纸厂和一家外地造纸厂的设备，开发书写纸、凸版纸等新产品，生产能力扩大5倍，产值、利税翻番。同时，第九七三七工厂也购置1092单烘缸单圆网造纸机和1092双烘缸双圆网造纸机各1台，扩大规模。

图 3-9 广饶县大王造纸厂第一台单缸圆网 1092 抄纸机

1985 年,全市有乡及乡以上造纸企业 3 家,固定资产原值 516 万元,职工713 人,年产单面书写纸 2 821 吨、凸版纸 3 690 吨、有光纸 318 吨、包装纸 358吨、双面书写纸 4 吨、胶印纸 34 吨。

1990 年,全市有乡及乡以上造纸企业 4 家,固定资产原值 2 526.8 万元,职工 1 287 人,年产单面书写纸 7 458 吨、凸版纸 675 吨、胶印书刊纸 3 915 吨、有光纸 4 766 吨、机制纸 17 865 吨、油毡原纸 566 吨。

1995 年,全市有乡及乡以上造纸及纸制品企业 11 家,从业人员 4 000 多人,固定资产净值 1.18 亿元,生产机制纸 69 582 吨、胶印书刊纸 9 265 吨、书写纸 11 100 吨、涂布白板纸 5 613 吨、卫生纸 3 219 吨、有光纸 1 941 吨、挂面板纸7 448 吨、高强度挂面纸 6 876 吨、彩色印刷片 700 片、其他纸 44 057 吨。骨干企业是山东华泰纸业股份有限公司(下简称华泰纸业),其工业总产值占全市造纸及纸制品业的 75%。

1996 年,全市有独立核算造纸工业企业 9 家,规模较大的骨干企业有华泰纸业、济南军区军马场造纸厂、广饶县包装材料厂 3 家。同年,华泰纸业先后投资 16 亿元,陆续对原有落后纸机淘汰改造,新上 4 台 1760 长网多缸纸机和 1 台文化涂布纸机,引进德国、芬兰、瑞典等国家的先进技术和关键设备,增上 2 条现代化 2640 生产线,主要生产高档双胶纸,使企业技术装备达到国内领先水平;投资 1 000 万元增上万吨级铜版纸项目,扩大纸制品生产范围。是年,全市独立核算工业企业生产机制纸及纸板 11.45 万吨。

1997—1998 年,华泰纸业开发出轻量涂布纸、铜版原纸、高级静电复写纸和高级复写纸等产品,高光泽度涂布白板纸入选国家级星火计划项目并通过省级专家鉴定,填补国内空白;完成中段水处理、连蒸连漂项目,碱回收率为72%,中段水处理成本降为每吨水 0.7 元,居全国领先水平;产品质量大幅提升,省以上监督部门抽查产品合格率达 100%。1998 年 3 月,华泰集团兼并了濒临倒闭的东营市新华印刷厂,承担近 1 亿元银行债务,避免 1 000 多名职工下岗失业。

1999 年,华泰集团与德国汉德公司签署引进 16 万吨新闻纸项目合作协议,项目总投资 7.5 亿元,生产线主机部分从德国福伊特公司整体引进,总体技术装备达到国际先进水平,主要生产国际市场紧俏、可替代进口的高档彩色胶印新闻纸;2.4 万千伏热电站项目二期工程 1.2 万千伏热电站项目完工,推进芦苇基地和 4 万公顷"三倍体毛白杨"林纸结合项目的开发利用。山东华鹏包装有限公司低定量、高白度转移印花原纸项目,华林纸业集团年产 1 万吨高强度埋纱绿色包装袋纸项目形成特色优势。

2000 年,华泰集团申报国家级技术开发中心,成立全国造纸业首家博士后工作站。9 月,华泰股份成功登陆 A 股市场,企业发展实现质的飞跃。至2000 年底,全市造纸行业形成文化用纸、包装用纸、生活用纸、高档加工纸、工业用纸五大系列近百个品种。

2001 年 10 月,华泰集团从德国引进的 16 万吨新闻纸项目一次性投运成功,生产出合格 A 级新闻纸,填补了国内高档新闻纸生产空白。同年,华泰集团与山东大众报业集团合资成立大众华泰印务有限责任公司,拥有法国环球70 机、日本高斯机、日本三菱机等 7 条印刷生产线,固定资产 2.5 亿元,开创中国"纸报合作"的先河。

2002 年,华泰集团投资 13 亿元从德国福伊特公司购进 1 台全新年产 25万吨新闻纸机,是当时国内投资最大、亚洲第一条应用"同一平台新概念"技术的新闻纸生产线,填补了国内高档轻量新闻纸空白。同年,华泰集团增上30 万吨 APMP 纸浆厂,达到浆、纸平衡。

2003 年,造纸业加大资金投入,实施并购和增上高端设备战略。同年 7 月,华泰集团在水资源、芦苇资源丰富的丁庄镇投资 10 亿元开工建设东营华泰清河实业有限公司(下简称清河实业)浆纸项目以及配套热电联产等项目。

2004 年 1 月,华泰集团以承债方式并购山东华远造纸集团,组建成立日照华泰纸业有限责任公司(下简称日照华泰纸业),当年扭亏为盈。

2004—2005 年,华泰集团先后投资近 50 亿元,从德国福伊特公司量身定制 2 条全球单机产能最大、纸幅最宽、车速最快、产品质量档次最高的年产 40 万吨、45 万吨高档彩印新闻纸生产线。45 万吨新闻纸生产线代表当时世界最先进造纸设备与技术,吨纸耗水仅 8 立方米,是传统造纸的 1/10,达到世界领先水平。高档彩印新闻纸生产线投产后,华泰新闻纸年生产能力增至 120 万吨,占全国市场总量的 1/3,一跃成为全球最大的新闻纸生产基地,不仅一举改写中国高档新闻纸全部依赖进口的历史,而且产品远销美国、英国、印度等 60 多个国家和地区,成为世界新闻纸知名品牌。与世界造纸巨头——芬兰斯道拉·恩索集团达成合作,在华泰集团建设年产 20 万吨 SC 纸项目,填补国内市场空白。至 2005 年,华泰集团总资产 106 亿元,机制纸年产能 120 万吨,产品分新闻纸、文化纸、包装纸、生活纸四大系列 100 多个规格品种,"华泰"商标是国内造纸行业第一个中国驰名商标,华泰新闻纸、胶版纸、书写纸被确定为国家免检产品,产品畅销国内 20 多个省市,并远销东欧、东南亚等十几个国家和地区。

2006—2007 年,华泰集团投资 6 000 万元从法国引进环球 75 机,改进大众报业集团内部报刊及全国和中央级共 40 余种报刊的印刷质量;与世界 500 强企业斯道拉·恩索集团合作建设的年产 20 万吨 SC 纸项目正式投产;在造纸行业内最早建成废渣焚烧炉,利用造纸废弃物燃烧发电。2007 年 11 月,总投资 136 亿元的安徽华泰林浆纸有限公司林纸一体化项目在安庆市开工奠基,标志着华泰集团建成长江中下游地区唯一一个大规模针叶林浆纸一体化基地。

2008 年,华泰新华印刷厂由广饶县城整体搬迁至华泰新工业园,总投资 8 000 多万元引进海德堡对开四色印刷机、塔式报刊印刷机、包装彩印机等印刷设备。

2009 年 6 月,总投资 36 亿元、经国家发改委立项批复的国家重点技改项目——华泰集团年产 70 万吨高档铜版纸项目投产,主机从芬兰美卓集团引进,设计车速 2 000 米/分钟,主要生产 80～200 克/平方米铜版纸,设备工艺技术处于世界领先水平;同年 10 月,收购黑龙江黑龙股份有限公司年产 40 万吨新闻纸生产线,与广东新会双水发电厂合资建设广东华泰纸业有限公司新闻纸项目;采取承债方式收购诺斯克河北纸业公司,成立河北华泰纸业有限公司,国内首创利用 100% 回收废纸生产高档胶印新闻纸。至年底,华泰集团总资产 150 亿元,浆、纸总产能 550 万吨。

2011—2013 年,受产能过剩及环保成本上升、国际市场需求减少、新闻纸出口退税政策取消等因素影响,部分产品市场价格下滑,盈利空间收窄。2011年,全市造纸业销售收入 2 000 万元以上企业有 4 家,机制纸及纸板产能达到 261.5 万吨。2013 年,华泰集团投资 3.8 亿元,增上总部、清河实业及日照华泰纸业热电机组脱硫脱硝,华泰化工二期污水处理等项目,投资 1 亿元增上污泥干化、沼气提纯、加气混凝土砌块等资源综合利用项目;主动淘汰 9 条造纸落后生产线。

2014 年,全市规模以上造纸企业实现主营业务收入 158.4 亿元。

2015 年,全市有规模以上造纸企业 4 家,实现主营业务收入 159.92 亿元。

2016 年,全市有规模以上造纸企业 5 家,实现主营业务收入 164.92 亿元。

2017 年,全市有规模以上造纸企业 6 家,实现主营业务收入 145.86 亿元。

2018 年,全市有规模以上造纸企业 5 家,实现主营业务收入 92.25 亿元。

2019 年,全市有规模以上造纸企业 5 家,实现主营业务收入 91.9 亿元,出口交货值 6 437 万元。

2020 年,全市有规模以上造纸企业 6 家,实现主营业务收入 74.76 亿元,出口交货值 1.74 亿元。

造纸产业一直是东营地区的支柱产业,何也?初期,当地有苇草,草浆造纸有原料优势,环保尚不被重视,进入门槛低,行业技术含量低,可以说买来设备就可以生产,一时间垦利、广饶、利津和军马场都上了造纸厂。一段时间后,因管理水平参差不齐、行业技术进步等原因,优胜劣汰市场竞争法则起作用了,华泰造纸厂先后兼并了利津造纸厂、垦利造纸厂,军马场造纸厂则实施破产清算,东营市域内华泰造纸厂一枝独秀。之后华泰集团开启了买买买和强强联合模式,收购了黑龙江黑龙股份有限公司的生产设备,兼并了东营市化工厂,兼并了石家庄、日照的造纸厂,和广东新会双水发电厂合资成立了造纸企业,从德国、芬兰、瑞典等国家引进了先进技术和关键设备,与芬兰斯道拉·恩索集团合作在华泰集团建设年产 20 万吨 SC 纸项目。在规模扩张的同时,华泰集团强力推进技术创新和节能减排,区域竞争力不断提升,成为民族造纸工业的骄傲。

华泰集团的崛起和市内其他造纸厂的衰败说明了一个道理,那就是产业没有高低贵贱之分,有落后的企业没有落后的产业,无论是传统产业还是新兴产业,企业只有自身过硬才能立于不败之地。

五、农副食品加工业

建市前,域内农副食品加工企业主要是立足于本地农副食品资源的小型企业。历史较长,规模较大的企业如广饶县面粉厂,始建于 1956 年。建市以来,全市农副食品加工业蓬勃发展,产业规模不断攀升,产业链条不断延伸,发展质量日趋提高。

山东华誉集团有限公司(下简称华誉集团)于 1997 年建成 1 000 万只肉鸡出口车间及冷库配套设施;1998 年建成 8 万吨饲料加工项目;同年,实施股份制改造,相继取得自营进出口权、动检注册,成立自有进出口贸易公司。

1998 年,广饶县面粉厂改称东营市广饶面粉厂,有职工 380 余人,固定资产 4 600 万元,年加工面粉 80 435 吨,产品"半球"牌小麦粉获评山东省名牌产品。2000 年,投资 4 000 万元新建专用粉车间一处。2000 年 10 月,在全省率先实施老国有粮食企业改制,成立山东半球面粉有限公司,固定资产 7 720 万元,员工 580 余名(见图 3-10)。

图 3-10　山东半球面粉有限公司揭牌仪式

2001 年 7 月,山东万得福实业集团有限公司成立,注册资本 3.38 亿元,公司以大豆精深加工、肉牛繁育和屠宰加工制作经营为主。

2002 年 1 月,东营市一大早乳业有限公司(下简称一大早乳业)成立,注册资本 50 万元。

2005 年 1 月,山东半球面粉有限公司以 3 350 万元收购实施破产的东营市面粉厂有效资产,年新增生产能力 10 万吨,公司年产能达到 40 万吨。是年,东营市农副食品加工业形成多个产业链群:以华誉集团、驰中集团(山东驰中集团有限公司)为代表的畜禽产品加工产业链,以凯银集团(山东凯银集团股份有限公司)为代表的蔬菜制成品加工产业链,以万得福植物蛋白有限公司为代表的大豆产品深加工产业链,以冬映红枣业有限公司为代表的果品深加工产业链,以山东半球面粉有限公司和利津振利油料有限公司为代表的粮油加工企业群。

2006 年 9 月,山东半球面粉有限公司筹资 1 200 万元,收购花园、大营、颜徐、丁庄 4 个规模较大的县级粮所。

2010 年,山东万得福实业集团有限公司发展成为拥有 9 个子公司的实业集团,进入全国食用植物油加工 50 强企业。

2011 年,一大早乳业增上台湾省豪阳公司铁罐灌装生产线。

2012 年,一大早乳业增上年产 3 万吨乳制品、饮料及 1 万吨八宝粥加工项目,项目投资 1.85 亿元。同年,东营市有规模以上农副食品加工企业 91 家,实现主营业务收入 464.4 亿元、利税 52.8 亿元、利润 39.3 亿元。

2013 年,一大早乳业增上年产 5 万吨粗粮饮品及研发项目,投资 1.05 亿元引进国际最先进的瑞典利乐公司 A3 柔性线生产线和 PP 瓶灌装生产线。同年 8 月,山东半球面粉有限公司优化股权结构。

2014 年,东营市规模以上农副食品加工企业完成工业总产值 532.9 亿元。

2015 年,东营市有规模以上农副食品加工企业 59 家,实现主营业务收入 302.34 亿元,出口交货值 0.26 亿美元。

2016 年,东营市有规模以上农副食品加工企业 48 家,实现主营业务收入 262.11 亿元。

2017 年,东营市有规模以上农副食品加工企业 43 家,实现主营业务收入 203.06 亿元。

2018 年,东营市有规模以上农副食品加工企业 30 家,实现主营业务收入 40.21 亿元。

2019 年,东营市有规模以上农副食品加工企业 22 家,实现主营业务收入 44.51 亿元,出口交货值 1.5 亿元。

2020 年,东营市有规模以上农副食品加工企业 27 家,实现主营业务收入 53.37 亿元,出口交货值 1.99 亿元。

东营市农副食品加工业,在经过了改革开放初期的大发展之后,发展速度趋缓,2020 年全市农副食品加工业也只有区区 50 亿元的规模,产业和骨干企业规模与全市农副食品业资源优势不相称,比如肉羊加工业,利津盐窝滩羊养殖年出栏量已达百万头,但屠宰和深加工是短板。2019 年末,全市奶牛存栏 7.42 万头,全年奶类产量达到 40.14 万吨,但东营市的奶制品加工业一直没有发展起来。这种现象持续下去,就会延续东营市农副食品加工度低、增值率低、财政收入低的局面。未来的发展,核心是着力延链补链强链,培植农副食品加工龙头企业,提高加工度,实现规模效益的同步提升,企业、政府、农户经济利益的协调增长。

六、汽车及零配件业

(一)汽车整车

东营市的汽车生产起步于油田特种车辆改装,生产企业为胜利油田所属石油机械厂等内部单位。

1996 年,东营蒙德金马机车有限公司(下简称蒙德金马公司)成立,具备年产 3 万台各类专用汽车、摩托车、旅游观光车生产能力。

2005 年 5 月,胜利石油管理局工程机械总厂完成股份制改造,成立胜利油田孚瑞特石油装备有限责任公司(下简称孚瑞特公司),该公司具有特种车辆改装资质。

2008 年 2 月 18 日,广汽吉奥汽车有限公司(下简称广汽吉奥)东营分公司成立。该分公司位于东营经济技术开发区工业园区,建设用地 66.67 公顷,总投资 32 亿元。广汽吉奥投资兴建年产 15 万辆中高档 SUV、轿车和 PK 整车生产基地以及 15 万台(套)零部件配套工业园区。2009 年 3 月 18 日,广汽吉奥新款 SUV "帅豹"成功下线,填补了东营市无乘用车整车生产企业的空白。同年 4 月,山东东方曼商用车有限公司(下简称东方曼公司)在东营经济技术开发区成立;2010 年具有年产电动汽车 10 万辆、低速汽车 5 万辆的综合生产能力。

2011 年 4 月 12 日,广汽吉奥东营分公司首款车型——中高端 SUV 奥轩 G5 正式下线(见图 3-11)。2012 年 8 月,东营俊通汽车有限公司自主研发生产的"东方曼•迈迪"牌新能源电动车成功下线。

图 3-11　广汽吉奥东营分公司生产线

2013 年,胜利油田高原石油装备有限责任公司(下简称高原公司)具有特种车辆改装资质,产品有网电修井机、连续油管作业车、连续杆作业车、压裂机组、试压车、防砂泵车、固井设备等油田用特种车辆。同年 12 月 27 日,广汽吉奥东营分公司首款轿车——E 美轿车下线,标志着广汽吉奥东营分公司成为山东省唯一自主品牌轿车生产企业。是年,东营经济技术开发区形成年产 5 万辆 SUV 系列产品、5 万辆 E 美轿车、5 万辆低速载货汽车、10 万辆新能源汽车、10 台特车的生产能力。至 2013 年,东营市拥有具备汽车整车生产资质的企业 2 家——广汽吉奥东营分公司、东方曼公司;拥有具备改装车生产资质的企业 4 家——蒙德金马公司、高原公司、孚瑞特公司、山东科瑞机械制造有限公司(下简称科瑞公司)。

2014—2015 年,全市拥有具备汽车整车生产资质的企业 2 家——蒙德金马公司、东方曼公司;拥有具备改装车生产资质的企业4家——科瑞公司、高原公司、胜利油田胜利动力机械集团有限公司(下简称胜动集团)、孚瑞特公司。

2016—2020年,全市拥有具备汽车整车生产资质的企业2家——山东吉海新能源汽车有限公司(下简称吉海新能源)、东营迈迪汽车有限公司(下简称东营迈迪汽车);拥有具备改装车生产资质的企业5家——山东明珠汽车科技有限公司(下简称明珠汽车)、科瑞公司、高原公司、胜动集团、孚瑞特公司。

(二)汽车零部件制造业

东营市汽车零部件产业的发展大致可分为以下3个阶段:

第一阶段,1987—2005年,起步阶段。

这一时期企业数量少,产业规模小。1987年10月,广饶石棉器材厂成立,主要研制石油钻机刹车块。1988年逐步由单一石棉器材生产经营,发展到橡胶制品和化工产品的生产经营,先后建设石棉、炼胶、胶管、压延、胶件等生产车间(见图3-12)。1990年3月,更名为东营石棉器材厂。1991年后部分生产车间发展成为独立核算经营的生产厂。1990年10月,与香港发展汽车贸易有限公司合资兴办东营信义汽车配件有限公司。1996年3月,成立东营信义企业集团公司。

图3-12　广饶石棉器材厂

1998年,广饶永正汽车配件有限公司成立,是集汽车轮辐、型钢、无内胎钢圈设计、生产、销售、国际贸易于一体的专业化汽配制造企业。

2000年3月,东营信义企业集团公司更名为东营信义实业集团(股份)有限责任公司(下简称信义集团)。集团公司下辖东营信义汽车配件有限公司(下简称信义汽配公司)等6个分公司。同年9月,信义汇丰汽车配件有限公司(汇丰集团前身)成立,主要从事汽车驱动轴与轮毂轴承单元的研发和生产,是一家以生产汽车底盘为主导,集提供汽车配件生产与服务于一体的国家级高新技术企业。

2001年,信义集团改制。

2002年12月,信义集团开始实施年产1500万套COPNA芳香烃树脂基轿车制动片总成项目,总投资1.6亿元。

2003年,东营科力汽配有限责任公司、山东正顺车轮有限公司、山东金山汽配有限公司先后成立。山东鸿亦机械有限公司开始从事驱动桥总成、螺旋锥齿轮等汽车配件生产。信义集团建设占地33公顷的汽配研发生产出口基地,在胶南市经济开发区(现已被撤销)建设占地9公顷的汽配研发生产中试基地。

2004年,正宇集团成立,从事专业化车轮生产。信义集团与世界500强企业美国TRW公司实现技术对接,共同建立国际摩擦材料研发中心及中试基地,为研发、中试高性能非金属复合材料制动器衬片的主机配套和开拓OEM(国外主机配套)市场提供技术支持。同年底,汇丰集团第一条汽配产品组装线投入使用,标志着汇丰集团成功转型。

2005年8月,信义集团经世界500强企业TRW公司技术审核认可,正式为克莱斯勒公司汽车主机配套,成为中国同行跻身国际汽车主机市场的第一家公司(见图3-13)。是年底,东营市有规模以上汽配企业5家。

第二阶段,2006—2017年,快速发展阶段。

2006年,山东盛泰车轮有限公司、东营万迪诺制动系统有限公司、奥戈瑞集团先后成立。信义集团被商务部和国家发改委授予"国家汽车零部件出口基地企业"称号。

2007年,信义集团成功为美国福特公司主机配套,并被德国大众公司评定为A级供应商,全球20多家大众公司可直接由信义汽配公司供应产品。

2008年,人力资源和社会保障部批准信义汽配公司设立博士后科研工作

图 3-13　2005 年 8 月,信义摩擦片为戴姆勒-克莱斯勒主机配套首批启运仪式

站,其注册的"信义"商标被依法认定为中国驰名商标。2008 年 6 月,汇丰集团传动轴生产车间建设完成并投入使用。

2009 年 2 月,汇丰集团完成意大利 Meccanodora 球面沟道磨削专机及日本 LGMazak 数控车床等一系列世界顶级生产设备的安装、调试并投入试运营,传动轴车间外球笼第一只壳体正式下线;东营泰恩斯动力传动设备有限公司(下简称泰恩斯公司)成立,主营变速箱、定位套、橡胶堵等。同年 7 月,东营博瑞制动系统有限公司成立。同年 11 月,山东合力车轮股份有限公司成立,注册资本 5 亿元,经营范围为火车轮、轮箍、火车轴、火车配件、机械配件生产、销售。

2010 年,山东陆宇司通车轮有限公司、东营金凯汽车配件有限公司成立。同年 4 月,信义集团开始实施环保型制动片成套装备及自动化生产线研究项目,研发资金 4 700 万元。全市规模以上汽配企业从 2006 年的 7 家增至 20 家。

2011 年,东营宝丰汽车配件有限公司(下简称宝丰汽配)、山东正诺集团有限公司成立。全市有规模以上汽配企业 21 家。

2012 年,汇丰集团生产设备更新换代,引进了俄罗斯、韩国、德国的先进设备。

2013 年 2 月,信义集团实施汽车变速箱粉末冶金齿毂项目。泰恩斯公司独立研发的自动变速箱控制系统,打破了国外对变速箱技术的封锁,填补了国内空白。同年5月,山东双王铝业有限公司成立,其引进了全球最先进的全自动化液态铝合金水冷浇铸线,全自动机加工钻孔线以及全自动喷粉、喷漆线。

2014年2月,山东考普莱机械科技有限公司(下简称考普莱公司)成立,其引进了德国、意大利生产的技术全球先进的生产设备、检验检测设备及其他辅助设备,具备世界先进的4D设计技术,依托英国工厂的市场,直接进入捷豹、路虎等国际知名车企采购供应商系统。

2015年,全市汽车配件行业实现主营业务收入298亿元。

2016年,全市汽车配件行业实现主营业务收入325亿元。

2017年,全市汽车配件行业实现主营业务收入320亿元。

第三阶段,2017年之后,整合重组阶段。部分企业因经营管理不善实施破产重整。

2018年7月10日,山东奥戈瑞轮胎有限公司(下简称奥戈瑞公司)实施破产,之后浙江物产化工集团有限公司(下简称浙江物产)对奥戈瑞公司实施破产重整收购。同年11月1日,浙江物产化工山东奥戈瑞轮胎项目正式启动。同年7月16日,法院裁定受理山东永泰集团有限公司(下简称永泰集团)破产清算,考普莱公司连带破产。

2019年7月,信义集团破产重整。同年12月16日,东营市中院裁定山东合力车轮股份有限公司破产清算。资料显示:截至2019年11月30日,山东合力车轮股份有限公司资产总计11亿元,公司负债16.5亿元,资产负债率150.26%。

2020年,全市有汽车配件企业17家。主要企业有东营宝丰汽车配件有限公司、山东陆宇司通车轮有限公司、德瑞宝(中国)复合材料有限公司。主要产品有刹车片、汽车车轮。实现营业收入33.7亿元。

东营市的汽车整车生产一直不温不火,起步于油田改装车,随着民营汽车企业发展,特种车有了较快发展,高峰期是广汽吉奥汽车上马,但这一被寄予厚望的企业在玩了一手"空手套"之后销声匿迹,留下的是10多亿元的政府债权和偌大的厂区。东营的汽车整车大发展只能依靠招引知名汽车厂前来建厂,但这方面的条件似乎不很具备。

与整车发展不同的是,东营的汽车配件业基础好,底子厚,潜力大,刹车片、轮胎、车轮等已经形成较大规模,部分产品质量上乘,有做强做大的条件。

第五节 新兴产业如雨后春笋茁壮成长

新兴产业是随着新的科研成果和新兴技术的诞生并应用而出现的新的经济部门或行业。战略性新兴产业是指以重大技术突破和重大发展需求为基础，对经济社会全局和长远发展具有重大引领带动作用，成长潜力巨大的产业，是新兴科技和新兴产业的深度融合，既代表着科技创新的方向，也代表着产业发展的方向，具有科技含量高、市场潜力大、带动能力强、综合效益好等特征。

从国家层面讲，重点发展的战略性新兴产业包括新一代信息技术产业、高端装备制造产业、新材料产业、生物产业、新能源汽车产业、新能源产业、节能环保产业、数字创意产业、相关服务业九大领域。

东营市的战略性新兴产业发展由来已久，近年来呈加速发展之势。第四次经济普查结果显示，2018年末，全市从事战略性新兴产业生产的规模以上工业企业法人单位127个，占规模以上工业企业法人单位的14.7%。其中，新材料产业45个，占工业战略性新兴产业企业法人单位的35.4%；生物产业20个，占15.7%；节能环保产业21个，占16.5%。

一、新材料

国务院《新材料产业"十二五"发展规划》中将新材料定义为：新出现的具有优异性能和特殊功能的材料，或是传统材料改进后性能明显提高和产生新功能的材料，其范围随着经济发展、科技进步、产业升级不断发生变化。根据《新材料产业发展指南》，新材料主要包括以下几类：

先进基础材料：有色金属材料、高分子树脂等先进化工材料、先进建筑材料、先进轻纺材料等。

关键战略材料：重点从满足下一代信息技术产业、高端装备制造业等的重大需求划分，有耐高温及耐蚀合金、高强轻型合金等高端装备用特种合金，反渗透膜、全氟离子交换膜等高性能分离膜材料，高性能碳纤维、芳纶纤维等高性能纤维及复合材料，高性能永磁、高效发光、高端催化等稀土功能材料，宽禁带半导体材料和新型显示材料，新型能源材料，生物医用材料等。

前沿新材料：石墨烯、金属及高分子增材制造材料，形状记忆合金、自修复材料,智能仿生与超材料,液态金属、新型低温超导及低成本高温超导材料等。

新材料产业是国民经济的先导产业。随着制造业转型升级和其他新兴产业发展步伐加快,巨大的市场需求带动新材料产业快速发展。截至2020年底,东营市新材料产业主要涉及功能陶瓷材料、高性能纤维及复合材料、功能性膜材料、化工新材料等领域。2020年全市规模以上新材料企业实现营业收入221亿元、利润35.5亿元。

（一）产业发展势头良好

近年来,通过骨干企业的培育和带动,产业整体发展水平得到了显著提升,形成了以氧化锆、高纯度钛酸钡等产品为主的功能性陶瓷材料,以聚碳酸酯(PC)、聚甲基丙烯酸甲酯(PMMA)、高吸水性树脂(SAP)等产品为主的高分子聚合物新材料,以对位芳纶、碳纤及玻纤复合材料等产品为主的高性能纤维材料,以聚酰亚胺薄膜、水处理膜等产品为主的高性能膜材料,以精密导线、超导铜线、电子铜箔等产品为主的铜基新材料。另外石墨烯及石墨烯改性超级活性炭等碳基新材料项目也在东营市布局。稀土催化材料、氧化铝纤维等新材料产业园加快建设,新材料产业快速增长。

（二）代表性企业不断涌现

山东国瓷功能材料股份有限(下简称国瓷公司)是全球最大的片式多层陶瓷电容器用钛酸钡,国内最大的纳米级复合氧化锆、纳米级高纯超细氧化铝、陶瓷墨水等功能陶瓷产品生产企业,被工信部评为第四批制造业单项冠军示范企业。胜利油田新大管业科技发展有限责任公司(下简称新大管业)是复合材料行业单项冠军企业,碳纤维连续抽油杆、柔性复合连续管道等产品在油田钻采作业中得到广泛应用。山东九章膜技术有限公司是山东省唯一一家实现反渗透膜元件产业化生产的高科技企业,也是全球少数拥有干式反渗透膜元件生产能力的制造商,是山东省首批瞪羚企业示范企业。山东东珩国纤新材料有限公司(下简称东珩国纤)是国内唯一、全球第三家能够产业化生产氧化铝纤维的企业,打破了美国3M公司、日本三菱公司的垄断和技术封锁。化工新材料方面,利华益集团不断拓展石化产品链条,大力发展化工新材料产品,形成了丙烯—丁辛醇—多元醇系列、丙烯—苯酚丙酮—双酚A—聚碳酸酯等多条石化产品链,目前正在打造丙烯—丙烯腈—ABS(丙烯腈-丁二烯-苯乙烯共聚物)树脂产品链;富海集团有限公司(下简称富海集团)打造PX—

PTA（精对苯二甲酸）—PET 产品链。山东诺尔生物科技有限公司（下简称诺尔生物）形成了丙烯—丙烯酸—高吸水性树脂产品链，主导产品为高吸水性树脂，国内市场占有率约为 24.3%，是山东省"隐形冠军"企业。

（三）创新能力不断增强

2020 年全市新材料企业科技研发投入达 1.4 亿元，占全行业销售收入的 5.59%。拥有省级企业技术中心 6 个、市级 5 个；授权专利 522 件，其中，国内发明专利 56 件、PCT 专利 18 件。国瓷公司已申请国家专利 110 余件、PCT 专利 13 件，授权专利技术 79 件、发明专利 28 件、实用新型专利 64 件，其中"一种连续制备钛酸钡粉体的工艺"获得中国专利金奖，在电子陶瓷、蜂窝陶瓷、齿科材料等功能陶瓷领域已具有世界领先的研发水平，连续 3 年被中国电子元件行业协会评为"中国电子材料专业十强"。

（四）品牌质量建设扎实推进

全市新材料产业拥有中国驰名商标 1 个，山东名牌 3 个，主持、参与制定行业标准 13 项。新大管业是山东省重点培植的特色品牌企业，"新大"商标是国家驰名商标。国瓷公司参与制定国际标准 3 项、国家标准 3 项、行业标准 2 项，主持制定了《电子工业用高纯钛酸钡》行业标准；申请注册商标 6 项，已批准 4 项。诺尔生物申请注册国内商标 25 项，注册马德里商标 19 项。

（五）高端人才带动效果明显

高端人才及相关团队的引进对东营市新材料产业发展起到了重要的带动作用。部分骨干企业与相关科研院所合作紧密，产学研联合广泛开展，形成了一批高素质的专业研发团队。截至 2020 年底，全市有国外专家 11 人、国家"万人计划" 1 人、泰山产业领军人才 1 人。东营经济技术开发区引进国家级稀土催化研究院在东营市落户，稀土催化技术创新及高端应用成果优先在东营市落地，将推动东营市稀土应用上下游企业的发展，为做大做强新材料产业提供创新引擎。

存在的突出问题：一是集群优势不突出，龙头企业偏少。目前，除东营经济技术开发区和东营港经济开发区规划建设了新材料产业园，关键战略材料和化工新材料具备一定的产业基础外，其他县区新材料产业基础薄弱，全市新材料产业专业化分工和差异化发展的格局尚未形成。同时，具有核心专利技

术、生产规模较大的关键战略材料类龙头企业少,带动能力弱。

二是产业链不完善,市场供需互动性差。国瓷公司、新大管业、诺尔生物等新材料骨干企业正处于发展壮大阶段,上下游配套企业少,产业链尚不完善。同时,新材料产品在汽车、医疗、电子信息等消费类工业品领域的应用更加广泛,而东营市传统的中间产品制造业企业居多,能与新材料产品应用形成互动的产业门类少。

三是企业融资困难,高端人才短缺。新材料产业是技术和资金密集型产业,具有高投入、高风险、高产出的特征。目前,多元化的投融资体系和风险投资机制尚未形成,企业贷款困难,高级管理人才、技术人才缺乏也是制约产业发展的关键因素。

二、生物医药

生物医药是指利用基因工程、克隆抗体工程、细胞工程技术生产的源自生物体内的天然物质,用于体内诊断、治疗或预防的药物。主要指基因重组的蛋白质分子类药物,如激素和酶、疫苗、单克隆抗体等药物。相对于传统医学,生物技术药物有着突出的疗效和社会效益,在临床治疗方面,对严重威胁人类健康的重大疾病如遗传性疾病、癌症、糖尿病等的治疗中,生物医药的作用举足轻重,甚至不可替代。

从1953年DNA双螺旋结构的发现到1982年批准第一个基因重组生物制品,拉开了生物制药的序幕。20世纪90年代后,生物制药高速发展,进入21世纪以来,世界生物技术异军突起,在开发研制和生产生物药品方面成绩斐然。随着中国把生物医药列入战略性新兴产业,东营市生物医药产业实现了较快发展。

(一)产业集聚发展开始起步

近年来,东营市生物医药产业初步形成了从原材料生产,到中间体、原料药、药用辅料及制剂的制备,再到医药流通的产业链条,产品涵盖原料药、制剂、医药中间体、医用辅料等多个品种,集聚态势初步显现,具备了向高端化发展的产业基础。垦利区以新发药业有限公司(下简称新发药业)为龙头,重点实施生物医药制剂新羟等延链补链项目,建设生物医药优势产业创新中心、研发中心,招引功能食品、生物医药、医械制造等上下游企业,培育500亿级生物医药产业园。东营港经济开发区紧盯抗癌、靶向、抗病毒等领域的创新原料药、特色原料药,全方位打造创新原料药产业基地。重点实施与上海张江高科合作的生物医药中试基地和原料药生产基地建设项目,新上东营道一生物医药科技有限公司二期抗病毒原料药及中间体项目、东营平明医药科技有限公司(下简称平明医药)抗心脑血管疾病原料药及中间体项目、山东健源精细化工有限公司对甲苯硫酰氯中间体系列产品项目。

(二)骨干企业"专精特新"化发展

新发药业是山东省首批中小企业"隐形冠军"企业,是全球 B 族维生素种类最全的生产企业,其产品维生素 B5 全球市场占有率达到 40% 以上。东营天东制药有限公司(下简称天东制药)的产品原料药肝素钠和依诺肝素钠,通过了美国 FDA 和欧盟 EDQM 认证,出口量占同类产品的 40%。东营合益化工有限公司是国家标准制定单位,其生产的三氟化硼乙腈络合物和三氟化硼碳酸二甲酯络合物主要用作头孢类原料的催化剂,市场占有率达 70% 以上。

(三)创新主体地位不断强化

2020 年全市生物医药产业共建有省、市级各类研发创新平台 35 个,拥有专利 280 件。其中山东凤凰制药股份有限公司(下简称凤凰制药)拥有山东省第一个中药固体制剂工程技术研究中心、山东省第一个医药企业技师工作站,是国家综合性新药研究开发技术大平台产业化示范企业;山东鲁宁药业有限公司与中科院、上海交通大学、山东大学等院所和高校密切合作,与颜德岳院士联建了院士工作站;天东制药与国家糖工程技术研究中心建立了稳定的合作关系,成立了博士后科研工作站、山东省生化药物工程实验室,参与了 5 项国内低分子肝素质量标准制定;东营曜康医药科技有限公司在济南药谷设立研发基地。

存在的突出问题:一是企业规模偏小,产品附加值不高。除新发药业等少数大型企业外,企业产值普遍在亿元以下。产品工艺方面,除山东亦度生物技术有限公司采用细胞培养技术、天东制药采用生物酶提取技术外,大多采用普通的生物发酵工艺,产品与基因工程产品、分子工程产品等仍存在较大差距,产品附加值低,对产业链上下游带动效应不强。

二是产业布局分散,难以发挥集群效应。由于缺乏生物医药"链主"企业引领,东营市生物医药相关企业根据自身发展决定产品方向,分工协作不紧密,企业间的技术、项目关联度不高,没有形成完整的产业链,相关辅助行业发展较为落后,没有形成产业的集群发展效应。

三是高端人才供给不足,研发平台建设落后。受限于地理位置、交通状况、高校建设等方面问题,本地人才供应不足,外部人才引进困难,导致本地生物医药相关企业在研发、技术环节缺乏相关人才支撑。同时没有建立统一有效的研发交流平台,虽然各企业积极同外部高校及科研院所合作进行产品工艺研发,但企业间科技研发资源共享率低。

近年来,东营市的制药企业有了长足发展。2020年全市规模以上医药企业实现营业收入80.5亿元,利润11.1亿元。重点企业有新发药业、凤凰制药、山东仙河药业有限公司(下简称仙河药业)、山东胜利药业有限公司(下简称胜利药业)等,生产医药中间体的企业也呈快速发展趋势。部分领域具有比较优势。化药领域,东营市精细化工产业快速发展,为化药生产提供有力原料支撑,化学药品生产制造能力不断增强,逐步完善从原料药供应到药品制剂生产制造的完整产业链,初步形成东营高新区、垦利经济开发区、东营港经济开发区3个医药产业园。全市化药工业营业收入占全市医药工业的70.1%。中药保健品领域,东营市土地广袤,可入药的中药资源丰富,依靠黄河口丰富的生物资源,以及黄河三角洲农业高新技术产业示范区及多个中草药种植示范基地,中草药发展快速。但从总体上看,目前东营市医药产业规模较小,质量不高。截至2020年底,医药企业占全市规模以上工业企业的2.8%,营业收入占全市工业的1.1%,生物医药企业规模占比较小。

三、新能源

新能源是人类社会未来能源的基石,是我国加快培育和发展的战略性新兴产业之一,对优化产业结构和能源结构,助力实现"碳达峰、碳中和"有着重要意义。

我国可再生能源开发利用规模稳居世界第一,为能源绿色低碳转型提供了强大支撑。发电装机实现快速增长,截至2020年底,我国可再生能源发电装机总规模达到9.3亿千瓦,占总装机的比重达到42.4%,较2012年增长14.6个百分点。其中水电3.7亿千瓦、风电2.8亿千瓦、光伏发电2.5亿千瓦、生物质发电 2 952 万千瓦,分别连续 16 年、11 年、6 年和 3 年稳居全球首位。利用水平持续提升,2020 年,我国可再生能源发电量达到 2.2 万亿千瓦时,占全社会用电量的比重达到 29.5%,较 2012 年增长 9.5 个百分点,有力支撑我国非化石能源占一次能源消费比重达 15.9%,如期实现 2020 年非化石能源消费占比达到 15% 的庄严承诺。我国的装机容量中 40% 左右是可再生能源,发电量的 30% 左右是可再生能源,全部可再生能源装机规模居世界第一位。

以重化工业为主的东营市不能错失"零碳"的发展先机。绿色能源产业可以成为东营市振兴的重要推动力,低成本绿色电力不仅是产业和科技的制高点,也是经济高质量发展的竞争力,将推动产业转型和新工业体系的建立。应该基于碳中和的目标,对整个工业生产工艺、技术、产业布局作出一系列的调整,形成绿色能源生产、科技研发、产品应用的产业集群。这是在新能源革命的基础上,围绕"零碳"技术作出的全局性、系统性调整,拼的是学习速度和绿色资源的高效开发,是用低碳化、数字化和智能化为手段实现产业升级。

（一）发展现状

东营市主要发展利用的新能源为太阳能和风能,其中,太阳能年利用小时数可达 1 400 小时以上,风能年利用小时数可达 3 100 小时以上,为山东省太阳能、风能资源开发利用最理想的地区,具有较好的新能源开发利用前景。

东营市 2006 年建成首个 3 万千瓦生物质发电项目,2008 年建成首个 4.95 万千瓦风电项目,2010 年建成首个 0.7 万千瓦光伏项目,建成时间位于全省前列。截至 2020 年底,东营市新能源发电装机容量为 216.12 万千瓦,较"十二五"末增加 110.55 万千瓦。其中,光伏发电装机容量为 120.71 万千瓦（集中式光伏发电装机容量为 69.01 万千瓦、分布式光伏发电装机容量为 51.7 万千瓦）,风电装机容量为 89.01 万千瓦,生物质发电（含垃圾发电）装机容量为 6.4 万千瓦,新能源电力装机容量占电力总装机容量的比重达到 28.9%。2020 年东营市新能源发电量为 32.8 亿千瓦时,较"十二五"末增加 13.4 亿千瓦时,计入外电中新能源电量 8.2 亿千瓦时,全市非水新能源电力消纳责任权重达到 12.1%,较"十二五"末提高 4.2 个百分点。东营市新能源发展"十三五"期间主要指标见表 3-2。

表 3-2 东营市新能源发展"十三五"期间主要指标

项　目	2015 年	2020 年	增　量	增　幅
一、发电装机容量(万千瓦)	105.57	216.12	110.55	104.7%
1. 光伏发电	22.32	120.71	98.39	
2. 风电	79.05	89.01	9.96	
3. 生物质发电	4.20	6.40	2.20	
二、发电量(亿千瓦时)	19.40	32.80	13.40	69.1%
1. 光伏发电	0.73	11.99	11.26	
2. 风电	15.53	16.45	0.92	
3. 生物质发电	3.14	4.36	1.22	

1. 光伏

东营市光伏产业起步较早,其产能曾经居山东省首位。东营光伏太阳能有限公司从 2005 年开始光伏产业的规划和发展,涉足太阳能级硅棒生产、电池片制造、光伏组件封装和光伏系统集成等多个光伏产业环节。山东大海新能源发展有限公司(下简称大海新能源)成立于 2009 年,经营范围为太阳能硅片的生产和销售,电池片、光伏组件及系统集成研发、销售等(见图 3-14)。由于生产经营不景气,大海新能源实施了破产,东营光伏太阳能有限公司实施了资产重组。

图 3-14 大海新能源单晶硅生产车间

截至 2020 年底,东营市有 35 千伏及以上集中式光伏电站 19 座、88 万千瓦,分布式光伏 12.5 万户、72.26 万千瓦,合计光伏发电容量为 120.7 万千瓦,发电量为 11.99 亿千瓦时。重点推进光伏项目共 8 个,分别是:全国首个批复的河口区 50 万千瓦分布式发电市场化交易试点项目、通威东营渔光一体生态园区 20 万千瓦平价项目、东营市财金集团主导的 3×30 万千瓦平价项目和 3×12.9 万千瓦竞价项目。2018 年实施的河口区新能源高新技术产业园项目以国家 863 计划高效异质结太阳能电池产业化为核心,实施高效异质结太阳能电池组件项目。同时,以新能源高新技术产业园为载体,引进一批光伏发展核心技术、储能电源、氢燃料电池及动力电源汽车等高新技术项目,最终形成累计投资 100 亿元、主营业务收入 300 亿元以上、利税 45 亿元以上的现代高新技术产业园。

未来主要在河口区、利津县刁口乡等地布局 4 个大型光伏基地,建设农光、渔光、盐光等"风光氢储一体化"综合利用示范基地,推动光伏发电与农业、养殖业、盐业、生态环境治理等融合发展。探索研究"风光火储一体化""源网荷储一体化"运营模式,推动能源就地清洁生产和就近消纳,提高能源综合利用效率。

2. 风电

东营海岸线长 412.67 千米,沿海区域风资源总量约为 3 999 万千瓦,其中,陆域风能储量约为 599 万千瓦,海域风能储量约为 3 400 万千瓦。如此"风水"宝地,引得国内外众多风电巨头纷纷抢滩扎堆东营。自 2004 年以来,已有大唐集团、国华电力、华能集团、华润集团等集团公司在这里开发建设风电场(见图 3-15),有 15 个风电项目获得核准。截至 2020 年底,装机容量为 89.01 万千瓦,占山东省风电装机容量的 1/5,2020 年发电量达 16.45 万千瓦时。

2011 年 10 月 11 日,东营市政府正式批复《东营市风电产业发展规划》,按照这一规划,到 2030 年,全市将规划建设风电场 18 个,总装机容量为 4 700 兆瓦。其中,建设 7 个陆地风电场,容量为 1 500 兆瓦;建设 11 个海上风电场,容量为 3 200 兆瓦。2020 年,东营市有陆上风电场 9 个,风机 535 台,容量为 110 万千瓦,发电量为 16.45 亿千瓦时。东营陆上风电开发已无潜力,海上风电资源量大,开发尚未起步,潜力巨大。东营市海岸线北起顺江沟河口,南至淄脉沟口,全长 412.67 千米,约占山东省海岸线的 1/9。围绕山东省海上风

图 3-15　大唐集团东营风电

电规划,东营市将重点推进东营海上风电基地建设,实现海上风电规模化、基地化开发,积极提供岸电直供和消纳保障。目前,正积极协助做好东营港 3 个海上风电项目(共计 80 万千瓦)的前期论证研究工作。

3. 地热能

东营市地热资源丰富,地热资源量为 3 447 亿立方米,约占山东省的 1/5,可采热水量为 562 亿立方米。东营市是山东省地热资源最丰富的地区之一,主要热储层为新近系馆陶组和古近系东营组,其中馆陶组热储层埋深为 1 400～2 300 m,单井出水量为 60～80 m^3/h;东营组热储层埋深为 1 500～1 850 m,单井出水量为 60～80 m^3/h,锶、溴、锂、偏硼酸、偏硅酸等微量元素和物质含量达到医疗热矿水标准,具有极高的医疗价值与保健作用。东营市开发地热能极具优势的条件是胜利油田至少有 20 000 多口油井可供地热开发。2012 年 11 月 22 日,国土资源部正式命名东营市为"中国温泉之城",东营市开发利用地热资源进入了一个崭新的时期。2012 年,《东营市地热资源管理办法》《东营市地热资源勘查开发与保护规划》经市政府发布实施,开采地热资源,需要依法取得地热采矿权,并由具备勘查资质的单位进行施工,对地热井的开采指标均有量化规定。东营市地热开发利用还处于初级阶段,必须创新发展模式,依法解决采矿权、地热尾水达标排放等问题,重点推动水热型(中深层)地热供暖和地热能多元化利用。

4. 氢能

《中国氢能源及燃料电池产业白皮书 2020》显示，为实现 2060 年碳中和目标，我国氢气年需求量将从目前的 3 342 万吨增至 1.3 亿吨左右，在终端能源体系中占比达到 20%。氢能供给结构从以化石能源为主的非低碳氢逐步过渡到以可再生能源为主的清洁氢，并将提供 80% 的氢能需求。现在，我国氢气的主要来源是灰氢，即化石能源制氢，主要是工业副产氢。蓝氢虽是化石能源制氢，但同时配套了二氧化碳捕集利用和封存，是发展的第二阶段。绿氢则是可再生能源制氢，可实现全过程绿色生产和使用。

2020 年，山东省出台《山东省氢能产业中长期发展规划（2020—2030年）》，提出力争通过 10 年左右的努力，实现氢能产业从小到大、由弱变强的突破性发展，全力打造"中国氢谷""东方氢岛"两大品牌，培育壮大以济南、青岛等地区为重点的"鲁氢经济带"，建成集氢能创新研发、装备制造、产品应用、商业运营于一体的国家氢能与燃料电池示范区，为推动山东新旧动能转换、实现高质量发展提供坚强保障。目前，全省制、储、运、用等氢能产业链条基本完备，产业发展已具规模。

东营市在氢能供应方面具有较好基础，氢气来源广泛，石油炼化、盐化工等行业的副产氢资源丰富，且副产氢品质较好、价格低，具备大规模利用的低成本优势。一是 2020 年底氢气生产能力达到 104.3 万吨，其中，炼化企业氢气生产能力为 99.5 万吨/年，盐化工企业氢气生产能力为 4.8 万吨/年。除企业自用外，年可富余 3.36 万吨，如炼化企业适当提升制氢装置负荷，年可外供 7 万余吨（8 亿标准立方米左右）。二是在建产能 5.9 万吨/年。主要是振华石油化工有限公司（下简称振华石化）100 万吨/年丙烷脱氢、山东天弘化学有限公司（下简称天弘化学）45 万吨/年丙烷脱氢、利华益集团 100 万吨/年烯烃芳烃等项目的副产氢气。另外，依托盐碱滩涂地光伏发电项目和渔光一体生态园光伏发电项目，规划建设了总投资 1.7 亿元的可再生能源发电电解水制氢项目，年可产氢气 700 余吨（800 万标准立方米）。

东营市在氢能利用和二氧化碳捕集利用方面具有优势，可实现节能减排，一箭双雕。主要流程是绿电制氢制氧，氧气注入电厂通过富氧燃烧提高烟气中的二氧化碳占比，可实现低成本高效捕集二氧化碳，捕集的二氧化碳注入油田油井驱油，可提高原油采收率，也可将二氧化碳注入废弃的油井中封存。

总体上看,东营市制氢资源丰富,炼油厂、盐化工厂是灰氢、蓝氢生产主体,光伏和风电是绿氢生产主体,这方面有比较优势,但储、运、用等链条相对薄弱。只要坚持战略方向,解决产业中存在的问题,东营氢能将大有作为。

5. 生物质发电

东营市现有秸秆电厂 1 座,即国能垦利生物质发电厂,其装机容量为 6.4 万千瓦,2020 年发电量达 4.36 亿千瓦时。下一步将重点推进以农作物秸秆循环利用和清洁化利用为主的农林生物质热电项目。

(二)存在问题

东营市新能源产业发展较快,潜力巨大,但也存在一些问题。一是新能源发电装机规模相对较小。近年来,东营市新能源发展受诸多因素影响,风电和生物质发电发展缓慢,光伏发电装机规模虽然实现了快速增长,但装机规模仅占全省的 4.8%,位列全省第十名,增速低于全省平均水平,与同类地市相比存在较大差距。全市新能源发电量仅占全社会用电量的 9.7%,比重相对较低。结合东营市新能源资源禀赋,新能源发展还有较大空间。

二是新能源开发利用受限因素多。东营市新能源经过多年的开发利用,风电、光伏的发展受城市规划、生态保护、海洋渔业等多方面的影响,适合规模化开发的光伏发电厂址不够丰富。东营市地热能资源全省最优,但尚未形成规模化开发和多井联动效应,地热能开发利用管理机制不健全,标准和监管体系不完善,规模化发展面临地热能资源富集区与地下水禁采区(限采区)重合、油气矿业权和地热资源矿业权重叠等问题,致使开发建设面临较多困难。

三是新能源装备制造业整体发展水平不高。东营市新能源装备制造业主要以光伏发电和陆上风电装备制造为主,产业发展层次不高,缺乏掌握核心关键技术的产业领军企业,缺少具有国内影响力的知名产品和品牌。东营市地热能资源丰富,但相关产业发展规模和质量明显不能满足地热能快速发展的要求,资源带动产业发展的成效不够明显。海上风电装备制造处于起步阶段。东营市新能源装备制造业整体规模不大、发展速度不快、支撑能力不强,不能有效满足新能源快速增长的需求。

(三)发展目标

充分发挥东营市资源禀赋优势,按照优化布局、提升质量、做大总量、带动产业的总体发展目标,大力推进光伏发电和海上风电建设,积极推广地热能、生物质能多元利用,高标准建设新项目、创造新模式、打造新生态。通过新能源项目建设,带动新能源装备产业发展,推动新能源发电、储能、输送、应用融合发展,实施新能源替代行动,拓展新能源应用范围,实现新能源高质量、大规模发展,全力打造全国知名的新能源之城。

新能源装机规模。到2025年,全市新能源发电装机容量力争达到1 675.62万千瓦左右,"十四五"期间新增1 459.50万千瓦。其中光伏、风电、生物质发电装机容量分别新增1 108.60万千瓦、340.00万千瓦、10.90万千瓦(见表3-3)。全市新能源年发电量达到274.92亿千瓦时。

表3-3 东营市新能源发展"十四五"期间主要指标

项 目	2020 年	2025 年	增 量
一、发电装机容量(万千瓦)	216.12	1 675.62	1 459.50
1. 光伏发电	120.71	1 229.31	1 108.60
2. 风电	89.01	429.01	340.00
3. 生物质发电	6.40	17.30	10.90
二、发电量(亿千瓦时)	32.80	274.92	242.12
1. 光伏发电	11.99	145.02	133.03
2. 风电	16.45	118.45	102.00
3. 生物质发电	4.36	11.45	7.09
三、供暖面积(万平方米)	500	2 000	1 500

新能源消纳责任权重指标。超额完成山东省下达的新能源电力消纳责任权重指标,力争2025年非水新能源电力消纳责任权重超过35%。

新能源产业规模。引进和培育一批新能源企业,打造集研发、制造、安装、运维于一体的具有较强影响力的产品、品牌。到2025年,力争新能源产业年产值超过500亿元。

新能源应用范围。提高新能源发电和供热在公共交通、行政事业单位以及企业和户内的供能比例,到2025年,地热能供暖面积达2 000万平方米。加快新技术、新业态发展,推动新能源发电与储能、制氢等融合发展,拓展新能源应用范围,持续提升新能源消费占比。

展望 2030 年,全市新能源发电装机容量力争达到 2 500 万千瓦以上,全面建成清洁低碳、安全高效、智慧融合的现代能源体系。

四、新能源汽车

在未来全球能源短缺和环保压力加大的情况下,新能源汽车已然成为汽车行业发展的大势所趋,目前世界主要汽车企业已由过去的观望和谨慎投入转向积极主动和战略性投入。东营市新能源汽车产业主要涉及动力电解液、氢气、汽车轮胎、汽车零部件、新能源商用车整车制造等领域。

(一)上游产业

主要包括生产动力电池所需的正极材料、负极材料、电解液、隔膜四大材料和锂电池生产设备以及开采锂、钼、钴等稀有金属矿产产业,同时,氢气也是燃料电池的动力原料。东营市新能源汽车上游产业主要有电解液和氢气。电解液方面,主要有山东海科新源材料科技股份有限公司、东营石大胜华新材料有限公司、东营石大胜华新能源有限公司、山东石大胜华化工集团股份有限公司(下简称石大胜华)等骨干企业,其中山东海科新源材料科技股份有限公司是全球电解液溶剂供应商龙头,其 2018、2019 年电解液溶剂国内市场出货量排名第一,全球市场出货量排名第二,主要产品包括碳酸丙烯酯、碳酸乙烯酯、碳酸二乙酯等锂电池电解液溶剂产品,年产能 12 万吨。东营石大胜华新材料有限公司主要生产碳酸甲乙酯和碳酸二乙酯,年产能 5 万吨。东营石大胜华新能源有限公司主要生产六氟磷酸锂,年产能 5 000 吨。氢气方面,东营市是氢气生产和使用大市,氢气主要来源于当地炼化和氯碱企业。据统计,东营市目前氢气产能达到 81.2 万吨/年,氢气产用基本平衡。

(二)中游产业

产品主要有汽车轮胎和刹车片、刹车盘、铝镁合金车轮、钢制车轮和万向节等零部件。其中轮胎产业有企业 32 家,综合产能 1.94 亿条/年;汽车零部件有生产企业 18 家,刹车片年生产能力 6 262 万套,刹车盘 1 140 万套,钢制车轮 1 620 万套,铝镁车轮 200 万套,齿轮 60 万吨,万向节 200 万支;在建动力电池项目 1 个,为山东华镁新能源科技股份有限公司的镁水发电电池项目。

（三）下游产业

东营市主要有 2 家新能源商用车制造企业和相关配套服务产业。其中，山东蓝诺汽车有限公司具备年产新能源载货汽车 3 万台、轻载货车 5 万台的生产能力，山东东方曼新能源汽车有限公司具备年产轻型新能源汽车 3 万台、载货汽车 2 万台的生产能力。一汽华东智能网联汽车试验场与新能源汽车研发测试产业配套相关，可以提供智能网联测试、综合性能测试、实验室测试等功能服务。

存在的突出问题：一是产业链条短。新能源汽车涉及面广，细分领域多。东营市企业对新能源汽车产业参与度不高，产业链不完整，产业链条短，关键产业链条缺失。

二是整体实力较弱。除轮胎外，其余与新能源汽车相关的产业规模小，尤其是整车企业产量低、产值小、产品附加值低，缺少有影响力的骨干龙头企业。

三是缺乏核心技术。企业研发水平不高，产品集成创新能力不足，主要产品集中在产业链低端，缺乏高端产品，尤其是缺失核心零部件业务。"三电系统"（电池、电机、电控）是新能源汽车区别于传统燃油车的核心零部件，占整车价值的 50%，而东营市企业均未涉及。

四是配套设施不完善。缺乏新能源汽车发展规划，发展目标、发展重点、空间布局、支持政策不明确，新能源汽车推广应用所必需的充电站、充电桩等基础设施建设不足。

五、新一代信息技术产业

2020 年，东营市新一代信息技术产业纳入行业统计范围的企业共 52 家，实现营业收入 50.51 亿元、利润 6.31 亿元。其中，电子信息制造业企业 18 家，实现营业收入 37.66 亿元、利润 4.71 亿元；软件和信息技术服务业企业 34 家，实现营业收入 12.85 亿元、软件业务收入 9.96 亿元、利润 1.6 亿元。

（一）信息技术产业特色鲜明

东营市软件和信息技术服务业以服务于石油行业、智慧城市、电子政务等为主，整体规模不大，但独具特色。其中，山东胜软科技股份有限公司（下简称胜软科技）是国家规划布局重点软件企业、国家火炬计划重点高新技术企业，2015 年成功登陆"新三板"。山东广域科技有限责任公司（下简称广域科技）

业务涵盖电力自动化、油气自动化等领域,拥有五大技术系列 120 多种产品,20 余件专利。4 家企业通过省级软件工程技术中心认定,7 家企业通过市级软件工程技术中心认定,13 种产品入选省首版次高端软件。胜软科技入选省级优秀区块链解决方案及"链 +"试点项目名单。山东天元信息技术集团有限公司(下简称天元信息)、胜软科技入选 2020 年度山东省大数据发展创新平台名单。山东华网智能科技股份有限公司(下简称华网智能)、胜软科技等 4 家公司入选 2020 年度省级大数据"三优两重"项目名单。

(二)通信行业稳步发展

印发《关于加快推进 5G 产业发展实施意见》,全方位拓展 5G 场景应用。围绕东营市特色优势,鼓励企事业单位与通信运营商深度合作,共同开展 5G 场景应用试点建设。2020 年,有 17 个 5G 创新应用项目正在实施,部分项目已建设完工,其中 5 个项目入选山东省 5G 试点示范项目(第二批)名单。截至 2020 年底,全市已建成光缆纤芯 204.53 万芯千米,10.4 万皮长千米;通信管道管程 7 951 千米,4G 基站 9 786 个;固定电话用户数 32.96 万户,固定宽带接入用户 91.2 万户,移动电话用户数 286.56 万户,其中 4G 用户 229.3 万户。网络覆盖能力不断加强,全市已全面完成光纤升级改造工程,移动基础网络基本实现全覆盖,4G 网络覆盖面积达 98% 以上,城市主城区、县城城区、乡镇镇区和行政村实现全覆盖。

(三)平台载体不断完善

以东营软件园、黄河三角洲大数据港、东营光谷未来城等为代表的一批平台载体加速发展,为推动国内知名软件企业落户东营发展创造了条件。东营软件园是国家火炬计划软件产业基地、山东省首批信息技术产业园,登记从业人员 3 900 余人,已入驻企业 172 家。现有高新技术企业 45 家,通过 ISO/IEC 27001 国际信息安全管理体系认证的企业 79 家,ISO 20000(IT 服务管理)认证的企业 72 家,CMMI L3/L5 国际认证的企业 38 家;新三板、四板和青创板挂牌企业 10 家。黄河三角洲大数据港围绕大数据应用、运营、技术、衍生四大板块,面向初创型、成长型、成熟型企业,提供从技术端到资产端、市场端的全链条孵化服务,入驻实体企业涵盖京东云、腾讯云、百度 AI 等领军龙头企业。

（四）工业互联网加快推进

出台了《关于加快工业互联网发展的实施意见》，加快推进工业经济数字化、网络化、智能化转型。山东海科控股有限公司（下简称海科控股）"基于工业互联网的产运销一体化平台"入选工信部支撑疫情防控和复工复产工业互联网平台。山东垦利石化集团、山东海科化工集团（下简称海科集团）入选2020年工信部制造业与互联网融合发展试点示范名单。21个项目列入省第二批"现代优势产业集群＋人工智能"项目，3家企业入选省级产业互联网平台示范项目名单，培育认定市级工业互联网示范平台2个。

存在的突出问题：一是产业规模较小。2020年东营市新一代信息技术产业规模以上企业营业收入50.5亿元，仅占全市规模以上工业营收总额的0.7%。信息技术产业在全市国民经济总量构成中的比重偏低、贡献偏弱，产业地位不够突出，在全省的位次不高，总体发展水平与省内先进市存在较大差距。

二是产品类别单一。信息技术原材料加工制造业，如光学膜、陶瓷材料、各种铜板铜线等，都是电子信息产业的上游产品，成套设备、电子消费品等中下游附加值高的产品较少。软件和信息技术服务企业主要集中在石油开采、信息系统集成等领域，面向智能制造、大众消费群体的企业较少，企业基本上处于价值链中低端。产业链条不完整，高附加值产品较少，集成电路、工业控制软件等高附加值的核心基础性产业较为薄弱，未来市场竞争优势不明显。

三是高端人才短缺。随着经济转型升级持续推进，东营市信息技术服务企业对高层次、复合型人才的需求较大。受地域等因素影响，企业用人成本比济南、青岛等城市高，人才引进仍十分困难。高层次研发、管理人才团队缺乏等问题已成为制约东营市企业发展的重要瓶颈，胜软科技、广域科技、万高电子（全称山东万高电子科技有限公司）等企业纷纷到北京、深圳、济南等地设立分公司或研发中心，以此缓解人才方面的压力。

四是缺乏在国内具有较大影响力的龙头企业。软件和信息技术服务产业，2020年主营业务收入过500万元的企业仅有18家，过亿元的企业仅有天元信息（3.2亿元）、胜软科技（3.1亿元）、广域科技（1.1亿元）3家，企业员工人数500人以上的仅有胜软科技1家。全市最大的胜软科技、广域科技两家软件企业仅在石油开采等细分领域有较强的竞争力。尚未形成具有较强竞争力的产业集群，链条经济不够成熟。

五是缺少重大项目引领。电子信息制造业方面,光学膜、电子线缆、陶瓷新材料等缺乏上下游延伸的新项目。软件和信息技术服务方面,受石油市场行情影响,企业开发新产品的积极性不高。智慧城市方面,企业研发能力偏低,能够研发具有较高核心竞争力的精品项目、重大项目的企业屈指可数。

六、航空航天产业

航空航天产业是关系国家安全和国民经济命脉的战略性产业,具有产业链长、附加值高、辐射面广、带动能力强的特点,是发展战略性新兴产业和培育经济新动能的重要领域。当前,我国航空航天产业发展进入快车道,发展空间巨大,东营市航空航天产业发展取得明显进展,产业错位竞争优势初步显现。

中国商飞东营试飞基地、北航东营研究院及测试基地建成投用,总投资20亿元的中国商飞东营试飞基地综合配套项目正在加快建设。东营经济技术开发区成功入选全国首批民用无人驾驶航空试验基地。

(一)区位优势日益凸显

东营市区位优势明显,铁路、港口、机场等基础设施趋于完善,特别是胜利机场通航城市覆盖面广,能够有效带动人流、物流、资金流加速流动,为航空航天产业集群延伸辐射提供了基础。

(二)支撑能力逐步增强

东营胜利机场是黄河三角洲唯一一处民用机场,是国内支线4D级机场,占地面积206公顷,飞行区面积14公顷,机场净空条件好,可起降波音757、波音767等同类飞机(见图3-16)。北京航空航天大学东营研究院项目落地,为承接北斗卫星导航、飞行校验、机场电磁频谱检测等系统相关测试提供了技术和人才保障。

(三)园区建设初见成效

中国商飞东营基地在胜利机场成功设立,依托东营胜利机场规划面积20.11平方千米的空港产业园建设顺利推进,为打造黄河三角洲区域中心空港、建设山东北翼空港经济中心提供了有力支撑。依托龙头项目引领带动和中国商飞全球供应商大会平台,先后促成中车兆源(全称山东中车兆源新材料有限公司)、新大集团(全称胜利新大实业集团有限公司)、东珩国纤等企业与

图 3-16 东营胜利机场

中国商飞相关单位签订协议,东营恒鑫机械有限公司、东营华亚国联航空燃料有限公司等一系列本土制造企业加速向航空航天领域延伸转型,航空航天产业呈现良好发展态势。

存在的突出问题:一是产业发展层级相对较低。东营胜利机场客货吞吐量规模仍然较小,通航运营、维修保障基础较弱,航空航天相关产业布局较为分散,产业集聚效应不明显,高铁开通对东营民航业也会形成冲击。

二是航空航天制造基础薄弱。装备制造企业主要集中在石油化工相关领域,航空航天产业支撑基础和配套能力不强。

三是综合交通枢纽集散能力不强。东营公路、铁路处于交通网络末梢,缺少交通干线辐射能力,港口运输能力总体偏弱,高等级快速运输周转能力不足,不利于在更大区域范围提升产业集聚辐射效能。

四是创新研发能力相对较弱。高水平航空类院校、科研院所、研究机构、职业教育培训机构匮乏。

五是双招双引工作开展难度较大。东营尚未形成完整的航空航天制造和临空服务产业体系,在航空专业化配套领域缺乏专业技术与行业影响力,面对日益激烈的区域竞争环境,东营在重大项目招引和专业人才引进方面仍处于不利地位。

七、数字经济

（一）关于数字经济

根据中国信息通信研究院的数据,2020年我国数字经济规模达到39.2万亿元,占GDP比重为38.6%,位居世界第二。特别是在新冠病毒感染疫情(下简称新冠疫情)冲击和全球经济下行的叠加影响下,2020年我国数字经济依然保持9.7%的高位增长,成为稳定经济增长的关键动力。总体上看,我国数字经济创新创业活跃,数字技术蓬勃发展,数字经济与实体经济的融合日益深化,新技术、新产品、新业态、新模式不断涌现。

产业结构升级,本质上是产业体系中相对较为高级的产业逐渐成为主导产业的过程,其发展方向是高技术化和高集约化。由于现实经济活动的连续性,产业结构中各产业之间以及产业内各构成部分之间并非绝对割裂,而是存在着复杂而密切的内在联系,产业结构升级呈现为复杂的系统演化过程。作为一种新型经济形态,数字经济基于互联网平台进行资源配置,催生出新的产业,为传统产业提供转型升级路径,进而对产业发展以及产业结构演进产生影响。

历史经验表明,技术进步是产业结构升级的内在驱动力,同时会带来经济范式的变化。在新的经济范式下,新兴产业往往会超越传统产业逐渐成为产业体系中的主导产业,并通过产业关联、技术扩散等效应带动传统产业转型升级,从而使产业结构向更高水平升级。就数字经济而言,其以数据为最重要的生产要素,数据的高效清洁、低成本、可复制以及可海量获取等特点克服了传统生产要素的固有缺陷,且能有效解决工业经济时代边际报酬递减等问题,是能够引领产业结构升级的新动能。在实践中,相较于农业和服务业,制造业是与数字经济融合发展的主要领域。

数字经济从数字产业化和产业数字化2个方向刺激新兴产业发展,推动传统产业转型升级,并不断重塑产业结构的形态。

数字产业化孕育新产业,对产业结构产生影响。数字技术通过产业化发展成为新的产业。经过信息技术几十年的发展,电子信息制造业、软件和信息技术服务业等已较为成熟,物联网、大数据、云计算、人工智能等产业发展迅猛,并正在引领数字经济的发展潮流。这些新的产业使产业结构的内涵日益丰富。

数字技术催生新的商业模式,新的商业模式进而形成新的产业。相比于以企业价值创造为中心的传统商业模式,数字技术催生出以客户价值创造为中心、基于互联网创新的商业模式,缓解了信息不对称所带来的资源配置效率低下、社会福利无谓损失等问题,增加了商业利润、激发了商业活力,进而发展成为一种新的产业形态。

与数字产业化相比,产业数字化的发展态势更引人注目。2020 年,我国产业数字化规模达 31.7 万亿元,占数字经济的比重为 80.9%,占 GDP 的比重为 31.2%。

产业数字化推动传统产业转型升级,对产业结构产生影响。产业数字化催生了可感知的智能生产模式。在生产工艺方面,基于数字技术与工业软件的增材制造技术,突破了传统减材制造技术难以生产复杂结构部件的约束;在生产工具方面,工业机器人快速发展,甚至逐渐具备自我感知、判断和决策能力,其广泛应用代替了大量重复性的人类劳动。

产业数字化塑造了可视化的产业组织模式。作为数字技术赋能传统产业的平台和载体,工业互联网实现了生产者、消费者、供应商、设备和产品的联网,搭建了人、机、物对话的框架,成为信息的"汇集池"和资源的"匹配器"。每个参与主体不仅能够了解与自己有直接业务关系的合作者,而且能够清晰地辨识与其存在间接关系的各类主体,同时实时监控物理设备运行状况,从而作出精准的战略决策,推动运营优化。

总的来看,数字产业化与产业数字化是数字经济推动产业结构升级的 2 个基本方向。虽然东营市已经建立起了规模庞大的工业体系,但是产业整体的数字化水平依然较低,传统产业的数字化升级将会极大地改变全市的产业结构。今后一个时期,需在大力发展数字产业化的基础上,更加重视并加快产业数字化的步伐。

面向未来,需更加着力推动数字经济的发展,以数字经济的高质量发展引领产业结构升级,以数字产业化和产业数字化作为产业结构升级的重要抓手,进而实现经济结构的转型升级和高质量发展。

(二)东营市数字产业迅猛发展

依据国家统计局统计分类制度,数字产业主要包括计算机通信和其他电子设备制造业、电信广播电视和卫星传输服务、互联网和相关服务、软件和信息技术服务业等。

近年来,东营市一直抢抓数字产业发展机遇,加强通信基础设施建设,大力发展信息技术产业,数字产业发展迅速。

1. 电子信息制造业

2020年,东营市电子信息制造业纳统企业18家,实现营业收入37.66亿元、利润4.71亿元。主要有国瓷公司、万达电缆(全称山东万达电缆有限公司)、兆源机电(全称山东兆源机电科技有限公司)等27家企业,涉及功能陶瓷、电线电缆、光伏制造等领域。其中,国瓷公司的重点产品为纳米级钛酸钡粉体,是全球第二家掌握水热法技术生产纳米级钛酸钡的厂家,打破日本、美国企业的垄断,国际市场占有率达40%,国内达90%。万达电缆是中国电线电缆行业排头兵企业,是国家电网、南方电网、中石油、中石化、中海油等国有大型企业的甲级供应商,获国家专利150余件,参与起草修订了部分电线电缆产品国家标准。兆源机电的电磁线在新能源发电领域市场占有率达60%,轨道交通领域达70%,其高端电磁线系列产品获得中国质量认证、美国UL认证及国际铁路行业标准(IRIS)认证。

2. 信息传输服务

东营市2020年电信业务总量为158.05亿元,电信业务收入为18.7亿元。截至2020年底,全市建成光缆纤芯204.53万芯千米、10.4万皮长千米,建成4G基站9 786个,5G基站1 790个,拥有通信管道7 951千米,城市宽带接入端口132.49万个,农村宽带接入端口99.04万个,固定宽带用户91.2万户,移动电话用户286.56万户。2020年,全市信息技术产业实现营业收入50.5亿元、利润6.31亿元。

3. 互联网和相关服务

2020年东营市电商企业达到1 613家,网商店铺3.72万家,全市实现网络零售额57.65亿元,其中农村电商实现网络零售额6.26亿元。广饶县电商创业基地、电商大厦,利津县云智电商产业园、电商小镇,东营区政府与京东集团合作建设电商生态圈,推动了电商产业集聚发展。工业电商发展迅猛,主要涉及石油化工、石油装备、橡胶轮胎等行业。华东石油交易中心"油品汇"石化电商平台累计交易会员1 749家,线上总交易量达1 834万吨,线上总交易额达782亿元。科瑞集团(全称山东科瑞控股集团有限公司)打造的易瑞国际电子商务平台,是全国第一家石油工业品跨境电商平台,注册资本2.5亿元,已在 52 个国家开展业务,累计实现合同额 7 亿美元,供需双方客户采购成本降低了 30% 以上。此外,以正和集团股份有限公司(下简称正和集团)、山东华星石油化工集团有限公司(下简称华星石化)、海科集团、利华益集团等为代表的地炼企业电子商务发展迅猛,电子商务年交易额均突破 100 亿元。

4. 软件和信息技术服务业

东营市软件和信息技术服务业纳统企业 34 家,2020 年实现营业收入 12.85 亿元、软件业务收入 9.96 亿元、利润 1.6 亿元。主要有胜软科技、天元信息、广域科技等纳统企业和 80 余家未纳统企业,集中在东营区和东营经济技术开发区。全市有广域科技、胜软科技等省级软件工程技术中心 4 个,有天元信息、山东汇佳软件科技股份有限公司(下简称汇佳软件)、山东团尚网络科技股份有限公司(下简称团尚网络)等市级软件工程技术中心 7 个。形成了以胜软科技、山东立鼎石油科技有限公司(下简称立鼎石油)为代表的石油石化信息化解决方案集群,以天元信息、山东大地勘测地理信息研究院有限公司(下简称大地勘测)为代表的地理信息产业集群,以山东华网智能科技股份有限公司(下简称华网智能)、万高电子为代表的智能安防产业集群,以山东卓智软件股份有限公司(下简称卓智软件)、团尚网络为代表的行业应用软件集群,以山东海神电子有限公司(下简称海神电子)、山东海明威智能科技有限公司(下简称海明威智能)为代表的系统集成集群,以山东新宁自动化科技有限公司(下简称新宁自动化)、山东同天电子有限公司(下简称同天电子)等为代表的工业互联网集群,以汇佳软件、山东领图信息科技股份有限公司(下简称领图信息)等为代表的智慧城市细分领域集群。全市先后有 21 种软件产品入选山东省首版次高端软件产品名单,且数量呈逐年递增趋势,胜软科技"油气生产运行指挥系统(PCS)V1.0"、山东云通信息科技股份有限公司"控制性详细规则辅助设计系统 V1.0"、天元信息"基于新型测绘技术的燃气管网运营综合管理一体化系统 V1.0"、广域科技"作业安全风险智能管控平台 V1.0",先后列入山东省首版次高端软件产品名单,2020 年入选数量列济南、青岛之后,居全省第三位。

东营市数字产业集聚发展,形成了东营软件园、黄河三角洲大数据港、高新区能源信息港等主要集聚区。其中,东营软件园 2008 年开始建设,2010 年投入运营,软件发展规模最大,集聚了全市软件产值的 90% 以上,获得多项省级及以上荣誉称号,2016 年,被科技部认定为"国家火炬计划软件产业基地",另有山东省软件园、山东省服务外包示范基地、山东省首批信息技术产业园、山东省大学生创业示范园、山东省重点服务业园区、省市共建留学生创业园等18 个省级及以上称号。东营区黄河三角洲大数据港从大数据产业发力,招引了京东云、腾讯云、百度 AI、猪八戒网、贵阳大数据交易所等企业,成为全市首家大数据产业集群孵化基地和黄河三角洲地区最大的大数据产业基地。高新区能源信息港则主要聚焦软件开发、大数据、数字油田等领域精准招商,已经初步形成产业集聚效应。

5. 省级数字经济园区

东营市有省级数字经济园区 2 个,分别是省级示范数字经济园区东营软件园、省级成长型数字经济园区东营市现代农业示范区。

东营软件园坐落于东营经济技术开发区悦来湖科技人才聚集区内,建设有主体园区(软件园一期、二期)、互联网产业园和软件园光谷分园,总建筑面积 11.5 万平方米。其中主体园区位于南一路与东四路交会处,占地面积 12.5 万平方米。2016 年,东营软件园被科技部认定为"国家火炬计划软件产业基地",山东省共有 4 家。园区签约入驻企业 173 家,数字经济领域企业 151 家,已成为东营市发展数字经济的重要基地和人才创新创业的主要载体。

东营市数字产业化进程加快,产品形态不断丰富,应用领域快速扩展,正在紧随社会新一代信息技术的发展脉动,步入加速创新、加速迭代、群体突破的新时期。

(三)政府助力数字经济发展

党的十九届五中全会审议通过了《中共中央关于制定国民经济和社会发展第十四个五年规划和二〇三五年远景目标的建议》,提出"发展数字经济,推进数字产业化和产业数字化,推动数字经济和实体经济深度融合,打造具有国际竞争力的数字产业集群"。东营市主动把握数字经济战略机遇,推动网络强市、数字东营、智慧社会建设向纵深发展,抢占数字经济发展制高点,推动全市经济转型升级,在高质量发展中迈出追赶超越新步伐。

一是把握数字化、网络化、智能化发展趋势,推进 5G、物联网、人工智能、工业互联网等新基建项目建设。制定出台了《东营市 2020—2022 年 5G 网络配套设施建设规划》和《加快推进 5G 产业发展的实施意见》,计划利用 3 年时间,完成全市 5G 网络布局。2020 年,全市建成 5G 基站 1 770 个,基本实现了中心城区全面覆盖、重点园区连续覆盖,依托 5G 网络创新应用了一批智慧园区、智能试飞、智能巡检等人工智能场景。培育工业互联网平台,建成行业级、企业级平台 10 个,部分龙头企业实现了对外共享上下游产业链信息,对内管理、生产、销售等环节信息良性互通。二是大力发展数字经济,推动互联网、大数据、人工智能和实体经济深度融合。推进"优势产业 + 人工智能"三年行动计划,深入实施产业智能化提升工程。聚焦构建促进企业智能化提升的全链条无缝隙资金政策体系,印发《关于实施新一轮技术改造促进工业高质量发展的意见》《关于加快工业互联网发展的实施意见》《关于促进工业互联网加快发展若干措施》等文件,全力推动重点产业借助大数据、云计算等新一代信息技术融合提升,重点产业、重点园区、重点企业智能化水平快速提高。三是主动服务治理体系和治理能力现代化,统筹推进"互联网 + 政务服务""互联网 + 公共服务",加快数字政府和智慧社会、智慧城市建设。

总之,东营市新兴产业发展到了快速发展阶段。一是有独特优势。石油化工、盐化工、有机化工规模庞大,发展新材料、氢能产业潜力巨大;广袤的滩涂、浅海有利于风能、光伏发电,地热资源有利于发展地热能;胜利油田、地方骨干企业成为新一代信息技术研发利用的有效载体;等等。二是具备了一定的发展基础。近几年东营市战略性新兴产业已全面起步,发展态势良好,发展后劲十足,新材料、新能源等已呈现出规模效应。三是国家倡导和支持。

东营市战略性新兴产业正处于起步阶段,做强做大东营市战略性新兴产业,还需要解决规划滞后、创新能力不足、创新人才匮乏、产业规模小、龙头企业少、布局分散、产业链条短、政府扶持乏力等问题。推进新兴产业发展,必须像过去发展传统支柱产业那样,加强规划指导、政策支持,实施好骨干企业带动战略,加大创新驱动力度,提升产业链现代化水平,促进集聚集约发展,利用 3～5 年时间塑成发展优势。值得注意的是,产业没有高低贵贱之分,并不是新兴产业就一定比传统产业好,新兴产业部分链条也属于高耗能高污染环节,比如光伏行业中的铸锭、拉棒。对一个地区来讲,新兴产业发展也有一个可行性问题,发展新兴产业要立足现实,突出重点,尽力而为,量力而行,切不可不顾条件,盲目跟风,一哄而上。

第六节 产业链现代化

2019 年,习近平总书记在中央财经委员会第五次会议上强调,要充分发挥集中力量办大事的制度优势和超大规模的市场优势,打好产业基础高级化、产业链现代化的攻坚战。

一、产业链及其现代化

产业链是产业经济学中的一个重要概念,是指各个产业部门之间基于一定的技术经济联系而客观形成的链条式关联形态,包含价值链、企业链、供需链和空间链 4 个维度,涵盖产品生产或服务提供全过程,包括原材料生产、技术研发、中间品制造、终端产品制造乃至流通和消费等环节,是产业结构的重要内容,是产业组织、生产过程和价值实现的统一。

狭义的产业链是指从原材料一直到终端产品制造的各生产部门的完整链条,主要面向具体生产制造环节。

产业链现代化的实质是产业链水平的现代化,包括产业基础能力提升、运行模式优化、产业链控制力增强和治理能力提升等方面的内容。

产业链现代化是一个国家或者地区提升产业链水平、强化其产业在全球价值链各环节的增值能力、实现在全球价值链中的地位升级的过程。

二、从苹果、华为看产业链现代化

在 20 世纪的全球化过程中,中国抓住了产业链全球化的机会,以自己的超大经济体量承接了来自全球的制造能力转移,并且与美国一起形成了全球经济的 2 个核心引擎:美国负责上游的研发、设计和品牌打造,中国则负责下游产品的制造和组装。这个模式最具有代表性的产品就是苹果手机产业链以及后来的特斯拉汽车产业链。

苹果公司的产品在中国疯卖,但在中国却几乎没有核心研发团队。苹果公司每年销售的 2 亿部手机中,90％以上在中国生产。但从芯片到操作系统到最新的产品规划设计图纸,全部在加州的苹果公司总部完成。而这种中国"只有供应链,没有创新研发"的产业分工,也就造成了一个关于中美制造业的特殊现象：论产业链体量、就业人数，美国的企业远远落后于中国，但在产品终端，苹果公司的净利润相当于 A 股最大的 12 家苹果概念股企业利润之和的 20 倍。这背后既是一场渗透产业链的权力游戏，更是一场事关国家竞争力的危险分工。

苹果公司来中国的原因是寻找全世界性价比最高的供应商，以及获得中国的广大市场。这几乎是所有企业来到中国的首要目的，无可厚非。苹果手机属于高端制造，早期他们会提供设备、软件和技术支持，悉心帮助供应链企业做大做强，尤其是严苛的管理和平台化、系统化的思维，都有助于供应链企业的高速成长。实际上跟多年以来奉行"以市场换技术"的国产汽车行业相比，苹果产业链中的中国制造企业在短短数年间所掌握的核心设备技术和工艺水平远远超过了中国汽车行业。

在这种合作结构之下，苹果公司与制造企业之间的利润分配，显然会向上游极度倾斜，毕竟，研发和品牌才是商业价值的源头，但我们完全不必过于纠结于这种表面现象，因为这是中国产业升级的必经之路。如果不承接制造业的苦差事，那我们连深度进入全球供应链的机会都没有。

华为公司于 1987 年在深圳正式注册成立。华为公司主要有三大业务板块，包括通信网络设备（运营商）、企业网和消费电子。

中国芯片之殇，华为被卡脖子。2020 年 9 月 15 日，美国对华为公司的新禁令正式生效。在此之后，台积电、高通、三星、SK 海力士及美光等主要元器件厂商不再供应芯片给华为公司。这意味着，华为公司可能再也买不到利用美国技术生产的芯片、存储器。美国制裁华为公司严重破坏全球芯片产业链。华为公司目前面临的最大问题是空有芯片设计能力，却没有芯片制造能力。

2020 年华为公司经历了美国的严苛打压，经历了全球新冠疫情威胁，但是仍然实现了全年收入和利润的正增长。2020 年华为公司总营收为 1 367 亿美元，增长 11.2%，利润 99 亿美元，增长 10.4%，但增速较前几年有所放缓（见图 3-17）。

综上所述，苹果公司在产业链中扮演的角色尤其重要，是名副其实的"链主"，在价值链中处于最高端，在收益分配上拿大头，这有其必然性和合理性。因为离开了苹果公司的技术支撑，就没有相应的高端产品的生产销售。对中国而言，合作利大于弊。中国作为其产品加工基地，提升了产业基础能力，拉

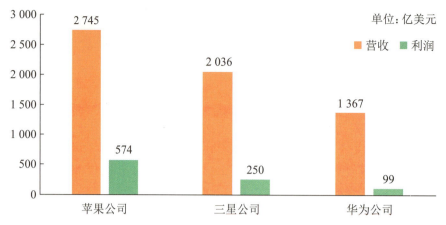

图 3-17 2020 年苹果公司、三星公司、华为公司营收、利润对比

高了制造业水平,带动了产业向高端发展,促进了就业,获得了经济利益。不合作,中国的手机、电脑、新能源汽车研发制造水平就难以在最短的时间内得到最大程度的提升。二者在产业链、供应链、价值链中分工合作,各取所需,谁也离不开谁。华为公司在芯片上被美国"卡脖子",暴露了我们在关键核心技术上受制于人,落后就要挨打。正确的做法就是敞开国门,在合作中学习,在学习中提升,在提升中超越。

三、产业链现代化的东营选择

建市之初,东营工业涉及行业少、规模小,只有原油、天然气开采和少量的电力、炼油、化肥、农副食品加工、造纸、纺织、机械、造酒、机制砖等(见表 3-4),产业链总体上处于割裂状态,可以说有点无链,点也很小。

表 3-4 1983 年东营市主要工业品产量

产品名称	单 位	产 量	产品名称	单 位	产 量
原油加工量	吨	64 220	塑料制品	吨	140
硫 酸	吨	650	家 具	万件/万元	4/133
合成氨	吨	10 871	食用植物油	吨	5 025
水 泥	吨	10 990	机制纸及纸板	吨	4 703
砖	块	20 776	原 盐	吨	44 650
麻 袋	万 条	193	原 油	万 吨	1 838
白 酒	吨	718	天然气	万立方米	105 056
皮 鞋	万 双	6	发电量	万 度	442

建市以来,东营工业主导产业迅猛发展,石化、轮胎、石油装备、新闻纸规模在全国名列前茅,有色金属、新材料、生物医药方兴未艾,产业集群和企业集群快速壮大。同时,应该看到,东营工业也存在一些突出问题。一是产业同构化,产业结构变动中不断出现和增强区域结构的高度相似趋势,表现为:盲目投资,低水平重复建设,相互攀比争项目,重复引进等。二是产业低度化,先进制造业占比低,产业链末端的高度深加工占比低,高端产品占比低。三是产业结构偏重,重化特点明显。四是科技创新力不足,品牌影响力不大,产品附加值不高。五是安全环保任务重等。因此,东营工业中的石化、有色金属、橡胶、新材料、石油装备、生物医药六大产业,尤其是传统优势产业应加速产业基础高级化、产业链现代化进程,激发更多内生动力,才能走好高质量发展之路。

从 2018 年开始,东营市加快了产业链现代化步伐,编制印发产业发展规划,确定区域布局、产业链条延伸方向,同时邀请高水平专家,组建了相关产业发展智库,根据重点产业集群发展规划制定政策、搭建平台,着力构建优势产业体系,培育引进"链主"企业,提升创新地位和能力,促进项目向高端高质高效绿色方向发展。但从产业链现代化角度看,仍存在一些问题,主要是大部分核心环节和关键技术受制于人,产业基础能力、高端和高质量产品供给能力急需提升等问题,迫切要求锻造产业链长板,巩固优势产业的领先地位,补齐产业链供应链短板,增强产业链稳定性、韧性和竞争力,加快推进产业基础高级化,发展现代产业体系,提高经济质量效益和核心竞争力。

(一)咬定重点产业、骨干企业和重点项目不放松

实现产业链现代化,建设现代产业体系,推进高质量发展,必须有产业基础现代化做支撑,而实现产业基础现代化,必须咬定优势产业、骨干企业、重点项目不放松。

拿重点产业来说。重点产业也称主导产业、优势产业,就是在区域经济中起主导作用的产业,它是指那些产值占有一定比重,采用了先进技术,增长率高,产业关联度强,对其他产业和整个区域经济发展有较强带动作用的产业。一个地区的重点产业不是一成不变的。东营市工业重点产业 2017 年有 9 个,其主营业务收入占了地方规模以上企业的 82.7%(见表 3-5)。2018 年调整为石化、橡胶、石油装备、有色金属、新材料五大优势产业,2020 年主营业务收入占了全市规模以上工业企业的 80.98%,地方规模以上企业的 87.42%。在

重点产业的基础上,产生了产业集群。近年来,东营市重点培育了四大产业集群:石油化工、有色金属、橡胶轮胎、石油装备。重点产业、重点产业集群的大小、优劣代表了一个地区经济发展的规模和质量,决定了产业链条的多少、长短、粗细和质量的高低,代表了产业基础现代化的程度和韧性。基础能力决定产业发展高度,产业链水平则关系产业整体质量效益和国际竞争力的提升。

表 3-5　2017 年主导产业主要经济指标

产业名称	企业数量/家	主营业务收入		
		累计/亿元	同比增长/%	占地方比重/%
石化产业	129	4 888.3	27.8	40.4
橡胶轮胎制造业	83	1 548.3	20.5	12.8
有色金属冶炼和压延业	15	1 163.9	21.2	9.6
盐化产业	24	643.4	38.6	5.3
石油装备制造业	40	509.5	18.2	4.2
纺织服装业	125	502.0	13.6	4.1
农副食品加工业	40	320.5	14.2	2.6
汽车及零配件业	65	287.2	17.6	2.4
造纸业	5	145.6	−11.7	1.2
合　计	526	10 008.7	23.6	82.7

以东营市石化产业为例。该产业被列入山东省支柱产业集群转型升级示范项目,2020 年原油一次加工能力过 200 万吨企业 18 家,总加工能力超过7 720 万吨,占全省的 34%、全国的 8.8%;16 家地方炼化企业获得 3 735 万吨/年进口原油使用指标,加上央企的原油支持,东营市炼化企业每年可获得原油资源约 6 000 万吨;东营港已成为环渤海地区最大的油品及液体化工品特色港口和仓储基地;等等。这些都说明,石化产业是东营市名副其实的支柱产业。山东省政府确定东营为鲁北高端石化基地,东营市政府提出打造山东高质量发展增长极,最有实力、最有潜力的是石化产业,在东营实现产业链现代化最有条件、最有可能的也是石化产业。

拿骨干企业来说。2020 年东营市有规模以上企业 758 家,其中,主营业务收入超过 50 亿元的 30 家,过 100 亿元的 23 家,过 200 亿元的 6 家。过 100

亿元的地方企业实现主营业务收入占全市规模以上企业的53.7%。大企业在产业链上下游衔接、产供销平衡、智能化改造等方面先行一步,有明显的头部企业特征,在产业链现代化、产业集群化方面走在前列。企业是产业链现代化主体,优势企业壮大了,产业链现代化程度自然就提高了。

拿重点项目来说。东营工业近年来的发展成就,走的就是一条投资拉动、项目带动的路子。没有炼油项目引领,就没有现在的"油头化尾高化身"。没有轮胎项目带动,就没有与之配套的合成胶、炭黑、钢帘线等产业链条前伸后延。2020年,全市地方工业共有在建项目438个,全年共完成工业投资282.9亿元,当然,这和前些年动辄上千亿、几千亿的投资没法比,这里只是从产业链现代化的角度进行分析。在这些工业项目中,过10亿元项目33个,完成投资129.5亿元,占全市的45.8%;5~10亿元项目19个,完成投资29.9亿元,占10.6%;1~5亿元项目113个,完成投资75亿元,占26.5%;亿元以下项目273个,完成投资48.4亿元,占17.1%。2020年全市制造业投资同比增长20.0%,占全部投资的1/4。其中,全市化学原料和化学制品制造业在建项目129个,约占制造业项目总数的1/4,完成投资同比增长24.9%,约占全部制造业投资的1/2,拉动制造业投资增长11.6个百分点。高新技术产业投资增长30.8%,占工业投资的35.7%,同比提高8.1个百分点。高技术制造业投资增势强劲,同比增长259.0%,占制造业投资的11.8%,占比提高7.9个百分点。高端化工投资增长21.9%,新能源新材料投资增长24.3%。这说明一个问题,重点项目向化学原料和化学制品制造业和高技术制造业集中的趋势没有变,重点产业集中度高了,高技术制造业发展快了。项目是产业链现代化的载体,项目集聚集约势必带来产业链的良性发展。

发挥重点产业、骨干企业、重点项目在产业链现代化中的重要作用必须做到以下几点:首先,只有优势产业才有实现产业链现代化的可能,因此,要做好产业发展规划,确定并集中力量发展优势产业。当然,一个地区的优势产业不是一成不变的,东营市的新材料产业就是经过30多年培育才在2018年被确定为重点产业的。再比如,航空航天、生物医药产业便是近年来"冒尖儿"且具备一定基础的、具有较大发展潜力的产业,自然也在鼓励发展之列。其次,企业是构建产业链的微观主体,企业强,产业才能强。提升产业链现代化水平,要着力增强企业活力和实力,培育一批具有全球竞争力的"链主"企业,打造千亿元级产业生态主导型企业,壮大百亿元级龙头骨干企业,培植一批专精特新的单项冠军和行业"小巨人"企业。第三,产业、企业发展,最终落脚到项目建设,今天的项目结构就是明天的产业结构,今天的项目质量就是明天的产业质量,今天的项目优劣就是明天的企业兴衰。要树立项目为王理念,持之以恒抓项目,围绕重点产业,依托优势企业,发展链条经济,谋划一批、建设一批、投产一批科技含量高、带动作用强的好项目、大项目。

(二)向产业链价值链高端攀升

高端是指产业链高端和价值链高端。产业链高端是产业链中居于核心地位、技术含量高、增值能力强的部分。价值链高端是一个企业内部价值实现过程中"微笑曲线"的两端,一端是研发,一端是品牌和营销。中国的产业链正发生着深刻的变化,向生态化、智能化、数字化、平台化、国际化的方向发展。中国在量子通信、5G 技术、海洋装备、第三代核电技术、航空航天技术、全球导航系统、军民用无人机、超级计算机、太阳能产业、石墨烯产业等众多领域跨入全球价值链的中高端。"中国制造"在全球产业链中的地位不断上升,从所谓的产业链"微笑曲线"底部的生产制造环节向曲线两端的研发、专利、营销、品牌环节大步攀升。

由原料生产、轻工业产品到重工业装备、高科技产品、科技研发创新和标准制定所走出的路径,正是国际产业由低到高的不同产业链条,并形成了由低到高的价值链。长期以来由欧美发达国家控制着国际产业链的高端,包括中国在内的发展中国家长期徘徊在国际产业链的中低端,以至于产业链上"领跑者""跟跑者""追赶者"的角色长期固化,这种经济格局使发展中国家长期处于被压榨和"割韭菜"的地位,难以摆脱贫困和落后。

以技术进步为动力的产业不断升级,从中低端制造业向高端制造业突飞猛进。这一切都源于中国的产业链正在悄悄地发生变化,由低端产业链向高端产业链的演变和升华,使更多的中国产品拥有了更强大的"硬核技术"和更高性价比的市场竞争能力。

高端是相对于低端来说的,也就是说谁运用了他人不知道的知识,谁就是高端。拿制造业来说,制造那些大多数公司造不出来的产品的产业就是高端制造业,比如说制造手机芯片,战斗机、火箭的发动机和精细零件的加工等。

东营工业产业链、价值链演变也遵循着一般规律,沿袭了民族工业的特点。建市之初,石油开采、盐业占主导地位,间或有一点轻工纺织、农副食品加工,总体看,占据了产业链、价值链低端。随着规模扩大和先进设备引进,有些产品技术含量和附加值较高,如新闻纸、汽柴油、轮胎、涂料、刹车片等高端产品,但这一时期的产品技术含量较高大都是由购买了高端设备、工艺包带来的,企业的研发力量薄弱,尚未走上正轨。进入21世纪,随着企业实力的增强和对研发重视程度的提高,企业自主研发的成效开始显现。国瓷公司高端功能陶瓷新材料、新发药业B族维生素、新大管业玻璃钢管道、海科集团低分子肝素钠、石大胜华锂离子电池材料等高端产品都是企业自主研发的成果。随着对创新认识的提高、投入的加大,创新这个引领高质量发展的第一动力将更加汹涌澎湃,东营工业产业链、价值链向高端发展将形成喷薄之势。

(三)延链补链强链,着力锻长板、补短板

补短板来自木桶理论,意思是说整体水平取决于具体能力中最弱的一项。就像一只木桶,装水的容量最多只能达到所有挡板中最短那块的高度。从全国来讲,芯片制造显然是在"补短板"产业中最优先的战略性产业。从东营来讲,无论是传统产业还是新兴产业,都存在明显短板:一是创新能力不足;二是主导产业大多位于产业链、价值链的低端,产业链条不完善,产业优势度偏低,产品加工度、附加值不高;三是"链主"企业竞争力不强,带动作用弱。

补短板的前提是要有足够长的长板。虽然长短是个相对量,但那种仅长一毫米的你好意思叫它长板吗?拥有一批优势长板是产业链现代化的重要标志。锻造长板就是因地制宜,锻造出一批能带动地区经济发展的优势产业。要立足本地产业规模优势、配套优势和部分领域先发优势,在培育发展新兴产业链中育长板,在改造提升传统产业链中锻长板。你的长板足够长了,别人会主动为你配套,不必拘泥于锻长板还是补短板哪个更重要,二者都决定了你的产业链竞争力。拿全国讲,北斗导航产业链可能是中国优势产业中,刚刚开始发力但还需市场强化认同度的一个长板。从东营来看,石油化工、盐化工已有较大规模优势,这是我们的长板,山东高质量发展增长极主要寄托在石油化工和盐化工产业发展上,但石油化工中缺大型炼化一体化项目则是我们的最大短板。虽然我们有东营联合石化有限责任公司(下简称联合石化)炼油、芳烃的一体化,但相对来讲,规模不能算大型。即使这样,从炼油—PX—PTA产业链看,延链、强链路径选择联合石化给出了它的答案。以265万吨PTA、108

万吨 EG（乙二醇）、80 万吨干净瓶片为主原料,年加工 200 万吨功能性绿色包装片材、150 万吨瓶片、50 万吨功能性聚酯薄膜。据测算,项目总投资 180 亿元,年产值 378 亿元,年边际利润 100.04 亿元,年含税利润 80 亿元。因技术先进和大型集约化产生的行业成本优势每年达到 31 亿元。在此基础上,我们努力的方向是实现炼油烯烃大型炼化一体化的突破,因为同省有了裕龙岛大型炼油烯烃芳烃炼化一体化项目,争取起来难度加大,但无论如何我们不能放弃,如果没有大型炼化一体化项目,何谈建成高端石化产业基地核心区,我们的短板如何能够补上。拿轮胎产业来说,我们的长板是子午胎全国规模第一,短板是创新能力不足导致产品技术含量低、附加值低。这就要求在巩固已有规模的基础上,加大技术创新力度,提升品牌效应,增加产业、企业和产品市场竞争力。

"有无相生,难易相成,长短相形,高下相倾,音声相和,前后相随。"短板和长板有一个相互转化的过程。实际工作中,那些只重视补短板,不重视锻长板,或者只注重扬长而忽视短板、回避短板,都是一种顾此失彼的做法。实践证明,补齐短板和锻造长板,两者内在统一、并行不悖,应当齐头并进。补好短板,短板可能就会变成长板;锻好长板,我们才能长期保持优势和胜势。可以说,补短板和锻长板必须一体推进、协调发展。

锻长板、补短板必须实施强链补链稳链工程,优化产业链条整合力,培育壮大核心产业链,提升产业发展的持续力。提高产业集中度,哪个产业有优势,就在哪里突破,在引进龙头、集聚关联、完善链条、打造集群上下功夫,实施产业赋能。

提升产业链现代化水平离不开构建有利于提升产业基础能力的产业创新生态。一要高度重视基础研究,共性技术、前瞻技术和战略性技术的研究;二要努力完善试验验证、计量、标准、检验检测、认证、信息服务等基础服务体系;三要构建产业创新网络,提高创新生态系统的开放协同性,构建全社会协同攻关的体制机制;四要通过不断改善中小企业创新生态,有效发挥中小企业在提升工业基础能力和产业链水平中的作用。

要大力支持制造业创新及成果转化,全要素、全产业链、全地域构建东营现代产业体系。大力支持制造业创新中心建设和企业创新活动,建立健全以企业为主体、市场为导向、产学研深度融合的产业创新体系,聚力支持协同攻关、融通创新和成果转化,强化标准引领,努力提升产业基础能力和产业链水平。加强技术改造,以智能化为引领,机器换人、设备换芯、生产换线。

(四)探索推行"链长制"

在产业发展过程中,企业如散落的珍珠,串珠成链,方能绽放璀璨光彩。从一些先行省市探索实践看,"链长"就是聚焦产业链,积极推进延链补链强链,加快促进产业链上下游、产供销、大中小企业协同发展,畅通产业循环、市场循环、经济社会循环,打造产业集群、推动产业迈向中高端的主要负责人。

东营市政府出台了《东营市重点产业"链长制"实施方案(2021—2023年)》,梳理出六大产业 15 条重点产业链,全面实施"链长制"。针对不同产业链特点和实际,实行"一链一策",不断提升产业链现代化水平。

"链长制"是强化产业链责任的一种制度创新。应结合自身实际,借鉴外地经验,建立完善"九个一机制":一个产业链发展规划、一套产业链发展支持政策、一个产业链发展空间平台、一批产业链龙头企业培育、一个产业链共性技术支撑平台、一支产业链专业招商队伍、一名产业链发展指导专员、一个产业链发展分工责任机制和一个产业链年度工作计划。不断巩固、增强、创新、提升产业链。

"链长制",着眼于贯通上下游产业链条的关键环节,通过介入产业链上下游企业的沟通协同环节,以"链长制"方式在要素保障、市场需求、政策帮扶等领域精准发力,形成稳定、发展、提升的长效机制。

"链长"工作职责、工作体系和重点任务是:产业链链长要调研梳理产业链发展现状,全面掌握产业链重点企业、重点项目、重点平台、关键共性技术、制约瓶颈等情况;研究制定产业链图、技术路线图、应用领域图、区域分布图;研究制订做强做优做大产业链工作计划,统筹推进产业链企业发展、招商引资、项目建设、人才引进、技术创新等重大事项;精准帮扶产业链协同发展,协调解决发展中的重大困难问题;建立产业链发展日常调度通报机制,加强工作协调,细化工作举措,形成工作合力等。

"链长"应实行"一链一策",逐条理清产业链薄弱和缺失环节,精准绘制全市重点产业链发展路线图,在"短链"延长、"断链"连通、"细链"增粗、"无链"生有、"弱链"变强 5 个方向重点发力。对照关键链谱,聚焦产业链关键环节,大力实施"双招双引",精准招引上下游配套企业和补短板优质项目。引导企业精耕细作,练就更多独门绝技,带动增强全产业链优势,促进产业链整体跃升。全力推动大中小企业协同发展,一方面强化"链主"企业重点扶持,以"链主"企业引领带动产业链企业融通发展,同时深入开展高成长性中小企业培育,打造更多的产业链关键节点上掌握核心技术的"专精特新"企业、"瞪羚"企业、单项冠军企业,提高与"链主"企业专业化协作和配套的能力。

"链长制"之新在于特殊背景下的地方政府肩负的新的治理责任,是政府经济治理权力的一种延伸。"链长"作为区域一方负责人,在地方发展中居于重要地位,其长处在于区域各类资源的盘活与动态整合,但是,有形之手作用不能无限放大和延伸。政府与市场必须各就其位。"链长"要清楚自身定位,把握"决定性"市场定位,相信市场配置资源是最有效率的形式,凡属市场能解决的,都要简政放权、松绑支持。把握"更好发挥作用"的政府定位,凡属市场不能有效解决的,要主动作为,加强宏观调控,把该承担的职责干到位。

(五)打造"链主"企业

"链主"企业是指在产业发展过程中能够充分利用外部资源、发挥自身比较优势,逐渐具备某一产业上中下游核心凝聚力的企业。

"链主"企业基本具备以下几个方面的特征和作用:一是聚焦主业,是本产业内的龙头企业。二是不断创新,集聚高端生产要素,完成企业迭代升级与蜕变。三是成为产业集群中心,即在本领域的产业链条内触角可达到各个产业链节点,集合产业链上各个规模企业的生产、供需等环节,形成以"链主"企业为核心的网状产业集群结构。四是多方资源协同,"链主"企业在发展过程中逐步积累政府、资本、市场、人才等各方资源,并具备科学合理运用的能力,在经济发展新阶段可以起到持续带动中小企业不断创新发展、驱动整个产业转型升级、推动经济高质量发展的作用。

第七节 结构调整是主线

关于产业结构,有几个问题要弄明白。一是产业结构有自然属性。物竞天择,适者生存。各个国家、地区的产业结构各不相同,原因是它们的资源禀赋、发展阶段、区位特征、气候条件等各不相同。比如俄罗斯,长期以来就是重工业发达、轻工业落后，短时间内谁也无力改变。二是产业结构是不能复制的。各地情况不一样，用一把尺子去衡量产业结构，强调整齐划一是不科学的，也是做不到的。比如北京第三产业占比高，有其合理性，但不能要求"苏锡常"的服务业占比和北京的一样高。三是产业结构是动态的，没有一成不变的产业结构。美国前些年实行"去工业化"，走了一段弯路后又推行"再工业化"。中国目前正经历工业化时期，工业占比高将长期持续，但服务业的比重会不断提高。四是产业结构没有好坏之分，适合的就是合适的。在一定时期，人们只能适应它，慢慢改变它，短期颠覆性改变产业结构都是痴心妄想。

从三次产业结构看，长期以来，东营市第二产业在经济发展中始终占据主导地位，第一、第三产业比重低。2020年全市第三产业占GDP比重为38.4%，居全省最后一位，远远落后于全省平均水平。

从第三产业内部结构看，批发和零售业、金融业、租赁和商务服务业仍然是规模最大的行业。生活性服务业因人口规模小发展受限，批发和零售以油品、化工品贸易为主，且本地市场小；金融业发展面临瓶颈，对实体经济的支撑作用不断减弱，租赁和商务服务业除胜利油田外均为中小企业，对第三产业支撑作用不强。现代服务业规模小，占比低，拉动作用有限。

从第二产业内部结构看，传统产业占比畸高，新兴产业占比低。油气开采、石油加工、化工、有色金属、橡胶轮胎五大重化工业占工业比重超过80%，轻工业占比低。价值链中低端占比畸高，中高端占比低。

从技术结构看，2018年东营市研发支出强度为2.45%，在山东省排名第八。2019年高新技术产业产值占比32.12%，居山东省第十三位。高技术制造业增加值占比仅2.2%，居山东省第十五位。

从企业组织结构看，大企业数量在山东省居于前列，中小企业发展滞后，没有形成铺天盖地之势。

从要素结构看，一是从人口结构看，增量减小，存量下滑。人口规模为山东省最小。2019年，东营市常住人口为218万人，迁入1.2万人，迁出1.5万人，人口机械增长率为－0.148%，连续2年负增长，人口自然增长率为0.636%，较上年下降0.341个百分点，较2017年下降0.533个百分点。二是从融资结构看，直接融资占比太小，间接融资一统天下。2019年，企业新增直接融资额41.3亿元，在全省处于倒数第二的位置，与工业大市的地位不相称。间接融资规模不升反降。近年来,在经济下行和传统产业转型升级双重压力下,全市企业担保圈风险凸显,企业融资难度加大,资金短缺局面凸显。全市信贷市场经历了近20年的快速扩张后进入调整阶段。2019年,全市本外币贷款余额为3 252.2亿元,较上年减少301亿元,较最高点2017年减少416.6亿元。贷款总量在全省的位次从2017年的第六位下滑至第八位。2020年,贷款余额为3 333.72亿元,比年初增加81.57亿元,止住了下滑局面。从人才结构看,高级科技人员严重短缺且外流加剧。能够自主开展技术研发的高层次人才和创新团队较少,特别是具备重大关键技术攻关能力,能够引领行业发展的领军人才极度匮乏。中国石油大学(华东)搬迁青岛导致东营市科技人才断崖式减少。近年来,随着胜利油田持续亏损,全市油田研发人才外流的迹象有所显现。2019年,胜利油田分公司、胜利石油管理局、胜利石油工程有限公司三大单位从业人员为11.7万人,较2015年减少4.5万人,其中采油等主业以外科技人员外流较多。

结构调整这一主线伴随工业发展始终。在工业高质量发展的背景下,东营工业结构调整将是全面的、全方位的,但最核心的是调整技术结构,大力发展高新技术企业,用高端化、智能化、绿色化改造提升传统产业,大力发展新兴产业。至于三次产业结构,应该坚持工业立市,不必强求第三产业占比很高。

专栏一　2020年各县区规模以上工业企业生产和效益情况

单　位	企业数量/家	营业收入		利润总额	
		本期累计/亿元	占比/%	本期累计/亿元	占比/%
东营市	758	7 203.7	100	57.9	100
东营区	120	648.4	9.00	18.3	8.54
河口区	82	648.7	9.01	16.8	7.84
垦利区	109	668.7	9.28	26.1	12.18
广饶县	221	2 362.1	32.79	49.3	23.01
利津县	80	575.9	7.99	18.4	8.59
东营经济技术开发区	85	739.3	10.26	41.1	19.18

续表

单　位	企业数量/家	营业收入		利润总额	
		本期累计/亿元	占比/%	本期累计/亿元	占比/%
东营港经济开发区	60	1 030.6	14.31	44.3	20.67
胜利油田	1	530.1	7.36	−156.4	

注：2020年东营市地方规模以上工业企业实现利润214.3亿元。

专栏二　三次产业结构变化情况

年　份	结　构	年　份	结　构
1983 年		2005 年	4.1∶82.3∶13.6
1992 年	13.3∶77.9∶8.8	2010 年	3.6∶73.9∶22.5
1995 年	10.9∶77.94∶11.16	2015 年	3.4∶64.7∶31.9
2000 年	6∶83∶11	2020 年	5.3∶56.3∶38.4

注：1992年起GDP纳入统计。

专栏三　传统产业部分主要产品产量

年　份	纱/万吨	机制纸及纸板/万吨	烧碱/万吨	电解铜/万吨	备　注
1983 年		0.47			
2005 年	12.71	87.67	23.40	7.50	电解铜数据为铜产量
2010 年	64.29	151.94	132.8		
2015 年	73.30	197.45		69.66	电解铜数据为精炼铜产量
2020 年	16.11	162.07	173.2	30.69	电解铜数据为精炼铜产量

专栏四　"一粒盐"的"旅行"

"全国最大的海洋化工生产基地"咋"相中"了生物基纤维？

早知道华泰集团是世界上最大的新闻纸生产基地，没想到旗下华泰化工集团还是全国最大的海洋化工生产基地！

作为东营市"4+9"重点工作中项目建设攻坚的宣传专班成员，记者带着对该集团"年产16万吨环保型生物基纤维项目"这一2020年市重点建设项目的好奇进行了采访，一下午的时间记者看到了"一粒盐"在这里的"奇幻之旅"。

"以前叫'盐化工'，现在紧随山东省、东营市的发展规划，改称为'海洋化工'。如果只看一次原盐的离子膜烧碱加工能力，我们在全国排第五，但是加上上游年产200万吨的地下盐矿、年产200万吨左右的下游产品，综合起来，华泰化工集团是全国最大的海洋化工生产基地，是中国化工500强企业。集团有相关生产装置16套，可生产30多种产品，形成了比较完善的海洋化工产业链。每年产值在60多亿元，2019年利润是4.8亿元，连续20多年来列东营经济技术开发区利税第一名。"说到这一组数字，华泰化工集团总经理王玉康语气中透着镇定和自信。

"一粒盐"的"工艺之旅"：产品用途广泛，"好面料"也离不开它

地下4000米深处，140摄氏度，古老而洁净的盐矿在此蕴藏。

"咱们东营市拥有估算地质储量5000亿吨以上的固体盐矿，海盐产量占全国的50%，这为海洋化工产业的发展提供了丰富的盐卤资源。目前，经过四五年的探索，公司已经成功从地下4000米的深处溶解、提取了卤水，采输后的空穴也可利用起来，压入待使用的天然气。"总经理王玉康介绍。

经过位于垦利经济技术开发区的集团下属公司操作，140摄氏度的固体盐矿注水溶解后，提取上来的卤水大约有120摄氏度；经过采暖等热源利用后，由地下管道运输，卤水就一路来到了位于广利化工产业园区的华泰化工集团。经过年产75万吨离子膜烧碱设备，用于生产氢气、氯气和烧碱等产品。

所谓离子膜烧碱，就是采用离子交换膜法电解食盐水而制成烧碱，即氢氧化钠（NaOH）。站在生产设备面前，记者看到，源源不断的盐水经过一排排白色细管流入电解槽内，每组电解槽一侧则分出了氯气和氢气、烧碱的不同接收管道。副总经理韩冰告诉记者："离子膜法烧碱电解装置中，电解单元的阴阳极间距（极距）是一项非常重要的技术指标，其极距越小，单元槽电解电压越

低,相应的生产电耗也越低。现在我们采用的是世界上最先进的零极距离子膜电解槽,比普通离子膜电解槽节能减排效果明显。"

据了解,盐化工的直接产品有纯碱、烧碱、氯气、氢气和盐酸等,石油化工的直接产品有乙烯、丙烯、丁烯、丁二烯、苯、甲苯和二甲苯等。盐化工的产品和石油化工的产品结合起来可生产出大量的新材料,且延伸出的产业链产品与我们的生活密不可分。王玉康举例道:"我们熟悉的 PVC 管道、塑料门窗、太阳能发电板、风电机翅、仪表表盘、电子级芯片等工业产品,自来水、酸奶消毒等,还有造纸、农药生产等过程都离不开氯碱工业的参与。其中,公司生产的食品级双氧水占国内市场份额的 60% 以上,也就是说,大家喝的三杯盒装的牛奶中有两杯是用华泰的双氧水给消毒的。"

不过,这还不是终点。在精细化工工艺的加持下,"一粒盐"继续发生着"排列组合"的"旅行",进一步朝新材料方向衍生。为了提高产品附加值、在自身擅长的产业链条上延伸发展,华泰化工集团注重产品转型升级,从 2019 年起陆续申报了 3 个项目。王玉康介绍:"一个是 10 万吨/年甘油法环氧氯丙烷项目,是用我们公司副产的盐酸和甘油作为原料生产环氧氯丙烷,生产过程无污染且耗水耗电量很低;第二个是与山东大学合作建设 6 万吨功能性硅烷及 5 000 吨高性能有机硅聚合物项目;第三个便是 16 万吨/年环保型生物基纤维项目。"

生物基纤维(天丝),简单说,是用溶解的方式将木材这种可再生资源的木质素溶出而提取的纤维素和半纤维素,主要用于莱塞尔这种中高端服装面料中。"这种面料具有吸湿性好、透气、舒适等优点,有很好的柔滑感、悬垂性,而且可以降解。"王玉康表示,2018 年,一个机缘,华泰集团了解到奥地利兰精公司是最大的生物基纤维生产企业,考虑到化工集团产业链未来发展,华泰集团决定引进发展。据悉,生物基纤维项目将借助华泰集团造纸和化工两大产业方面的技术和人才进行攻关,总投资 31 亿元,年产值可达 38 亿元,可产生年利税 9 亿元,利润率在 34% 左右。

"一粒盐"的"企业之旅":绿色、安全、环保

"打扫卫生也得打扫成世界冠军",这是华泰集团 20 世纪 80 年代延续下来的做企业的极致追求。正是这种信念,让他们成功盘活了东营市化工厂。

华泰化工集团董事长朱永河介绍:"集团的前身是筹建于 1989 年的东营市化工厂。为了承担社会责任,1997 年,华泰集团对这家国企进行了全面收购,注入了先进的管理理念,当年就实现了扭亏为盈。2007 年开始,响应东营市破解'化工围城',公司在广利化工产业园区新址规划了氯碱产业链,2010 年,实现整体搬迁。"

新址所在地原本是一片荒芜的滨海滩涂,一位前往考察的外国专家断言:"这里 3 年内不适合建设项目。"然而,华泰集团秉承"永不言败、勇争第一"和艰苦创业的精神,不但实现了 3 年之内动工,还实现了 3 年之内让项目落成达产。"公司员工和施工方同吃同住同劳动,3 个月没回家把项目建好了。"采访中,让记者印象深刻的是,在华泰化工集团,有相当一批原国企职工一路坚持干一行、爱一行,很多人做了 30 多年不改行,且逐渐成长为管理人员、首席技师。

"为了做好经营管理,公司的策略是'抓两头稳中间',抓好供应、生产、销售 3 个环节,销售环节'宁贱不赊',所有客户都要带钱提货。至今,华泰化工集团没有一笔贷款,没有任何担保赊欠,项目建设所需要的资金全部为自有资金,这也显示了企业的盈利能力。30 多年来,集团先后投入数亿元抓安全环保,没有发生过一起重大安全环保事故。"的确,安全靠管理、环保靠投入,走在集团的厂区内,记者没有闻到一丝异味。

在朱永河看来,目前华泰化工集团具备了大发展的时机和平台,正朝着绿色、精细化工迈进。他表示:"下一步,我们将进一步发挥地域及原材料优势,为东营市主导产业提供更多原材料,同时发展炼化与盐化工结合的高分子化工新材料、生物基纤维新材料等产品。"

"一粒盐"的"产业之旅":在"延链、强链、补链"中实现高质量发展

记者从市工信局原材料与消费品产业科获悉,东营市氯碱生产企业共有 5 家,目前都采用国际领先的离子膜法制烧碱技术,能耗强度均在 320 千克标准煤／吨碱左右(山东省要求到 2022 年达到 325 千克标准煤/吨碱),企业主要产品为烧碱、液氯(附产氢气、盐酸)。其中,烧碱产能 199 万吨(折成 100%后),主要应用于电解铝行业,少量用于石油化工(用于调和炼油副产品硫酸的 pH)和精细化工(油田助剂)行业。液氯产能 180 万吨,下游主要产品有环氧

丙烷、甲烷氯化物、环氧氯丙烷,东营市产能分别为23万吨、57万吨(华泰待投产32万吨)、10万吨,以上产品年可消耗液氯116万吨,均为烧碱企业自建项目。氢气产能5.17万吨,主要用于生产苯胺、双氧水,均在烧碱企业内加工生产、消化。

广利化工产业园区是东营市氯碱化工产业的主阵地,现已形成以华泰化工集团、山东金岭新材料有限公司(下简称金岭新材料)等骨干企业为龙头,以氯碱化工为主导的循环经济产业链条。东营经济技术开发区滨海临港产业区管理中心副主任孙立胜表示:"未来,园区将根据国内外化工领域技术发展水平,结合东营市盐矿资源优势,在循环经济和生态工业理念指导下,以打造全省高端海洋化工重要生产基地为目标,积极完善氯碱化工产业链条,科学规划、合理布局盐化工产业链上的甲烷氯化物、环氧丙烷、功能性硅烷、新型生物基纤维等一系列延链、强链、补链项目,力争到2022年园区氯气就地消化率达到85%以上,极大减少氯气外运带来的安全、环保问题,实现园区循环可持续发展,为东营经济高质量发展作出积极贡献。"

(《东营日报》,刘冬辉)

专栏五　东营市数字经济发展情况

数字经济是指以数据资源为关键生产要素,以现代信息网络为主要载体,以信息通信技术融合应用、全要素数字化转型为重要推动力,促进效率提升和经济结构优化的新经济形态。

一、东营市数字经济发展情况

近年来,东营市按照"数字产业化、产业数字化"工作思路,大力推动数字经济快速发展,取得了一定成效。

(一)传统产业数字化升级逐步推进

立足石油装备、石油化工等优势传统产业,积极推进信息化融合发展。东营区在山东科瑞石油装备有限公司(下简称科瑞石油装备)、山东海科化工集团有限公司(下简称海科化工)等龙头企业开展了首批"大数据+工业"深度融合示范建设;广饶县积极推进轮胎产业大数据和智能制造;利津县在炼化企业大力推进两化融合,引进建设智能管控系统;东营港经济开发区在天弘化学、联合石化等大型石油炼化企业推进智能工厂建设,生产效率明显提升。电子商务快速发展,易瑞跨境电商平台已在 52 个国家开展业务。海科集团搭建起专业的危化品供应链一体化服务平台,累计交易额 8.66 亿元。2020 年全市电商企业达到 1 613 家,网商店铺 3.72 万家,全市实现网络零售额 57.65 亿元,同比增长 8.3%。广饶县建设电商创业基地、电商大厦,利津县建设云智电商产业园、电商小镇,东营区政府与京东集团合作建设电商生态圈,推动了电商产业集聚发展。

(二)数字化产业逐步壮大

信息技术产业发展逐渐呈现出高端化、规模化、专业化特征。2020 年,东营市有信息技术产业纳入行业统计范围企业 52 家,实现营业收入 50.51 亿元,利润 6.31 亿元,同比增速分别为 1.3%、25.57%。其中,电子信息制造业企业 18 家,实现营业收入 37.66 亿元、利润 4.71 亿元,同比分别增长 0.43%、25.16%;软件和信息技术服务业企业 34 家,实现营业收入 12.85 亿元、软件业务收入 9.96 亿元、利润 1.6 亿元,同比分别增长 3.94%、−0.32% 和26.79%。高端软件发展迅速,形成了以胜软科技、立鼎石油为代表的石油石化信息化解决方案集群,以天元信息、大地勘测为代表的地理信息产业集群,以华网智能、万高电子为代表的智能安防产业集群,以卓智软件、团尚网络为代表的行业应用软件集群,以海神电子、海明威智能为代表的系统集成集群,以新宁自动化、同天电子等为代表的工业互联网集群,以汇佳软件、领图信息等为代表的智慧城市细分领域集群。创新成果不断涌现,胜软科技开发的"石油行业大数据分析应用平台"被工信部列为国家大数据产业发展试点示范项目;天元信息开发的"油田三维地理信息系统"被列入国家技术创新项目。国瓷公司生产的 5G 用滤波器通过华为等国内主要通信商的质量认证;兆源机电生产的高端电磁线系列产品获得中国质量认证和美国 UL 认证;山东胜通集团股份有限公司(下简称胜通集团)生产的高端聚酯光学基膜列入国家产业结构调整和振兴计划。东营市政府印发《关于加快推进 5G 产业发展的实施意见》,全面推进 5G 通信业快速发展。

（三）产业园区建设成效显著

东营市数字经济园区的产业聚集和孵化平台作用逐步显现。东营软件园聚集了全市 90% 以上的信息技术企业，引进了山东立尔智能科技有限公司、山东天通智能工程有限公司等几家较大规模的企业入驻园区。截至 2020 年底，园区共签约入驻企业 172 家，登记从业人员 4 100 余人，形成了以石油信息技术、地理信息、高端软件、大数据及物联网、信息系统集成等为主的产业结构，2020 年园区企业实现产值突破 34 亿元。东营区黄河三角洲大数据港已入驻实体企业 205 家，从业人员 1 300 余人，涵盖京东云、腾讯云、百度 AI、猪八戒网等领军龙头企业，成为全市首家大数据产业集群孵化基地和黄河三角洲地区最大的大数据产业基地。东营高新区能源信息港依托胜利油田和园区 200 余家石油装备与工程技术服务企业，加快信息技术产业与高新区经济社会全方位协同融合。已入驻各类新一代信息技术企业 20 余家，涵盖软件开发、硬件研发生产、大数据、工业信息化、数字油田等多个领域，初步形成产业集聚效应。垦利区积极推进民丰湖区块大数据产业园建设。广饶县积极推进与杭州数梦工场科技有限公司合作，建设轮胎大数据和智能制造产业园项目，并推动颐和国际数字大厦项目建设，搭建本地电商服务平台和大数据服务平台，逐步打造成为省内一流的数字经济和产业园区。东营软件园入选 2021 年省级数字经济园区。东营港经济开发区正在实施"智慧园区"建设，成效显著。

（四）数字经济政策逐步完善

根据国家和山东省的要求，东营市出台了《东营市"优势产业＋人工智能"三年行动计划》《东营市创新型城市建设三年行动计划》，制定了《2021 年全市大数据工作要点》，召开全国互联网大会，出台了《关于加快工业互联网发展的若干措施》，编制完成《东营市数字强市"十四五"发展规划》，出台了《东营市支持数字经济发展的若干政策》等，为数字经济发展提供了一定的政策支持。

二、存在的困难和问题

近年来，东营市数字经济快速发展，总体实力跃上新台阶，但对比国内、全省发展情况来看，还存在着一些突出的困难和问题。一是缺乏顶层规划，支持数字经济发展的有关政策、措施不多，不够系统，指导性不够强。二是产业规模较小,在全市国民经济总量构成中的比重偏低、贡献偏弱,产业地位不够突出,2020年数字经济核心产业增加值占GDP的比重仅为0.77%,特别是软件和信息技术服务业基础薄弱,总体发展水平与省内先进地市存在较大差距。三是产业结构不合理,信息技术制造以原材料加工制造为主,软件和信息技术服务主要集中在服务石油石化等传统行业上。四是高端人才短缺,人才引进仍十分困难。五是龙头企业较少,全市最大的胜软科技、广域科技等软件企业仅在石油开采等细分领域有较强的竞争力,基础研究、关键技术产品研发和自主创新能力不强,缺乏在国内具有较大影响力的龙头企业。

（《黄河三角洲研究》,总第151期,赵军）

专栏六　有色金属产业链优化提升实施方案

聚焦有色金属产业,依托山东方圆有色金属集团(下简称方圆集团)等龙头企业,培育做大山东兴鲁有色金属集团有限公司、山东金宝圆铜业有限公司、兆源机电、山东合盛铜业有限公司(下简称合盛铜业)等骨干企业,打造从铜冶炼到铜精深加工,再到铜消费的产业链条。

一、"链主"企业清单

序号	企业名称	主要产品及产能(领域)	2020年营业收入/亿元	所在县区
1	山东方圆有色金属集团	阴极铜70万吨;黄金25吨;白银500吨	499.3	东营经济技术开发区

二、"链主"培育库企业清单

序号	企业名称	主要产品及产能(领域)	2020年营业收入/亿元	所在县区
1	山东金信新材料有限公司	阴极铜10万吨	27.1	河口区
2	东营金玺铜业有限公司	阴极铜10万吨	11.6	广饶县
3	山东兴鲁有色金属集团有限公司	铜杆线17万吨、铜管3万吨	7.7	东营经济技术开发区

序号	企业名称	主要产品及产能（领域）	2020 年营业收入/亿元	所在县区
4	山东金宝圆铜业有限公司	铜线杆 5 万吨、铜排 3 万吨	5.2	东营经济技术开发区
5	东营兆源机电科技有限公司	电磁线 1.5 万吨	6.8	东营经济技术开发区
6	山东万达电缆有限公司	电线电缆 8 万千米	27.9	垦利区
7	山东合盛铜业有限公司	电子铜箔 0.5 万吨	0.1	东营经济技术开发区

三、优势环节

东营市阴极铜产能达 97 万吨/年，为铜加工企业提供了优质充足的原材料。兆源机电是我国北方地区唯一的风电、高铁、动车电磁线专业生产厂家，具有一定的技术优势。

四、薄弱环节

铜材加工能力不足，缺乏大型综合性铜加工企业。产业链条短，产品主要集中在初级加工环节，缺乏特种电缆、高性能铜箔、内螺纹铜管等铜精深加工产品。

五、优化提升思路

发挥铜冶炼规模优势，引导产业向铜精深加工领域发展，重点招引和建设特种电缆、内螺纹铜管、高性能铜箔、高端电磁线等铜精深加工项目，推动铜产业集群发展。争取到 2023 年，有色金属产业营业收入突破 700 亿元，铜精深加工能力超过 30 万吨，培育 2 家年营业收入过 300 亿元的企业。

（由东营市经信委提供）

专栏七　新材料产业链优化提升实施方案

依托胜利新大新材料股份有限公司（2020 年 9 月由新大管业更名而来，

下简称新大新材料)、中芳新材料有限公司(下简称中芳新材料)、东珩国纤、国瓷公司等新材料骨干企业,打造高性能纤维及复合材料、先进功能陶瓷材料、稀土催化材料三大产业链条。

一、高性能纤维及复合材料产业链

(一)"链主"企业清单

序号	企业名称	主要产品及产能	2020年营业收入/亿元	所在县区
1	山东东珩国纤新材料有限公司	氧化铝纤维500吨、三元催化衬垫500吨	未销售	东营经济技术开发区
2	中芳新材料有限公司	间位芳纶1 000吨、对位芳纶3 200吨	0.2	山东省黄三角农高区
3	胜利新大新材料股份有限公司	碳纤维连续抽油杆400万米、复合材料垫板20万平方米、复合材料井下油套管3 600千米	5.6	东营经济技术开发区

(二)优势环节

培育了东珩国纤、中芳新材料等氧化铝纤维、芳纶纤维生产企业,新大新材料长期从事碳纤维、玻璃纤维、超高相对分子质量聚乙烯等高端复合材料技术研发,碳纤维连续抽油杆、复合材料输气管道、高强度复合材料舟桥板等产品已应用于石油开采、军工等领域。

(三)薄弱环节

氧化铝纤维、芳纶纤维性能尚不稳定,需继续加大技术攻关;复合材料产品种类少,应用领域较小。

(四)优化提升思路

加快氧化铝长纤维技术攻关及下游产品研发,提升芳纶纤维产业化技术工艺,推动芳纶纤维复合材料在汽车、航空、轨道交通等领域的应用。支持新大新材料加大复合材料研发力度,重点发展面向军工、海洋、电力、新能源等领域的新材料产品,提升产品附加值。

二、先进功能陶瓷产业链

（一）"链主"企业清单

序号	企业名称	主要产品及产能	2020年营业收入/亿元	所在县区
1	山东国瓷功能材料股份有限公司	钛酸钡5 000吨、MLCC（片式多层陶瓷电容器）介质材料5 000吨、微波介质材料1 000吨、齿科用氧化锆材料2 000吨	9.8	东营经济技术开发区
2	山东国瓷康立泰新材料科技有限公司	陶瓷墨水15 000吨	5.6	东营经济技术开发区

（二）优势环节

国瓷公司生产的MLCC介质材料，电子浆料，纳米级复合氧化锆，高热稳定性氧化铝等电子陶瓷、生物陶瓷用粉体材料，广泛应用在电子信息和5G通信、生物医疗等领域。

（三）薄弱环节

先进功能陶瓷产业主要集中在功能陶瓷粉的生产上，除国瓷公司外，无下游应用企业，产业链在本地没有贯通。

（四）优化提升思路

依托国瓷公司，开发超微型MLCC介质材料、微波介质材料、毫米波模组材料、第三代半导体材料等关键战略材料，着力培育引进国内外先进陶瓷制品企业，重点打造陶瓷粉体—电子陶瓷/生物陶瓷/特种陶瓷—功能陶瓷制品3条产业链，打造百亿产业集群。

三、稀土催化材料产业链

（一）"链主"企业清单

序号	企业名称	主要产品及产能	2020年营业收入/亿元	所在县区
1	山东国瓷功能材料股份有限公司	蜂窝陶瓷2 400万升、铈锆固溶体1 000吨、分子筛6 000吨	9.8	东营经济技术开发区
2	稀土催化研究院	技术研发	未销售	东营经济技术开发区

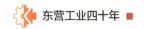

（二）优势环节

国瓷公司能够生产蜂窝陶瓷、涂覆剂等尾气催化剂用材料。稀土催化研究院是国内稀土催化领域唯一的国家级研究机构,联合8家行业内领军企业和顶尖团队开展尾气催化研究。

（三）薄弱环节

缺少催化剂涂覆、封装企业,同时,目前产品技术方向为柴油车尾气催化材料,汽油车尾气催化材料需加大技术研发。

（四）优化提升思路

以稀土催化研究院为核心,联合国瓷公司、无锡威孚集团有限公司、贵研铂业股份有限公司、潍柴动力股份有限公司等稀土催化产业链上下游领军企业,建设催化剂涂覆、封装项目,完善产业链条;加快开展汽油车尾气催化材料的研究,尽早实现产业化生产。

（由东营市经信委提供）

专栏八　医药产业链优化提升实施方案

根据东营市实际情况,生物医药产业当前重点聚焦化药、中药保健品2条产业链发展。抓紧制定支持生物医药产业高质量发展措施,招引高端生物医药企业,加快推动生物医药产业链形成规模。

一、化药产业链

（一）"链主"企业清单

序号	企业名称	主要产品	2020年营业收入/亿元	所在县区
1	新发药业有限公司	全球B族维生素品种最全的生产企业,其中B5(12 000吨)、B9(1 200吨)产销量均居世界第一	16.87	垦利区
2	山东道合药业有限公司	小分子创新药,高端仿制药(心血管类、抗感染类、胃肠道消化系统类)、创新药	1.78	东营港经济开发区

（二）优势环节

B 族维生素、头孢类化药原料。

（三）薄弱环节

创新能力不足，高端化药制剂少。

（四）优化提升思路

重点发展心血管类、抗感染类、胃肠道消化系统类、抗肿瘤类创新药、仿制药，发展在化学药物合成过程中制成的中间化学品，完善化工药原料及中间体产品链条，力争到 2023 年化药产业年营业收入达到 120 亿元。

二、中药保健品产业链

（一）"链主"企业清单

序号	企业名称	主要产品	2020 年营业收入/亿元	所在县区
1	山东凤凰制药股份有限公司	天丹通络胶囊、复方川芎胶囊、金石清热颗粒、女珍颗粒、感冒清热颗粒、半夏露颗粒、盐酸二甲双胍缓释片	4.37	利津县

（二）优势环节

天丹通络片（胶囊）、复方川芎片（胶囊）、女珍颗粒、刺五加脑灵胶囊等国家中药保护品种；中草药资源丰富。

（三）薄弱环节

一类新药、中药提取纯化技术不足。

（四）优化提升思路

重点发展中药新药，突破中药提取纯化技术、中药制剂技术、中药饮片生产技术；积极筛选古代经典名方中药复方制剂、同名同方药，加快研发及产业化；研发以滨海盐碱植物和海洋生物为原材料的生物保健品和功能食品、药品，建设药食植物、食药植物培育、检测以及生物原料提取和产品研发加工基地，力争到 2025 年中药保健品产业年营业收入达到 30 亿元。

（由东营市经信委提供）

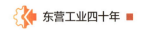

专栏九　传统产业企业选介

一、山东迪赛机电有限公司

山东迪赛机电有限公司成立于 2007 年,是一家专业研发生产高端电磁线和双向拉伸聚酰亚胺薄膜产品的省级高新技术企业。现拥有东营、株洲两大生产基地。2020 年公司总资产为 6.3 亿元。公司年产各类电磁线 2.5 万吨,年产高性能聚酰亚胺薄膜产品 1 300 吨。公司电磁线产品主要覆盖轨道交通、风电、高压防爆电机及新能源汽车等高端市场。公司是中国中车最大的电磁线供应商,产品在国内风力发电领域市场占有率稳居前两位。公司产品跟随中国中车出口到世界 100 多个国家。

公司聚酰亚胺薄膜产品性能指标已达到国内同行业最高水平,其中耐电晕聚酰亚胺薄膜已部分替代进口产品,其产品客户重点集中在国家电子信息产业、智能手机、平板电脑、5G 通信技术、轨道交通、大飞机、新型显示技术、超导材料等新型基础设施建设(简称新基建)领域,产品已出口日本、韩国、俄罗斯等国家。

2020 年,公司电磁线项目(见图 3-18)产量为 7 739 吨,销售收入 6.8 亿元,利税 1 600 万元,利润 3 100 万元。公司聚酰亚胺薄膜项目产量 742 吨,销售收入 1.5 亿元,利税 700 万元,利润 1 700 万元。

图 3-18　山东迪赛机电有限公司电磁线生产车间

二、东营华泰化工集团有限公司

东营华泰化工集团有限公司（见图 3-19）为中国化工 500 强企业，是华泰集团的全资子公司，其前身国有企业东营市化工厂创建于 1989 年，1997 年被华泰集团兼并。现有固定资产 65 亿元，员工 2 000 余人。已建成 75 万吨（折100%）离子膜烧碱、34 万吨双氧水、3 万吨环氧氯丙烷、3 万吨环氧丙烷、10 万吨苯胺、10 万吨氯乙酸、32 万吨甲烷氯化物、200 兆瓦热电联产和 2.8 万立方米污水处理等装置。

图 3-19　东营华泰化工集团有限公司厂区

华泰化工深度践行国家"一带一路"倡议，与哈萨克斯坦碱业公司、新加坡首化集团分别开展了年产 20 万吨纯碱项目及年产 230 万吨 PTA 项目交流合作。"十四五"期间，华泰化工规划总投资 143 亿元，重点发展生物基可降解新材料、电子级环氧树脂新材料、功能性硅烷新材料和高分子新材料 4 条高质量发展产业链，建设省级研发中心，博士、院士工作站等创新平台，打造大型海洋新材料生产基地。

三、山东华泰纸业股份有限公司

山东华泰纸业股份有限公司始建于 1976 年，年造纸生产能力 400 万吨。公司拥有全国造纸行业首批博士后科研工作站、国家级企业技术中心、国家级实验室、泰山学者岗、废纸综合利用工程技术研究中心、废弃物综合利用重点实验室、山东省院士工作站七大科研平台，是国内造纸行业唯一一家获 6 项国家科学技术进步奖的企业。公司是山东省造纸行业首家 A 股上市公司，中国企业 500 强企业。公司拥有年产 70 万吨高档铜版纸生产线（见图 3-20）。

图 3-20　华泰纸业股份有限公司年产 70 万吨高档铜版纸生产线

公司以"产业报国、造福社会、振兴民族纸业"为使命，按照"生态育林、环保制浆、绿色造纸"的发展模式，以黄三角、长三角、珠三角为中心，发展"三点一线"全国战略布局，建成了六大造纸基地。

公司先后与德国福伊特集团、芬兰斯道拉•恩索集团、比利时索尔维集团、美国杜邦公司等多家世界 500 强企业进行强强联合，建设的 SC 纸（超级压光纸）生产线、食品级薄页包装纸生产线均填补国内空白，改写了国内该类纸张长期进口的历史。

四、山东半球面粉有限公司

山东半球面粉有限公司始建于 1956 年，是为支持全国大型水利工程——打渔张工程建设而设立的，始称"公私合营广饶县联合粮食加工厂"，2000 年经国有粮食企业改制成立有限责任公司。公司主要从事小麦粉、挂面的加工和销售，年加工小麦 35 万吨，挂面 2 万吨，是农业产业化国家重点龙头企业。公司及其产品（见图 3-21）相继荣获"中国名牌产品""中国驰名商标""全国小麦粉加工企业 50 强企业""中国绿色食品""山东农产品知名品牌""山东省老字号产品""东营市十大名优农产品"等称号。2020 年底,公司在岗职工 226 人,总资产 2.6 亿元,全年实现销售收入 77 689 万元,实现利税 1 356 万元,净利润 1 120 万元。

图 3-21　山东半球面粉有限公司产品

五、东营宝丰汽车配件有限公司

东营宝丰汽车配件有限公司成立于 2011 年 1 月,注册资本 1.68 亿元。2020 年底,公司总资产 11.3 亿元,员工 700 余人。公司主要生产盘/鼓式制动片、制动钳、制动盘等汽车零部件,位列中国摩擦材料行业 20 强企业前三位。公司拥有省级企业技术中心、摩擦材料工程实验室和工业设计中心 3 个省级科研实验平台,主导起草国家标准 6 项,参与制定国家及行业标准 9 项,拥有专利 40 余件,BAOFENG 品牌被认定为"山东省名牌""山东省重点培育和发展品牌"。公司与齐鲁工业大学联合成立了摩擦材料技术及智能装备研究院(见图 3-22)。目前公司乘用车制动片产能已达到 2 000 万套/年,商用车制动片产能已达 500 万套/年。2020 年,公司实现营业收入 5.4 亿元,利润 1 426 万元。

图 3-22　东营宝丰汽车配件有限公司摩擦材料技术及智能装备研究院揭牌仪式

专栏十　新兴产业企业选介

一、山东国瓷功能材料股份有限公司

山东国瓷功能材料股份有限公司成立于 2005 年 4 月,2012 年 1 月在创业板上市,现已成长为国内重要的功能陶瓷材料制造商,是工信部第四批制造业单项冠军示范企业、山东省新材料产业民营企业 10 强。2020 年实现营业收入 25.4 亿元,净利润 5.74 亿元,市值超过 500 亿元。公司始终坚持创新驱动,每年将营业收入的 6% 用于科技研发,搭建了国家级"企业技术中心"、新材料检测评价中心、博士后科研工作站等研发创新平台,走出了一条具有国瓷公司特色的创新发展之路;坚持资本驱动,借助资本市场完成了 2 次再融资和 10 余次对外投资并购,应对风险能力不断增强,生产的高纯氧化铝成功进入了特斯拉的产品供应链;坚持项目驱动,与华为公司合作生产的 5G 通信产品实现了由材料制造向元器件制造的延伸升级,参与建设国家级稀土催化研究院,投资 5 亿元建设 5 000 万升汽车尾气净化用蜂窝陶瓷产业化项目。

国瓷公司将扎根东营,在功能陶瓷新材料领域深耕细作,在 5G 通信、稀土催化、数字化口腔医疗等领域做精做强,争取 2025 年前实现"营收破百亿"

的战略目标,努力建成国内一流的功能陶瓷新材料产业园(见图3-23)。

图3-23 山东国瓷功能材料股份有限公司厂区

二、山东石大胜华化工集团股份有限公司

山东石大胜华化工集团股份有限公司成立于2002年12月,2015年5月在上海证券交易所上市。主要产品有碳酸二甲酯、碳酸丙烯酯、碳酸乙烯酯、碳酸甲乙酯等碳酸酯类产品,六氟磷酸锂,电解液特种添加剂和MTBE(甲基叔丁基醚)等产品。凭借独特的技术和质量优势,公司已成为国内外多家锂离子电池电解液生产厂家的高品质溶剂原料供应商。公司生产的MTBE作为高品质汽油添加剂,能很好地满足未来清洁能源的需求。

三、新发药业有限公司

新发药业有限公司成立于1998年,是以生产饲料添加剂、食品添加剂、医药原料为主的高新技术企业,是农业农村部定点维生素原料生产商,全球B族维生素品种最全的生产企业,全球最大的维生素B5(D-泛酸钙)生产基地,获"山东省隐形冠军企业""山东省制造业单项冠军示范企业"称号。现有山东省企业技术中心、山东省维生素工程技术研究中心、山东省B族维生素工程实验室、山东省博士后创新实践基地等多个省级创新平台,与中科院、天津大学、复旦大学、山东大学等科研院所、高校建立科研合作关系,研发成果已申请发明专利200余件,其中130件已获得授权,申请PCT国际专利13件。正在实施的研发综合楼、新羟、新柠、新酯、新甾醇、新戊二期、维生素B1智能化改造等9个延链补链强链项目,涉及维生素C、维生素E等多条产品生产线,项目总投资19.2亿元。2020年公司资产总计43亿元,员工2 800余人,实现销售收入18.9亿元,利润5.6亿元,纳税3.1亿元。

下一步,公司将围绕生物医药产业链条延伸,规划建设高端医药成品制剂项目、高端特色原料药项目、高品质多肽及生物制品项目等,打造新发药业生物医药优势产业集聚区。

四、山东欧铂新材料有限公司

位于东营港经济开发区的山东欧铂新材料有限公司成立于2014年9月,是山东海科控股有限公司控股的高新技术企业,公司专注于新型碳材料的研发、生产、应用和销售,目前已经建成一期2吨/年高品质石墨烯自动化生产线。公司研发中心下设基础研发、产业化孵化和公共分析检测三大平台,拥有研发人员63人,其中博士4人,硕士39人。与北京化工大学、青岛科技大学、泰斯肯(中国)有限公司等展开深入合作。已申报国内专利124件(已授权21件),PCT国际专利5件;发布4项团体标准和8项企业标准,主导和参与制定团体标准15项。开发石墨烯分散液及改性防腐涂料相关产品16款,在全国已完成80多个石墨烯改性防腐涂料的应用示范工程。先后获得第十九届中国专利奖优秀奖、第五届中国国际新材料产业博览会金奖、石墨烯行业创新奖等20余项奖励。2020年,公司资产4 889万元,员工85名,营业收入1 657万元。

公司计划分批投资30亿元,建设1.45万吨/年石墨烯分散液、1.7万吨/年石墨烯导电浆料、1.8万吨/年锂电负极材料等6个石墨烯系列产品项目,努力成为全球领先的供应商和应用方案提供者。

第四章
最适合发展石化产业的地方

第一节　发展沿革

　　从 1970 年建设垦利县炼油厂起,东营市石化产业发展虽历经坎坷,但却愈挫愈勇,东营市一举成为全国地炼规模最大的市。这期间,在产权制度改革上,经历了初期的清一色的油地国有企业、城镇集体企业,到 2000 年起的地方国有城镇集体企业改为股份制企业,再到 2005 年起的山东广饶石化集团股份有限公司(下简称广饶石化)、华星石化、中海(东营)石化有限公司(下简称中海石化)等的混合所有制改革。在生产规模上,单台套常减压设施经历了从 1970 年山东垦利石化集团有限公司(下简称垦利石化)8 000 吨,2001 年垦利石化 100 万吨,到 2013 年天弘化学 500 万吨;全市常减压规模从 2000 年的235 万吨,2005 年 1 270 万吨,2010 年的 2 560 万吨,到 2020 年的 7 720 万吨。产业链条从燃料型到燃料化工型,"减油增化"成为发展趋势,创造了"油头化身高化尾",打造了炼油芳烃炼化一体化。主要产品从原油加工的柴油、汽油,到丙烯、PX 以及下游产品,基本实现了石油加工、化工的全链条生产。

　　1970 年 9 月,垦利县炼油厂设计能力为年加工原油 8 000 吨的炼油项目动工兴建,该项目 1971 年 5 月投产,是域内首家石油加工企业。1970 年,中国石油大学(华东)开始筹建设计能力为 1 万吨/年常减压和 4 000 吨/年氧化沥青的胜华炼油厂,项目 1972 年投产。1972 年,新建广饶县化工试验厂(1979年与广饶县化肥厂合并)。20 世纪 70 年代及 80 年代初,垦利县炼油厂和胜华炼油厂持续实施一些改建扩建项目,生产能力扩大。

1983 年,全市有石油加工企业 2 家,年原油加工量 64 220 吨,年生产汽油 490 吨、煤油 2 602 吨、重油 7 244 吨。

1985 年,胜利油田开始建设年加工稠油 100 万吨的稠油处理厂,1990 年 4 月一期工程竣工,1993 年二期工程竣工,基建总投资 4.54 亿元,1993 年在该厂基础上组建胜利油田石油化工开发总公司。

1985—1994 年,地方先后改建和新建广饶石化集团股份有限公司、东营市华星石油化工集团有限公司、河口区科威化工厂、东营石油化工厂、垦利县落地原油处理厂、广饶县胜利石油化工厂、垦利县油脂化工厂、河口区润滑油脂厂、东营市石油化工厂、利津县石油化工厂(见图 4-1)、东营市特种油品厂、东营区东胜化工厂等企业。老企业垦利县炼油厂和胜华炼油厂加快技术改造步伐,不断扩大生产规模。

图 4-1　1994 年,利津县石油化工厂召开一期工程竣工投产庆祝大会

1995 年底,全市有乡及乡以上石油加工企业 29 家,固定资产原值 7.09 亿元,从业人员 7 339 人,工业总产值 12.48 亿元,销售收入 11.39 亿元。全年主要产品产量:原油加工量 126.79 万吨,汽油 16.29 万吨,柴油 32.15 万吨,煤油 4 万吨,重油 20 万吨,石油液化气 3.01 万吨,石油沥青 44.28 万吨,石蜡 1 687 吨,软麻油 5 798 吨,溶剂油 5.48 万吨。

1996 年,垦利石化投资 347 万元采用二级/三级脱水、脱盐工艺,解决原油含盐含水问题;5 月,2 000 吨/年聚丙烯装置投产,一次生产出优级聚丙烯产品,标志着垦利石化开始迈向石油化工生产。同年 6 月,利津县石油化工厂 7 万吨/年催化裂化工程竣工投产(见图 4-2)。正和集团投资 1 200 多万元建设 2 万吨/年气体分离装置,生产出合格的丙烯产品;第二套 30 万吨/年常减压装置投产;年底,投资 1 200 万元建设的 5 000 吨聚丙烯项目一次开车成功。是年,全市有乡及乡以上炼化企业 21 家,生产汽油 22.52 万吨、柴油 37.73 万吨、沥青 44.19 万吨,年从业人员平均 6 533 人。

图 4-2　1996 年,利津县石油化工厂举行催化裂化装置投产仪式

1997 年,正和集团投资 870 万元,建成酸性水汽提、浮选、生物曝汽等环保装置和设施。广饶县大王石油化工厂投资 700 万元增上 2 万吨/年润滑油项目和 2 万吨/年糠醛项目,并将常减压年加工能力提升至 15 万吨。

1998 年,垦利石化投资 350 万元改造 15 万吨/年常减压装置,同时建设 10 万吨/年渣油减黏项目,当年全部完工投用。胜华炼油厂新建常减压沥青生产装置开工。广饶县大王石油化工厂更名为山东华星石油化工集团有限公司,开始实施股份制改造,并投资 110 万元增上 8 万吨/年固体成型沥青项目。同年 6 月,广饶石化投资 8 000 多万元建设的 15 万吨/年催化裂解项目建成投产。同年 11 月,山东万通石油化工集团(前身为万通化工公司,下简称万通

石化)成立。

1999年4月19日,国家经贸委等八部委印发《关于清理整顿小炼油厂和规范原油成品油流通秩序的意见》。5月,在摸清全市炼化企业基本情况的基础上,将炼化企业分为三类:第一类是国发〔1991〕54号文件《国务院关于严格控制扩大炼油生产能力的通知》发布前建设、1998年有国家原油配置计划、有两项加工装置、生产经营管理条件较好的企业,有垦利石化、广饶石化、利津县石油化工厂、东营石油化工厂4家企业;第二类是国发〔1991〕54号文件发布前建设、有国家原油计划、有一项加工装置的企业,有东营华联石油化工厂有限公司(下简称华联石化)、华星石化、广饶精油厂3家企业;第三类是无国家原油计划的企业,有东营市石油化工厂、广北农场炭黑厂、垦利县落地原油处理厂、捷星石油化工厂、广饶县胜利石油化工厂5家企业。按照规定,于7月底关闭。是年,万通石化正式投产,年产沥青3万余吨,产值3 000多万元。垦利石化1万吨/年MTBE装置顺利投产;投资350万元的40万吨/年常减压改造项目、投资100万元的100万平方米/年玻璃棉夹芯板项目、投资650万元的脱硫装置改造项目完工;投资350万元的10万吨汽油醚化项目开工建设。利津县石油化工厂投资1 710万元的罐区改造项目完工。

2000年,垦利石化投资4 600万元实施7万吨/年汽油改质项目,10万吨/年改15万吨/年催化裂化改造工程投产。7月,胜华炼油厂催化裂化装置技术改造项目竣工投产,原油二次加工能力大幅提升。华星石化持续实施股份制改造,投资2 500万元增上8万吨/年润滑油基础油装置改扩建项目。利华益集团投资2 200万元实施催化裂化改造项目。东营石油化工厂投资2 000万元实施20万吨/年改性沥青项目。至年底,全市炼化企业清理整顿工作结束。全市地方炼化企业保留垦利石化、广饶石化、利华益集团、东营石油化工厂、华联石化、华星石化6家企业,企业资产总额16.64亿元,职工总数5 178人,原油一次加工能力235万吨/年。关停并转东营市石油化工厂、广北农场炭黑厂、垦利县油区办落地油处理总站、捷星石油化工厂、广饶县胜利石油化工厂、广饶县特种油品厂6家企业。具体方案为:东营市石油化工厂转产沥青;广北农场炭黑厂原有炭黑生产装置改造成5 000～10 000吨/年炭黑装置;广饶县胜利石油化工厂成功转产植物油深加工;广饶县特种油品厂、捷星石油化工厂停产进入破产程序;垦利县油区办落地油处理总站转产重交沥青。是年,东营石油炼化行业在经历亚洲金融危机、国家实行行业清理整顿后,生产经营快速恢复,经济效益大幅提升。出现3家利税超千万元企业,利津石化、垦利石化利税均在5 000万元以上,全行业无亏损企业。规模以上企业达到12家,比上年增加2家。

2001年2月,垦利石化着手改制,开始由国有企业向股份制企业过渡;8月,100万吨/年常减压装置一次开工成功,与之配套的200吨/小时污水处理改造工程正式运行,10月通过市环保局检测验收。正和集团国有股比例由52.3%降至10.46%;投资近3 000万元,使重油催化装置加工能力达到30万吨/年,气分装置加工能力达到4万吨/年,聚丙烯装置加工能力达到2万吨/年的生产规模。8月,胜华炼油厂整体改制为山东石大科技有限公司(下简称石大科技)。万通石化通过沥青装置技术改造,扩大产能20万吨/年。

2002年1月,山东垦利石化有限责任公司正式挂牌。公司由地方国有企业改制为股份制企业,国有股份占19%;8月,60万吨/年催化裂化装置建成投产;10月,80万吨/年渣油延迟焦化项目开工建设。5月,山东石大科技有限公司与中国石油天然气股份公司及中国石油大学(华东)化学化工学院合作的中石油"十五"重大炼油技术攻关项目"两段提升管催化裂化"新工艺技术在公司催化装置中试放大试验并获成功;7月3日,决定成立山东石大科技研究院。华星石化投资2 000万元,增上100万吨/年常减压装置。

2003年6月,石大科技0.5万吨/年碳酸二甲酯装置一次开车成功,产品质量达到医药纯度,居全国同行业领先地位。华星石化投资17亿元增上100万吨/年重油催化裂解装置项目,配套有5万吨/年聚丙烯装置,1.5万吨/年硫黄装置,2.5万千瓦热电厂一座及原料、产品储罐区等设施。

2004年4月,垦利石化50万吨/年加氢装置一次开车成功。正和集团2.5万吨/年MTBE项目一次开车成功,投资1.8亿元建设200万吨/年油煤联合化工装置并一次开车成功。5月10日,山东石大科技集团公司(下简称石大科技集团)被科技部火炬高新技术产业开发中心认定为国家火炬计划重点高新技术企业。是年,万通石化投资建成40万吨/年沥青脱蜡装置,年产值过亿元。

2005年1月,垦利石化10万吨/年渣油延迟焦化装置一次开车成功;5月,10万吨/年气体分离项目建成投产,6万吨/年甲醇装置一次开车成功。正和集团实施 100 万吨/年油煤联合加氢精制和 120 万吨/年延迟焦化项目；5 月，与中国化工油气开发中心实施股权重组，中国化工油气开发中心以收购股份和增资扩股的方式持有正和集团 51% 的股份。同年，全市石油炼化企业形成正和集团、垦利石化、利华益集团、华星石化、海科集团、石大科技、华联石化、中海石化等一批大型企业集团；全市地方石化企业年原油综合加工能力 2 500 万吨，一次加工能力 1 270 万吨，催化裂化 450 万吨，氧化沥青 230 万吨，固体成型沥青 10 万吨，溶剂油 8.5 万吨，润滑油 3 万吨。石油炼化产业成为地方工业经济中的重要支柱产业。

2006 年 6 月，富海集团重点建设项目 120 万吨/年常减压装置竣工投产；9 月，80 万吨/年延迟焦化装置开车成功。是年，万通石化投资建设 60 万吨/年沥青重组分改性联合装置。

2007 年，垦利石化 20 万吨/年催化重整项目投产，生产出高标号汽油。华星石化投资 10 亿元新上 140 万吨/年 DCC（催化裂解工艺）项目，原油二次加工能力大幅提升。12 月，垦利石化中日合资项目 2 万吨/年酸性气制硫氢化钠投产，生产出 48% 的硫氢化钠优质产品，填补国内该项技术空白，后成为国家该产品生产标准依据，获得 10 万元奖励。万通石化投资气分装置，生产丙烯等产品，产品生产多样化。2006—2007 年间，石油炼化重点企业除搞好"炼化主业"生产经营外，还实行"多元经营"战略。利华益集团增上制药、纺织、热电项目；垦利石化增上建材、热电、酿酒项目；海科集团增上碳酸二甲酯、生物制药项目；正和集团增上化工原料、橡胶、塑编项目。这些项目的实施增强了行业整体实力。利华益集团、垦利石化、正和集团、石大科技、海科集团跻身全国化工行业百强企业。半数以上企业拥有 ISO 9000 质量、ISO 14000 环境、ISO 18000 职业健康体系等多种体系认证和市级以上技术开发中心；拥有国家级重点开放实验室的石大科技研究院完成 60 多项国家、省部级重大科技攻关项目，多次获中科院科技进步奖等奖项。至 2007 年底，全市有规模以上石油炼化企业 61 家，原油一次加工能力 1 640 万吨。

2008 年 9 月 4 日，山东中海化工集团有限公司与中海石油炼化有限责任公司签署合作协议，缔结战略合作关系，11 月 5 日注册成立中海石油东营石化有限公司［后更名为中海（东营）石化有限公司］，由中海石油炼化有限责任公司控股。12 月 20 日，山东省地方炼油厂第一套蜡油缓和加氢装置建成投产，随着该装置的投产,中海石化的石化产品达到欧Ⅴ标准。

2009 年,山东华联石油化工厂有限公司新上投资 9 465 万元的硫黄回收装置项目、投资 9 868 万元的 100 万吨/年柴油加氢项目,山东华星石油化工集团有限公司新上投资 8 990 万元的 100 万吨/年催化汽油加氢装置,山东东方华龙工贸集团有限公司新上投资 9 780 万元的 120 万吨/年加氢精制及配套制氢项目,东营市海科瑞林化工有限公司新上投资 9 855 万元的 100 万吨/年油品精制装置、投资 9 974 万元的 50 万吨/年轻质油改质项目。

2010 年 4 月,正和集团投资 10.86 亿元建设的 100 万吨/年深度催化裂解及其配套项目一次开车成功。7 月,富海集团东营富海石油化工有限公司注册成立;10 月,公司并购山东省莘县华祥石化有限公司,该公司是 2000 年国务院批复的全国保留的 82 家地方炼油企业之一,且拥有油品装卸铁路专用线;12 月,子公司江苏富海美林能源有限公司注册成立。从 2010 年 5 月开始,万通石化总投资 38 亿元建设 580 万立方米储备罐区项目。是年,全市有规模以上石化企业 79 家,原油一次加工能力 2 560 万吨,全年加工原油 1 200.3 万吨,生产汽油 313.6 万吨、柴油 359.2 万吨。

2011 年 3 月,东营市亚通石化有限公司(下简称亚通石化)350 万吨/年常减压装置投产运营。5 月,富海集团与中海石油气电集团有限责任公司签订战略合作协议,在山东省率先推广 LNG 清洁新能源;8 月,与东营交通运输集团有限公司合作成立东营富海交运新能源有限公司;10 月,东营市首台液化天然气(LNG)ORCA 加注车在东营富海交运新能源有限公司试运营。华星石化从 2009 年开始投资 8 亿元建设 140 万吨/年延迟焦化装置。至年底,全市有规模以上石化企业 87 家,原油一次加工能力 3 390 万吨,全年加工原油 1 282.4 万吨,生产汽油 357.6 万吨、柴油 462 万吨。

2012 年 5 月,富海集团和山东高速服务区管理有限公司共同出资 100 亿元在莱芜市(今济南市莱芜区)建设 70 万吨/年 LNG 液化项目;12 月,100 万吨/年柴油加氢装置、60 万吨/年汽油加氢装置、2 万标准立方米/小时制氢装置相继投产。是年,在国际原油价格窄幅振荡的形势下,全市炼化企业总体运行平稳;全年加工原油 1 883.2 万吨,生产汽油 43.4 万吨、柴油 60.1 万吨。

2013 年 1 月,石大科技催化烟气在线监测系统安装完成并实现联网,该系统可实时监测催化再生烟气中的二氧化硫、氮氧化物、颗粒物等污染物的浓度。4月,富海集团 100 万吨/年延迟焦化装置投产运营。6月,山东宜坤集团有限公司投资 2.6 亿元新上 30 万吨/年烷基化装置。同年,正和集团投资 20 亿元建设 80 万吨/年汽油加氢装置改造项目、30 万吨/年轻汽油醚化项目、120 万吨/年焦化扩能改造项目;投资 23 亿元建设 100 万吨/年汽油重整及 140 万吨/年柴油加氢项目。9月,天弘化学建成投产 500 万吨/年常减压项目;万通石化投资 11.24 亿元,开始建设 650 万吨/年原油预处理装置。是年,全市 101 家规模以上石化企业原油一次加工能力达到 6 070 万吨。全年加工原油 1 439.4 万吨,生产汽油 517.7 万吨、柴油 818.8 万吨。

2014 年,全市实现主营业务收入 3 709.4 亿元。全年加工原油 1 696.74 万吨,生产汽油 701.6 万吨、柴油 1 035.99 万吨。

2015 年,全市实现主营业务收入 2 713.54 亿元。全年加工原油 2 130.3 万吨,生产汽油 977.17 万吨、柴油 1 628.97 万吨。2月,国家发改委发布《关于进口原油使用管理有关问题的通知》,国内地方炼厂开始申请进口原油使用资质。至 2015 年 11 月,利华益集团、垦利石化、亚通石化 3 家东营地炼企业获得原油非国营贸易进口资质,争取原油进口允许量(配额)合计 878 万吨,占全国总量的 41%。

2016 年,全市有规模以上石化企业 128 家,主营业务收入过百亿元石化企业 15 家,过 50 亿元企业 22 家。原油一次加工能力 6 800 万吨/年。垦利石化、利华益集团、亚通石化、天弘化学、东营齐润化工有限公司(下简称齐润化工)、山东神驰化工集团有限公司(下简称神驰化工)和海科瑞林 7 家企业获批进口原油使用资质,额度 2 000 万吨。全年实现主营业务收入 3 432.89 亿元。全年加工原油 2 844 万吨、燃料油 2 686 万吨,生产汽油 1 028.4 万吨、柴油 1 841.9 万吨。

2017 年,全市石化产业实现主营业务收入 4 110.70 亿元,加工原油 3 172.52 万吨,生产汽油 1 167.9 万吨、柴油 2 178.75 万吨。到年底,共有 10 家地炼企业获得进口原油使用权,获准使用进口原油指标 2 770 万吨。东营市获准企业数占全国 32 家获准企业的 31.3%,获准指标占 27.08%。东营已成为全国获得进口原油使用资质数量最大的地级市。是年,与中国石油和化学工业联合会共同举办中国石油和化工行业两化融合推进暨东营化工产业新旧动能转换发展大会。

2018年,全市有规模以上石化企业134家,实现主营业务收入、利税、利润分别为3 559.1亿元、193.4亿元、39.7亿元。主营业务收入超过100亿元企业11家,50亿元至100亿元企业8家。16家炼化企业获批使用进口原油指标达到3 735万吨。中高端石化产品主营业务收入占石化产业的比重逐步提高,航空汽油、高吸水性树脂等高端产品超过30种。把建设绿色循环东营高端石化产业基地作为新旧动能转换的突破口。设立石化产业基金200亿元,建设200万吨/年对二甲苯、120万吨/年高品质己内酰胺、120万吨/年乙烯等项目。

2019年,全市规模以上石化企业原油一次加工能力达到7 720万吨/年,实现主营业务收入3 345.21亿元。16家企业获得原油非国营贸易配额允许量3 650万吨,企业数占全国42家地方民营企业的38.1%,额度占全国13 319万吨的27.4%,其中万通石化、联合石化2019年最新获批原油进口权。全年加工原油5 058.02万吨,生产汽油916.35万吨、柴油1 228.36万吨。海科集团、广饶科力达石化科技有限公司(下简称科力达石化)、山东富宇化工有限公司(下简称富宇化工)签约分别拿出220万吨/年的一次加工能力参与烟台裕龙岛炼化一体化项目整合。

2020年,实现主营业务收入3 293.21亿元。全市有规模以上石化企业119家,形成集炼化、销售、研发、仓储、运输于一体的完整产业链条。有16家地炼企业获得进口原油使用权,获准使用进口原油指标3 735万吨,实际进口原油3 666.9万吨。原油一次加工能力达到7 720万吨。全年加工原油5 510.4万吨,生产汽油850.2万吨、柴油1 261.3万吨。4月30日,山东省高端石化产业技术研究院与胜利油田分公司技术检测中心共建山东省高端石化创新创业共同体合作框架签约仪式在东营港经济开发区举行。5月19日,万达石化研究院成立。11月,按照区域大循环、园区中循环、企业小循环3个维度,东营港经济开发区产业链条布局加速,从振华石化100万吨/年丙烷脱氢项目到山东科鲁尔化学有限公司二期13万吨/年丙烯腈项目,诺尔生物丙烯酰胺,再到山东宏旭化学股份有限公司氢腈酸生产MMA(甲基丙烯酸甲酯),山东启恒新材料有限公司PMMA,油头化身高化尾的产业链条加速成型。

第二节　炼化产业发展现状与问题

一、发展现状

经过近40年的高速发展,东营市石化产业已发展成为规模大、链条长、在全国具有较强影响力的产业集群,东营市也成为全国地炼产能最大的市。

2019年东营市石化产业一次加工能力7 720万吨/年,全国炼油能力达到8.78亿吨/年,东营市占全国的8.79%。山东省总炼油能力达2.1亿吨/年,东营市占36.76%。

2020年,东营市加工原油5 510.4万吨,生产汽油850.2万吨、柴油1 261.3万吨。到2020年底,全市有规模以上石化企业119家,2020年营业收入4 336亿元,占全市工业企业7 203.7亿元的60.2%,其中15家主营业务收入过100亿元;实现利润107.5亿元,占全市(油田)的185.66%,占全市地方工业的50.16%。一次加工能力200万吨以上的16家地炼企业拥有进口原油使用量3 735万吨,占2020年全国原油非国营贸易进口允许总量20 200万吨的18.49%。另外全市炼化企业每年使用中海油、中石油提供的原油约1 500万吨,每年获得原油资源共5 500万吨左右。

二、存在问题

东营地炼总规模巨大,以"减油增化"为方向的产品结构调整进展顺利,链条经济渐趋完善,原料供应充足,但从总体上看,东营地炼产业尚处于中低质量发展阶段。

(一)布局分散

全市23家一次加工能力200万吨以上的炼化企业分布在全市10多个开发区、乡镇。

(二)规模偏小

从平均炼能看,23家炼化企业一次加工能力平均为336万吨。单套装置最大为500万吨,地炼企业中,只有万通石化、天弘化学、华星石化、正和集团、联合石化5家企业单台套产能达到或接近500万吨。

东营市炼化企业平均炼能低于全国水平,更无法和世界水平相比。2018年,我国炼厂平均炼能仅412万吨,远低于世界炼厂759万吨的平均规模,且国内只有19家大型炼化一体化企业,总产能约2.3亿吨。炼油装置规模较小直接导致我国现阶段炼厂的单位能耗水平较低,且各炼厂技术水平参差不齐——标准油单位能耗低于8.5千克/吨的产能仅占总产能的21%,炼油总能耗过大,落后产能依旧较多,具有先进技术水平的产能相对较少,从而变相提高了我国炼厂的生产成本。

从进口原油允许量看,2019年东营市16家地炼企业拥有进口原油允许量3 735万吨,而恒力石化股份有限公司(下简称恒力石化)和浙江石油化工有限公司(下简称浙江石化)两家企业就获得进口原油允许量2 430万吨。

(三)产业链条短而窄

东营市部分炼化企业仍属于燃料型,链条短。部分企业向下游延伸产业链条,也仅仅局限于提供初级产品,加工度低,增值力差,且单一产品规模小,链条细,没有规模效应。

(四)技术创新能力弱

东营市大部分炼化企业研发平台建设滞后,虽都有技术创新中心,但设备不够先进,研发人员数量少层次低,研发平台的工作大都局限于油品品质化验和简单的测试。

(五)受全国七大石化基地和裕龙岛项目的挤压

首先,炼化一体化项目优先在全国七大石化基地布局,基地内民营炼化企业上项目优先获得支持。中国七大世界级石化产业基地包括:大连长兴岛、河北曹妃甸、江苏连云港、浙江宁波、上海漕泾、广东惠州和福建古雷。2015年,国家发改委对石化产业基地的设立条件提出指导意见,并提出了发展七大石化产业基地的规划,使得2018—2025年的中国炼油格局中,民营企业作为主要力量登上中国炼油产业链的舞台。东营不在全国七大石化基地内,石化企业发展特别是新上大型炼化一体化项目受到很大影响。

其次,山东把大型炼化一体化项目放在了烟台裕龙岛,东营争取大型炼化一体化项目的难度加大。在中国的石化产业版图上,山东拥有全国70%以上的地炼工厂,占全国原油总加工能力的28%,是世界第三大炼油中心,其中,地方炼油能力1.3亿吨/年,占全国地炼总产能的70%,全国炼油产能的17%。问题是山东炼化企业数量多、单套装置规模小、技术相对落后,且面对一南一北两个石化"巨无霸"——位于浙江舟山的4 000万吨/年产能的浙江石化和位于辽宁大连的2 000万吨/年产能的恒力石化的南北夹击,生存空间日渐狭窄。2016—2020年山东省独立炼厂常减压装置开工率如图4-3所示。

图4-3　2016—2020年山东省独立炼厂常减压装置开工率

山东省试图按照"上大压小、减量置换、炼化一体"的原则,一面淘汰中小、落后炼油装置,一面按照"油头、化身、高化尾"的要求,着力打造高端石化产业基地,推动裕龙岛炼化一体化基地的建设,从而实现全省石化产业的新旧动能转换。根据规划,规划原油加工能力6 000万吨/年的裕龙岛炼化一体化项目,总投资约3 876亿元,规划近期工业年产值达2 741亿元,中期年产值达6 555亿元,远期年产值达9 072亿元。

第三,在以上两个方面影响下,东营市拟通过和中化集团合作新上大型炼化一体化项目的难度很大,这直接影响了东营石化产业高质量发展。

（六）受产业政策冲击

2018年10月,山东省发布《关于加快七大高耗能行业高质量发展的实施方案》,直接大幅提高地炼生存门槛。方案要求,力争到2022年,将位于城市人口密集区和炼油能力在300万吨/年及以下的地炼企业炼油产能进行整合转移;到2025年,将炼油能力在500万吨/年及以下的地炼企业的炼油产能分批分步进行整合转移。截至2018年,维持正常或间歇生产(剔除长期无效产能)的山东地炼企业约为51家。其中,根据地炼官方口径,一次加工能力在

300 万吨/年及以下的炼厂占到 60%，一次加工能力在 500 万吨/年及以上的地炼企业仅占 20% 左右。由此来看，未来 3～6 年将有近 80% 的现存山东地炼企业被整合转移，地炼产能将大幅减量，现有产能将压减 30% 左右。全省地炼行业原油加工能力由目前的 1.3 亿吨/年压减到 9 000 万吨/年左右，成品油（汽煤柴）收率降至 40% 左右。东营市地炼企业单套装置炼油产能达标者只有 3 家，其他企业除利华益集团等少数企业外大都将面临被整合。

（七）成品油出口受限

截至 2020 年，国内成品油出口主要集中在中石化和中石油为代表的国营企业手中，只有 2020 年浙江石化获得成品油非国营贸易出口资格，其他民营企业成品油只有内销。

第三节 国内炼化产业发展趋势

我国炼油业经营主体多元化格局加快发展。从经营主体看，以中石油、中石化为主，中海油、中化集团、中国兵器工业集团（中国兵器工业集团有限公司）、延长石油集团［陕西延长石油（集团）有限责任公司］、民营炼厂、外资及煤基油品企业等参与的多元化格局继续发展。全国有千万吨级炼厂 33 家，其中中石化、中石油合计占 29 家。随着二期项目投产，浙江石化将成为我国规模最大的炼厂。

"十三五"期间，我国炼油能力置换速度加快，淘汰落后产能超过 1 亿吨/年，同时新建/改扩建了 8 个千万吨级炼油厂；七大石化产业基地初步形成规模，中石化的茂湛一体化基地、中石油的揭阳大南海工业区、荣盛石化股份有限公司（下简称荣盛石化）的舟山绿色石化基地、烟台的裕龙岛石化基地也在加速推进中；炼油技术水平提升加快，成品油质量不断提高；为应对成品油需求放缓，中石油大庆石化分公司、中石化洛阳石油化工工程公司、中石化天津石化分公司等多家企业调整装置结构"减油增化"；炼油装置国产化程度不断提高，2020 年投产的中科（广东）炼化有限公司关键装置从工艺技术到核心设备国产化率超过 95%。

"十三五"期间，油气消费规模不断扩大，石油表观消费量从 2015 年 5.43 亿吨增至 2020 年的约 7 亿吨，年均增长 5.4%；天然气消费量从 1 890 亿立方米猛增至 3 262 亿立方米,年均增速达 11.5%。我国炼油、乙烯产能规模不断扩大,稳居世界第二,仅次于美国。我国炼油能力从 7.9 亿吨/年增至 8.9 亿吨/年,增加 12.7%;乙烯产能从 2 200 万吨/年增至 3 518 万吨/年,增加 60%。新增产能主要以千万吨级炼厂为主,民营炼厂以新兴大炼化方式登上行业舞台,成品油零售市场加速向多元化竞争格局发展,炼化工艺和产品清洁化成为趋势,行业"减油增化"的呼声持续高涨。预计"十四五"期间,炼化行业将以一体化、大型化、园区化为依托增强核心竞争力,炼化一体化将成为新建炼厂标配,细分消费需求将促使化工产品高端化不断提速,"碳中和"目标新态势下,新材料和塑料循环经济大有可为。

与此相伴相生的是国内炼化产能的过剩。2018 年,我国原油一次加工能力达 8.3 亿吨,但全年原油加工量仅 6 亿吨,产能过剩现象较为严重。2019 年全国炼油能力达到 8.78 亿吨/年,全国原油加工量达 6.49 亿吨。2020 年,国内炼油能力净增 2 580 万吨/年,总能力升至 8.9 亿吨/年,石油加工量达 6.7 亿吨。

一、市场改革速度加快,产业迎来大变局时代

(一)多项市场开放政策密集出台

2019 年 6 月成立了国家管网公司筹备组,管网独立持续推进。6 月国家发改委和商务部发布了《鼓励外商投资产业目录(2019)》,提出鼓励外资进入中国石油产业的勘探开发领域。8 月商务部印发第三批成品油出口配额,累计配额达 5 600 万吨,超出上年全年 800 万吨,成品油出口配额限制有所放松。8 月国务院办公厅印发《关于加快发展流通促进商业消费的意见》,提出取消成品油批发仓储资格审批,零售资质下放地市,乡镇以下加油站可使用集体用地,未来成品油零售终端建设将加快。

2020 年 7 月 7 日,商务部印发加急批复,赋予浙江石化成品油非国营贸易出口资格。2020 年原油非国营贸易进口允许量 20 200 万吨,全国石油进口 5.42 亿吨,对外依存度达 73.5%。

(二)中国的炼化产业正在经历大洗牌

以恒力石化、荣盛石化、桐昆集团股份有限公司(下简称桐昆股份)、盛虹石化集团有限公司(下简称盛虹石化)等为代表的民营企业借助政策东风,进军上游炼化。中国市场对外资企业开放范围不断扩大,埃克森美孚、巴斯夫、沙比克等国际石化巨头积极抢滩石化市场。5年间,国内千万吨级炼厂从25座增至28座,将我国炼厂平均规模从511万吨/年拉升至600万吨/年,其中,中石化千万吨级炼厂占半数。预计2025年,千万吨级炼厂将增至33家,平均规模增至702万吨/年,接近全球平均水平。炼化一体化将成为新建炼厂标配。以环渤海、长三角和珠三角三大炼化企业集群和东北、西北、沿江三大炼化产业带为特征的"三圈三带"产业格局基本形成。园区化的发展将使产业集中度大幅提升,园区内产业上下游关联度高,通过原料就地转化、排污集中处理等,企业的竞争力和抗风险能力将大大增强。

二、炼化一体化井喷式增长,低效产能转型加快

截至2020年底,大连长兴岛恒力石化2 000万吨/年炼化一体化项目、宁波舟山浙江石化4 000万吨/年炼化一体化项目一期已建成投产,连云港盛虹石化1 600万吨/年炼化一体化项目于2021年投产,福建古雷石化有限公司100万吨/年乙烯及下游深加工项目于2020年底投产,埃克森美孚(惠州)化工有限公司120万吨/年乙烯项目已开工建设,烟台裕龙岛2 000万吨/年炼化一体化项目、唐山旭阳石油化工有限公司1 500万吨/年炼化一体化项目正在加快推进。此外,江苏、浙江等省份依托下游广阔的市场优势建立起了一批上下游产业链完善的精细化工和新材料园区。如果不加紧发力,不但山东化工大省的帽子很快会被江浙抢走,东营市化工"大而不强"的"大"字也会被抹去。特别应该警醒的是,外地炼化一体化项目的规模优势,上下游衔接、资源匹配度高的成本优势,把控和调节能力强的市场优势将对东营市布局散乱、大多处于产业低端的炼厂形成打压、挤占甚至淘汰之势,加之省政府出台了2025年之前关闭500万吨/年及以下地炼企业的政策,市场和行政的双向冲击对东营市化工产业何去何从提出了倒逼式挑战。

从全国范围看,炼化一体化呈现向方式多样、技术纵深发展的新动向。

(一)传统一体化转向高附加值新型一体化

在交通燃料需求放缓,石化行业成品油发展空间受限的背景下,炼化企业从以生产成品油为主、大宗石化原料为辅的传统一体化,转向多产高附加值产品和延伸石化产业链的新型一体化。

（二）一体化模式由单一向多方式转变

随着对芳烃需求的增加，以及炼厂自身对氢气、热电一体的需求，一体化模式由炼油乙烯一体化，进一步发展出炼油芳烃一体化、炼油乙烯芳烃一体化、炼油发电蒸汽一体化等多种一体化模式。4 000 万吨/年的浙江石化采取的是典型的炼油乙烯芳烃一体化模式，其乙烯产能 280 万吨/年，芳烃产能高达 1 040 万吨/年。福建炼油化工有限公司采用新技术建成了我国首套供氢、供汽和发电的多联产 IGCC 装置。

（三）技术进步推动一体化向纵深发展

由原油直接生产烯烃和芳烃等化学品，已经成为市场新的趋势。近年来，埃克森美孚、沙特阿美、沙比克等公司开发了原油直接裂解制烯烃新技术，化学品转化率可达 50% ～ 70%。埃克森美孚已经在新加坡建成并运行全球首套 100 万吨/年的原油直接裂解制乙烯装置。该公司在我国惠州大亚湾建设的 120 万吨/年原油直接裂解制乙烯项目计划 2023 年投产。

三、山东民营炼厂整合获实质进展

"油品炼化看山东，山东还得看地炼。"山东共有地炼企业 53 家，一次原油加工能力 1.3 亿吨/年。其中，原油加工能力 300 万吨/年及以下企业占 60%，产能 5 070 万吨/年；300 万吨/年以上 500 万吨/年及以下企业只占 20%，产能 4 210 万吨/年；500 万吨/年以上企业仅 6 家，产能 3 660 万吨/年。山东拥有全国 70% 以上的地炼企业，炼油总产能达 2.1 亿吨/年，产能聚集规模仅次于美国大休斯敦地区（2.7 亿吨/年）、日本东京湾沿岸（2.2 亿吨/年），是世界第三大炼油中心。截至 2020 年 6 月，山东省原油一次加工能力占全国原油总加工能力的 28%。而这其中，地方炼油产能就高达 1.3 亿吨/年，占全国地炼总产能的 70%。

在 4 000 万吨/年浙江石化和 2 000 万吨/年恒力石化一南一北两大"巨无霸"夹击下，位于山东省的数十家、平均产能仅有 300 万吨/年的民营炼厂将面临巨大的经营困境。为了破除困境，山东省提出通过上大压小、发展高端石化产业，推动整个山东炼化产业的整合、转型和升级。位于山东烟台的 4 000 万吨/年裕龙岛炼化项目规划 2020 年开工建设，2022 年投产，一期设计产能 2 000 万吨/年，投资 1 278 亿元。2020 年 6 月，该项目通过了国家发改委审批,从储备阶段进入规划建设阶段。按照1:1.25的地炼产能压减比例计算,全省地炼将首先压减产能2 500万吨。

2020年6月,已有9家地炼达成整合意向,均为350万吨/年以下炼厂,合计产能2 500万吨/年,占山东地炼总产能的20%,合计获得进口原油使用配额1 356万吨。据了解,在裕龙岛项目投产之前,参与整合的地炼企业仍可正常运营,并且在税收、土地政策等诸多方面获得地方政府优惠。山东裕龙岛炼化项目投产后,参与整合的地炼企业即需拆除淘汰。

恒力石化投产后,已经对山东民营炼厂的经营和利润产生较大影响,未来3~5年,将有多家千万吨级大炼化项目投产,山东省加快地炼整合转型升级迫在眉睫。但是,目前占全国民营炼厂56%的山东地炼企业仍有80%的产能尚未达成整合意向,转型之路任重道远。

四、成品油消费增速放缓,市场竞争加剧

(1)在经济平稳放缓、环保持续高压状态下,成品油终端消费将放缓。

(2)成品油替代规模快速扩张。

(3)油品出口继续增加。预计随着新建炼油产能的释放,2025年我国成品油将大量过剩,需出口7 000万吨左右。民营炼厂将获得更多出口指标。

(4)"十三五"期间,我国逐步放开外资投资加油站的股比限制、放松成品油出口配额限制、取消成品油批发仓储资格审批。未来5年,市场或将新增1万座民营与外资加油站,成品油零售市场也加速向多元化竞争格局发展。

五、"减油增化"趋势化

"十三五"期间,我国炼化行业发展逐渐显现分化趋势,经济驱动力转变、汽车行业调整导致成品油消费由中高速增长阶段进入低速增长阶段。"十三五"期间,国内成品油需求逐渐放缓,柴汽比持续下降,炼油产能过剩的趋势已经显现,根据石油和化学工业规划院数据,我国炼油产能开工率仅73%,低于83%的世界平均水平。成品油消费达峰将在"十四五"末提前到来。

与之相对应的是蓬勃发展的乙烯产业链。我国乙烯市场存在巨大缺口,产能产量迎来上升期。"十三五"期间,国内乙烯当量消费突破5 700万吨,年均增速逼近9%,新增规模相当于西欧地区整体消费量。这一时期,国内城镇化红利持续释放。在消费的刺激下,我国乙烯产能从2015年的2 119万

吨/年,增长为 2020 年的 3 518 万吨/年,年均增速达 9%,自给率达 80%。构建"双循环"新发展格局等重要战略部署,将加速填补乙烯产业链高端产品空白,降低高端聚烯烃的对外依存度,同时加速下游产业升级,进一步拓展消费空间。

国内炼化产业发展趋势,对东营炼化产业既有机遇,又有挑战,挑战大于机遇。机遇是原油供应量增加,成品油出口管制将放松,有机化工、新材料产业蓬勃发展;挑战则是 500 万吨/年以下炼厂面临取缔,炼化一体化项目争取难度非常大,乙烯项目空缺成为"卡脖子"环节,这些问题解决不了,庞大的东营石化产业将不进则退,前景渺茫。

第四节　定位和对策

一、发展优势

(一)资源优势

胜利油田 80% 的产量和 85% 的地质储量在东营市域内,而且它仍处于稳产期。胜利油田原油产量最高点在 1991 年,为 3 355.2 万吨,2020 年生产原油 2 219.2 万吨。

中海油作为我国最大的海上油气开采企业,2020 年在渤海湾原油年产量已逾 3 000 万吨,目标是增产到 4 000 万吨。2020 年 12 月 17 日,东营市与中海油就合作开发垦利油田群项目在东营市完成合资公司——中海油(东营)油田开发有限公司注册,作为国内首个石油勘探开发领域实施的混合所有制项目,迈出了国内混合所有制改革的重要一步。合资公司由中海石油(中国)有限公司与东营市市属国企——东营港经济开发区财金投资发展有限公司及民企——富海集团新能源控股有限公司参股组成,占股比例分别为 85%、5%、10%。项目总投资 102.38 亿元,合资公司注册资本 35 亿元,全面投产后预计未来销售收入可达 326.3 亿元,税收 74.5 亿元,项目建成后,高峰年产原油约 150 万立方米,油田全生命周期可生产 7 800 万桶优质原油,所产原油将优先供应东营市炼化企业,将极大缓解当地炼化企业原油采购难题,为东营市打造鲁北高端石化产业基地奠定能源基础。

2020 年,东营市 16 家炼化企业拥有加工使用国际原油指标 3 735 万吨/年。

（二）规模优势

2020年,全市23家一次加工能力200万吨/年以上的炼化企业具有超过7 720万吨/年的一次加工能力,其中一次加工能力超过500万吨/年的企业有万通石化、华星石化、天弘化学、联合石化、正和集团。销售网络遍布全国。

（三）物流优势

2020年,中海油在东营港规划的1 000万吨储备库开工建设。连接黄岛港、蓬莱港、日照港、烟台港、东营港的原油、成品油输油管线四通八达,到2020年底已建成原油管线1 038.3千米、成品油管线223.3千米、天然气管线680千米,实现了和市内炼化企业无缝衔接。疏港铁路线路总长114.912千米,与黄大铁路、德大铁路接轨,设计为国铁Ⅱ级货运铁路,概算总投资56.8亿元,2020年1月6日东营港疏港铁路正式试运行。

（四）机制优势

东营市地方炼化企业从诞生之日起就在夹缝中生存。一是"出生"环节被卡住。从建市初到1999年清理整顿小炼油企业,只有垦利石化、利华益集团、广饶石化、华联石化、东营区石化5家炼油企业有炼化资格,其他企业都是采取"打擦边球"的变通方式上马的。二是原油来源被卡住。有"户口"的炼化企业原油计划指标很低,企业只得收购部分"落地油",后来进口燃料油。燃料油质次价高,却不得不接受。企业形象地比喻"三桶油"大炼厂吃细粮,地方小炼厂吃粗粮。即使这样,地方炼厂的效益还好过国有大炼厂。国有大炼厂经常需要国家补贴,地方小炼厂却有利润。何也?机制使然。民营企业机制活,效率高,规模小,好调头。这样,斗来斗去,东营地炼被激发出顽强的生命力,愈挫愈勇,茁壮成长。

（五）产业政策机遇

随着改革开放的深化,民营地炼企业发展受到了国家空前的支持。一是国家支持民营企业发展炼化一体化项目。2018年,恒力石化在大连长兴岛建成我国首家2 000万吨级炼油企业,打破了我国之前国企主导、民营紧跟的炼油格局。数据显示,2018年,中石油、中石化炼化企业生产规模分别占25.45%、32.25%,民营企业占比则达33.54%,高于中石油、中石化。二是国家支持民营炼化企业原油进口、成品油出口。2019年12月4日,中共中央、国务院印发了《关于营造更好发展环境支持民营企业改革发展的意见》，其中在"优化公平竞争的市场环境"中明确指出，"进一步放开民营企业市场准入……支持符合条件的企业参与原油进口、成品油出口"。

二、发展定位：全国高端石化产业基地

（一）什么是高端

所谓"高端"是指产业链和价值链的高端。高端产品就是高技术含量、高附加值的产品，一般也是市场紧缺的产品，那些普通的、过剩的一定不叫高端。从企业角度出发，"高端"体现在技术、规模、管理、市场等方方面面。紧缺产品要么具备一定的技术含量，一般技术生产不出来，要么是投资过大，需要一定规模才可生产。例如用来生产眼镜片、相机镜头的材料高端聚烯烃，国内企业目前就生产不出来，暂时仍依赖进口。在炼化市场整体过剩的情况下，实际却有不少高端化工品的需求量大、进口量大，意味着我们的产品结构还需进一步调整，企业还需向着高质量发展的目标努力。

（二）为什么定位东营为全国高端石化产业基地

把东营定位为全国高端石化产业基地是必要的也是可行的，也可以说是科学的、合理的，是一种必然选择。

一是得天独厚的发展条件和雄厚的发展基础。东营市坐拥胜利油田，再加上中海油渤海油田产量日增，油气资源丰富；超过 7 720 万吨/年的一次加工能力，占全省的 34.4%，占全国的 8.8%；盐业资源富集，盐化工发达，油盐结合的化工产业前景广阔；10 万吨泊位、25 万吨单点系泊的港口，贯穿全境的地下管线；一望无际、人口稀少的大平原；两面环海的环境容量；等等。全国难找第二个这样适合发展石化产业的地区。山东省用"鲁北高端石化产业基地"命名这一地区，规格都有些低，叫全国高端石化基地都不为过。

二是向高端转型发展是东营石化产业发展的内在要求。经过 40 多年的发展，东营石化产业超过 7 720 万吨/年的一次加工能力是个巨大的经济增长点，但东营石化产业的发展仍集中在中低端，向中高端发展是大势所趋。

三是符合省委、省政府"打造鲁北高端石化产业基地"目标要求。山东省2019 年政府工作报告提出，"打造鲁北高端石化产业基地"目标要求，为东营石化产业向高端发展定了位。

三、对策分析

各县区、开发区应结合自身资源禀赋和产业优势，突出特色、合理布局、错位发展，协同推进石化产业补链、强链、延链，整合集聚要素资源，共同打造具有区域竞争优势的先进石化产业集群。

区域布局：一区一片多点。一区：以东营港经济开发区为主体的鲁北高端石化产业基地核心区。一片：以中国化工、中国能源为主整合发展的广饶片区。多点：东营区、垦利区、利津县域内的利华益集团、垦利石化等多家重点石化企业。

产业链条：以烯烃综合利用、芳烃综合利用两大产业链为核心，以化工新材料和特种化学品为产业发展方向，大力发展绿色石化精深加工产业，深化产业链条接续发展，发展绿色高端产品。

（一）控炼增化，从"燃料型"向"燃料-材料型"转变

与发达国家相比，我国化工行业在产业结构、产品结构，特别是高端制造方面的差距十分明显。据统计，2020年上半年，我国在新冠疫情影响的情况下，仍然进口了 3 400 多万吨有机化学品，同比增长了 17%，其中高性能纤维、工程塑料、高端膜材料进口份额接近一半；更为可怕的是，化工行业的尖端技术几乎全部集中在美国、日本及部分欧洲发达国家，购买工艺包成为化工企业成本增加的因素之一。东营市的情况更是如此。这种情况下，必须走"控炼增化"之路，集中突破两大瓶颈。一是在依赖进口的中端、末端化工原料上，要通过延链、补链自我完善，避免受制于人。以东营港为例，芳烃产业链已经有了基础原料 PX，下游的 PTA 也已上马，下一步将积极引进跨国公司新上 PET项目，直达市场巨大的纺织行业前端，实现由"一滴油"到"一匹布"的链条布局。丙烯产业链，在提升已有丙烯腈、丙烯酸、MMA、PMMA 产业规模的基础上，通过引进振华石化丙烷脱氢项目，很好地解决了丙烯原料问题。下一步将新上 ABS 树脂项目，扩大区内诺尔生物的高吸水性树脂产能，在新型树脂和光学膜方面迈向高端。

首先我们要了解什么是炼化中的炼油和化工。原油是多种烃类的混合物，把原油通过各种物理化学途径生产为燃料油、润滑油、沥青等的过程就是所谓的炼油。而化工这里指的是石油化学工业，是将炼油生产的各种原料油进行

进一步加工,制备乙烯、丙烯、丁二烯等化工原料,再进一步生产各种化工产品的过程。

近年来,全球炼油总产能增长已进入平台区,中国、欧洲等地的产能已经过剩。同时,由于发展中国家经济持续增长和人民生活水平提高,石化行业仍有较大发展空间,尤其是乙烯、丙烯、芳烃等基础有机化工原料产能不足。

2019年,随着地方民营大型炼化项目相继投产和一些落后产能继续退出,全国原油一次加工能力将净增3 200万吨/年,过剩能力将达到1.2亿吨/年。

发达经济体的产能过剩量有一个合理区间,若用装置开工率或产能利用率为标志则在80%~85%为佳,2018年底我国炼油装置的平均产能利用率约为73%,与世界平均水平还有10个百分点的差距,与美国这两年的开工率相差更大,约18个百分点。

在这一背景下,炼化企业从大量生产成品油和大宗石化原料,转向多产高附加值油品和优质石化原料。我国政府更是要求新建炼油项目必须按照炼化一体化布局建设,并严格控制新增炼油能力,推进落后和低效炼油产能退出,鼓励发展化工新材料、专用化学品等。

从世界范围看,近年来投产和新建的炼化项目绝大部分为大型炼化一体化项目,单独的炼油项目已经很少。如2019年1月底投产的马来西亚1 500万吨/年RAPID炼化一体化项目,聚烯烃、合成橡胶等石化产品生产能力高达360万吨/年;已全面投产的2 000万吨/年恒力石化炼化一体化项目,可将70%的原油转变成芳烃产品,其余生产汽油、柴油等副产品。

东营市23家炼化企业中,一部分企业炼油部分因达不到单台套500万吨/年的要求将被淘汰,其中,海科集团、富宇化工、科力达石化各220万吨/年的一次加工能力将关闭,参与裕龙岛项目整合,其余炼化企业新增一次加工能力也几乎不可能。出路就在于产业链设计要"油化并举、油头化尾、少油多化",降低柴汽比,化工产品也要立足当地需求、瞄准国内市场、面向国际供需,做好产品结构的高端化与差异化。可通过新建乙烯裂解装置、芳烃联合装置等,多生产三烯、三苯等基础有机化工原料;也可对现有炼油装置挖潜增效,多产化工原料,例如利用催化裂化多产丙烯,利用催化重整多产芳烃,以及使加氢裂化向化工型转变,多产裂解原料和重整原料或者多产航煤等。

（二）园区化、大型化

全球炼化行业已形成了美国墨西哥湾沿岸、日本东京湾、新加坡裕廊岛、沙特朱拜勒和延布石化工业园等一批世界级炼化基地。美国墨西哥湾沿岸是世界上最大的炼化工业基地之一，炼油能力达 4.6 亿吨/年，占美国炼油总能力的 52%，其国内 95% 的乙烯也产于此地，乙烯总产能达 2 700 多万吨/年。

我国环渤海地区、杭州湾石化工业园、惠州大亚湾也集中了国内一批较大的炼化企业。其中，杭州湾石化工业园集中了国内较大的炼油和石化企业，炼油能力达 8 100 万吨/年，乙烯产能达 395.5 万吨/年，分别占国内炼油和乙烯总产能的 10.8% 和 19.1%。

我国"十三五"期间新规划了大连长兴岛、上海漕泾、广东惠州、福建古雷、河北曹妃甸、江苏连云港、浙江宁波七大石化产业基地，要求新建项目必须建在产业基地内，原则上不再新增布点。

东营市 23 家炼化企业在未来几年内将进一步提升开发区和大型园区集中度，不排除部分去掉油头的企业向东营港经济开发区搬迁，炼化企业、大型园区和开发区的规模将迅速提升。东营港作为鲁北高端石化核心区，到 2020 年底，有 1 580 万吨/年原油一次加工能力，有规模较大的石化、盐化、有机化工产业集群，1 300 万立方米的一次仓储能力，中海油的 1 000 万立方米库区 2021 年已动工建设，有吞吐能力很快就达亿吨的港口（见图 4-4），有在建、待建的 6 条外输管道，有综保区两头在外的贸易平台和正在筹建的综合物流园。区内发展炼化一体化项目优势明显，石油化工项目集聚步伐将加快。

图 4-4　东营港扩建泊位施工

（三）多种炼化一体化方式并存

炼化一体化的主要路径有：炼油＋乙烯，炼油＋PX。炼化一体化的核心是通过企业内部流程配置优化，炼油与化工融合，实现资源最佳利用，以创造最大的生产效益。

传统的炼化一体化基本上采用以炼厂装置在生产汽柴油基础上继续生产乙烯及聚烯烃产品的炼油乙烯一体化模式。随着芳烃需求的上升，炼厂自身对氢气的需求、汽电或热电联产的需要以及电力和未来氢能作为二次能源需求的增长，我国陆续发展了炼油芳烃一体化、炼油乙烯芳烃一体化、炼油发电蒸汽一体化等多种一体化模式。

辽宁大连长兴岛上，恒力石化2 000万吨/年炼化一体化项目，通过采用柴油加氢、混合脱氢、正异构分离等新技术，将低附加值物料转化成高附加值的化工产品，用2 000万吨的原油，可生产出1 400多万吨的化工品，化工品转化率达70%。

东营市炼化企业中，联合石化会同其他企业新上1 000万吨炼油项目连通东营威联化学有限公司（下简称威联化学）PX项目，即可形成大型炼油芳烃一体化项目。正和集团、华星石化借助中化集团力量争取新上大型乙烯项目，即可形成炼油乙烯炼化一体化项目。

东营市石化产业向高端发展必须有自己的大型炼化一体化项目，这是关键，这也是建设鲁北高端石化基地核心区的不二选择。可以说，没有大型炼化一体化项目作为支撑，就不能说东营石化产业实现了高质量发展。

（四）技术创新向纵深发展

炼化一体化相关的传统技术，包括利用催化裂化多产低碳烯烃、利用催化重整多产芳烃原料、利用加氢裂化多产乙烯裂解原料等，主要集中在技术升级换代、催化剂与工艺开发以及优化操作等方向。近年来，埃克森美孚、沙特阿美、沙比克等公司开发了原油直接裂解制烯烃技术，形成了炼化一体化技术的新领域。

原油直接裂解制烯烃技术通过省略常减压蒸馏、催化裂化等主要炼油环节，简化流程、降低投资，以最大化生产化学品为目的，多产烯烃、芳烃等化工原料，化工品转化率可达50%～70%。

如今,炼化一体化正从传统的炼油向乙烯提供原料的简单一体化,向炼油化工纵深集成一体化发展,将在推进国内外炼化行业的转型升级中发挥更大作用。

创新决定着化工产业的未来。东营港与美国霍尼韦尔合作建设了UOP协同创新中心,这个中心更多的是拿来我用,但是能够买到的都是一些二流技术,一些抢占制高点的技术根本无法引进。必须真正把技术创新作为石化产业向高端发展的第一动力。山东省唯一的高端石化技术研究院放到了东营港,这是一个好的开端。东营港作为全省石化产业技术创新先行区,要充分利用这一平台,在前期与中科院大连化学物理研究所、山东产业技术研究院、石油大学技术监测中心密切合作的基础上,与天津大学、北京工业大学等知名院校联盟,加快中试基地建设,在特定领域工艺上形成具有自主知识产权的原始创新。同时,找准结合点,引入像法国阿克森斯、日本旭化成等一些技术领先的跨国公司在东营市投资建厂,把先进技术和管理理念嫁接过来,再结合地方企业灵活的机制优势,在吸收借鉴中实现融合创新、消化吸收再创新。

(五)向安全清洁绿色生产转型

我国密集出台了一系列安全环保法规,监管日趋严格,行业发展约束增多,炼化行业必须积极应对,合法合规经营,同时要继续加大安全环保、节能降耗等方面的资金投入,加快绿色化建设。

专栏一　2016年重点炼化企业名单(17家)

山东海科化工集团有限公司、山东万通石油化工集团有限公司、山东神驰化工集团有限公司、中国石油化工股份有限公司胜利油田分公司石油化工总厂、东营华联石油化工厂有限公司、中海石油东营石化有限公司、山东华星石油化工集团有限公司、正和集团股份有限公司、东营齐润化工有限公司、山东垦利石化集团有限公司、利华益集团股份有限公司、山东东方华龙工贸集团有限公司、山东齐成石油化工有限公司、山东尚能实业有限公司、东营市胜星化工有限公司、广饶科力达石化科技有限公司、山东富宇化工有限公司。

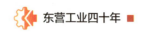

专栏二 列入 2021 中国石油和化工企业 500 强名单企业(综合类企业)

序号	企业名称	500 强排名	所在县区
1	利华益集团股份有限公司	26	利津县
2	万达控股集团有限公司	27	垦利区
3	山东海科控股有限公司	34	东营区
4	东营齐润化工有限公司	41	农高区
5	齐成(山东)石化集团有限公司	43	广饶县
6	山东金岭集团有限公司	45	广饶县
7	富海集团新能源控股有限公司	46	河口区
8	万通海欣控股集团股份有限公司	65	东营区
9	山东中海化工集团有限公司	68	河口区
10	山东垦利石化集团有限公司	69	垦利区
11	胜星集团有限责任公司	78	广饶县
12	山东天弘化学有限公司	80	东营港
13	山东尚能实业有限公司	98	广饶县
14	山东神驰控股有限公司	99	东营区
15	兴源轮胎集团有限公司	148	广饶县
16	广饶科力达石化科技有限公司	209	广饶县
17	山东华盛橡胶有限公司	217	广饶县
18	山东石大胜华化工集团股份有限公司	220	垦利区
19	东营华泰化工集团有限公司	248	东营经济技术开发区
20	山东金宇轮胎有限公司	277	广饶县
21	山东国瓷功能材料股份有限公司	319	东营经济技术开发区

专栏三　2020 年炼化企业一次加工能力

序号	企业名称	注册地	一次加工能力合计/万吨	备 注
1	山东海科化工集团有限公司	东营区	220	参与裕龙岛项目整合的企业
2	山东富宇化工有限公司	河口区	220	
3	广饶科力达石化科技有限公司	广饶县	220	
4	山东万通石油化工集团有限公司	东营区	650	明确保留下来的企业
5	利华益集团股份有限公司	利津县	350	
6	山东天弘化学有限公司	东营港	500	
7	东营联合石化有限责任公司	东营港	500	其他地炼企业
8	东营华联石油化工厂有限公司	河口区	400	
9	山东齐成石油化工有限公司	广饶县	350	
10	山东神驰化工集团有限公司	东营区	260	
11	山东垦利石化集团有限公司	垦利区	300	
12	东营市海科瑞林化工有限公司	东营港	230	
13	东营市亚通石化有限公司	东营港	350	
14	东营齐润化工有限公司	农高区	220	
15	山东东方华龙工贸集团有限公司	广饶县	300	
16	东营市胜星化工有限公司	广饶县	220	
17	山东尚能实业有限公司	广饶县	260	
18	东营奥星石油化工有限公司	广饶县	220	
19	山东华星石油化工集团有限公司	广饶县	600	国企或国有控、参股企业
20	正和集团股份有限公司	广饶县	500	
21	山东石大科技集团有限公司	东营区	260	
22	中石化胜利石化总厂（非独立法人）	东营区	220	
23	中海石油东营石化有限公司	河口区	350	
	合　计		7 720	

专栏四　原油产量、加工量

年　　度	产量/万吨	加工量/万吨	备　注
1983 年	1 838	6.42	
2005 年		248.87	燃料油
2010 年		1 200.33	
2015 年	2 617.99	2 130.30	
2020 年	2 219.17	5 510.44	

专栏五　石化产业链优化提升实施方案

　　石化产业是东营市第一大支柱产业,原油一次加工能力达 7 140 万吨/年,占全省的 31.9%、全国的 7.9%。2020 年,实现营业收入 4 346.3 亿元,利润 107.5 亿元。综合考虑东营市石化产业基础、产业规模以及未来产业发展方向,重点围绕烯烃、芳烃两大产业链中的乙烯、丙烯、丁烯、PX、纯苯 5 条细分产业链条,着力优化产业布局,全力抓好重点项目建设,推动石化产业由基础炼化向化工新材料和高端化学品转型。

一、烯烃产业链

(一)乙烯—聚烯烃/合成树脂产业链

1. "链主"企业清单

序号	企业名称	产业链主要产品	正在推进的产业链项目	所在县区
1	利华益集团股份有限公司	乙苯、苯乙烯	环氧丙烷/苯乙烯及轻烃催化裂解联合项目、20 万吨/年聚苯乙烯项目、40 万吨/年高性能 ABS 一体化项目	利津县
2	中国化工集团有限公司	乙烯、聚乙烯	山东化工原料基地 120 万吨/年乙烯项目	广饶县

2. 优势环节

一是产业基础雄厚。东营市作为全国炼化产能最大的市,具备向乙烯转型发展的良好产业基础和人才储备。二是原料资源丰富。东营市原油一、二次加工能力较大,重整拔头油、焦化石脑油等优质的乙烯原料丰富,具有建设乙烯装置的良好原料基础。三是面临较好的市场机遇。目前,国内乙烯供需缺口较大,聚乙烯等产品的进口依赖度仍然较高,国内乙烯及配套装置盈利状况良好。

3. 薄弱环节

一是产业链发展基础薄弱,新上乙烯项目较难。东营市暂无乙烯生产装置,目前国家对乙烯产能进行严格控制,东营市不属于国家石化产业基地,新建设乙烯项目困难,产业向下游发展缺乏原料支撑。二是产业链规模小,产品单一。东营市目前仅有两家炼化企业具有乙烯下游产品,且均为苯乙烯,苯乙烯下游产品也仅有聚苯乙烯、ABS 等,链条单一,下游产品不丰富。

4. 优化提升思路

加大向上争取力度,加强与央企的对接沟通,争取东营港炼化一体化项目、山东化工原料基地项目尽快获批建设,补足原料短板;积极发展特种牌号聚乙烯等乙烯下游产品,健全产业链条;探索与盐化工产业结合,发展乙烯法聚氯乙烯(PVC)等产品。

(二)丙烯—聚丙烯/工程塑料及改性材料产业链

1. "链主"企业清单

序号	企业名称	产业链主要产品	正在推进的产业链项目	所在县区
1	利华益集团股份有限公司	苯酚丙酮、双酚 A、聚碳酸酯等	丙烷脱氢及高性能聚丙烯项目、聚碳酸酯共混改性项目、10 万吨/年高纯碳酸二甲酯项目	利津县
2	山东海科化工集团有限公司	碳酸二甲酯、丙二醇、碳酸甲乙酯	高端树脂新材料产业园项目(包括 5 000 吨/年双酚 F、5 000 吨/年聚砜、2 万吨/年聚苯硫醚、2 万吨/年 SAP 等装置)	东营区
3	山东科鲁尔化学有限公司	丙烯腈	26 万吨/年丙烯腈生产及配套项目二期工程	东营港经济开发区

2. 优势环节

一是原料资源丰富。东营市炼化企业多数生产丙烯产品,丙烯产能占全省的 30.5%,产业链向下游发展具备良好的原料基础。二是产业链发展相对成熟。丙烯下游产品较为丰富,已有聚碳酸酯、高吸水性树脂、碳酸酯类锂离子电池电解液溶剂等产品。

3. 薄弱环节

一是丙烯产能布局分散。东营市丙烯产品多为炼化企业成品油的副产品,生产企业较多,但单家企业平均产能在 10 万吨/年左右,没有形成规模效应。二是生产工艺单一。丙烯主要作为成品油副产物,催化裂化生产丙烯的竞争能力明显弱于煤制烯烃及丙烷脱氢等新兴工艺。

4. 优化提升思路

强化丙烯生产供应,重点推动振华石化丙烷脱氢和环氧丙烷、天弘化学 45 万吨/年丙烷脱氢等项目建设,发展特种牌号聚丙烯(PP)、改性聚碳材料等高性能聚合物产品。

(三)丁烯—碳四合成材料—橡塑制品产业链

1. "链主"企业清单

序号	企业名称	产业链主要产品	正在推进的产业链项目	所在县区
1	山东垦利石化集团有限公司	MTBE、丁二烯、异戊二烯等	15 万吨/年异辛烷项目	垦利区
2	利华益集团股份有限公司	MTBE、丁烷	40 万吨/年高性能 ABS 一体化项目	利津县

2. 优势环节

一是东营市碳四资源丰富,具备发展丁烯产业链的良好基础,垦利石化建设有 10 万吨/年的正丁烯氧化脱氢制丁二烯生产装置,规模位居山东省第二。二是东营市 MTBE 产能大,可大量生产高纯异丁烯,向下游发展基础优厚。

3. 薄弱环节

一是丁二烯生产工艺竞争力弱。目前,国内丁二烯主要有乙烯裂解副产品碳四抽提、正丁烯氧化脱氢两大生产工艺,其中碳四抽提工艺占丁二烯总产能的 86%,氧化脱氢占 14%。碳四抽提工艺无论从成本还是装置建设投入来看,均优于氧化脱氢工艺。东营市无乙烯裂解装置,市场竞争力较弱。二是丁二烯下游产品较为单一。丁二烯是合成橡胶的主要原料,但东营市丁二烯下游主要用于与苯乙烯、丙烯腈共聚生产 ABS,合成橡胶产品少,没有与橡胶轮胎产业形成配套。三是异丁烯下游产业链条短,产品层次不高。东营市异丁烯下游产品主要集中于 MTBE,多用于汽油调合,向高纯异丁烯、丁基橡胶、MMA 等下游产品延伸不足。

4. 优化提升思路

加大新上炼化一体化项目、乙烯项目争取力度,扩展丁二烯生产来源。积极对接中石化、朗盛等合成橡胶头部企业,建设合成橡胶生产装置,推动石化产业、橡胶轮胎产业融合发展;异丁烯下游,推动 MTBE 产品综合利用,发展聚异丁烯、碳四法 MMA 等产品。

二、芳烃产业链

(一) PX—PTA—聚酯材料产业链

1. "链主"企业清单

序号	企业名称	产业链主要产品	正在推进的产业链项目	所在县区
1	东营威联化学有限公司	对二甲苯	200 万吨/年对二甲苯项目(二期)、250 万吨/年 PTA 项目	东营港经济开发区

2. 优势环节

一是石脑油资源丰富,对二甲苯项目原料供应充足。二是下游产业发展迅速。威联化学 200 万吨/年 PX 项目是国内唯一布局在七大石化产业基地外的 PX 项目,一期项目已投产,有利于向芳烃下游拓展精细化工。

3. 薄弱环节

一是产业链条尚不成熟,PX 二期项目还未投产,下游 PTA 生产装置仍处于建设阶段。二是 PTA 的应用比较集中,下游竞争激烈。全球 90％以上的 PTA 用于生产聚对苯二甲酸乙二醇酯(简称聚酯,PET)。PET 市场发展较为成熟,国内恒力石化、荣盛石化、恒逸石化(浙江恒逸石化有限公司)和桐昆股份炼化四巨头基本完成各具特点的产业链下、中、上游的战略布局,PET 产品市场竞争激烈。

4. 优化提升思路

延伸 PX 产业链条，加快推动威联化学 200 万吨/年 PX 二期项目及 250 万吨/年精对苯二甲酸项目建设；依托威联化学等企业，加强 PTA 下游产品开发，沿 PTA、特种聚酯产业链加快发展，开发下游特种聚酯产品。

（二）纯苯—高性能膜材料/高性能纤维材料产业链

1. "链主"企业清单

序号	企业名称	产业链主要产品	正在推进的产业链项目	所在县区
1	东营市亚通石化有限公司	苯	/	东营港经济开发区
2	山东垦利石化集团有限公司	苯	特种工程塑料 PPS（聚苯硫醚）项目、高性能 PI 膜（聚酰亚胺薄膜）项目	垦利区

2. 优势环节

一是东营市有纯苯生产企业 10 家，总产能 46 万吨/年，纯苯作为催化重整装置副产品，由芳烃抽提提取，市场供应较为充足，对下游企业发展支撑能力强。二是产业链苯乙烯、ABS、聚碳酸酯等主要下游产品已有突破，其他下游新材料方面已有多家企业布局。

3. 薄弱环节

一是纯苯供应方面。东营市纯苯生产企业单体规模偏小、布局较分散，年产能大多 10 万吨以下，市场竞争力不强。二是产业链条较短，10 家生产企业中，仅有 2 家配套下游产品，缺乏聚氨酯、尼龙-6、尼龙-66 等关键下游产品，纯苯生产企业竞争力严重受限，加上周边加氢苯较多，对石油纯苯具有较大的市场冲击。三是部分下游产业链缺失关键环节。下游虽有聚酰亚胺、芳纶 1414 等高端新材料产品布局，但产品链不完整，缺少部分中间产品。

4. 优化提升思路

加大纯苯下游产业链开发力度，健全聚酰亚胺、芳纶 1414 链条，突破尼龙 6、尼龙 66、聚酯多元醇等下游产品。

（由东营市经信委提供）

专栏六　企业选介

一、利华益维远化学股份有限公司

利华益维远化学股份有限公司（见图4-5）成立于2010年12月23日。公司坚持"技术先进性、环境友好性、市场广阔性、产业先导性"等项目开发原则，与美国KBR、美国Badger、日本旭化成、日本宇部兴产等国际著名企业合作，引进其国际领先的工艺技术。目前已建成投产70万吨/年苯酚丙酮、24万吨/年双酚A、13万吨/年非光气法聚碳酸酯、10万吨/年异丙醇产能，是国内首家拥有"苯酚、丙酮—双酚A—聚碳酸酯"全产品、全产业链的企业，走出了一条"技术领先、短流程工艺、清洁生产、本质安全、有机化工新能源新材料高端化"的发展之路。

图4-5　利华益维远化学股份有限公司厂景

经过多年的发展，公司先后获得了"第十一届全国设备管理优秀单位""2017—2018年度山东化工行业明星单位""石油和化工行业绿色工厂""东营市市长质量奖"等荣誉和称号。2021年9月15日，公司在上交所上市。

二、东营联合石化有限责任公司

东营联合石化有限责任公司（见图4-6）成立于2012年2月24日，地处东营港经济开发区，占地近4 000亩，注册资本45亿元，现有员工2 000余人，下辖东营威联化学有限公司、东营海旺储运有限责任公司。公司荣获"国家高新技术企业""山东省首批绿色工厂""山东省专精特新企业""山东省五一劳动奖状""全国五星级精益现场"等荣誉和称号。

图4-6　东营联合石化有限责任公司夜景

公司着力构建"平安、绿色、智能、开放、尽责"的炼化一体化平台,抢抓新旧动能转换的历史机遇,积极推进成本领先、人才、创新、营销、品牌和国际化六大战略,不断强化内部管理,逐步将公司打造成装置搭配合理、产业链条完善、核心竞争力强的大型炼化一体化企业。

作为山东省芳烃产业链"链主"企业,公司引入美国 UOP 公司、英国 BP 公司、中石化石油化工科学研究院等的先进专利技术,建有山东省唯一列入国家《石化产业规划布局方案》的芳烃项目,安全、环保、能耗等指标处于行业领先水平。围绕芳烃产业,进行高端油品、精细化工品以及功能型聚酯和可降解新材料等全产业链布局,构建国际一流石化产业平台、资源整合平台、开放共享平台。

公司注重安全绿色健康发展,建设智能化工厂,推行杜邦安全管理体系、精益管理体系、卓越绩效评价体系,为全国质量标杆企业。

第五章
子午胎产能占到全国的 1/4

在全球第一轮胎产量、销量大国的位置上,我国已经连续坐了十余年的时间,地位难以撼动。同时,我国还是全球第一轮胎出口大国。2020 年,我国新的充气橡胶轮胎出口量与出口金额分别为 47 684 万条、132. 79 亿美元。

"世界轮胎看中国,中国轮胎看山东,山东轮胎看东营。"从手工小作坊到名牌大企业,从小胶炉作坊到大型轮胎生产线,从加工制造到全产业链,东营轮胎产业有了突飞猛进的发展,取得了令人鼓舞的成绩。

第一节 发展沿革

东营市橡胶轮胎产业发展历经 60 多年,已成为地方支柱产业、全国知名产业。目前,东营市轮胎产量已占到全国的 15%,高端化、智能化、绿色化水平不断提高,东营已成为名副其实的"轮胎之都"。

一、从"小胶炉"成长为大产业（20 世纪六七十年代至 2002 年）

自 20 世纪六七十年代起,广饶县就有一批小企业和家庭作坊生产工艺简单的农机配件、胶管及翻新轮胎。到 20 世纪 80 年代,除生产胶管、翻新轮胎外,也开始生产档次较低的农用车、畜力车、人力车、工程机械轮胎外胎和内胎,出现了广饶县大王镇周庄村、稻庄镇西水村等远近闻名的"橡胶村",但企业规模都比较小。20 世纪 90 年代,稻庄镇西水村的橡胶轮胎业发展较快,逐步由家庭小作坊和村办小企业走向规模化运营,形成了"群众凑钱、能人办厂、风险共担、利益均享"的橡胶轮胎业经营新模式。

1984 年,兴源轮胎集团有限公司(下简称兴源集团)建厂。在低矮的平房里,11 位股东带领着四五十人,生产胶管、胶制品。2002 年,兴源集团上马全钢子午胎(即全钢丝子午线轮胎),企业发展步入快车道。到 2020 年,兴源集团已成为年产 580 万套全钢载重子午胎,拥有"华鲁(HILO)""国宝""安耐特"等七大主导品牌的大型轮胎企业。

1986 年,山东永盛橡胶集团有限公司(下简称永盛集团)建厂(见图 5-1)。

图 5-1　1986 年永盛集团橡胶管生产线

1994 年,稻庄镇西水村成立东营市第一家较大规模的橡胶轮胎生产企业——广饶西水集团有限公司(下简称西水集团),标志着东营市橡胶轮胎制造业迈入发展快车道。

20 世纪 90 代初,广饶县以"做大做强橡胶企业,拉长产业链条"为目标,引导企业拆掉小作坊,相继配套建设了聚合纺丝、钢丝帘线、橡胶助剂等项目,产业链条不断拉长。

二、子午胎产业快速崛起(2002—2016 年)

自 2002 年起,广饶县实施"工业强县"战略,大力发展子午胎产业。县委、县政府组织轮胎企业到外地参观考察,引导解放思想,制定发展政策,优化发展环境,轮胎产业由企业自发发展到政府强力推动,逐渐成为广饶县乃至东营市的主导产业。

2003年12月9日,东营市第一条载重子午线轮胎在盛泰集团有限公司(下简称盛泰集团)下线(见图5-2)。

图5-2 2003年12月9日,东营市第一条载重子午线轮胎在盛泰集团下线

2004年底,全市规模以上橡胶轮胎生产企业发展到16家,总生产能力达到1 220万条,其中子午胎240万条,分别占到全国同行业的1/15和1/33,全钢子午胎产能占到全国的1/8。

2005年,全市橡胶轮胎产业增上7条子午胎生产线,产能进一步扩大,发展形成轮胎制造和相关配套产品制造两大部分。

2006年,山东万达宝通轮胎有限公司(下简称万达宝通)轮胎成型机安装调试成功(见图5-3)。

2008年,全市橡胶轮胎制造业规模以上企业增至42家,轮胎总生产能力达到3 000万条,其中子午胎2 640万条;生产轮胎外胎2 819万条,其中子午胎1 674万条。

2009—2010年,永盛集团投资8亿元增上年产500万条高性能半钢子午胎项目。永泰集团成为世界汽车拉力锦标赛的正式轮胎供应商。兴源集团资产达到50亿元,拥有轮胎产能556万条,其中子午胎产能490万条,形成以生

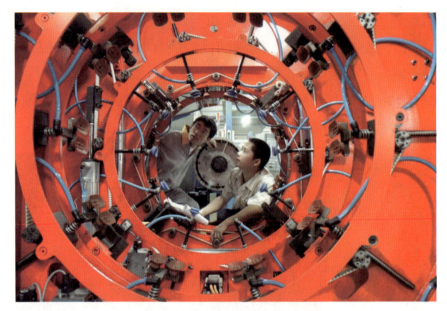

图5-3　2006年万达宝通轮胎成型机安装调试成功

产全钢载重子午胎、子午工程胎、钢丝帘线为主,热电、炭黑、轮胎胶囊、车轮为辅的产业集群。山东金宇轮胎有限公司(下简称金宇轮胎)资产达到24亿元。万达宝通后来居上,形成年产1 500万条半钢子午胎、300万条全钢载重子午胎和10万条工程机械子午胎产能。

自2010年起,东营市每年举办一届国际橡胶轮胎暨汽车配件展览会,该展会连续九年被中国会展经济研究会等权威机构授予中国十佳品牌会展项目,也是国内首个通过国际展览协会(UFI)认证的橡胶轮胎专业展会。

2010年底,全市有规模以上橡胶轮胎企业45家,轮胎产能达到10 420万条,其中子午胎产能8 160万条,与"十五"末相比,分别增加9 120万条和7 650万条,轮胎产能跃居全省第一位。同年,山东兴达轮胎有限公司(下简称兴达轮胎)全钢载重工程胎巨胎下线(见图5-4)。

2011年,全市橡胶轮胎业主营业务收入2 000万元以上的企业共51家,轮胎产能14 960万条,生产轮胎外胎5 926.9万条,其中子午胎3 311.1万条。

2012年,永泰集团成功开发出MT泥地胎、缺气保用轮胎,成为国内少数几家可以生产多规格缺气保用胎的轮胎厂家之一。是年,全市规模以上橡胶轮胎企业增至60家,轮胎产能达到16 955万条,生产轮胎外胎8 266.9万条,其中子午胎5 520万条,约占全国的12%,占全省的35%。

2013年,永盛集团投资16.5亿元新上年产1 200万条高性能绿色环保半

图 5-4　兴达轮胎全钢载重工程胎巨胎下线

钢子午胎生产项目及 80 万套全钢载重子午胎项目。永泰集团年产 270 万套低碳环保型半钢子午胎项目正式投产运营；斥资 3 000 万英镑并购拥有 120 余年发展历史的英国考普莱国际控股有限公司，成为捷豹、路虎、雷诺、宾利、通用等世界高端车企零部件配套一级供应商。

2014 年，金宇实业有限公司投资 1.7 亿元建设广饶县首个集自动出入库、智能分类、定位监控于一体的高架立体智能成品仓库，能够节省占地 40% 以上，作业效率提高 50% 以上，实现 24 小时记录轮胎出入、存放情况，大大提升了智能管理水平。金宇轮胎等骨干轮胎企业增上了 MES、JYPS 等信息管理系统，实现了采购、生产、管理、销售的无缝对接，两化融合步伐逐步加快。"胎大王"F2C 商业模式互联网营销平台投入运营，成为我国首家轮胎电商直销平台。

2015 年，山东省政府将轮胎产业列入高耗能产业。2014 年省政府出台的《关于化解过剩产能的实施意见》（鲁政发〔2014〕4 号）中规定，对山东省轮胎企业新建、改扩建项目实行产能和排放"双替代"。

至 2016 年底，东营市有规模以上橡胶轮胎企业 82 家，子午胎产能达到 1.94 亿条；生产轮胎外胎 1.76 亿条，其中子午胎 1.67 亿条；实现出口交货值 234.9 亿元；从业人员平均 67 295 人。

经过 10 多年的发展，或者叫"野蛮生长"，东营市轮胎产业积聚了巨大产能,形成了庞大的产业集群。东营已成为全国重要的橡胶轮胎产业制造集聚地,产品拥有包括汽车载重轮胎、轻卡载重轮胎、微型汽车轮胎、农用车轮胎、摩托车轮胎、人力车轮胎、帘子布、胎圈钢丝、钢丝帘线等在内的80多种规格、近300个品种,产品畅销全球。

这段时间,东营市轮胎产业的快速崛起堪称奇迹,主要动能是大规模投资拉动。但也存在一些问题,主要是:产品定位中低端,附加值低;有段时间斜交胎产量较大;同质化严重,有些企业的车间、工艺像一个模子刻出来的;技术创新能力薄弱,投入不足,技改滞后;能耗高、污染重;家族式管理,管理粗放;品牌影响力小,贴牌生产占比高;相互压价,低价倾销;相互担保,债务风险积聚;等等。外部则受到产业政策、信贷收紧、环保发力、贸易壁垒等的影响。到后期,内忧外患,东营市轮胎产业发展受到前所未有的挑战。

三、高质量发展(2017年以后)

2017年以来,面对轮胎产业发展的新形势,东营市加大对轮胎企业兼并重组的扶持力度,企业兼并破产、整合重组、资产并购等深入推进。赛轮(东营)轮胎股份有限公司(下简称赛轮轮胎)与金宇轮胎战略重组,山东恒丰橡塑有限公司(下简称恒丰橡塑)收购德瑞宝轮胎有限公司,恒丰橡塑与山东沃森橡胶有限公司实现股权合作,产业集中度进一步提高。

2018年,成立东营市橡胶工业协会,加大行业引导力度。

2019年,聘请青岛科技大学编制《东营市橡胶轮胎产业发展规划》,推动轮胎产业高质量发展。轮胎企业兼并重组步伐进一步加快,青岛双星集团有限责任公司(下简称青岛双星)收购山东恒宇科技有限公司(下简称恒宇科技)、永盛集团收购山东恒宇橡胶有限公司、山东华盛橡胶有限公司(下简称华盛橡胶)收购永泰集团、浙江物产收购奥戈瑞公司等多起整合重组相继推进,企业综合竞争力进一步提高。

2020年,橡胶轮胎产业9个智能化示范项目改造完成后,企业劳动生产率平均提升15%,生产成本平均降低11%。

到2020年,东营市共有12大类80多个系列轮胎产品,轮胎子午化率达到95%,大轮辋、扁平化、无内胎等一批高技术含量的轮胎逐渐成为主打产品,研发出雪地胎、赛车胎、矿山专用胎等一批高端产品。在美国轮胎《商业周刊》

公布的 2018 年度全球轮胎 75 强排行榜中,恒丰橡塑、兴源集团、万达宝通等 7 家企业上榜,占全国入围企业数量的 21.2%、山东省的 30.4%。2020 年底,东营市有规模以上轮胎企业 61 家,子午胎产能 1.94 亿条,约占全国的 1/4、山东省的 1/2;子午胎产量 10 527.6 万条,实现营业收入 478.5 亿元、利润 13.5 亿元。

第二节　转型发展轨迹

东营市轮胎产业规模由小到大,质量稳步提升,走出了一条具有鲜明地方特色的转型发展轨迹。

一、从自然生长到优胜劣汰

东营轮胎产业发展由手工作坊起家,前期基本处于企业个体自发生长状态,后经政府适度引导,得以迅速做大。同时,产业发展的自发性、盲目性带来的是产业生态的失序,企业愈发良莠不齐,鱼龙混杂,内卷化愈演愈烈,政府这只有形的手必须在产业整合扶优限劣上发挥主导作用。

东营市轮胎行业从 2016 年开始陷入了局部的"塌方",主要是运营困难、资金链断裂,仅 2018 年就有 20 家左右的轮胎企业破产。广饶县人民法院曾一口气裁定 14 家公司进入破产重整程序,包括德瑞宝轮胎有限公司、山东恒宇橡胶有限公司、山东奥戈瑞轮胎有限公司、山东大王金泰集团有限公司等多家轮胎企业。

2018 年,曾经位居全球轮胎企业第三十二位的山东永泰集团有限公司因资金链断裂,正式宣告破产清算,距离永泰集团生产车间约几千米的山东恒宇橡胶有限公司同样进入了破产清算程序。随后垦利区的胜通集团破产,其旗下的山东胜通钢帘线有限公司也一并破产。

企业破产对企业来讲是坏事,但对轮胎产业发展来讲属于正常现象,这是市场和政府这两只手共同起作用的结果,有利于构建轮胎产业优胜劣汰的良好生态环境,标志着东营轮胎产业整合进入了新阶段。

2016 年 11 月,德瑞宝轮胎有限公司及关联公司山东昊龙橡胶轮胎有限公司部分资产被成功拍卖,而之前该企业曾经和 12 家企业发生互保关系,山东恒丰橡塑有限公司以 8.91 亿元竞得资产。2017 年 1 月,东营两家轮胎厂盛泰集团和兴源集团合并。

从 2017 年 6 月开始,广饶县决定引入具有国资背景的轮胎相关企业或上市公司,作为整合广饶轮胎企业的平台公司牵头人和运营方,对恒宇科技等多家轮胎企业进行重整。2018 年 2 月,青岛双星率先联合广饶财金、山东银吉共同发起设立"优创叁号基金",作为并购和重整平台,加速推进广饶县轮胎产业新旧动能转换。2020 年 6 月 4 日,广饶县政府与浙江物产举行投资合作协议签约仪式。浙江物产将把广饶县作为其在全国橡胶轮胎产业发展布局的核心区域,依托企业供应链平台和金融板块优势,盘活优质轮胎产能,实施产业智能化改造,培育一线轮胎品牌,推动形成高效、完整的橡胶轮胎产业生态。

截至 2020 年底,广饶县橡胶轮胎产业整合实现重大突破,累计完成整合重组 10 起,6 家骨干企业产能占到全县橡胶轮胎总产能的 80%,4 家企业入围全球轮胎 75 强。2020 年,广饶县实施佳美(山东)橡胶有限公司 500 万条智能制造子午胎、赛轮轮胎 1 500 万套高性能半钢子午胎技改、兴达轮胎 10 万吨胎圈钢丝等一批强链延链项目,广饶轮胎入选 2020 年度山东省特色产业集群。

二、从传统要素拉动到创新驱动

东营市轮胎产业规模膨胀之快,令人咋舌。究其原因,它顺应了过去"又快又好"的发展要求,"快"字当先,先解决"有"的问题,再考虑"优"的问题,这在当时契合了国家的战略需求,与时代同步,不是哪个人的功劳。随着产能的饱和甚至过剩,"又好又快"高质量发展成了必然要求。识时务者为俊杰。东营市瞄准产业尖端技术和高端产品,实施创新驱动战略,提升企业的创新主体地位和自主创新能力,大力推进企业科技创新。加大对"软""硬"件设施的投入,加强与领域内高校、科研院所对接,加强产学研合作;加大人才引进力度,打造高水平研发团队;加强科研平台建设,购置先进研发设备,建设了一批省级以上企业技术中心和工程中心。

到 2019 年,广饶县拥有橡胶轮胎行业省级企业技术中心 7 家,市级技术中心 3 家,省级行业技术中心 1 家。建有国家轮胎及橡胶制品质量监督检验中心广饶橡胶轮胎分中心、国家轮胎工艺与控制工程技术研究中心广饶研究院、东营市泰斯特橡胶轮胎产业技术研究院等公共研发机构,研发能力不断提高,研发成果不断出新。

2020 年 11 月,由青岛科技大学广饶橡胶工业研究院主持研发的双动力智能硫化机,在山东齐轮橡胶有限公司磷化车间投入使用。与传统的机械硫化机相比日产量提高了 8%,定型更加精准,从而实现了废品率降低,产品品质提升。机械硫化机一人最多同时操作 10 台左右,而智能硫化机一人可同时操作 15 台。

三、从贴牌生产到知名品牌

2000 年左右,东营市轮胎企业开始注重实施品牌战略,但无奈实力不济,有名无实,真正被市场公认的名牌不多,贴牌生产大行其道。近年来,通过技改和新建企业技术进步,产品质量不断提升,品牌战略得以深入实施,名牌产品、品牌企业、区域品牌三箭齐发,致力于打造国际国内知名品牌,提升品牌美誉度。到 2019 年,广饶县拥有兴源集团"华鲁"等中国驰名商标 6 个;省著名商标、省名牌产品 38 个。自 2010 年来,东营市每年举办中国(广饶)国际橡胶轮胎暨汽车配件展,东营轮胎的品牌知名度不断提高。

四、从"同质化竞争"到"高端定制"

21 世纪初,东营轮胎企业设备工艺就像"套娃"一般,所不同的是规模大小、管理水平高低。在不大的地域内,每天都生产着天量的同质化产品,低价竞争不可避免。如何从低水平重复建设无序竞争恶性循环中走出来,转型发展成为不得不攻克的难题。华盛集团下辖的山东宏盛橡胶科技有限公司每年投入上千万元,引进世界一流的研发设备和优秀技术人才。高投入换来了高回报,目前该公司已为 100 多个赛车俱乐部的近千名车手实行"私人定制"轮胎,利润率远远高于普通轮胎。经过 3 年的转型发展,目前华盛集团低端产品比重已经由最初的 100% 降到了 45%。

五、从实体营销到电商平台

长期以来,东营轮胎企业采取的是传统营销方式,即每家企业通过自己的销售团队把产品分销到代理商、加盟店。在买方市场占主导的传统行业中,如何改变传统营销方式,拓展营销渠道,开拓新的消费市场,实现降本增效,是一个重要课题。作为东营市首家工业互联网平台,2015 年"胎大王"电商平台正式上线。借助互联网工具,聚焦卡、客车轮胎,独辟蹊径地将互联网与定制化相结合,率先掀起轮胎行业的商业模式革新热潮。该平台是一个集原材料集约化采购、工厂个性化定制、直达式物流、连锁服务门店于一体的全产业链生态平台,通过品牌联盟,资源融合,打造产业共同体,为产业提供"新模式、新零售、新动能、新生态"的系统解决方案。

无独有偶,"胎智汇"轮胎电商平台以轮胎产地的实体市场产业集群为基础,以实体商贸物流资源为依托,构建 O2O 商业生态系统,为其线下实体商户倾力打造一个"网上集群服务平台"。广丰橡胶轮胎交易中心顺利运营,这是山东省首家橡胶轮胎大宗商品现货交易市场和集"互联网 + 大宗原材料及产成品 + 高端金融衍生品交易"于一体的创新型电子商务交易平台。电商企业通过"三级分销体系"打造具有针对性和专业性的线上买卖交易服务平台,促进橡胶轮胎业务的发展,提高轮胎产品质量。

六、从产品出口到境外投资

面对轮胎产业严峻的国内外发展环境,企业走出去实现国际化发展成为新常态。广饶县是全国首批国家级出口轮胎质量安全示范区,产品远销 182 个国家和地区。在巩固发展产品出口的同时,境外投资设厂可以起到规避国际贸易壁垒、降本增效的作用,部分企业见机而动,抓住实施"一带一路"倡议的历史机遇,主动走出去投资,向国际大公司、国际知名品牌靠拢,实现靠大联强、借力发展。赛轮(东营)轮胎股份有限公司在越南独资建设全钢子午胎生产线,兴源集团与日本横滨橡胶株式会社联合上马工程胎项目。2019 年 11 月 29 日,山东省发改委官网发布:金宇轮胎在越南建厂的项目已获批准!主要建设内容是:在越南新建年产 200 万条全钢丝子午线轮胎工厂(一期)。

第三节　突破产业内卷

2020 年有一个流行词,就是"内卷",本意是指人类社会在一个发展阶段达到某种确定的形式后,停滞不前或无法转化为另一种高级模式的现象。经网络流传,用其来指代非理性的内部竞争或"被自愿"竞争。现指同行间竞相付出更多努力以争夺有限资源,从而导致个体"收益努力比"下降的现象,可以看作是努力的"通货膨胀"。

一、东营市轮胎行业"内卷化"特点鲜明

东营市轮胎企业的投资人办厂前经济基础薄弱,投资能力有限,办厂初期资金都是个人有限积累加银行贷款和亲朋集资,不可能一开始就注重研发,注重产品品质。当时大多数人办轮胎厂实际上是跟风,开始都不会选择投资方向,因为当地有生产小橡胶管的经验,加上 2002 年广饶县组织了几次外出考察,大家便一窝蜂地办轮胎厂。这样,大家起步条件差不多,起步时间也大致一样,厂子的设备工艺、管理水平相近,产品质量价格、销售渠道几乎相同,同质化就形成了。随着时间的推移,扩大规模成为企业的共同选项,因为规模小意味着被淘汰。企业追逐规模扩张的同时,区域巨大生产规模就形成了。

东营市轮胎产业奇迹般地成为全国规模最大,这是了不起的成绩。但产业规模大不等于单家企业规模大,单家企业规模大不等于单台套规模大,而且大不等于强。企业发展愿景首先是强,大而不强还不如强而不大。东营市轮胎产业区域规模的这种大属于"虚胖",筋骨并不强,主要有两个方面的原因:一是单家企业规模还不够大。虽然有几家企业规模进入全球 75 强,但排名靠后,和排名靠前的企业没法比。轮胎世界网按销售收入排序,2019 年全球十大公司的业绩简报:第一名普利司通 1 947 亿元,营业利润约 215 亿元;第二名米其林 1 875 亿元,营业利润约 234 亿元;第十名中策橡胶 250 亿元。东营市橡胶和塑料制品业 67 家企业,销售收入 512 亿元,平均单家企业 7.64 亿元,和全球十大轮胎企业相比,我们的企业规模太小了。二是从全球看,东营区域生产规模也不算大。我们 2019 年 512 亿元的销售收入也就和住友橡胶同期的销售收入差不多,这其中还包括塑料行业。要知道我们是和全球企业竞争,而且轮胎出口额占了全市出口额的半壁江山。

在东营轮胎做大规模的同时,中国轮胎在国际国内市场上却一直处于尴尬的境地。在中国乘用车轮胎市场中,外资轮胎分走了 65% 的市场,中国本土品牌的市场占有率仅 35%。中国大部分汽车轮胎市场被米其林、邓禄普、普利司通等国外品牌收入囊中。米其林、普利司通、马牌这几个全球知名的品牌,在中国轮胎市场中排到了第一梯队,倍耐力、韩泰等则次之。而玲珑轮胎、

朝阳轮胎等国产知名品牌,则被挤到了第三梯队;其他国产小品牌的排名,更是靠后。中国是全球最大的轮胎消费市场,早在2017年,中国汽车后市场就已经实现万亿规模,轮胎便是其中一大品类。中国轮胎市场这块大蛋糕,却大多被外资企业吃到了嘴里。在国际市场中国轮胎销量较大,但也只能是物美价廉,赚量不赚钱,这不由令人唏嘘。

在这种环境下,作为市场上的"小众"产业,东营轮胎企业怎么竞争?只能拼命走量,打价格战,久而久之,形成了"囚徒困境",陷入了产业内卷。

21世纪头十年,政府也没闲着。从上到下,众口一词,就是"整合"。我当时任东营市经贸委主任,着实作了难。不整合,领导有指示;整合,门都没有。家族企业,民营经济,宁当鸡头,不当凤尾。最后,只得搞了个文件,列了几条,无非就是研发、原料采购、产品销售等的合作,草草收场。也就是说,在那个阶段,大家都是半斤八两,谁也好不到哪儿去,差一点的,也硬撑着,大家都在做"囚徒"。低价策略、普通产品,为的是保命。

东营的轮胎产业发展无疑陷入了这样一种内卷境地。突出呈现为以下几种趋向:

一是企业对外无序竞争、各自为战,呈现为缺乏定价权和话语权的现象。销售各自为战,贸易方式传统,行业内部竞争混乱,难以形成统一对外的合力,导致产品"贴牌生产"、质优价次现象泛滥。

二是企业间恶性竞争、相互内斗,呈现为全行业利润微薄或整体负面的形象。企业从各自利益角度考虑,为争取订单和市场份额,竞相压低价格,恶性竞争,最终不仅造成低价成交、利润微薄或者亏损的局面,产品质量也难以得到有效保障,严重影响行业利润和产业整体形象。

三是企业扎堆进入、跟风重复,呈现为大量社会资源的极大浪费。由于缺乏企业核心竞争力,又很容易模仿,大量企业扎堆进入,在缺乏行业规范管理和大量社会资本逐利驱使下,全行业陷入价格战、资本战。企业无序竞争造成大量资本和资源的极大浪费。

二、产业内卷给高质量发展带来危害

一是产业内卷直接导致微观层面企业和行业利润率难以提升。内卷情况下,企业主要依靠价格竞争,最终结果是大多数企业长期处于微利边缘,利润长期稳步不前或下降;从行业发展来看,总体盈利不佳,行业盈利分化严重。二是产业内卷直接导致部分行业难以摆脱产能过剩制约。内卷情况下,部分行业由于企业普遍缺乏核心竞争力,难以走出产能过剩的困境。三是产业内卷导致全要素生产率不升反降。内卷情况下,企业难以获得足够的利润支撑企业持续加大研发投入,不仅导致企业难以实现差别化发展,也造成全要素生产率难以得到显著提升。

三、规避产业内卷需综合施策

产业内卷的主要成因:一是鼓励支持创新的制度环境仍然有巨大不足。创新水平不足是产业内卷化的技术成因。二是对地方政府盲目冲动投资缺乏约束。地方政府盲目投资是产业内卷化的政治成因。三是行业治理规则不明和治理体系不健全。不良营商环境是产业内卷化的社会成因。四是政府和行业协会协调能力较弱。产业组织弱化是产业内卷化的组织成因。

规避产业内卷,核心是解决创新能力不足问题,重点是解决产品同质化、低价竞争等问题。解决这些问题,主要是向高端发力,拉开企业核心竞争力、产品适应市场能力、品牌美誉度影响力差距,这需要突出重点、综合施策、政企同向。

一是创新驱动。单纯靠投资拉动已经成为过去时,创新成了第一动力。企业要瞄准高端,加大投入,打造创新平台,产学研结合,推动成果转化。政府要重点支持共性关键技术研发推广,政企合力在高档次、高技术含量、高附加值轮胎发展上求得突破。玲珑轮胎的做法值得借鉴。玲珑轮胎保持每年占营收 3%～5% 的研发投入,从 2015 年开始研发费用率就持续超过全球第一梯队的轮胎企业。2019 年玲珑轮胎研发费用达到 7.3 亿元,研发投入在中国轮胎上市企业中居首位。玲珑轮胎荣获国家科技进步二等奖、国家技术发明二等奖、中国工业领域最高奖项——中国工业大奖。2020 年其品牌价值突破500 亿元,位列中国 500 最具价值品牌第 116 位,亚洲品牌 500 强。

二是产业整合。轮胎行业的上游原料主要包括橡胶、钢铁(钢丝帘线)、炭黑及橡胶助剂等,下游行业为汽车行业、交通运输业、农用车行业等。

东营市轮胎行业产品种类齐全,上游除天然橡胶外,原材料都能做到就地取材,下游轮毂、车轮、制动器总成等汽车配件及特种汽车和农用车也有了较快发展。

分散的产业布局、中低端的产业定位、较弱的研发能力、较小的品牌影响力使得东营市轮胎产业整合成为必然。较大的区域生产规模、齐全的种类品种、众多的销售渠道等,为轮胎产业整合提供了条件。发挥产业政策的核心导向作用,以质量标准、能耗环保等为核心逐步提升行业规范条件,鼓励企业兼并重组,合理培育优质企业和领军企业,推动提高行业集中度,带动行业健康发展。要突出塑造顶天立地的强企业、大企业,出清已被市场淘汰的劣势企业,发展壮大具有强大竞争力的企业集群。原材料、产成品、下游产品链条足够长,重要节点足够宽,供应链、产业链、价值链珠联璧合,相得益彰。值得注意的是,产业整合要遵循市场规律,建立在政府适度引导、企业自愿的基础上,循序渐进,切不可急躁冒进,"拉郎配"、归大堆。

三是品牌打造。优秀品牌不只是政府部门或机构认定的,而应是市场认可的。质量为本是铁律,没有质量托底的品牌是无效品牌。有形资本和无形资本同等重要,有时无形资本可能更重要。产品品牌固然重要,企业品牌、区域品牌同样重要。这就需要企业和政府共同发力,大力发展品牌经济。

四是协会协调。加强政府对行业协会的管理,引导协会制定行业协会规章制度,在服务企业的同时,规范企业行为,强化行业协会对成员单位的管理力度和对行业的影响力。建立协会对行业的监督协调机制,加强市场监管等部门对行业协会的指导,支持协会对本行业产品和服务质量、竞争手段、经营作风进行监督,维护行业信誉,鼓励公平竞争,打击违法、违规行为。支持行业协会加强自身能力建设,加强政府部门的指导和支持,增强行业协会组织协调和对外沟通谈判能力,提升协会在国际组织和事务中的参与度,共同维护行业秩序和对外良好形象。

时光荏苒,斗转星移,转眼进入了 21 世纪 20 年代。这一阶段,东营市轮胎企业分化加速,"马太效应"愈发明显。好企业脱颖而出,开始挣脱"囚牢";差企业破产倒闭,被市场出清;一般企业,困兽犹斗。这样,破解产业内卷就具备了一定条件。从政府层面看,推动轮胎企业高质量发展成为主旋律,扶优限劣措施步步跟进,为优秀企业健康成长创造了良好外部环境。

未来轮胎产业升级空间巨大。2020 年,我国轿车轮胎市场约 70% 的份额由外资和合资轮胎企业占据,且本土品牌产品主要集中在替换市场。"两个市场"的巨大发展空间,为东营轮胎产业高质量发展提供了可能。

专栏一　东营市橡胶轮胎产业高质量发展问题与对策

截至 2019 年底,全市轮胎综合生产能力达到 1.94 亿条/年,占全国总产能的 15％左右;行业直接从业人员 4.9 万人,带动就业 20 多万人。2019 年,全行业 60 家规模以上企业实现营业收入 515.5 亿元,利润 8.7 亿元。

一、主要问题

2002 年以来,东营市橡胶轮胎产业处于规模快速膨胀期。从产业发展阶段看,属于低层次的"小企业群生型"发展模式,企业主要以"同质产品＋传统营销"方式进行生产经营,生产要素驱动路径依赖较为严重。轮胎产业发展更多体现了"丛林法则"自然属性的一面。就像是同一块地上,密密麻麻地生长着同一种树,大家拼命向上长,为的是更多地吸收阳光和雨露,但是长了个"大个子",却是个"弱身子"。

(一)创新能力弱

这是我们最大的短板。从总体上看,我们谈创新,也在创新,问题是在这上面投入精力少、投入资金少、创新成果少。因为核心技术研发初期投入巨大,收效甚微,不确定性大,资本自然不会"以身试险"。部分企业不愿创新、不敢创新、不会创新,有钱买机器,有钱盖厂房,没钱搞实验室,没钱搞研发。政府部门提供的扶持资金本来就少,还经常撒了"芝麻盐"。因此,东营市轮胎企业研发投入不高,绝大部分研发经费不足销售收入的 0.5％,而全球同行业平均研发经费占销售收入的比例高于 3％(倍耐力、三角轮胎高于 4％)。

(二)产业链现代化程度不高

"链主"作用不明显,缺乏具有世界影响力的大企业,龙头企业的带动作用不强。产业链韧性、协同性和网络化不够,核心竞争力不足。

(三)管理较为粗放

产权设置上,投资主体单一化,"宁当鸡头,不当凤尾",影响法人治理结构现代化。家族式管理、近亲繁殖、子承父业,风刮不进、水透不过,阻碍了职业经理人阶层的形成。项目开发上,跟风模仿,有的连项目研发阶段都省掉了,

甚至借套图纸、抄套工艺简单复制,设备、工艺、产品的同质化成为必然。质量管理上,有时甚至比谁的成本更低、质量更差但赚钱更多。财务管理上,先进手段用得少,跑冒滴漏是常态。供应链管理上,有的秉承肥水不流外人田,买个螺丝钉都得买七大姑八大姨的。

(四)品牌影响力不足

高端产品少、普通产品多、代工产品多,处于高不成低不就中不溜的尴尬状态。产品处于价值链中低端,同一型号轮胎价格仅为米其林、普利司通等知名品牌的30%左右。

(五)政策制约发展

自2014年我省将轮胎产业列入产能严重过剩行业和高耗能行业以来,部分银行将橡胶轮胎产业列入限制范围,从2016年至今,广饶县橡胶轮胎产业融资同比减少了120多亿元。

(六)经营较为困难

从2015年起,有10家企业进入破产程序,资产总额60.28亿元,负债总额345.3亿元,职工7 493人。

二、对策建议

总体思路是以推动高质量发展为主题,走创新型、质量型、品牌型发展之路,推动轮胎产业实现由制造向创造、由要素驱动向创新驱动、由数量经济向品牌经济转变,提高质量效益和核心竞争力。

(一)坚定高质量发展信心

首先,东营市橡胶轮胎产业高质量发展符合中央黄河流域高质量发展战略,符合市委、市政府"工业为主、企业为尊、集群发展"的要求。其次,橡胶轮胎产业是东营市的支柱产业。产业没有好坏之分,适合的就是合适的。一个地区的产业结构具有一定的自然属性,就像种树强调适地适树,我们这儿只能种白蜡、苦楝、槐树等当家品种,南方的树再好,到我们这儿不一定能活。橡胶轮胎产业在我们这儿发展占据天时地利人和,我们驾驭得了,有优势。再次,具备了顺势而为高质量发展的基础条件。东营市橡胶轮胎产业已创造了区域生产规模全国第一的佳绩,形成了较为完备的、外向型为主的产业链条,这是我们最大的优势,在高速增长向高质量发展过程中我们仍然会干在实处、走在前列。

(二)真正把技术创新作为第一动力

创新驱动是我们最大的潜力。在企业技术创新上,东营市企业经历了"不创新也挣钱甚至挣大钱,不创新勉强能活着,不创新就死亡或正在走向死亡的路上"三个阶段。下一步,重点是解决企业怕承担风险、怕为他人作嫁衣不敢创新,眼界低素养差不会创新,环境不优不能创新等问题。一是提高对技术创新的认识。党的十九届五中全会把创新界定为在国家现代化建设全局中处于核心地位。企业要真正认识到创新是"命"、不创新就是"不要命"。政府部门要树立社会事业发展再穷不能穷教育、经济发展资金再紧不能紧创新的理念,把创新这个第一动力天天挂在嘴上、紧紧抓在手上。建议打造民营经济创新示范城市。二是加大创新投入。在企业发挥创新投入主体作用的同时,加大政府投入力度,把政府层面扶持资金捆绑起来,集中投入基础性的、核心的、高科技的研发方面,也就是"核高基"。抓住考核这个指挥棒,市对县区、开发区加大技术创新投入考核指数权重。三是深化政产学研结合。首先,建立新型"举市体制"。面向全市橡胶轮胎重大需求,通过政府力量和市场力量协同发力,凝聚和集成科技力量、社会资源共同攻克重大科技难题。建立高风险领域的"卡脖子"技术清单。因"技"制宜,分类施策,采取挂图作战和揭榜挂帅等政府推动和市场化相结合的方式,强化产业链上下游之间的利益绑定与战略合作,以科研院所和领军企业为主导,联合产学研用及产业链上下游企业,加快攻克基础材料、基础零部件、关键装备、工业软件等领域"卡脖子"技术。其次,支持企业牵头组建创新联合体。政府只扶持不当家,成果由投资企业分享。第三,设立类似德国弗劳恩霍夫研究所的机构,不搞科研活动,主要是做科学技术的经纪人。四是大力发展智能制造。建议组建高水平的橡胶轮胎产业互联网平台。五是推进设备工艺现代化。不怕产业中低端,就怕技术改造慢。市里的"技改三年行动计划"很给力,助推了轮胎产业高端化、智能化、绿色化,应进一步持续抓好。

如果说过去创新不给力,那是因为火候不够。现在火候够了,因为要素集聚成熟,创新氛围浓厚,形势倒逼使然,区域创新生态优化,是时候甩开膀子搞创新了。建议对标学习,远学"三角",近学"赛轮",小步快跑,迎头赶上。

（三）加快产业整合提升

这次观摩，最大的亮点是外地优势企业收购整合东营市企业。有的属于强强联合，如齐鲁交通控股联合石化，再加上中化集团控股正和集团和华星石化，这使得东营市同时拥有"炼油＋PX""炼油＋乙烯"两条产业链的炼化一体化项目成为可能。有的属于收购破产企业优质资产，如波鸿轨道交通收购合力车轮、东材科技收购胜通集团光学膜破产资产。有的属于吃"休克鱼"。这些案例体现了联合重组的力量，展示了"1＋1＞2"的效果。

东营市橡胶轮胎产业的整合提升正当其时。应依据"丛林法则"的社会属性，破除一刀切的政策限制，扶优限劣，对木秀于林者施肥浇水透光吃偏饭，对体弱多病赖活着的间伐铲除腾空间。首先，要加快培育优强企业。让好的企业有好的资源，得到好的发展。产权层面的整合是深层次的整合。从广饶引进浙江物产、青岛双星的情况看，其引领作用已经显现。另外，经济下行期，低利率时代，优势企业低成本并购，有利于换道超车，便于做强做大。争取"三年取得突破""五年塑成优势"，最终形成1～2个优势企业作为"链主"的高中端产品为主体的标志性、引领性的产业和企业集群。其次，限制劣势企业。现在经济下行，行业效益下滑，有些企业活不下去了，企业破产行业重组就有了可能性。应审时度势，该兼并的兼并，宜破产的破产，同时防止低水平重复建设。企业破产是市场经济条件下优胜劣汰价值规律起作用的表现。企业破产重整了，厂房、设备、职工还在，但债务没了，生产要素通过转让获得新生，只是换了个主，还能做到破产不停产，对收购方、当地政府、债权银行、职工都有利。第三，建链补链延链强链。补齐短板，锻造长板，提升产业链供应链现代化水平。总体看，突出研发创新的同时，在供应端，支持化工原料基地等重点项目建设，发展合成橡胶等大宗原材料产业。在生产端，打造"链主"企业，增加高端产品，做优特色产品。高端产品技术含量高、附加值高，但高质量发展并不是要求都做成高端产品，中低端市场同样需求巨大，有时斜交胎效益不一定差。我们现在的问题是产品集中在中低端，高端的少，急需以提质增效为目的补强高端，在中低端做出特色。在销售端，继续办好中国（广饶）国际橡胶轮胎暨汽车配件展览会，办好"胎大王"等智能化数字平台。

（四）推进更高水平的对外贸易和投资

以国内大循环为主体是从总体上讲的，产能过剩是就全国讲的，东营全市

70％的半钢子午胎、50％的全钢子午胎产品销往国际市场,说明适应国外细分市场中低端需求,国外市场开拓仍有潜力,我们没有必要人为缩小国外市场,反而应该在提高出口产品质量和效益的基础上,能出尽出。同时,探索产业资本化、国际化的路子。

（五）提升品牌效应

作为企业声誉与信息的组合体,品牌是企业及其产品所包含的技术、质量、功能、文化、市场地位等引发形成的信息系统,是企业及其产品识别的符号系统。品牌对于企业的影响,由浅到深,逐步地把企业推向一个极致的地位,而在一个企业的不同时期,品牌战略也是有所不同的。企业应根据市场、产品、竞争特点,提高企业品牌的忠诚度,进行适当的品牌延伸。品牌忠诚度是顾客对品牌感情的量度,反映出一个顾客转向另一个品牌的可能程度,是企业重要的竞争优势。品牌忠诚度是品牌资产中的最重要部分,品牌资产最终体现在品牌忠诚上,这是企业实施品牌战略的根本目标。从地方政府角度来讲,要根据实际情况制定并实施区域品牌战略,打造更多的品牌产品、品牌企业,提升区域品牌知名度和美誉度。

（六）壮大职业经理人队伍

我认为东营老一代企业家精神是"敢闯敢冒、勤劳俭朴、诚实守信、勇于做大",主要是"敢"和"勤"。企业家精神的实质是冒险和创新,我们缺乏的恰恰是创新。想想昨天还是挖沟垒墙的、推车担担的、杀猪宰牛的,今天就成了企业主,指挥科技创新、管理创新,实在是有点难为人。总的看,这一辈人创立了家业,做大了规模,守住了摊子,但难求进一步发展。子承父业要么子不承,要么承不了,好者寥寥。根本出路在于建立职业经理人阶层,让合适的人干合适的事。以前难就难在我们的家族企业容不下别人,职业经理人来了也不能充分发挥作用。现在机遇来了,时代变革激浊扬清带来了企业大分化,强者通吃,弱者艰难续命,有的被市场出清。广饶县橡胶轮胎产业已完成兼并重组 10 起,骨干企业产能占到全县总产能的 80％以上。越来越多的企业通过兼并重组、参股控股实现投资主体特别是法人投资主体多元化,实现所有权和经营权分离,让职业经理人做主经营,进而实现决策科学管理创新。这一态势为职业经理人脱颖而出成为一个阶层提供了条件。

"将帅无能,累死三军",有些企业在我们手里要么叶落根枯活不了,要么病病歪歪长不大,但交到别人手里就能枯木逢春、咸鱼翻身,这就是经理人的价值。建议出台职业经理人培养办法,把职业经理人请到前台,作为全社会最珍惜的资源最宝贵的财富来对待、来培养,促进职业经理人队伍发展壮大。

(七)优化金融环境

过去增长速度快,金融功不可没;现在发展质量高,金融一柱擎天。一是激励金融机构多贷款;二是发展股票、股权、基金直接融资;三是加快破产出清;四是打击逃废债务。

综上所述,东营市橡胶轮胎产业过去高速增长,这是本事,也是本钱;现在高质量发展,这是规律,也是要求。如果说过去是伸开五指,野蛮生长,那么现在应当收指成拳,高质量发展。只要抓住创新驱动和产业整合提升等关键环节,集中发力,久久为功,我们的橡胶轮胎制造业一定会实现二次创业,由大到强。

(2020年12月9日,陈安忠在市委第三次"解放思想大讨论"务虚会上的发言)

专栏二　记一次轮胎产业银企对接会

2004年6月28日,我从东营市体改办主任调任市经贸委主任。同年12月3日,我随时任分管工业的曹连杰副市长到广饶县,上午参加广饶县橡胶工业协会成立大会,下午到广饶县稻庄镇西水村召开轮胎产业银企对接会。为什么要召开这次会议呢?因为广饶县这一年6家轮胎厂新上6条生产线,此消息上了《大众日报》,引起了金融系统的关注,认为这将引起产能过剩,之后金融部门采取了限贷措施。一时间,6家企业投贷无门,新上项目面临停产,一个个告急电话打到市里,分管工业的曹连杰副市长遂召集了这次会议。参会的有市政府副秘书长李永元,市外经贸局局长尚凡太,市工农中建四大行、农发行、城市信用社、人行、银监局的主要负责人,金宇轮胎、永盛集团、永泰集团、兴源集团、盛泰集团、恒丰橡塑6家轮胎企业的主要负责人。

会上,曹连杰副市长指出,我们6条线的产能是面向全国、全世界销售,不存在产能过剩问题,何况我们的生产线比较先进,产品有市场竞争力。企业要咬定发展不放松,坚定信心上项目,银行要全力给予资金支持。各行行长不能参会的,要授权参会副行长现场签约,不能带回去研究。企业提出的资金需求要全部满足。随后由各企业介绍项目情况和资金缺口,各金融机构和企业对接确定签约额。经过对接,银企形成了 4.44 亿元的签约协议(见表 5-1)。

表 5-1　银企对接会签约金额

企　　业	工行/万元	农行/万元	建行/万元	中行/万元	城信/万元	农信/万元
金宇轮胎	2 500	2 000	9 900	1 440		1 000
永盛集团	1 500	2 000		450		1 000
永泰集团	1 500	1 000		550	2 000	1 000
兴源集团		2 000		1 460	3 000	1 000
盛泰集团		2 000		600		1 000
恒丰橡塑		3 000		500	1 000	1 000
合　　计	5 500	12 000	9 900	5 000	6 000	6 000

　　银企对接会后,市经贸委、市人行负责督查落实,每个月通报一次情况。到年底经汇总资金到位了 6.5 亿元,大大超出了签约金额。

　　看到这里,你就解开了东营市轮胎产业发展快的部分谜底。2004 年一年为轮胎企业解决这么多资金,资金需求全部满足,产业规模怎么能不快速膨胀。这次银企对接会之所以这么有效?有几点原因:一是政银企对接机制建得好;二是政府对企业、金融系统真心关爱;三是分管领导有胆略;四是市经贸委、人民银行靠上监督服务。

专栏三　橡胶轮胎产业链优化提升实施方案

　　东营市形成了以橡胶轮胎为中心,集炭黑、钢丝帘线、橡胶助剂、轮胎模具、轮胎胶囊等配套产业于一体的集成式产业链条,其中轮胎生产企业 32 家,轮胎配套企业 18 家。

一、"链主"企业清单

序号	企业名称	主要产品及产能	2020年营业收入/亿元	所在县区
1	山东昌丰轮胎有限公司	全钢子午胎580万条、半钢子午胎1 200万条	54	广饶县
2	山东万达宝通轮胎有限公司	全钢子午胎300万条、半钢子午胎1 500万条、工程胎10万条	64.6	垦利区
3	山东华盛橡胶有限公司	全钢子午胎450万条、半钢子午胎2 400万条	21.9	广饶县
4	山东金宇轮胎有限公司	全钢子午胎350万条	35.3	广饶县
5	山东耐斯特炭黑有限公司	炭黑30万吨	11.6	垦利区
6	山东兴达钢帘线有限公司	钢丝帘线17万吨	8.4	广饶县
7	山东戴瑞克新材料有限公司	橡胶助剂6.1万吨	7.9	东营港经济开发区
8	永一橡胶有限公司	轮胎胶囊100万条	2.6	广饶县

二、"链主"培育库企业清单

序号	企业名称	主要产品及产能	2020年营业收入/亿元	所在县区
1	东营市方兴橡胶有限责任公司	全钢子午胎120万条、半钢子午胎600万条、工程胎15万条	13.6	广饶县
2	山东新途轮胎有限公司(浙江物产)	全钢子午胎180万条	5.5	广饶县
3	烁元新材料(东营)股份有限公司	炭黑16万吨	9.5	广饶县
4	山东垚坤模具有限公司	轮胎模具800套	0.3	垦利区

三、优势环节

2020年,东营市橡胶轮胎产量占全省的32.8%,占全国的15.4%,是全国最大的轮胎生产基地,被列入全省"十强"产业"雁阵形"集群及全省特色产业集群。炭黑、钢丝帘线、橡胶助剂、轮胎模具等轮胎配套企业较为健全,产业体系较为完备。

四、薄弱环节

轮胎企业产能分散，单体产能小；研发能力整体偏弱，产品同质化；品牌知名度低，高端产品少。炭黑、钢丝帘线、橡胶助剂等配套企业产品种类有待丰富，附加值不高；缺少合成橡胶生产企业。

五、优化提升思路

推进轮胎企业整合重组，打造3～5家旗舰型企业，形成规模效应；加大对原料配比及生产工艺的研发力度，开发适合不同消费需求的安全、节能、智能、环保型高性能子午线轮胎；深化品牌宣传，提升东营轮胎知名度。轮胎配套企业方面，开发高耐磨炭黑、高清洁炭黑、色素用炭黑等炭黑新产品，发展CBS、TBBS、MBS等绿色橡胶助剂，超高强/特高强钢丝帘线；规划建设合成橡胶项目，实现石化与橡胶轮胎的融合发展。

（由东营市经信委提供）

专栏四　企业选介

一、山东金宇轮胎有限公司

山东金宇轮胎有限公司始建于1995年，现有总资产33亿元，全钢载重子午胎生产能力320万套/年，销售网络遍及全球100多个国家和地区，是世界轮胎75强企业、"中国专利山东明星企业"、中国科学院"普惠计划入池企业"、工信部品牌培育试点企业。2018年以来，公司实施了一系列数字化、智能化设备技术升级改造项目，致力打造金宇特色EXTJS架构平台。2020年，斥资2亿美元在越南建设年产200万套全钢子午载重胎项目。计划投资9 500万元实施全生命周期价值管理升级改造项目，应用网络化、智能化的信息系统对轮胎研发试产、量产监测、生产制造、仓储物流、技术品质等实现全方位的联控管理，大幅提高研发、生产效率和产品质量。公司拥有一支高效率、高素质的产品研发队伍，完成了轮胎制造全生命周期开发流程体系，具备了全系列产品的自主研发能力,主导参与多项国际标准制定及国家和省级科技项目攻关,COACH 系列产品被工信部列入绿色制造体系绿色设计产品名单;建立了完善的管理体系,产品通过了国家 CCC、IATF 16949、美国、欧盟、巴西、哥伦比亚、中东等国内外产品认证,"金宇"商标被授予"中国驰名商标"。2020 年实现营业收入 35.34 亿元,利润 1.14 亿元,税收 0.46 亿。

二、赛轮集团东营工厂

赛轮集团东营工厂成立于 2018 年,半钢子午胎设计产能 3 000 万套/年,是目前全球单厂规划产能最大的半钢子午胎生产基地。作为国内轮胎行业唯一一家"工业互联网试点示范企业",2020 年联合橡胶行业智能制造领军企业软控股份,以及青岛科技大学、中国电信、阿里达摩院等合作伙伴,共同打造了"橡链云"工业互联网平台,于 2020 年 6 月正式对外发布。"橡链云"是目前橡胶行业场景覆盖最全、应用最深的工业互联网平台。产业链的各种场景应用功能已比较健全,并且都具备规模性复制和推广条件。目前,"橡链云"平台入住用户已超 6 万家。赛轮集团东营工厂 2020 年实现营业收入 26.34 亿元,营业利润超 4 亿元。

第六章
全国石油装备制造业基地

第一节　全国石油装备制造业基地的形成

中国是世界上最早发现和利用石油及天然气的国家,但是中国石油工业的迅猛发展则是近半个世纪以来的事。1949 年新中国成立时,原油年产量只有 12 万吨。全国只有 8 个钻井队,4 台中型钻机,4 台轻型钻机,少数几家机械厂搞一点简单的钻机维修。石油机械制造业在当时的中国应该说是个空白。为迅速改变中国石油工业落后的局面,为国民经济的发展提供强大的能源保障,1955 年 7 月 30 日第一届全国人民代表大会第二次会议决定撤销燃料工业部,成立石油工业部,全面负责中国石油、天然气资源的勘探和开发工作。随着 1959 年 9 月和 1962 年 9 月大庆油田和胜利油田的发现,中国石油工业的发展历史揭开了新的一页。随后,大港、江汉、辽河、长庆、河南、华北、中原等一大批油田也相继发现并投入开发,中国石油产量迅速攀升,石油设备生产基地不断涌现。

一是上海基地。1950 年上海成立石油机械厂,利用上海的旧企业进行改造,产生了新中国第一批专业的石油机械维修和制造工厂,形成了我国第一个石油机械基地——上海基地。

二是兰州基地、宝鸡基地。第一个五年计划期间,在苏联专家的帮助下,于兰州对旧企业——兰州制造局实行改造扩建,成立了兰州石油机械厂、通用机械厂、兰州石油研究所等,形成了我国第二个石油机械研究、设计、制造基地——兰州基地。同一时间,国家对具有87年历史的宝鸡石油机械维修厂进行改扩建,产生了宝鸡石油机械厂——宝鸡基地。

三是东北基地。在大庆油田开发、会战期间,哈尔滨石油机械配件厂、吉林重型机器厂、通化成化石油机械厂等成立和加入机械维修和制造行业,形成了我国第四个石油机械基地——东北基地。

四是河南基地、南方基地、山东基地、湖北基地、四川基地。以中原石油机械总厂等为骨干企业形成河南基地;以广州重型机器厂等为骨干企业形成南方基地;以高原公司、科瑞集团等为骨干企业,以东营市为核心区形成山东基地;以江汉采钻研究所、江汉第一石油机械厂、江汉第二石油机械厂、江汉第三石油机械厂等为骨干企业形成湖北基地;以成都石油机械总机厂、什邡钻采厂、广汉钻采厂等为骨干企业形成四川基地。新一轮石油机械行业的快速发展,在全国范围内使我国的石油机械行业集科研、开发、设计、试验、生产于一体,形成了比较完备的体系。

五是德阳基地、江苏基地。近年来,德阳、江苏石油装备企业形成聚集效应,具备了基地特征。

第二节　发展沿革

东营市石油装备产业的发展,经历了建市初期的以胜利油田石油装备企业为主体、地方国有石油装备企业为补充的起步阶段,地方和油田企业改制为民营企业后的迅速发展阶段,国际石油市场相对萧条时期的调整阶段。2004年达到最大规模,年销售收入934亿元,2020年为112.3亿元。

东营市是胜利油田主产区,发展石油装备具有得天独厚的优势。1983年建市后,按照"围绕油田上项目"的发展方向,新上一批石化通用机械工业企业;原以生产农机具、农机配件为主的一些企业,也开始转产石化通用机械产品。这些新、老机械企业不断开发新产品,上规模,上水平。

1984—1985年,广饶石油机械股份有限公司(原播种机厂)先后试制成功ZB水力活塞泵、泵房等产品,形成小批量生产能力,1985年,生产泵房50台。同年,东营市第二石油机械厂(原利津县机械厂)试制成功80立方米吸泥船、

1.5 吨拖车,当年生产吸泥船 3 艘、1.5 吨拖车 389 台。

1986 年,广饶液压机械厂、广饶石油机械股份有限公司、东营市第二石油机械厂开发出五井配水间产品,当年共生产五井配水间 90 栋;东营金泰有限公司开发出 J11T-16 系列阀门,当年生产 5.2 万只。

1987 年,广饶石油机械股份有限公司、东营市光明集团开始生产一、二类压力容器,当年产量达 95 台;垦利宏源石油机械股份有限公司(原垦利机械厂)开发生产 254-4、151-1、251-6 系列封隔器;广饶石油机械股份有限公司试制 CYJ8-3-45HB 游梁式抽油机,产品通过省级鉴定,当年生产 12 台,形成采油机械产品的第一种骨干产品。

1988 年,广饶石油机械股份有限公司开发出 CYJ10A-3-53HB 游梁式抽油机,开始发展抽油机系列产品;东营市石油化工机械厂试制成功 XFK25/65 卡箍式楔形闸阀,当年生产 450 只。

1989 年,东营市第二石油机械厂试产出合格的 D 级系列抽油杆产品,形成采油机械的第二种骨干产品;东营金泰有限公司开发出 J41H-25DN50 阀门,当年生产 5 200 只。

1991 年,广饶县金属材料厂开发出采油井口装置,当年生产 50 套;东营金泰有限公司开发出 KY250DN65 井口阀门,当年生产 2 000 只。是年,东营市南里实业集团股份有限公司的潜油电泵导叶轮系列产品获省科技进步三等奖。

1992 年,广饶石油机械股份有限公司开发出 CYJY12-4.2-73HB 抽油机,当年生产 40 台;东营市石油化工机械厂开发出 KR21 热采井口装置,当年生产 27 套。

1993 年,东营市石油化工机械厂开发出 KY25/65 自喷式采油井口装置,当年生产 74 套。

1994 年,东营市南里实业集团股份有限公司的 88 系列潜油电泵获省青年科技博览会银奖,全自动蒸汽发生器获全国第八届发明博览会三等奖。

1995 年,全市有石化通用机械生产厂家 42 家,工业总产值 4.08 亿元,主要产品有游梁式抽油机、抽油杆、压力容器、闸阀、普通采油井口装置、热采井口装置等。但从胜利油田的总体需求看,市内石化通用机械产品生产规模小、档次低,油田勘探开发所需的主要装备仍然依赖市外和进口。

1996年起,油田和地方先后新建和改建一批石油装备制造企业。胜利油田总机械厂、工程机械总厂等企业成为主要供应商。地方规模较大的国有企业有广饶县石油机械股份有限公司、东营市石油化工机械厂、东营市第二石油机械厂、垦利宏源石油机械股份有限公司、东营光明集团有限责任公司等。一些乡镇企业、民营企业也开始进入该领域,主要有东营金泰有限公司、广饶县金属材料厂、东营市南里实业集团股份有限公司、万达控股集团有限公司(下简称万达集团)等。同时,全市通过招商引资也吸引了一批石油装备制造重点企业入驻东营,产品不断升级换代。

2000年,全市石油装备产业工业总产值9.95亿元,职工1.6万余人,主要产品及产量:游梁式抽油机580台,抽油杆190万米,标准紧固件770万件,减速器536台,压力容器840台,普通采油井口装置3 800套。

2001—2003年,东营市将石油装备产业作为重点突破的行业,在政策、资金等多方面予以倾斜扶持。2003年,东营市提出建设山东加工制造业基地,把石油装备产业作为重点产业发展,并出台相关政策予以支持。中石化主业上市以后,胜利油田非主业从主业中剥离,部分二产、三产走上改制之路。

2005年石油装备产业的重点企业高原公司、孚瑞特公司、胜利油田胜机石油装备公司(下简称胜机公司)等单位率先改制,并一跃成为行业内的领军企业。油田石油装备生产企业成为"自主经营、自负盈亏、自我发展、自我约束"的市场主体,增强了企业发展活力。地方石油装备企业也顺应市场经济规律,实现较快发展。2005年,全市石油装备产业主营业务收入500万元以上企业增至45家,完成工业总产值35.36亿元,从业人员平均人数9 204人。

2006—2010年,东营市委、市政府为加速产业发展,先后出台一系列政策举措,推动石油装备产业大发展。改制后的胜利油田石油装备企业经营机制更加灵活,发展更快,抗风险能力也更强。2006年,全市规模以上企业增至63家,完成工业总产值比上年翻番;从业人员平均人数14 455人。2007—2008年,石油装备制造业再次实现快速发展,涌现出高原公司、科瑞石油装备、孚瑞特公司等石油装备产业的龙头企业。生产的主要产品有金属铸件、抽油杆、抽油泵、石油钻机等。孚瑞特公司于2007年9月引进外资,变更为中外合资公司。2008年9月,全球金融危机爆发,东营市的石油装备业受到明显影响,增长幅度大幅回落。是年,举办第一届中国(东营)国际石油石化装备与技术展览会。2009年出台《东营市石油装备产业整合试点工作方案的通知》，要求办好石油装备会展、实施"四个一"工程、推动联合重组、建立公共研发平台。2010年，全市规模以上企业实现主营业务收入352.85亿元、利税46.24亿元、利润37.12亿元，完成出口交货值7.1亿元。

2011年东营区发起设立规模30亿元的产业投资基金。是年，规模以上石油装备企业93家，完成工业总产值482.02亿元，出口交货值13.62亿元。

2012年底，东营市规模以上石油装备企业增至104家，完成工业总产值642.68亿元，出口交货值18.05亿元，经济指标再次出现大幅增长。

2013年，东营市政府出台《关于加快石油装备产业发展的意见》。国家采油装备工程技术研究中心于2013年4月获科技部批准建设，是国内采油装备行业唯一的国家级工程技术研究中心。是年，东营市规模以上石油装备企业增至122家，完成工业总产值801.81亿元，实现主营业务收入787.66亿元、利税107.2亿元、利润78.29亿元，实现出口交货值18.87亿元。从业人员平均人数29 567人，比上年增加2 927人。东营市成为全国最大的石油装备制造业基地，主营业务收入占到全国同行业的1/3。钻机、抽油机生产能力国内第一，潜油泵国内第二，皮带式抽油机、连续抽油杆国内独家生产，装备水平国内领先。规模和产能较大的企业有高原公司、孚瑞特公司、胜利石油装备、科瑞石油装备、龙玺石油装备、宝世达石油装备、明珠石油装备等。企业主要分布在东营区、垦利县（今垦利区）、河口区和东营经济技术开发区，主营业务收入过亿元的石油装备企业有73家，产值占全部规模以上石油装备企业的98.3%，其中20亿元以上的10家。高原公司、科瑞集团、孚瑞特公司进入全国行业20强。形成拥有钻井装备、采油装备、石油管材、特种车辆、作业设备、机械加工、工程服务、石油化工等八大门类40多个系列产品的产业集群，连续抽油杆、皮带式抽油机和电动潜油螺杆泵成为国家重点产品并达到世界领先水平。

国家石油装备产品质检中心（山东）于2012年由国家质检总局（今国家市场监督管理总局）批准筹建，2013年通过实验室认可现场评审，2014年通过国家质检总局审查验收，正式批复成立。

2014年，全市完成工业总产值934.3亿元。高原公司生产皮带式抽油机2 510台，钻机23台，管材24.5万吨，实现主营业务收入75.91亿元、利税2.88

亿元、利润 1.61 亿元。

2015 年,全市完成工业总产值 841.6 亿元,同比下降 12%。高原公司生产皮带式抽油机 1 022 台,钻机 12 台,管材 10 万吨。科瑞集团总资产 84.6 亿元,员工 8 000 余人,综合实力居国内同行业领先地位。3 台钻机出口到中东地区,5 台制氮设备在国内销售。

2016 年,全市有规模以上企业 125 家,实现主营业务收入 642.8 亿元、利税 68.1 亿元、利润 51.8 亿元,同比分别下降 20.6%、35.8%、34.7%,占全市地方工业比重分别为 5.1%、6.2%、6.3%。其中主营业务收入过 50 亿元企业 1 家,过 10 亿元企业 20 家。建有国家级工程技术研究中心 1 个,省级工程技术研究中心 11 个,设有院士工作站 4 个,博士后科研工作站 9 个。科瑞海关直通监管场站封关运行。易瑞国际电子商务有限公司成立,搭建起"石油天然气制造＋互联网"电子商务平台。

2017 年,实现主营业务收入 509.5 亿元、利税 52.1 亿元、利润 41.4 亿元。

2018 年,全市规模以上企业 120 家。按工业普查数据,实现主营业务收入 183.9 亿元、利税 6.2 亿元、利润 2.1 亿元。

2019 年,规模以上企业 110 家,实现营业收入 124.2 亿元、利润 −0.5 亿元。

2020 年,规模以上企业 112 家,实现营业收入 112.3 亿元、利润 2.0 亿元。举办第十三届中国(东营)国际石油石化装备展览会。胜利油田、东营高新区和油田改制企业联建全国石油装备与工程技术公共创新基地,吸引油田物探院等 8 个二、三级科研单位,800 余名科研人员整建制入驻,实现石油装备科技成果从研发设计到中试生产"一站式"就地转化。

经过 40 多年发展,东营市石油装备产业已建成集研发、制造、服务、内外贸于一体较为完整的产业体系,产品发展到 37 个系列 1 500 多个品种,涉及石油勘探、钻采、管道输送和石油工程技术服务等领域。连续油管作业设备、高压柱塞泵、非常规油气压裂装备、9 000 米超深井钻机、极地超低温钻机、液压快速移运钻机、油田专用高压制氮车、钢质连续抽油杆、皮带式抽油机、成像测井仪、电动潜油螺杆泵等产品填补国内空白,达到国际先进水平。新型节能抽油机、原油含水测定仪、液位监控装置等 24 个项目获得国家创新基金支持,皮带式抽油机、成像测井仪等列入山东省自主创新成果转化重大专项。东营市是山东油田钻采技术及装备特色产业基地、高端装备制造页岩气装备产业基地,被授予"中国石油装备制造业基地"称号,被批准为国家火炬计划石油装备特色产业基地。截至 2020 年底,全市石油装备产业有中国驰名商标 1 个,山东名牌产品 24 个、山东省著名商标 6 个,科瑞、孚瑞特 2 个品牌被认定为重点培育和发展的国际知名品牌。

第三节　分析与展望

东营市的石油装备产业是伴随着胜利油田的诞生而诞生,发展而发展的,曾经有过辉煌时期。进入 21 世纪 20 年代后,国际原油价格大幅下滑,低位震荡,胜利油田转型发展遭遇瓶颈,石油装备产业发展面临"寒冬",进入深度调整期,需要通过二次创业,重振雄风。

一、"因油而生"的地方特色优势产业

1961 年 4 月 16 日,钻出了第一口工业油流井华 8 井,标志着胜利油田发现。伴随着胜利油田的勘探开发逐步发展的东营石油装备业开始称石化通用机械制造业,经历了从零起步到逐步发展壮大的过程。大体可概括为三个阶段:

第一阶段,1983 年到 2002 年,为起步阶段。建市初期,油田和地方兴建了部分石油装备企业。企业大多为国有和城镇集体所有。随着乡镇企业异军突起,全市石油装备企业有了较快发展。

第二阶段,2003 年到 2014 年,为扩张阶段。2003 年,东营市提出建设山东加工制造业基地,把石油装备产业作为重点产业发展,并出台相关政策予以支持。之后,胜利油田非主业从主业中剥离并改制为民营企业,高原公司、孚瑞特公司等石油装备企业活力大增。地方石油装备企业也顺应市场经济规律,实现较快发展。2003 年有石油装备企业 25 家,从业人员平均人数 2 500 人,工业总产值 5.03 亿元。2007 年,有石油装备企业 89 家,产值 129 亿元。2014 年,全市石油装备制造业完成工业总产值 934.3 亿元,达到了历史最高。

第三阶段,2015 年至今,为调整阶段。这一阶段,国际油价下行,胜利油田效益下滑,甚至出现大幅亏损,全球石油装备市场需求不足,企业生产能力闲置,生产规模萎缩,部分企业停产或倒闭。2015 年,全市规模以上企业完成工业总产值 841.6 亿元,同比下降 12%。2016 年,实现主营业务收入 642.8

亿元,同比下降20.6%。2017年,实现主营业务收入509.5亿元,同比下降20.74%。2020年,全市石油装备产业主营业务收入112.3亿元,实现利润2.0亿元,和2014年的934.3亿元相比,出现大幅下滑(有统计原因),产业规模在全国的位次下降,影响力降低。

二、近年来出现诸多问题

近几年来东营市石油装备产业发展步入低谷,产能闲置、产量锐减、效益下滑,部分企业生产经营难以为继,有的甚至破产倒闭。

一是受国际油价影响。2018年,国际油价平均价格约为65美元/桶。2019年,由于整体供大于求,抑制国际油价上行,全年几乎没有突破65美元/桶。在2020年上半年,因应对新冠疫情导致全球石油需求急剧下降,原油市场剧烈波动。随着石油需求下降和美国原油库存增加,西德克萨斯轻质中间基原油(WTI)于4月20日以负价交易,这是WTI期货合约价格自1983年开始交易以来首次跌至小于零。当天,另一种全球原油价格基准布伦特原油跌至9.12美元/桶,这是数十年来的最低每日价格。油价波动特别是下行,导致对石油装备的需求减少。下半年随着需求开始恢复,价格相对稳定。

二是自身存在诸多问题。首先是持续创新能力不足。总体上看,前些年高原公司等油田改制企业重视技术创新,高原公司皮带式抽油机(1994年)、螺杆泵(1994年)、电动潜油螺杆泵(2018)、钢质连续抽油杆(2000年)、连续油管作业设备(2011年)、高压柱塞泵(2011年)、非常规油气压裂装备(2012年)、海油陆采平台网电修井机(2012年)、不锈钢抽油杆(2018年)等9项产品和技术位居世界领先水平,带动了全市石油装备企业的技术进步。以科瑞集团为代表的新锐企业瞄准世界尖端开展技术研发,一大批成果脱颖而出。但随着石油市场的动荡下行,企业效益下降,研发投入锐减,创新势头下滑。其次,缺少核心竞争力强的大企业。前些年东营市石油装备企业有一哄而上之势,但缺乏真正在国际市场上有竞争力的大块头企业,企业的龙头带动作用不强。第三,低水平重复建设使得产品同质化严重,大多数企业加工度低,沦为"管子公司"。第四,油田改制企业机制不活。2004年油田存续企业改制时,采取了"一刀切"的方式,员工平均持股,内部经营机制"换汤不换药",管理层利益关系不密切,生产经营积极性不高,企业发展动力不足,大多数企业处于"赖活着"状态。胜利石油管理局和地方政府对这部分企业的部分管理职能关系至今没理顺,有时企业出现问题,"上不着天,下不着地",出现管理服务真空。

三、扬长避短,再展宏图

经过多年发展,东营市石油装备产业已经初具规模,具备了一定发展优势。东营市石油装备产业集群先后入选全省主导产业集群、首批验证型产业集群、2021年度特色产业集群。但东营市石油装备产业也存在研发能力不强、单体规模不大、竞争力不强等问题,发展较为粗放,转型发展、高质量发展势在必行。

(一)发挥优势,重振雄风

东营市石油装备产业的发展有得天独厚的条件,就看怎样把优势用好,最大限度地转化为胜势。

一是胜利油田、渤海油田的开发和建设。胜利油田原油产量在1990年达到最高值3 350.62万吨,进入2016年后,稳定在2 200多万吨,这个产量将会稳定一段时期,也可以说,胜利油田的稳产期将会持续较长时间。"靠山吃山",油田生产需要设备,东营市石油装备企业有"近水楼台先得月"的优势。胜利油田有较强的研发能力,它的钻井院、采油院、地质院三大院人才济济,成果丰硕,家门口的研发平台为东营市石油装备企业技术进步提供了便利。近年来,渤海油田强势崛起,很快会形成年产4 000万吨的特大型油田。家门口的新兴油田对设备的需求量大,这对东营市石油装备企业是个大的利好。

二是较为雄厚的发展基础。经过近60年的发展,东营市石油装备产业形成了较大规模,以研发生产销售相衔接的产业集群,以高原公司、科瑞集团为龙头的企业集群,以勘探、钻井、测录井、采油修井增产、油田地面工程等为核心的全链条,具备较高技能的职工队伍,使得东营市石油装备产业在和国内同行业竞争中不处下风。东营市石油装备产品包括涵盖石油勘探、钻井、完井、固井、采油、管道运输、地面工程各类专用设备等领域的37个系列、1 500多个品种,已然形成一条产业链。

三是科技为高端产品赋能。东营市对石油装备产业多年的积淀形成了较强的技术研发能力。到2021年底,高标准规划建设了东营科教园区,集聚胜利油田、中国石油大学(华东)及国内外高端创新资源,开展行业性和区域性关键技术研发和成果孵化中试,引进科研院所11家,集聚高层次人才团队14个,在孵企业68家,获得专利231项,打造具有全国影响力的石油装备技术创新高地。构建"龙头企业＋科研院所"新型研发创新体系,联建油地校企创新联盟3个,共建中石油管研院东营分院等7个新型研发平台,以企业需求为导向,开展联合攻关、技术入股、揭榜挂帅等多种形式的产学研合作,签约关键技术领域教授83名,实施榜单项目39个,促进了学术链、创新链、产业链有机融合,打造从创新创业到产业化的完整实现路径。技术成果的应用加速了高技术含量产品的增加。9 000米超深井钻机、极地超低温钻机、液压快速移运钻机、油田专用高压制氮车等产品填补国内空白;超深井钻机、快移钻机、海洋平台防喷器、采油树处于国际领先地位;钻机、抽油机、石油专用管材和制氮设备等生产能力国内第一。东营汉德自动化集成有限公司具有自主知识产权的动力、自动控制、电传动驱动产品享誉国内石油钻井行业,并广泛应用于其他领域。科瑞集团自主研发的全球首台双介质往复式压缩机组创造了国际油气田领域往复式压缩机排气压力的最高纪录。万邦石油设计建造的海洋平台散料输送系统打破了国外的技术垄断。

四是遍布世界的营销网络。东营市石油装备企业先后实现了对南美洲、北美洲、亚洲、非洲、欧洲等的60余个石油产出国和地区出口石油装备技术和成套设备,并在60多个国家和地区设立了分公司和办事处,与全球40多个国家的石油部、220多家国际石油公司、350多家油田工程和服务公司建立了合作关系,市场和技术服务网络体系遍布110多个国家和地区。胜机公司属于胜利油田改制企业,近年来不断优化市场结构,由原来百分之百面向胜利油田市场调整为2020年的国际市场、胜利油田市场、国内其他市场分别占50%、30%、20%。东营市国际石油石化装备与技术展览会已连续举办13届,成为国际金牌展会。

五是良好的政务环境。近年来,东营市不断优化石油装备产业发展环境。出台了《东营区人民政府关于进一步加快高端石油装备产业发展的意见》(东区政发〔2011〕10号),成立了规模30亿元的产业投资基金,与山东省再担保集团签订战略合作协议,担保额度达到200亿元,单笔授信额度达到2亿元;设立5亿元应急转贷资金;成立了东营区黄蓝小额贷款有限公司、东营区融资担保有限公司,构建了多元化、全覆盖的金融服务体系,为高端石油装备产业提供政策支持、财政支持和人才支持,为企业发展创造良好条件。

（二）补足短板，转型发展

一是补齐创新能力不足短板。充分发挥国家采油工程中心、油田科研院所等研发平台机构的作用，加强研发投入，加强产学研金服用结合，突出特色抓创新。

二是补齐大而不强短板。选择基础好、成长性强的企业，优先配置要素，支持兼并重组，促其做强做大，成为国内头部企业、"链主"企业，发挥其辐射带动作用。

三是补齐同质化发展短板。实施中小企业成长计划，引导其向"专、精、特、新"方向发展，着力提高加工度，提升企业发展质量。

四是补齐机制不活短板。对油田改制企业实施二次改制，调整股权结构，鼓励经营者控股或持大股。理顺管理服务体制，地方政府承接好原来由油田行使的管理职能，油田石油装备市场向地方企业优先优惠开放。

石油市场下行带来石油装备产业洗牌，东营市石油装备产业将摒弃粗放式发展方式，沿着高质量发展之路顺势而为转型发展。研发、工程服务将会补强，骨干企业带动作用将会更大，劣势企业将会出清，首台套、隐形冠军、瞪羚企业将会不断出现，这一特色优势产业的特色将更鲜明、优势将更突出，全国重要的石油装备基地核心竞争力将更强，地位将更加稳固。

专栏一　石油装备产业链优化提升实施方案

石油装备产业主要包括勘探装备、钻完井装备、测井装备、采油装备、油气集输装备、海洋石油装备六大产业链条，结合东营市产业情况，重点聚焦发展钻完井装备、采油装备、海洋石油装备 3 条产业链。

一、钻完井装备产业链

（一）"链主"企业清单

序号	企业名称	主要产品	2020 年产值/亿元	所在县区
1	山东科瑞机械制造有限公司	钻机、防喷器	43.9	东营区
2	山东威玛装备科技股份有限公司	钻杆、钻铤	4.4	东营经济技术开发区

注：2020 年产值为企业年度总产值，并非企业钻完井装备产品产值，本专栏以下表格均为同一表述。

（二）"链主"培育库企业清单

序号	企业名称	主要产品	2020年产值/亿元	所在县区
1	胜利油田高原石油装备有限责任公司	钻机	6.4	东营经济技术开发区
2	胜利油田胜机石油装备有限公司	防喷器	8.5	东营区
3	胜利油田利丰石油设备制造有限公司	管柱自动化及随钻测量装置	1.0	东营区
4	东营市瑞丰石油技术发展有限责任公司	完井工具	0.9	东营经济技术开发区
5	纬达石油装备有限公司	钻井工具	0.5	东营区
6	东营市汉德自动化集成有限公司	控制系统	1.8	东营区
7	山东大东联石油设备有限公司	动力钻具	1.0	利津县
8	山东瑞奥智能设备股份有限公司	钻井机械手	0.3	东营区

（三）优势环节

（1）超深井钻机、极地超低温钻机、液压快速移运钻机。

（2）钻井防喷器、钻杆、钻铤、井下工具、筛管、高温高压封隔器。

（四）薄弱环节

（1）自动化钻机、随钻测量系统。

（2）顶驱、大钩、水龙头、转盘、钻井泵、控制系统。

（五）优化提升思路

针对钻机、钻具、防喷器等优势环节,帮助企业扩大市场占有率;针对薄弱环节,依托"链主"企业和"链主"培育库企业,联合胜利石油工程有限公司钻井工艺研究院、中国石油大学(华东)等科研院所和高校,开展自动化钻机、随钻测量系统等技术攻关。到2023年,推动钻完井关键技术装备实现突破,形成一批首台套技术装备,科瑞集团营业收入超过80亿元,威玛装备营业收入超过10亿元。

二、采油装备产业链

（一）"链主"企业清单

序号	企业名称	主要产品	2020年产值/亿元	所在县区
1	胜利油田高原石油装备有限责任公司	皮带式抽油机、网电修井机、采油螺杆泵	6.4	东营经济技术开发区
2	胜利油田胜机石油装备有限公司	油井管、抽油机、抽油泵、井口装置、三采装备、注汽锅炉	8.5	东营区

（二）"链主"培育库企业清单

序号	企业名称	主要产品	2020年产值/亿元	所在县区
1	山东科瑞机械制造有限公司	压裂车、修井机、连续油管车	43.9	东营区
2	山东创新石油技术有限公司	滚筒抽油机	0.4	东营区
3	山东捷科采油设备有限公司	抽油机、抽油泵	1.3	东营区
4	东营市三和石油装备有限公司	抽油杆	1.5	东营区
5	胜利油田新大管业科技发展有限责任公司	连续油管、油套管	7.6	东营经济技术开发区
6	山东恒业石油新技术应用有限公司	制氮设备	15.0	东营区
7	胜利油田胜利泵业有限责任公司	潜油电泵、油井电缆	2.1	东营区
8	山东永利精工石油装备股份有限公司	油套管接箍	0.5	东营区

（三）优势环节

（1）游梁式抽油机、皮带式抽油机、修井机。

（2）常规抽油杆、连续抽油杆、抽油泵、采油螺杆泵、潜油电泵、制氮设备、油套管接箍、防腐抽油杆。

（四）薄弱环节

压裂设备、高端潜油电泵、高端注采设备、井口数字化采集装置、智能化井口。

（五）优化提升思路

锻长滚筒抽油机、皮带式抽油机、采油螺杆泵等长板,依托国家采油装备工程技术研究中心、东营石油装备产业技术研究院,联合胜利油田石油工程技术研究院、中国石油大学(华东),着力突破压裂设备、高端潜油电泵、智能化井口设备等短板,全面提升产业竞争力。到2023年,掌握一批采油装备重点产品关键核心技术,优势领域竞争力进一步增强,高端产品占比达到30%,高原公司营业收入超过15亿元,胜机公司营业收入超过12亿元。

三、海洋石油装备产业链

（一）"链主"企业清单

序号	企业名称	主要产品	2020年产值/亿元	所在县区
1	威飞海洋装备制造有限公司	整体式井口、水下井口和采油树	4.4	东营区
2	山东祺龙海洋石油钢管股份有限公司	隔水导管、油气输送管	1.24	东营经济技术开发区

（二）"链主"培育库企业清单

序号	企业名称	主要产品	2020年产值/亿元	所在县区
1	胜利油田高原石油装备有限责任公司	海洋钻机、海洋修井机	6.4	东营经济技术开发区
2	胜利油田胜机石油装备有限公司	海洋井口、海洋注汽锅炉、海洋作业机	8.5	东营区
3	山东科瑞机械制造有限公司	海洋钻机、海洋修井机	43.9	东营区
4	山东威玛装备科技股份有限公司	海洋钻杆	4.4	东营经济技术开发区
5	东营市瑞丰石油技术发展有限责任公司	海洋完井设备	0.9	东营经济技术开发区
6	山东万邦石油科技股份有限公司	海洋散料输送设备	0.8	东营区
7	胜利油田海洋电气有限责任公司	海洋仪器仪表	0.3	东营港经济开发区

（三）优势环节

海洋井口、水下生产系统、隔水导管、油气输送管。

（四）薄弱环节

东营市海洋石油装备以提供部分配套设备为主，产品种类少，且以水面以上应用为主，缺少整机生产企业和水下产品。

（五）优化提升思路

紧抓海洋石油装备国产化和多家企业获得中海油天津分公司准入资质契机，扩大海洋装备市场，以市场带动产品研发。以威飞海洋装备制造有限公司（下简称威飞公司）水下生产系统为突破点，带动我市发展协同配套装备，联合中海油研究总院、胜利石油工程有限公司钻井工艺研究院，重点研发隔水导管、海洋井口、钻井平台配套设备，研制生产海洋领域首台套技术装备，逐步做大做强海洋石油装备产业。到 2023 年，更多产品实现"由陆向海"，成为具有较强影响力的海洋石油装备集聚区，威飞海洋装备制造有限公司营业收入超过 10 亿元，山东祺龙海洋石油钢管股份有限公司营业收入超过 3 亿元。

（由东营市经信委提供）

专栏二 东营区石油装备产业发展情况

一、发展历程及产业发展现状

20 世纪 70 年代，胜利油田为满足大规模建设扩产对石油装备的需要，成立了胜利油田总机械厂、胜利油田工程机械总厂等单位，地方企业也乘机进入该领域。2000 年后，胜利油田开始延伸和拓展石油产业链条，逐步加大了对石油装备产业的投入。到 2015 年，全区石油装备产业营业收入达到最高峰值，规模以上石油装备工业企业、油服企业营业收入分别达到 461.8 亿元、51.71 亿元，约占全国份额的 1/8。之后受油价下跌、企业债务风险、新冠疫情等多重因素冲击，营业收入出现较大波动，2020 年全区规模以上石油装备工业企业、油服企业营业收入分别为 205.8 亿元、72.22 亿元（见表 6-1）。

表6-1　2015—2020年东营区规模以上石油装备产业发展情况

年　份	工业企业营业收入/亿元	油服企业营业收入/亿元	合　计	重要事件
2015年	461.8	51.71	513.51	2014年6月至2016年1月,布伦特原油价格从115.06美元/桶跌至27.88美元/桶,区间最大跌幅为76%
2016年	392.7	51.32	444.02	
2017年	312.6	50.87	363.47	欧佩克国家限产
2018年	195.8	47.48	243.28	国际原油价格暴跌,中美贸易争端升级,市场供大于求
2019年	215.7	59.64	275.34	欧佩克国家继续减产,中美贸易争端加剧
2020年	205.8	72.22	278.02	新冠疫情暴发

东营区石油装备产业发展主要呈现出以下5个方面的特点:

（一）综合实力较强

一是组织结构集群化。目前,全区从事石油装备研发、制造、服务及内外贸的企业达到500余家,其中规模以上制造业企业97家、高新技术企业68家。石油装备产品涵盖8个门类、37个系列、1 500多个品种。东营区高端石油装备产业集群被认定为省级主导产业集群、省首批"雁阵形"产业集群、2021年度省特色产业集群。二是头部企业高端化。科瑞集团是世界第四大钻机制造基地和国内最大的油气增产作业装备生产基地,近三年年均主营业务收入约120亿元;胜机公司年营业收入近10亿元,公司主导产品油井管、抽油机、抽油泵等均达到国内领先水平;德仕能源科技集团股份有限公司（下简称德仕集团）拥有注汽井深6 095米、注汽温度383 ℃、注汽压力30 MPa等多项国际领先技术。我市4家企业入围工信部公布的第二批专精特新"小巨人"企业名单,全部在东营区,其中3家为石油装备企业。三是产业配套协同化。石油装备产业带动油气工程咨询与设计服务、油田工程服务蓬勃发展,2020年分别实现营业收入35.79亿元、28.95亿元,在东营市油服产业中占比分别达到49.56%、40.09%。四是技术改造智能化。2020年,东营市三和石油装备有限公司（下简称三和公司）年产100万件新材料采油设备智能制造升级、胜利油田胜利泵业股份有限公司(下简称胜利泵业)潜油电泵举升系统自动化升级等 19 个项目获市级技改扶持资金 8 037 万元,建成数字车间 3 个,撬动社会投资 8.3 亿元,预计新增销售收入 28 亿元。

(二)行业门类较全

多年来,东营区石油装备产业着眼陆地开采和海洋开采两大板块,围绕常规油藏、非常规油藏和老旧油田增产等方向,形成了涵盖勘探、钻井、测录井、采油、修井增产、油田地面工程等全产业链的石油装备和工程技术服务产品(见表 6-2)。产业链上游,主要包括勘探装备、测井装备两大链条。勘探装备方面,主要涉及地质调查、地震勘探、非地震勘探、钻井等业务。胜利油田物探研究院是中石化最大的地质勘探开发机构,胜利油田新胜石油物探技术服务有限责任公司(下简称新胜物探)是中石化最大的物探检波器电缆、护壳、连接器插头专业生产厂家。东营市震点石油科技有限公司(下简称震点科技)、山东皓翎机电有限公司(下简称皓翎机电)研发的海洋勘探装备,均达到国内先进水平。山东云科汉威软件有限公司在油井智能勘探领域获得省级科技进步奖。测井装备方面,胜利油田利丰石油设备制造有限公司(下简称利丰公司)的随钻旋转导向系统突破了随钻测井"卡脖子"技术,山东胜利伟业石油工程技术服务有限公司(下简称胜利伟业)的石油测井装备研究制造技术和产品均居国内领先水平。产业链中游,主要包括钻完井装备、采油装备、油气增产装备、海洋装备四大链条,是东营区石油装备产业链实力最强的优势环节。钻完井装备方面,形成了科瑞集团、胜机公司、利丰公司、东营市汉德自动化集成有限公司(下简称汉德公司)等龙头骨干企业,石油钻机电控系统、封隔器市场占有率分别达到 40%、20%。科瑞集团是国内钻机生产头部企业,年产能 60 套;科瑞集团、胜机公司生产的钻井防喷器达到国内领先水平,汉德公司的钻机电控系统占中石化市场的 90%。采油装备方面,主要有胜机公司、山东创新石油技术有限公司(下简称创新石油)、三和公司等骨干企业,其中抽油机、石油专用管材和制氮设备等的生产能力位居国内第一。山东永利精工石油装备股份有限公司(下简称永利精工)和三和公司主营油套管接箍、防腐抽油杆,被认定为专精特新"小巨人"企业;永利精工是山东省"隐形冠军"企业、单项冠军企业、瞪羚企业,自主研发的 HTHP(高温高压)油气井用特殊螺纹接头打破了国外垄断。油气增产装备方面,科瑞集团的大型压裂设备,整体达到国际先进水平;德仕集团提高采收率的化学品处于国际一流水平;山东恒业石油新技术应用有限公司(下简称恒业公司)是全球最大的氮气系统化应用与服务提供商,国内市场占有率达到79%;胜机公司自主研发的智能修井作业机是国内外同行业实用首台(套)产品。海洋装备方面,以威飞公司为核心,承担的中海油第一套国产化水下生产系统在渤海海试成功。福利德石油科技开发公司承担的国家863项目"深水油气田智能完井关键技术"项目,解决了制约我国深海油气勘探开发的瓶颈问题。产业链下游,主要包括压力容器、炼化装备、动力装备三大链条。压力容器方面,胜机公司高干高效注汽锅炉热效率达到国际领先水平,山东万邦石油科技股份有限公司(下简称万邦公司)是行业内少数几家海陆压力容器国际资质齐全的企业之一。

表6-2 东营区石油装备产业基本情况

产业分类	主要产品	重点企业	产 能
油气勘探	检波器	新胜物探	30万串
	无缆节点地震仪	震点科技	5万台
	固体电缆	皓翎机电	30千米
测井装备	测井仪器	胜利伟业	20套
钻完井装备	钻 机	科瑞集团	60套
	钻井工具	胜油钻采、纬达石油	螺杆钻具500套,转换接头3 000只
	完井工具	胜机公司、百华石油、兆鑫公司	滤砂管20 000米,封隔器30 000套
	石油钻机电控系统	汉德公司	150台
采油装备	抽油机	科瑞集团、胜机公司、创新石油	4 500台
	抽油泵	胜机公司、胜利泵业	15 000台
	抽油杆	三和公司、金亿来公司	350万米
	井口装置	胜机公司、科瑞集团	3 000台(套)
	油套管	胜机公司、孚瑞特公司	38万吨
	接 箍	永利精工	200万只
修井装备	修井机	科瑞集团、胜机公司	70台(套)
	特种作业车	科瑞集团	133台(套)
	钻修一体化设备	胜机公司、瑞奥集团	700台(套)

续表

产业分类	主要产品	重点企业	产　能
油井增产设备	压裂设备	科瑞集团	150 台(套)
	连续油管作业装备	科瑞集团	50 台(套)
	制氮设备	恒业公司	200 台(套)
	注汽锅炉	胜机公司	10 台(套)
地面工程设备	油气分离装置	万邦公司	500 台(套)
	压缩机	科瑞集团	350 台(套)
海洋工程设备	水下生产系统	威飞公司	300 台(套)
	海洋井口	威飞公司、胜机公司	240 台(套)
油田服务	油田增产、修井、防砂堵漏等	科瑞集团、德仕集团、康贝公司、泰尔公司	8 500 井次
压力容器	Ⅰ、Ⅱ、Ⅲ类压力容器	万邦公司、胜机公司	3 000 台(套)
动力装备	燃气发电机	科美仁和、悦凯石油科技	78 台

（三）平台载体较全

一是园区平台。东营高新区,是全国唯一一个以石油装备为主导产业的省级高新区,现有石油装备与工程技术服务企业 117 家。目前正稳步推进总投资 110 亿元的 41 个油服和装备产业项目建设,逐步启动 8 个区块近 2 000 亩土地的熟化和城市更新改造。2020 年园区石油装备制造企业实现总产值 115.44 亿元,石油装备批发业企业实现销售额 144.1 亿元,技术服务类企业实现营业收入 37.54 亿元。东营科教园区,布局规划了院校科教专区、创新转化产区、生态创研景区、科创配套社区 4 个片区建设,已引进中国地质大学非常规油气渗流实验室等院所 9 家,引入东营爱能森新能源科技有限公司等企业 50 家,完成投资 22 亿元。油地融合产业园,突出与东营高新区功能互补,聚力打造油地融合项目聚集区、石油装备产业协同配套区,已入驻企业 39 家,其中石油装备企业 9 家。二是科研平台。辖区企业先后建设了东营石油技术与装备产业研究院、山东胜利石油装备产业技术研究院、安能泰油气增产技术研究院等新型研发机构。目前,全区拥有省级以上工程实验室、工程技术研究中心、重点实验室等研发机构 42 家,院士工作站 4 家,博士后科研工作站 9 家,从事石油装备开发的专业技术人员达到 6 800 多人。97 家规模以上石油装备企业实现研发机构全覆盖,研发经费占比达到 1.84%,占全区研发投入的72.4%。三是双创平台。胜利工程高端装备产业基地建成投产,胜利石油工程有限公司随钻测控技术研究院和钻井工艺研究院7个院所300余名科研人员整体入驻;建成胜利大学生创业园等省级孵化平台8个,聚集石油装备与技术类创新创业企业、团队220余个。四是公共服务平台。中国(东营)国际石油石化装备与技术展览会是国内石油装备行业第二家UFI(全球展览业协会)认证展会。胜利石油科技馆是国内最大的石油科技展馆,一期已建成投用。国家级石油装备质检中心检测能力覆盖石油装备类产品95%以上,主要仪器设备处于国内领先、国际先进水平。

(四)产业外向度较高

一是国际市场广泛布局。东营区是中国石油装备产品出口基地、国家石油装备外贸转型升级基地,现有石油装备进出口企业218家、油服企业36家、境外承包工程队伍200余支。科瑞集团在全球57个国家和地区设立分、子公司和办事处,在30多个国家设有研发中心和服务中心;德仕集团在亚洲、非洲、南美洲等的十几个国家开展了化学品销售、工程服务和区块综合承包等业务;胜机公司在南美洲、北美洲、欧洲、中亚等地区有6家全资子公司,产品销往五大洲60多个国家和地区。二是跨境电商平台深入赋能。龙工场(东营)跨境电商产业园是全市首个跨境电商产业园,2020年9月开园以来,已吸引47家进出口企业、21家第三方服务机构入驻,实现出口6.64亿元。瑞机全球油气能源闲置设备互联网交易与共享平台近3年实现订单1.5亿美元。全球贸易通东营服务中心于2020年4月落户东营区,进一步助力石油装备和油服企业"扬帆出海"。三是品牌建设助力国际拓展。全区石油装备企业参与制修订国家和行业标准44项,100多项产品获得API(美国石油学会)会标使用许可权,胜机公司、科瑞集团列入省制造业高端品牌培育企业名单。2020年石油装备产业实现出口12.3亿元,占全部营业收入的5.98%,占全区出口总额的21%,占全市石油装备出口额的45.3%;实现对外承包工程营业额6亿元,我市全部对外承包工程营业额均在东营区实现;完成境外投资1.15亿美元。

(五)发展前景较好

一是产业有基础。东营区石油装备产业2020年实现工业和油服营业收入278.02亿元,占全国市场的6.95%。培育了一大批骨干企业,形成了较大规模的产业集群,具备了一定的研发能力。二是市场有空间。全球石油装备市场规模巨大,其中"一带一路"沿线国家已发现石油可采储量占全球份额的61％、天然气可采储量占全球份额的72.2％,为东营区石油装备产业发展提供了广阔的国际市场。三是政策有支撑。受益于国家能源安全战略等政策,2020年我国石油技术与装备市场规模达到4 000亿元,国内市场规模有望扩大至6 000～8 000亿元。四是地缘有优势。东营市既有陆上采油又有海上开采应用场景,胜利油田樊页平1井预测含油面积8平方千米,地质储量560万吨,胜利海上油田——埕岛东斜坡东营组油藏探明储量超千万吨,中海油垦利6-1油田探明储量超1亿吨。

二、存在的困难和问题

总体上看,东营区石油装备产业正处于从高速增长向高质量发展转变的过渡期,存在的主要问题是核心竞争力不足,产业发展质量不高。

（一）创新能力不足

创新平台质量处于中低端,企业研发投入占比偏低,高技术含量、高附加值产品少。

（二）头部企业不强

骨干企业规模偏小,核心竞争力不足,"链主"作用发挥不够,带动作用不强,产业链现代化水平不高。

（三）品牌效应不高

一是产品同质化竞争激烈。受原有产业基础制约,部分中小企业的产品多集中在抽油机、抽油杆、抽油泵、石油专用管等常规产品,同质化严重。以抽油机为例,胜利油田采购量大约为1 500台,东营市常规抽油机生产能力就达到5 000台。为减少库存,有的企业压低价格,打价格战。同时,油服产业市场门槛低,小企业同质竞争激烈。二是受制于研发能力不足和低价竞争,产品质量不高,产品、企业、区域品牌建设缓慢。

（四）油田改制企业机制不活

油田改制企业历史遗留问题多。一是经营模式落后。东营区33家改制企业均为全员持股,公司股份分散且平均,未实现经营者持大股,造成股权难以集中,决策效率低。全员持股既不符合现代企业制度的标准,也给企业稳定性埋下隐患。二是企业融资难。目前,尚有14家企业仍为改制时的国有划拨土地,未办理土地证,21家企业未办理不动产证,房产为胜利石油管理局所有,严重影响了油田改制企业融资贷款,制约了企业发展。三是发展动力不足。改制初期,油田对企业提供市场保护,在油田市场份额上给予大力倾斜,导致大部分改制企业长期安于现状,缺乏市场开拓思维和能力,影响企业长远发展壮大。

(五)竞争压力大

一是国内市场需求不足,门槛较低,低价竞争成为常态,企业盈利空间压缩。二是国际竞争压力大。国际环境方面,受2014年以来国际油价大幅下跌冲击,全球油气勘探开发投资出现萎缩,2015年、2016年分别较2014年下降15%、36%。2020年新冠疫情造成全球流通障碍,订单延迟和取消情况频发。产业自身方面,我国装备制造整体水平落后于欧美发达国家,属于第二梯队。"十三五"期间,东营区石油装备三大主要出口市场为亚洲、非洲、拉丁美洲,出口占比分别为41.8%、19.2%和15.9%,而对北美洲、欧洲出口较少。

(六)经营困难加剧

一是经营规模持续萎缩,2015年以来已萎缩40%以上。二是盈利能力下滑,市场两端挤压造成盈利空间收缩,企业效益普遍偏低,部分企业生存困难,有的已经破产倒闭,有的在破产边缘苦苦挣扎。

(七)要素集聚不够充分

资金、土地等的制约偏紧,高层次人才短缺。

三、下一步打算

东营区石油装备产业的发展,要以高质量发展为主题,以高端化、智能化、绿色化、服务化为方向,立足新阶段,树立新理念,融入新格局,深入实施创新驱动战略,大力优化产业结构,持续推进产业链现代化,提升品牌效应,优化产业生态,打造国内最优、世界知名的高端石油装备产业基地。

(根据东营区区长燕雪英2021年7月在市政府有关会议上的汇报材料改编)

专栏三　企业选介

一、山东科瑞控股集团有限公司

山东科瑞控股集团有限公司成立于 2001 年，主营油气能源高端智能装备研发制造、油气田增产技术服务、天然气 EPC 工程总承包和"产业＋互联网"跨境资源整合服务。目前集团在全球拥有员工 8 000 余人，在东营建立了总占地 3 000 亩的高端装备产业园，拥有高端智能钻完井装备、油气田制注氮设备、海洋油气开发智能装备、油气田专用增产作业装备等九大产品系列，300 余种产品类别，形成各项专利技术 2 000 余项。集团在全球 57 个国家和地区设立分、子公司和办事处，在 30 多个国家设有研发中心和服务中心，实现了"一带一路"沿线产油国业务覆盖，并与全球 5 000 余家行业内客户建立了稳定的合作关系。2020 年总资产 123 亿元，营业收入 102 亿元，利税 2 亿元，利润 1.4 亿元。

集团是国家高新技术企业，连续多年入围"中国民营企业 500 强""中国制造业民营企业 500 强""中国对外贸易民营企业 500 强"，连续多年排名国内同行业榜首，荣获了"中国商标金奖•马德里商标国际注册特别奖"，是山东省高端装备制造业领军企业、山东省海洋高端装备制造业领军企业、山东省技术创新示范企业、山东省新旧动能转换"十强"产业领军企业，在技术、人才、品牌（见图 6-1）和市场方面形成了行业领先优势。

二、胜利油田高原石油装备有限责任公司

胜利油田高原石油装备有限责任公司成立于 1992 年，2005 年 1 月由胜利油田机械公司、胜利油田动力机械厂重组改制成为民营企业。公司现有员工 1 200 余人，其中工程技术人员 280 多名。公司现有资产 30.5 亿元，2020 年实现销售收入 12 亿元，利税 3 490 万元。公司建有 8 个产业园区，其中东营 5 个，新疆 1 个，美国和哈萨克斯坦各 1 个，厂区占地面积 2 000 余亩。

公司业务涵盖钻井装备、采油装备、石油管材、特种车辆和油田工程服务五大类 30 多个系列 280 多种产品（见图 6-2）。公司建有全国唯一的国家采油装备工程技术研究中心，设有博士后科研工作站、CNAS 认可实验室、山东

图 6-1　科瑞集团制造的 9 000 米钻机

省采油装备技术创新中心、山东省海工装备螺杆机械工程实验室、山东省石油装备技术标准创新基地等 8 个省级以上创新平台，拥有国家专利 136 项，其中发明专利 29 项，注册商标 12 项，主持参与制修订国家、行业标准 34 项。公司是国家高新技术企业、中国石油装备制造 50 强企业、中国石油化工协会常务理事单位、山东省石油装备标委会主任委员单位，曾获得"国家制造业单项冠军企业""国家知识产权优势企业""山东省高端装备制造业领军企业""山东省制造业高端品牌企业"等多项荣誉称号。

图 6-2　高原公司生产的螺杆泵

第七章
电力:工业发展先行官

第一节　发　电

1946年1月,当时驻利津县城的北海银行渤海分行印钞厂装设1部日本产12马力柴油机,带4.5千瓦直流发电机,这是域内最早装设的发电设施。20世纪50—70年代,陆续有广饶、利津、垦利三县县城的少数企事业单位及个别国有农场装设自备小型发电机组,供本单位生产经营或照明。

1970年以后,域内用电分别进入淄博电网和滨州电网,开始由电网系统供电,拥有自备发电设备的单位先后将发电设备做备用电源或出售。

1990年后,为降低生产成本,地方一些较大企业开始建设企业自备电厂。1994年,山东华泰纸业集团股份有限公司建成3 000千瓦热电项目。1995年,垦利县炼油厂6 000千瓦热电项目部分建成投产。胜利油田电厂始建于1972年,至1995年,先后建设东营、孤岛(1972年始建,1980年停产)、孤北、胜利等电厂,投产发电机组13台,装机总容量60.22万千瓦。

1996年,东营市域内有发电厂5座,其中地方热电厂2座,即山东华泰纸业股份有限公司热电厂和垦利石化热电厂,装机容量5.5万千瓦;胜利油田电厂3座,分别为胜利发电厂一期、东营电厂、孤北热电厂,装机容量62.23万千瓦。

2013年,东营市地方电厂总计34座,装机526台,容量296.95万千瓦。

其中,地方公用电厂27座,装机511台,容量172.25万千瓦;企业自备电厂7座,装机15台,容量124.7万千瓦。全年发电量115.42亿千瓦时。

统调电厂。省统调燃煤电厂3座,其中公用电厂1座,为胜利电厂;企业自备电厂2座,为滨海热力电厂等。总装机5台,容量134万千瓦。

可再生能源电厂。有可再生能源电厂13座,全部为地方公用电厂。其中,垃圾发电厂1座,为三峰集团东营垃圾发电厂;秸秆电厂1座,为国能垦利生物质发电;太阳能发电厂(地面电站)2座,为泰和光伏太阳能、东营太阳能(龙居);风电场9座,为国华、大唐、华能等的电厂。装机492台,容量84.95万千瓦。

地调非燃煤电厂。有地调非燃煤电厂3座,其中地方公用电厂2座,为万通余热发电厂、华星热电(余热)电厂;地方企业自备电厂1座,为贝斯特尾气电厂。装机4台,容量5.1万千瓦。

地调燃煤热电联产电厂。有地调燃煤热电联产电厂14座,其中地方公用电厂10座,地方企业自备电厂4座,为西水、恒丰、慧能、利津、正和、力能、金茂铝业、金岭、华泰、港城热电等。总装机27台,容量65.7万千瓦。

2016年,东营市地方电厂总计41座,容量404.61万千瓦。其中,地方公用电厂34座,容量285.91万千瓦;企业自备电厂7座,容量118.7万千瓦。是年,全社会用电量完成269.72亿千瓦时。

2020年11月11日,东营港经济开发区大唐东营发电有限公司一号机组——世界首台2×100万千瓦超超临界、二次再热、六缸六排气燃煤发电机组并网发电。

至2020年底,全市有发电企业52家,地方电厂总计58座,总装机容量748.3万千瓦。其中,地方公用电厂51座,装机618台,容量551.9万千瓦;企业自备电厂7座,装机18台,容量196.4万千瓦。火电厂29座,火电机组50台/558.6万千瓦;风电场9座,风机535台/89.01万千瓦;35千伏及以上集中式光伏电站19座/88万千瓦,分布式光伏12.5万户/72.26万千瓦。全年发电量201.08亿千瓦时。

第二节 供电网络

东营地区供电网络是伴随着胜利油田的开发建设而逐渐形成和发展的。1965 年 7 月，山东省电力工业局淄博电业局建成东营地区第一座 110 千伏变电站——东营变电站，架设 110 千伏兴东线，将东营电网接入鲁中电网。1965 年 8 月，胜利油田投资建设的第一座 35 千伏坨二变电站投运。至 1970 年底，东营地区共有 110 千伏变电站 2 座，35 千伏变电站 9 座，各县、区都用上了电，东营地区电网已具雏形。

建市后，地方电力建设步伐加快。1987 年 1 月，广饶县投运第一座 110 千伏变电站——广饶变电站。1988 年 10 月，东城投运沙营 110 千伏变电站。1990 年 9 月，垦利县建成第一座 110 千伏变电站——垦利变电站。至此，除利津县外，东营市辖县区都建设了 110 千伏变电站，并建成了相对完善的县级电网。

1990 年 5 月，东营电业局成立。年底，东营地区电网有 220 千伏变电站 3 座，110 千伏变电站 21 座，35 千伏变电站（包括油田临时变电站）120 多座。输电线路 220 千伏 5 条，全长 313.7 千米；110 千伏线路 25 条，全长 385.2 千米。1993 年 1 月，初步理顺油田、地方供电关系，形成统一的东营地区电网。

2014 年，实施电网建设项目 32 个，累计完成投资 9.04 亿元。完成 500 千伏油城站扩建工程，供电能力提升 75 万千伏安。加大配网建设改造力度，投资 3.59 亿元，完成 87 项工程建设任务。

2015 年，完成电网建设投资 14.5 亿元。500 千伏河口输变电项目、500 千伏油城站扩建项目建成投产。全年投产 35 千伏及以上项目 16 个，电网新增线路 694 千米，变电容量 367 万千伏安。全社会用电量为 245.55 亿千瓦时，居全省第 10 位。

2016 年，投产 220 千伏输变电等工程 16 项，新增输电线路 231.5 千米、变电容量 205.4 万千伏安。截至 2016 年底，东营电网拥有 500 千伏变电站 2 座，变电容量 425 万千伏安；35～220 千伏变电站 164 座，变电容量 1 687 万伏安。输电线路总长 3 545.7 千米，配电线路总长 9 867 千米。

2017 年，国网山东省电力公司与东营市政府签署东营坚强智能电网建设协议。全年落实电网建设投资 8.02 亿元,两条 ±800 千伏特高压线路竣工带电。推进 35～220 千伏电网工程,新开工工程 6 项,投产 220 千伏军屯等输变电工程 11 项,全市有 220 千伏变电站 20 座,新增输电线路 176.3 千米、变电容量 97.8 万千伏安。全市全社会用电量完成 277.56 亿千瓦时。

2018 年,全市电网建设完成投资 11.12 亿元。竣工投产 35～220 千伏线路 130.4 千米,变电容量 47.2 万千伏安。全市全社会用电量为 294.53 亿千瓦时。

至 2020 年底,东营电网拥有 500 千伏变电站 3 座、220 千伏变电站 22 座、110 千伏变电站 79 座、35 千伏变电站 71 座,35 千伏及以上线路 4 313.6 千米。已基本建成了以 500 千伏电网为重要支撑,以 220 千伏电网为主网架,110 千伏及以下电网为配电网,分层分级、协调发展、安全可靠的坚强智能电网。

第三节　用电量

建市之初,东营市用电负荷主要为胜利油田开发建设用电。2000 年前,域内用电负荷主要集中在胜利油田,之后地方用电保持更快增长势头。

1990 年为 26 427 万千瓦时。

1995 年,全市全社会用电量为 64.3 亿千瓦时,是 1990 年的 24.3 倍。

2000 年,全市全社会用电量为 64.0 亿千瓦时,是 1995 年的 0.99 倍。

2005 年,全市全社会用电量为 90.1 亿千瓦时,是 2000 年的 1.41 倍。

2010 年,全市全社会用电量为 162.6 亿千瓦时,是 2005 年的 1.80 倍。

2015 年,全市全社会用电量为 245.55 亿千瓦时,居全省第 10 位,是 2010 年的 1.51 倍。

2020 年,全市全社会用电量为 337.3 亿千瓦时,是 2015 年的 1.37 倍,是 2000 年的 5.27 倍,是 1990 年的 127.63 倍。

工业用电是全社会用电的主体,年度占比均在 85% 以上。1990 年东营市工业用电量为 1.59 亿千瓦时,2020 年为 295 亿千瓦时。工业用电量 30 年间增长了 184.5 倍,占全社会用电总量比例从 60.23% 提升到 87.54%。

专栏一 东营市全社会用电量统计

年 度	全社会用电量 /万千瓦时	年 度	全社会用电量 /万千瓦时
1990 年	26 427	2006 年	1 160 359
1991 年	67 771	2007 年	1 307 196
1992 年	342 728	2008 年	1 394 419
1993 年	689 013	2009 年	1 497 658
1994 年	841 330	2010 年	1 625 644
1995 年	643 154	2011 年	1 850 929
1996 年	606 639	2012 年	1 948 601
1997 年	640 433	2013 年	2 187 532
1998 年	641 320	2014 年	2 312 324
1999 年	618 192	2015 年	2 455 508
2000 年	639 936	2016 年	2 697 154
2001 年	632 573	2017 年	2 775 628
2002 年	686 993	2018 年	2 945 296
2004 年	730 000	2019 年	3 084 894
2005 年	900 946	2020 年	3 373 093

注：① 1998 年至 1999 年，因受到亚洲金融危机影响，胜利油田生产萎缩，全社会用电量出现下降，至 2002 年才恢复增长。

② 2010 年，售电量统计口径作出调整，企业自发自用电量纳入售电量统计范围（不含厂用电和线损），东营供电公司售电量首次突破百亿大关，全年完成售电量 1 068 231.7 万千瓦时。

③ 2019 年，东营供电公司售电量首次突破 200 亿大关，全年完成售电量 207.4 亿千瓦时，同比增长 11.45%。

专栏二　东营市工业用电量统计

年　度	工业用电量/万千瓦时	年　度	工业用电量/万千瓦时
1990 年	15 947	2006 年	1 072 344
1991 年	54 507	2007 年	1 203 521
1992 年	304 840	2008 年	1 276 917
1993 年	439 091	2009 年	1 364 017
1994 年	491 355	2010 年	1 460 622
1995 年	588 097	2011 年	1 666 995
1996 年	539 925	2012 年	1 757 715
1997 年	577 401	2013 年	1 970 132
1998 年	588 521	2014 年	2 079 217
1999 年	556 310	2015 年	2 200 955
2000 年	570 243	2016 年	2 423 220
2001 年	557 210	2017 年	2 471 323
2002 年	602 918	2018 年	2 599 227
2003 年		2019 年	2 682 357
2004 年		2020 年	2 947 439
2005 年	828 191		

专栏三　企业选介

一、大唐东营发电有限公司

大唐东营发电有限公司(见图 7-1)位于东营港经济开发区,一期共建设 2×1 000 兆瓦超临界燃煤发电机组,配套铁路专用线,取排海水工程以及脱硫、脱硝、除尘等环保设施等,投资 91.54 亿元。其中一号、二号机组分别于 2020 年 11 月 11 日、12 月 16 日满负荷试运行。能耗 258.2 千瓦时/度,烟尘、二氧化硫、氮氧化物排放均居火电机组国内最优、世界先进水平。该发电项目成功入选国家能源局第一批能源领域首台套重大技术装备项目并完成公示。作为目前全球技术水平最高的百万机组，每发一度电比目前同类型机组节约标煤 7 克，年节省标煤 20 万吨，减少排放二氧化硫 330 吨、氮氧化物 780 吨、烟尘 60 吨，真正实现了绿色低碳、清洁高效发展。

图 7-1　大唐东营发电有限公司夜景

二、胜利发电厂

中石化胜利石油管理局有限公司胜利发电厂始建于 1988 年 3 月。胜利发电厂一期 2×220 兆瓦热电机组分别于 1991 年和 1992 年建成投运，二期 2×300 兆瓦热电机组 2004 年建成投运。2001 年 6 月跨入全国一流电厂行列。2020 年底，胜利发电厂共有 4 台燃煤机组，资产原值 44.13 亿元。2020 年发电量 51 亿千瓦时，实现业务收入 22.57 亿元，实现利润 2.52 亿元。

三、东营供电公司

国网山东省电力公司东营供电公司成立于 1990 年 5 月，担负着东营市的供电任务。截至 2020 年底，共有在职员工 2 026 人，服务客户 80.82 万户。公司所辖电网拥有 35～220 千伏变电站 170 座、变电容量 1 987 万千伏安，输电线路总长 4 261 千米，配电线路总长 12 171 千米。

第八章
"群象经济"的东营现象

有的经济学者认为，与浙江改革开放以来崛起的以"小产品、大产业"为特色的"小狗经济"相比，山东正在崛起以"大企业、大品牌、大产业"为特色的"群象经济"。作为山东人口小市的东营市，建市以来，培育了数量众多的大型企业，可以说是山东"群象经济"的典型代表，在山东独领风骚，最高光时期山东制造业 100 强企业中东营占 24 家；2020 年全国民营企业 500 强中东营占 14 家，2020 年山东民营企业 100 强中东营占 17 家，形成了独具特色的"群象经济"东营现象。

总体上看，大企业大多处在产业链的中高端，拥有明显的资金优势、技术优势和规模优势，具有很强的资源整合能力和集成创新能力，是国民经济发展的重要支柱。一是在创新驱动中起到引领作用。大企业在加强治理创新，突破和掌握关键核心技术，培育有高附加值的高端产品，打造国际知名品牌，增强高端供给能力上处于领先地位。二是在产业转型升级中具有带动作用。大企业作为行业龙头、"链主"企业和系统集成商，在带动产业链健康发展，促进产业升级方面具有重要力量和作用。三是在国际化经营中占据主体地位。大企业作为"走出去"的主体力量，在积极参与"一带一路"建设和国际产能与装备制造合作，带动我国装备、技术、标准和品牌"走出去"，占领制高点、增强话语权上处于主导地位。四是在履行社会责任中发挥表率作用。大企业具有较强的社会责任意识，社会责任管理体系比较完善，将社会责任的理念融入企业战略决策、治理和日常经营,促进经济、社会、环境协调发展成为大企业的内在要求。

第一节　骨干工业企业发展沿革

为便于说明问题,本节从规模以上工业企业数量、平均产值、企业集团、销售收入亿元以上企业、全国民营企业500强等几个角度展示东营市工业骨干企业发展沿革。由于自1998年起工业企业统计范围由乡及乡以上企业改为规模以上企业和2018年全国第四次经济普查两方面因素影响,数据一致性被打断,以下材料只能大体反映骨干企业发展脉络。

1983年,全市有乡及乡以上工业企业239家,总产值20.79亿元,平均每家870万元。

1990年,全市有乡及乡以上工业企业462家,总产值87.99亿元,平均每家1 905万元。

1992年10月,东营市第一个企业集团——东营市南里实业集团成立;至年底,企业集团达到8个。金岭集团成功开发出高效油田压裂液稠化剂——羟丙基瓜尔胶粉,填补了国内空白,成为东营建市以来第一个国家级优秀火炬计划项目,获山东省科技星火一等奖。

1993年,全市有企业集团18个。

1994年,全市有企业集团26个。西水村成立全市第一家较大规模的橡胶轮胎生产企业——广饶西水集团有限公司。

1995年,全市有规模以上工业企业756家,总产值262.35亿元,平均每家3 470万元。全市企业集团发展到36个,工业产值34.98亿元,利税总额4.59亿元,产值和利税分别占地方工业的40%和60%以上。

1996年,全市重点调度的20个企业集团共完成工业总产值17.90亿元,实现利税3.91亿元、利润2.32亿元,分别占地方乡及乡以上工业的34.5%、71.7%和72.2%。

1997年,全市重点调度的20个企业集团共完成工业总产值24.73亿元,实现销售收入33.77亿元、利税4.63亿元、利润2.82亿元,分别占地方乡及乡以上工业的38.20%、41.10%、58.24%和63.8%。

1998年,全市重点调度企业集团由20个调整为12个,12个企业集团共实现工业增加值10.71亿元,实现利税4.53亿元、利润2.80亿元。

1999年,全市企业集团总数增至35个,销售收入101.9亿元,实现利税13.7亿元、利润8.43亿元,出口创汇1.75亿元。其中,资产过亿元的23个,销售收入过亿元的20个。

2000年,全市有规模以上工业企业187家,总产值570.41亿元,平均每家3.05亿元(自1998年起工业企业范围由乡及乡以上企业改为规模以上企业,即年主营业务收入2 000万元以上工业企业)。全市有企业集团35个,其中资产总值过亿元的26个,销售收入过亿元的22个,利税过千万元的23个。

2001年,全市有企业集团32个,其中资产总值过亿元的25个,销售收入过亿元的22个,利税总额过千万元的20个。

2002年,全市有企业集团30个,实现销售收入145.37亿元、利税21.88亿元、利润13.75亿元。

2003年,全市有规模以上工业企业291家,比上年净增69家,超过前5年净增之和;完成增加值109.7亿元,实现销售收入331.2亿元、利税41.28亿元、利润27.95亿元。华泰集团、科达集团、利华益集团、万达集团等销售收入排名前20位的企业完成销售收入212亿元,实现利税22.5亿元、利润15.8亿元,占地方规模以上工业的比重分别达到64%、54.6%和56.7%。

2004年,全市销售收入过亿元的企业达到67家,完成销售收入466亿元,占地方工业的88.9%,其中1亿~10亿元的55家,10亿~30亿元的8家,30亿~50亿元的3家,过50亿元的1家。

2005年,全市有规模以上工业企业459家,完成总产值1 673.31亿元,平均每家3.65亿元。地方销售收入过亿元的工业企业达到89家,其中10亿~30亿元的11家,30亿~50亿元的6家,50亿元以上的4家,华泰集团达到75亿元。

2006年,全市有主营业务收入过亿元的地方工业企业189家,其中10亿~50亿元的18家,50亿~100亿元的10家。6个企业集团入围中国制造业500强,20个企业集团入围全省企业集团200强,10个企业集团入围全省工业企业100强。30家重点调度企业集团主营业务收入、利税、利润分别占地方工业的71.3%、57.2%和57.7%,拉动地方工业增长44.9、33.8和32.7

个百分点。

2007年,全市有6家企业入围2007年中国制造业企业500强,12家企业入围全省百强企业,15家企业入围全省工业百强企业。地方30家重点调度企业实现主营业务收入1 378.3亿元、利税121.3亿元、利润86亿元,分别占地方工业的59.6%、45.2%和44.8%,分别拉动地方工业增长22.5、16.4和16.7个百分点。

2008年,全市规模以上工业企业达到791家,同比净增32家。15家企业入围中国制造业企业500强,12家企业入围全省百强企业,16家企业入围全省工业百强企业。入围山东省百强企业数量居全省第三位,其中工业百强和制造业百强的企业数均居全省第一位。地方30家重点调度企业实现主营业务收入1 572亿元、利税142.1亿元、利润93亿元,分别占地方工业的49.5%、39.3%和35.7%,分别拉动地方工业增长8.3、7.7和2.9个百分点。地方主营业务收入过亿元的企业达310家,其中10亿~50亿元的21家,同比增加3家;50亿~100亿元的10家,同比增加1家;100亿元以上4家,同比增加3家。

2009年,全市有15家企业入围中国制造业企业500强,12家企业入围全省百强企业,16家企业入围全省工业百强企业。

2010年,全市规模以上工业企业达到895家,完成总产值6 037.86亿元,平均每家6.75亿元。主营业务收入过亿元的企业565家,过100亿元的10家。有8家企业入围中国企业500强,比上年增加2家,入围数量在全省名列前茅;10家企业入围中国民营企业500强,占全省入围企业总数的27.7%。有16家企业入围全省工业100强,比上年增加2家,入围数量居全省第一位;有14家企业入围全省制造业100强,入围数量居全省第一位;有13家企业入围全省综合100强,比上年增加1家,入围数量列济南、青岛之后,居全省第三位。

2011年,地方主营业务收入过亿元的工业企业增至588家,占地方规模以上工业企业的75.3%,其中100亿~200亿元企业13家,比上年增加1家;200亿元以上3家,增加3家。12家企业入选中国民营企业500强,占山东省入选企业总数的29.3%。

2012年,全市主营业务收入亿元以上工业企业达603家,占规模以上工业企业的73.1%,比上年增加14家,其中50亿~100亿元22家,增加9家;100亿~200亿元14家,200亿元以上5家。共有9家企业入围中国企业500强,

17 家企业入围中国制造业 500 强,17 家企业入围山东省工业百强,入围数量均居全省第一位。

2013 年,全市规模以上工业企业达到 864 家,主营业务收入过亿元企业 617 家,占总量的 71.4%。其中过 100 亿元企业 23 家,增加 4 家;过 300 亿元企业 5 家,增加 4 家。入围中国企业 500 强 10 家、中国制造业 500 强 21 家、山东省百强企业 19 家,分别占到全省的 22%、28% 和 19%;13 家企业入围中国民营企业 500 强。大海集团、金岭集团被授予"山东工业突出贡献奖大奖",方圆集团等 3 家企业被授予"山东工业突出贡献奖表彰奖"。

2014 年,中国民营企业 500 强名单中,山东省共有 54 家企业上榜,其中东营市有 14 家,占全省总数的 1/4。

2015 年,全市有规模以上工业企业 996 家,总产值 13 189.05 亿元,平均每家 13.24 亿元。中国民营企业 500 强名单中,东营上榜企业 14 家,数量为全省第一。

2016 年,23 家企业上榜"山东民营企业百强"名单。

2017 年,18 家企业入围中国民营企业 500 强,数量居山东首位。

2018 年,全市有规模以上工业企业 865 家,总产值 6 597.5 亿元,平均每家 7.63 亿元(全国第四次经济普查数据显示,东营市规模以上工业企业数量、工业总产值数均大幅度缩水)。工业总产值指数以 1978 年为 100,2018 年为 11 229.86。

2019 年,东营市有 15 家企业入围中国民营企业 500 强。山东各市上榜企业数量为:东营 15 家,滨州 8 家,青岛 6 家,淄博 4 家,临沂 4 家,潍坊 4 家,济南 3 家,日照 3 家,烟台 3 家,济宁 3 家,威海 2 家,菏泽 2 家,聊城 2 家,泰安 1 家,德州 1 家。

2020 年,全市有规模以上工业企业 758 家,实现营业收入 7 203.7 亿元,平均每家 9.50 亿元。8 家企业入围中国企业 500 强,14 家企业入围中国民营企业 500 强,17 家企业入围山东民营企业 100 强。

第二节　政府助推实施骨干企业带动战略

一个地区的企业组织结构主要取决于两个方面:一是产业结构,二是软环境。东营市的重化工业结构易于做大企业,实施骨干企业带动战略则为企业做大做强提供了良好软环境。

从东营建市到2002年,全市工业企业全面完成产权制度改革,实现了民营化,转换了企业经营机制,激发了企业做大做强的内在动力。政府通过实施工业强市战略和骨干企业带动战略,抓项目建设、资金投入、企业家培育,最大限度助推企业做大做强。2016年以后,随着国家经济发展进入新常态,东营市工业也由高速增长转向了中高端发展,进入了调整优化期。

东营大企业快速发展始于"九五"期间。随着"工业强市"战略的实施,东营工业坚持"内涵外延并举,增量增效并重"的方针,以市场为导向,突出扭亏脱困工作重点,开展"管理效益年"活动,工业经济在经历"亚洲金融风暴"后平稳运行。

1999—2000年,组织全市大中型企业的厂长(经理)50余人先后到海尔集团、海信集团、青岛港务局、亚星集团等企业考察学习管理经验。总结华泰集团ERP管理、广饶石化集团内部审计管理等先进管理经验,以市委文件印发全市企业,结合实际对照学习,改善企业内部管理。参照亚星经验,推行"比价购销"管理;借鉴邯钢经验,实施"模拟成本,利润否决"管理。加强企业财务(成本)、质量、营销、现场等基础性管理,实行千分制考核。引入现代物流管理思想与机制,实施物流优化控制,推行现代物流管理。加强人本管理,突出企业人才培养,举办工商管理、财务、营销、节能监测等培训班。开展交通监察、厂务公开、党风廉政建设工作,提高企业管理透明度。对交通、城建等重点行业收费情况进行专项治理,优化企业发展外部环境,减轻企业负担。加大企业扭亏脱困工作力度,将扭亏目标任务层层分解,落实到部门、企业。结合企业改制、改组工作,对一批扭亏无望企业实施破产,优化资产结构。与清华大学、同济大学、上海交通大学、北京化工大学等10多所高等院校建立稳定的合作关系。华泰集团技术开发中心申报国家级企业技术开发中心,天信集团、万达集团通过省级企业技术开发中心考核认定。天信集团"金三角"牌精梳纱线、"天信"牌涤黏中长系列纱线,广饶面粉厂"半球"牌小麦粉,万达集团"万全"牌特种电缆,华泰集团"华泰"牌涂布白板纸、胶版印刷纸、书写纸等被评为山东名牌产品。其中,"半球"牌小麦粉,"华泰"牌涂布白板纸、胶版印刷纸、书写纸列入争创全国名牌产品范围。2000年,达到国内先进以上水平创新项目

28个,比1999年增长40%。其中列入国家重点技术创新项目计划的1项(全省共6项),国家级重点新产品试生产计划项目1项,省重点技术创新项目4项。全市形成以石油开采、石油加工、盐业及盐化工、纺织服装、机电、造纸、建筑、建材和食品加工为主的多元化工业体系,形成以汽油、柴油、烧碱、机制纸、石油钻采配件、食品、纺织印染、塑料制品、饲料等为主的产品结构体系,主要产品达60个大类,250多个品种。

2001—2002年,重点在全市推行"比价采购"制度。组织企业赴青岛海尔、山东海化等企业考察学习,引导企业在运行机制、市场营销、技术创新等10个方面引入市场化经营管理机制,全面推行企业市场化经营管理。组织企业参加全省"现场管理样板企业"评选活动,东营市天信纺织有限公司被评为全省"现场管理样板企业"。有84个技术创新项目列入省技术创新项目计划,其中3个列入国家技术创新计划,18个列为省重点计划,这些项目全部达到国内先进水平。天信纺织有限公司的涤黏中长高档仿毛面料和万达集团的高性能塑料抗冲剂AMBS产品被认定为国家重点新产品。华泰集团技术开发中心通过国家级企业技术开发中心认定,利华益集团、长安集团通过省级技术开发中心认定。全市实施产业化技术创新项目130项,到位资金9.14亿元。2002年,实施电子信息应用推广项目32项,总投资2.05亿元,项目个数和投资额均居全省首位。市政府办公室印发《关于大力推进名牌战略的实施意见》(东政办发〔2003〕67号)。

2003—2004年,重点在管理创新上做文章,推广扁平管理经验。全市有27项成果获省、市优秀管理创新成果奖,3家企业获省质量管理奖。全市地方企业建立起国家级企业技术中心1家,省级企业技术中心7家,市级企业技术中心16家。实现由成果转让、委托开发为主的产学研松散合作模式向共建开发科研中心的紧密型合作模式转变,开发完成一批具有自主知识产权的技术和产品,企业核心竞争力不断增强。企业与高等院校共建科研机构113个,联合开发项目336个,自主开发项目230个。全市实施技术创新项目93个,总投资9.96亿元,均达到国内先进水平。2003年5月21日,市政府印发《关于支持胜利油田存续企业改制的若干意见》(东政发〔2003〕10号)。市政府办公室印发《关于加强企业战略管理的指导意见》(东政办发〔2003〕17号)。

2005年,市委、市政府出台《关于加快骨干工业企业发展的意见》,从扶持骨干企业做大做强入手,开始实施工业产业优化调整。制定产业发展规划,建立产业发展推进机制,培育发展主导产业。逐步完善技术创新体系,提高企业竞争能力。对涉及公路"三乱"、企业负担等阻碍企业发展的问题进行摸底排查并逐一解决,全面整顿市场秩序,优化经济发展环境。依托大型企业集团构建石化、造纸、汽配、纺织和农副食品加工五大产业集群。地方原油一次加工能力达到 1 500 万吨、造纸 120 万吨、纺织 120 万纱锭、轮胎 1 300 万条。全市有国家级企业技术中心 1 个、省级企业技术中心 10 个。大力实施"名牌战略",全市创中国驰名商标 1 个、省著名商标 21 个,中国名牌产品 1 个、省名牌产品 41 个。胜利动力集团的燃气发电机组被评为"中国名牌产品",实现了东营市中国名牌产品零的突破。

2006—2007 年,市经贸委制定出台《关于加快石油化工、轮胎、造纸、石油机械装备、纺织服装、盐化工六大产业链发展意见》,明确发展目标、产业链节点和思路措施。推进炼化企业与中海油战略合作,整合地方炼化产业,提高产业层次和发展质量。2007 年底,全市石化、盐化、造纸、机电、纺织服装、橡胶轮胎、精细化工、农副食品加工八大产业涉及规模以上工业企业 604 家,全年完成主营业务收入、利税、利润分别占地方工业的 84.3%、79.3% 和 78.5%。化工、纺织服装、汽车配件三大产业集群实现主营业务收入 1 332.1 亿元、利税 136.1 亿元、利润 96.4 亿元,分别占地方规模以上工业的 57.6%、50.7% 和 50.2%。

2008 年,面对国家宏观调控、煤电油运紧张、流动资金短缺、市场物价波动、国际金融危机等重大考验,东营工业加快产业结构调整,转变经济发展方式。制定 20 强企业培育工作要点,实施大企业带动战略。加大技改投入,加强技术创新,推进管理创新,提升企业经营管理素质。推进节能降耗,提高流通现代化水平。表彰功勋企业家和优秀企业家,市政府授予李建华等 4 名同志"功勋企业家"称号,聂仁卿等 10 名同志"优秀企业家"称号。市政府出台《关于支持油田存续企业加快改制与发展的意见》(东政发〔2008〕8 号)。产业集群化趋势明显。地方原油一次加工能力达 1 640 万吨、造纸生产能力 180 万吨、纺纱 200 万锭、轮胎 3 000 万条(其中子午胎 2 640 万条)、烧碱 64.5 万吨。八大产业涉及规模以上工业企业 632 家,完成主营业务收入 2 528 亿元、利税 284.6 亿元、利润 204.3 亿元,分别占地方工业的 85.2%、83.6% 和 84.7%。

全市有国家级企业技术中心2个、省级企业技术中心14个、市级企业技术中心35个。中国驰名商标达到8个,年内新增5个;省级著名商标50个,比上年增加9个;中国名牌产品5个;山东名牌产品82个,比上年增加6个。

2009年,为应对国际金融危机带来的持续挑战,在贯彻落实国家"调结构、扩内需、保增长"的系列政策基础上,市政府印发《关于进一步做好工业经济运行工作的意见》(东政发〔2009〕8号),提出增加市级工业技改专项扶持资金、允许困难企业在一定期限内缓缴税款和地价款、县区设立不低于300万元的担保风险补助资金和融通能力不低于5 000万元的续贷资金运作平台等30条具体政策措施,帮助企业在困境中发展。市政府印发《关于加快工业调整振兴的意见》(东政发〔2009〕18号)和石油化工、纺织服装、轮胎、石油装备、汽车、电子信息六大产业调整振兴规划,确定2009—2013年工业调整振兴的思路、目标、重点和措施,在加强规划引导和资金扶持、加快企业项目建设、落实税费减免优惠政策等方面明确若干条政策措施,推动工业调整振兴。市政府办公室印发《东营市石油装备产业整合试点工作方案》(东政办字〔2009〕91号)和《重点产业"四个一"工程实施方案》(东政办字〔2009〕93号),把"产业、协会、融资平台、展销平台"融为一体,推进临港石化产业区、广饶和垦利轮胎产业区、胜利工业园石油装备产业集聚区、东营经济技术开发区新能源基地加快发展。地方主营业务收入过亿元工业企业达到468家,比上年增加77家,其中过100亿元的6家,增加1家。子午胎产能达到4 100万条,造纸产能210万吨,离子膜烧碱产能100万吨,纺纱能力260万纱锭。高新技术产业产值占全市规模以上工业总产值的比重达到22.2%。全市工业用电量达到136.4亿千瓦时,其中地方工业用电量为77亿千瓦时。

2010年,东营工业开始实施"转方式,调结构"战略,着力在传统产业改造、新兴产业培育、产业高端发展、创新能力提升、工业化和信息化融合等方面谋创新、求突破。市政府印发《关于加快重点工业企业发展的意见》(东政发〔2010〕10号),市政府办公室印发《东营市功勋企业评选办法》(东政办发〔2010〕78号),组织开展企业管理创新年活动,并设立企业管理奖。重点抓50家重点工业企业的发展,重奖10家功勋企业、10家管理创新企业和10项创新管理成果。市政府办公室印发《东营市企业管理创新年活动实施方案》(东政办字〔2010〕61号),推进企业制度创新,加强战略管理,推广实施精细化管理,开展企业管理对标活动,开展现场管理样板企业、诚信示范企业和管理信息化示范企业创建活动。加强企业集团人才培养建设,建立企业集团经营管理人员人才库,建立省级实训基地,组织 4 批次 120 余名企业家赴重点院校参加专题培训,提升企业家队伍整体素质。推进"四个一工程"(一个产业、一个协会、一个融资平台、一个展销平台),成立市化工协会,组织企业参加橡胶轮胎暨汽车配件展览会、石油石化装备与技术展览会等大型展会。推进产业集聚,鼓励企业向园区集中发展。全市省级以上经济开发区工业增加值占地方工业的比重达到 50%,比上年提高 4 个百分点。突出传统产业改造升级和战略性新兴产业培育。化工、纺织、造纸、轮胎等传统产业技术改造投入占到全市工业的 80%,主要行业 80% 以上技术装备达到国内先进水平。高新技术产业产值占工业总产值的比重比上年提高 3.4 个百分点,装备制造业增幅比上年提高 4.9 个百分点,战略性新兴产业主营业务收入占地方工业的7%,海洋工业产值比上年增长 60%。原油一次加工能力达到 2 560 万吨,成为全国地炼能力最大的城市;离子膜烧碱产能达到 112 万吨,居全省第一位;造纸能力 250 万吨,新闻纸产能全国第一;纺纱能力 325.3 万锭,居全省第三位;轮胎产能 10 020 万条,居全省第一位;阴极铜产能 20 万吨,居全省第一位;石油装备制造业产值占全国的 1/3,是全国最大的石油装备制造业基地;汽车整车制造初具规模,刹车片产量达到 3 000 万套,在全国主机配套市场的占有率达 30%~40%。出台《关于加快工业设计发展的指导意见》。6 个企业技术中心和 3 个行业技术中心通过省级认定,3 个项目列入省级企业技术中心创新能力专项计划;新认定市级企业技术中心 23 个,75 个项目列入省技术创新项目计划;3 种产品被认定为全省第一批工业设计优秀产品,4 种产品获省产学研展洽会铜奖,5 种产品被认定为省重点领域首台(套)技术装备产品。至 2010 年底,全市共有国家级企业技术中心 3 个,省级 25 个,市级 40 个。

2011 年 3 月,市政府印发《关于促进民营经济加快发展的意见》(东政发〔2011〕1 号)。7 月 4 日,市政府办公室印发《关于鼓励和引导企业剥离非核心业务工作的若干政策的通知》(东政办发〔2011〕16 号)。7 月 5 日,市政府印发《关于表彰首届东营市企业管理奖获奖企业和管理创新成果的通报》(东政字〔2011〕69 号),授予华泰集团有限公司等 10 家企业和利华益集团股份有限公司的《建设以"人和、无私、自主、自觉"为核心价值观的利华益文化》

等 8 项管理创新成果"首届东营市企业管理奖"称号;印发《关于表彰首届东营市功勋企业的通报》(东政字〔2011〕70 号),授予华泰集团有限公司等 10 家企业"首届东营市功勋企业"称号(见表 8-1)。

表 8-1 2011 年首届东营市功勋企业名单

序号	企业名称	序号	企业名称
1	华泰集团有限公司	6	山东金岭集团有限公司
2	万达控股集团有限公司	7	东营方圆有色金属有限公司
3	利华益集团股份有限公司	8	山东科达集团有限公司
4	山东西水橡胶集团有限公司	9	山东大海集团有限公司
5	富海集团有限公司	10	山东胜通集团股份有限公司

2011 年 9 月 27 日,市政府印发《关于表彰 2011 年度东营市市长质量奖获奖单位和个人的通报》(东政字〔2011〕111 号),授予利华益集团股份有限公司等 5 家企业和张吉平等 3 人"2011 年度东营市市长质量奖"。

2011—2012 年,实施传统产业改造提升和战略性新兴产业培育壮大"双轮驱动"战略。出台《关于创建全国质量强市示范城市工作的意见》(东政发〔2012〕27 号)、《关于加快现代物流业发展的意见》(东政发〔2011〕1 号),2011 年实施传统优势产业改造提升项目 264 个,完成投入 345.1 亿元。2012 年实施亿元以上传统优势产业改造提升项目 139 个,完成投入 303.5 亿元;投资亿元以上战略性新兴产业项目 65 个,完成投入 146.7 亿元。广汽吉奥 SUV、科瑞集团 9 000 米钻机、华锐风电产业基地等一批项目顺利实施,调整优化了全市工业结构。利华益集团丁辛醇、金宇轮胎生产过程自动化控制等项目达到国际国内先进水平。石油科技馆、采购中心、培训中心、科技研发中心、创业中心、质检中心"一馆五中心"建设稳步推进,打造石油装备产业集合创新平台。筹划组建石油装备产业基金,建立规模为 10 亿元的产业投融资平台,支持石油装备产业发展。推进万通集团 200 万立方米油品储备、临港物流园区等现代物流项目建设,加大对 30 家物流企业的扶持力度。新增省级企业技术中心 11 个、市级 25 个;新增省级中小企业"一企一技术"研发中心 5 个、市级 37 个;2 个工业设计中心通过省级认定,实现全市省级工业设计中心零的突破,认定市级工业设计中心 30 个。进一步落实企业自主创新鼓励政策,推进实施一批重大技术创新项目,68 个项目列入省技术创新项目计划,全部达到国内先进水平,20 项达到国际先进水平;6 种产品列入山东省高端技术装备新产品推广目录;6 个项目列入山东省重点领域首台(套)技术装备发展专项;4 家企业获得山东省中小企业科学技术进步奖。垦利经济开发区被确认为省级"高端装备制造产业园区",利津经济开发区被确认为省级"有机化工产业示范基地",利津县石油化工产业集群被认定为省级中小企业产业集群。全市高新技术产业产值占规模以上工业产值的比重达到 32.36%。2011—2012 年,连续 2 年表彰奖励华泰集团等企业,授予"东营市功勋企业"称号,营造重奖功勋企业、争当功勋企业、促进企业发展的氛围。

2013 年,市委工作会议提出"137"计划(即到 2015 年,规模以上企业达到 1 000 家,其中销售收入过百亿元企业突破 30 家、过 500 亿元企业 7 家)。2 月 18 日,市政府印发《关于实施质量强市战略的意见》(东政发〔2013〕2 号)。4 月 7 日,市政府发布第二届东营市市长质量奖获奖单位和个人名单,获奖单位有东辰控股集团有限公司、山东胜通集团股份有限公司、胜利油田高原石油装备有限责任公司、山东石大胜华化工集团股份有限公司、山东科达集团股份有限公司。10 月 31 日,市政府办公室发布《关于公布第二届东营市企业管理奖获奖名单的通知》(东政办字〔2013〕56 号),胜通集团、方圆公司等 10 家企业,利华益集团《加强卓越绩效管理,推动企业领先发展》、百华石油《始终坚持以人为本 着力构建和谐企业》等 10 项管理创新成果获奖。10 月 24 日,市政府办公室印发《东营市工业企业转型升级奖励实施办法》(东政办发〔2013〕17 号),规定 2013—2018 年设立"东营市工业企业转型升级奖",每年奖励 30 名,其中一等奖 8 名、二等奖 10 名、三等奖 12 名,按等次授予企业奖牌,并分别奖励企业法定代表人各 50 万元、30 万元、20 万元。12 月 19 日,市政府办公室印发《关于扶持大项目大企业推动产业转型升级的实施意见》(东政办发〔2013〕23 号),确定每年选择 10 个大项目、10 家大企业进行集中扶持,力争通过 3～5 年时间,培育形成 10 家左右在全省乃至全国有较强影响力的企业,发展壮大一批规模突出、特色鲜明的优势产业,推动全市转方式、调结构、扩总量、增实力、上水平,实现新一轮发展跨越。是年,大海集团、金岭集团被授予"山东工业突出贡献奖大奖",方圆集团等 3 家企业被授予"山东工业突出贡献奖表彰奖"。全市企业与 200 多家高校、科研院所建立合作关系。华泰集团被认定为国家级技术创新示范企业。全市建有省级行业技术中心 3 个、企业技术中心和工业设计中心 178 个。新建"一企一技术"省级研发中心 8 个、创新企业 11 家,新认定市级研发中心 28 个、创新企业 11 家。89 个项目列入全省技术创新项目计划。全市有省级产业集群 6 个,国家级、省级产业示范基地、园区 10 个。争取国家、省扶持资金 2.29 亿元,比上年增长 86.3%。

2014 年 2 月 19 日,市政府办公室印发《关于公布 2014 年全市产业转型升级大项目和大企业的通知》(东政办字〔2014〕2 号)。市经济和信息化委员会同有关部门组织筛选了 2014 年全市产业转型升级大项目 15 个、大企业 14 家。6 月 4 日,市政府办公室印发《关于印发推动企业加快剥离非主营业务若干政策的通知》(东政办发〔2014〕11 号)。《通知》规定,剥离设立的科技研发、工业设计、网络技术、创意、服务外包、软件开发、现代物流等生产性服务业企业。3 月 19 日,市政府出台《关于表彰 2013 年度全市工业企业转型升级等先进集体和先进个人的通报》(东政字〔2014〕5 号),授予中海石油东营石化有限公司等 8 家企业"2013 年度东营市工业企业转型升级一等奖",授予万达控股集团有限公司等 10 家企业"2013 年度东营市工业企业转型升级二等奖",授予山东胜通集团股份有限公司等 12 家企业"2013 年度东营市工业企业转型升级三等奖"。

2015 年 8 月 7 日,市委、市政府印发《关于推动工业转型升级的指导意见》。《意见》要求坚持新型工业化发展方向,以提高发展质量和效益为中心,以转方式调结构为主线,实施"3 + 1"行动计划(创新驱动、信息化带动、公司规范化行动和严控准入),推动工业高端高质高效发展,努力打造东营工业经济升级版。实施骨干企业"四个一"工程,在每个行业筛选一批骨干企业,用两年左右时间,每家骨干企业都引进一个具有较大影响力的战略伙伴,打造一个高层次职业化的经营管理团队,建设一个把握行业发展方向的技术研发体系,培育一个拥有市场话语权的知名品牌。

2016 年,编制《东营市"十三五"工业和信息化发展规划》,明确技术创新、工业 + 互联网、质量品牌建设、绿色发展、企业培育等重点任务。

2017 年 3 月 20 日,市政府印发《〈中国制造 2025〉东营市实施方案》(东政发〔2017〕2 号)。《方案》提出实施制造业高端发展攻坚战略,做优做强石化、橡胶、有色金属、石油装备、纺织服装、盐化工、食品加工、汽车及零部件、造纸九大主导产业,培育壮大电子信息、新材料、新医药、高端装备四大新兴产业,实施智能制造工程、自主创新工程、工业强基工程、绿色制造工程、质量品牌工程、服务型制造工程、中小企业创业成长工程、制造业深度开放合作工程八大专项工程,努力提高制造业核心竞争力和发展质量。10月14日,市委、市政府印发《东营市支持工业经济发展的十条意见的通知》(东发〔2017〕11号)。《通知》提出扩大市级产业基金规模,力争3年设立总规模500亿元的产业投资基金。每年评选"东营市制造业50强企业"和"东营市制造业纳税50强企业",树立龙头骨干企业标杆。对年地方财政贡献首次突破0.5亿元、1亿元、3亿元、5亿元的工业企业,市财政分别一次性奖励企业负责人50万元、100万元、150万元、200万元。对首次纳入规模以上工业企业统计范围的企业,市财政给予5万元一次性奖励。对在主板上市的企业,市财政一次性补助600万元。对新获得中国名牌产品、中国驰名商标、中国质量奖的企业,市财政给予100万元奖励。市内企业整体收购或控股市内资不抵债企业仍保留其法人资格的,按被收购或控股企业新增地方贡献的100%给予补助,到填平补齐后,从下年度开始,再按50%补助3年。市内企业与世界500强企业、国内100强企业、央企及在主板上市的公司实现兼并重组的,同级财政按并购额的3%给予市内企业一次性奖励,奖励金额不超过500万元。对新认定的国家级和省级企业技术中心、重点实验室、工程技术(研究)中心、工业设计中心、工程实验室等开放共享创新平台及新型研发机构,市财政分别给予100万元、50万元一次性奖励。对新获批准的博士后科研工作站,市财政给予50万元一次性奖励。对首次认定的高新技术企业,市财政给予10万元一次性奖励。

2018年,推进"工业十条"落实,制定零增地技术改造等方面20项政策。开展第三轮化工生产企业评级评价,39家企业退出化工生产领域。推进化工园区和监控点认定,东营港经济开发区化工园区、利津滨海新区化工产业园、河口化工产业园3个园区获批山东省化工园区。

2019年7月9日,市政府发文同意《东营市橡胶产业发展规划(2019—2023年)》《东营市石油装备产业发展规划(2019—2023年)》《东营市有色金属产业发展规划(2019—2023年)》《东营市新材料产业发展规划(2019—2023年)》《东营市生物医药产业发展规划(2019—2023年)》5个产业发展规划。12月7日,市政府印发《关于深化"市权再放"改革推进行政审批事项下放的通知》(东政字〔2019〕49 号)。12 月 19 日,东营市委、市政府高规格召开论证会,通过《东营市"优势产业＋人工智能"三年行动计划方案(2020—2022年)》。《方案》聚焦东营市"5＋2＋2"产业,按照"一业一策"思路,提出实施石化、橡胶、石油装备、新材料等九大产业智能化提升工程,逐产业梳理行业特点和人工智能需求,分类制定具体对策,提出了一系列具体推进措施。《方案》要求,到 2022 年,培育 3 个人工智能创新应用示范园区,打造 7 个行业领先的互联网平台、21 个智能工厂和 60 个特色鲜明的数字化车间。12 月 26 日,市政府印发《关于开展"亩产效益"综合评价工作的指导意见》(东政字〔2019〕53 号)。

2020 年 3 月 16 日,市政府印发《东营市"优势产业＋人工智能"三年行动计划方案(2020—2022 年)》。12 月 19 日,市政府印发《关于实施新一轮技术改造,促进工业高质量发展的意见》,确定力争利用 3 年左右的时间,滚动实施 1 000 项技术改造项目,全市技术改造投资累计完成 800 亿元以上,规模以上工业企业完成新一轮高水平技术改造。市级财政每年设立 3 亿元技术改造专项资金,县区、开发区也要设立技术改造专项资金,3 年市县(区)财政累计投入 10 亿元,聚焦智能化改造、技术创新、产业链延伸、节能环保,促进企业高端发展。

第三节 "群象经济"东营现象探究

"大企业、大品牌、大产业"谓之群象经济,也是一种对大企业林立的形象说法。本节探讨的主要是东营工业大块头企业多及其成因和发展方向。

一个地区会出现明显区别于其他地区的经济现象,就像北京的现代服务业、深圳的高科技产业、苏锡常的高端制造业,乃至东北地区经济衰退,这其中必定有规律性因素在起作用。东营市工业大企业多也不是偶然的,肯定有他的独到之处。

一、东营"群象经济"起因

凡事都有起因,为什么东营短短 40 年时间成长起这么多大企业,群峰并起,连绵不绝,我们不妨探讨一下其成因。

（一）胜利油田的辐射带动

1961年,胜利油田在东营打出第一口油井,经过艰苦创业,曾成为全国第二大油田。石油是工业的血液,是国家的稀缺资源。守着这样的金山,焉有不依靠的道理。一是劳务起家。胜坨镇的万达集团、胜通集团等企业获得的第一桶金就是面向油田,劳务打基础,挣油田的钱。先是给油田拉院墙、盖房子,后生产机电产品、油田助剂。二是上炼油厂。垦利石化、利华益集团、东营石化、广饶石化等应运而生。此后,石化产业始终占东营市工业的半壁江山。三是上石油装备制造项目。油田自己上,地方企业跟着上,又整出一个在国内外有影响的特色优势产业。石油产业链条较长,对相关产品的需求量大且可持续,对东营地方工业的影响是多方面的。工业发展过程中需要的原料、资金、技术、市场,从胜利油田源源不断地流出,滋养着东营地方企业做大做强。有句话说,没有胜利油田就没有东营市。换句话说就是,没有胜利油田,就没有东营市这么多大企业。

（二）资源禀赋的强力支撑

东营的工业资源主要是"二白一黑",白的是棉花、原盐,黑的是石油。东营适合种棉花,建市后很长一段时间棉花产量大。有了棉花,就有了棉纺织就近取材的便利,就有了各个县区竞相发展的纺织业。鼎盛时期,东营的棉纺规模居全省第三位。东营临海,地下盐卤资源十分丰富,适合发展盐业。自古以来,东营盐业发展一直十分兴盛。利津城东北方向35千米处,汀罗镇前关村有铁门关遗址。铁门关是明清两代繁华的水旱码头和盐运要地,几百年前曾驰名省内外。有了盐,就有了后来的盐化工。盐化工有个特点,适宜在产地加工,而且必须有一个适宜的运输半径。建市后开始起步的盐化工,一路高歌猛进,生产规模居全省第二位。盐化工产业不仅提供了"三酸两碱"中的烧碱、纯碱和盐酸,而且可向下游延伸生产PVC、甲烷氯化物、环氧丙烷、TDI/MDI等多种重要的基础化工原料,以及众多的精细专用化学品,是带动其他行业发展的基础原材料。还可以按照"减量化、再利用、资源化"的循环经济理念,发挥原油和原盐资源两个优势,发展石化盐化一体化项目,推进石化和盐化产业融合,拉长产业链,打造升级版,实现多次增值,形成东营化工产业发展的独特优势。

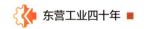

（三）企业家敢于做大善于做大的精神特质

东营建市之初属于山东经济欠发达地区,地方工业基础薄弱,发展高新技术产业和新兴产业没有实体经济基础,没有管理技术人才优势,但通过不断探索,东营走出了一条弘扬本土企业家的艰苦创业精神,发挥资源优势,发展有比较优势的传统产业的路子。就像大王镇的李建华、刘双珉等大王"五虎上将",尽管学历不高,白手起家,但凭着敢闯、敢试,比着干、不服输,能吃苦、能耐劳,咬定青山不放松的艰苦创业精神,闯出了一条农民企业家的成功之路。这些企业家有着自己独特的智慧。高新技术、高端产业暂时玩不转,就上传统的、低端的,只要能生存下去,就不愁找机会翻身。研发没能力,我就尽量买先进的设备。没技术骨干,我花大价钱从国企、外地民企挖。你上一条生产线成功了,我上一条比你大的。你是行业龙头,我给你就近配套。你给我担保,我也给你担保。大国企的规模、技术优势我没有,但我机制活,管理严,大钱赚不到,小钱不嫌少。这就是东营老一辈企业家的创业之道,精髓在于扬长避短,顺势而为,放大比较优势。

（四）资源加工型的产业定位

东营工业企业涉足的大多是资源初加工产业,主要有石油、盐、棉花、铜精矿、废纸、纸浆、橡胶等的加工制造。拿石油加工讲,1吨原油价格若是5 000元,100万吨就是50亿元,加工后还要增值。拿阴极铜讲,若废杂铜每吨5万元,加工1万吨仅原料就是5亿元。这些加工型企业,只要有钱,设备和工艺不成问题,经营上属于典型的大进大出,很容易做大,发展好了,企业几年就可以进入全国民营企业500强。

（五）良好的金融生态环境

资金是工业的命脉。哪里发展快,资金就向哪里流。谁最大限度占有了资金,谁就拥有了发展的充足动能,谁就争得了工业发展的主动。建市以来,东营一直把着力打造优良的金融生态环境放在突出位置。2016年以前,市委、市政府在金融生态打造上主要突出了五方面工作:一是突出金融地位,全市上下形成金融生态是东营经济社会发展命脉的共识;二是举办银企洽谈会,推动政银企结合;三是加强信用东营建设,让企业和金融机构都讲诚信;四是化解银行风险,不让银行赔钱;五是主动为银行排忧解难,解除其后顾之忧。有了这几点,企业顺利借钱,按时还钱,越做越大;银行大胆放贷,闷声挣钱,信贷规模快速膨胀,资产不良率持续保持低位,行长升职,员工加薪;政府一手托两家,有事好商量,壮大了产业,富了财政,赢了政绩。年复一年,良性循环,东营金融生态环境就这样打造出来了。

(六)适宜做大的软环境

"九五"期间,东营市提出并实施工业强市战略,将工业发展作为立市之本。做大工业,光有优越条件和企业家的努力不行,还需政府有为,政府这只手的作用不可或缺。一是在转变职能、简政放权上久久为功,破解审批难、审批慢问题。二是加快信用东营建设,政府、企业、社会信用体系不断完善。三是排忧解难,为企业出实招、办实事、解难题。四是政策助推,顶格落实上级政策,出台管用的当地政策,优质资源向优势企业集中。五是把企业家作为最珍稀的资源、最宝贵的财富,在全社会形成尊崇、爱护、支持企业家干事创业的良好氛围。六是加强调度,及时掌握经济运行情况,有效化解共性和个性问题。政府有为且持续发力,东营市工业发展软环境越来越好,大企业蓬勃发展就成为情理之中的事了。

二、问题与展望

任何事物都有两面性。长得快了,看着肥肥大大,但很可能出现"虚胖"。试想,一头满身赘肉、一步三晃、气喘吁吁的大象,怎么会有矫健的步伐、持久的耐力,怎么会走在象阵的前列。东营大企业总体上是健康的,但问题也不少,付出的代价也不小。一是软骨症,也就是缺钙。表现为技术创新能力不足,信奉拿来主义,设备、配方都是外采,资金实力强就买先进设备和工艺,资金实力弱就买一般的凑合用,当然这可能是必经阶段,但自己的创新载体要么没有,要么小打小闹小创小造,要么建起平台来起个名堂、评个级别,就束之高阁,并不使用,以至于自主创新功力满满者不多,功力了了者占多数,功力全无者也不少。一个阶段如此尚能应付,但缺钙骨软长期下去,何谈身康体健。二是肥胖症。主要表现在搞了若干无关多元化。过去曾提倡企业多元发展,叫"东方不亮西方亮",但长期沉迷于此,就会像《蝜蝂传》里的蝜蝂,"蝜蝂者,善负小虫也。行遇物,辄持取,卬其首负之。背愈重,虽困剧不止也。其背甚涩,物积因不散,卒踬仆不能起。人或怜之,为去其负。苟能行,又持取如故。又好上高,极其力不已,至坠地死。"有些大企业,动辄五六个产业板块,结果啥都做不好,1+1没能大于2,反而小于2。三是不会管。老一代企业家能创业,但由于文化层次偏低,管理理念陈旧,学起来吃力,又不肯让贤,现代化管理迟迟上不了路,较低的管理水平怎么能有较高的企业效益?能生不会管,即使勉强做大了,也不可持续。四是同质化。主要表现在简单模仿扎堆上项目。你上轮胎,我也上轮胎;你上500万条,我上600万条。你上炼油,我也上炼油;你上200万吨,我上300万吨。上来上去,就像一个模子里套出来的,区域规模做大了,单体规模没上去,单套装置不经济,产品高度雷同,均处于中低端,没有优质何谈优价?五是互相担保。担保是双刃剑,一方面能发挥乘数效应,短期内能贷到款,迅速做大;一方面则一损俱损,火烧连营,一倒一大片。

随着工业经济发展进入高质量发展新时代,东营的"大象"们正在经历"凤凰涅槃",转型阵痛必不可少,部分企业折戟沉沙,仅中国民营经济500强企业就有大海集团、胜通集团等4家企业实施破产重整,但大多数企业在"体重""奔跑速度""肉厚皮实"等方面基本都能达标,拉长产业链条、提高单台(套)规模、提升管理水平、精干主业、解除担保困扰等工作有了实质性进展,特别是它们正在努力吃着科技创新之"草",以图继续成长。科技创新正是他们的"火箭推动器",企业正穿上科技创新的"宇航服",准备更新换代、遨游天宇,实现"大象长翅膀"的大进化,推动着东营从"群象经济"走向"飞象经济"。因此,东营的"群象经济"引领了过去,东营的"飞象经济"必能引领未来;过去的"群象奔腾"展现了地动山摇的气势,未来的"飞象蔽日"必会激荡起风起云涌的雄阔。东营的"群象"依旧领跑发展,未来更须"仰视"。

专栏一 2020年大企业集团发展情况统计

序号	企业名称	所在县区	营业收入/亿元	利润总额/亿元	缴纳税收/亿元	年平均用工数/人
1	利华益集团	利津县	962.16	39.55	66.72	7 836
2	万达集团	垦利区	930.25	45.12	21.49	13 205
3	华泰集团	广饶县	764.91	34.14	7.60	13 230
4	海科控股	东营区	653.26	11.54	13.91	4 267

续表

序号	企业名称	所在县区	营业收入/亿元	利润总额/亿元	缴纳税收/亿元	年平均用工数/人
5	齐润化工	农高区	549.41	4.00	9.91	1 198
6	富海集团	河口区	437.78	19.69	15.57	5 557
7	齐成控股	广饶县	434.52	2.15	7.17	600
8	中海化工	河口区	228.56	12.89	7.35	2 269
9	东方华龙	广饶县	203.50	1.75	4.11	1 193
10	科力达石化	广饶县	189.49	0.07	3.97	820
11	华星石化	广饶县	189.15	6.71	14.14	1 456
12	联合石化	东营港	168.61	5.99	17.12	1 790
13	垦利石化	垦利区	149.21	8.95	12.75	2 516
14	神驰控股	东营区	143.46	1.41	3.53	1 350
15	亚通石化	东营港	141.39	3.70	9.98	994
16	正和集团	广饶县	131.40	3.37	10.29	1 360
17	万通石化	东营区	107.44	3.74	1.22	2 712
18	科瑞集团	东营区	102.18	1.78	0.92	8 000
19	胜星化工	广饶县	96.44	-4.99	1.80	726
20	尚能实业	广饶县	88.87	4.45	2.90	655
21	兴源集团	广饶县	63.52	2.50	1.56	3 600
22	富宇化工	河口区	63.06	0.87	2.31	785
23	双王橡胶	广饶县	63.00	4.51	2.40	3 225
24	锦龙石化	河口区	62.40	0.01	0.11	39
25	恒丰橡塑	广饶县	54.01	0.72	1.22	4 800
26	军胜化工	河口区	45.15	-0.05	0.08	80
27	石大胜华	垦利区	44.75	2.60	1.11	1 632
28	华盛橡胶	广饶县	43.78	-0.01	0.59	5 377
29	亚鑫化工	垦利区	41.11	-0.55	0.23	50
30	广悦化工	东营港	41.06	-0.17	0.06	323

专栏二　入围 2020 中国民营企业 500 强、中国制造业企业 500 强的企业

榜单显示，万达控股集团有限公司和利华益集团股份有限公司位居东营上榜企业的"状元"和"榜眼"位置，民营企业 500 强全国排名分别位于 65 位和 68 位。制造业 500 强排名位于 34 位和 36 位。

此外，东营上榜企业主要涉及石油化工业、化学原料和化学制品制造业、造纸和纸制品业、专用设备制造业等领域。

东营市 14 家企业入围 2020 中国民营企业 500 强，15 家企业入围中国制造业企业 500 强（见表 8-2）。

表 8-2　入围 2020 中国民营企业 500 强、中国制造业企业 500 强的企业

企业名称	2019 年营业收入总额/万元	中国民营企业 500 强		中国制造业企业 500 强	
		是否入围	排　名	是否入围	排　名
万达控股集团有限公司	9 532 554	是	65	是	34
利华益集团股份有限公司	9 101 527	是	68	是	36
华泰集团有限公司	7 498 149	是	95	是	49
山东海科控股有限公司	6 600 025	是	115	是	61
山东金岭集团有限公司	4 152 181	是	212	是	120
山东科达集团有限公司	4 010 299	是	221	否	
富海集团有限公司	3 758 793	是	240	是	136
山东齐成石油化工有限公司	3 680 344	是	245	是	139
山东中海化工集团有限公司	2 876 496	是	326	是	183
万通海欣控股集团股份有限公司	2 816 582	是	332	是	186
东营齐润化工有限公司	2 665 043	是	350	是	198
山东东方华龙工贸集团有限公司	2 627 031	是	356	是	200
山东垦利石化集团有限公司	2 353 969	是	416	是	240
广饶科力达石化科技有限公司	2 336 647	是	420	是	244
山东胜星化工有限公司	1 142 367	否		是	413
山东科瑞控股集团有限公司	1 061 319	否		是	444

专栏三　入围 2020 中国企业 500 强的企业

企业名称	2019 年营业收入/万元	排名
万达控股集团有限公司	9 532 554	228
利华益集团股份有限公司	9 101 527	235
华泰集团有限公司	7 498 149	275
山东海科控股有限公司	6 600 025	296
山东金岭集团有限公司	4 152 181	444
山东科达集团有限公司	4 010 299	456
富海集团有限公司	3 758 793	480
山东齐成石油化工有限公司	3 680 344	492

注:山东省入选企业 47 家,东营市入选企业占全省的 17%。

专栏四　入围 2020 山东民营企业 100 强的企业

企业名称	所在县区	省内排名
万达控股集团有限公司	垦利区	4
利华益集团股份有限公司	利津县	5
华泰集团有限公司	广饶县	6
山东海科控股有限公司	东营区	8
山东金岭集团有限公司	广饶县	24
山东科达集团有限公司	广饶县	25
富海集团有限公司	河口区	27
山东齐成石油化工有限公司	广饶县	29
山东中海化工集团有限公司	河口区	40
万通海欣控股集团股份有限公司	东营区	41
东营齐润化工有限公司	东营区	42
山东东方华龙工贸集团有限公司	广饶县	44

企业名称	所在县区	省内排名
山东垦利石化集团有限公司	垦利区	50
广饶科力达石化科技有限公司	广饶县	51
山东胜星化工有限公司	广饶县	89
路通建设集团股份有限公司	东营区	90
山东科瑞控股集团有限公司	东营区	98

专栏五　企业选介

一、华泰集团

华泰集团有限公司是以造纸、化工为龙头,集印刷、热电、林业、物流、商贸、餐饮、地产、金融等十多个产业于一体的全国500强企业,名列2019中国企业500强第254位,位居中国轻工业百强企业第11位,连续多年名列中国造纸企业前三。

作为山东省造纸行业第一家A股上市企业,华泰集团造纸产能达到400万吨/年,化工及造纸助剂产能同样达到400万吨/年,现有员工15 000余人,总资产328亿元,产品覆盖全国,远销世界60多个国家和地区。公司先后被中组部授予全国创先争优先进基层党组织,被国务院授予全国就业先进企业,被全国总工会授予全国五一劳动奖状、全国工人先锋号、全国模范职工之家,被山东省政府授予首届省长质量奖,曾荣获"全国守合同重信用企业""国家重点高新技术企业""国家技术创新示范企业"等多项荣誉称号。

创业40多年来,华泰集团按照林浆纸一体化发展模式,分别在山东、安徽、河北、广东建成了六大浆纸基地、四大化工基地和两大物流基地。公司强大的发展实力,吸引了德国福伊特、芬兰斯道拉恩索、比利时索尔维、美国杜邦等多家世界500强企业进行"强强联合"。合作项目包括:华泰集团与比利时索尔维集团合资增上电子级食品级双氧水生产线,产品打破国内依赖进口的历史;华泰集团与德国福伊特集团实施"造纸工业4.0战略",引领了造纸行业向"智能制造"迈进;等等。

华泰集团始终将科技创新当成发展的第一引擎,建成了博士后科研工作站、国家级企业技术中心、国家级 CNAS 认可实验室、山东省"泰山学者岗"、山东省废纸综合利用工程技术研究中心、院士工作站七大科研平台,是造纸行业唯一一家荣获 6 项国家级科学技术进步奖的企业。目前,公司新闻纸产品成功占据全国 70% 的市场,成为人民日报、光明日报、新华每日电讯等媒体专供纸张。全国约有 20% 的高档文化纸来自华泰集团。

华泰集团按照"稳固、提升造纸主业,拉长、壮大化工产业,发展新材料、机械加工、现代物流、金融、贸易、信息等新兴产业"的总体发展战略,积极推动"转调创",力争到"十四五"末,销售收入突破 1 000 亿元,把华泰集团建成国际化综合型千亿元大企业集团。

二、利华益集团

利华益集团股份有限公司前身是成立于 1993 年的利津石油化工厂,集团由利华益利津炼化有限公司、山东凤凰制药股份有限公司、三阳纺织有限公司、山东国能石化进出口有限公司等十余家子公司组成,主要从事石油化工、制药、纺织、化工新材料和高端专用化学品的生产与经营,炼油综合加工能力为 1 710 万吨/年、化工生产能力为 766 万吨/年。利华益维远化学股份有限公司 2021 年在 A 股上市。集团建有利华益高分子材料研究院、博士后科研工作站、石油化工研究所等 8 个科技创新平台,获得专利 173 项、省科技进步奖 3 项、国家重点火炬计划 1 项、国家星火计划 2 项、自主知识产权新产品 19 项。集团被列为"山东省高端化工产业集群领军企业"榜首企业,是中国企业500 强、中国石油和化工企业 500 强、全国大中型工业企业自主创新能力行业10 强、山东省企业 100 强企业,位列 2020 中国民营企业 500 强第 68 位、2021中国石油和化工企业 500 强第 26 位。曾荣获"中国优秀企业""国家火炬计划重点高新技术企业""厚道鲁商品牌形象榜上榜企业"及山东省省长质量奖等多项荣誉称号。2020 年实现营业收入 962.16 亿元,利润 39.55 亿元,税收66.72 亿元,平均用工 7 836 人。

在董事长徐云亭带领下,利华益集团走出了一条"油头化身高化尾"的路子,成为石化企业高质量发展的典范。

三、海科集团

山东海科化工集团有限公司始建于 1988 年，前身为东营石油化工厂，2000 年完成企业改制，2004 年组建山东海科化工集团。集团石化板块现有海科化工、海科瑞林、海达物流公司、柏森检测公司、小海豚能源科技、汇链科技、亿维新材料等十余家子公司。依托近 30 年炼化经验，海科集团石化板块积极促进产品结构优化，现已形成覆盖国际贸易、石油炼化、高端油品研发、终端配送、危化品智慧物流和港口服务、独立第三方检测和质量控制、终端连锁品牌加油站、电商运营、安全环保管理、五星级服务等一体化的全产业链条，致力于"构建数字化经营体系，成为智能高效的能源服务商"。

海科集团通过成功实施改革重组、资本运营、海外并购等重大举措，实现了跨越式发展，现已发展成集石化能源、新能源材料、特种化学品、消费与医药化学、互联网物流、国际贸易等多位一体的综合性大型跨国企业集团，荣膺达沃斯论坛"全球成长型公司"称号，是国家高新技术企业、中国企业 500 强企业、中国制造业企业 500 强企业，被列为工信部智能制造试点示范项目，位列 2020 全国民营企业 500 强第 115 位、2021 中国石油和化工企业 500 强第 34 位。2020 年实现营业收入 653.26 亿元，利润 11.54 亿元，税收 13.91 亿元，平均用工 4 267 人。

海科集团在董事长杨晓宏带领下，坚持创新引领企业发展，高端石化、石墨烯新材料、低分子肝素等的研发取得了显著成绩。

四、富海集团

富海集团有限公司成立于 1998 年 3 月 18 日，是一家集石油化工、煤化工、物流配送、油气站连锁经营及新能源利用于一体的能源化工企业，现有员工 5 700 余人。集团先后荣获"全国质量标杆企业""国家高新技术企业""国家守合同重信用企业"等荣誉称号，连续 10 年跻身中国石油和化工企业 500 强，连续 5 年跻身中国企业 500 强。位列 2020 年全国民营企业 500 强第 240 位、2021 中国石油和化工企业 500 强第 46 位。2020 年，实现营业收入 437.78 亿元，利润 19.69 亿元，税收 15.57 亿元。2021 年，富海集团荣获第十九届全国质量奖。

富海集团致力于搭建完整的石化上下游产业链条，现拥有华联石化和联合石化两大生产基地,原油一次加工能力为1 000万吨/年;拥有自建、加盟、合作油气站460余座,建有东营河口、菏泽郓城两大物流园区,形成了以连锁站点、终端合作伙伴为支撑的营销网络和以公路、铁路、港口、管输及罐区为纽带的运输体系。

富海集团不断强化创新驱动,富海研究院在东营和上海同时建有研发基地,专注于完全生物降解塑料、特种工程塑料、差异化聚酯、功能性聚合物、特种纤维与薄膜等领域前沿科技,全力搭建"基础化工原料—关键单体—高性能聚合物—终端应用开发"产研结合价值链条。建设的200万吨/年对二甲苯项目是山东省唯一列入《石化产业规划布局方案》的芳烃项目,该项目Ⅰ系列已于2020年投产达效;正在建设的250万吨/年PTA项目是山东省重点项目,单套规模国内最大,填补了山东省PTA产能空白;投资240亿元的PET聚酯包装新材料项目拟于2022年9月开工建设。上述项目的实施,实现了"油头—PX—PTA—PET"全链条贯穿,成为东营市第一家炼化一体化企业。

在董事长罗冰的带领下,富海集团从收购国有炼油厂起步,到发展混合所有制企业;从油头起步,到PX投产,PTA、PET上马,走出了一条从小到大、由大到强的发展之路。

第九章
中小工业企业向"专精特新"方向发展

中小企业是国民经济和社会发展的生力军,是扩大就业、改善民生、促进创业创新的重要力量,在稳增长、促改革、调结构、惠民生、防风险中发挥着重要作用。2019年中小企业贡献了全国50%以上的税收、60%以上的GDP、70%以上的技术创新成果、80%以上的劳动力就业、90%以上的企业数量。

第一节　工业企业规模划分办法沿革

一、大中小型企业划分标准

(一)1988年国家经委等的划分标准

1988年4月5日,国家经委、国家计委、国家统计局、财政部、劳动人事部发布《大中小型工业企业划分标准》,划分依据主要是企业的生产能力,生产品种繁多难以按生产能力划分的少数行业的企业,则可按固定资产(原值)划分。根据劳动力、劳动手段、劳动对象和产品在企业的集中程度,工业企业划分为特大型、大型(分为大型一档、大型二档)、中型(分为中型一档、中型二档)和小型4类。

(二)2017年国家统计局的划分标准

为贯彻落实工业和信息化部、国家统计局、国家发展改革委、财政部《关于印发中小企业划型标准规定的通知》(工信部联企业〔2011〕300号),结合统计工作的实际情况,国家统计局制定了《统计上大中小微型企业划分办法》(国统字〔2017〕213号)。大型、中型和小型企业须同时满足所列指标的下限,否则下划一档;微型企业满足所列指标中的一项即可(见表9-1)。

表 9-1 大中小微工业企业划分标准

行业名称	指标名称	单 位	大 型	中 型	小 型	微 型
工 业	从业人员(X)	人	$X \geqslant 1\,000$	$300 \leqslant X < 1\,000$	$20 \leqslant X < 300$	$X < 20$
	营业收入(Y)	万元	$Y \geqslant 40\,000$	$2\,000 \leqslant Y < 40\,000$	$300 \leqslant Y < 2\,000$	$Y < 300$

二、规模以上工业企业划分标准

1998年以前,工业企业的统计范围为乡及乡以上企业。

1998—2006年,规模以上工业企业是指全部国有及年主营业务收入达到500万元及以上的非国有工业法人企业;规模以下工业企业是指年主营业务收入(产品销售收入)500万元以下的非国有工业企业和全部个体经营工业单位。

从2007年开始,按照国家统计局的规定,这一界定又发生了新的变化,将年主营业务收入不足500万元的国有工业法人企业不再作为规模以上工业企业统计,即规模以上工业企业的统计范围为年主营业务收入达到500万元及以上的工业法人企业;规模以下工业企业统计范围为年主营业务收入(产品销售收入)500万元以下的工业企业和全部个体经营工业单位。

2011年3月8日,国家统计调查从2011年1月起,纳入规模以上工业企业统计范围的工业企业起点标准从年主营业务收入500万元提高到2000万元。

第二节 发展沿革

2010年之前的《东营年鉴》没有专设中小工业企业栏目,中小工业企业资料不详。

2012年底,全市有规模以上工业中小企业784家,占地方工业企业的95.1%。

2013年底,全市有规模以上工业中小企业816家。

2014年底,全市有规模以上工业中小企业867家,占地方工业企业的94.1%,实现主营业务收入、利税、利润占全部规模以上工业企业的比重分别达到49.7%、37.5%和45.3%。完成出口交货值149.9亿元,占全部规模以上工业企业的比重为32.5%。

2015年底,全市有规模以上工业中小企业894家,占地方工业企业的94.3%,资产总额3 969.9亿元,主营业务收入、利税、利润占全部规模以上工业企业的比重分别达到51.1%、51.9%和62.9%。

2016年底,全市有规模以上工业中小企业892家,资产总额4 246.8亿元,从业人员14.75万人;主营业务收入、利税、利润占全部规模以上工业企业的比重分别达到46.9%、54.7%和70.8%。

2017年底,全市有规模以上工业中小企业900家,资产总额4 109.75亿元。

2018年底,全市有规模以上工业中小企业930家。

2019年底,全市有规模以上工业中小企业677家。

2020年底,全市有规模以上工业企业758家,其中,大型企业37家,中型企业100家,小型企业621家,中小企业占95.1%。中小企业资产总额3 860.8亿元,从业人员10.2万人,主营业务收入占全部规模以上工业企业的比重达到51.5%。

第三节　中小工业企业的培育

建市近40年来,东营市中小工业企业健康发展,对工业经济乃至全市经济发展起到了基础性推进作用,但也应该看到,和东营市蔚然壮观的"大象经济"相比,全市中小工业企业数量还不够多,分量还不够重,这里边有列入统计的问题,更重要的是全民创业未形成波澜壮阔的风气,政府助推力度还不够大,中小工业企业铺天盖地成长的氛围不够浓厚。中小企业的培育应当在软环境建设上下功夫,在向"专精特新"方向发展上求实效。

1996—2000 年，东营市中小企业归属市乡镇企业局管理，情况统计按地域行政级别划分，其间中小企业的概念比较模糊，中小企业的发展指标不作单独统计。

2001 年，市县乡镇企业局撤并到市县经贸委（局），在经贸委（局）内部设立中小企业管理机构。适逢国家对中小企业发展重视力度加大，东营市开始对中小企业发展情况进行单独管理统计。

2003 年，全市中小企业完成营业收入 576 亿元，实现增加值 112.7 亿元、利润 44.2 亿元、税金 11.2 亿元、出口交货值 12.6 亿元。

2006 年，全市有规模以上工业中小企业 592 家，实现主营业务收入 973.8 亿元、利税 119.4 亿元、利润 82.75 亿元。

2007 年，落实中小企业成长计划，加大力度扶持列入省、市成长计划的 176 家企业，评选出"十佳最具成长性中小企业"，分别给予 10 万元奖励。

2008 年，更新、完善成长型中小企业网上监测评估系统，启用 2008 年成长性中小企业网上申报系统，有 107 家企业实现网上申报。

2009 年，市政府印发《关于促进民营科技企业发展的若干规定》《关于实施促进中小企业成长计划的意见》《关于进一步做好工业经济运行工作的意见》等政策文件，落实 400 万元中小企业发展专项资金，支持 10 家成长性中小企业、11 家技术创新企业、2 家公共服务平台、1 家创业辅导基地、3 家中小企业培训基地建设。落实 100 万元中小企业融资担保扶持资金，落实工业项目扶持资金 1 465 万元，支持 48 家中小企业。落实节能扶持资金 270 万元，支持 20 家中小企业。

2011 年，市编委印发《关于设立市中小企业办公室的批复》（东编发〔2011〕25 号），同意设立市中小企业办公室，为市经信委所属监督管理类事业单位，副县级，下设政策调研科、规划发展科和科技管理科，核定管理人员编制 11 人，配备主任、副主任各 1 名。市政府出台《关于进一步促进中小企业发展的意见》，实施中小企业"四项计划"（中小企业培育、中小企业技术创新、中小企业成长、产业集群提升计划）。认定 37 家市级"一企一技术"研发中心。全市中小企业主营业务收入、利税、利润占地方工业企业的比重分别达到 70.9%、72.0%、76.3%，其中小型企业占地方工业企业的比重分别为 35.0%、40.2%、43.2%，呈现"大中小企业三分天下中小企业占二强"的局面。

2012 年,市政府印发《关于进一步支持小型微型企业健康发展的实施意见》,提出财税、融资、创业就业、创新发展、提升经营管理水平、集约集聚发展、优化发展环境等 7 个方面 29 条具体措施。

2013 年,市政府印发《2013 年全市中小企业工作安排意见》《东营市扶助小型微型企业专项行动实施方案》,实施中小微企业"四升一群"(个体户升微型企业、微型企业升小型企业、小型企业升中型企业、中型企业升大型企业、新增年销售收入过 200 亿元产业集群)计划,推进综合服务平台建设、管理提升、创新服务、专精特新企业培育等重点工作,设立 1 500 万元中小企业发展专项资金。市经信委、市监察局印发《东营市中小微企业发展考核办法》(东经信发〔2013〕110 号)。在市中小企业管理部门备案的融资性中小企业信用担保机构达 17 家,注册资金 17.6 亿元。

2014 年,市经信委修订了《东营市中小微企业发展考核办法(试行)》。争取国家中小企业扶持资金 1 220 万元,扶持了 7 家企业;争取省级中小企业扶持资金 477 万元,扶持了 10 家企业;安排 1 600 万元市级中小企业专项资金,扶持了 118 家企业。

2015 年,市经信委印发《东营市经济和信息化委员会关于进一步推进小微企业一对一联系帮扶工作的意见》(东经信发〔2015〕80 号)。争取省中小企业创业补助创新奖励资金 134 万元;安排市级中小企业发展专项资金 560 万元,对 63 家中小企业进行了扶持。

2016 年,市政府印发《关于减轻企业税费负担降低财务支出成本的意见》(东政发〔2016〕14 号)。市经信委印发《关于开展中小微企业划型认定的通知》(东经信发〔2016〕163 号)。5 个省级中小企业产业集群拥有工业企业 616 家,从业人员 9.16 万人。省级特色产业镇达到 8 个。6 家企业的电子商务项目列入山东省中小企业"互联网 +"示范培育计划。省中小企业公共服务示范平台达到 7 个。

2017 年,市委、市政府先后印发《东营市支持工业经济发展的十条意见》《关于支持非公有制经济健康发展的十条意见》。

2018 年,全市省级中小企业"一企一技术"研发中心达到 62 个,省级"一企一技术"创新企业达到 64 家。新认定省级小型微型企业创业创新示范基地 2 个。省级"专精特新"中小企业达到 76 家。省级中小企业"隐形冠军"

达到 13 家。认定山东省瞪羚企业 2 家。新认定省级特色产业镇 2 个。开展"送政策上门精准对接"服务民营企业活动,编印政策汇编 3 000 册,送至规模以上企业。开展"百名局长服务百家企业"活动,市直 25 个部门、县区 75 个部门与企业结对帮扶。广饶橡胶轮胎产业集群获得省财政扶持资金 300 万元。安排市级中小企业发展专项资金 600 万元,奖励 12 家 2017 年认定的省级"一企一技术"研发中心企业和"一企一技术"创新企业。

2019 年,市政府办公室印发《东营市高成长性中小企业培育计划》(东政办发〔2019〕3 号),计划利用 5 年时间,集中力量培育一批发展潜力大、成长进步快、在行业内具有明显规模优势或技术领先地位的高成长性中小企业,到 2023 年,全市规模以上工业企业达到 1 100 家,科技型中小企业超过 500 家,高新技术企业超过 300 家,上市(挂牌)企业超过 300 家,新认定制造业单项冠军企业、隐形冠军企业、专精特新企业、瞪羚企业 100 家。从销售收入 1 000 万元~1 亿元的中小企业中遴选首批 35 家高成长性中小企业,加大了主办银行制度、担保机构支持、生产要素保障、企业家培养等重点培育政策的落实力度,制定了评价评估方法。安排市级中小企业发展专项资金 800 万元,奖励 16 家 2018 年认定的省级"一企一技术"研发中心企业和"一企一技术"创新企业。

2020 年 8 月,德仕能源科技集团股份有限公司、东营市海科新能源化工有限责任公司、东营市三和石油装备有限公司、山东永利精工石油装备有限公司 4 家企业列入第二批国家专精特新"小巨人"企业名单。10 月 5 日,发布了全市第三批共 50 家重点培育的高成长性中小企业名单。12 月,2020 年度省级"专精特新"中小企业名单公布,俊富净化科技、东达机械等 18 家企业入围。新认定山东省瞪羚企业 7 家、省级制造业单项冠军企业 4 家。

第四节　中小企业向"专精特新"方向发展

中小企业富有活力、善于创新、经营灵活、反应敏捷,具有很多大企业不可比拟的竞争优势。其中,专精特新"小巨人"企业、制造业单项冠军企业、隐形冠军企业(下简称"三类企业")等更是独具优势。"小而肥"的领头羊企业群体,是培育经济增长新动能、助力实体经济发展、促进我国经济未来持续增长的中坚力量。中小企业在全球化竞争中担当和贡献着越来越重要的角色,特别是当前我国经济正处于由高速发展转向高质量发展的关键阶段,以提高全要素生产率来推动高质量发展具有关键作用。如何培育更多高质量的优质中小企业,是新时代的一个大课题、重要课题。

一、"三类企业"的内涵与发展

(一)专精特新"小巨人"企业

"专精特新"是 2011 年 7 月时任工业和信息化部总工程师的朱宏任在新闻发布会上于《中国产业发展和产业政策报告(2011)》中首次作出的表述。他提出,"十二五"时期将大力推动中小企业向"专精特新"方向发展,即专业、精细管理、特色和创新。同年 9 月,工信部发布的《"十二五"中小企业成长规划》中把坚持"专精特新"作为"十二五"时期促进中小企业成长的基本原则之一。2012 年 4 月,《国务院关于进一步支持小型微型企业健康发展的意见》中提出,要支持创新型、创业型和劳动密集型的小型微型企业发展,鼓励小型微型企业走"专精特新"和与大企业协作配套发展的道路,加快从要素驱动向创新驱动的转变。2013 年 7 月,工信部发布《关于促进中小企业"专精特新"发展的指导意见》,进一步丰富和规范了"专精特新"的内涵,即"专业化、精细化、特色化、新颖化"。"专精特新"企业是指具有"专业化、精细化、特色化、新颖化"特征的工业中小企业(见表 9-2)。

表 9-2 "专精特新"企业的内涵解释

序号	内涵	解 释
1	专业化	专注核心业务,提高专业化生产、服务和协作配套的能力,为大企业、大项目和产业链提供零部件、元器件、配套产品和配套服务
2	精细化	精细化生产、精细化管理、精细化服务,以美誉度高、性价比高、品质精良的产品和服务在细分市场中占据优势
3	特色化	利用特色资源,弘扬传统技艺和地域文化,采用独特工艺、技术、配方或原料,研制生产具有地方或企业特色的产品
4	新颖化	开展技术创新、管理创新和商业模式创新,培育新的增长点,形成新的竞争优势

2016 年,工信部牵头制定发布《工业强基工程实施指南(2016—2020 年)》和《促进中小企业发展规划(2016—2020 年)》,都明确提出推动中小企业向

"专精特新"方向发展,培育一批专精特新"小巨人"企业。2018年11月,《工业和信息化部办公厅关于开展专精特新"小巨人"企业培育工作的通知》明确了专精特新"小巨人"企业的概念,即"专精特新"中小企业中的佼佼者,是专注于细分市场、创新能力强、市场占有率高、掌握关键核心技术、质量效益优的排头兵企业。工信部提出4项评选专项指标(见表9-3),计划利用3年时间(2018—2020年),培育600家左右专精特新"小巨人"企业,促进其在创新能力、国际市场开拓、经营管理水平、智能转型等方面得到提升发展。

表9-3　专精特新"小巨人"企业的具体条件

序号	专项指标	具体条件
1	经济效益	上年度企业营业收入在1亿~4亿元之间,近2年主营业务收入或净利润的平均增长率达到10%以上,企业资产负债率不高于70%
2	专业化程度	从事特定细分市场时间达到3年及以上,其主营业务收入占本企业营业收入的70%以上,主导产品享有较高知名度,且细分市场占有率在全国名列前茅或居全省前三位
3	创新能力	近2年企业研发经费支出占营业收入的比重在同行业中名列前茅,从事研发和相关技术创新活动的工程技术人员占企业职工总数的比例不低于15%,至少获得5项与主要产品相关的发明专利,或15项及以上实用新型专利、外观设计专利。近2年企业主持或者参与制(修)订至少1项相关业务领域国际标准、国家标准或行业标准。企业具有自主知识产权的核心技术和科技成果,具备良好的科技成果转化能力。企业设立研发机构,具备完成技术创新任务所必备的技术开发仪器设备条件或环境等
4	经营管理	企业有完整的精细化管理方案,取得相关质量管理体系认证,采用先进的企业管理方式,如5S管理、卓越绩效管理、ERP、CRM、SCM等。企业实施系统化品牌培育战略并取得良好绩效,拥有自主品牌,获得省二级及以上名牌产品或驰名商标1项以上。企业产品生产执行标准达到国际或国内先进水平,或是产品通过发达国家和地区的产品认证。企业已建立规范化的顾客满意度评测机制或产品追溯体系

(二)制造业单项冠军企业

制造业单项冠军企业是指长期专注于制造业某些特定细分产品市场,生产技术或工艺国际领先,单项产品市场占有率位居全球前列的企业。其包含两方面内涵:一是"单项",即企业必须专注于目标市场,长期在相关领域精耕细作;二是"冠军",即要求企业在细分领域中拥有冠军级的市场地位和技术实力。

2016 年 3 月,工信部印发《制造业单项冠军企业培育提升专项行动实施方案》,从聚焦有限目标市场、主营产品市场占有率、持续创新能力强、经营业绩优、长期专注主营产品、符合制造业重点发展方向、重视品牌培育、环保能耗达标、管理制度规范 9 个方面明确了单项冠军企业的条件,引导制造企业专注创新和产品质量提升(见表 9-4)。《方案》指出,"到 2025 年,总结提升 200 家制造业单项冠军示范企业,发现和培育 600 家有潜力成长为单项冠军企业的企业"。目前,制造业单项冠军企业培育提升专项行动实施 4 年以来,先后遴选了 4 批共 256 家单项冠军示范企业、90 家培育企业、161 项单项冠军产品(见图 9-1)。单项冠军企业与制造业资源集聚度是高度相关的。东部沿海地区的浙江、山东、江苏名列前茅,拥有占全国 53.5%的单项冠军企业,展示出区域经济和各地制造业的发展水平。

表 9-4　制造业单项冠军示范企业评选的具体条件

序号	方　面	具体条件
1	目标市场	聚焦有限的目标市场,主要从事制造业 1~2 个特定细分产品市场,特定细分产品销售收入占企业全部业务收入的比重在 70%以上
2	市场占有率	在相关细分产品市场中,拥有强大的市场地位和很高的市场份额,单项产品市场占有率位居全球前三位
3	创新能力	生产技术、工艺国际领先,产品质量优良,相关关键性能指标处于国际同类产品的领先水平。企业持续创新能力强,拥有核心自主知识产权,主导或参与制定相关业务领域技术标准
4	经营业绩	企业经营业绩优秀,利润率超过同期同行业企业的总体水平。企业重视并实施国际化经营战略,市场前景好
5	主营产品	企业长期专注于瞄准的特定细分产品市场,从事相关业务领域的时间达到 10 年或以上,或从事新产品生产经营的时间达到 3 年或以上
6	发展方向	符合工业强基工程等重点方向,从事细分产品市场属于制造业关键基础材料、核心零部件、专用高端产品,以及属于重点领域技术路线图中有关产品的企业,予以优先考虑
7	品牌培育	制定并实施品牌战略,建立完善的品牌培育管理体系并取得良好绩效,公告为工信部工业品牌建设和培育示范的企业优先考虑
8	环保能耗	企业近 3 年无环境违法记录,企业产品能耗达到能耗限额标准先进值
9	管理制度	具有独立法人资格,具有健全的财务、知识产权、技术标准和质量保证等管理制度

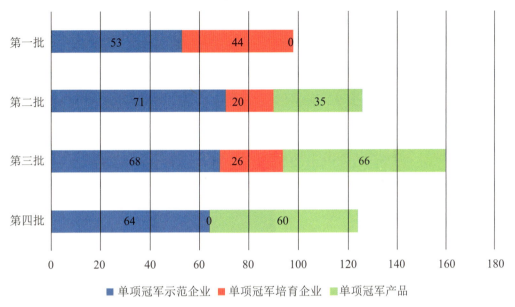

图 9-1　4 批制造业单项冠军示范企业、培育企业和产品数量

制造业单项冠军企业是制造业创新发展的基石,是制造业竞争力的重要体现。实施制造业单项冠军企业培育提升专项行动,有利于引导企业树立"十年磨一剑"的精神,引领和带动更多企业走"专特优精"发展道路;有利于贯彻落实《中国制造 2025》,突破制造业关键重点领域,促进制造业迈向中高端,为实现制造强国战略目标提供有力支撑;有利于在全球范围内整合资源,占据全球产业链主导地位,提升制造业国际竞争力。

（三）隐形冠军企业

隐形冠军企业的概念是由德国著名管理学思想家赫尔曼·西蒙首次提出的。他通过研究大量德国的卓越中小企业案例,认为隐形冠军企业是指那些在某个细分市场占据绝对领先地位但鲜为人知的中小企业。

1986 年,时任欧洲市场营销研究院院长的西蒙被美国哈佛大学商学院的西多尔·利维特教授问了一个问题:"为什么德国的经济总量不过美国的 1/4,但是出口额却雄踞世界第一？哪些企业对此所作的贡献最大？"西蒙直觉地感到答案不会是众所周知的大公司,因为它们和国际竞争对手相比并没有特别的优势。他通过深入调查和研究,证明答案正是在各自所在的细分市场默默耕耘并且成为全球行业领袖的中小企业,这些中小企业的作用在全球化进程和国际竞争中甚至变得更为重要。1990 年,他创造性地提出了"隐形冠军"。

西蒙定义的隐形冠军企业需要满足 3 个标准条件：① 世界同业市场的前三强或者至少是某个大洲的第一名；② 年营业额低于 50 亿欧元；③ 不为外界周知，公众知名度比较低。由此，他收集了全世界近 3 000 家隐形冠军企业的数据，在中国发现了至少 92 家隐形冠军企业。这一数据可能不完全准确，而且随着世界市场的持续变化，这个数量还在持续增长。

西蒙的《隐形冠军：未来全球化的先锋》等著作是关于隐形冠军企业的权威研究成果，从市场领导、专注战略、深度价值创造、全球营销、贴近客户、产品和服务、持续创新、竞争战略、融资战略、组织结构、企业文化、有效管理等方面描述了隐形冠军企业的共同特征。"隐形冠军"的概念于 2003 年首次引入中国，日益受到企业家、学者、政府和媒体的关注。隐形冠军蕴含的高附加值、低能耗、全要素生产率、持久占有市场，体现着创新、协调、绿色、开放、共享新发展理念，体现着发展方式的转变、经济结构的优化、增长动力的转换，正是高质量发展的内在要求。在以质量变革、效率变革、动力变革推动高质量发展的关键阶段，倡导隐形冠军思想，不断发展壮大更多中国的隐形冠军企业，比以往更加重要、迫切。工信部推出的制造业单项冠军企业评选受到了隐形冠军概念的启发，借鉴了其经验。另外，美国的利基企业、日本的国际利基领军企业、韩国的中坚企业等都是隐形冠军企业的代名词。

二、"三类企业"的异同

"三类企业"都是优质企业梯度培育体系中的重要一环，经常被混为一谈或者一并提及。几个概念的提法有共同的精髓所在，但也有所不同。

（一）相同点

这些企业在各自领域营造了良好的企业发展生态环境，促进生产要素合理流动和高效集聚，推动中国各细分行业在全球化竞争中持续发展强大，成为中国经济高质量和可持续发展的重要支撑力量，是产业链现代化的重要组成部分。综合而言，它们具有以下几点共性：

1. 专注执着

这几类企业之所以成为市场领域及目标客户的第一，高度专业性是核心。目标坚定，长期专注核心产品，聚焦主业，潜心研究，精耕细作，精工细琢。在自己的细分领域和利基市场建立了强大的品牌影响力，在产业链内部拥有绝对话语权,与目标客户群存在良好的共生关系。

2. 质量为先

高质量的产品和服务是这几类企业的生命和鲜明特征。这些企业牢固树立质量第一、效益优先的强烈意识,坚持以质量为主要的竞争优势,把提升质量作为内生动力和主攻方向,普遍重视质量基础建设,产品可靠性、功能性和稳定性高,产品使用寿命整体水平高,在同类产品中有着明显的质量优势。

3. 工匠精神

这几类企业是中小企业中的佼佼者,吸收了大批高质量管理人才和技术人才,是质量意识的追求者、工匠精神的践行者、企业家精神的发源地。诚实守信和以人为本的企业文化是内在质量战略。其专注、深耕的管理模式,有利于激发员工的创造力和积极性,人均生产力高。

4. 持续创新

创新是这几类企业处于领先地位的支柱之一,包括研发创新和市场创新。它们平衡坚守与创新关系,保证研发投入,以质量创新提高产品附加值和全要素生产率,增加利润。譬如制造业单项冠军企业平均研发强度为5%,研发机构拥有率为97%,分别是全国规模以上工业企业平均水平的5倍和7倍。国际隐形冠军企业对研发的投入是一般工业企业的2倍多,平均每个员工的专利数量相当于大公司的5倍。同时,它们通过开放性发展进行市场创新。专注战略使得市场变小,这几类企业由于聚焦一个行业、一类业务,产品多是单一的,客户群体是有限的,因此必须拓展市场空间,是参与全球化的先锋。

(二)不同点

1. 认定条件不同

专精特新"小巨人"企业有经济效益、专业化程度、创新能力、经营管理4类专项指标,每类指标都有若干具体条件。其中,在经济效益专项指标上有明确的营业收入数量方面的要求,即上年度企业营业收入在1亿～4亿元之间。

制造业单项冠军企业有目标市场、市场占有率、创新能力、经营业绩、主营产品、发展方向、品牌培育、环保能耗、管理制度9个方面的要求,每方面有若干具体条件。其中,在市场占有率方面有明确要求,细分市场占有率位居全球前三位。

西蒙定义的隐形冠军企业在细分领域的领军企业、年营业额上限值、知名度 3 个方面界定了标准,其中要求符合世界同业市场前三强或者某一大洲排名第一,年营业额低于 50 亿欧元。隐形冠军企业的营业额上限标准,是随着全球化进程、科技进步和企业的业绩增长而不断提高的,这个标准在 1995 年、2005 年分别是 10 亿欧元、30 亿欧元,2014 年提高到 50 亿欧元,也是目前最新上限标准。

2. 发展模式不同

西蒙定义的隐形冠军企业强调"隐形",主要反映许多隐形行业冠军企业的产品往往处于产业链的中上游,多以做中间产品为主,为中下游提供部件、机器、软件或进行配套生产和服务,自己的产品反而在最终产品和服务中不为消费者所见,低调务实,大隐于市。这是市场策略决定了它们所谓的"隐形",是长期专注细分市场、为特定客户服务的结果。西蒙的研究发现,有 69% 的隐形冠军企业活跃在工业领域,包括机械制造、电子、金属加工等,1/5 从事消费品行业,另有 1/9 集中在服务业。而且,隐形冠军企业往往需要长期持续积累,近 2/3 的隐形冠军企业是家族企业,创立年限较长,经历了市场的起落而屹立不倒,将"鬼之艺、匠之气"的精神代代传承。隐形冠军企业的平均年龄为 66 岁,超过百年历史的企业占比为 38%,平均占有市场领导地位达 22 年之久。

单项冠军企业强调"单项",指企业市场占有率高,目的是引导企业树立"十年磨一剑"的专注精神,长期专注于企业擅长的领域,走"专特优精"发展道路。虽然制造业单项冠军企业作为推动制造业高质量发展、促进建设制造强国的重要举措,主要在制造行业细分领域,但不强调"隐形",也是为了引导企业树立品牌意识,同时不将产品领域局限在中间产品领域。其实,隐形冠军企业的"隐形"与塑造品牌之间并不矛盾。隐形冠军企业和产品在行业内是有口皆碑、享有盛誉的,对于它们的目标客户群来说并不"隐形",反而是非常强的品牌。在数字经济时代,随着市场竞争日趋激烈,中小企业必须强化品牌价值的传播,打响自身品牌知名度和美誉度,推动其影响力渗透至整条产业链、供应链乃至终端消费者,为更多市场和用户所知。

专精特新"小巨人"企业强调"专精特新","专精特新"可以认为是一种企业发展模式,是企业实现单项冠军和隐形冠军这一市场地位的发展路径。我国政府鼓励和支持这种发展模式,尤其希望中小企业通过"专精特新"发展之路,不断提高发展质量和水平,增强核心竞争力,最终成长为更多的单项冠军企业和隐形冠军企业。隐形冠军企业和制造业单项冠军企业要想在细分市场上抢得主动权、夺得话语权,获取全球行业的领先地位,必然走上"专精特新"道路。

3. 发展阶段不同

《促进大中小企业融通发展三年行动计划》中明确指出,在各地认定的"专精特新"中小企业中,培育主营业务突出、竞争能力强、成长性好、专注于细分市场、具有一定创新能力的,可持续发展成为专精特新"小巨人"企业,引导成长为制造业单项冠军企业。由此看出,我国对中小企业规划的成长路径是,形成从专精特新"小巨人"企业、制造业单项冠军企业到领航企业(主业突出,综合实力强,具有全球竞争力)的创新发展培育体系(见图9-2)。制造业单项冠军企业界定为在细分领域全球领先,专精特新"小巨人"企业界定为国内领先。在某种意义上说明,专精特新"小巨人"企业是制造业单项冠军企业、隐形冠军企业的前一个阶段,制造业单项冠军企业、隐形冠军企业可以说是经济全球化、产业结构转型升级、供给侧改革背景下专精特新"小巨人"企业的升级加强版。

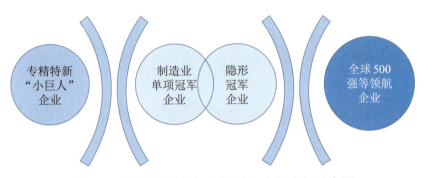

图9-2　我国对中小企业规划的成长路径示意图

制造业单项冠军企业和隐形冠军企业中,有部分企业可同时满足两者标准,如一些制造行业中知名度低的中小企业。实际上,隐形冠军企业是中小企业,制造业单项冠军企业不特指中小企业,从获评企业的规模来看,大型企业是主体,占比约为60%,很大一部分还是上市企业,发挥着龙头企业作用,中型和小型企业仅分别占制造业单项冠军企业的30%、10%左右。

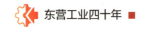

4. 结论

一是制造业单项冠军企业、隐形冠军企业中有的是由专精特新"小巨人"企业中的佼佼者成长起来的,"专精特新"是中小企业发展大势所趋,也是必由之路;二是隐形冠军企业属于舶来品,对国内企业培育路径有一定启发,有部分企业可同时满足制造业单项冠军企业和隐形冠军企业的标准;三是"三类企业"蕴含的精髓、期望以及做精做强的方向和目标要求是一致的,均是独具优势、专业化、高质量的行业翘楚,是培育经济增长新动能、助力实体经济发展、促进我国经济持续增长的重要力量。

三、东营市"专精特新"中小企业发展的实践

东营市高度重视"专精特新"中小企业发展,尤其是"小巨人"企业发展,是因为"专精特新""小而尖""小而专",长期专注于某些细分领域,在技术工艺、产品质量上深耕细作,具有专业程度高、创新能力强、发展潜力大等特点,有些企业由于突破关键核心技术,一跃成为行业中的"小巨人"。这些企业体量虽然不大,但依靠创新却能有大作为。2021 年底工业和信息化部、中国工业经济联合会印发了《关于印发第六批国家制造业单项冠军及通过复核的第三批单项冠军企业(产品)名单的通知》,东营国安化工有限公司凭借再生润滑油基础油产品被认定为第六批国家制造业单项冠军示范企业,胜利油田高原石油装备有限责任公司的皮带抽油机顺利通过了第三批单项冠军产品复核。至此,东营市国家制造业单项冠军企业为 4 家,其中 3 家企业为单项冠军示范企业,分别为胜利油田新大管业科技发展有限责任公司、山东国瓷功能材料股份有限公司、东营国安化工有限公司,单项冠军产品为胜利油田高原石油装备有限责任公司的皮带抽油机。国瓷公司是全球最大的片式多层陶瓷电容器用钛酸钡,国内最大的纳米级复合氧化锆、纳米级高纯超细氧化铝、陶瓷墨水等功能陶瓷产品生产企业,被工信部评为第四批制造业单项冠军示范企业。新大管业是复合材料行业单项冠军企业,碳纤维连续抽油杆、柔性复合连续管道等产品在油田钻采作业中得到广泛应用。这些企业或许规模不够庞大、外表不够鲜亮,但却是实实在在的行业(产品)单项冠军,凭借自主研发的拳头产品,在国内国际竞争中独领风骚。

借力政策的东风,东营市一批中小工业企业被认定为工信部和山东省专

精特新"小巨人"企业,它们主要集中在石油装备制造、新能源、新材料等中高端产业领域,普遍创新能力强、科技含量高、质量效益优,指向经济发展的未来。

不过,步入发展的快车道,"专精特新"也面临着成长的烦恼:持续创新能力不足、协调创新能力不强、国际竞争力有待提升,以及融资难融资贵、营商环境待改善等。这些问题不解决,"专精特新"就难以获得可持续性发展,最终可能一闪而过,归为籍籍无名。

四、几点建议

一是高度重视,政策支持。给"三类企业"包括潜在的冠军企业发展给予足够重视和关注,在财税、金融、产业等方面出台更加优惠的政策,提供更加便捷高效的政务服务,积极创造良好的市场环境,为"三类企业"培育、提升、发展厚植更加有利的土壤。

二是选好标杆,总结示范。认真总结"三类企业"的经验做法,充分发挥其示范引领作用,在全国企业中营造"比学赶超"的深厚氛围,形成明星企业群星璀璨的产业生态,最大限度放大"三类企业"对国家经济转型升级和高质量发展的贡献。

三是统筹谋划,重点扶持。对生产经营领域属于战略性新兴产业和未来产业的专精特新"小巨人"企业,精心培育和呵护,给予特殊或专项政策支持,给予研发和技术支持,夯实其成长根基,加速其成长为制造业单项冠军企业和隐形冠军企业的步伐,为我国进行全球战略性、引领性、未来性产业布局奠定坚实基础。

四是面向世界,面向未来。针对制造业单项冠军企业、隐形冠军企业,其生产经营领域属于国家高端装备制造等战略性新兴产业的,在政策、人才、研发、技术等方面给予强力支持,着力培育其技术原始创新能力和全球产业链供应链的引领能力,推动其加速成长为主业世界一流、综合实力强劲、具有世界领航能力的全球卓越企业。

创新是"专精特新"的灵魂,要让"小巨人"迸发出持久的大能量,关键还在于突出创新,综合施策。一方面,各地区各部门应因地制宜、革新先行,为"专精特新"量身打造税收优惠、金融服务特别是探索供应链金融、人才引进等配套支持政策,尤其是在拓宽融资渠道上,可以实施差异化措施,优先支持创新能力强、发展潜力大的中小企业在主板、科创板、创业板等上市融资,使其多一份行稳致远的从容,把精力更多用于研发创新。还需用好供应链金融的力量。供应链金融的优势在于,其通过大数据、云计算、区块链、物联网等技术,可以基本做到资金流、信息流、物流和商流"四流合一",能够打破传统金融机构对核心企业信用以及对抵押担保的依赖,把小微企业纳入供应链金融体系。也就是说,很多通过传统手段难以获得贷款的小微企业,可以借助新技术手段更好地积累信用数据,更便捷地获得供应链应收账款融资、供应链授信融资等,以此降低企业的融资成本。另一方面,企业自身要以"专精特新"为目标方向,聚焦主业、苦练内功、强化创新,抓住新一轮科技革命和产业变革的机遇,加强基础研究,推动应用研究,对"卡脖子"难题不回避不放弃,牢牢掌握核心环节和关键技术,稳步成长为掌握独门绝技的"配套专家"或"单打冠军"。

中小企业好,东营经济才会好。充满活力的"小巨人",多样性、差异化的"专精特新",是全市工业产业基础高级化、产业链现代化的重要保障。可以预期,有政府的高度重视和支持,在企业自身的久久为功下,未来将有越来越多的企业成长为行业中的"小巨人",甚至修炼为"巨人",勇闯国际竞争中的"无人区"。

专 栏 单项冠军企业、"小巨人"企业

序号	评定类型	企业名称	评选年度	有效年度	所在县区	备 注
1	国家级单项冠军示范企业(2家)	胜利油田新大管业科技发展有限责任公司	2016年认定,2019年复核	2022年	东营经济技术开发区	
2		山东国瓷功能材料股份有限公司	2019年	2022年	东营经济技术开发区	
3	国家级单项冠军产品企业(1家)	胜利油田高原石油装备有限责任公司(皮带抽油机)	2018年	2021年	东营经济技术开发区	
4	省级单项冠军示范企业(9家)	新发药业有限公司	2019年	2022年	垦利区	
5		山东诺尔生物科技有限公司	2019年	2022年	东营港经济开发区	

续表

序号	评定类型	企业名称	评选年度	有效年度	所在县区	备　注
6	省级单项冠军示范企业（9家）	山东海科新源材料科技股份有限公司	2019年	2022年	东营区	
7		胜利油田金岛实业有限公司	2019年	2022年	河口区	
8		东营市俊源石油技术开发有限公司	2019年	2022年	省黄三角农高区	
9		山东永利精工石油装备股份有限公司	2020年	2023年	东营区	
10		东营国安化工有限公司	2020年	2023年	利津县	2021年被评为国家级单项冠军示范企业
11		东营兆源机电科技有限公司	2020年	2023年	东营经济技术开发区	
12		东营华亚国联航空燃料有限公司	2020年	2023年	河口区	
13	国家级专精特新"小巨人"企业（4家）	德仕能源科技集团股份有限公司	2020年	2023年	东营区	第一批重点"小巨人"
14		山东海科新源材料科技股份有限公司	2020年	2023年	东营区	
15		东营市三和石油装备有限公司	2020年	2023年	东营区	第一批重点"小巨人"
16		山东永利精工石油装备股份有限公司	2020年	2023年	东营区	第一批重点"小巨人"

第十章
油地军校融合发展

第一节 胜利油田在这里崛起

东营市是一座石油城市,胜利油田 80％的石油地质储量和 85％的油气产量在东营域内。

胜利油田是中石化下属的第一大油气田,也是胜利石油管理局、胜利油田分公司和胜利石油工程有限公司的统称,主要业务包括油气勘探开发、油气深加工等。胜利油田区域主要分布在山东省东营、济南、烟台等 8 个市的 28 个县(区),及新疆、内蒙古等省、自治区的部分地区。

胜利油田是在 20 世纪 50 年代华北地区地质普查和石油勘探的基础上发现并发展起来的。1961 年 4 月 16 日,位于东营构造上的华 8 井(见图 10-1)首获工业油流,标志着胜利油田的发现。1962 年 9 月 23 日,东营地区营 2 井获日产 555 吨的高产油流,这是当时全国日产量最高的一口油井,胜利油田早期称为"九二三厂"即由此而来。1964 年 1 月 25 日,中共中央批准组织华北石油勘探会战,胜利油田勘探会战和开发建设拉开序幕。1972 年 8 月,改称胜利油田会战指挥部。1989 年 8 月,更名为胜利石油管理局。1998 年 6 月,国家进行石油石化重组,胜利油田由原中国石油天然气总公司划归中国石化集团公司。2000 年 5 月,中石化整合上市,将油田勘探开发核心业务组建成立胜利油田有限公司,2006 年 1 月,变更为胜利油田分公司。2013 年,将管理

图 10-1 华八井

局的物探、钻井、测井、录井及地面工程建设等业务,整合到中石化石油工程技术服务有限公司。2017 年,进行公司制改造,成立胜利石油管理局有限公司。

从 1961 年到 2021 年胜利油田走过整整一甲子。到 2020 年底,胜利油田已发现 81 个油气田,探明石油地质储量 55.87 亿吨,累计生产原油 12.5 亿吨,占我国同期陆上原油产量的 1/5,累计实现收入 2.39 万亿元、利润 1.03 万亿元。胜利油田原油产量曾经连续 9 年保持在 3 000 万吨以上,1996—2015 年连续 20 年年均产量稳定在 2 700 万吨以上。2020 年原油产量稳定在 2 340 万吨以上,天然气稳定在 5.61 万立方米以上。如期实现同口径条件下盈亏平衡点降至 50 美元/桶目标。

近年来,随着国际原油价格剧烈变动,胜利油田出现亏损,其中 2015 年首次陷入亏损,由盈利大户变成亏损企业,全年亏损超过 92 亿元;2017 年亏损 227 亿元,2020 年亏损 156.4 亿元。

20 世纪 60 年代石油开发前,东营地区仍然处于传统的农业经济为主的发展阶段,属于山东省相对落后的地区,被称为山东的"北大荒"。大规模的石油开发,在这里建成全国第二大油田,不仅为国家甩掉贫油的帽子作出重要贡献,也谱写了黄河三角洲开发建设的新篇章。

石油开发中,国家加大对黄河三角洲地区的投入,石油工业迅速崛起,带动和促进了地域第二、三产业迅猛发展,地区经济总量快速膨胀,传统的产业结构加速优化,一大批新型油区城镇如雨后春笋般涌现,油地两惠的各项社会事业齐头并进,特别是石油开发带来的现代科学技术和大批高素质的石油产业移民,都为地域经济社会文化持续发展注入了极大的能量,并最终导致山东省辖地级市——东营市的诞生。建市后,地方工业坚持油地融合发展,一批批企业依托资源、面向油田迅猛崛起,蹚出了一条资源型城市转型发展的成功路子,创造了工业发展的"东营奇迹",地炼、轮胎、石油装备生产规模全国第一,全国 500 强民营企业数量全省第一。1983 年,东营工业总产值 228 696 万元(按 1980 年不变价格计算),其中油田 208 461 万元,地方 20 235 万元,油地比为 100∶9.7。2020 年,全市规模以上工业企业营业收入 7 203.7 亿元,其中,油田 530 亿元,地方 6 673.7 亿元,油地比为 7.9∶100。

第二节　胜利油田存续企业改革

胜利油田诞生于高度集中的计划经济体制下,"大而全"成为其基本特征,生产全链条,服务全封闭,企业办社会,效率不高,负重前行。随着改革开放逐步深入,效益至上理念凸显。

2000 年,中石化企业进行内部重组,胜利油田将工程技术服务、生产辅助、后勤保障、文教卫生、多种经营等部分剥离出来,以油气生产为主业组建为上市公司在境外上市,剩余部分作为存续企业继续留在管理局,从而形成了胜利油田股份有限公司和胜利石油管理局两大部分共存的局面。

2003 年始,按照中央安排,胜利油田开始了主辅分离、辅业改制,推进存续企业改革和分离企业办社会职能。

胜利油田存续部分主要产业板块有:

(1)工程技术服务板块。包括物化探、修井作业、录井、测井、设计院及 2 家油建公司等,这部分业务是油田勘探开发的重要技术支撑,也是管理局赖以生存发展的主导业务。

(2)生产服务板块。主要包括供发电、供水、通信、运输、机修和局属实体,这些系统和单位是有限公司和管理局生产运营的重要依托和保障。

(3)社会服务板块。包括社区物业、医疗卫生、文化教育、社会保障等,承担着企业办社会的主要职能。

（4）集体经济板块。主要包括油田及二级单位原先兴办的一些集体企业，涉及化工、食品加工、建筑安装、商饮服务、农林牧副渔等多种产业。

2003年10月中旬，中石化集团公司召开了改制分流工作座谈会议，对主辅分离、改制分流工作进行了安排和部署。按照集团公司的定位和要求，油田勘探开发和科研是上市部分的核心业务，从事物化探、钻测录井、油建的工程技术服务板块和供水、供发电等公用工程系统是存续部分的核心或主营业务。除核心业务和主营业务以外适于独立经营业务领域的单位，都属于改制分流的范围，要改制为由职工及其他法人、自然人完全拥有或绝对控股的独立经营的法人实体。改制企业的油田职工以确定的补偿补助额度置换相应的改制单位净资产，成为改制分流企业的股东，并可继续在改制分流企业就业。参加改制的油田正式职工要与油田解除劳动合同，与改制分流后的企业签订劳动合同。在与油田明晰产权关系、规范劳动关系的基础上，管理局及油田有限公司与改制分流后的企业不再具有行政隶属关系，也不再对改制分流企业进行任何行政干预。改制分流企业与社会上的企业一样，完全自主经营，独立承担民事责任，并按照现代企业制度改制，建立规范的法人治理结构和经营机制。

到2008年底，胜利油田主辅分离辅业改制工作历时5年时间全部完成，全市范围内有63家（油田二级或三级单位）油田存续企业完成改制。其中2003年改制1家，2004年改制14家，2005年改制10家，2006年改制17家，2007年改制15家，2008年改制6家。市委、市政府对油田存续企业的改制与发展高度重视，出台了《东营市人民政府关于进一步支持胜利油田存续企业改制的若干意见》（东政发〔2004〕18号）、《东营市人民政府关于支持油田存续企业加快改制与发展的意见》（东政发〔2008〕8号），在土地出让、财政扶持、企业上项目等方面给予政策支持，对推动油田存续企业的改制与发展发挥了重要作用。2012年7月13日，东营市与胜利石油管理局召开油田改制企业座谈会，对支持油田改制企业发展工作进行专题研究部署。截至2019年底，胜利油田共实施企业改制74家，下属子公司近千家，其中涉油业务公司近400家。改制企业总资产409.2亿元，净资产121.5亿元，分别比改制初期增长了 320.4 亿元和 97.4 亿元；主营业务收入 220.2 亿元，纳税 9.74 亿元，用工 3.8 万人。经过十几年的发展，油田改制企业已经成为东营市经济发展中的一支重要力量。

油田改制企业有几个突出的优势：一是发展起点比较高。改制企业继承了油田的人才、技术资源和相对成熟的管理模式，既有国企的规范管理，又有民企的灵活机制，具有做大做强的底子。二是产品质量好。多年来，改制企业凭借过硬的产品和技术服务，形成了良好的市场口碑，拥有一批技术含量高的"拳头产品"，比如胜机公司开发的自动化修井机是国内首套投入应用的井下作业系统；高原公司研发的超强防腐新材料抽油杆填补了国内石油钻采防腐技术空白；大明集团的高性能防水产品被国家大剧院、北京地铁、中央电视台总部大楼等重大工程采用；胜软科技开发的基础信息技术平台、大数据服务平台等达到国内领先水平。三是具有稳定的本地市场。改制企业在改制初期与油田签有市场保护协议，为油田主业提供配套服务。同时，与地方科瑞集团、德仕集团等油田关联企业业务往来密切，形成了较为稳定的本地市场。2019年改制企业主营业务收入中，胜利油田贡献 110.9 亿元，占总收入的 50.4%。

胜利油田改制企业也存在一些问题：一是在经营上，市场化观念不强。改制企业中，无论是管理层还是一般职工都有浓厚的"我是油田人"的情节，导致企业在经营上还是将主要精力放在油田内部市场，主动开拓外部市场的意识不够强。2019年，胜利油田市场收入占总收入比重过半的改制企业有 47 家，占比超过 80% 的有 29 家。由于对油田的依赖度高，近年来受油田减产、经营收缩等因素影响，企业生产经营受到直接冲击。二是在决策管理上，沿袭了原国有企业的一些弊端。企业改制时，为保障生产经营相对稳定和职工权益，在股权结构上大都由职工平均持股，年终利润多数用于分红，用于技术创新、开拓市场、扩大产能的资金积累不足，影响企业的发展壮大。同时，由于决策层股权占比低，决策效率偏低，新上项目实施难度比较大。三是在融资上，企业受困于抵押物手续不全。相当部分企业改制时，土地、房屋没有列入改制资产，土地性质仍属于国有划拨，企业无法以土地和其他资产作为抵押进行融资。四是在法人治理结构上，运作不够规范。改制企业董事会、经理层主要负责人仍由胜利油田推荐产生。油田改制企业党组织关系移交工作直到 2021 年 3 月才开始推进，之前胜利油田改制企业党群组织关系一直留在油田。五是地方和油田对油田改制企业后续改革发展的支持力度不够大。例如油田存续企业改革时持股平均化是中石化的政策,党团关系、职工社保等的管理也没有移交地方,当时我作为市体改委负责人起草市里的支持政策时无法嫁接地方企业改制时的股权设置、劳动人事等政策。现在改革后的油田存续企业已实现了和油田隶属关系等的彻底脱钩,应该加紧推动其股权结构调整,实现经营管理层持大股。胜利油田应在市场准入、技术研发等方面加大对改制后存续企业的支持力度。

第三节　胜利油田分离企业办社会职能

一、背景

由于石油企业大多地处边远地区,社会依托能力差。为了解决职工子女入学、职工就医和职工生活问题,长期以来形成了"大而全""小而全"的局面,石油企业建有庞大的文化教育、医疗卫生体系,拥有物业服务、市政建设、文化娱乐、离退休人员管理等单位和设施,还有些企业设有公检法等部门。石油企业所形成的企业办社会职能体系,从石油工业的发展过程看,有其历史合理性,但这一问题长期不解决,将成为沉重包袱,制约企业的发展。特别是在胜利油田重组改制后,企业办社会职能都留在了存续企业,这也是造成存续企业生产经营困难的一个重要因素。因此,加快实施分离企业办社会职能成为一项紧迫的任务。

1995年,国家经贸委、国家教委、财政部、卫生部、劳动部联合印发《关于若干城市分离企业办社会职能分流富余人员的意见》(国经贸企〔1995〕184号),在一些"优化资本结构"试点城市和部分地区开始对分离企业办社会职能进行探索和实践。随着社会主义市场经济体制的建立和完善,特别是我国加入世界贸易组织,给国有企业带来巨大压力和挑战,为国有企业参与市场竞争创造平等条件的任务愈加紧迫。

1999年9月,党的十五届四中全会审议通过的《中共中央关于国有企业改革和发展若干重大问题的决定》明确提出,要分离企业办社会的职能,切实减轻国有企业的社会负担。

2002 年 4 月 26 日,国家经贸委、财政部、教育部、卫生部、劳动和社会保障部、建设部联合印发《关于进一步推进国有企业分离办社会职能工作的意见》(国经贸企改〔2002〕267 号),要求各地以及国有大中型企业要根据党的十五届四中全会精神,认真总结试点经验,不失时机地推进分离企业办社会职能工作,逐步将企业所办的普通中小学校、医院等公益型机构以及后勤服务等福利型机构与企业的生产经营主体相分离,切实减轻企业办社会的负担。中央企业分离办社会职能工作将在总结试点经验的基础上逐步推开。试点企业名单由国家经贸委、财政部等部门确定,试点方案由试点企业向当地政府提出后,按程序由中央直管企业与省级政府有关部门联合报经国家经贸委、财政部批准后实施。所需经费参照地方企业的办法解决,中央财政根据实际情况给予适当补贴。

2004 年 1 月 5 日,财政部、国资委联合向国务院报送了《关于中国石油天然气集团公司、中国石油化工集团公司、东风汽车投资有限公司分离企业办社会职能有关问题的请示》(财企〔2004〕3 号)。

2004 年 3 月 10 日,国务院办公厅印发《关于中央企业分离办社会职能试点工作有关问题的通知》(国办发〔2004〕22 号),同意选择中国石油天然气集团公司(下简称中石油)、中国石油化工集团公司(下简称中石化)、东风汽车投资有限公司为分离企业办社会职能的试点。要求从 2004 年 1 月 1 日起,将中石油、中石化、东风汽车投资有限公司所属的全日制普通中小学(下简称中小学)和公安、检察、法院(下简称公检法)等职能单位,一次性全部分离并按属地原则移交地方管理。企业医院、市政机构、消防机构、社区机构、生活服务单位等分离问题,由企业和地方政府根据实际情况协商决定,鼓励企业办社会机构通过市场化改革进行分离。移交地方管理的中小学、公检法机构,按照"移交资产无偿划转"的原则,以 2003 年企业财务决算数为依据,实行成建制移交。移交前已发生的债务不移交地方政府,仍由原企业承担。移交人员以 2003 年 12 月 31 日在职人数为依据。通知要求,各有关地区、部门和单位要加强思想政治工作,讲政治、顾大局,确保移交机构的正常运转和社会稳定,做到思想不散、秩序不乱、工作不断、国有资产不流失。

国务院文件下发后,山东省迅速召开驻鲁中央企业分离办社会职能试点工作会议,省政府明确将胜利油田公安机构移交省公安厅管理,中小学按属地原则移交。

二、进展

自 2004 年 3 月国务院部署中央企业分离办社会职能试点工作以后,东营市委、市政府高度重视,把这项工作作为关系全局的一件大事,按照省委、省政府的要求,精心组织,周密安排,与油田方面密切协作,迅速展开具体工作。

一是成立东营市支持胜利油田分离办社会职能工作领导小组。领导小组下设办公室,办公室设在市体改办,我为办公室主任,后又转到了市财政局,共抽调 30 多人集中办公。

二是制定了移交工作方案。总的要求是努力实现 3 个确保,即确保稳妥地做好分离工作,确保区域的社会稳定,确保有利于东营经济社会发展。整个移交工作分调查摸底、制定移交方案、实施移交 3 个阶段。

三是召开全市中央企业分离办社会职能试点工作会议,传达学习国务院和省委、省政府有关文件、领导讲话,全面安排部署移交工作。

四是从 2004 年 6 月初开始,设计了胜利油田分离办社会职能单位基本情况调查表,积极做好对账前的准备工作。7 月 17—18 日,举办东营市中央企业分离办社会职能试点工作培训班,对市、县区、油田工作人员进行了政策、工作程序、对账方法、表格填报等方面的培训。

在此期间,油地双方领导和工作班子先后多次召开联席会议,对涉及移交的重要问题进行研究协商。市政府领导和分离办的负责同志先后十几次向省政府领导、省分离办领导汇报工作进展情况,两次到财政部汇报工作,多次到大庆、盘锦、淄博等地考察学习。

（一）分离学校

根据胜利油田的要求,经过油地双方多次研究协商,东营市从全国、全省和整个油田稳定的大局出发,同意成建制接收胜利油田在山东省的 63 所全日制普通中小学,其中东营 55 所,滨州、淄博、德州、烟台 4 市共 8 所,涉及移交人员 8 327 人,并明确对移交学校的经费实行封闭管理。2004 年 9 月 19 日,省政府召开会议专题研究胜利油田学校移交东营市的问题,决定将胜利油田在山东省的 63 所中小学整体成建制移交东营市。

2004 年 12 月 3 日,东营市政府和胜利石油管理局在济南正式签署中小

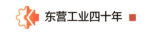

学移交协议。

2005年2月25日,刘国信市长在市政府常务会议室主持召开会议,决定成立油田学校移交领导小组。3月1日,市政府与胜利石油管理局签署学校移交补充协议。4月14日,胜利油田中小学移交工作会议在东营宾馆召开,会议发布了《胜利石油管理局教育培训处和中小学移交实施方案》,印发了《市胜利教育管理中心及所属中小学暂行管理意见》和《移交方案》,市委常委、市政府常务副市长张秀香对移交工作作了安排部署。

2005年4月18—22日,油田对拟移交地方的8 327名教职工进行了公示。到10月底,油田中小学移交工作在市委、市政府的直接领导和移交工作领导小组的组织协调下,油地双方密切配合,机构、人员、资产、职工社会保险、住房公积金等移交手续已全部办完。学校移交后教学秩序正常,教职工队伍稳定。11月10日,胜利油田中小学移交工作会议在市政府常务会议室召开,听取了市移交办关于胜利油田中小学移交工作情况及后续工作意见的汇报,就移交学校的正常管理作出安排。

(二)分离医疗机构

在对企业医院的改制移交过程中,对于规模较大、有一定抗风险能力的医院进行改制。2006年初,胜利石油管理局中心医院作出了实施整体改制的决策,确定了职工股绝对控股、管理局和高原公司参股的民办非营利性医疗机构的改制模式。胜利石油管理局中心医院正式改制成为胜利油田中心医院。改制分流改变了医院与管理局的隶属关系和医院职工的油田身份。中心医院在产权上由国有国营变成混合所有民营,其非营利性性质和社会责任并没有发生改变。这标志着中心医院已经成为市场竞争主体,进入一个新的发展时期。

2016年,国务院印发《加快剥离国有企业办社会职能和解决历史遗留问题工作方案》(国发〔2016〕19号)。2017年,国资委、中央编办、教育部、财政部、人力资源和社会保障部、卫生计生委六部委发布《关于国有企业办教育医疗机构深化改革的指导意见》(国资发改革〔2017〕134号)。

进入2018年,东营市开始启动胜利油田医院分离工作。经过反复沟通协商,深入摸排调查,广泛征询意见,2018年11月1日,市委办公室、市政府办公室印发《驻东营市胜利油田医疗卫生机构移交工作方案》(东办字〔2018〕57号)。

1. 移交思路

认真贯彻国家加快剥离国有企业办社会职能改革精神,落实省工作部署和市有关要求,将胜利油田医疗卫生管理职能和所办医疗卫生机构移交当地政府统筹管理,土地、资产无偿划转,债权债务由胜利石油管理局有限公司负责清理。移交后,地方政府负责整合油地卫生资源,进一步优化全市医疗机构布局,高效利用胜利油田卫生资源,完善公共卫生服务体系。

2. 移交内容

一是职能移交。将胜利石油管理局有限公司驻东营市域内的医疗卫生职能、基本公共卫生职能,按照分级属地的原则分别移交市政府及相关县区政府。二是资产移交。胜利石油管理局有限公司将所属的胜利医院、胜利油田疾控中心和妇幼保健院、胜利职业学院医疗分院资产及土地,胜利油田中心医院土地及 29.02% 股权移交市政府,胜利药业有限公司待甲方完善股权收回等相关手续后统筹推进。其他医疗卫生机构资产及土地移交所在县区,移交前已发生的债权债务仍由胜利油田承担。三是人员移交。按照"尊重个人意愿、实行双向选择"的原则先由胜利石油管理局有限公司安置一批,其他人员按照"人随资产走"的原则移交市和相关县区统筹安排,全部移交人员身份不变,离退休人员不纳入移交范围,移交人员所属单位和从事岗位的时间节点截止日期为 2017 年 7 月 28 日。

3. 实施步骤

2018 年 11 月上旬,开展调查摸底,摸清医疗卫生机构的人员、设施、设备、土地底数,设计各类移交表格,签订移交框架协议,制定移交方案,经市委、市政府研究后实施;2018 年 11 月底前,完成职能、资产、人员等移交工作,纳入政府管理运行;12 月底前,总结移交工作。

（三）"三供一业"移交

2017 年,按照国家和省统一部署,东营市全面启动实施胜利油田职工家属区"三供一业"(供水、供电、供热、物业管理)分离移交工作。2017 年 10 月 27 日,市委办公室、市政府办公室印发《驻东营市胜利油田职工家属区"三供一业"分离移交工作方案》。方案确定了分离移交 4 项工作原则:一是先移交后改造。移交地方后再按规定对相关设备设施进行维修改造,达到不低于中心城区基础设施水平。二是属地管理。胜利油田要承担分离移交工作主体责任,县区政府对本县区内的分离移交工作负总责,市直有关部门单位全过程参与。三是统筹兼顾。统筹推进分离移交涉及的房屋产权、住宅专项维修资金、市政设施、社区管理、教育、医疗卫生、社会保险等领域的相关工作。四是维护稳定。做好职工安置、社会保障、就业培训、政策宣传和思想政治工作,强化舆情引导,为分离移交工作创造良好环境。

方案明确,胜利油田将职工家属区"三供一业"职能及相关资产移交县区政府或其指定的接收单位。涉及的从业人员实行"职工自愿、双向选择",原则上按照所在地平均用工标准核定需要移交的人员数量,无法接收的人员由胜利油田妥善安置。方案要求,2017年10月底前,做好移交资产清查、财务清理、产权变更及登记等工作;11月底前,交接双方签订分离移交协议,协议应明确移交范围、移交方式、人员接收安置、工作任务和时间安排、维修改造相关事项、费用计算标准和成本分担、双方权利和义务等具体内容,随后启动维修改造资金申报和职能、资产移交等工作;2017年年底前,完成过半分离移交任务;2018年年底前基本完成分离移交任务。

到2018年11月,"三供一业"已全部完成分离移交工作。同期,胜利油田市政设施分离移交工作快速推进,签订了市级市政设施分离移交框架协议,拟定了实施方案,初步测算了运行维护费用。市级层面拟接收的市政设施已完成资产清查,分离移交实施方案已完成征求意见,拟提请市政府常务会议研究。东营区、河口区、垦利区、利津县签订了正式分离移交协议,全市85%的油田市政设施已签订分离移交协议。胜利油田社区管理职能分离移交工作有序开展,东营区、河口区、垦利区、利津县4个县区已全部签订正式移交协议。胜利油田学前教育分离移交工作也平稳进行,基本完成油田幼儿园资产清查工作,签订了分离移交框架协议。

到2019年6月,胜利油田分离办社会职能涉及的199个住宅小区、23万套住房、65所幼儿园、89所医疗机构、585项市政设施已全部移交,服务居民近50万人,从业人员1.56万人。

至2020年,胜利油田办社会职能分离移交主体任务基本完成。坚持"交得出、接得住、可持续、更美好",油地密切沟通对接、推进落实,家属区"四供一业"(供水、供电、供热、供气、物业管理)及市政设施、社区管理、学前教育、医疗卫生、公共消防、社会保险职能移交和资产划转全部完成。业务接续发展、小区维修改造、居民管理体系建立等后续工作进展顺利,配套筹措维修改造、3 年过渡期运行等相关费用有序进行,93 处居委会全部完成选举,社区管理中心体制调整到位,对接驻地区县政府组建 8 个社会化服务协调中心(站),承担协调政府、联系居民、监督服务职责。

第四节　济军生产基地所属企业产权制度改革

中国人民解放军济南军区黄河三角洲生产基地(下简称济军生产基地)前身是济南军区军马场,成立于 1963 年 12 月,曾一度是全军第二大军马场。1992 年 12 月,经中央军委批准,济南军区黄河三角洲生产基地正式成立,济军生产基地机关位于河口区孤岛镇。

经过多年发展,生产基地走出了第一、二、三产业并举的路子。1998 年,工副业企业围绕"优化资源配置、挖掘资源优势、推行资产经营",进行模拟股份制和股份合作制试点。参照《公司法》规定,经过充分调查和资产评估,选择制药厂进行模拟股份制试点。1998 年 7 月,中央作出决定,军队、武警部队、政法机关一律不再从事经商活动。自 2003 年起,济军生产基地所属工商企业和基地脱钩,改制为民营企业。

军马场建立初期,工副业非常薄弱,仅有农机维修队和面粉加工坊。20 世纪 70 年代,相继建起了造纸厂、化肥厂、面粉加工厂、农机修配厂。20 世纪 80 年代,建成了酒厂、制药厂、机砖厂等。20 世纪 90 年代,建成了化工厂、棉油加工厂、食品综合加工厂。

一、济南军区军马场造纸厂

1971 年 6 月开工建设,1972 年 8 月投产,年设计能力为机制纸 1 800 吨,属军办中型企业,军内企业代号为中国人民解放军 9737 工厂。1986 年底,年生产能力 7 000 吨。1987 年至 1989 年连续 3 年产量突破 7 000 吨,年均实现产值 1 011 万元,利润 210.6 万元。1990 年晋升为国家二级企业。1993 年,6 号纸机正式投产;被国家统计局评为全国 500 家最大造纸及纸制品企业。玉凤牌 52 克/平方米胶印书刊纸填补了国内空白,先后被评为省优、军优、国优产品,荣获国家银质奖。1994 年,确立"量化改革、群众评议、党委决定"的三位一体考核办法,优化劳动组合,双向选择,实行效益工资;在中国纸张首届博览会上获金奖。1995 年 1 月,采取生产基地内部股份制形式对造纸厂 7 号纸机投资和管理,由过去车间式管理改为内部股份制公司管理,成立了济南军区黄河三角洲生产基地纸业有限公司,主体部分资产折股投入,并吸收内部人员入股。1996 年,7 号纸机试机成功。1997 年,成功研制出凸版纸。1998 年研制的彩色胶印书刊纸填补了省内空白,荣获全军科技进步三等奖,全军农牧业企业二等奖,省科技进步二等奖。2002 年 5 月济南军区联勤部下发《关于黄河三角洲生产基地造纸厂停办的通知》(〔2002〕联字第 153 号),造纸厂关闭。2004 年实行了工改农,成立了生产基地四团。

二、济南军区黄河三角洲生产基地化工厂

济南军区黄河三角洲生产基地化工厂是 1989 年 11 月经山东省经贸委和济南军区批准投资建设的军办化工企业。1990 年建厂,主要产品有溶剂油、柴油、重柴、蜡油、渣油、沥青等。

1993 年 12 月,总后勤部授予其"中国人民解放军第九〇八七工厂"代号。

2000 年顺利通过了国家清理整顿小组的验收,同年 11 月国家经贸委、国家工商管理总局印发《关于印发经清理整顿保留的小炼油厂名单的通知》(经贸石化〔2000〕1095 号),明确予以保留,成为全国清理保留的 82 家企业中唯一的军属企业。

2001 年 1 月,企业进行了股份制改造,成立济南军区生产基地石油化工有限责任公司,成为当时济南军区乃至全国第一家军办企业有民营企业参股的股份制企业。

2004 年 4 月,为全面贯彻中央军委"关于军队不经商"的指示精神,济南军区联勤部下发《关于济南军区生产基地石油化工有限责任公司改制的批复》(〔2004〕联字第 75 号),济南军区生产基地完成股权转让,公司名称变更为山东中海石油化工有限公司。

2007 年 5 月,公司名称变更为山东中海化工集团有限公司。

2008 年 11 月,中海油炼化公司和山东中海化工集团共同组建中海石油东营石化有限公司,由中海油炼化公司控股。之后进行了股权结构调整,由中海化工集团控股 67%、中海油炼化公司参股 33%。

三、济南军区军马场酒厂

济南军区军马场酒厂的前身为济南军区军马场六连(副业连),自 1961 年开始酿酒。1983 年,更名为济南军区军马场食品厂。1988 年 3 月,济南军区军马场食品厂在国家商标局注册了"欣马"商标。1992 年,济南军区军马场由正团级升格为正师级单位,济南军区军马场食品厂更名为济南军区黄河三角洲生产基地酒厂。2003 年,为贯彻落实中央军委关于部队不再从事经商活动的战略决策,济南军区联勤部下发《关于黄河三角洲生产基地酒厂实行企业改制的批复》(〔2003〕联字第 24 号),济南军区黄河三角洲生产基地酒厂进行了企业改制,与部队彻底脱钩,于 2004 年 1 月 17 日改制为山东欣马酒业有限公司。

公司"欣马"牌系列纯粮白酒精选优质玉米、高粱、大米、小米、小麦等为原料,采用传统的纯粮固态发酵工艺和现代化酿酒技术相结合,产品分为浓香、芝麻香、槐花香和马场香四大香型,涵盖高、中、低度三大品系,近 100 种单品,具有窖香浓郁、绵甜醇厚、尾净余长等特点,独树一帜,深受广大消费者的青睐。

2020 年,欣马酒业酒水产量为 1 577 000 升,营业收入为 2 494 万元。

四、东营仙河制药厂

东营仙河制药厂原为军工企业,始建于 1988 年 1 月,以生产中成药为主。1992 年实现产值 87.27 万元。为落实"军队不能经商"指示,济南军区黄河三角洲生产基地下发《关于对制药厂实施企业改制整体方案的批复》(〔2003〕基地字第 155 号),2004 年 1 月和济军生产基地脱钩,改制为民营性质的山东仙河药业有限公司,2004 年 5 月,整体通过国家食品药品监督管理局药品 GMP 认证。2005 年 8 月,"仙河"注册商标被山东省工商行政管理局认定为"山东省著名商标"。

公司注册资金 1 500 万元,拥有固定资产 6 000 万元。2020 年实现产值 1.7 亿元。公司现有片剂、颗粒剂、硬胶囊剂、丸剂等剂型 90 多种产品,主导产品有复方仙鹤草肠炎片、刺五加脑灵液、刺五加脑灵胶囊、肠胃宁胶囊、小儿消食咀嚼片、复方丹参片、三七伤药片、银花感冒颗粒、板蓝根颗粒、六味地黄丸等,畅销省内外。

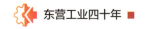

五、其他

济南军区军马场化肥厂、农机修配厂、面粉厂、棉油加工厂、机砖厂、冷藏厂、制氧厂、锆化厂等大部分关闭,有的出售给企业或个人。

第五节　石油大学校办企业产权制度改革

1953年新中国成立之初,以清华大学石油工程系为基础,汇聚北京大学、天津大学、大连工学院(今大连理工大学)等著名高校的相关师资力量和办学条件,组建成立了新中国第一所石油高等学府——北京石油学院,隶属燃料工业部,是当时北京著名的八大学院之一。1960年10月,学校被确定为全国重点高校。1969年,学校迁至胜利油田所在地——山东东营,更名为华东石油学院。1997年,石油大学正式进入国家"211工程"首批重点建设高校行列。2004年8月,教育部批准其立项建设青岛校区。2005年1月,学校更名为中国石油大学(华东)。

中国石油大学(华东)是教育部直属全国重点大学,是国家"211工程"重点建设和开展"985工程优势学科创新平台"建设并建有研究生院的高校之一。2017年、2022年,学校均进入国家"双一流"建设高校行列。中国石油大学(华东)是教育部和五大能源企业集团公司、教育部和山东省人民政府共建的高校,是石油石化高层次人才培养的重要基地,被誉为"石油科技、管理人才的摇篮",现已成为一所以工为主、石油石化特色鲜明、多学科协调发展的大学。

1969年华东石油学院落户东营后,1970年创办了校办企业胜华炼油厂,之后组建了山东石大科技集团。2007年4月,山东石大胜华化工股份公司从山东石大科技集团分立出来。这样,校办企业就形成了两大集团:石大科技集团和石大胜华集团。

一、山东石大科技集团有限公司

山东石大科技集团有限公司前身为1970年建立的胜华炼油厂,是中国石油大学(华东)教学、科研和生产三结合的基地。2001年8月,胜华炼油厂整体改制为山东石大科技有限公司。2004年11月,组建成立山东石大科技集团有限公司(下简称石大科技)。石大科技下辖胜华教学实验厂、山东石大科技研究院、东营石大胜华沥青材料有限公司、山东石大胜华油品销售有限公司、东营石大天地化工有限公司、山东石大科技集团青岛分公司和天津分公司等多家子(分)公司和单位。

石大科技位于中国石油大学(华东)原东营校区北侧,有土地656.9亩。

石大科技具有260万吨/年的原油一次加工能力,拥有230万吨/年常减压–氧化沥青联合装置,30万吨/年常减压、30万吨/年催化裂化等炼油生产装置。

2015年,石大科技从业人员493人,资产31.9亿元,实现主营业务收入26.6亿元、利润1.4亿元。

近年来,随着东营市城市规模的迅速扩张,石大科技厂区附近已成为居民集聚地和商业繁华地带。按照东营市政府要求,石大科技自2015年下半年以来,生产装置一直处于停工状态。

二、山东石大胜华化工集团股份有限公司

公司有青岛石大胜华投资有限公司、青岛石大胜华国际贸易有限公司、东营石大胜华新材料有限公司等多家下属公司。

主要生产碳酸二甲酯、碳酸丙烯酯、碳酸乙烯酯、碳酸甲乙酯等碳酸酯类产品,以及六氟磷酸锂、电解液特种添加剂和MTBE(甲基叔丁基醚)等产品。

2002年12月,山东石大胜华化工股份有限公司注册成立。

2007年4月,公司从山东石大科技集团分立出来。

2009年10月,公司更名为山东石大胜华化工集团股份有限公司。

2015年5月,山东石大胜华化工集团股份有限公司在上海证券交易所上市。

2020年归属于上市公司股东的净利润约为2.60亿元,营业收入约为44.75亿元。

专栏一　胜利油田原油产量统计

年　度	原油产量/万吨	年　度	原油产量/万吨
1964 年	8.77	1995 年	3 000.27
1966 年	134.46	2000 年	2 675.69
1973 年	1 083.51	2005 年	2 694.54
1984 年	2 301.77	2010 年	2 734.00
1987 年	3 160.20	2015 年	2 710.00
1991 年	3 355.20	2020 年	2 385.37

注：1991 年，胜利油田原油产量为 3 355.2 万吨，为历史最高。

专栏二　《东营市人民政府关于支持胜利油田存续企业改制的若干意见》

（东政发〔2003〕10 号）

为支持胜利油田存续企业改制工作顺利进行，根据国家和省有关政策规定，特提出以下意见。

一、国有、集体企业改制为公有资本控股、参股的

第一条　改制企业使用的划拨土地使用权按出让或租赁方式处置的，按土地评估备案地价或地租标准的一定比例缴纳出让金或地租，属工业用地按40%缴纳，属其它用地按80%缴纳。

第二条　改制企业整体迁入开发区后，其原使用划拨土地为工业用地的，根据城市规划，土地用途调整为经营性用地，原划拨土地使用权由政府依法收回，公开处置所得出让金的30%返还改制企业，用于支持企业改制。

二、国有及国有控股、参股企业国有资本全部退出的（在公有资本退出过程中，吸纳胜利油田所属国有、集体企业资本的不适用本部分条款）

第三条 改制企业自工商变更登记之日起,其纳入地方财政收入的营业税以上年度为基数,新增部分3年内由财政部门予以相应资金扶持。其纳入地方财政收入的增值税,3年内由财政部门予以相应资金扶持(改制前已适用类似条款的,改制企业不再适用)。

第四条 全部职工在与原企业解除劳动关系后,60%以上的职工与改制企业重新签订劳动合同的,经有关部门认定,自工商变更登记之日起,其纳入地方财政收入的所得税以上年度为基数,新增部分3年内由财政部门予以相应资金扶持(改制前已适用类似条款的,改制企业不再适用)。

第五条 改制企业所缴纳车船使用税,3年内由财政部门予以相应资金扶持。

第六条 在"科技三费"、工业高新技术发展资金等项目安排上,给予优先扶持。

第七条 改制企业使用的划拨土地使用权按出让或租赁方式处置的,按土地评估备案地价或地租标准的一定比例缴纳出让金或地租,属工业用地按20%缴纳,属其它用地按40%缴纳。

第八条 改制企业整体迁入开发区后,其原使用划拨土地为工业用地的,根据城市规划,土地用途调整为经营性用地,原划拨土地使用权由政府依法收回,公开处置所得出让金的70%返还改制企业,用于支持企业改制。

三、集体企业公有资本全部退出的(可适用本文第四至第六条。在公有资本退出过程中,吸纳胜利油田所属国有、集体企业资本的不适用本部分条款)。

第九条 改制企业自工商变更登记之日起,其纳入地方财政收入的营业税、增值税以上年度为基数,新增部分3年内由财政部门予以相应资金扶持(改制前已适用类似条款的,改制企业不再适用)。

第十条 改制企业使用的划拨土地使用权按出让或租赁方式处置的,按土地评估备案地价或地租标准的一定比例缴纳出让金或地租,属工业用地按30%缴纳,属其它用地按50%缴纳。

第十一条 改制企业整体迁入开发区后,其原使用划拨土地为工业用地的,根据城市规划,土地用途调整为经营性用地的,原划拨土地使用权由政府依法收回,公开处置所得出让金的60%返还改制企业,用于支持企业改制。

四、适用于所有改制企业的

第十二条　对通过主辅分离和辅业改制分流安置本企业富余人员兴办的经济实体（以下除外：金融保险业、邮政通信业、建筑业、娱乐业以及销售不动产和转让土地使用权，服务型企业中的广告业、桑拿、按摩、网吧、氧吧，商贸企业中从事批发、批零兼营以及其他非零售业务的企业），凡符合以下条件的，经有关部门认定，3年内免征企业所得税或予以资金扶持（2005年12月31日前免征企业所得税，之后由财政部门予以相应资金扶持）。

（一）利用原企业的非主业资产、闲置资产或关闭破产企业的有效资产。

（二）独立核算、产权清晰并逐步实行产权主体多元化。

（三）吸纳原企业富余人员达到本企业职工总数的30％以上（含30％）。

（四）与安置的职工变更或签订新的劳动合同。

第十三条　对改制的服务型企业（除广告业、桑拿、按摩、网吧、氧吧外）和商贸企业（从事批发、批零兼营以及其他非零售业务的商贸企业除外）新增加的岗位，当年新招用下岗失业人员达到职工总数的30％以上（含30％），并与其签订3年以上期限劳动合同的，经有关部门认定，3年内对年度应缴纳的企业所得税额减征30％或予以资金扶持（2005年12月31日前减征企业所得税额的30％，之后由财政部门予以相应资金扶持）。

第十四条　对改制企业下岗失业人员从事个体经营（除建筑业，娱乐业以及广告业、桑拿、按摩、网吧、氧吧外）的，自领取税务登记证之日起，2005年12月31日前免征营业税、城市维护建设税、教育费附加和个人所得税。

第十五条　改制企业凡符合国家产业政策的技术改造项目，其采购的国产设备投资额的40％，5年内可以从企业技术改造项目设备购置当年比前一年新增的企业所得税中抵免。

第十六条　符合下列条件的改制企业，报经主管税务机关批准，可减免土地使用税或土地增值税：

（一）直接用于农、林、牧、渔业的生产用地，可免征土地使用税。

（二）对企业厂区以外的公共绿化用地和向社会开放的公园用地，可暂免征收城镇土地使用税。

（三）对国家产业政策扶持发展的大型基建项目，占地面积大、建设周期长，在建期间没有经营收入、纳税确有困难的，可免征或减征土地使用税。

（四）建造普通标准住宅出售，增值额未超过扣除项目金额20％的，免征土地增值税。

（五）改制企业以房地产作价入股进行投资或联营的，其将房地产转让到所投资、联营的企业时，暂免征收土地增值税。投资、联营企业将上述房地产再转让的除外。

（六）改制企业被民营企业兼并，其房地产有偿转让给民营企业的，免征土地增值税。

第十七条 改制企业符合下列条件，报经主管地税机关批准，可免征房产税：

（一）因企业停产、撤销而闲置不用的房产，可免征房产税。

（二）房产大修停用半年以上的，经纳税单位申请，大修期间可免征房产税。

（三）在基建工地内为基建工地服务的各种临时性房屋，在施工期间，可免征房产税。

（四）对亏损企业的房产，可由地方税务机关根据实际情况在一定期限内暂免征收房产税。

第十八条 鼓励胜利油田外部自然人、法人以参股、控股、收购方式参与存续企业改制。属于东营市区域外的自然人、法人参股、控股、收购存续企业的，享受东营市招商引资优惠政策。

第十九条 改制过程中涉及土地资产处置，按照有偿使用的原则，可根据自身经营状况采取出让、租赁等方式取得土地使用权。办理出让、租赁手续确有困难的企业，不改变土地使用用途的，可继续保留划拨方式，划拨期限不超过5年。凡符合《划拨供地项目目录》的，经市政府批准，可按划拨方式用地。

第二十条 改制企业职工住宅、教育、医疗等非经营性资产用地，可继续保留划拨方式。改制企业申请用地，属投资建设公益设施项目的，可按划拨方式供应土地。

第二十一条 改制企业进入开发区或政府规划的经济园区发展，其用地享受市政府规定的有关优惠政策。

第二十二条 改制企业自身建设的工程（不包含房地产开发项目）应缴的建设规费，如果在开工前缴纳有困难，可先签订缓缴协议，并办理建设工程施

工许可证等建设手续,工程竣工验收前一次性缴清。

第二十三条　改制企业历史遗留房屋,按照尊重历史、面对现实、符合城市规划、符合法律规定的原则,改制时由规划、国土资源、建设等部门补办相应报件,房管部门予以确权。

第二十四条　改制企业从事高新技术产品开发和"三废"利用及环保产业的,其注册资本(金)可适当放宽。以科技成果、专利技术等知识产权作价投资的,允许抵充注册资本(金)的35%。

第二十五条　改制企业的股东可用货币,实物,债权及通过出让、租赁获得的土地使用权出资,也可用商标、字号、专利技术、非专利技术等无形资产出资。经评估的无形资产作价出资额最高可占公司注册资本的35%。

第二十六条　公有资本全部退出的改制企业,注册资本在50万元以下的,允许实行分期注入、分批到位。投资人首期认缴的资本金达到注册资本额的10%以上(最低不少于3万元),1年内实缴注册资本追加到50%以上,其余部分可3年内全部到位。

第二十七条　允许改制企业保留原经营资格。企业经营范围中有属于法律、法规限制项目的,如果改制前企业已经取得专项审批,只要审批文书(许可、资质证件)在有效期内,申请改制登记时可使用原审批文书,改制后一年内予以变更规范。

第二十八条　各级政府的就业服务机构,免费为改制后解除劳动关系的失业人员提供职业介绍和职业指导服务,免费进行再就业培训,实行求职登记、职业介绍、培训申请、鉴定申报等"一站式"就业服务。同时,为符合条件的失业人员及时办理失业证和再就业优惠证。

第二十九条　公有资本全部退出的改制企业的失业职工,生活困难的,可按规定享受城镇居民最低生活保障。

第三十条　改制过程中涉及的收费,属于政府部门收取的,除工本费外,一律免收。属于中介机构收取的,按照国家规定的最低标准执行。

五、其他

第三十一条　改制企业通过本文有关条款,以财政扶持和土地使用权处置方式获得的收益,专项用于鼓励职工特别是经营管理层收购公有资本。具体办法另行制定。

第三十二条　成立市支持油田存续企业改制领导小组,领导小组下设办公室,负责沟通情况、指导改制工作、协调监督有关工作落实。财政资金扶持和土地使用权处置政策的兑现,由改制企业申报,市领导小组办公室组织认定,并出具证明,有关部门负责办理相关手续。

第三十三条　本文所称改制企业,是指油田存续部分中的国有、集体企业改制为公有资本控股、参股的企业,以及国有、集体企业和公有资本控股、参股企业中公有资本全部退出的企业。

第三十四条　本意见自发布之日起施行。

专栏三　胜利油田机械公司改制为胜利油田高原石油装备有限责任公司

一、公司改制前基本情况

胜利油田机械公司是胜利石油管理局全资子公司,属油田机修制造骨干企业。

(1)机械公司共有职工765人。其中,全民职工609人,集体职工156人。

(2)机械公司经营范围:石油勘探、开发装备制造及修理,石油套管的生产及修复,油井连续杆作业和油井侧钻作业大修,汽车销售及修理,经营贸易和技术服务等。

(3)机械公司无担保、抵押、涉诉事项。

(4)公司2003年度实现经营收入11 825.31万元,总成本支出11 387.99万元,实现利润总额437.32万元。

(5)截至2004年9月30日财务报表,以权益法合并后机械公司的净资产为2 389万元。其中,原机械公司582万元,北厂区752万元,胜大集团划归部分1 055万元。

(6)公司共占用土地66.13万平方米。其中,北厂区26.56万平方米,总机械厂工业区内0.85万平方米,工程机械总厂工业区内0.27万平方米,套管厂西厂区21.40万平方米,以上均为管理局划拨土地;原胜大特车修理厂

17.05 万平方米,为"三无"土地。

二、改制过程

2004 年 10 月 15 日,公司向胜利石油管理局报送了《改制分流初步方案》,随后胜利石油管理局向中国石油化工集团公司报送审批。此前,按照改制分流的工作程序,机械公司召开了职工代表大会,与会代表对公司的改制分流初步方案经过认真讨论后,对改制分流充满信心。会上采用无记名投票的方式,对改制分流意向性方案进行了表决,与会代表共计 92 人,同意改制的 80 人,占总人数的 87%;不同意的 12 人,占总人数的 13%。之后,公司对全体在职职工进行了有记名的问卷调查,参与调查的职工 720 人,同意参加改制的职工 694 人,占参与调查职工人数的 96.4%。

2004 年 10 月 29 日,中国石油化工集团公司办公厅以中国石化油改〔2004〕68 号文件批复同意初步方案,同意改制企业以职工补偿补助额和现金置换优惠后的评估净资产,优惠对象仅限于本单位有偿解除劳动协议的职工,净资产的优惠比例不得超过 10%,净资产中的现金及债转资部分不得优惠。要求严格按照国家和集团公司有关规定,聘请中介机构对拟改制企业的资产进行审计和评估,防止国有资产流失。在实际工作中,严格执行集团公司规定的补偿补助标准,规范操作程序,严禁擅自提高或变相提高标准。

按照批复文件要求和有关政策精神,公司对初步方案进行调整和完善,并严格按照规定的程序组织实施资产清查、财务审计和资产评估,落实参加改制职工,明确股权设置和法人治理结构。对参加改制职工解除劳动合同的操作程序和办法以及社会保险关系转移和接续、人事档案移交、党团组织关系、物业管理等后续问题的处理方案做了进一步细化完善,并征得地方政府的同意。

2004 年 12 月 3 日,公司将实施方案报胜利石油管理局并转报集团公司审批,并将有关审计及评估资料报集团公司审查备案。12 月 29 日,胜利石油管理局改制分流工作领导小组办公室根据中国石化集团公司《关于胜利石油管理局机械公司改制分流实施方案的批复》(中国石化油〔2004〕898 号)的有关精神,同意机械公司实施改制分流。此后开始对改制企业进行账务处理和人员分流,并办理新公司注册登记等手续。

三、改制内容

（一）股权设置和法人治理结构情况

改制企业性质。机械公司改制成为职工控股、胜利石油管理局参股不超过20%的有限责任公司。为维护多年形成的商誉，更好地开拓油田外部市场，改制后公司使用"胜利油田高原石油装备有限责任公司"（下简称高原公司）名称。

公司股权结构。公司拟注册资本5 120万元。改制企业职工以补偿补助额置换优惠后国有净资产形成的职工股权3 783.49万元，占总股本的73.896%；职工现金入股556.45万元，占总股本的10.868%；胜利石油管理局出资780.06万元，占总股本的15.236%。

公司参加改制分流的职工为693人，超过《公司法》规定的有限责任公司50人的股东限额，故职工股设置36名股权代表以自然人的方式进行注册登记。

公司改制后按照《公司法》和《公司章程》，建立规范的法人治理结构。职工出资者与注册登记的股东自愿签订股权委托管理协议，经公证后，由股东按《公司法》和《公司章程》的规定组成股东会，并行使职权。

（二）改制企业资产和土地处置情况

机械公司改制分流后，其经营业务符合《划拨土地目录》范围，按国家和中国石化集团公司的规定，对其占用的管理局划拨土地仍可按划拨土地继续使用，也可根据需要，依法自行办理土地出让手续。

机械公司经评估后的总资产为30 816.30万元，其中流动资产23 570.20万元，长期投资2 388.27万元，固定资产4 857.83万元；总负债26 252.75万元，净资产4 563.55万元。

（三）人员分流安置情况

机械公司改制时有765名职工，其中留在改制后的高原公司693人，按管理局劳资部门制定的操作程序和办法与管理局签订解除劳动合同协议，并与新公司签订3年以上劳动合同。另外68名内退全民职工和4名工伤全民职工不参加改制分流，根据中国石化集团公司和油田的有关文件规定，由胜利石油管理局管理。改制分流后职工社会保险关系转移和接续、人事档案移交、物

业管理、党(团)和工会组织关系等后续问题的处理在油田改制分流办的指导下,严格按油田的有关规定执行,油田有关部门和单位与改制企业签订了产品、劳务市场保护协议及其他相关协议。

改制后高原公司通过转换经营机制,开辟新的融资渠道,稳定老产品并突出抓好新产品开发工作,积极拓展新的业务领域,强化产品销售,完善售后服务体系,稳定提高经济效益,实现稳定发展。2005年,改制后的公司总收入30 000万元,实现利润总额600万元。

截至2018年底,高原公司有11个产业园区(见图10-2),业务涵盖常规油气装备、页岩油气装备、海洋油气装备、高端油气工程服务和教育医疗五大类30多个系列280多种产品,是国家重点高新技术企业、中国民营企业500强企业,拥有国家专利151件、商标12件,主持参与制(修)订国家、行业标准40项。2017年9月,建成国家采油装备工程技术中心。现已成为国内油气装备产品最齐全、技术领先、具有国际竞争力的油气装备及工程服务企业。

图10-2　高原公司第三工业园

专栏四　关于油地合作开发油田难动用区块的调研报告

根据市委安排,市人大牵头,会同市直有关部门和油田相关处室组成调研组,围绕油地合作共同开发油田难动用区块问题进行了专题调研,提出了油公司发展的路径和建议。现将有关情况报告如下:

一、市域内油公司发展现状

（一）基本情况

1. 难动用储量情况

油气难动用储量是指,在因其地质和地理条件复杂,油藏埋藏深、物性差、丰度低、品位低,且在目前技术经济条件下难以开发的油气探明储量,或没有达到开发经济边界的储量。难动用储量作为探明储量,是胜利油田实现持续发展的重要资源之一。胜利油田经过 60 年的勘探开发,好动用的区块越来越少。截至目前,胜利油田剩余经济可采储量仅为 1.15 亿吨,扣除每年新增经济可采储量,按照稳产 2 300 万吨的产量目标计算,只能维持 5 年左右。胜利油田要想保持稳产,对 182 个区块、6.6 亿吨的难动用储量进行开发势在必行。

2. 现有油公司发展情况

为加大难动用储量勘探开发力度,自 1993 年起,胜利油田根据中石化《关于搞好油田未开发储量市场管理的通知》要求,陆续独资或与其他法人企业共同出资设立了在地方注册的多家油公司。后经不断重组整合,目前,胜利油田分公司共有 5 家油公司的母体企业在东营注册,共设立子公司 12 家、分公司 124 家,拥有油井 2 681 口,探明储量 3.3 亿吨。2019 年,东营区域内产量为 159.78 万吨,纳税 9.82 亿元,其中,中央 2.87 亿元、省级 2.75 亿元、市级及以下 4.20 亿元。

5 家油公司分别是石油开发中心、鲁明公司、东胜公司、鲁胜公司和中胜公司。其中,石油开发中心、鲁明公司为中石化全资子公司。注册资本:石油开发中心 18 亿元,鲁明公司 3.69 亿元。东胜公司注册资本 5.26 亿元,中石化占 64.72%,其余 13 家股东占 35.28%;鲁胜公司注册资本 0.8 亿元,中石化占 42.35%,其余 2 家股东占 57.65%;中胜公司注册资本 0.5 亿元,中石化占 51.96%,其余 2 家股东占 48.04%。

自 2019 年胜利油田实行未动用储量开发经营权流转以来,油公司通过竞标从采油厂获得 6 个区块,储量 4 513 万吨。2020 年,油公司参与了 11 个新区块的未动用储量的竞标,石油开发中心、鲁胜公司获得了 2 个区块,储量 2 371 万吨。

（二）困难和问题

从油田层面看,一是难动用储量质量较差。油公司从油田采油厂取得的合作区块和竞标区块,基本上是开采成本高、难度大、产量低的区块。二是现有油公司储量资源不足。5家油公司辖区现管理难动用储量区块38个,含油面积120平方千米,地质储量1.06亿吨,仅占胜利油田难动用储量的16%左右。三是根据法律规定和国务院环保督政的明确要求,国家级自然保护区内不得从事生产经营。因此,黄河三角洲自然保护区涉海核心区、缓冲区内垦东12、垦东701等区块要在3年内关停退出,计划封停油、水井154口(其中油井132口),计划封停井2017年产油15万吨。至2019年12月已封井95口,油井开生产井59口,日产油385吨(折算年产油13万吨);2020年7月前全部退出,累计减少年产油能力15万吨。四是难动用储量是已探明储量,油田对油公司开采难动用储量是不收取前期勘探开发费用的,存在国有资产流失、减少中央税收等方面的隐患。五是近期国际油价大幅下跌,导致油公司效益下降,一定程度影响油公司发展。六是油公司油区治安管理难度大。油公司产区分散,且地处偏远,井口被破坏、管线打孔、井场侵占等事件时有发生,维护油区秩序耗时耗财耗力。

从地方层面看,一是地方没有出台促进油公司加快发展的优惠政策。二是部分油井被占用。随着经济的快速发展,已做不到地上服从地下,出现了较多油井被陆续建起的楼房、工厂和城市设施包围、占用的情况,导致一些能够增产提效的油井和油层得不到有效利用。例如:中胜公司河67潜力区块被住宅和办公楼包围,油藏无法开采;鲁明公司莱91区块,因在广利港产业区内,导致手续报批困难。三是审批手续复杂。办理临时用地手续烦琐,征地、现场稽核、青苗补偿等由多个部门审定。环评审批增加了县区环保局审核环节,审批部门较多,审批时间较长,制约了产能建设进度。四是工农关系难处理。油公司生产过程中,主要打交道的还是在基层的镇街、村居,各项税费要上交到县以上,镇街、村居向油公司提出求援,油公司无法安排,导致工农关系僵化。

从中石化层面看,胜利油田年度生产计划由其下达,要增加油公司产量和数量,要么增加油田产量计划,要么在现有计划内调低油田采油厂产量计划。到目前,中石化还没有出台放开石油、天然气竞争性领域的具体政策。

二、加快油公司发展的必要性、可行性分析

（一）必要性分析

1. 油田提质增效的现实选择

借助油公司的发展，盘活胜利油田油气储量资产，开发难动用储量，对于推进原油上产，提高效益水平，促进形成更加紧密、互利共赢的合作关系意义深远。

2. 油地改革发展的迫切需要

一是为打造鲁北高端石化产业基地核心区提供一定数量的油气资源。加快油公司发展，对于更好地解决炼化企业原油资源不足、降低运输成本、提升产业层次、增强市场竞争力，促进东营市石化产业发展具有十分重要的意义。二是为油地融合一体化发展提供支撑。加快油公司发展，在进一步唤醒胜利油田地下沉睡资源的同时，将进一步激活人才、技术、管理、设备等各类资源的流动，打破油地各自为政的格局，有利于统筹优化地上地下生产要素，实现整体规划部署和统一管理。三是为油地和谐稳定发展提供保障。增加油公司原油产量既可带来较多的就业机会，也可有效增加地方财政收入。按照现有体制，每增加 1 吨原油产量，可增加市级及以下收入 110 元。油价高时贡献更多（如油价为 50 美元/桶时，1 吨原油对东营市税收贡献 352.4 元）。目前油田"四供一业"及其他办社会职能移交地方，增加了地方财政的支出压力。加快油公司发展，能够有效减轻地方财政压力，保障民生支出，对于油区大局的和谐稳定发展意义重大。

（二）可行性分析

1. 国家政策支持

混合所有制改革是国有企业改革的重要突破口和切入点。2017 年 5 月，中共中央、国务院印发《关于深化石油天然气体制改革的若干意见》。2019 年12 月 4 日，中共中央、国务院印发《关于营造更好发展环境支持民营企业改革发展的意见》，提出进一步放开民营企业市场准入，在电力、电信、铁路、石油、天然气等重点行业和领域，放开竞争性业务，进一步引入市场竞争机制，支持民营企业进入油气勘探开发、炼化和销售领域，建设原油、天然气、成品油储运和管道输送等基础设施。2020 年 1 月 9 日，自然资源部发布消息，中国将全

面开放油气勘查开采市场,允许民企、外资企业等社会各界资本进入油气勘探开发领域,结束长期以来由国有石油公司专营的局面。

2. 前期有效实践

自1993年起到2019年,东营区域内油公司发展到5家。胜利油田为解决油公司之间、油公司与采油厂之间区域交叉、管理分散的问题,降低管理成本,提高整体效益,从2018年初部署启动"一县一企一管理"体制改革,实现了在一个县区内只有一个管理主体。2019年2月12日,纯梁采油厂和东胜公司签订樊1区块合作开发协议,由后者开发前者经营管理樊1区块,实现未动用储量有效开发。这是胜利油田首个由采油厂和油公司签订的关于区块合作开发的协议,也是油田盘活油气储量资产迈出的重要一步。

自胜利油田实行未动用储量开发运营权流转以来,截至2019年,油公司通过竞标从采油厂获得区块6个,储量4 513万吨。油公司与采油厂合作分成主要采取双方协商的模式,项目在油价为50美元/桶,投资收益率为8%的前提下,超出的利润由油公司和采油厂协商按照一定比例分成。

3. 外地经验借鉴

近年来,围绕合作开发油气资源,各地创造了很好的经验和做法。中石油与新疆维吾尔自治区、新疆生产建设兵团签署合作勘探开发红山油田油气资源协议,三方采取按60%∶25%∶15%的比例出资10亿元在克拉玛依注册成立红山油田有限责任公司的红山模式,使得阿克苏地区实现了油地全产业链融合发展。中石油吉林油田分公司与民营企业签署合作协议,在一定年限内由合作方投资进行勘探、开采、经营,生产的原油按产品分成比例划分一部分给吉林油田,其余部分统一售卖给吉林油田的民营资本合作开发模式,盘活了吉林油田难以开采的资源。阿克苏地区与中石化西北油田分公司、中石油塔里木油田分公司分别合资合作成立中石化新疆阿克苏油气开发公司和新疆塔中西部油田有限责任公司的国有资本合作开发模式,开创了油气勘探开发领域合资合作的先例。此外还有中石化胜利油田新春采油厂引入新疆国有资产投资经营股份有限公司参股,改制注册为中石化新疆新春石油开发有限责任公司的属地注册模式;中石化与新疆维吾尔自治区达成"把资源尽量在新疆全部转化"和"在当地注册公司把税收留在新疆"的合作共识,中石化投资99%,库车县资产经营公司投资1%的"99+1"模式。外地实践证明,发展油地混合所有制经济,是提升油地融合发展水平,培育经济发展新动能的有效举措,也是推进油田降成本、增效益的有效途径。

以上模式都是在新疆、吉林等地推行的,要引入东营市需要做大量争取工作。

三、几点建议

(一)思路目标

按照因地制宜、效益优先、合作共赢、风险共担的原则,积极探索多元化开发管理的体制机制,整合油地双方优势,加快油公司改革发展,盘活油气难动用储量,推动油地经济深度融合高质量发展。

2020—2022年,市域内现有油公司计划新建产能40万吨,其中2020年,计划实现东营市域内油公司产量153.36万吨,若考虑自然保护区关井减产,同比增加约10万吨。

(二)开发区块

根据胜利油田"十四五"规划,油田重点配置好3个"10亿吨",其中一个就是要加快10亿吨未动用储量的有效动用,弥补自然递减。为加快难动用储量评价建产进程,2020—2022年规划动用地质储量4 000万吨,新建产能40万吨。其中2020年规划在大8、永553等17个区块开展开发评价和产能建设工作,规划动用面积12.4平方千米,动用储量1 136万吨,新建产能12.1万吨。

(三)合作方式

1. 探索现有油公司扩大产能的途径

主要有2种形式:第一种形式是胜利油田分公司通过与油公司签订合作合同,油公司根据合同要求进行投资,承包开发方案设计、产能建设、投产全过程,实施交钥匙工程,投产后交由采油厂管理,采油厂和油公司进行产量分成。这样既可发挥油公司体制机制、属地政策支持等方面的优势,又能利用采油厂原有地上地下设施管网等,还能突破中石化原油开采计划的限制,更好地兼顾油公司与采油厂双方利益,实现共赢发展。第二种形式是石油开发中心、鲁明公司作为中石化全资子公司,可通过接收采油厂流转的经营权,油公司获得经

营权、收益分成。

2. 设立新的油公司

主要有 2 条途径：第一条途径是中石化出资设立位于东营市域内的独资油公司；第二条途径是东营市地方政府或企业入股，与中石化组建新的油公司。

前期在陆续组建由胜利油田（后改为中石化股份公司）和多家法人企业出资设立的油公司时，由于当时国家层面没有油气储量资产资本化相关事宜的明确规定，胜利油区子公司在设立时未将储量资产评估作价入股（胜利油区的探矿权及采矿权均属于中石化股份公司）。国家审计署在对油田开展各种专项审计时，多次提出所属油公司的石油储量未进行评估，存在国有资产流失及收益受到损失的问题。若将储量资产作价入股，油公司很难实现盈利。在当前形势下，在陆上新设立油公司难度较大。

调研组认为，可优先考虑难动用区块中的浅海区块，作为油地合作的优先选择。可探讨与中石化合资成立海上油气资源开发公司，统一开发东营域内浅海油气资源。一是东营域内浅海油气资源比较丰富，区块集中，便于开发管理，开采成本相对较低。如石油开发中心陆上每吨开采成本为 2 021 元，而其青东公司滩海油气开采单位完全成本为 1 135.20 元，胜海公司滩海油气开采单位完全成本只有 685.71 元。目前中石化在东营市辖区涉海油公司仅有石油开发中心一家，管理 2 个区块，新滩油田垦东 12 和桥东油田青东 5，含油面积 11.83 平方千米，地质储量 2 867 万吨。目前开油井 96 口，日产液 4 104 吨，日产油 709 吨，综合含水率为 82.7%；开水井 20 口，日注水 1 679 立方米。二是东营市正与中海油合资开采渤海垦利油田群，其做法可资借鉴。

（四）加大政策扶持力度

一是地方出台鼓励油公司发展的财税、土地、政务服务等方面的优惠政策。二是建议税务部门争取国家税务总局对难动用储量实行差别化税收，对不同地区、不同品位油气资源税费形成有效合理的等级，客观反映开发不同品质资源的真实利益，激发油公司开发难动用储量的积极性。三是建议税务部门争取国家税务总局借鉴相关国家做法，对低产井、重油、边际井和用三次采油技术提高难动用储量采收率的，给予其一定比例的税收抵免政策和所得税减免、税收抵押优惠政策。

油田方面对市里出台相关政策的建议为:一是理顺油公司在东营市开发区域的土地使用权办理,简化临时用地手续及项目环评审批手续办理,征地、现场审核、青苗补偿等手续实行统一办理。二是低油价下,难动用储量资源接替不足、开发成本高,需要地方给予税费减免。

(五)加强组织领导

中石化规定,油公司模式限于边远井及低品位储量开发,将区块评估作价对油公司投资以增加油公司规模或成立新的油公司,必须经中石化批准。要顺利推进油地合作开发油田难动用储量,主要取决于 2 个方面:一是油地态度积极并达成共识;二是争取中石化支持。因此,油地双方必须强化领导,协同推进。建议油地双方分别成立油田难动用储量开发协调领导小组,研究具体的实施方案,制定相关政策措施,共同做好向中石化、财政部、国家税务总局等的协调争取工作,推进各项工作顺利开展。

(陈安忠 2020 年 4 月 28 日组织撰写的调研报告)

专栏五　5 家油公司基本情况

一、石油开发中心有限公司

公司成立于 2003 年 1 月 30 日,同年 4 月 7 日正式注册为胜利石油管理局直属企业法人单位,主要从事难动用储量及高成本原油区块的勘探开发工作。2007 年 1 月由油田分公司管理。2012 年 7 月 11 日,中国石化胜利石油管理局石油开发中心名称变更为胜利油田石油开发中心有限公司,是中石化股份公司的全资子公司,也是目前产量最高的油公司。公司现有员工 2 700 余人,下设 8 个采油管理区,工区主要分布在草桥、王庄、青东、垦东、渤南等地区。2018 年,东营域内产油量为 92.80 万吨,缴纳税金 5.06 亿元。

二、东胜精攻石油开发集团股份有限公司

公司成立于 1993 年 6 月,是国内陆上石油行业第一家以股份制形式、油地结合开发难动用储量的油公司。按区域分布,分别在属地注册 18 个独立法人单位,并属地纳税。1997 年组建集团公司,2003 年 6 月变更为股份有限公

司,由 14 家股东投资构成:中石化股份公司占 64.73%,地方占 35.27%（其中:东营石化集团占 6.66%,城资公司占 0.62%,其余 11 家股东占 27.99%）。2006 年底,东胜公司根据中石化改革政策进入上市板块,正式纳入胜利油田分公司管理。"一县一企一管理"交接后,东胜公司下设 10 个采油管理区,工区分布在东营、滨州、淄博等 4 个市的 9 个县区。辖区面积近 1 250 平方千米,管理着 19 个油田的 63 个区块,探明储量 26 465 万吨,控制储量 1 380.71 万吨,动用上报探明地质储量 19 453 万吨,动用程度 73.5%,动用部分标定可采储量 2 793.72 万吨,采收率为 14.4%。2018 年东营域内产油量为 29.4 万吨,缴纳税金 2.72 亿元。

三、鲁胜石油开发有限责任公司

公司于 1994 年 12 月 17 日成立,由 3 家股东投资构成:中石化股份公司占 51.96%,其余 2 家股东占 48.04%。2012 年 12 月 31 日前由井下作业公司代管,2013 年 1 月纳入胜利油田分公司管理。"一县一企一管理"改革后,公司在胜利油区 15 个油田有 24 个开发单元,主要分布在东营、滨州两市。探明含油面积 85.04 平方千米,地质储量 8 758.2 万吨,动用储量 7 127.69 万吨,可采储量 1 301.46 万吨,剩余经济可采储量 151.4 万吨。2019 年 4 月,开油井 563 口,核实日产油 1 175 吨,综合含水率为 88.1%,开水井 37 口,在册职工 1 179 人。2018 年,东营域内产油量为 26.74 万吨,缴纳税金 1.26 亿元。

四、鲁明油气勘探开发有限公司

公司是 2008 年 3 月,整合原大明集团油公司及胜大集团天然气公司成立的中石化股份公司的全资子公司,委托胜利油田分公司管理,主要从事低品位难动用油气藏的勘探开发。"一县一企一管理"改革后,公司有 6 个原油生产管理区、1 个采气管理区,分布在油田东、中、西 3 个区域,油地关系相对复杂,涉及 5 个地级市的 8 个县区和 3 个开发区。目前拥有油气井 905 口（开井 708 口）,水井 303 口（开井 220 口）,在册职工 1 272 人。2018 年,东营域内产油量为 4.29 万吨,缴纳税金 3 143 万元。

五、中胜石油开发有限责任公司

1998 年 2 月,公司由原石油机械厂新源公司、现河恒发公司合并成立,由

3家股东投资构成,中石化股份公司占51.96%,其余2家股东占48.04%,是5家油公司中规模最小的公司。2018年,东营域内产油量为2.65万吨,缴纳税金2 703万元。另外,东营市及各县区于2014年后分别成立了油气技术开发公司,主要从事对协议油井的开发管理。

第十一章
技术创新:引领发展的第一动力

第一节　技术创新概述

一、什么是创新

创新是指以现有的知识和物质,在特定的环境中,改进或创造新的事物(包括但不限于各种方法、元素、路径、环境等),并能获得一定有益效果的行为。从内容看,创新主要包括制度创新、科技创新和管理创新等。科技创新是原创性科学研究和技术创新的总称,是指创造和应用新知识和新技术、新工艺,采用新的生产方式和经营管理模式,开发新产品,提高产品质量,提供新服务的过程。科技创新可以分为知识创新、技术创新等,技术创新是科技创新中的一种表现方式。

创新是一个复杂艰难的过程,创新链、产业链、人才链、资金链、政策链相互交织,大到发展战略、发展路径、制度环境,小到谁出钱、谁挂帅、谁受益等,哪一个环节衔接不好,出现漏洞、缺失都可能前功尽弃。

二、什么是技术创新

技术创新指生产技术的创新,包括开发新技术,或者将已有的技术进行应用创新。科学是技术之源,技术是产业之源,技术创新建立在科学道理的发现基础之上,而产业创新主要建立在技术创新基础之上。

技术创新的分类：

（1）渐进性创新：渐进性的、连续的小创新。

（2）根本性创新：开拓全新领域、有重大技术突破的创新。

（3）技术系统的变革：这类创新将产生具有深远意义的变革，通常有技术上有关联的创新群的出现。

（4）技术-经济范式的变更：这类创新将包含很多根本性的创新群，又包含很多技术系统变更。

第二节　创新是引领发展的第一动力

1977 年邓小平同志复出后主动要求分管科学教育工作。在 1978 年召开的全国科学大会上，邓小平同志重申了科学技术是生产力的论断；在 3 月 31 日闭幕会上，郭沫若做了题为《科学的春天》的报告。这次会议开启了改革开放以来第一次科学的春天。

1988 年 9 月 5 日，邓小平同志提出了"科学技术是第一生产力"的著名论断。从此以后，科教兴国成为中国发展的基本战略之一，发展高科技、应用新技术的一系列政策措施相继出台，一大批国家项目、重点工程先后上马，国家工业化、信息化获得长足进步。

习近平总书记指出，创新是引领发展的第一动力，抓创新就是抓发展，谋创新就是谋未来。适应和引领我国经济发展新常态，关键是要依靠科技创新转换发展动力。

2020 年 10 月 26 日至 10 月 29 日，党的十九届五中全会提出加快建设科技强国，强调"坚持创新在我国现代化建设全局中的核心地位，把科技自立自强作为国家发展的战略支撑"。这次会议开启了改革开放以来又一次科学的春天。创新在现代化建设全局中居于核心地位，就要求现代化建设要围绕创新展开，创新是纲，其他都是目。政府布局工作先考虑创新，财政支出突出创新，综合考核比重最大的应该是创新。企业要把创新作为第一要务，围绕创新搞规划、上项目，研发经费要作为刚性支出，且逐年增长，创新载体建设向先进看齐，产学研结合要向实向深推进。

实践证明，唯创新者进，唯创新者强，唯创新者胜。改革关乎国运，创新决胜未来。可以说,我国改革开放的历史就是一部创新史,今天的中国比以往任何时候都更加迫切需要增强创新这个第一动力。

2000年,中国还是世界第七大经济体,2007年超越德国成为世界第三大经济体,2010年超过日本成为世界第二。而相应的,中国在全球创新指数排名连创新高。2012年中国内地排名列第34位,2019年、2020年,中国在全球创新指数排名中连续两年保持在第14位。一般来说,创新能力指数达到世界前15位,就进入了创新型经济体行列。这一成绩来之不易,是我国研发投入、研发人才等创新要素和发明专利、高质量论文等创新产出持续多年稳定增长的结果。

2000年中国研发投入总量为895.7亿元,2019年已达22 143.6亿元,中国自2013年以来成为仅次于美国的世界第二大研发投入国。中国研发人员总量快速增长,连续多年稳居世界首位。截至2018年底,中国科技人力资源总量达10 154.5万人,继续保持世界第一。

创新要素投入快速增加,带来了创新产出的量质齐升。2020年,我国高被引论文数量排在世界第二位,占世界份额的23%。2012年至2019年,我国国内发明专利申请量和授权量分别从53.5万件和14.4万件,增长至124.4万件和36.1万件,均居世界首位。

我国已成为具有重要影响力的世界科技创新大国,但在基础研究、关键核心技术研究和吸引全球创新资源等方面,与世界科技强国相比还有一定差距。展望未来,仍需不懈努力。

2020年,在国家"十四五"发展规划纲要中,提出"强化国家战略科技力量""增强产业链供应链自主可控能力",以期尽快解决当今中国所面临的一批"卡脖子"问题,不再让其制约国家安全发展。该任务非常突出,甚至是一切工作的首要战略目标。这说明我国科技创新还存在明显的短板。数据显示,2020年中国芯片市场规模为1 434亿美元,是全球最大的芯片市场。这些芯片中有60%(860亿美元)被集成到电子产品中之后出口国外,另外40%(574亿美元)集成到电子产品中之后在国内销售。全球芯片市场2020年的规模为3 957亿美元,中国市场占全球的36.24%。2020年中国的芯片制造商总共生产了价值227亿美元的芯片(该数据未统计港澳台的芯片制造商生产的芯片),仅占中国芯片市场的15.8%,占全球芯片市场的比例更是只有5.7%。

目前中国所用芯片大部分仍然由台积电、三星、海力士、联电、英特尔等厂商制造。2020年9月15日,美国对华为的新禁令正式生效。在此之后,台积电、高通、三星、SK海力士、美光等主要元器件厂商将不再供应芯片给华为,华为被芯片卡脖子,发展受到很大影响。

第三节 技术创新实践

东营工业发展的历史,既是一部改革开放史,也是一部科技创新史。近年来,东营市强化顶层设计,不断构建完善的创新制度体系,加强创新平台建设,加快创新型企业创新型园区培育,深化产学研合作,推进创新成果转化,加强创新人才队伍建设,打造优良创新生态环境。2018年12月28日,市政府出台了《东营市国家创新型城市建设工作方案》,把创新工作推进到一个新阶段。

一、主要做法

东营市坚持以国家创新型城市建设为抓手,以工业技术创新为重点,深入实施创新驱动发展战略,建立高位谋划、专班推进、三方协同、资金保障、载体建设5项机制。

(一)高位谋划

将创新型城市建设纳入总体发展格局和任务体系,从市级层面加强统筹谋划,举全市之力推进实施。

(二)专班推进

实行"委员会+专班+专组"组织架构,组建"创新型城市建设三年行动计划"工作专班,下设4个推进组,实行重点工作"周报告、月调度、季督导、年考核",用工程办法挂图作战、推进实施。

(三)三方联动

发挥油地校融合发展的独特优势,推动地方与胜利油田、中国石油大学(华东)开展科技人才资源整合,共建共享。在市级层面,建立油地校联席会议制度,每年召开会议,研究谋划融合发展重大事项;在部门层面,市科技局联

合胜利油田分公司科技管理部、胜利石油工程公司技术装备处、中国石油大学（华东）科技处建立四方沟通会商机制，定期组织开展科技人才合作交流活动。

（四）资金保障

突出创新型城市建设重点任务，加大财政资金保障力度。强化政策激励，对重大创新平台建设、高新技术企业培育等重点工作，加大财政奖补力度。健全科技投融资机制，扩大"科信贷"覆盖面，东营市创新开展的知识产权质押融资工作走在全省前列。

（五）载体建设

突出 3 个方面的工作：第一，着力实施创新园区能力提升行动。通过充分发挥省级以上开发区创新带动作用，深化改革创新，推动错位发展，形成各具特色的创新板块。东营高新区获评优秀省级专家服务基地，东营石油技术与装备产业研究院与胜利采油厂、德仕集团的科技合作逐步深化，科创小镇项目进展顺利。同时，中国科技开发院东营（科教园区）创新孵化基地入驻企业 47 家，中国石油大学（华东）研究生院完成立项和设计；悦来湖科技人才聚集区签约落地山东大学天元数字产业研究院，引进大树电子技术、立尔科技等 10 家优质科技型企业。第二，大力实施创新平台能级提升行动。牢固树立"平台思维"，以平台聚集技术、人才、项目、服务等高端要素资源，充分发挥创新引领作用，形成层次多元、功能完善的区域创新体系。国家级稀土催化研究院研发基地启用，稀土催化产业园开园，科技体制机制创新实践研讨会成功举办；山东省高端石化产业技术研究院"三中心一基地"建设稳步推进，化工中试基地项目列入 2021 年省重大项目；山东省生物技术与制造创新创业共同体组建核心运营团队，筛选拟落地转化和符合产业方向的研发中试项目 47 个……一批突破性、引领型创新成果，正成为支撑和引领东营高质量发展的"脊梁"。第三，全力实施创新型企业培育行动。到 2020 年底，全市 372 家企业入选国家科技型中小企业信息库，4 项专利获第 22 届中国专利奖，其中胜利油田获金奖、银奖各 1 项，凤凰制药、国瓷公司分别获优秀奖。成功举办了"东营光谷未来城杯"第四届油地青年创新创业大赛、第九届黄河口职业技能竞赛暨"国瓷新材料学院杯"职业技能大赛等活动，不断激发创新主体活力，引聚创新资源，推动成果转化，为产业高质量发展赋能。

建市以来，东营工业高新技术产业占比年年提高，2020年高新技术产业产值占规模以上工业总产值比重为34.21%。《山东省区域科技创新能力评价报告2020》显示，东营市综合科技创新水平指数居全省第五位。

二、主要问题

从总体上讲，东营地方工业技术创新水平仍然不高，与高质量发展要求相比差距明显。

（一）认识不到位

政府层面上，重显绩、轻潜绩，重眼前、轻长远，重增长、轻创新等问题不同程度存在。企业层面，经营者大多学历层次低，理论水平不高，不懂创新；创新有风险，不敢创新；创新来钱慢，不愿创新。有钱买地建房买设备，轰轰烈烈促生产，没钱建载体、请专家实实在在搞创新。2019年，全市规模以上工业企业中有研发活动的企业占比仅为19.39%，而对标学习的温州市为59.91%。

（二）科技投入不足

财政对科技创新投入少，增速低，使用分散，效益低下。2020年，市科技专项经费仅3 000万元。近年来，全市科技专项资金增长慢，且多为政策兑现类资金，各县区、开发区科技专项资金投入参差不齐，总量偏小，大部分县区每年只有200万元左右，难以有效发挥作用。企业研发投入少，规模以上工业企业多依赖于投资增长，重规模扩张，轻科技创新，自主创新能力不强。2019年，规模以上工业企业研发投入总计64.81亿元，占企业营业收入比重不足1%，而温州市为3.03%。

（三）科技人才队伍建设滞后

一是科技人才总量小，全市科技型企业有博士171人、硕士1 266人、副高级职称以上1 015人，硕士以上学历人员占比仅3.65%，副高级职称以上人员占比仅2.58%。二是高层次领军人才和高技能人才等"高精尖"人才匮乏，部分院士工作站利用率低，高层次人才入驻开展研发活动少。三是结构不合理，东营市的高科技人才主要集中在油气工程、炼化、装备制造等传统产业领域，新兴产业领域的高层次人才稀缺。

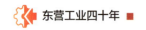

（四）创新载体和平台支撑能力不足

一是研发能力不强，现有企业研发机构层次不高、能力有限，只有不足10％的具备自主研发必要的实验设备、人才团队和经费支持。二是高能级载体不足，全市仅有1家国家级工程技术研究中心，占全省的2.8％。三是科技孵化器、众创空间等孵化创新平台偏少，专业化程度不高，服务机构小、散、弱，高水平的创投、孵化、技术转移等服务机构缺乏。

（五）高新技术产业层次低

到2020年底，东营市高新技术企业数量仅为全省的2.27％。高新技术产业中，技术含量、附加值偏低的中低端加工产业占比较高，如轮胎制造、铜加工、原油加工及石油制品制造等产业占比高达42.81％；高科技含量、高附加值的战略性新兴产业占比较低，如生物医药、电子信息、新材料等产业占比仅为2.5％。

三、几点建议

当前，以新能源汽车、移动互联网、大数据、云计算、人工智能、物联网、区块链为代表的新技术将进入大规模产业化应用加速阶段，新技术深刻改变着制造业和服务业的生产组织方式，推动产业朝着智能化、定制化的方向发展。在此背景下，要坚持创新在现代化建设全局中的核心地位，紧紧抓住新一轮科技革命和产业变革带来的机遇，坚持科技创新、制度创新2个轮子一起转，打造产业链、创新链、资本链、人才链"四链合一"＋优质高效政务服务的发展生态，打造有影响力的科技创新发源地。有效运用"有为政府"与"有效市场"的辩证法，既充分发挥政府作为重大科技创新组织者的作用，又充分发挥市场对技术研发方向、要素价格、资源配置的导向作用，有事多援手、无事不插手、好事不伸手、难事不撒手。主动融入全国、全球创新网络，加快科技体制机制改革，着力激发市场主体和研发人员的积极性、创造性，打造真正让科研人员放心攻关、让企业放心投入的良好生态，以创新促进社会生产力水平实现新的跃升。

（一）充分发挥市场机制在促进创新中的决定性作用

一是更加注重技术要素与资本要素融合发展。加强科技金融合作，鼓励金融机构发展知识产权质押融资、科技保险等科技金融产品,开展科技成果转化贷款风险补偿试点。注重用资本的力量撬动创新,紧扣科技创新和产业发展需求,大力发展创投风投,完善科技金融服务,支持企业对接多层次资本市场上市挂牌,推动金融资本要素对接创新成果转化全过程、企业生命全周期、产业形成全链条。

二是更加注重用市场的逻辑谋划创新。发挥企业在产学研融合中的主导作用,尊重企业和企业家的创意创新创造,构建以企业需求为导向的科研立项机制,企业"出题目"、院所"作答案",持续营造让企业家舒心的政务服务环境,催生更多充满活力的市场主体。鼓励企业加大研发投入,对企业投入基础研究实行税收优惠;实施更大力度的研发费用加计扣除、高新技术企业税收优惠等普惠性政策,完善激励科技型中小企业创新的税收优惠政策;推进产学研深度融合,支持企业牵头组建创新联合体,承担国家、省重大科技项目;发挥大企业引领支撑作用,支持创新型中小微企业成长为重要创新发源地,加强共性技术平台建设,推动产业链上中下游、大中小企业融通创新。

三是用市场手段打通科技成果转化通道,让人才、成果、机构都"活"起来。实行以增加知识价值为导向的分配政策,完善科研人员职务发明成果权益分享机制,探索赋予科研人员职务科技成果所有权或长期使用权,提高科研人员收益分享比例,调动科研人员实施科技成果转化的积极性,增强科技成果转化活力。同时,畅通人才社会流通渠道,加快形成有利于人力资源流动的统一大市场。

(二)更好发挥政府促进创新的重要作用

一是持续加大创新投入。加大财政投入力度,优化支出结构,对企业创新投入实行税收优惠,形成持续稳定投入机制。

二是注重用平台的思维集聚创新。用好黄河流域生态保护和高质量发展等战略大平台,做强产业集聚区、海关特殊监管区、共性技术平台、产业联盟等载体,发挥商协会、展会等平台纽带作用,面向国内国际更大的市场空间配置科技创新资源,让创新业态、创新模式、创新人才、创新技术等加速向东营集聚,努力在东营大地形成"乔木"参天、"灌木"苗壮、"苗圃"葱郁的"创新森林"。

三是深入实施科教兴市战略,持续提高教育质量,多渠道吸引优秀人才投身创新事业。整合运用好胜利油田、山东石油化工学院、中国石油大学（华东）东营科学技术研究院等的科技资源，赋予高校、科研机构更大科研自主权，给予创新人才更大技术路线决定权和经费使用权。

四是加强知识产权保护，大幅提高科技成果转移转化效率。鼓励和支持企业参与知识产权国际、国内标准制定；建立专利审查质量内部、外部双评价双监督机制，完善分层次、分阶段质量保障体系；建立法定赔偿机制，健全知识产权损害赔偿机制。

（三）大力实施科技产业协同创新工程

贯通科技供给与产业需求，强化产业链、创新链、人才链协同布局，努力以产业链升级牵引核心技术攻关，以科技创新的突破带动产业的颠覆性变革。

一是畅通科技成果转移转化通道。构建"政产学研用金"六位一体的新思维、新模式，努力实现科技成果转移转化零障碍、低成本。全面开放产业应用场景，持续扩大首台套、首批次、首版次"三首"政策覆盖范围，大力推进孵化器、加速器、双创空间等转化应用平台建设，使各类市场主体求创新、找资本、聚人才的梦想都能在东营得以实现，让各种新成果、新装备、新材料、新业态的应用都能在东营找到方案。

二是依靠创新推动先进制造业发展。一方面依托科技创新推进"工业强基"，在重大技术装备、新材料、智能制造工艺等方面实施一批补短板项目，提升产业链水平和竞争力；另一方面依托科技创新打造"增长引擎"，聚焦新一代信息技术、人工智能、新材料等新兴产业，把引领型创新成果更多转化为引领型产业成果。

三是大力发展数字经济。把5G、物联网、人工智能等"新基建"做快、做强，形成广覆盖的"新基建＋"应用场景，为数字经济"先入为主"创造条件。最根本是要把数字产业化、产业数字化的业态做大、做活，在工业等领域广泛开辟数字化、智能化的应用场景，催生更多新技术、新产业、新业态、新模式。

（四）主动融入全球、全国创新网络

大力支持协同创新和开放式创新，积极开展国际国内合作，深度融入全球、全国创新网络。

第四节 技术创新模式

技术创新模式是指企业根据其经营战略和技术创新战略,针对具体的技术创新项目,确定项目实施的具体目标以及所需科技资源和能力的主要来源与利用方式,明确项目实施的具体途径。

按照技术创新所需资源和能力的不同来源,可以将技术创新分为独立创新、合作创新、引进再创新 3 种模式。如果企业主要依靠自身的科技资源和能力,开发某个技术创新项目,称之为独立创新模式;如果企业既充分利用自身的科技资源和能力,又比较多地利用外部各类组织,如高校、科研院所和其他企业的科技资源和能力,称之为合作创新模式;如果企业主要利用外部科技资源和能力进行技术创新,称之为引进再创新模式。

东营建市时间短,地方工业基础薄弱,技术人才严重短缺,靠自主创新求得发展能力严重不足。从主导产业看,几乎是清一色的资源加工型的传统产业,这些产业的一个特点是设备、技术成熟稳定,有钱就能买到,属于资金、劳动力密集型产业,正契合东营工业发展的优势。东营市工业企业技术创新模式大体有以下 4 种:

一是购买先进设备和工艺包。这种创新属于引进创新,东营市大部分企业走的是这条路子。比如离子膜烧碱采用的是日本旭化成和德国公司的设备和工艺包,世界上顶级的设备和工艺生产出的产品也会是高质量的,也确保了市场竞争力领先。典型企业如利华益集团股份有限公司,该公司"油头化身高化尾"产业链条上的每个节点项目都是投巨资引进先进设备和工艺,确保项目装备技术国内一流。如 18 万吨丁辛醇是当时国内最大的丁辛醇单套装置,运用了陶氏技术和戴维加工技术,2008 年投产后取得了较好效益,2011 年就收回了投资,由于具备质量和成本优势,在市场竞争中占据了有利地位。

二是独立创新。独立创新也可称为率先创新,是指在无其他企业技术引导的条件下,企业在获取技术和市场创新机会后,依靠自身力量独立研究开发,攻克技术难关,获得新的技术成果,并完成技术成果的商业化过程。

独立创新在市场上主要表现为产品创新,它可以使企业获得超额利润。但独立创新也存在很大风险,需要企业具有很强的研发实力、敏锐的市场洞察

力和较强的风险承受能力等。

关键核心技术被"卡脖子",产业发展就如同被掐住了命门,不仅产业发展无法实现高价值,更有随时被清零出局的风险。破解"卡脖子"之痛,唯有独立创新,掌握核心技术,这无疑是今后一段时期创新发展的重大课题。创新竞跑,只有掌握核心技术才能赢得发展的主动权,实现产业能级跃升。

独立创新在东营市工业企业中尚属于起步阶段。最早的典型是信义集团的刹车片。信义集团依靠国家级企业技术中心,研发汽车刹车片、刹车盘等摩擦材料。2005 年 8 月,信义集团的刹车片成功为美国戴姆勒-克莱斯勒主机配套,成为首家为国际著名汽车厂汽车主机配套的中国刹车片制造商。先后为世界 500 强企业美国克莱斯勒、福特、天合等公司主机配套,成为国内首家跻身国际汽车主机配套市场的制动片生产企业,并取得了德国大众 A 级供应商资质。

20 世纪末,胜动集团通过技术创新研发了煤矿瓦斯、炼油厂火炬气发电等的成套设备,并推出了工程服务承包形式,引领了这一行业的发展,得到了国务院领导和国家有关部门的肯定和支持。

国瓷公司的技术创新成为近年来东营工业企业独立创新的典范。公司成立于 2005 年 4 月,主要生产高纯超细钛酸钡系列粉体、多层陶瓷电容器用 X7R、X5R、Y5V、C0G 等系列 MLCC 介质瓷粉、微波介质瓷粉。通过多年不懈努力,国瓷公司已发展成为国内最大的高纯超细钛酸钡系列粉体和多层陶瓷电容器用系列粉体生产企业。在留美博士张曦带领下,公司承建了山东省电子陶瓷材料工程技术研究中心、山东省电子陶瓷材料工程实验室、山东省企业技术中心三大科研平台,持续开展技术创新和产品研发。截至 2018 年底,累计取得发明专利 28 项、实用专利 51 项,其中"一种连续制备钛酸钡粉体的工艺"获得中国专利金奖,公司自主研发项目"多层陶瓷电容器用钛酸钡基介电陶瓷材料的产业化关键技术及应用"获得国家科技进步奖二等奖。凭借突出的研发实力,国瓷公司主持制定了《电子工业用高纯钛酸钡》行业标准、《纳米级二氧化钛》和《硅橡胶用气相二氧化硅》国际标准,成为国内特种陶瓷粉体材料领域的引领者,打破了国外垄断。高性能蜂窝陶瓷是内燃机后处理产业的核心,能使排放限值达到国六标准。此前,这一技术由国外个别企业垄断。在 2019 年度山东省重大科技创新工程支持下,公司终于突破了技术瓶颈,实现了产业化，在短时间里已经与潍柴等汽车行业龙头企业达成了长期战略合作。公司高性能氮化铝粉体及高导热基板关键技术研发及产业化项目，得到2020年度山东省重大科技创新工程支持，正在加速攻关，力求打破垄断。国瓷公司已发展成为国内最大的特种陶瓷粉体材料生产基地，在行业内占据多项第一，并且仍在向一个个"卡脖子"的新材料领域不断发起挑战。

三是产学研结合。这种创新属于联合创新。产学研相结合，是科研、教育、生产不同社会分工在功能与资源优势上的协同与集成化，是技术创新上、中、下游的对接与耦合。随着技术发展和创新形态演变，政府在创新平台搭建中的作用、用户在创新进程中的特殊地位进一步凸显。知识社会环境下的创新2.0形态正推动科技创新从"产学研"向"政产学研用"，再向"政用产学研"协同发展转变。主要模式有：

（1）企业资助大学、科研院所搞科研。一些实力雄厚的大公司，通过提供资金援助（包括非专项科研补贴、捐款、现金赠予等）和以赠予或收取费用等方式向大学、科研院所转让科研设备，或在大学、科研院所设立由企业支付薪金的教学或研究职位，双方建立永久合作关系，为进一步开展研究打下基础。

（2）大学、科研院所参加企业科研。具体形式有：大学、科研院所教授、专家去公司咨询、授课或做学术报告，到企业参加课题研究；企业到大学校园中公开招募学生从事一些课题的研究；公司科研人员到大学进修并取得学位等。

（3）科技园与创新中心。美国成功的科技园都是以著名的研究型大学为依托，利用大学的科研与人才优势创建高科技园区，发挥高新技术的辐射作用。

东营市较早的产学研结合典型应该首推东辰集团，其校企合作经验又称"东辰模式"。20世纪90年代，东辰集团采用成果转让、专利买断、技术入股、委托开发等方式，按照"提前介入、联合攻关、成果共享、风险共担"的原则，一次性投入30万元与北京化工大学联合建立北化-东辰生物化工研究所。企业每年向研究所提供16万元科研经费，研究所每年为公司开发1～2项中试时能达到国内领先水平的生物化工、精细化工产品或新工艺、新技术。1999年，东辰集团与北京化工大学开发的"青霉素菌丝体的综合利用"和"透明质酸"，生产工艺达到国际先进水平。公司于2008年6月被人力资源和社会保障部（下简称人社部）批准设立博士后科研工作站，承担多项国家级开发项目和省、市级科技攻关计划项目,其中填补国内空白的 1 个,达到国际先进水平的 4 个,建成国内第二大新戊二醇和透明质酸生产基地。2000 年,全市 65％限额以上工业企业与大院大所建立科技合作关系。作为产学研结合的典范,胜利油田新大管业科技发展有限责任公司被誉为中国最专业的玻璃钢管道及制品生产商之一。2019 年 11 月 13 日,胜利油田新大管业科技发展有限责任公司上榜 2019 年山东省单项冠军示范企业(第一批)名单;2020 年 7 月,被评为 2020 年山东省技术创新示范企业。

21 世纪初,方圆公司联合有关科研机构推出了氧气底吹无碳造硫捕金技术和设备,智利国有矿业公司主动寻求与其开展技术合作。

产学研结合也是一个不断深化的过程。为满足经济发展、科技进步的需要,在产学研结合过程中,内涵不断丰富,外延不断扩展,政府、金融、服务业等在推进产学研结合中的作用越来越大,原来由企业对科研院所、高等学校的一对一、一对多模式已经不能完全适应变化了的实际,实践中创造出了若干新模式。

2005 年,中国石油大学国家大学科技园被省政府确定为省级重点服务业园区,被中国产学研合作促进会确定为全国产学研合作创新示范基地。

2019 年 3 月 18 日,山东省政府印发《关于打造"政产学研金服用"创新创业共同体的实施意见》(鲁政字〔2019〕49 号),提出促进"政产学研金服用"创新要素有效集聚和优化配置,全面提升科技创新供给能力,为经济高质量发展提供动力源泉。之后,东营市也出台了相关文件,并推动实施。东营市高端石化、生物技术与制造 2 个创新创业共同体进入省级行列,总数居全省第四位。

四是围绕产业链部署创新链。当前竞争突出表现为价值链竞争,创新发展的关键是推动产业迈上价值链中高端。突破口就是围绕产业链部署创新链,把科技创新落到产业发展上。东营市产业迈上价值链中高端主要有 2 个方向:一是建立以东营市拥有的核心高端技术为主导的价值链;二是从价值链中低端环节向中高端环节攀升。这 2 个方向实际上指明了围绕产业链部署创新链的方向。在产业链上部署创新链,关键是在相应的产业链环节上创新处于国际国内前沿的核心技术。产业创新链的基本功能是有效衔接知识创新和技术创新两大体系。产学研协同创新更适合产业创新链的构建。从 2019 年开始,东营市结合培育产业链"链主"企业,开始部署产业链和创新链的融合。东营经济技术开发区主攻新材料产业发展,推进国家级稀土催化研究院、氧化铝纤维研究院等平台建设,打造新材料产业园,实现了产业链和创新链的有效融合。

第五节 技术创新载体

打造"企业为主体,市场为导向,政产学研金服用相结合"的创新体系,关键环节是载体的培育和发展。说到创新载体,细分讲就是"三创"。"三创"载体是指聚集科技创新创业创意企业、研发机构、公共技术、商务服务机构,集成技术、人才、资金等要素,联合政、产、学、研、介,开展技术研发、成果转化、企业(项目)孵化的聚集体。创新载体主要是指聚集为科技创新提供服务的公共服务＋平台、各类专业技术服务平台和科研机构、企业研发中心、工程技术中心等研发机构的载体;创业载体(孵化器)主要是指聚集科技型创业企业以及促进成果转化、孵化的载体;创意载体是指聚集以创意产业为支柱的现代科技服务业的载体。创新、创业、创意载体这里统称为创新载体,主要指以企业为主体的研发载体。

近年来,东营市实施规模以上工业企业研发机构全覆盖行动,创新企业研发机构建设模式,努力扩大研发机构覆盖面。截至 2020 年底,全市共有国家级工程技术研究中心 1 个、企业技术中心 4 个,省级重点实验室 6 个、工程技术研究中心 41 个、技术创新中心 2 个、院士工作站 28 个,市级重点实验室 184 个、技术创新中心 19 个,基本形成以"国家级平台为引领、省级平台为骨干、市级平台为支撑"的良好格局。

一、企业技术中心

企业技术中心是为应对企业在新产品、新工艺、新技术等方面的研发而设立的机构。

到 2020 年底,东营市共有企业技术中心 222 个,其中国家级 4 个、省级 85 个、市级 133 个。

二、工程技术研究中心

工程技术研究中心是依托科研院所、高等院校或企业,拥有相应的工程技术研究开发、设计和试验专业人才队伍,具有较完备的工程技术综合配套试验条件,能够提供行业公益性服务,具有自我良性循环发展机制的技术研究开发平台。

到 2020 年底,东营市共有工程技术研究中心 42 个,其中国家级 1 个、省级 41 个。

国家工程技术研究中心是国家级科技创新平台的重要组成部分,主要依托行业内具有技术权威性的科研机构、科技型企业或高校组建,一般每个行业或领域只批准组建 1 个国家级工程技术研究中心。

2010 年,东营市启动了国家采油装备工程技术研究中心申报工作,并于 2013 年 4 月获批组建,成为东营市建市以来首个国家级工程技术研究中心。2017 年 9 月 6 日,科技部组织专家对国家采油装备工程技术研究中心进行验收并一致通过。

三、院士工作站

院士工作站系政府推动,以企事业单位创新需求为导向,以两院院士及其团队为核心,依托研发机构,联合进行科学技术研究的高层次科技创新平台。

到 2020 年底,东营市共有省级院士工作站 28 个。

四、博士后科研工作站

博士后科研工作站(下简称工作站)是指在企业、科研生产型事业单位和特殊的区域性机构内,经批准可以招收和培养博士后研究人员的组织,为我国的高技术人才与企业搭起了桥梁,是产学研相结合的新路子。工作站的设立,由拟设站单位提出申请,各省、自治区、直辖市人事部门或国务院有关部委及直属机构人事部门审核汇总后报人社部。经专家评审委员会评审,由人社部和全国博士后管理委员会审核批准。

到 2020 年底,东营市有博士后科研工作站 16 个。

五、重点实验室

重点实验室是以国家现代化建设和社会发展需求为导向,开展基础研究、竞争前沿高技术研究和社会公益研究的科研机构。

到 2020 年底,东营市共有重点实验室 190 个,其中省级 6 个、市级 184 个。

六、研究院

研究院在学术界被称为科学试验的研究机构。

东营最早的研究院有胜利油田设计院、采油院、物探院、地质院、钻井院等。自 2019 年开始,东营市加快了山东省高端化工产业技术研究院(见图 11-1)、国家级稀土催化研究院、氧化铝纤维研究院、中国石油大学高等研究院、东营产业技术研究院的建设。

图 11-1 山东省高端化工产业技术研究院

2020 年 5 月 19 日,万达石化研究院成立。研究院下设产业政策与咨询研究院、产业规划研究所、工程技术中心 3 个研究部门,拥有博士、硕士等各类科研人才 100 余人。内设产品研发实验室、质量检测中心和 5 个中试车间,其中包括炼油及新材料 CNAS 认证实验室、碳四新技术 CNAS 认证实验室、精细化工市级重点实验室。万达石化研究院还与霍尼韦尔 UOP 公司共建创新孵化基地。

山东科瑞石油工程技术研究院(山东省重点工程实验室)成立于 2010 年 4 月 26 日。该院依托胜利油田和中国石油大学(华东)的地域及技术资源优势,汇集了一批长期从事石油勘探开发工程和研发教学、拥有丰富现场经验的教授、专家和工程技术人员,是一所以石油工程技术为主的综合性技术研发和应用机构。

七、瞪羚企业

瞪羚企业是指创业后跨过死亡谷以科技创新或商业模式创新为支撑进入高成长期的中小企业。认定范围主要是产业领域符合国家和省战略性新兴产

业发展方向,涵盖新兴工业、新一代信息技术(含大数据、物联网与云计算、高端软件、互联网)、生物健康、人工智能、金融科技、节能环保、消费升级等领域。

按照硅谷的解释,瞪羚企业就是高成长型企业,它们具有与瞪羚共同的特征——个头不大、跑得快、跳得高,这些企业不仅年增长速度能轻易超越一倍、十倍、百倍,甚至千倍及以上,还能迅速实现 IPO。一个地区的瞪羚企业越多,表明这一地区的创新活力越强,发展越快。

到 2020 年底,东营市有瞪羚企业 10 家。

八、独角兽公司

独角兽为神话传说中的一种生物,它稀有而且高贵。美国著名 Cowboy Venture 投资人 Aileen Lee 在 2013 年将私募和公开市场的估值超过 10 亿美元的创业公司作出分类,并将这些公司称为“独角兽”。随后这个词就迅速流行于硅谷,并且出现在《财富》封面上。所谓“独角兽公司”是指那些估值达到 10 亿美元以上的初创企业。

到 2020 年底,东营市尚没有独角兽公司。

九、孵化器

科技企业孵化器(也称高新技术创业服务中心,下简称创业中心)是以促进科技成果转化、培养高新技术企业和企业家为宗旨的科技创业服务机构。创业中心是国家创新体系的重要组成部分,是区域创新体系的重要核心内容。

创业中心的主要功能是以科技型中小企业为服务对象,为入孵企业提供研发、中试生产、经营场地和办公方面的共享设施,提供政策、管理、法律、财务、融资、市场推广和培训等方面的服务,以降低企业的创业风险和创业成本,提高企业的成活率和成功率,为社会培养成功的科技企业和企业家。

到 2020 年底,全市有市级以上科技企业孵化器 14 个。

十、科技园区

科技园区一般是指集聚高新技术企业的产业园区。

中国石油大学国家大学科技园是由中国石油大学、东营市政府、胜利石油管理局三方于 2001 年 10 月共同创建,由东营区具体承建、山东石大科技园管理有限责任公司运营管理,集科研开发、企业孵化、科技成果转化于一体的科技园区。园区依托中国石油大学的优势学科、胜利油田的科研机构和东营市优良的创业环境，以油气勘探、开发和加工利用及其相关产业为核心，重点发展与石油石化相关的技术、工艺、产品、软件和设备，涉及新材料、精细化工、电子信息、环保节能和机电一体化等高新技术领域。

东营经济技术开发区整合大学科技园、光谷未来城、软件园等功能园区，以国家级稀土催化研究院、北航东营研究院、山东大学工业技术研究院等高层机构为支撑，规划建设悦来湖科技人才聚集区，推进以科技合作带动创新创业为特色的运营发展模式，汇聚各类科技要素、高层次人才和前沿技术成果，打造区域创新中心。到 2020 年底，聚集区已建成孵化场地 60 万平方米，拥有国家火炬计划软件特色产业基地、国家级孵化器、国家大学科技园各 1 个，省级众创空间 5 个，聚集各类科技项目 369 个，各类高层次人才 200 余名。

十一、高新区

高新技术产业开发区简称"高新区"，是指我国在一些大中城市和沿海地区建立的发展高新技术的产业开发区。它是以发展高新技术为目的而设置的特定区域，是依托于智力密集和开放环境，通过实行税收和贷款方面的优惠政策和各项改革措施，最大限度地把科技成果转化为现实生产力而建立起来的综合性基地。

东营高新技术产业开发区（原胜利工业园）创建国家级高新区，纳入了部省会商议题，进入了培育梯队。

十二、创新联合体

创新联合体是指有条件的科技领军企业联合行业上下游企业、高校院所科研力量牵头组建的组织。

过去，东营以企业为主体的技术创新要么单打独斗，要么产学研联合的面窄且不深入，效果不突出。进入 21 世纪 20 年代，在轮胎、炼化、新材料等行业已经出现创新联合体的雏形。

十三、众创空间

众创空间是伴随"大众创业、万众创新"提出的概念，相当于孵化器的延伸，门槛更低，更专注于互联网领域。

到 2020 年底，东营市有众创空间 35 个。

第六节　科技工作

　　和全国一样,东营市对科技工作有一个从不重视到比较重视再到高度重视的过程。建市以来,因为有胜利油田和中国石油大学作为支撑,东营市科技工作各项数据比较亮眼,成果比较丰富,但从地方角度看,虽然科技工作也有一个不断加强的过程,总体上存在对科学技术作用认识不到位、科技工作地位不突出、重外延扩大生产轻科技创新、政府投入严重不足、企业创新主体地位不落实、创新载体质量不高、引领产业技术突破的成果少等问题。随着全市经济从高速增长转到高质量发展,科技进步的决定性作用凸显出来,科技工作日益加强,有了突破性进展。

　　建市以来,东营市陆续组织实施了多项科技计划。1983年,组织实施科技攻关计划。1986年,组织实施星火计划。1988年,组织实施火炬计划。1990年,组织实施科技成果重点推广计划。1993年,组织实施国家级重点新产品试制鉴定计划。在组织实施科技计划的同时,还陆续编制了东营市"第七个五年计划"重点科学技术研究项目、"第八个五年计划"科技发展规划,安排制订了每年的年度计划。至1995年底,全市共组织实施国家、省、市科技项目503项,投入资金32 698万元,其中科技三项(科研、开发、重大新产品)经费2 263.9万元,国家财政拨款120万元,省财政拨款936.9万元,市财政拨款1 207万元。科技项目的实施,共新增产值20.76亿元、利税5.33亿元,增加工业新品种270种。

　　1984年,国家开始设立科技进步奖,省、市人民政府也先后印发科学技术进步奖励办法。自建市以来至1995年底,东营市共获山东省科技进步奖27项、省星火计划奖22项、市科技进步奖194项。

　　1996年,全市共实施国家、省、市各类科技计划项目219项,其中新上120项,总投资1.63亿元。

　　1997年,东营市被国家科委确定为全国技术创新工程试点城市。

　　1998年,市、县(区)相继调整成立科教(技)领导小组,在5个县区、14个行业单位和11个市级责任部门首次推行科技进步目标责任制。

　　1999年,全市实施国家、省、市各类科技计划项目175项,获国家、省科技奖励 28 项,市、县(区)两级财政投入科技三项经费 1 683 万元。成立市科技成果转化促进中心,建成市科技信息网。东营市被科技部授予"全国科教兴市先进市"称号。

2000 年,全市 65% 的限额以上工业企业与大院大所建立科技合作关系。全市引进转化高新技术成果 60 项,联建科研开发机构 28 个,引进高层次人才 330 人。全市技术贸易机构发展到 601 个,油地校签订技术合同 28 项,技术交易额 300 多万元。东营市被整体列为省级可持续发展实验区。

2001 年,确定建设东营市大学科技园和市高新技术企业孵化器。油田化学品产业化开发及应用示范项目列入国家"十五"科技攻关计划,这是山东省承担的第一个国家科技攻关计划重点项目。

2002 年,市委、市政府印发《关于加快高新技术产业发展的决定》。同年 9 月,东营经济技术开发区被省政府列为省级高新区。全市实施国家、省、市各类科技计划项目 706 项,其中国家级 124 项。全市省级工程技术研究中心增至 5 个。

2003 年,市知识产权局被人事部、国家知识产权局评为全国专利系统先进集体。

2004 年 1 月,东营市被科技部列入全国首批技术创新工程示范城市;同年 12 月 28 日,被命名为国家知识产权试点城市。

2005 年,东营市进入省政府高新技术产业重点调度城市行列,被省政府确定为山东半岛高新技术产业群重点城市。中国石油大学科技园被科技部、教育部认定为国家大学科技园。"十五"期间,市、县两级科技三项经费累计投入 2.09 亿元,年均增长 23.35%,累计争取上级无偿资金 6 446 万元。全市技术交易额年均增长 66.3%。

2006 年,东营市被批准为国家可持续发展实验区,并成为当时全国唯一同时建有 1 个国家级大学科技园和 3 个国家级高新技术创业服务中心的地级市。

2007 年 6 月,东营市入选国家知识产权示范城市创建市。中国城市发展研究会公布资料显示,东营市自主创新能力列全国地级市第 12 位,列地级以上城市第 31 位。

2008 年,启动山东"211"高校支持黄河三角洲高效生态经济技术创新示范区(东营)建设行动。科技部批准东营市建设石油装备、盐化工2个"国家火炬计划特色产业基地"。中国石油大学国家大学科技园被省政府确定为省级重点服务业园区,被中国产学研合作促进会确定为全国产学研合作创新示范基地。中国石油大学国家大学科技园生态产业技术研发社区(生态谷)启动建设。

2009年,黄河三角洲可持续发展研究院、中国石油大学国家大学科技园、国家采油装备工程技术研发中心建设纳入《黄河三角洲高效生态经济区发展规划》。

2010年,"黄河三角洲可持续发展实验区"被科技部批准为全国第一个跨行政区域的国家级可持续发展实验区。

2011年,黄河三角洲可持续发展研究院获省编委批复,科技部批准以此为依托建设黄河三角洲国家可持续发展研究中心。中国石油大学国家大学科技园被省政府列入省级服务业综合改革试点。2012年,中国石油大学国家大学科技园进入全国先进国家大学科技园行列,被省政府列为全省服务业综合改革试点。东营市创建的国家采油装备工程技术研究中心通过科技部组织的专家论证。全市争取国家、省科技项目152项,获无偿经费支持1.56亿元,均创历史新高,其中9个项目列入省自主创新专项,争取无偿经费支持1亿元,占全省的1/10。

2013年,东营市被科技部表彰为"全国科技进步先进市",连续6次获此荣誉。被科技部确定为"国家科技创新服务体系建设试点城市"。认定高新技术企业17家,总数增至94家。全市高新技术产业产值3 958.15亿元,占规模以上工业总产值的32.99%。全社会研发经费66.55亿元,占GDP的比重为2.05%。2012—2013年,连续在全国知识产权示范城市考核中名列全国地级城市第一名,被国家知识产权局评为全国知识产权示范城市工作先进集体。东营市成为全国知识产权示范城市,示范期3年。

2014年,东营国家可持续发展实验区通过科技部验收。至年底,全市高新技术产业产值4 669亿元,同比增长13.4%,占规模以上工业总产值的34.59%。全社会研发经费占GDP的比重达2.45%,比全省平均值高0.3个百分点。全市新上国家、省、市科技计划项目162项,到位资金1.3亿元。首次对工业企业技术中心和"一企一技术"进行考核评价,将技术创新项目、产学研合作纳入考评范围。全市工业新增省级创新平台24个。

2015年,全市高新技术产业产值4 644亿元,占规模以上工业总产值的35.02%。新上省级及以上科技计划项目42项,争取省级及以上无偿资金4 895万元;3个省级工程技术研究中心列为省级示范中心,总数增至8个。全市工业企业累计有3个国家级技术中心、179个市级及以上企业技术中心。新认定市级科技型企业63家、高新技术企业20家,总数分别增至348家、114家。工业企业入选省技术创新项目计划148个,累计完成研发投入8.8亿元,同比增长29.7%。

2016年,全市高新技术产业产值4 746亿元,占规模以上工业总产值的35.47%。新上省级及以上科技计划项目68项,争取省级及以上无偿资金7 280万元。全市共有省级及以上工程技术研究中心50个;新增省级企业院士工作站6个,共9个;新增国家火炬计划产业基地1个,累计5个。1人入选科技部创新人才推进计划创新创业人才项目;全市列入省级及以上人才工程34人,其中"千人计划"5人。

2017年,全市高新技术产业产值4 705亿元,占规模以上工业总产值的36.1%,产值规模和占比分列全省第三位和第五位。重点实施30项市级导向型科技计划项目,其中12项列入省级及以上重大科技发展计划。实施30项市级重大科技创新工程,其中4项被列为省级重大科技专项。全市高新技术企业达到149家。新增国家级科技企业孵化器1个,省级科技企业孵化器3个,省级众创空间8个。全市共建成各类产业技术研究院15个,院士工作站16个,市级重点实验室46个。

2018年2月13日,省政府印发《关于印发山东省新旧动能转换重大工程实施规划的通知》(鲁政发〔2018〕7号)。4月,东营从全国51个申报城市中脱颖而出,成为科技部、国家发改委支持建设的17个创新型城市之一。12月28日,市政府印发《东营市国家创新型城市建设工作方案》(东政发〔2018〕21号)。新上省级及以上科技计划项目40项,争取无偿资金1 590万元。全市有高新技术企业206家,为历年新增数量最多。全市共有院士工作站17个。设立科技金融风险补偿金专项。培育18家(项)"四新"促"四化"示范企业和项目(以新技术、新产业、新业态、新模式,促进智慧产业化、产业智慧化、品牌高端化和跨界融合化),10家省级"专精特新"企业,17家"一企一技术"创新企业,6家隐形冠军企业,2家瞪羚企业。

自 2019 年始,东营市实施"创新型城市建设"三年行动计划。坚持"培育大平台,赋能大产业",加快山东省高端化工产业技术研究院、山东省生物技术与制造创新创业共同体建设。推进国家级稀土催化研究院、氧化铝纤维研究院等平台建设。规划建设东营科教园区,加快中国石油大学(华东)高等研究院、东营产业技术研究院建设,盘活用好胜利油田、中国石油大学(华东)科技人才资源。

2020 年,全市培育市级科技型企业 334 家,瞪羚企业 7 家,省市级"专精特新"企业 53 家。启动实施规模以上工业企业研发机构全覆盖计划,新增省级及以上研发机构 59 个。全市企业获国家科学技术奖励 7 项,省科学技术奖励 8 项。高端石化、生物技术与制造 2 个创新创业共同体进入省级行列,启动建设 5 个市级创新创业共同体,基本实现重点产业领域全覆盖。推进知识产权强市创建,全市有效发明专利数量达到 3 007 件。支持东营高新区创建国家级高新区。新备案省级院士工作站 19 个,全市总数达到 26 个。新认定市级企业技术中心 16 个。累计推荐 26 个机构申报省级研发平台。全市有科技成果评价机构 17 个。国瓷公司、天元信息和胜利石油工程有限公司 3 家企业获省人力资源和社会保障厅推荐申报博士后科研工作站。是年,东营市实施"才聚东营"行动,深入推进人才制度改革攻坚,全面优化人才发展生态,加快各类优秀人才吸引集聚,为东营高质量发展提供新动能。是年,全市高新技术产业产值占规模以上工业的比重达到 34.2%,比上年提高 2.1 个百分点。高技术制造业增加值增长 47.1%,占规模以上工业增加值的 3.7%,比上年提高 1.5 个百分点。"四新"经济投资占比 45.0%,比上年提高 4.4 个百分点。

2020 年初,科技部发布的《国家创新型城市创新能力监测报告》和《国家创新型城市创新能力评价报告》显示,东营市在国家创新型城市创新能力指数排名中居全国第 52 位,排除计划单列市和省会城市后,东营市在地级市中名列第 23 位。《山东省区域科技创新能力评价报告 2020》显示,东营市综合科技创新水平指数居全省第五位。

第七节　科技成果

随着科技工作日益加强,东营市科技成果出现了一个数量上由少到多,质量上由低到高的变化。

1996 年，市科技局制定《东营市科技成果登记办法》。1999 年 8 月，根据国家、山东省《科学技术评价办法》规定，市政府印发《东营市科学技术成果鉴定办法》。2003 年 12 月，市政府印发《东营市科学技术奖励办法》，将市级科技奖励工作制度化。2009 年 12 月，市政府修订《东营市科学技术成果鉴定办法》，细化市级科技成果鉴定工作的程序和标准。2008 年 9 月、2013 年 5 月，市政府先后 2 次修订《东营市科学技术奖励办法》，提高市科技进步奖奖励标准，扩大市科技进步奖评奖范围。

1996—2013 年，全市共鉴定市级以上科技成果 2 324 项，其中达到国际领先水平 100 项、国际先进水平 284 项、国内领先水平 1 144 项、国内先进水平 105 项、其他水平 691 项。共获国家科学技术奖 36 项，其中国家科技进步一等奖 1 项、二等奖 28 项、三等奖 4 项，国家技术发明二等奖 3 项。共获省科学技术奖 325 项，其中省科学技术最高奖 1 项、一等奖 20 项、二等奖 72 项、三等奖 196 项，省科技星火二等奖 6 项、三等奖 18 项，省技术发明二等奖 2 项、三等奖 6 项，省自然科学一等奖 1 项、三等奖 3 项。顾心怿院士获 2004 年度山东省科学技术最高奖，是建市后东营获此殊荣第一人。

1996—2013 年，全市共评出市科技进步奖 1 119 项，其中市科技进步特等奖 28 项、一等奖 294 项、二等奖 381 项、三等奖 416 项，共有 7 人获市科学技术最高奖。

2014 年，获省科技进步奖 7 项，获奖数量居全省第三位，创历史最好成绩。

2015 年，取得科技成果 113 项，获省科技奖 8 项，居全省第五位，实现技术交易额 14.6 亿元。

2016 年，获得国家科技奖二等奖 1 项，省科技奖二等奖 3 项。

2017 年，获得国家科技奖 1 项，省级科技奖 5 项，其中一等奖 1 项，二等奖、三等奖各 2 项。

2018 年，获得省级科技奖三等奖 2 项。全年认定登记技术合同 1 775 份，技术合同成交额 50.81 亿元。

2019 年，获得国家科技奖 7 项，其中一等奖 1 项、二等奖 6 项。省级科技奖 8 项，其中一等奖 2 项、二等奖 2 项、三等奖 4 项。

2020 年，获得国家科技奖二等奖 3 项，省科技奖二等奖 1 项、三等奖 2 项。

全市高新技术产业产值占规模以上工业的比重达到 34.2%，高技术制造业增加值占规模以上工业增加值的 3.7%，"四新"经济投资占比 45.0%。

第八节　专　利

一、概念及分类

（一）专利的概念

专利是描述解决某一技术问题的技术方案，一项技术方案能够成为专利，应当具备新颖性、创造性和实用性。新颖性是指现有技术中没有与之一模一样的方案。创造性是指用现有的技术方案不能直接拼接出本方案。实用性是指能够工业化应用，且能够产生积极效果。

（二）专利的分类

发明专利：对产品、方法或者其改进所提出的新的技术方案。

实用新型专利：对产品的形状、构造或者其结合所提出的适于实用的新的技术方案。

外观设计专利：对产品的形状、图案或者其结合以及色彩与形状、图案的结合所作出的富于美感并适于工业上应用的新设计。

二、专利申请沿革

东营市一直比较重视专利工作，组织领导、政策支持力度相对较大，万人拥有专利申请量、授权量在全省名列前茅，有效促进了企业技术创新。

1989 年 4 月 11 日，东营市专利事务所成立，与市情报研究所合署办公。1994 年 3 月 16 日，经国家专利局审核重新注册登记，主要任务是专利咨询、专利代理、专利文献服务和专利许可证贸易业务，有专利代理人 2 名。

东营市自 1986 年开始代理专利申请。至 1988 年底，累计申请专利 84 件。1989 年东营市专利事务所成立后，专利申请量逐年增加。至 1995 年底，全市累计申请专利 686 件。

1996 年，全市申请专利 81 件。

1999—2003 年，全市专利申请量增幅和万人专利拥有量连续 5 年位居全省第一位。2002 年，出台《东营市企业专利工作办法》。2003 年，印发《东营市知识产权专项补助资金管理使用意见》。是年，全市专利申请量 1 121 件，同比增长 137%；发明专利申请量 322 件，同比增长 318%。东营区专利申请量列全省县区第二名，专利授权量 890 余件。

2006 年，全市专利申请量 2 312 件，首次突破 2 000 件。2007 年，全市发明专利、实用新型专利、外观设计专利 3 种专利万人申请量、授权量均居全省第一位。

2009 年，全市国际专利申请实现新突破，申请 PCT 国际专利 3 件，获欧盟专利授权 3 件。2010 年，修订《专利申请补助办法》，引导专利申请资金向发明专利倾斜。2009—2011 年，全市人均专利申请量、授权量均为全省第一。

2013 年，全市万人专利拥有量 3.73 件，PCT 国际专利申请量 12 件。至2013 年底，全市累计申请专利 32 953 件，授权专利 21 536 件，申请 PCT 国际专利 50 余件，职务发明占专利申请量的比例为 49.88%。

2014 年，全市专利申请量 4 219 件，发明专利授权量 162 件，有效发明专利拥有量 830 件，万人有效发明专利拥有量 4.01 件。东营市在全国知识产权示范城市考核中取得全国地级城市第二名的好成绩。

2015 年，全市专利申请量 4 914 件，6 个专利项目获第十七届中国专利奖优秀奖，获第二十一届全国发明博览会金奖 1 项、银奖 2 项。胜动集团的“煤矿瓦斯与细水雾混合输送装置”“煤矿低浓度瓦斯甲烷销毁装置”均获得中国专利金奖。

2016 年，全市发明专利申请量 1 226 件，占专利申请量的 23.56%；发明专利授权 360 件。全市发明专利有效量 1 299 件。万人有效发明专利拥有量6.19 件，居全省第七位。

2017 年，全市发明专利申请量 1 131 件，发明专利授权 419 件。全市发明专利有效量 1 573 件，万人有效发明专利拥有量 7.45 件。知识产权质押融资金额突破 4.64 亿元，创历史最高水平。

2018 年，全市发明专利申请量 1 570 件，发明专利授权量 401 件。全市发明专利有效量 1 780 件。万人有效发明专利拥有量 8.28 件，居全省第七位。

2019 年，新授权国内发明专利 478 件。截至 2019 年底，全市共有有效发明专利 2 138 件。万人有效发明专利拥有量达到 9.92 件。出台了新的专利

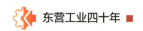

资助政策,国内发明专利授权后资助金额由 2 000 元提升到最高 5 000 元,国外专利授权最高可获得 10 万元的资助。

2020 年,全市发明专利申请量 2 243 件,发明专利授权量 763 件。PCT 国际专利申请量 49 件。累计有效发明专利拥有量 3 007 件;万人有效发明专利拥有量达到 13.8 件。

第九节　技术改造

一、关于技术改造

技术改造是指企业采用先进的、适用的新技术、新工艺、新设备、新材料等对现有设施、生产工艺条件进行的改造。

技术改造和技术创新都是实现技术进步的途径和方式,通过对技术的创造性发展和应用,把技术力量转化为经济增长和社会进步。技术改造是技术创新的重要内容,也是技术创新的一种具体表现形式。技术改造和技术创新各自具有个性特征。技术改造以原有基础上的内涵扩大再生产为主要特征,技术创新则以"新"为主,有比技术改造更为宽泛的外延,是将技术创新纳入经济运行轨道的过程。

技术改造是东营市工业内涵式扩大再生产的基本途径。实践证明,用先进、实用技术改造传统产业,不仅具有技术改造投资少、工期短、见效快等特点,而且不需要再铺新摊子,能有效避免重复建设,同时还有利于优化产业结构、改变增长方式、提高企业的效益和竞争力。

建市以来,东营市走出了一条通过新建企业和老企业技改相结合的促进工业企业发展的路子。技术改造在企业内涵式扩大再生产中发挥了重要作用。企业都有一个从小到大的经历,技术、工艺有一个从低到高的过程,设备有一个从一般到先进直到更先进的沿革,政策对装置单台套规模、产品质量、环保、节能等的水平有一个逐次提高的要求,所以,企业技改是必然的。有人说"不技改等死",就是这个道理。以炼油厂为例,建市之初的炼油厂均为小炼油厂,有的甚至采取土法炼油,随着不断技改,炼油厂的规模越来越大,生产工艺越来越先进,产品质量越来越高,节能降耗效果愈来愈显著。这也是一个优胜劣汰的过程，技改及时、标准高、效益好的企业越来越好，反之则被淘汰，不是被市场淘汰，就是被政府关闭。

二、技术改造投资沿革

"七五"期间，全市地方乡及乡以上工业技改投资 2.58 亿元，占工业固定资产投资的 61.42％。实施了广饶县化肥厂 7 万吨稠油炼制、垦利县炼油厂氧化沥青成型装置、广饶盐场盐田改造、东营区王岗盐田改造、利津县机械厂50 万米抽油杆生产、广饶县石油机械厂游梁式抽油机开发等 20 个大型技改项目。

"八五"期间，全市地方乡及乡以上工业技改投资 13.77 亿元，占工业固定资产投资的 70.62％，是"七五"期间的 5.34 倍。完成技改投资项目 878 个，新增工业总产值能力 30 多亿元，新增利税能力 6 亿多元。

"九五"期间，全市地方工业技改投资 69.15 亿元，是"八五"期间的 5.02倍，占工业固定资产投资的 35.33％。1996—1998 年，全市技改投资 34.52亿元，累计完工项目 709 个，新增产值能力 92.2 亿元、利税能力 17.56 亿元。1999 年，全市完成技改投资 14.23 亿元，共有在建项目 226 个。2000 年，全市完成技改投资 20.4 亿元，首次突破 20 亿元，是 1996 年技改投资的 1.9 倍。

"十五"期间，全市地方工业完成技改投资 372.04 亿元，占工业固定资产投资的 80％，是"九五"技改投资的 5.38 倍。2001 年，全市共有在建技改项目 271 个，完成技改投资 26.81 亿元。2002 年，全市共有在建技改项目 346个，完成技改投资 32.22 亿元。2003 年，全市共有在建技改项目 317 项，完成技改投资 70.01 亿元，增长幅度比 2002 年翻一番，超过前 4 年技改投入的总和；累计完工项目 259 个，可新增产值能力 115 亿元，新增利税能力 26 亿元。2004 年，完成技改投资 93 亿元。2005 年，完成技改投资 150 亿元。

"十一五"期间，全市地方工业完成技改投资 961.8 亿元，占工业固定资产投资的 57.34％，是"十五"技改投资的 2.59 倍。2006 年，全市地方完成工业投资 275 亿元，其中实施技改项目 306 个，技改投资 201 亿元，获得工业技改贴息资金 2 500 万元。2007 年，全市技改项目 597 个，完成投资 288.3 亿元。2008 年，全市规模以上工业实施项目 482 个，完成投入 317.6 亿元；全市技改投资 89.3 亿元。2009 年，全市地方共有在建工业项目 470 个，完成投入

353.6亿元；全市技改投资164.1亿元。2010年，全市实施工业项目461个，完成投入443亿元；全市技改投资219.2亿元。

"十二五"期间，全市地方工业完成技改投资1 973.2亿元，占工业投入的35.8%，是"十一五"技改投资的2.05倍。2011年，全市地方工业共有在建项目404个，完成投入518.2亿元，全市技改投资269亿元。2012年，全市地方工业共有在建项目363个，完成工业投入548.5亿元，全市技改投资320.9亿元。2013年，全市地方工业共有在建项目408个，完成投入678.7亿元，全市技改投资380.4亿元。2014年，全市地方工业完成投入1 283.1亿元，全市技改投资452.9亿元。2015年，全市地方工业完成投入1 432亿元，全市技改投资550亿元。

"十三五"期间，全市地方工业完成技改投资部分年度数据不详。2016年全市地方工业完成技改投资538.8亿元，2017年579.2亿元，自2018年起全市地方工业完成投入和技改投资只公布增速。2020年，东营市决定连续3年每年拿出3亿元，专项支持企业技术改造，用3年左右时间组织实施"千企技改"工程，滚动实施1 000项高水平技术改造项目，推动企业向高端化、智能化、绿色化、品牌化转型升级。2020年扶持总投资70亿元的120个技改项目，撬动社会投资63.6亿元。

随着一系列政策措施的出台，东营市工业企业智能化改造、环保提升改造等技改项目明显增加，带动制造业技改投资增速持续攀升。2020年，全市制造业技改投资同比增长22.7%（见表11-1），高于全省平均水平2.9个百分点，列全省第九位。从项目个数来看，2020年全市制造业技改项目293个，较上年增加75个，其中企业智能化改造类项目54个、环保提升改造类项目43个。

表11-1 2018—2020年制造业投资、制造业技改投资增速

年　度	制造业投资增速/%	制造业技改投资增速/%
2018年	−17.2	−14.3
2019年	−53.0	−59.0
2020年	20.0	22.7

专栏一　2015 年制造业研发投入情况统计

指　标	单　位	2015 年绝对值	2020 年绝对值
科技活动人员	人	无	无
有研发活动单位	个	148	266
有研发活动人员	人	16 797	15 174
研发经费内部支出	万元	903 696	757 611.8
研发政府支出	万元	68 736	25 149.8
专利申请	件	2 631	3 019
发明专利	件	1 265	1 244
有效发明专利	件	1 610	2 715
专利所有权转让及许可	件	42	111
专利所有权转让及许可收入	万元	329	2 432
形成国家或行业标准	项	384	
发表科技论文	篇	4 559	

专栏二　科技创新研发平台

一、2015 年东营市科技创新研发平台情况

名　称	国家级/个	省级/个	市级/个	合计/个
企业技术中心	3	72	107	182
工程技术研究中心	1	50	0	51
重点实验室	0	5	0	5
院士工作站		13		13

二、2020 年东营市科技创新研发平台情况

名　称	国家级/个	省级/个	市级/个	合计/个
企业技术中心	4	85	133	222
工程技术研究中心	1	41	0	42

名　称	国家级/个	省级/个	市级/个	合计/个
重点实验室	0	6	184	190
院士工作站		26		26

专栏三　2020 年国家级创新平台名单

国家采油装备工程技术研究中心、华泰集团有限公司技术中心、万达集团股份有限公司技术中心、信义集团公司技术中心、东营方圆有色金属有限公司技术中心。

专栏四　建设国家创新型城市 2017—2020 年主要指标

指　标	2017 年值	2020 年目标值	2020 年值
地区生产总值增速/%	6.4	5	3.8
全社会研发经费支出占 GDP 比重/%	2.64	2.7	2.72
高层次产业领军人才（团队）/人	103	170	213
万人发明专利拥有量/(件·万人$^{-1}$)	7.45	12	13.8
高新技术企业/家	149	220	332
全员劳动生产率/(万元·人$^{-1}$)	25.88	26	23
高新技术产业产值占规模以上工业产值比重/%	36.2	37	39.26
服务业增加值占比/%	33.7	35	38.4
万元 GDP 综合能耗/(吨标准煤·万元$^{-1}$)	0.45	0.36	0.734 8
地方财政科技支出占财政支出的比重/%	1.71	1.81	1.87
省级重点实验室/个	5	8	8
国家级大学科技园在孵企业/家	90	130	136
国家级科技企业孵化器在孵企业/家	405	600	618
省级科技企业孵化器在孵企业/家	568	679	695
孵化面积/万平方米	100.3	120	123.2

续表

指　标	2017 年值	2020 年目标值	2020 年值
孵化培育科技型企业/家	1 161	1 500	1 741
空气质量达标比率/%	57	62	68.6
居民可支配收入/元	34 830	42 100	42 204

专栏五　国家采油装备工程技术研究中心

国家采油装备工程技术研究中心(下简称中心)于 2013 年 4 月获科技部批准建设,是国内采油装备行业唯一的国家级工程技术研究中心。

中心建设充分体现产学研结合的特色,依托高原公司,并由中国石油大学(华东)、中石化胜利油田分公司石油工程技术研究院协作。

中心位于国家级开发区——东营市经济技术开发区,总投资 24 600 万元,主要面向采油装备行业发展的国际前沿,针对采油装备行业发展的共性和关键技术,开展技术研究、产品中试和产业化转化,引领国家采油装备行业创新发展。

专栏六　高新技术企业数量(2016—2020 年)

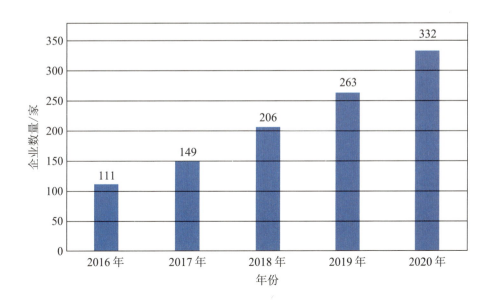

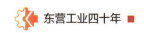

专栏七 博士后科研工作站名单

序号	博士后科研工作站	单位类型	设立年份	所属行业领域(按照国民经济行业分类填写,精确到中类)
1	山东海科化工集团博士后科研工作站	企 业	2013 年	化学药品原料药制造
2	山东胜软科技股份有限公司博士后科研工作站	企 业	2015 年	IT
3	山东河口经济开发区博士后科研工作站	事业单位	2013 年	
4	万达集团股份有限公司博士后科研工作站	企 业	2006 年	制造业、化工业
5	山东万得福实业集团有限公司博士后科研工作站	企 业	2015 年	粮油加工
6	东辰集团股份有限公司博士后科研工作站	企 业	2008 年	化 工
7	华泰集团有限公司博士后科研工作站	企 业	2000 年	造 纸
8	科达集团博士后科研工作站	企 业	2006 年	建筑、化工、IT、半导体
9	信义集团公司博士后科研工作站	企 业	2008 年	制造业
10	利华益集团股份有限公司博士后科研工作站	企 业	2014 年	化工、医药、纺织
11	中国石油大学国家大学科技园博士后科研工作站	事业单位	2010 年	
12	胜利油田高原石油装备有限责任公司	企 业	2015 年	制造业、专用设备制造业
13	山东省黄河三角洲可持续发展研究院管理中心博士后科研工作站	事业单位	2015 年	科学研究和技术服务
14	东营圣光化工集团有限公司博士后科研工作站	企 业	2018 年	化 工
15	胜利油田博士后科研工作站	企 业	1998 年	石油和天然气开采业
16	山东国瓷功能材料股份有限公司博士后创新实践基地	企 业	2020 年	无机非金属材料

专栏八　科技企业孵化器名单

序号	科技企业孵化器名称	运营管理公司	级　别	所属县区
1	东营高新技术创业服务中心	东营高新技术创业服务中心	国家级	东营区
2	胜利大学生创业园	东营市科创创业园运营管理股份有限公司	省　级	东营区
3	胜利创新孵化器	东营广域企业管理咨询有限公司	省　级	东营区
4	黄河口高新技术企业产业园	黄河口高新技术企业创业园	国家级	河口区
5	垦利区高新技术创业服务中心	垦利区高新技术创业服务中心	国家级	垦利区
6	垦利大学生创业园	东营市科创创业园运营管理股份有限公司	省　级	垦利区
7	东营众智联合科技发展有限公司	东营众智联合科技发展有限公司	省　级	垦利区
8	广饶长城投资建设有限公司	广饶长城投资建设有限公司	省　级	广饶县
9	双清孵化器	山东中科园区发展有限公司	国家级	开发区
10	东营市高新技术创业服务中心	东营市高新技术创业服务中心	国家级	开发区
11	东营市大学科技园发展有限责任公司	东营市大学科技园发展有限责任公司	省　级	开发区

专栏九　瞪羚企业名单

序号	企业名称	序号	企业名称
1	山东汇佳软件科技股份有限公司	6	东营国安化工有限公司
2	山东九章膜技术有限公司	7	东营俊富净化科技有限公司
3	山东永利精工石油装备股份有限公司	8	东营市瑞丰石油技术发展有限责任公司
4	东营天东制药有限公司	9	山东威玛装备科技股份有限公司
5	中天昊建设管理集团股份有限公司	10	东营华亚国联航空燃料有限公司

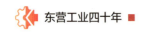

专栏十　市政府印发《关于实施新一轮技术改造促进工业高质量发展的意见》

2020年3月16日,市政府印发《关于实施新一轮技术改造促进工业高质量发展的意见》(东政发〔2020〕5号),力争利用3年左右时间,支持规模以上工业企业完成新一轮高水平技术改造,滚动实施1 000项技术改造项目,全市技术改造投资累计完成800亿元以上,推动石化、橡胶等传统产业营业收入年均增长8%以上,新材料、生物医药等新兴产业营业收入年均增长20%以上,规模以上工业增加值年均增长5.5%以上,全员劳动生产率达到26.5万元/人。

为推动新一轮高水平技术改造,重点在六大方面集中发力。一是开展智能化改造。深入实施"优势产业+人工智能"三年行动计划,加快5G、物联网等新型网络设施建设,推动实施一批改造项目,支持企业向服务化转型。支持石化、橡胶轮胎企业开展智能技术集成应用,建设智能工厂,提升企业整体质效水平。加快建设生物医药、新材料企业数字化车间,实现生产管理各环节的精细化控制。加快数控加工中心、自动加工组装等智能化生产模式在装备制造企业的推广使用,提高精益制造能力。

二是提升核心竞争力和品牌影响力。推进国家级、省级技术研究院、双创示范基地、制造业创新中心、企业技术中心等创新创业平台建设。支持企业走创新、品质、品牌之路,加快创新成果应用。重点推动石油装备企业应用新技术、新工艺等开展技术改造,石化企业引进消化吸收再创新先进技术,加快技术成果产业化。引导橡胶轮胎、生物医药企业加快流程改造,提升产品品质。大力推介新产品、新品牌,逐步打造特色品牌。

三是延伸产业发展链条。围绕优势产业延链、补链、强链,实施技术改造项目,分行业打造一批产业链条上的特色企业、标杆企业,引导支持骨干企业向生产最终消费级产品发展。鼓励石化产业开展技术改造,有色金属产业向铜基新材料延伸,发展消费级高端产品。聚焦生物医药产业链条中的生物工程、终端产品等高附加值环节,增加产品种类。围绕化工新材料、陶瓷新材料等发展优势,培育行业龙头企业,做优做强产业集群。

四是优化升级工艺装备。淘汰更新老旧设备，重点支持橡胶轮胎企业引进先进生产线，提高产业整体工艺装备水平和生产效率。推动有色金属产业完善相关工艺，开展国际合作，形成并输出成套技术装备。提高石油装备、新材料、生物医药等产业产品自主检验检测能力和水平，保障产品质量。

五是促进安全绿色发展。聚焦传统产业高危险、高消耗、高污染环节，重点利用新一代信息技术，改造提升石化企业安全设施，提高本质安全水平。实施节能节水改造重大行动，优化生产工艺流程。实施生物医药企业工艺流程改造，完善配套回收利用装置，提高绿色环保发展水平。

六是推进产业集约集聚。引导企业、项目、要素向规划园区和基地集中，积极引进战略投资者，推动龙头企业及配套企业的协同改造和产业上下游集聚。依托东营港化工园区、广饶片区和重点监控点，支持石化企业实施搬迁入园改造项目，推动产能整合转移。支持轮胎企业围绕资源整合、协作配套等方面开展技术改造，推动兼并重组，打造广饶橡胶轮胎产业聚集区。依托东营经济技术开发区、东营高新区，支持石油装备企业加快产品结构调整，建设国内一流的石油石化装备制造基地。

为加大对技术改造的扶持力度，从 2020 年起，连续 3 年每年设立 3 亿元的技术改造专项资金，利用 3 年时间聚焦产业链延伸、项目高端化，区分产业类别和项目情况，给予不同额度奖补。同时，发挥产业基金作用，支持开展试点示范，规范政策申报管理，建立差异化评价扶持体系，加强金融信贷支持，优化项目行政服务，确保各项任务目标落实到位。2020 年总投资 291 亿元的 319 个技改项目顺利实施。

第十二章
两化融合：从制造到"智造"

传统工业化的技术特征是利用机械化、电气化和自动化，实现大规模生产和批量销售。

现代工业化的技术特征，除了物理系统（机械化、电气化、自动化）之外，还要通过融合信息系统（计算机化、数字化、网络化），建立实现信息物理系统，实现智能化，亦即实现从制造到"智造"。

按照德国关于"工业 1.0"到"工业 4.0"的表述，东营市工业企业大体经历了 1999 年前的机械化、电气化，1999 年至今的信息化、智能化阶段。信息化、智能化阶段又可大体分为 1999—2016 年的工业系统和信息系统融合阶段，2017 年开始的工业系统和信息物理系统融合阶段。当然，这 2 个阶段是一个有机整体，是两化融合逐步深化的过程，不能截然分开。

下面，结合德国"工业 4.0"、美国工业互联网、"中国制造 2025"，对东营市工业从制造到"智造"的历程进行分析。

第一节　工业系统和信息系统融合

工业系统和信息系统融合是信息化和工业化的结合，是指以信息化带动工业化、以工业化促进信息化，其核心就是以信息化作支撑，走新型工业化道路。

这个阶段的两化融合是指电子信息技术广泛应用到工业生产的各个环节,信息化成为工业企业经营管理的常规手段。信息化进程和工业化进程不再相互独立进行,不再是单方的带动和促进关系,而是两者在技术、产品、管理等各个层面相互交融,彼此不可分割,并催生工业电子、工业软件、工业信息服务业等新产业。信息化与工业化主要在技术、产品、业务、产业4个方面进行融合。也就是说,两化融合包括技术融合、产品融合、业务融合、产业衍生4个方面。

一、工业系统和信息系统初步融合阶段（2008年以前）

1999年,市委、市政府确定把"数字化东营"作为全市信息化建设的龙头工程来抓。2002年,将"数字化东营"项目建设列入当年为民办的10件实事之一;同年4月,信息产业部批准东营为"国家信息化试点城市";5月,建设部将"数字化东营"列为2002年全国信息技术示范项目。

从2002年开始,全市围绕电子信息技术推广应用工作,争取国家倍增计划项目、省电子信息技术应用推广项目,申报软件企业和电子产品制造业项目、省级电子信息技术应用推广项目、省信息产业发展专项资金项目,项目总数、总投资额、贷款额、贴息额连续多年居全省各地市首位。华泰集团、东辰集团等企业获批省级信息技术中心。

2003年9月,市政府印发《数字化东营城域网工程实施方案》;12月,城域网开通,东营市实现支持全市所有部门的网络接入和高速互联,形成覆盖市、县、乡三级完整的网络体系。同年,东营市作为全国信息化试点城市参加年度全国城市信息化水平测评,测评得分处于34个参评城市的上游。

2005年10月19日,全国城市信息化工作现场会在东营召开,总结"东营模式"城市信息化建设经验。

2006年,省信息产业厅在全省推广"东营模式"信息化建设经验。

2007年,在信息产业部赛迪顾问城市战略咨询中心组织的测评中,东营市信息化综合水平位列全国301个中小城市第四名。

2008年,国信办、信息产业部对全国301个中小城市的信息化水平进行综合排名,东营市居全国第四位。工业和信息化部确定东营市为全国信息化行业代表,并在《中华人民共和国国情咨询》上刊载东营市信息化建设经验。

是年,信息技术在全市轻纺、石油化工、机械、建材、医药和电力六大传统行业中广泛应用。全市85%以上的机械、纺织企业普及应用计算机辅助设计技术,80%以上的造纸、化工、轮胎企业广泛应用计算机监控技术,多数企业启用了企业资源计划系统。涌现出华泰造纸、金泰模具等一批企业信息化发展典范。

二、工业系统和信息系统深入融合阶段(2009—2016年)

2009年3月,市政府出台《关于大力发展信息产业,推进信息化与工业化融合的意见》,全面推进全市信息化和工业化融合,促进经济结构调整和发展方式转变。

2010年,中国城市信息化峰会上,东营市入选"全国城市信息化50强"。同年7月5日,省经济和信息化委员会将东营市列为全省首批"无线城市"试点市。7月22日,省政府办公厅印发《关于推进信息化与工业化融合试验区建设的意见》,选择东营、济南等6个地市,到2015年,建成领先的创新性、示范性两化融合试验区。在先进制造业领域,以装备类制造业、基础类制造业、消费类制造业为重点,采用网格计算技术、专用集成电路芯片、高端工业软件、新型电子材料与元器件、新一代互联网、物联网、智能电网等新信息技术、产品和网络,推进工业产品研发设计、生产过程、企业管理、市场营销、人力资源开发、新型业态培育、企业技术改造等环节两化融合,全面打造山东省具有高可靠性、高性能、高适用性和数字化、智能化、网络化、集成化为特征的先进制造业。是年,东营市信息化与工业化融合试验区储备信息化与工业化项目35个,投资总额10.3亿元,基本涵盖东营市六大重点行业及两化融合四大环节。筛选出"四个一百"(全省培育100个信息技术推广中心、100个数字化装备制造中心、100个智能化供应链管理中心、100个能源监测自动化控制中心)工程项目24个,并上报省经信委,投资总金额3.9亿元。调度、推进34家重点骨干企业,实施40个两化融合项目,全年完成投资14.63亿元。

2011年,市经信委制定出台《关于加快推进两化融合试验区建设的意见》《东营市两化融合示范企业认定办法》,提出从2010年下半年到2014年底分4个阶段建设示范性、创新性两化融合试验区,打造5家行业标杆企业、20家典型示范企业、5个示范工业园区,建立10个行业信息技术推广中心、10个装备制造加工中心、10个供应链管理示范工程、10个能源监测控制中心;建立两化融合促进中心和公共服务平台。是年,围绕化工、纺织、橡胶、造纸、石油装备制造等重点产业,确定华泰集团、海科化工、利华益集团、大王金泰(即山东大王金泰集团有限公司)、国瓷公司等10家工业企业为全市首批两化融合示范企业。信义集团的摩擦材料行业信息技术推广中心、利津石化的石油化工行业信息技术推广中心、大王金泰的汽车轮胎硫化装备制造中心、万达集团的石油开采装备制造中心、华泰集团的物流行业供应链管理示范工程入选全省第一批信息化与工业化融合"四个一百"工程项目,12个中心被列为2011年度重点培育省级中心。海科集团智能化生产管理系统入选山东省两化融合技术装备重点推广目录。全市筛选论证总投资32.2亿元的100余个两化融合项目,其中列入省两化融合项目储备库的项目有66个。

2012年,储备两化融合项目87个,其中64个项目入选省两化融合项目储备库。42个两化融合重点项目全年共完成投资8.9亿元,其中固定资产投资6.8亿元,软件投资1.7亿元;5个信息技术推广应用项目被列入省转方式调结构1 000个重点技改项目。山东华泰纸业股份有限公司的造纸生产与管理信息系统深度应用集成开发项目获得国家信息化与工业化深度融合专项资金支持。共有8个中心被评为全省第二批信息化与工业化融合"四个一百"工程项目。确定万达集团等7家工业企业为全市第二批两化融合示范企业。确定基于物联网智慧生产综合集成应用等10个项目、大王金泰等10家重点企业入选东营市两化融合"双十"工程。

2013年,住房和城乡建设部将东营市列为首批国家智慧城市试点市。是年,华泰集团、胜利油田被评为首批国家级两化深度融合示范企业,黄河三角洲石油化工交易中心入选工信部电子商务集成创新试点工程,华泰集团、金宇轮胎、海科化工3家企业被列为全省"对标助推转型升级专项行动"两化融合示范企业,海科化工"基于云计算的企业资源管理系统"等3个项目被评为全国石化行业两化融合优秀项目,广域科技等企业被确定为省级物联网重点调度企业,高原公司等10家企业的信息技术推广中心入选全省第三批信息化与工业化融合"四个一百"工程项目,大海集团等4家企业的智能化生产管理系统被列入省级两化融合先进实用技术和装备重点推广指导目录。在省政府组织的两化融合发展水平评估中,东营市居全省第二位,海科化工、华泰集团和国瓷公司分别位居所属行业第一名。省政府召开新闻发布会,公布全省除青岛、莱芜(今济南市莱芜区)以外的 15 个地市的信息化与工业化融合发展水平评估报告,东营市以 53.36 分位居全省第二位。出台《东营市两化融合示范企业认定办法》。

2014 年,市经信委制定出台了《东营市信息化与工业化深度融合综合示范工程实施方案》,认定了首批 6 家示范企业、2 个示范平台、5 个示范项目,并分别在正和集团、恒宇集团(即山东恒宇橡胶集团有限公司)组织召开了石油化工行业、橡胶轮胎行业两化深度融合现场会,推广两化融合先进经验。起草了《2014 年两化融合管理体系贯标工作方案》《橡胶轮胎行业信息化和工业化融合管理体系(暂行)》,推进 21 家企业两化融合管理体系建设,华泰集团、海科化工、万达集团入围全国贯标试点。推进实施列入山东省两化深度融合行动计划的重点项目 44 个,总投资 23.9 亿元,已完成投资 15.6 亿元。我市在工信部两化融合区域评估中,企业平均得分由 52.8 上升到 56.2,在全省位居前列。

2016 年,市经信委出台《东营市互联网＋工业专项资金管理办法》和申报指南,落实 1 000 万元专项资金用于智能设备补贴和项目贴息。贯彻落实国家《信息化和工业化融合管理体系》,推进企业两化融合管理体系建设,正和集团等 7 家企业入围全国试点。市经信委出台《东营市智能车间规范》《东营市智能车间专项试点实施方案》,组织专家实地考察,认定骏马石油装备制造有限公司等 5 家首批全市"智能车间"专项试点企业。推动"胎大王"橡胶轮胎电商、休斯敦石油装备、华东石油交易中心、黄河三角洲石油化工等重点电商平台做大做强,4 个电子商务平台的交易总额突破 600 亿元。

第二节　工业系统与信息物理系统融合

一、关于智能制造

放眼世界,以智能技术为核心的第四次工业革命正在蓬勃兴起,全球正进入万物感知、万物互联、万物智能的数字化全连接的"智能时代"。

制造业是立国之本、强国之基,人工智能则是面向未来最具应用前景的关键技术,二者深度融合的智能制造,潜力巨大、意义重大。

以知识、技术、数据等新生产要素为支撑的智能制造,将逐渐成为全球价值链重构和国际分工格局调整背景下各国的重要选择，成为世界各国争夺新一轮国际竞争新优势的主战场。

据测算，到2035年，人工智能技术的应用将使制造业总增长值（GVA）增长近4万亿美元，年度增长率达到4.4%。人工智能与制造业的深度融合，通过"物理世界"（制造业设备）和"数字世界"（人工智能、传感器等）的融合碰撞，不但加速新产品开发，还将颠覆原有生产流程，对生产方式、企业形态和供应链体系等产生巨大影响。比如，根据客户的个性化需求自定义产品配置，就是人工智能在制造业领域的重要应用图景。

智能制造作为具有信息深度自感知、智慧优化自决策、精准控制自执行特征的新形式，不是传统意义上的更换智能生产线，或简单的"机器代人"，而是贯穿设计、生产、管理、服务等制造活动环节，对整个制造行业进行深度整合与彻底智能化改造，实现由物联网系统支撑的先进制造过程、系统与模式的总称。从层级和涵盖的范围来看，智能制造包含工业互联网和人工智能。

未来，智能制造将是全球新一轮经济增长的重要动力源泉，是世界制造业大国竞争与合作的焦点，将引领制造业走向新的制高点。

智能化是德国"工业4.0"的特征，同时也是美国工业互联网和"中国制造2025"的核心要义。这里有必要对德国"工业4.0"、美国工业互联网、"中国制造2025"进行简要分析。

（一）"工业4.0"

谈到工业从制造到"智造"，必须了解德国的"工业4.0"。"工业4.0"是德国政府提出的一个高科技战略计划。那从工业1.0到4.0中间经历了怎样的一个过程呢？实际上，工业1.0到4.0分别指的是第一次工业革命、第二次工业革命、第三次工业革命、第四次工业革命。

"工业1.0"（第一次工业革命）。"工业1.0"是机械化时代，时间大概是18世纪60年代至19世纪中期。特点是通过水力和蒸汽机实现工厂机械化。

"工业2.0"（第二次工业革命）。"工业2.0"是电气化与自动化时代，时间大概是19世纪后半期至20世纪初。特点是采用电力驱动的大规模生产。

"工业3.0"（第三次工业革命）。"工业3.0"是电子信息化时代，时间大概是20世纪四五十年代开始并一直延续至现在。特点是广泛应用电子与信息技术，使制造过程自动化控制程度进一步大幅提高。

"工业4.0"（第四次工业革命）。"工业4.0"是智能化时代，"工业4.0"的时间比较模糊。2010年7月，德国政府通过了《高技术战略2020》，提出"工业4.0"战略，并在2013年4月的汉诺威工业博览会上正式推出。其特点是通过充分利用信息通信技术和网络空间虚拟系统-信息物理系统相结合的手段，将制造业向智能化转型。

可以这样概括："工业1.0"实现了"规模化生产"（蒸汽机的发明），"工业2.0"实现了"电气化生产"（电力的广泛应用），"工业3.0"实现了"自动化生产"（产品的标准化），而"工业4.0"实现了"定制化生产"，并且定制周期简短，生产方便快捷。

现在的德国、美国工业已经是世界工业发展的引领者，德国、美国已经从"工业3.0"阶段一步步走向"工业4.0"阶段，由生产自动化向智能化迈进。但现在的中国工业，仍然处于"工业2.0"阶段与"工业3.0"阶段之间，积极向生产自动化方向发展。德国"工业4.0"是在"工业3.0"的基础上进行的，而中国还处于"工业2.0"的后期阶段。中国面临着"工业2.0"要补课、"工业3.0"要普及、"工业4.0"要示范跟上的处境。

"工业4.0"项目主要分为三大主题：

一是"智能工厂"，重点研究智能化生产系统及过程，以及网络化分布式生产设施的实现。

二是"智能生产"，主要涉及整个企业的生产物流管理、人机互动以及3D技术在工业生产过程中的应用等。

三是"智能物流"，主要通过互联网、物联网、物流网，整合物流资源，充分发挥现有物流资源供应方的效率，而需求方则能够快速获得服务匹配，得到物流支持。

（二）工业互联网

工业互联网的基本特征是数字化、网络化、智能化。工业互联网作为新一代信息技术与制造业深度融合的产物，通过对人、机、物的全面互联，构建起全要素、全产业链、全价值链全面连接的新型生产制造和服务体系，是数字化转型的实现途径。可以说，谁拥有工业互联网，谁就掌握了工业的未来。

工业互联网的概念最早由通用电气公司于2012年提出。随后，美国5家行业龙头企业联手组建了工业互联网联盟，将这一概念大力推广开来。美国是工业 3.0 时代的集大成者,工业 3.0 是信息技术革命,美国在这方面遥遥领先。而不仅是德国,乃至整个欧洲都丧失了全球信息通信产业发展的机遇。比如,在信息产业最活跃的互联网领域,全球市值最大的 20 家互联网企业中没有欧洲企业,欧洲的互联网市场基本被美国企业垄断。工业 3.0 时期,全球信息产业蓬勃发展,但欧洲企业节节败退。当前,美国的互联网以及 ICT 巨头与传统制造业领导厂商携手,GE、思科、IBM、AT&T 英特尔等 80 多家企业成立了工业互联网联盟,正重新定义制造业的未来,并在技术、标准、产业化等方面作出一系列前瞻性布局,工业互联网已成为美国先进制造伙伴计划的重要任务之一。欧洲部分国家包括德国对新兴产业创新能力及对未来发展前景表现出了一种深深的忧虑。与德国工业 4.0 强调的硬制造不同,软件和互联网经济发达的美国更侧重于在软服务方面推动新一轮工业革命,希望借助网络和数据的力量提升整个工业的价值创造力。可以说,美国版的工业 4.0 实际上就是工业互联网革命。

2020 年,我国工业互联网产业经济规模达到 3.1 万亿元。工业互联网一端深度融合新一代信息技术,另一端结合制造企业需求实现新技术的落地,可以打通产业链上下游企业的信息流、资金流,降低运营成本,提升整体运行效率,推动制造业企业提升产品智能化水平,从而获取更多附加值,同时实现基于数据和知识的创新业务模式。

上海正在争创国家级工业互联网创新示范城市。杭州瞄准"国内一流,全球领先"目标,全力打造 1 + N 工业互联网体系。山东提出建设工业互联网的先行区,青岛明确打造"世界工业互联网之都"。张瑞敏说:"工业互联网已经来了,所有企业都应该尽快转型进入,要么成为一个节点,要么出局。"

(三)"中国制造 2025"

2015 年 3 月,国务院总理李克强在全国两会上作《政府工作报告》时正式提出了"中国制造 2025"计划,其根本目标在于改变中国制造业"大而不强"的局面,使中国成为制造强国。

(四)三者异同

"工业 4.0"、工业互联网、"中国制造 2025" 3 个战略都是为了面对新一轮的世界竞争,增强国家工业的竞争力,在世界工业发展中抢占先机。不同点:

德、美是工业由自动化向智能化迈进,中国则是工业由大向强发展。"中国制造2025"提出"创新驱动、绿色发展、结构优化、人才为本的发展战略"。德、美的两大战略是中长期目标,"中国制造2025"则是短期目标。"工业4.0"和工业互联网提出实现智能制造,由数字化向智能化迈进,德、美两国是由制造强国向超级强国发展,中国则是由制造大国向制造强国发展。

"工业4.0"、工业互联网、"中国制造2025"虽然有很多的不同点,但是三者在最终战略目标上有异曲同工之处,其核心特征是实现工业智能化,而宗旨都在于将传统工业生产与现代信息技术相结合,从而提高资源利用率和生产灵活性、增强客户与商业伙伴的紧密度,并提升工业生产的商业价值。

二、东营市智能制造沿革(2017年以后)

计算、控制、通信和网络技术的飞速发展,极大地延伸了信息时空演变的尺度和层次,拓展了万物之间泛在互联的方式和规模,逐渐改变了人类对万物世界的认知方式,促进了各类物理系统的灵活组织、有机协调和协同进化,从而孕育了信息物理融合系统CPS这一崭新的理论和技术。

近年来,特别是2016年以来,东营市两化融合步伐加快,在推进工业化和信息系统融合的同时,强化工业系统和信息物理系统融合,亦即智能制造,其核心就是以信息化、智能化作支撑,追求可持续发展模式。其大背景是国家和山东省出台了2个文件:2017年国务院出台《关于深化"互联网+先进制造业"发展工业互联网的指导意见》,2019年山东省出台《深化"互联网+先进制造业"发展工业互联网的实施方案》。这2个文件对于工业互联网是什么、怎样发展,提出了明确的路径,其内容可以用"323"来概括,即打造网络、平台、安全三大体系;推进2类应用,一是大型企业集成创新,二是中小企业应用普及;构建产业、生态和国际化三大支撑。

2017年,市经信委出台《东营市智能制造三年行动方案》,完善《东营市智能车间规范》,印发智能制造工作指南,举办首届智能制造发展论坛,组织专业公司为重点企业提供"互联网+"解决方案。推进企业开展两化融合贯标,对125家企业进行两化融合水平评估,万达集团、海科化工等6家企业通过工信部贯标认定。全市两化融合水平提升明显,培育11家市级智能制造试点示范企业、8家国家级两化融合管理体系贯标试点企业、3家省级智慧园区试点。

胜通集团钢帘线高精特种钢丝智能制造项目成为全市第一个全国智能制造试点示范项目，科瑞集团井控智能制造项目被认定为山东省首批智能制造试点示范项目。4月13日，省工信厅公布山东省第二批"现代优势产业＋人工智能"试点示范企业及项目名单，万达集团基于智能数字孪生的石化智能制造试点示范项目、垦利石化的智能工厂、山东宇佳新材料有限公司的特种耐火材料智能工厂、宝丰汽配的高性能商用车刹车片自动化生产项目等6家（个）企业及项目入选，全市共入围16家（个）。

2018年，市经信委、市财政局联合印发《东营市"企业上云"实施方案》。2018—2020年，全面推进企业上云工作。企业上云是指企业通过高速互联网络便捷地获取云服务商提供的计算、存储、软件、数据等服务，对提高资源配置效率、降低信息化建设成本意义重大。到2020年底，全市企业上云数量已突破5 000家，仅2020年就新增2 100多家。2018年，市经信委制定印发《东营市石化行业智能工厂试点示范实施方案》，垦利石化、胜星化工、海科化工3家企业列为试点企业。全市重点行业典型企业装备数控化率86％、ERP普及率93.75％、MES普及率58.33％，同比分别增长2.7％、14.3％和62％。12月19日，中央经济工作会议重新定义了基础设施建设，把5G、人工智能、工业互联网、物联网定义为"新型基础设施建设"。

2019年1月16日，市工信局筛选推荐东营市海科瑞林化工有限公司智能工厂智能制造试点示范项目、山东天弘化学有限公司基于智能数字孪生的石化智能制造示范项目、东营联合石化有限责任公司230万吨/年延迟焦化装置先进控制系统3个项目申报山东省智能制造试点示范项目。

2020年，市政府办公室发布《关于加快工业互联网发展的实施意见》《关于加快推进5G产业发展的实施意见》，从网络基础平台建设、融合应用、产业支撑、试点示范等方面作出部署安排，东营市工业互联网发展进入快车道。3月，市政府印发《东营市实施"优势产业＋人工智能"三年行动计划方案（2020—2022）》。按照"一业一策"的思路，计划重点推进石化、橡胶轮胎、石油装备、新材料、有色金属、生物医药、航空航天等产业的人工智能发展，培育3个人工智能创新应用示范园区，打造7个行业领先的互联网平台、21家智能工厂和60个特色鲜明的数字化车间。靶向支持智能化技改，设立3亿元专项资金，签约支持智能化技改项目。配套出台相关政策，紧扣企业发展的关键环节,从不同阶段需求出发,提供全流程服务。从初期诊断、咨询、方案设计,到实施阶段的购置设备、智能升级,再到后期企业上云、打造标杆,形成全链条无缝隙资金政策支持。6月8日,山东省委召开全省工业互联网专题报告会,推广海尔工业互联网经验。6月28日,市政府办公室印发《关于加快工业互联网发展的实施意见》(东政办发〔2020〕8号),提出构建平台体系、促进融合应用、强化技术支撑和安全保障等目标措施。

专栏一　智能制造的东营实践

东营市抢抓新旧动能转换、黄河流域生态保护和高质量发展等重大机遇,围绕新时代东营高质量发展的目标定位,聚力推进"优势产业＋人工智能"三年行动计划,以智能制造赋能东营工业高质量发展。

一、强化智能制造政策支撑

2017年,东营市委、市政府高规格论证、高标准推进东营市"优势产业＋人工智能"三年行动计划,深入实施"5＋2＋2"产业智能化提升工程。市政府出台实施新一轮技术改造、加快工业互联网发展、加快推进5G产业发展等政策措施,推动重点产业借助工业互联网、5G等新一代信息技术加快高水平技术改造,向高端化、绿色化、智能化、融合化发展。配套《东营市"优势产业＋人工智能"奖补办法(试行)》,紧扣企业关键环节,给予全链条无缝隙政策支持。2020年,市政府发布"六稳""六保"促进高质量发展第一批政策清单,对平台建设、内网改造、工业互联网园区培育、工业APP培育等给予了更大力度的政策支持,市政府出台了《关于加快工业互联网发展的若干措施》。

二、创新智能制造推进机制

一是抓实智能化诊断。采取定向邀约和线上征集相结合的方式,面向海内外知名智能改造服务企业广泛招募,遴选了21家服务商,分两批对企业的114个智能化改造需求进行专业化现场诊断,帮助企业明晰改造路径。

二是加强智能化技术改造扶持。市政府3亿元工业技改专项资金,重点向工业互联网和智能化改造项目倾斜。2020年签约扶持智能化改造项目62

个,扶持资金 2.3 亿元。

三是强化试点示范培育。开展市级工业互联网平台、智能工厂、数字化车间培育和认定,分别给予 100 万元、100 万元和 50 万元奖励。2020 年培育的海科集团基于工业互联网的产运销和胜软科技油气田生产信息化智能管控 2 个示范平台,立足东营市石化产业优势,打造了石油全链条数字化转型新模式。

四是创优智能制造发展生态。全市成立由市政府主要领导任组长的 5G 网络建设领导小组,建立由分管市领导任组长的"优势产业 + 人工智能"工作专班,各县区、开发区相应成立推进机构,推动形成了市县协同、部门联动的工作机制。整合优质资源推动人工智能发展,组建了东营市人工智能产业技术创新联盟,与深圳等先进地市的行业组织开展考察交流 5 次,很好地发挥了内引外联作用。聚焦企业家认知问题,以企业一把手为重点,开展专题培训 19 期,培训企业家、技术骨干 774 人次。

三、聚力智能制造典型引领

智能制造是东营工业高质量发展的主攻方向。遵循数字化、网络化、智能化发展路径,深入推进优势产业与人工智能融合发展,重点产业、重点园区、重点企业智能化水平明显提高。培育国家级制造业与互联网融合发展试点示范项目 4 个、智能制造试点示范项目 2 个,入选工信部支撑疫情防控和复工复产工业互联网平台解决方案 1 个;打造省"现代优势产业集群 + 人工智能"试点示范项目 21 个、智能制造试点示范项目 5 个、产业互联网平台 3 个、大数据发展创新平台 2 个;认定市级智能工厂、数字化车间等示范项目 32 个,建成 5G 基站 1 862 个,实现中心城区全覆盖、重点园区连续覆盖。从重点产业情况看,石化产业智能化改造提速,智慧园区、智能工厂、数字化车间同步建设。天弘化学、海科化工、联合石化等企业建成智能工厂。7 个省级化工园区全部建成智安园区。东营港经济开发区创建为国家级绿色园区,被中国石化联合会认定为全国智慧化工园区试点示范。橡胶产业建成一批数字化车间,示范带动作用增强。赛轮轮胎建成智能工厂,万达宝通、广饶吉星轮胎有限公司等企业建设了一批数字化车间。2020 年重点推进了 9 个轮胎企业智能化示范项目,改造后的企业劳动生产率平均提升了 15%,生产成本降低了 11%。新材料产

业国家级稀土催化研究院、高性能氧化铝纤维研究院等创新平台建成投用,运用人工智能的研发创新活跃度不断提高。有色金属产业向铜基新材料延伸链条,智能产品基础性材料增品种、提品质行动步伐加快。生物医药产业智能化改造项目增速明显,石油装备产业大力推进机器换人,建设行业工业互联网创新中心。

工业互联网是智能制造的关键支撑。为构建平台体系,促进技术应用,培育产业生态,市工信局、东营经济技术开发区管委会、胜软科技三方共建东营工业互联网创新中心,由胜软科技负责运营,主要是全面推进工业互联网技术在工业生产、企业管理、技术研发、工艺控制、市场营销等方面的融合提升,加速推动企业数字化、网络化、智能化转型。

(2021年4月17日,东营市工信局局长杜振波在全国工业互联网高峰论坛上的报告,有删节)

专栏二　东营区人工智能应用的探索和实践

人工智能是指模拟人的意识、思维规律和过程,构建具有一定智能的人工系统。人工智能技术的发展,广泛而深刻地改变着全社会的生产生活方式。近年来,东营区按照数字化、智能化、智慧化的推进路径,围绕高端装备、精密铸造、石油石化、现代农业、文化旅游等优势产业,全力发起"人工智能+"攻势,为产业转型升级赋予了强大的技术动能。为深入了解全区人工智能应用发展情况,区政府办公室组织专班力量,开展了深入调查研究,形成调研报告如下:

一、人工智能应用发展基本情况

(一)离散型智能制造方面

离散型制造是智能制造的重点领域,其特征是经过多道加工工序,将零部件或组件组装成产品的生产过程。东营区高端装备、精密铸造产业基础雄厚,发展离散型智能制造具有广阔的实践空间。

1. 高端装备制造领域

山东高速科瑞石油装备有限公司投资10亿元实施高端智能系列油气能

源装备项目,引入卧式加工中心、龙门加工中心、数控车床等高端智能生产设备,有效提升油气能源装备市场竞争力,达产后预计实现年销售额30亿元。威飞海洋装备制造有限公司建设行业顶尖全球研发中心3个、高端智能数控加工设备50台,实施的年产300套海洋水下生产系统项目,建成后将突破水下井口和采油树系统总体结构设计、高压密封、下放安装回收和试验三大关键技术,极大程度解决我国在海洋油气开发领域的"卡脖子"问题。三和石油装备有限公司大力实施"机器换人",引入工业机器人自动线、自动数控加工线、全自动热处理生产线,推进采油设备智能升级,投产后预计人工压减16.7%,年利润提高480万元。

2. 精密铸造领域

山东华腾机械制造有限公司以人工智能赋能机械制造,一体推进熔炼、切割研磨、机加工、仓储等全链条自动化生产,精密铸造件成品率高、市场竞争力强,70%以上出口欧美,成为大众德国总部一级供应商。东营嘉扬精密金属有限公司凭借与清华大学的合作关系,在自动化生产、智能化管理方面不断探索,搭建的信息管理系统基本实现车间、工序的精细化管理和柔性化生产,高端精密铸件月产能达到130万件,90%以上出口日本、美国、欧盟及东南亚等20多个国家和地区。

(二)流程型智能制造方面

流程型制造是以资源和可回收资源为原料,通过物理变化和化学反应的连续复杂生产,为制造业提供原材料和能源的基础工业。东营区是胜利油田的主战场,石油石化产业基础雄厚,一次原油加工能力达到1 660万吨/年。海科集团作为石油石化产业的龙头企业,近年来在智能化转型升级方面先行先试,成为中国民营炼化行业首个国家级智能制造试点示范基地。主要实现"4个智能化":一是经营决策智能化。海科集团在生产绩效管理模型的基础上,建立起商业智能BI系统,利用大数据技术,对企业生产经营数据进行统一管理分析,为企业管理决策提供完整、准确的参考数据。二是运营管理智能化。海科集团子公司多,布局分散,公司之间的差异化给管理运营带来很多挑战。集团通过升级打造ERP系统、远程视频会议系统、协同办公系统、移动平台等,对业务流程进行全面优化整合,走出了"形散而神聚"的现代企业管理路子。三是生产运行智能化。海科集团通过建设数据采集系统、智能计量系统实现生产数据的自动化采集,通过运用生产仿真系统实现全流程生产方案最优化筛选,通过引入 LIMS、MES、黑屏系统实现智能化验、智能控制。特别是在控制系统方面,应用了 17 套 DCS 系统,在催化裂化装置中试点建设 APC 先进控制系统,根据市场需求和原料性质变化,实时调整生产控制方案,实现卡边操作,使生产效益达到最大化。四是健康安全管理智能化。海科集团投资搭建 HSE 系统,建设全厂区火灾报警系统,实现火灾报警信息实时显示,应急指挥反应时间平均缩短 40 秒以上。海科集团通过一系列智能变革,生产效率提高 15%,运营成本降低 14%,产品研制周期缩短 9%,产品不良品率降低 11%,能源利用率提高 10%,智能化转型升级已经成为海科集团创新发展、保持核心竞争力的关键所在。

(三)网络协同制造方面

随着信息技术的发展,网络化协同制造已成为制造业未来发展的方向。东营区工业基础雄厚,产业链条完善,数字化赋能平台众多,"互联网+制造"应用先天优势明显。一是打造了数字化工业产品供应链。海科电子营销服务平台着力打造以成品油和化工产品销售为主的网上交易平台,将海科集团内部 ERP、一卡通等现有系统衔接起来,实现客户移动下单、自助装车、自助结算,形成了智能一体化销售体系。2019 年线上交易额达到 101.6 亿元。二是打造了工业设备互联网共享模式。瑞机集团搭建了全球油气能源设备互联网交易与共享服务平台,为油气行业上下游客户提供设备租赁+服务、闲置设备交易、翻新改造、金融服务、售后运维等一站式综合解决方案。目前,平台已注册用户 3 000 余家,采集全球近 3 000 台套共享设备信息。三是打造了工业品运输数字化监管平台。海科集团针对石化产品道路运输量大、风险高的特点,搭建了专业的危化品供应链一体化服务平台,通过车载端实现订单动态跟踪、车辆远程控制及异常报警提示等功能,整体运营后事故率减小 19.6%,业务量上升 20.1%,运营成本下降 10.3%,管理效率提升 17.1%。目前,上线车辆达到 36 006 台,累计交易量 1 197 万吨,实现交易额 12.9 亿元。四是储备了前沿领军技术赋能工业转型的平台资源。腾讯云(东营)工业云基地依托强大的云计算、大数据、人工智能等技术和资源,构建集生产制造、运营管理、市场营销于一体的创新平台。京东人工智能开放创新平台提供模型开发、模型训练和 AI 能力集成等服务,提升区域整体智能创新能力。"百度大脑"AI 技术平台从企业能耗优化管理、设备预测性维护、工业 AI 质检等方面破题,技术熟化后将辐射鲁北地区,减少化工企业平均能耗 15％左右。

（四）专业化定制方面

专业化定制是未来智能制造的发展趋势。据不完全统计,胜利油田在专业化定制方面每年采购都在 400 亿元左右。东营区依托地处胜利油田腹地的优势,深耕油田专业化定制市场。一是面向油田市场定制的智能管理系统。广域科技基于人工智能视频识别技术开发的智慧油田安全生产运行智能管理系统,实现远程作业人员定位、身份识别、人体特征提取、人员穿戴识别、人员行为识别、人员行为预测等一系列安全监测预警,有效减小油田高处作业、带电作业、吊装作业、动土作业等事故发生率;开发的无人机电力巡检系统,通过设定无人机巡检路线,对目标区域电力线路、杆塔等装置运行状态进行监控,极大提高了电力系统故障检出率。二是面向油田市场定制的智能控制系统。东营市汉德自动化集成有限公司自主研发的石油电控设备、网电设备连续 3年获中石化招标第一名,电动石油钻机电控系统是经国内三大石油公司认定的两家制造厂商之一,被列入山东省首台(套)技术装备和关键核心零部件生产企业。三是面向油田市场定制的智能采油系统。胜利油田利丰石油设备制造有限公司拥有油田采出液环保处理、注增油、压裂防砂增产三大特色技术,自主研发的智能化顶部驱动电机,有效克服了现有同类进口产品易漏油、易卡钻等技术短板。

（五）其他方面的探索

智慧农业方面,双福福盛智能温室项目依托先进的物联网技术,建立起集温度、光照、通风、灌溉于一体的自动控制系统,管理人员可通过手机端预先设定好参数进行智能调节,为植株提供最适宜的生长环境。智慧文旅方面,打造"东营智慧文旅"平台,汇集景区景点、民俗文化、美食小吃、酒店住宿、特产纪念品、旅游攻略等资源,为游客提供景点介绍、在线购票、线路查询、实时导航等全方位服务,形成"食住行游购娱"一站式解决方案。智慧城管方面,建成智慧城管综合监管平台,整合智慧环卫、智慧照明、智慧园林、数字城管、河道水位监测预警、油烟监控检测等系统,提高了城市精细化管理水平。社会治理方面,组建区域治理运行管理中心,与社会治理网格化服务管理中心、12345

政务服务热线一体运行,实现资源整合、协同联动,打造集成化、智慧化"城市大脑"。

二、推动人工智能应用发展采取的主要措施

(一)强化政策支撑

东营区政府制定出台《支持工业经济发展的十条意见》《支持新一轮技术改造促进工业高质量发展的意见》,全力打造支持企业智能化转型的"政策洼地"。一是支持企业数字化升级。对建设数字化车间和智能工厂的企业按智能设备、工业软件投资额的 20% 给予补助,对新认定的国家、省级两化融合贯标企业一次性分别奖励 30 万元、20 万元,对新评定的省级上云标杆企业一次性奖励 10 万元。二是支持企业加大研发投入。对新认定的国家、省首台(套)技术装备及关键核心零部件、首批次新材料、首版次高端软件一次性分别奖励 50 万元、30 万元,获得国家、省、市立项的研发项目,按上级扶持资金的 5% 给予奖励。三是支持企业技术改造。实施百企转型、百项技改"双百工程",对总投资 500 万元以上的工业技改项目按实际设备和技术投资额的 7% 给予奖励,对新列入省企业技改重点项目导向目录并实施的项目一次性奖励 10 万元。2020 年共实施技改项目 22 个,14 个项目获得市级奖补资金 3 600 余万元,项目数量和支持额度列全市各县区第一位。

(二)强化载体建设

坚持高端化、智慧化、融合化方向,加快智慧型园区和创新型平台建设,全力打造支持企业高质量发展的"创新高地"。东营高新区规划建设高端石油装备(智能装备)智造产业园、智能海工装备产业园、新型智能电子装备产业园等以智能制造为核心的五大特色产业园区,推动高端智能产业集群发展。化工产业园聚焦加强危化品监管,在园区应急救援中心建设集安全、环保、消防、运输、能源监控、停车管理等于一体的综合信息监管平台,通过一企一档、监测监控、辅助决策等六大板块数据分析,实现对园区企业全方位、立体化的管理服务。东营科教园区围绕"教育科研、科技创新、成果转化"三大核心功能,以胜利油田、中国石油大学(华东)科创资源为支撑,以推进应用研发和技术落地为根本,着力打造黄河三角洲区域科教创新中心。规划建设东营产业技术研究院,吸引中科院视觉工业研究所、东风新能源智能农机装备研究院等科研院

所入驻。油城创新走廊依托黄河三角洲大数据港、胜利大学生创业园、胜利创新孵化器、梦立方数字经济产业孵化基地等创新载体，打造智能科技要素的汇流池、引力场。目前，全区创新创业平台达到 18 个，其中省级及以上孵化器、众创空间 12 个，孵化总面积 19 万平方米，在孵企业 500 余家，被评为 2019 年度山东省技术转移先进区。

（三）强化要素保障

建立"要素跟着项目走"机制，围绕土地、能耗、污染物排放总量替代、水资源、资金等实施差异化要素配置，通过正向激励和反向倒逼，为优质企业发展腾出空间。制定出台《东营区企业投资工业项目"标准地"工作实施方案》，在东营高新区、油地融合产业园等率先开展"亩产效益"评价改革，目前已按照"标准地"管理模式完成 4 宗工业用地出让，吸引更多蕴含智能化基因的科技型、高成长型企业落户。

三、人工智能应用发展存在的问题

（一）整体发展层次不高

1. 工业方面

经企业两化融合发展指数测算，60% 以上的企业处于集成提升阶段，仅有海科集团、德仕集团 2 家企业达到技术创新突破阶段。同时，装备制造业智能化设备自主研发能力不强，主要以购买引进为主，关键技术、关键零部件及关键材料等对外依存度高，极大增加了智能化建设成本。以胜利油田胜机装备有限公司为例，其引进的焊接机器人工作站，由德国 Carl-cloos 焊接技术有限公司进行专门定制，产品等待周期长、资金投入大，增加了智能化转型成本。

2. 农业方面

近几年，东营区在互联网农业方面作了一些尝试，但民营性质的智慧农业，商业性较为明显，智能技术、设备设施公开程度低，加之目前缺少相关发展规划和针对性政策，智慧农业发展整体比较落后。

3. 文化旅游方面

大部分景区开发层次不高，功能少、品牌弱，缺少高品位、主题性强的旅游产品，景区集聚带动效应尚未形成，导致文旅行业在人工智能化需求上缺乏市场。

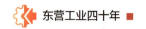

（二）创新应用意愿不强

传统企业智能化转型涉及成本投入、设施建设、资源开发、链条重建等多个方面，牵一发而动全身，部分企业往往有转型失败的担忧，导致畏惧转型。人工智能转型下的组织变革将使人工智能逐步代替人力、物力，原有的利益结构将被打破，造成利益群体的阻挠，难以打破原有既定成熟的运作模式和生产结构。

（三）人才支撑力不足

发展人工智能对人才的复合型能力要求更高。就东营而言，在人才引进上，与北上广和济南、青岛等地的高端人才竞争处于劣势，人才引进难的问题较为突出。以广域科技为例，东营本地在人工智能视频识别技术方面的专业人才十分紧缺，面向油田开发的智慧油田安全生产运行智能管理系统和无人机电力巡检系统，均需依靠外力完成设计研发，无形中增加了企业投入成本。在人才基数上，现有高端专业技术人才大多来自计算机、统计、数据、软件等领域，往往不具备人工智能方面的专业技能，不能满足企业智能化发展规划和愿景。在人才培养上，胜利学院（今山东石油化工学院）、东营职业学院等本地学府的人工智能人才培养计划刚刚起步，人才培养周期尚未完成，而且培养的专业化程度距离产业发展要求还有一定距离。

四、加快人工智能应用的对策和措施

（一）搭建人工智能应用全要素支撑体系

一是突出规划先行。抓住编制"十四五"发展规划机遇，制定出台适合当地发展的人工智能战略规划，在提升人工智能水平、发展智慧农业、推动智能制造、打造智慧示范服务区、培育智能化新业态等方面拿出任务表、路线图，连接整合内外资源，全力打造"政产学研金服用"共同体。二是突出政策引领。发挥国家、省、市相关引导资金、专项资金扶持作用，落实好东营区《支持工业经济发展的十条意见》《支持新一轮技术改造促进工业高质量发展的意见》等文件精神和企业上云补贴、研发费用加计扣除、高新技术企业所得税减免等优惠政策，助力企业智能化改造提升。在此基础上，制定更加完善的促进人工智能发展的专项配套政策措施，实施差别化、精准化的政策支持，在要素供给、人才支撑、市场培育、资金扶持等方面细化举措、精准发力。三是突出载体支撑。充分发挥黄河三角洲大数据港集聚效应，支持腾讯、百度、阿里等互联网企业与区内企业开展合作，促进互联网基因与制造控制场景深度融合。抓好东营产业技术研究院运营，加快中科院视觉工业研究所等科研机构入驻，促进创新创业共同体建设。鼓励企业整合内部创新资源，建设覆盖研发、设计、制造、营销等全价值链的创新研发平台。围绕优势产业，发挥龙头企业作用，带动上下游企业通过专业分工、服务外包、订单生产等多种方式融入创新链，构建产业链协同创新体系。鼓励海科集团等行业龙头企业剥离信息化业务，成立事业部或独立公司，结合本土实际开展智能化改造服务。

（二）打造人工智能应用场景

按照人工智能"与产业发展相结合、与保障和改善民生相结合、与社会治理相结合"的三结合原则，聚焦制造、医疗、交通、教育等领域，打造人工智能应用场景示范区、产业试点示范集聚区。一是加强和推广基础设施智能化管理。以旧城改造为契机，全面更新基础设施，将已有的传统实体基础设施增加数字化技术组建，结合百度"智能大脑"AI技术、腾讯云计算技术，开展深度合作，推进数字化停车系统、数字化交通系统、远程教育基地、人脸识别监控等混合型设施的合理布局，拓展智慧交通、智慧城市、智慧政务发展空间。二是建设适应智能经济和智能社会的基础设施网络。落实好5G战略合作协议，强化与电信、百度等科技公司合作，除运营维护好现有的491处5G基站外，再超前谋划、科学布局一批5G通信基站，保障低时延、高通量的数据传输能力。三是加大适应人工智能发展要求的基础设施建设力度。充分适应无人车、无人机的发展需要，加快试验场地、试飞基地谋划布局，充分适应AI、VR、AR等技术发展，完善高新技术集中展示交流合作平台建设，为人工智能提供优良的应用发展环境。

（三）推进优势产业与人工智能融合发展

深入实施"优势产业＋人工智能"三年行动，打造一批互联网示范平台、智能工厂、数字化车间。一是提升高端石油装备产业智能化。发挥油田改制企业在设备、技术、人才等方面的优势，引导胜机公司等企业率先进行智能化改造。把发展"智能装备"作为产品结构升级的主攻方向，依托山东恒业、瑞奥智能等企业,发展高端定制智能化油气田专用制氮设备、钻机平台作业机器人等智能产品,形成一批引领细分领域的智能装备。打造"互联网＋石油装备"生产型服务业公共服务平台,依托瑞机跨境电商平台、石油装备产业技术研究院,推动石油装备产业从生产型制造向服务型制造转型。二是提升生物医药产业智能化。以天东华润混改为契机,利用人工智能技术加快药物研发,通过设备升级,提升生产线自动化率。鼓励企业和医疗机构进行基于 5G 的医疗领域应用研究,支持医联体内部协作及上下级医疗资源共享。推动"互联网＋"在医药产品推广销售中的应用,建设医药电子商务可追溯物流体系。三是提升精密铸造产业智能化。鼓励引导海河、昶晟等企业加强自动化、智能化设备研发和引进,逐步淘汰以手工作业为主的落后生产方式。鼓励华腾、嘉扬等企业引入数字化、可视化现场管理、设备数据采集与监控等数字化管理系统,提高企业综合管理水平。四是提升高端石油石化产业智能化。发挥海科集团等龙头企业引领作用,在全区石化企业推广远程诊断、智能传感、工业大数据分析等创新应用,打造一批智能工厂。在成品油领域,重点推广危化品供应链一体化平台——危品汇,逐渐形成以炼厂为核心,涵盖生产端至消费端的 B2B2C 全产业链一站式服务平台。加快东营区化工园区信息化监管平台建设,打造集园区安全、环保、消防、运输、能源监控、停车管理等多个系统于一体的综合性平台。五是提升现代高效农业产业智能化。坚持以工业化理念发展现代农业,以发展工业园区模式打造现代农业园区,以双福福盛智能温室项目为引领,大力推进物联网、远程控制等信息技术和智能设备在农业生产领域的应用。六是提升文化旅游产业智能化。优化"东营智慧文旅"微信平台服务功能,打造"一机游东营区"的一站式服务平台。坚持"互联网＋"和"大数据"理念,策划运用抖音、微信、微博等新媒体,全方位扩大东营区旅游影响力。

(四)加强人工智能领域的人才培养和人才引进

一是发挥职业技能培训作用。鼓励"产学研"联动,鼓励校企合办人工智能科研院所,支持腾讯与胜利职业学院、东营职业学校合作,京东云与蓝海职业学校合作,发挥高新科技企业和高校院所各自优势,共同培养人工智能技术专业人才。二是发挥终身教育作用。支持格局屏天下东营分院推广远程视频教育模式,实现对企业家、政府领导、专业技术人员的随时随地再教育,确保政府决策、企业管理、技术更新紧跟人工智能发展新形势。三是加大人才引进力度。不断完善政策,加强对人工智能专业人才的引进,瞄准专业院校,精准推介东营;瞄准北京、上海等人工智能隆起地带职业院校,深挖专业技术人才。

(由东营区人民政府办公室提供)

专栏三 智慧园区:东营港经济开发区新材料产业园

东营港经济开发区新材料产业园是一个以发展高新技术企业为主体,重点培育化工新材料和高端精细化工两大产业集群的现代化化工产业园区。

从 2018 年 8 月开始,新材料产业园布局智慧园区建设,建设智慧管理平台,同年 11 月顺利通过石油和化学工业联合会组织的"中国智慧化工园区试点示范(创建)单位"专家评审。

按照"一年打基础,两年见成效,三年达目标"的三步走发展战略,新材料产业园目前已围绕安监、环保、应急等核心业务完成综合运营、智慧安全、智慧环保、智慧应急、公共服务五大业务板块进行建设,一个"高智能、高匹配、高附加值"的"三高"型新型智慧化工园区已初具雏形。

新材料产业园定位为全国智慧化工园区建设示范点,把最先进的产品、技术、方案、设备,高匹配地落实在这里,打造全国领先示范智慧化工园区。

新材料产业园与海康威视签订战略协议,海康威视将最先进的雷视道路安全预警一体机应用到新材料产业园各个交通卡口,通过 AI 算法将雷达和视频各自的检测优势、检测数据深度融合,对进入园区的危化品运输车辆、行人等多种目标分类检测,联动 LED 屏进行信息播报,实现即时检测、实时发布提醒。

一张图:网尽园区大小事

智慧监管平台最基础也最核心的是一张图。说是一张图,其实是多张图,包括综合一张图,以及根据不同应用延伸出的 AR 一张图、安全一张图、环保一张图、应急一张图等多种应用。

应急指挥中心大厅电子显示屏展示着综合一张图。在地图上,大到园区的各条道路、各家企业,小到员工的穿着、行动都能够实景清晰呈现。综合一张图基于三维图、影像图和天地图 3 种地图形式呈现,并可以实现地图模式的随时切换,是整个园区包括设备、厂房、人员、公共服务设施等要素的大集合,宏观层面能够看到整个园区的全貌,微观层面能够在放大后查看装置内具体数据,包括温度、压力、液位、气体、废气排放量等实时数据,并结合报警系统对异常情况进行报警,也可通过与手机 APP 端联动,对异常情况进行报警。

此外,借助园区 AR 视频监控终端、物联网平台、人工智能算法及大数据增值工具,园区智慧管理平台还创建了安全一张图、环保一张图、应急一张图、AR 一张图等,安全、环保、应急等方面的相关信息在一张图上一览无余,为园区提供安监、环保、经济、能源等核心业务的监管决策,也为园区企业提供"无感化"管理服务。

——擦亮智慧化工园区"眼睛"。一张地图,囊括了园区大量基础信息,而这些信息的收集离不开前端设备的建设和基础数据的采集。系统布局首先选取中心点安装一台 200 万重载激光云台摄像机向园区四周辐射,安装了 5 台高空瞭望设备、10 台鹰眼球机、20 台防爆云台摄像机,实现了对园区视频的全覆盖。

——疏通智慧化工园区"血管"。为了给智慧化工园区建设提供有力支持,园区高标准网格化、全覆盖布局,建设应急联动指挥中心核心机房服务器,铺设网络高速公路,使安全等级更高、传输速度更快。

——运作"超级智慧大脑"。最后,一个集应急物资集散、人员快速集结、指挥、联动、会议、执法、服务于一体的应急指挥中心成了智慧化工园区的"大脑"、领导的"驾驶舱"。

一张网:园区实现精细化管理服务

监管无感知,服务零距离。有了这个平台,园区发生什么事,都可以从平台上第一时间知道、第一时间处理。工作人员可实现通过远程视频对园区进行各类安全巡检,对园区状况进行持续性监控。

信息的收集、数据的采集只是工作的开始,如何有效运用这些数据为园区的发展服务才是关键。其中,平台最为关键的应用之一就是智慧安全,包含重大危险源监测、安全风险分级管控、危化品协同、特殊作业管理、隐患排查、创建危化品数据库等,提升园区安全保障能力。

高智能"一张图"像一张网,网罗了整个园区,为园区领导提供了安监、环保、经济、能源等核心业务的监管决策支持，为园区企业提供了零距离服务。

智慧安全模块，包含重大危险源监测、安全风险分级管控、供应链协同、特殊作业管理、隐患排查、危化品数据库等业务板块。重大危险源监测实现了重大危险源传感器数据及实时视频数据的全接入；安全风险分级管控通过 LEC、LS、MES 等风险识别算法，自动生成企业风险级别，并通过高精度遥感地图实时展示风险区域不同颜色；供应链协同与园区封闭系统融合，实现了园区入园危化品车辆、普通货车以及小客车的线上申请审批及入园放行，并通过接入北斗卫星数据实现对危化品车辆位置的实时监管。

智慧环保模块，实现对园区、企业大气质量、水质量的实时监控及超标报警，除此之外还通过园区 LDAR 监管、危废全流程管理以及污染物溯源分析，实现了对企业无组织废气排放、危废流转及污染事件的有效把控。

智慧应急模块，构建远程作战平台，围绕事前、事中、事后进行管理，实现了与消防实时数据、安环监控数据、园区"一企一档"数据的全面打通。

截至 2020 年底，新材料产业园智慧化工园区已经完成一、二期建设，实现了"六个全"，即企业基础数据全接入，各类业务系统全打通，各类传感预警全覆盖，2 个全生命周期管理实现全要素，标准化建设贯穿全过程，整合优质资源要全方位。三期智慧综合监管平台建设已经启动，正在围绕安全、环保、应急等各个方面对平台内容进行进一步优化和升级。

专栏四 案例选介

一、海科集团——面向化工行业的产运销一体化工业互联网平台

海科集团以建设高端化工智能工厂为目标，近年来引入埃森哲、Aspen、SAP、华为等国际国内知名合作商，先后投资建设了 ERP、智能计量、LIMS、MES 等智能化、信息化系统 35 个，有力推动了企业降本节能、提质增效；运用"物联网＋智能设备"技术，建设了集开发票、收发油、一卡通、排号、进出厂、自动装车等于一体的智能计量系统，计量效率提高 80％，操作人员减少 50％，日装卸车数量分别提高 113％和 25％；在全国地炼行业首家引入国际领先的检验系统 Starlims 对检测流程和仪器设备实施智能化改造，实现仪器检验结

果自动采集;引入智能黑屏系统,按照"全流程自动监控",对企业生产装置进行控制优化,自动化率提升至98%以上,人工操作量降低80%。

海科集团建设的面向化工行业的产运销一体化工业互联网平台入选工信部"2020年制造业与互联网融合发展试点示范名单"。该平台融合智能工厂建设、智慧供应链和成品油智慧新零售等模块,利用云计算、物联网、移动互联网、大数据、智能技术,整合石化炼厂全供应链实时物联数据,形成C2S2M数据驱动的危化品产业高质安全、共享协同、精准匹配的转型升级新模式,解决了传统工业企业长期面临的质量、效率、能耗等问题,推动企业实现数字化转型。

二、德仕集团——互联网＋油服"全球油服中心"

德仕能源科技集团股份有限公司成立于2002年6月,是专业提供提高石油采收率成套解决方案以及相关技术、产品研发与生产的国家级高新技术企业。公司建有省级企业技术中心、省级工程研究中心、院士工作站等研发平台,拥有各类知识产权100余项,承担国家科技重大专项、山东省重点研发计划等100余项科研项目。公司高度重视信息化、数字化在企业发展中的应用,实施了ERP、人力资源管理等系统。2019年公司投资建设了互联网＋油服"全球油服中心"项目,致力于打造"以核心技术支撑的平台型油田服务企业"。该平台借助互联网、大数据、云平台等新一代信息技术,将生产现场的各项数据回传至全球油服中心的生产指挥中心,将原有的技术专家到现场指导为主的工作模式转变为"线上展示、线上诊断、线上优化决策"的"云上油田医生",并实现了对生产现场的远程监控,有效降低生产现场风险及人工成本。该平台先后荣获中国工业报2020"智造基石"工业互联网年度优秀案例、山东省服务型制造平台等荣誉。2020年,公司资产总额7.9亿元,员工总数636人,实现销售收入5.4亿元,利税4 800万元,利润2 986万元。

三、胜软科技——石油行业大数据分析应用平台

山东胜软科技股份有限公司成立于2002年1月,主营业务是为油田企业信息化建设及智慧城市领域提供软件产品及解决方案,是新三板挂牌企业、国家规划布局内重点软件企业、国家高新技术企业。公司拥有博士后科研工作

站、山东省油田信息化工程技术研究中心、山东省软件工程技术中心等科研平台,现有员工570余名,本科及以上学历员工占员工总数的85%。2020年,公司实现营业收入31 987.16万元,利润总额2 224.37万元,纳税450.55万元。

胜软科技面向石油行业研发的石油行业大数据分析应用平台,被工信部列为国家大数据产业发展试点示范项目,是山东省入选的2个示范项目之一,同时被评为全国大数据百家案例。目前已全面应用于中石化、中石油、中海油等石油企业,为油田企业生产经营和分析决策提供了全面支撑。

2020年胜软科技开发的"智慧应急指挥系统",覆盖"应急救援"+"处置救援"的全生命周期闭环管理体系,已建立十大应急指挥中心,在新冠疫情防控期间的防疫及应急处置中发挥了强大的支撑作用。

四、广域科技——自动化和信息化系统解决方案提供商

山东广域科技有限责任公司组建于1999年,注册资本2亿元,业务涵盖智慧电力、智慧油田、智慧城市等领域,全面提供自动化、信息化系统设计及技术和产品开发服务,持续致力于成为国内知名的自动化和信息化系统解决方案提供商。公司拥有员工400余名,下辖12个分(子)公司,5个省级研究中心。公司已建成五大技术系列、24个门类的120多种产品序列,技术和产品获得100项专利、50余项软件著作权、27项技术成果,及多个省、市级科技奖项。公司承担工信部、国家发改委、山东省科技厅等国家、省、市级项目20余项。公司研发的产品和项目入选国家重点新产品、山东省"现代优势产业集群+人工智能"试点示范项目、山东省5G试点示范项目、山东省软件产业高质量发展重点项目、山东省首版次高端软件等。公司开发了AI图像识别边缘计算终端设备、电力设备智能综合诊断及监控装置、新能源智能管控平台、基于智能识别的无人机巡检平台,为工业企业提供智能化解决方案。2020年,公司实现产值2.1亿元,利税1 373万元,荣获"国家优质工程奖""山东省优秀高新技术企业""软件企业""计算机信息系统集成企业""服务外包重点企业"等荣誉和称号。

第十三章
企业改革的东营模式

第一节　民营化取向的中小企业改革是一种必然选择

一、传统国有、城镇集体中小企业体制上存在弊端

传统的计划经济体制是一种以产品经济运行为依据，排斥商品经济、排斥市场机制作用的体制。在这种体制下，用行政命令的办法管理经济，用指令性计划约束社会经济运行，被看作是计划经济的必须形式和唯一形式。

传统国有、城镇集体中小企业存在弊端，我把其概括为产权关系不明晰、利益关系不直接、政企职责难分开、厂长有权难落实、职工当家不做主、企业负赢不负亏。在这种体制高墙内的企业、管理者和职工形成了思维依赖、路径依赖，企业没活力，职工没动力。从地方国有、城镇集体中小企业来看，企业经营普遍困难，当然也有个别企业在一定时期经营状况比较好，但这只是个别现象，况且这样的企业经营得好往往是短暂的，并不持久。有个说法是个别现象是素质问题，普遍现象就是体制问题，说明地方国有、城镇集体中小企业存在自身难以克服的体制弊端，体制的问题必须通过体制改革才能解决。

二、一般竞争性的国有、城镇集体中小企业实施民营化、市场化取向的改革是一种必然选择

从企业角度讲，传统国有、城镇集体中小企业存在体制障碍，难以适应市

场经济要求，以至于活力不足，效益低下。从区域经济发展角度看，经济发展落后地区之所以落后，一个重要原因是民营经济不发达。有关资料显示，2009年中国北方地区 GDP 总量为 15.7 万亿元，南方地区为 20.9 万亿元，双方差距为 5.2 万亿元。2019 年北方地区 GDP 总量增至 35.1 万亿元，南方地区迅速增加到 63.4 万亿元，双方差距被拉大到 28.3 万亿元。北方地区 GDP 总量全国占比在 2009—2019 年 10 年的时间里从 42.9% 减小到 35.6%，而同期南北方固定资产投资差距从 1 万亿元左右增长到 12.9 万亿元。北方经济发展滞后于南方经济，主要有 2 个方面的深层次原因：一是产业结构不优，具有天然劣势。北方地区一定时期依靠要素驱动，保持较长时间的辉煌，形成了以重化工业、资源型产业、传统制造业为主的产业结构。随着改革开放的深入和供给侧结构性改革的推进，逐渐暴露出改革内生动力不足等问题，传统产业优化升级步伐缓慢，现代服务业、高新技术产业发展相对滞后。二是民营企业发展不充分。从全国来看，与南方相比，北方尤其是黄河以北地区的民营企业数量不足，且发展程度较低。《2019 胡润中国 500 强民营企业》榜单显示，南方的500 强民营企业数量是北方的 2.4 倍。东北三省上榜企业仅有 6 家，其中黑龙江省没有一家企业入围。

邓小平同志说，制度问题更带有根本性、全局性、稳定性和长期性。制度好可以使坏人无法任意横行，制度不好可以使好人无法充分做好事，甚至会走向反面。中国南北方经济差距拉大，证明了加快市场化改革特别是民营化取向改革的必要性和紧迫性。解决南北方差距，要针对北方短板，深化产权、要素等的市场化改革，打造亲清型政商关系，优化营商环境。

我国民营经济从小到大、从弱到强，不断发展壮大，已经成为推动我国经济社会发展不可或缺的力量，成为创业就业的主要领域、技术创新的重要主体、国家税收的重要来源，在我国社会主义市场经济发展、政府职能转变、农村富余劳动力转移、国际市场开拓等方面发挥了重要作用。总的来看，民营经济具有"五六七八九"的特征，即贡献了 50% 以上的税收，60% 以上的国内生产总值，70% 以上的技术创新成果，80% 以上的城镇劳动就业，90% 以上的企业数量。

东营建市时间短，地方工业基础差、底子薄，国有、城镇集体企业数量少、规模小、效益差，20 世纪 90 年代集中推进了国有、城镇集体企业改制，鼓励公

有资本从一般竞争性企业全部退出,几年之内地方国有企业几乎全部实行了民营化。实践证明,这是一招关键之策,民营中小工业企业以其市场反应灵敏度高、活跃度高、产权人格化高、利益关联度高等特点迅速成长,占据了东营工业规模的80%,滋生成长了14家全国民营企业500强企业,一个人口小市成为工业大市,这就是体制的力量在起作用。

第二节　东营市企业改革的阶段划分

东营市国有、城镇集体企业改革,始于20世纪80年代初,可以分为5个阶段。

第一阶段,20世纪80年代初以"放权让利"为中心,扩大企业自主权阶段。

主要的政策依据是国务院1979年发布的《关于扩大国营企业经营管理自主权的若干规定》。基本思路是改革高度集中的计划经济管理体制,通过扩大国有企业的经营管理自主权,来增强企业活力。主要内容有实行企业利润留成、提高固定资产折旧率、实行固定资产有偿占用制度、实行流动资金全额信贷制度、企业有权向中央或地方有关主管部门申请出口自己的产品并按国家规定取得外汇分成、企业有权按国家劳动计划指标择优录用职工、企业按照实际需要决定自己的机构设置、减轻企业额外负担等11条。这个阶段实施了"两步利改税"改革,由"税利并存"逐渐过渡到"以税代利",借此解决企业吃国家"大锅饭"问题,并为解决职工吃企业"大锅饭"问题创造条件。同时,推行包含风险抵押金的经济承包责任制。

第二阶段,1984年到1993年以转换企业经营机制为方向的多种经营方式阶段。

1984年10月党的十二届三中全会通过的《中共中央关于经济体制改革的决定》,把国营企业改革的试点扩大到整个国有经济领域,所有权与经营权分离成为重要的理论创新。

随着《中华人民共和国民法通则》《中华人民共和国全民所有制工业企业法》《全民所有制工业企业转换经营机制条例》等一系列法律、法规的颁布,国有、城镇集体企业作为法人的权利能力和行为能力得到进一步加强,政府对企业的行政干预受到制约。法律规定,国有企业的经营自主权,具体包括生产经营决策权、物资采购权、投资决策权、劳动用工权等 14 项权利;至于集体企业、私营企业、三资企业、个体工商户等则享有更广泛的经营自主权。尽管不同性质企业享有的经营自主权的内容存在着一定的差异,但是在行政诉讼中,根据行政诉讼法的规定,只要行政机关实施了干预、截留、取消、限制法律赋予相对人在从事生产经营活动中,对其财产占有、使用、处分及其人财物等方面的自主权,相对人便可以提起行政诉讼。这一阶段的改革,企业自主权进一步放宽,经营机制得到一定程度转换,但国有、城镇集体企业的产权问题仍然没有得到解决。

这一阶段,东营市在国有、城镇集体企业中实施了两轮承包经营责任制,同步展开转换企业经营机制工作。推行厂长经理负责制,开展厂长经理竞选试点,市标准件厂、毛巾厂等企业通过内部竞选产生了厂长。

第三阶段,1994 年到 2004 年以建立现代企业制度为方向的全面实施企业产权制度改革的阶段。

1993 年 11 月,党的十四届三中全会通过了《关于建立社会主义市场经济体制若干问题的决议》,提出国有企业改革的方向是将国有企业建成适应社会主义市场经济体制的现代型企业。党的十五届四中全会又专门作出《中共中央关于国有企业改革和发展若干重大问题的决定》。2002 年底,党的十六大再次明确提出,在今后一个时期要继续按照现代企业制度的要求,对国有大中型企业实行规范的公司制改造,完善法人治理结构;进一步放开搞活国有中小企业。这又为国有企业改革提出了新的目标,在 1993 年《中华人民共和国公司法》颁布后,基本解决了国有、城镇集体企业建立现代公司制的思路,国有、城镇集体企业实施股份制、股份合作制成为改制的方向。1995 年 9 月,党的十四届五中全会通过了《中共中央关于制定国民经济和社会发展“九五”计划和 2010 年远景目标的建议》,对国有企业改革提出了“抓大放小”的改革战略。“抓大”是指着力培育实力雄厚、竞争力强的大型企业和企业集团,使其可以成为跨地区、跨行业、跨所有制和跨国经营的大企业集团。“放小”是指放开搞活国有中小企业。一方面积极扶持中小企业特别是科技型企业向“专、精、特、新”的方向发展,同大企业建立密切的协作关系,提高生产的社会化水平;另一方面,从实际出发,采取联合、兼并、租赁、承包经营、股份合作、出售等形式,放开搞活国有小企业。1996 年,山东省提出了企业改革的"三放两不放"方针、应遵循的 4 个原则和衡量改革成败的 5 条标准。"三放两不放"即放开生产经营、放开改制形式、下放领导干部管理权限;不放松对国有资产的监管,不放松对企业依法经营、照章纳税的监管。1997 年 9 月,党的十五大报告对国有企业的改革作了重要论述,提出要把国有企业改革同改组、改造、加强管理结合起来,即"三改一加强"。

这段时间,东营市企业改革主要体现在 3 个方面:一是"放小",在地方国有、城镇集体企业中全面实施以股份制、股份合作制为主要形式的产权制度改革。截至 2003 年底,全市工业系统 98% 的企业完成产权制度改革,其中,45.4% 的企业实施了股份制、股份合作制改革,其余企业分别实施了兼并、出售、破产,有些则被注销。二是抓大,实施大企业、大集团战略,加快骨干企业发展。三是在推进企业改制的同时,同步推进改组、改造和加强企业管理。

第四阶段,2005 年至今实施以混合所有制改革为主要形式的改革阶段。

主要案例有 2005 年正和集团、华星石化和中化集团实施的混合所有制改革;2008 年中海化工和中海油实施的混合所有制改革;2017 年联合石化和齐鲁交通实施的混合所有制改革。

第三节　地方国有、城镇集体中小企业改革的东营模式

东营工业经济增长为什么特别快?这里面有资源、区位、营商环境等因素,也有背靠胜利油田的因素,但核心是体制机制问题。20 世纪八九十年代东营市坚持以"三个有利于为标准",大胆试大胆闯,深化市场化、民营化取向的企业改革,让企业真正成为"四自"法人实体和市场竞争主体,企业得以完全面向市场,充分进入市场,活力充分迸发,竞争力充分释放。试想,一个自由奔放的舞者和一个戴着脚镣跳舞的人,其舞姿肯定高下立判,东营工业经济发展快也就不难理解了。

东营市建市时间短,建市初期几乎没有像样的地方企业。1996 年,我做过一个调查,市属 128 家工商企业经评估有净资产的只有市百货大楼,127 家企业是负资产。政府也没有从百货大楼拿到一分钱,百货大楼的净资产留在

了企业,用于解决百货大楼的遗留问题。工业口 35 家企业全都资不抵债。人们不禁要问,就没有一家好企业吗?还真是没有。到后来企业改制,政府不但没拿到哪怕是一元钱的产权出让收益,还倒贴不少钱,银行也是亏得一塌糊涂,全市 222 家企业实施破产,涉及银行贷款 12 亿元。怎么能惨到如此地步?作为一个新兴的地级市,传统的地方国有、城镇集体企业在当时的体制下没有规模、资源、政策优势,最为紧要的是没有活力。怎么办?东营市的做法是通过深化企业产权制度改革,公有资本从一般竞争性领域退出,资不抵债企业破产出清,经政策弥补资债大体相当能够活下去的企业改制为全员持股、经营者持大股的民营企业。在具体推进措施上,采取了政策引导、典型带动、多种形式、行政推动改制,把企业改制同改组、改造、加强管理结合起来,同深化企业内部改革结合起来,同优化企业发展环境结合起来。通过强有力的企业改制攻坚,打破传统体制机制的藩篱,建立现代企业制度,促进了职工积极性充分迸发,企业活力充分涌流,区域经济充分发展。

　　本章内容涉及的主要时间节点是从 1984 年到 2004 年,改革的内容从放权让利到以股份制、股份合作制为主要形式的现代企业制度创新,其中主要写 1987 年到 2004 年,这段时间也正是我在东营市体改委工作的 17 年。混合所有制改革是近年来企业改革特别是国有大企业改革的重头戏,本章将单列一节讲述。截至 2003 年底,全市有工业系统企业 291 家(含商贸企业),完成产权制度改革的有 285 家,占 98％。其中,实施股份制、股份合作制改组的有 132 家,被兼并 6 家,破产 59 家,出售 50 家,注销 38 家。全市有市属工业系统企业 35 家,完成产权制度改革的有 32 家,其中实施股份制、股份合作制改组的有 12 家,被兼并 2 家,破产 17 家,注销 1 家。市人造板厂是中德合作企业,早已资不抵债,只因市财政提供了巨额担保无法实施破产。市石化集团持有东胜精攻股份不宜实施民营化改制。2004 年后,企业改革仍然以建立现代企业制度为目标而展开,直至推出混合所有制改革。

第四节　扩大企业经营自主权

　　扩大企业经营自主权是指赋予企业在生产经营活动中,更多的独立处理人、财、物等问题的权利,是经济体制改革的一项重要内容。为了改变过去国家在经营管理方面集中过多、统得过死、国营企业应有的权限太小等弊病,国务院于1979年7月13日颁布了《关于扩大国营工业企业经济管理自主权的规定》,旨在把不适当的过分集中的权利,有领导地下放给企业,以调动和发挥企业和劳动者的生产经营积极性。

建市之初,企业改革的主要内容是政府对企业放权让利,增强企业活力,减轻企业负担。

1984年6月20日,市政府召开经济工作会议,提出要革除经济工作中的"大锅饭"弊端,核心是给企业一定的自主权,扩大"四权一包"(企业干部管理权、企业经营自主权、企业劳动工资管理权、企业资金使用权和经营承包),解决平均主义问题。

1984年,全市共有县属以上各类企业281家,其中工业企业只有68家,且多数是小型企业,工业总产值在工农业总产值中的比重为32.4%。

1986年,市委、市政府印发《贯彻省委、省政府〈关于进一步搞活企业若干问题的试行规定〉的实施意见》,进一步扩大企业产供销、人财物等方面的自主权。工商、财税、物价等有关部门还针对不同行业和企业的具体情况,制定并实施一些减税让利政策,使企业获得更多的自主权。这些政策和措施促进了各类企业的发展,使全市产业结构发生明显变化。是年,全市工业总产值占工农业总产值的比重为37.4%;乡镇企业在农村经济中的比重上升到25%;个体工商户达17 823户,比1984年增长71%。

1991年3月,市委、市政府印发《关于贯彻国务院和省委、省政府〈关于进一步深化改革搞活企业若干问题的规定〉的实施意见》,对贯彻落实《中华人民共和国企业法》以及企业自主权问题,厂长(经理)负责制和党组织、工会领导体制问题,减轻企业负担和保护企业经营者问题等作了20条规定。至此,企业的各项权利进一步落实,企业活力有所增强,自主经营、自我发展的能力逐步提高。

多年的放权并没有彻底解决企业自主权真正落实问题,想放就放、想不放就不放、时放时不放等是常态,因为企业是国有的、城镇集体的,又不是你的,凭什么让你说了算。产权决定了自主权,谁有产权,谁就有话语权。有句话说"改到深处是产权",只有产权改革到了位,企业实现了民有民营化,才能做到自己的事自己说了算。1994年起在全市推开的大规模的企业产权制度改革,使得企业国有和城镇集体资本退出,企业成为民有民营"四自"法人实体和市场竞争主体,政企彻底分开,企业经营自主权才得以彻底落实。

第五节　承包经营责任制

承包经营责任制是按照所有权与经营权分离的原则,以承包经营合同形式,确定国家与企业的责权利关系,使企业做到自主经营、自负盈亏的经营管理制度。

1984年,东营市部分企业开始借鉴农村经济责任制(土地承包)的做法,在企业内部实行多种生产经营责任制。1986年,全市开始推行以所有权和经营权"两权"适当分离为重点的企业承包经营责任制。1987年初,市政府成立由市经委、体改委、财政、税务、劳动等部门负责人参加的推行企业承包经营责任制办公室。下半年,市政府先后下发《关于国营企业承包经营责任制试行办法》《关于全民所有制小型企业租赁经营的试行办法》。1987年,全市县区属以上工业企业与上级主管部门签订不同形式的承包经营合同,预算内国营工业企业全部实行,被称为第一轮的企业承包经营责任制。这一轮企业承包经营责任制依据是所有权与经营权分离的原则,主要内容是"包死基数、确保上缴、超收多留、歉收自补",承包期限一般为3年。承包形式主要有5种:①"两包一挂",即包上缴利润、包技术改造,工资总额同经济效益挂钩;②"上缴利润递增包干",即确定上缴利润基数和递增比例,超收全部留给企业;③"上缴利润基数包干,超收分成",即超收按比例分成,一般是倒四六或倒三七;④"盈亏包干",即微利亏损企业盈利全留,亏损不补;⑤"亏损补贴包干",即对政策性亏损企业核定亏损补贴数额,减亏留用,超亏不补。1990年底,第一轮承包企业合同到期。承包期内,全市地方工业总产值平均每年递增24.8%。

为继续推行和完善企业承包经营责任制,1990年10月市政府印发《东营市人民政府关于搞好企业新一轮承包工作的通知》,并成立由市政府分管市长挂帅、有关部门领导参加的"企业承包协调指导委员会",办公室设在市体改委,各县区均成立相应的机构,统筹协调指导新一轮企业承包工作。全市具备承包条件的工业企业全部续签了1991—1993年的第二轮企业承包合同。

1991年5月,市政府召开全市第一轮企业承包总结表彰大会。

1993年,全市第二轮企业承包结束。垦利县炼油厂通过3年的承包经营发生了很大变化,产值、利税分别达到承包前18年(1970—1987年)总和的82.7%和178.4%,成为山东省32家重点化工企业之一,晋升为省级先进企业。

随着改革的深入,企业承包经营责任制的一些不完善之处也逐渐暴露出来。如短期行为、包盈不包亏、分配向个人倾斜、激励机制和约束机制不对称等。

1993年2月,市政府下发《关于在全市企业中实行多种资产经营形式的通知》,要求全市企业根据各企业的不同情况,确定适宜本企业的资产经营方式,如推行股份制,乡镇企业全面推行股份合作制,小型企业推行"国有民营"改革,引进外资嫁接(合资经营)改造老企业,组建企业集团,积极进行现代企业制度试点和实行资产目标经营责任制等多种改革方式。至此,东营市企业改革由经营层面的利益调整进入以明晰产权关系为核心的产权制度改革新阶段。

第六节　股份制

股份制经济是指全部注册资本由全体股东共同出资,并以股份形式投资举办企业而形成的一种经济类型。股份制经济主要有股份有限公司和有限责任公司2种组织形式。在我国组建股份制企业,有利于开辟新的融资渠道和筹集重点项目资金;有利于理顺企业产权关系,转换企业经营机制;有利于国有资产的保值增值,提高国有资产的使用效益,发挥公有制经济的主导作用;有利于协调地方、部门和企业的利益关系,推动产业结构调整,促进企业发展。

著名经济学家历以宁说过:"股份制不仅是国有企业改革的重要方向,也是民营经济壮大发展的必由之路。股份制让各类产权主体可以实现更好的合作,创造更多价值的同时,有利于聚合资本、激励人才、促进创新。"

20世纪90年代,东营市推行了"乡及乡以上企业公有资本全部退出""经营管理层控股、经营者持大股"的股份制、股份合作制改革,使得几乎所有乡及乡以上国有、城镇集体企业变为民营企业,建立起现代企业制度。几十年来,正是得益于股份制、股份合作制等一系列现代经济治理机制,东营成长起来一批规模大实力强的民营龙头企业。2020年,东营进入全国民营企业500强的企业有14家,入围数量连续多年居山东省第一位。

我于1987—2004年在东营市体改委任职,见证并参与了东营市国有、城镇集体企业改制为民营股份制、股份合作制企业全过程。

1992年下半年,股份制成为东营市企业改革的热点。11月10日,市政府印发《关于股份制企业试点工作的通知》,对股份制试点的原则以及组织形式和有关政策等作出明确规定,选定部分企业进行试点。

胜利油田大明集团股份有限公司、市南里实业集团股份有限公司(下简称南里实业)、市华泰纸业集团股份有限公司、市科达集团股份有限公司先后向社会定向募集股份。1994年,华泰集团作为全省首批股份制试点企业,发行1 000万股,筹资1 300万元(见图13-1)。

图13-1　华泰集团通过定向募集设立股份有限公司

1994年7月1日《中华人民共和国公司法》印发实施后,全市企业股份制改造和规范工作健康发展。至1995年底,南里实业等公司经规范确认为定向募集股份公司。全市10强工业企业中,有5家改制为股份制企业,现有企业股份制改造和新建股份制企业从试点转向常态(见表13-1)。

表 13-1　1995 年底东营市定向募集股份有限公司基本情况

公司名称	股本总额/万股	发行价/元	成立时间
南里实业集团股份有限公司	1 493	1	1993 年 1 月
大明集团股份有限公司	4 209.5	1.2	1993 年 4 月
华泰纸业股份有限公司	4 043	1.3	1993 年 6 月
科达集团股份有限公司	1 508	1.3	1993 年 10 月
万达集团股份有限公司	1 107.8	1	1994 年 6 月
广饶石油机械股份有限公司	466.2	1	1994 年 6 月
广饶石化集团股份有限公司	639.8	1	1994 年 7 月

第七节　股份合作制

股份合作制是以合作制为基础,吸收股份制的一些做法,劳动者的劳动联合和资本联合相结合形成的新型企业的组织形式。股份合作制体现了劳动合作和资本合作的有机结合。在股份合作制企业中,职工既是企业的劳动者,又是企业的出资者。股份合作制在合作制的基础上吸收了股份制的做法,是促进生产力发展的公有制实现形式之一。中国股份合作制来自农村,是农村改革中的新事物,经多年的实践,在全国城乡已大量出现各种各样的股份合作制经济。股份合作制企业的股东主要是本企业的职工,原则上不吸收其他人入股。

东营市的股份合作制改革始于 1992 年。是年,市政府出台了《关于促进股份合作制企业发展的意见》。之后,全市企业股份合作制改革迅速推开。当时,学习的是“诸城模式”,叫“先售后股”,意即先出售、后改制、内部职工持股。在诸城模式的基础上,增加了经营者持大股的内容,即经营管理层持股量占总股本的 50%,当选的董事长持股量占经营管理层的 50%,这样做的好处是避免了职工持股平均化带来的职工股东对企业生产经营都关心又都不真正关心、吃企业大锅饭、激励约束弱化等问题。主要做法是,将国有、城镇集体企业资产评估作价,由职工入股购买,一次买不了的净资产作为改制后企业对同级财政或税务部门的负债,逐年偿还,企业变更登记为股份合作制性质,建立“三会一层”法人治理结构。在实际操作中,改制后企业一般注册为有限责任公司或股份有限公司,但其实际性质仍是"人合"和"资合"相结合的股份合作制。股东人数超过《中华人民共和国公司法》限额的则成立职工持股会。到 2004 年底,东营市有股份合作制企业 336 家,股本总额 3 872 万元。

从当时改制企业评估后的净资产来看,企业可供出售的净资产几乎都为负数,改制时将企业划拨性质的土地使用权评估作价、将企业欠税和财政借款核销用于弥补负资产,若负资产还不能足额弥补则用企业改制后上缴的税款返还弥补,这样市属企业无一例外都实行了"零资产改制"。也就是政府花巨资投入和支持的国有、城镇集体企业都处于资不抵债状态,在改制时还要搭上若干资金,有人形容为"割地赔款",形成的结论就是市、县这两级国有、城镇集体企业规模不大、活力不足、无资源垄断条件、无政策支持优势,总体上不适应市场经济的要求,无法实现可持续发展,改制为民营企业是必要的、现实的选择。

第八节　企业集团

企业集团是指以资本为主要联结纽带,以母子公司为主体,以集团章程为共同行为规范,由母公司、子公司、参股公司及其他成员共同组成的企业法人联合体。企业集团不具有企业法人资格,一般包含核心层、紧密层、半紧密层与协作层 4 个基本层次。

1992 年 8 月,东营市第一个企业集团——东营市南里实业集团成立。至年底,胜利油田大明集团、工益集团、技工贸集团、信义集团 4 个工业企业集团相继成立。

1995 年,全市企业集团以工业生产型企业为核心层的有 26 个。山东大王集团总公司实行强强联合,1995 年工业总产值突破 10 亿元,利税近亿元,被农业部(今农业农村部)列为全国首批重点乡镇企业集团。大明集团、华泰集团被列入省级重点企业集团,广饶石化和海通集团分别列为省、市现代企业制度试点企业,东胜技术工贸集团和黄河三角洲纺织集团获得自营进出口权。企业集团成为东营市区域经济的主要带动力量和强大生力军,初步形成跨区域跨行业跨所有制多元化经营的集团经济格局。

之后,随着企业规模的逐步扩大,母子公司制的普遍确立,企业集团数量

呈井喷式增长,集团化成为发展趋势,企业集团也由体改等部门前置审批变为到工商管理部门直接登记。

到 2020 年底,全市企业集团发展到 163 个,其中以制造业为主业的企业集团有 74 个,占 45.4%,注册资本 217.29 亿元。

第九节　企业兼并

企业兼并是指一家企业通过购买其他企业的资产或股权等方式获得其全部产权,使其他企业完全丧失法人资格的行为。在企业兼并过程中,兼并方不仅保持了原有企业的名称,而且获得被吸收企业全部产权,同时承担其债务,而被兼并企业从此不复存在。

企业兼并与企业收购是两个不同的概念。收购是指收购方以有偿方式购得目标企业(通常是上市公司)的股权或资产,从而达到参股、控股、兼并之目的的行为。企业兼并与企业收购的区别主要表现在:

(1)所购买权利的性质及其程度不同。企业兼并,购买的是被兼并企业的产权,并且是全部产权;而企业收购,购买的是被收购企业的股权,既可以是全部股权,也可以是部分股权。

(2)所产生的法律后果不同。兼并的结果是被兼并企业消亡,兼并企业续存。收购的结果有 3 种:第一是参股,即取得目标企业的一部分股权,但没有充分的控制权;第二是控股,即获得对目标企业充分的控制权,但是不注销目标企业的法人资格;第三,兼并目标企业。有时候,学者也用"公司收购"来特指以控股为目的的收购行为。

企业兼并与企业合并也是两个不同的概念。企业合并,是指两家或两家以上的企业依照法律规定的程序,通过订立合同或协议的方式合并成一家企业的行为。在各国法律中,一般把企业合并分成吸收合并(即企业兼并)和新设合并两种形式。新设合并,是指两家或两家以上的企业通过合并"同归于尽",而在新的基础上成立一家新的企业,这家企业就叫新设企业,新设企业接管原来几家企业的全部资产和业务。而企业兼并则以被吸收合并企业的法人资格宣告消灭、吸收合并企业成为存续企业的合并形式为特征,如《中华人民共和国证券法》第 92 条规定:"通过要约收购或者协议收购方式取得被收购公司股票并将该公司撤销的,属于公司合并",就属于企业兼并的范畴。因此,企业兼并与新设合并是同属于企业合并的两个不同概念,不能混为一谈。

1988 年,广饶县五金厂、服装厂、酒厂分别兼并县砖瓦厂、童装厂、鲁洋酒厂;利津县拖修厂兼并县拖拉机站。此后,企业兼并现象不断出现。1989 年 1 月,市政府制定《关于推行企业兼并的意见》,指导思想是明确国家和企业的产权关系,促进产业结构和企业组织结构的合理调整,实现企业间生产要素的优化组合,提高企业的整体素质和经济效益。1989 年 12 月,利津县机械厂以承担债务的方式兼并利城农具厂。1992 年,东营市南里实业集团兼并东营区五金厂,成为企业集团在扩张发展中以资金收购方式兼并区属企业的范例。广饶县打破地域、所有制和行业界限,实施优强企业带动战略,先后有县啤酒厂、化肥厂、橡胶厂等 5 家亏困企业以"整体移交"的形式被信义集团、盛达集团、东营石化集团等优强企业兼并,盘活存量资产 8 220 万元,其中国有资产 7 450 万元,既救活了亏困企业,又壮大了优强企业实力,促进了区域经济的发展。1997 年,在市政府主导下,华泰集团以承担债务方式兼并了东营市化工厂,2003 年 9 月兼并了石家庄造纸厂成立了河北华泰纸业有限公司,2004 年 5 月兼并了日照造纸厂成立了日照华泰纸业有限公司,其间还兼并了集体企业东营新华印刷厂。多年来,华泰集团成功实施了一系列同业或产业链上的兼并,迅速扩大了纸业生产规模,提升了公司实力,成为全国乃至亚洲最大的新闻纸生产企业。

之后,随着国有、城镇集体企业改制为民营企业,企业兼并成为市场主体之间的自发的经济活动,政府退居幕后提供相关服务,企业兼并转为常态化,兼并形式也呈多样化。

第十节　混合所有制改革

2013 年 11 月召开的党的十八届三中全会提出,要积极发展混合所有制经济。混合所有制既是一种社会经济成分,又是一种企业资本组织形式。混合所有制是股份制的一种形式,股本构成一般包括国有资本和非国有资本,但必须有国有资本,是适应我国现阶段所有制结构、在改革开放中形成的特殊形态的股份制。

东营市工业企业混合所有制改革早已有之。由于地方国有工业企业都已改制为民营企业,市内企业之间实施改革的条件不具备,真正有影响的混合所有制改革主要是地方民营企业和省属国企、央企的合作。

一、正和集团股份有限公司

正和集团股份有限公司始建于 1975 年,其前身为国有企业东营市广饶石油化工厂,是国家经贸委清理整顿后保留的山东省 21 家地方炼厂之一。1994 年 6 月 25 日,企业成为山东省 51 家建立现代企业制度试点单位之一,以定向募集方式进行了股份制改造。改制后公司股本 1 072.7 万元,股权结构中国有股占 52.3%,内部职工股占 47.7%。

2005 年 4 月,正和集团与中国化工油气开发中心实施混合所有制改革,正和集团与中国化工集团股权比例分别为 49% 和 51%(见图 13-2)。2010 年 10 月调整股权结构,中国化工集团占 93%,社会股占 7%。2019 年 4 月,公司股本总数为 10 177.658 6 万股。其中,中国化工油气股份有限公司持 9 758.390 6 万股,占总股本的 95.88%;社会自然人持 419.268 万股,占总股本的 4.12%。

图 13-2　2005 年 4 月 10 日,正和集团与中国化工集团重组签字仪式

二、山东华星石油化工集团有限公司

山东华星石油化工集团有限公司组建于 1994 年,是国家经贸委清理整

顿后保留的山东省 21 家地方炼厂之一。2005 年 3 月与中国化工油气开发中心实施混合所有制改革,华星石化与中国化工集团股权比例分别为 49% 和 51%。2010 年 1 月调整股权结构,中国化工集团占股 92%,社会股占 8%。

三、中海石油东营石化有限公司

中海石油东营石化有限公司是由中海石油炼化有限责任公司(中国海油全资公司)同山东中海化工集团有限公司共同组建成立的混合所有制企业,2008 年 11 月 5 日注册成立。

公司成立之初,中海炼化与中海化工股权比例分别为 51% 和 49%。2015 年 11 月股权结构变动,中海炼化与中海化工股权比例分别调整为 33% 和 67%。

四、东营联合石化有限责任公司

东营联合石化有限责任公司成立于 2012 年 2 月 24 日,股东包括富海新能源控股有限公司(下简称富海控股)、石大科技、万通集团、万达集团股份有限公司(下简称万达股份)、东营石化集团。公司地处东营港经济开发区,占地 1 733 亩,注册资本金 25 亿元。之后,经过了多次股权变更,第一次是万达股份退出,第二次是 2017 年 6 月与国企齐鲁交通合作。股权结构:齐鲁交通占 40%、富海控股占 37.6%、万通集团占 18%、石大科技占 4%、东营市石化集团占 0.4%。2020 年第三次股权结构调整,万通集团退出,山东高速能源发展有限公司占 40%、富海控股占 37.6%、胜利天勤有限公司占 22%、金石集团公司占 0.4%。东营联合石化有限责任公司现有员工 700 余人,下辖东营海旺储运有限责任公司、富海化学科技有限公司、东营威联化学有限公司 3 个全资子公司。

第十一节　企业领导体制改革

1985 年前,东营市企业领导体制的基本形式是"党委领导下的厂长负责制",遵循的原则是党委集体领导,职工民主管理,厂长行政指挥。

1985 年 3 月,市政府决定选择市直和县区部分企业分两批进行厂长负责制试点。各试点企业实行厂长负责制和任期目标责任制。

1986 年 9 月,中共中央、国务院在科学总结各地试点经验的基础上,颁发《全民所有制工业企业厂长工作条例》《中国共产党全民所有制工业企业基层组织工作条例》和《全民所有制工业企业职工代表大会条例》,正式确定企业领导体制。之后,厂长负责制在东营市普遍推行。

1994 年以后,随着全市国有、城镇集体企业改制,股份制、股份合作制企业普遍实行了"三会一层"法人治理结构。2004 年以后,企业领导体制改革进入企业自发状态,大部分企业还是家族成员控制企业生产经营,"三会一层"法人治理结构形式上健全,但运作不够规范,大部分是董事长说了算。进入 21 世纪后,企业之间交叉持股增多,混合所有制企业出现,上市和拟上市企业增多,企业"三会一层"法人治理结构渐趋规范科学。

第十二节　企业内部三项制度改革

改革开放初期,进行了"劳动、分配、人事"三项制度改革,主要是解决"干多干少一个样、干和不干一个样"的问题,实现奖勤罚懒,提高效率。企业内部三项制度改革是指企业内部劳动制度、人事制度、分配制度改革。通过三项制度改革,建立竞聘上岗、干部能上能下的竞争机制;建立拉开档次、收入能增能减的分配机制;建立员工岗位能进能出的优胜劣汰机制。建市初期,企业内部三项制度改革开始在国有、集体企业实施。2001 年,国家经济贸易委员会、人事部、劳动和社会保障部出台了《关于深化国有企业内部人事、劳动、分配制度改革的意见》(国经贸企改〔2001〕230 号),要求把深化企业三项制度改革作为规范建立现代企业制度的必备条件之一,建立与社会主义市场经济体制和现代企业制度相适应、能够充分调动各类职工积极性的企业用人和分配制度,尽快形成企业管理人员能上能下、职工能进能出、收入能增能减的机制。随着 1994—2004 年东营市产权制度改革的全面实施,国有和城镇集体工业企业普遍实现了民营化,随之由企业按照建立现代企业制度的要求自主确立内部三项制度,政府有关部门对其进行指导和依法监管。

一、劳动制度改革

1984 年,东营市开始试行企业劳动合同制,为胜利油田招收合同工和农民轮换工。1985年,县区开始录用合同制工人。1986年,执行国务院关于实行劳动合同制的4项规定,健全招收合同制工人各项管理办法。1988年,全民、集体企业全部废除固定工制度,新招收工人全部实行合同制。1989年1月,市政府制定《关于全面推行企业优化劳动组合的意见》,企业根据国家有关规定,自主决定招工范围、条件、数量和用工形式。企业内部打破固定工与合同工界限,实行动态优化劳动组合;企业与职工实行"双向选择";职工有依法申请辞职和选择适合自己工作岗位的权利;未被组合而下岗的职工,实行厂内待业制度,待业培训后仍不能上岗的,可转向社会就业安置;对年老体弱的职工适当给予照顾,符合条件的实行企业内部退养。随着企业用工制度的改革,职工就业培训制度、劳动保险制度、职工退休费统筹制度等改革,也经过试点后在全市普遍推行。

2009年,推进实施集体合同制度,指导企业建立职工工资随经济效益协商调整机制,积极落实最低工资制度。

二、人事制度改革

1988年,市政府下发《关于通过招标选聘企业经营者试行办法》。从此,企业干部单纯由政府及主管部门任命的管理制度逐步改变。1988—1993年,在企业两轮承包期内,市县区多家工业企业通过招标竞争选择管理人员。1992年6月,市委、市政府制定下发《关于进一步深化改革转换企业经营机制的意见》,提出企业劳动人事制度改革,要以建立干部能上能下、人员能进能出的新型劳动人事制度为目标。随后,企业内部打破干部与工人界限,企业的副职和中层干部实行公开考核、竞争上岗、择优聘用制度。厂长经理的聘任和解聘按有关规定报上级主管部门备案。

三、分配制度改革

1988年7月,市政府转发市劳动局、市财政局《关于改革企业工资分配办法的意见》,规定企业分配制度实行劳动工资总额与经济效益挂钩,企业根据经济效益(年实现利税)指标环比提取职工工资总额。企业按照劳动部门核定的工资总额自主决定分配形式,合理确定并拉开分配档次,向苦、脏、累、险、难和科研、技术岗位倾斜,建立工资指标随经济效益浮动、个人按贡献大小分配、多劳多得的企业分配体制。在实行工效挂钩的基础上,企业内部分配形式日益多样化,主要有计件工资、定额工资、浮动工资、效益工资、结构工资和岗位技能工资等。

2002 年 11 月召开的党的十六大指出,确立劳动、资本、技术和管理等生产要素按贡献参与分配的原则,完善按劳分配为主体、多种分配方式并存的分配制度。

2007 年,山东省政府印发《关于加强企业工资宏观调控健全职工工资正常增长机制的意见》(鲁政发〔2007〕52 号),确定企业工资分配应坚持以按劳分配为主体、多种分配方式并存的分配制度,按照"市场机制调节、职工平等参与、企业民主分配、政府监控指导"的原则,建立以企业工资指导线为依据、以工资集体协商为决定方式,兼顾效率和公平、市场机制调节与政府调控相结合的企业工资调控体系和劳动关系双方共决、同工同酬、公平公正的企业工资分配机制。

2013 年 2 月 8 日,国务院办公厅印发《关于深化收入分配制度改革重点工作分工的通知》(国办函〔2013〕36 号),要求建立反映劳动力市场供求关系和企业经济效益的工资决定及正常增长机制。完善工资指导线制度,建立统一规范的企业薪酬调查和信息发布制度。根据经济发展、物价变动等因素,适时调整最低工资标准,到 2015 年绝大多数地区最低工资标准达到当地城镇从业人员平均工资的 40％以上。研究发布部分行业最低工资标准。以非公有制企业为重点,积极稳妥推行工资集体协商,到 2015 年,集体合同签订率达到 80％,逐步解决一些行业企业职工工资过低的问题。落实新修订的劳动合同法,研究出台劳务派遣规定等配套规章,严格规范劳务派遣用工行为,依法保障被派遣劳动者的同工同酬权利。同时提出,健全技术要素参与分配机制。建立健全以实际贡献为评价标准的科技创新人才薪酬制度,鼓励企事业单位对紧缺急需的高层次、高技能人才实行协议工资、项目工资等。加强知识产权保护,完善有利于科技成果转移转化的分配政策,探索建立科技成果入股、岗位分红权激励等多种分配办法,保障技术成果在分配中的应得份额。完善高层次、高技能人才特殊津贴制度。允许和鼓励品牌、创意等参与收入分配。

专栏一　国有中小企业改革要力闯"三关"

随着国有企业改革进入攻坚阶段,一些深层次的矛盾和问题也逐渐暴露出来,解决这些矛盾和问题,已成为深化企业改革无论如何也绕不过去的关口。依我之见,深化国有中小企业改革,必须力闯"三关"。

把国有资本退到位。回顾10多年来的国企改革历程,1992年以前基本上是在以放权让利为主要内容的政策调整上转圈子,没有触及产权制度。近几年虽明确了国企改革的方向是建立现代企业制度,但在具体操作中顾虑重重,放不开手脚,国有资本仍在原中小竞争性企业中居于控制地位,使得企业改革处于换汤不换药、改制不转机、欲罢不能欲进无路的境地,其直接后果是国有竞争性中小企业普遍亏损。

怎样使国有竞争性中小企业摆脱困境呢?根本出路在于深化改革。制度的精髓不在于强制,而在于对被执行者利益的拉动。深化改革的突破口在于明晰产权关系,可以说改到深处是产权。产权改革的根本途径则是国有资本从竞争性中小企业退出,使绝大多数国有竞争性中小企业转为股份制、股份合作制企业和个体私营企业。现在的问题是退晚了,退慢了,由此造成了企业资产的大量体制性流失,有的地区的国有企业已整体上资不抵债,对大多数国有中小企业而言,别说是卖,即使整体白送也没人要。退晚了不行,退慢了也不行,退得不彻底也不行。企业改制后保留了国有股的,大都变化不多,起色不大。破产后重组的企业若有国有股特别是国有控股,二次破产的案例已屡见不鲜,企业资产流失在所难免。另外,国有中小企业情况各异且变化多端,国有资本退出的路子不能强求一律,必须分类指导,多策并举。领导班子素质较高,产品有市场,发展有后劲,有净资产或资债大体相当或通过政策弥补能够实现资债大体相当的企业,可改制为职工全员持股、董事会成员控股、董事长持大股的股份合作制企业;对领导班子素质较差,产品无市场,达不到破产条件的企业,可出售给企业法人和自然人;对整体难以为继,局部尚有优势的企业,可分块改制为股份合作制企业或面向社会公开拍卖;对资不抵债、扭亏无望的企业,依法实施破产。对部分企业还可实施兼并、先股后租(买)等形式的改革。

把职工身份改到位。国有资本退出后,一个绕不过去的问题就是职工身份问题。在工作实践中,经常遇到改制后经营不景气企业的职工要求政府重新安排就业并给予安置费,缴纳养老保险费,负担下岗基本生活费,甚至连取暖费、水电费也要让政府包下来,企业内部出现的纠纷仍要政府通过行政手段去解决等问题。产生以上问题的根源,在于企业改制时职工身份问题没有妥善解决。这是体制转轨时期利益调整必然引发的矛盾的外在表现。

解决职工身份问题,要求政府对企业职工由直接管理转为通过劳动力市场间接调控,为职工就业提供社会服务。一是实现政府职能转移,职工档案移交给劳动部门的职业介绍机构管理;党团关系、计划生育、社会治安综合治理等的管理,按属地原则交由职工户口所在地村(居)委会等组织管理;子女入托上学、职工住宅建设等实行社会化服务。二是企业改制时不搞职工原身份不变。职工在什么经济性质企业工作,就是什么经济性质企业的职工。三是实行劳资代理制。职工档案交由职业介绍机构管理后,职工晋级、职称评定、保险费交纳、退休等由职业介绍机构代为办理。四是把劳动合同制落到实处。企业与建立劳动关系的职工签订劳动合同,明确合同期内双方的责权利关系,合同期满及时办理续聘或辞退手续。通过以上措施,建立起职工能进能出、自主择业的用人机制,使市场在劳动力资源的配置中起基础性作用。

把配套改革推进到位。企业改革的深化,必然要求其他方面的改革同步推进。目前,企业改革力度之大,进度之快是前所未有的,而配套改革则相对滞后,有的裹足不前,其后果是企业改革的效果大打折扣,目标难以实现。我认为,要想使企业改革取得实效,应大力推进配套改革,力争在构建完善的市场体系、完善社会保障体制、发展中介机构、政府职能转变等方面进行重点突破。

(《中国经济体制改革内部参考》,1991 年,陈安忠)

专栏二 关于国有中小企业改革的实践与思考

近年来,国有企业改革不断深化,已从放权让利为主要内容的政策调整转到了以明晰产权关系为突破口、以建立现代企业制度为方向的制度创新上来。可以说,企业改革目标已经明确,方向已经确立,要想攻破难关,实现全局性、根本性突破,关键在于锐意进取、勇于实践。

一、国有资本从一般竞争性中小企业中退出

根据第三次工业普查数据,截至 1995 年,全国工业企业共计 726 万家,其中小型企业 724 万家,占 99％以上,在工业总产值中占 61.6％,实现利税占 40％左右,就业人数占 72.9％。由此可见,小企业对我国经济和社会的发展起着举足轻重的作用。但从近年来的情况看,多数国有中小企业经济效益低下,陷入了困境。1994 年,东营市国有工业企业亏损率达到 85％,国有商业企业亏损率超过 90％,国有物资企业几乎 100％亏损。

造成国有中小企业陷入困境的原因是多方面的,如产权关系不明晰,产权虚置,没有实现人格化,人人关心,人人不真心关心,人人负责,人人不真正负责;利益关系不直接,企业吃国家大锅饭,职工吃企业大锅饭,收入和贡献不能真正挂钩;政企职责难分开,政府仍控制着企业的部分经营自主权,直接管理和经营企业;负担沉重难解脱,资产负债率过高,人员包袱太重,“三乱”负担有增无减。另外,还存在管理混乱、资金紧张、规模小、技术含量低等问题。以上大多属于表象的、浅层次的问题,深层次问题是产权关系不明晰,可以说改到深处是产权。为什么 10 多年的改革没有使国有中小企业走出困境,而非国有中小企业则出现迅猛发展的势头? 根本原因在于国有中小企业改革仅仅停在放权让利的政策调整和经营方式的变革上,没有触动产权关系,使得国有中小企业经营机制不适应市场经济的要求。

那么,使国有中小企业摆脱困境的出路何在呢? 我认为,让绝大多数国有中小企业退出国有资本,转为民营企业是现实选择。这是因为,国有中小企业大多数处于一般竞争性领域,在这些领域中,非国有经济能够并且已经很好地发挥着作用,而国有经济不仅没有优势,反而因体制原因效益明显低于非国有经济。因此,国有资本从这些中小企业中撤出,不仅不会影响国有经济功能的正常发挥和国有经济的主导地位,而且会因机制转换使国民经济的整体效益得到明显提高。这个结论已从东营市的企业改革和发展实践中得到证明。和 1997 年同期相比,1998 年 1—4 月全市国有经济增长速度为 1.2％,集体经济为 21％,股份制、股份合作制经济则分别为 29％和 39.6％。

二、关于多措并举改制

企业的情况千差万别,决定了企业改制不能千篇一律,必须区别对待,分类指导。一是对规模大、效益好的骨干优势企业,争取改组为股份有限公司,选择其中的最优者争取成为上市公司。二是将大部分产品有市场、设施条件较好的中小企业改组为股份合作制企业或有限责任公司。有净资产的,职工出资买断净资产;资不抵债部分能弥补的,弥补后零价出售改制。三是对整体经营难以为继、局部尚有优势的企业,可实行剥离改制,分块搞活,分而治之。四是对部分产业产品相同或相近企业,通过资本的合理流动、优化重组,盘活存量资产,把存量资本、技术、人才等生产要素向能人和优势企业集中,努力把优势企业搞大搞好,主要形式有组建集团、兼并两种。五是对部分企业实行挂靠联合,借助大企业、大集团的先进机制和资金、技术、商誉等优势,努力膨胀企业规模。六是对部分企业实行租赁经营。主要有三种形式:第一种是剥离租赁。这主要是针对资不抵债严重,没法出售的企业。这部分企业,拍卖没人要,破又破不了,如果长期停产关门,势必造成国有(集体)资产的大量流失。为把这些企业救活,把有效资产剥离出来,租赁出去,先部分搞活,然后带动整体发展。第二种是整体租赁。第三种是抵贷返租。就是对部分贷款较多且无力偿还贷款的企业,由银行整体接收全部债权债务,贷款得到保全后,再租赁给原企业或他人经营。七是对规模小、产品档次低的劳动密集型企业,面向社会,整体出售给个人,让私人资本直接参与企业改制,实现产权一次卖断,债权、债务一次划转,改革一步到位。八是对资不抵债、无力清偿到期债务的企业实施破产。

在具体实施过程中,还必须做到综合施治,多策并举。近年来,东营市积极探索行之有效的企业改制路子,主要有以下几种:

(一)先售后股法

市有关部门将市百货大楼经剥离扣除后的净资产出售给 1 111 名内部职工,国有资本一次性从企业退出,市百货大楼改制为股份合作制企业,实现了劳动合作和资本合作的结合,职工的主人翁地位得到了真正落实。

(二)先股后租法

市汽贸公司近年来经营管理不善,资不抵债。其改制做法是先由内部职工出资 52 万元,组建了股份制企业东营市联通有限责任公司,再由该公司租赁市汽贸公司资产。这样做的好处是既做到不逃废银行债权,又能盘活存量资产,迅速启动生产经营,职工得到安置,还为亏困企业适当时机实施破产构建了资产收购载体。

(三)先股后买法

市第二百货公司已资不抵债,但近期又无法实施破产,职工大都下岗,生活比较困难。改制办法是,先由内部职工出资 122 万元,组建股份制企业黄河口大厦有限责任公司,该公司出资购买处于西城黄金地段的市第二百货公司房地产。据测算,通过经营这部分资产,可年获利润 100 多万元,为入股职工提供了稳定的生活保障。

(四)先托后买法

市制药厂已具备了破产条件,它的无形资产("两证一照")具有较高价值。利津石油化工厂急欲实施多元化经营,拟新上制药项目且已投入大量资金,但申办"两证一照"难度极大。经协调,由利津石油化工厂托管市制药厂,市制药厂的"两证一照"让渡给利津石油化工厂。然后,市制药厂依法实施破产,利津石油化工厂成为破产财产收购和职工安置的载体。这样,利津石油化工厂实现了低成本扩张,市制药厂实施了"无震荡"破产,职工得到了妥善安置,维护了社会稳定。

(五)送股增资法

广饶县大码头乡将乡办企业净资产拿出 30% 量化给经营者和职工,职工拿出不低于送股额的资金入股,把企业改制为股份合作制企业,收到了很好的效果。

(六)能人控股法

华誉集团有限责任公司董事会持股 290 万元,占股本总额的 49%,董事长持股 120 万元,占股本总额的 20%,实现了企业内部职工全员持股,董事会成员控股,董事长持大股。持大股,大利益,大风险,增强了职工特别是领导班子对企业资产的关切度。

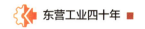

（七）拉长链条法

华泰集团以承担债务方式兼并了资不抵债3 800万元的市化工厂，这样华泰集团有了自己的原料（碱）生产厂家，实现了产品链条的延伸和低成本扩张。市化工厂在被兼并7个月后扭亏为盈，职工安居乐业，财政收入增加。

（八）腾笼换鸟法

市蔬菜公司连年亏损，资不抵债1 288万元，但它有一处于黄金地段的划拨用地，同时现任领导班子有一定的经营能力。这种情况下，若实施破产，势必会造成银行受损、职工下岗、经营停止、税源减少。企业起死回生的办法是：将市蔬菜公司使用的价值1 610万元的74.7亩行政划拨地转为出让用地，其出让费用于弥补企业负资产，将企业零价出售给内部职工，由内部职工入股148万元组建股份制企业东营市凌志商贸有限责任公司。该公司成立后变更了经营范围，盘活了土地资产，建设了水产品市场，企业得以生存发展，最起码职工收入有了保障。

（九）两资对接法

鼓励市内企业在外埠投资设厂，留龙头于市内，摆龙尾于市外。华泰纸业股份公司即将实施和青岛海王纸业的吸收合并上市，使东营市企业的资本优势和市外资源优势嫁接，促进企业跨区域扩张。

（十）嫁接改造法

黄河口家具实业有限公司是在原东营市木器厂的基础上，吸引外资18万美元改造而成的合资企业。近年来，企业效益连年提高，1998年实现利润210万元，出口创汇216万美元，已发展成为黄河三角洲地区规模最大、效益最好的外向型家具生产企业。

（十一）外引内联法

由利津县面粉厂、东营市宏达养殖公司、利津县油脂化工厂联合出资，吸引上海展望集团出资控股，组建了山东津宏集团有限责任公司。

（十二）抵贷返租法

市生资公司将部分资产抵偿银行债权，然后租用抵贷资产进行经营，既解脱了市供销商场的担保责任，又减轻了企业利息负担。

（十三）新厂新制法

新建企业建立现代企业制度，实行股份制、股份合作制，不再花钱复制旧体制。利津县南宋乡小马村 10 户农民入股 500 万元，组建了利津县振利油料加工有限公司。这样的企业从创立之日起就实现了产权清晰、政企分开，有了一个好的体制基础。

三、关于规范运作改制

推进企业改制，要以建立现代企业制度为目标，以《中华人民共和国公司法》等法律法规为依据，坚持规范运作，做到：横向上，改制内容一项不能少；纵向上，改制程序一步不能缺。企业改制到位的标准：一是资产、负债依法得到合理处置；二是产权关系明晰，资本金到位；三是职工得到合理安置；四是有股东会通过的企业章程；五是建立健全法人治理结构；六是建立健全党、团及工会组织；七是办理工商、税务、产权、债权、债务等变更登记。具体操作中做到了严把 10 关。

（一）严把形式选择关

坚持适宜什么形式、什么形式能把企业搞活就采取什么形式的原则，以股份制、股份合作制为重点，兼并、破产、嫁接改造、分立、租赁等多种形式并用。企业改制为什么必须以股份制、股份合作制为主导形式呢？因为建立现代企业制度是所有企业改革的方向，而股份制、股份合作制是体现现代企业制度特征的基本组织形式。在股份制、股份合作制具体运作过程中，也应区别对待，分类指导。县域以上中小企业宜实行全员持股、董事会控股、经营者持大股。这样，既有利于增加职工特别是经营者对企业资产的关切度，也有利于职工安置和社会稳定。乡镇办、村办企业宜改制为经营者群体持股的股份制、股份合作制企业，因为乡镇企业员工安置问题不突出，这样做可以最大限度地转换企业经营机制。

（二）严把方案审定关

企业改制方案需经职代会或职工大会讨论通过方可实施。企业改制时应向主管部门提出请示，报送方案；主管部门向体改、劳动、国资部门提出请示，提报文件。企业改制方案批复文件由以上部门拟定，政府分管领导签发。

（三）严把资产评估关

企业进行产权制度改革，均需进行资产评估。首先要到同级国资部门立项，然后聘请有评估资格的中介机构评估，评估结果经立项部门确认（土地使用权评估结果由同级土地管理部门确认）并出具确认文件。

（四）严把产权界定关

国有企业经评估后的国有净资产归国家所有。城镇集体企业资产产权不明确的，出售所得货币资金暂时作为财政小贷留给企业有偿使用。乡镇企业中完全由乡村集体原始投入创办的企业，或乡村集体及其他任何组织、个人均无资本原始投入，而以乡村集体名义创办的企业，其净资产界定为乡村集体所有；对完全由个人投资创办的企业，挂乡村集体企业牌子的，可将企业净资产的 10％～30％界定为乡村集体所有；对合资、合作、联营等多元主体投入的企业，参照各自投入比例，由乡村集体、企业及出资者协商界定净资产分配比例。

（五）严把资产处置关

企业非经营性资产，改制时可从总资产中剥离，由改制企业代管并有偿使用。企业净资产必须扣除的项目及数额必须经有关部门审核批准。国有企业改制出售的净资产收入和国家股红利，由同级国资部门收缴，用于弥补改制企业的负资产或有偿由改制企业用于生产经营。国有企业改制可将工资、奖励基金节余拿出一部分量化给内部职工；集体企业改制可将净资产不高于 30％的部分量化给内部职工，量化部分没有所有权。乡镇企业可将界定为乡村集体所有的净资产拿出 30％～70％送给企业经营者和内部职工，所送股份 50％为实股，有所有权；50％为虚股，没有所有权，职工离开企业即由企业收回。将所送股份划分为实股和虚股的目的是解决经营者和职工的短期行为问题，也可防止人才流失。

（六）严把债务落实关

企业改制，涉及债务转移的，均需征得债权银行同意。改制方案的拟订和实施，由主债权银行参加。进行工商变更登记后，要进行债权债务变更登记。实施分立改制的，改制方案需经主债权银行同意并出具文件。

（七）严把选举关

企业改制，不保留公有股的，政府部门不提候选人，一律由股东直选企业领导人；保留公有股的，公有股可放弃表决权。选举过程由公证部门参与并出具公证书。

（八）严把职工安置关

改制企业必须接纳原企业全部在册职工，有接收安置国家统一分配的志愿兵、城镇退伍军人、转业干部等的义务。实行劳动合同制，参加养老、失业等社会保险。对自愿解除劳动关系自谋职业的职工，经企业批准，可按上年全市同行业平均工资水平 3 倍的标准，给予一次性安置补助。

（九）严把政策优惠关

整体改制企业挂账的负资产，在不超过 5 年内，用上缴的增值税地方留成新增部分以及所得税返还予以抵补。资不抵债改制企业占用行政划拨地的，可将土地使用权由划拨方式转成出让方式，免缴出让金，抵偿企业资不抵债额。另外，企业改制时对中介机构和政府有关部门的收费标准进行了严格限制，资产评估、验资费按最低标准的 25% 收取。

（十）严把变更登记关

企业改制必须进行工商、产权、税务、土地、债权债务等变更登记。

（《体改纵横》，1998 年，陈安忠）

专栏三 华泰纸业兼并市化工厂

1997 年，发生了一件在东营市企业改革史上意义非凡的并购案例。该案例的策划者是时任东营市体改委主任的谷汉瑞。谷主任经过研究认为，东营市化工厂建厂时间不长，基本条件不错，但一直亏损，根本原因在于机制不活。华泰纸业集团股份有限公司（下简称华泰纸业）产业链条中有一块是烧碱，需大量外采。华泰纸业灵活的机制、严格的管理、较大的规模、良好的效益也是市化工厂需要的。谷主任把改革方案向市委、市政府领导汇报得到支持，和有关部门沟通后，召集华泰和市化工厂负责人研究确定并推动了方案实施。改革取得了极大成功,兼并后的华泰化工迅速扭亏为盈,多年来一直是华泰集团效益最好的子公司。

1997年7月24日,市体改委、市经贸委、市化工局与华泰纸业、市化工厂经过多次协商研究后,华泰纸业正式兼并收购市化工厂。由华泰纸业购买市化工厂的全部净资产,从而实施整体收购。根据现有账面数据(以双方认可的清产核资数据为准),市化工厂现有净资产为264万元,华泰纸业出资264万元,市化工厂的全部资产12 690万元(包括非经营性资产1 318万元)归华泰纸业所有,同时华泰纸业承担市化工厂的全部债务12 426万元。市化工厂的职工保留国有企业职工身份,国有产权完全退出企业,而由等量的货币资金全部置换,国有资产得到保全。

市政府成立领导小组,小组办公室设在市体改委,负责组织协调相关兼并事宜。为促使兼并后企业能迅速发展,市政府提供了一些必要的优惠政策:一是市政府原给予市化工厂的优惠扶持政策,由华泰纸业继续享有。二是在归还债务数量和时间上给予支持。三是税收优惠,收购后企业所得税实行三免两减半的政策,增值税国家返还地方部分的25%,实行5年先收后返。四是土地使用政策。收购后5年内仍采用无偿使用的办法,5年后按现价的40%缴清,免10年土地使用费。

兼并实施后,作为兼并主体的华泰纸业集团股份有限公司,以市化工厂扭亏增盈为目标,开展了一系列卓有成效的工作。

一是组织人员双向流动。华泰纸业从总部抽调两名副总经理和十几名作风正、素质高的业务骨干充实到市化工厂工作,同时又组织市化工厂150余名干部职工到华泰纸业总部工作学习。

二是工资制度改革。将原来市化工厂的固定工资制度改为百分考核、全额浮动工资制度,从而将工资与企业的效益紧密相连,以真正体现多劳多得的按劳分配原则。

三是减员增效。第一,鼓励职工提前离岗(内退)。在保证享有原有福利待遇的前提下,允许年满55周岁的男职工、50周岁的女职工提前离岗。第二,允许停薪留职。第三,辞退30余名临时工和其他一些不正常用工。第四,支持和鼓励职工特别是未婚职工到华泰总厂工作。

四是全面深入地开展"双增双节"活动。第一,大力倡导职工提合理化建议。要求职工每人每月必须最少提一件合理化建议,并规定,建议一旦采纳,厂里即按所产生效益的 20% 提成奖励。第二,大幅度压缩各项非生产性开支。先是科学地确定各种开支的限额或标准,随后将指标层层分解到车间(部门)、班组和个人。节约有奖,超支受罚。仅电话费一项,由原来的每月 18 000~19 000 元压缩为每月 9 000 元左右。各项招待费用支出由原来的每月 30 000~40 000 元压缩到 10 000 元左右。第三,盘活各种闲置资产,充分提高资产利用率。

五是改革营销机制。首先,华泰纸业总厂消化吸收了化工厂 50% 以上的产品。此外,公司总部将市化工厂原有的 20 余名供销人员纳入整个公司的供销队伍,实施统一部署、统一调度,以提高工作效率。通过改革,市化工厂一改经常限产、停产的情况,各种生产设备开足马力,实现了满负荷运转。

六是注入资金、满足生产需要。华泰纸业通过不同方式向市化工厂注入资金 4 000 余万元,解决了长期以来资金不足的难题。

通过上述工作措施,市化工厂很快发生了令人欣喜的变化。兼并初期的 7 月份,亏损额高达 134 万元,8 月份降到 74 万元,9 月份已降到 52 万元,产量也达到建厂以来历史最好月份的水平,当月生产烧碱 2 493.89 吨、液氯 1 577.9 吨、盐酸 1 890 吨,分别比计划超额完成 27.8 吨、118 吨和 350 吨。

实施兼并后,以原市化工厂为基础,2004 年 11 月 15 日成立了东营华泰化工集团有限公司(下简称华泰化工)。经过多年发展,华泰化工的主要产品增加到双氧水、烧碱等八大系列 20 多个品种,是中国化工行业 500 强企业之一,连续多年成为华泰集团利润第一大户。2020 年底,华泰化工主要产品产能为:75 万吨/年烧碱、34 万吨/年双氧水、10 万吨/年苯胺和 3 万吨/年环氧丙烷。同年 6 月,华泰化工拟投资 31.71 亿元,建设年产 16 万吨环保型生物基纤维项目。2020 年,华泰化工实现营业收入 18.64 亿元,利润 3.55 亿元。

专栏四　《关于全市工业企业改制若干问题的暂行规定》

(东发〔1998〕8 号)

为贯彻落实党的十五大精神,进一步加大工业企业改革力度,加快改制步伐,尽快建立起"产权清晰、权责明确、政企分开、管理科学"的现代企业制度,

促进全市经济持续、快速、健康发展,结合东营市实际情况,现就全市工业企业改制问题,作如下规定:

一、指导思想和基本原则

(一)指导思想:以邓小平理论为指导,认真贯彻落实党的十五大精神,围绕推进两个"根本性转变",以加快建立适应市场经济体制要求的现代企业制度为目标,以优化经济结构和加快发展为目的,以产权制度改革为重点,抓住抓好大的,放开放活小的,努力探索公有制的有效实现形式,把改革、改造与推进存量资产的流动、重组、盘活相结合,实现资源优化配置,提高经济效益。

(二)基本原则:一是坚持"三个有利于"的原则,积极探索,大胆创新;二是坚持公有资产保值增值的原则,强化资产管理,防止公有资产的流失;三是坚持以发展为中心的原则,通过改制促进企业的发展和经济效益的提高;四是坚持全心全意依靠工人阶级的原则,切实保障企业职工的合法权益;五是坚持一切从实际出发的原则,因企制宜,多种形式推进,务求实效;六是坚持"三改一加强"的原则,把改革、改组、改造和加强企业管理结合起来。

二、主要形式和具体办法

(三)主要形式:根据东营市多数企业为中小企业的实际,企业改制形式应以股份合作制为主;符合《中华人民共和国公司法》条件的较大企业,可改组为股份有限公司或有限责任公司。

(四)主要方法:

1. 增量扩股。对生产经营状况正常,评估后企业存有净资产的,可将存量资产折股,通过吸收职工个人股和募集社会法人股等多种方式,建立股权多元化公司。

2. 先售后股。职工愿意出资买断原企业净资产的,可鼓励职工出资买断全部净资产,创建股份合作制企业。负资产较小的企业,政府给予一定的政策弥补,实行零资产改制,由职工出资创建股份合作制企业。企业净资产为零的,可由职工出资作为注册资本金创建股份合作制企业。

3. 赊借重组。对净资产相对较多,职工暂时无法全部买断的企业,可实行赊借的办法,国有资产全部退出,由职工分期偿还。

4. 裂变重组。对资不抵债而因种种原因不能破产、整体难以搞活,而局部运行状况较好的企业,可裂变成若干个单体,采取不同的方式改制,分块搞活。

5. 兼并重组。大力支持和鼓励国家"试点城市""千户重点企业"、优势企业跨地域、跨行业兼并重组东营市企业;对不能兼并整体企业的,也可按等额承担债务的方法进行部分资产重组。

6. 分立重组。对于负资产较大,企业难以在原有基础上整体改制的,经与债权人协商,可将企业的有效资产分离。由职工出资创建股份合作制企业,以承担相应债务,划转有效资产,原企业也可以有效资产参股或出租。其收入承担必要的费用后,用于偿还所欠债务。

7. 破产重组。对严重资不抵债的企业,依法实施破产。企业破产后,可由职工出资组建新的企业。

8. 其他改制办法。只要符合"三个有利于"标准,鼓励企业积极探索多样化改制形式。

三、资产评估和产权界定

(五)企业改制,必须委托有资格的资产评估机构进行资产评估。评估机构可会同企业主管部门的财会人员和专业人员共同进行评估,由评估机构出具评估报告(评估报告一年内有效),并由资产管理部门确认。涉及地价评估、土地使用权界定的,由土地评估机构进行,土地管理部门确认。

(六)企业资产的产权界定。由资产管理部门会同企业主管部门按照有关规定界定。

(七)在资产评估过程中,对历史遗留的坏账,呆账,应摊未摊、应提未提费用及待处理资产损失,经资产管理部门批准后核销,改制时作一次性处理。改制企业 1997 年以前所欠税款,缴纳确有困难的,经税务部门批准可暂时缓缴。

四、资产处置

(八)评估、界定后的企业国有或集体总资产减去总负债以及从资产中一次性扣除的有关费用、剥离的非经营性资产、一次性处理的报废资产和待处置资产后的剩余资产,为国家或集体可转让资产,并以此作为出售给职工和法人的出售底价。要处理好评估价与出让价的关系。

(九)改制企业使用土地的方式,按照有偿使用的原则,由企业根据自身经营状况选择,可采用租赁、出让、作价入股等方式取得土地使用权。国有企业兼并国有企业或非国有企业以及国有企业合并、分立,符合国家规定条件的,经批准可暂不评估,继续保留划拨用地方式,但期限不能超过 5 年。企业破产时,处置划拨性质的土地使用权所得收益主要用于安置破产企业职工。

(十)企业非经营性资产,改制时可从企业总资产中剥离,由改制企业代管并有偿使用。不需要的闲置资产不作为出资,可由出资者委托改制企业封存管理,处置收益归出资者。职工宿舍按现行房改政策执行。

(十一)企业净资产必要扣除的项目和标准是:

1. 经批准内部退养职工的生活费,按本规定第三十三条计算。

2. 离退休人员(含批准提前离退休人员)、因工伤残人员的医疗费,按每人 2 000~2 500 元/年,一般不高于 15 年计算。

3. 失去劳动能力的因工伤残人员的工资和工伤补助费,按不低于本人退休时应得退休费的 5%～10%再乘以距正常退休年龄不足年限的标准计算。

4. 抚恤对象的抚恤费,按国家有关规定标准计算。

5. 应提未提的养老保险、失业保险等社会保险基金,由劳动保险部门批准,按实际欠提数计算。

上述各项扣除,企业必须提供有关资料和证明文件,经企业主管部门审核,对 1~4 项扣除,国有企业由同级国资部门审批,集体企业由主管部门审批;第五项扣除由同级劳动部门出具欠交证明文件。扣除的各项费用由改制企业按规定用途使用。

(十二)国有企业改制出售的净资产收入和国家股红利,由同级国资部门收缴,统筹使用,重点用于:

1. 弥补改制企业的负资产。

2. 有偿由改制企业用于生产经营。

(十三)集体企业改制,可将净资产不高于 30%的部分,按职工工龄长短、技术高低、责任轻重和贡献大小量化给内部职工;职工按量化额的 100%出资增量配股后,方能享有量化股权;量化部分只有表决权和分红权,所有权归集体;职工辞职、死亡、退休或调离后,其量化股由企业收回。

五、股权设置

(十四)股份合作制企业股权可设置为职工个人股、职工集体股和法人股。

（十五）改制为股份合作制的企业的职工原则上都要入股。国有企业职工个人出资入股原则上每人不低于 5 000 元，集体企业职工个人出资入股原则上每人不低于 3 000 元。董事会、监事会、经理层成员，入股资金一般应高于职工的 2 倍，具体入股数额由企业职代会确定。有特殊情况的职工，经职代会同意，可暂不入股，在企业增资扩股时再入股。职工出资所形成的股份，不得退股，可在企业内部转让。董事、监事、经理持有的本企业股份，在任职期内不得转让。职工调出，可将股份转让给企业内部职工。

（十六）职工出资的股金原则上要一次缴清。少数不能一次缴清的以及不愿出资入股的，本人需向职代会或股东大会报告，经通过后可分期缴纳或不入股。分期缴纳股金的，需在一年内缴足，第一次缴纳不得低于 60%，差额部分视同借款对待。

（十七）职工集体股股权代表，可以由登记成立的职工持股会推荐。推荐出的代表行使股东权力。

（十八）股份合作制企业职工个人股，应占股本总额的 51% 以上。

（十九）凡自带项目、产品，且投入 300 万元以上人民币或购买企业资产 51% 以上的法人或自然人，购买改制企业资产时，可享受与企业内部职工相同的待遇。

（二十）鼓励并支持向法定代表人、企业经营管理层和其他自然人多出售企业股份，培育控股大股东（控股比例可超过 51%），使经营者与其责、权、利更紧密结合。

（二十一）改制企业必须向持股职工签发由市体改委监制的股权证，股权证应载明量化股、出资认购股等股权性质。

六、法人治理结构和组织结构

（二十二）股份合作制企业实行股东大会制度，股东大会是企业的最高权力机构。实行一股一票或一人一票的表决方式，决定企业重大问题。股东大会选举产生董事会和监事会成员。企业的年度预决算，利润分配方案，工资分配形式，重大投资事项，股本增减，内部机构设置和企业分立、合并、解散等重大决策，必须经股东大会讨论批准。股份合作制企业必须制定章程，并经股东大会批准；章程对出资人、股东大会、董事会、监事会、总经理等具有约束力。

（二十三）股份合作制企业设立董事会，一般由 3～7 人组成。董事会是股东大会的常设机构,向股东大会负责。董事会成员由股东大会选举产生,董事长由董事会选举产生,也可以由股东大会直接选举产生。董事长是企业法定代表人。总经理可由董事会聘任,也可由董事长兼任。不设董事会的企业,总经理是法定代表人,负责企业经营管理,向股东大会报告工作。

(二十四)股份合作制企业的监事会,应对董事会、总经理及其他管理人员的工作进行监督。监事会要向股东大会报告工作。监事会一般由3～5人组成。企业较小,股东较少的企业可不设监事会,只设1～3名监事。

(二十五)国有控股的有限责任公司、股份有限公司按《中华人民共和国公司法》的规定程序产生董事会、监事会、董事长和总经理。实行财务总监制,财务总监向董事会负责,履行企业财务的日常监督职责。

(二十六)改制企业自行设置内部经营管理机构,并依据《中国共产党章程》及有关规定,设立企业党组织及工会、共青团、妇联等群团组织。

七、收益分配

(二十七)改制企业要按财政部颁发的两则(《企业财务通则》《企业会计准则》)两制(13个行业的会计制度和10个行业的财务制度)的规定建立健全内部财务会计制度。企业的收益分配必须坚持"先审计后分配"的原则。

(二十八)改制企业税后利润按下列顺序分配:

1. 弥补企业以前年度亏损。

2. 提取10%的法定盈余公积金。

3. 提取5%～10%的公益金。

4. 支付优先股红利。

5. 提取任意公积金。

6. 支付普通股红利。

八、劳动工资和劳动保险

(二十九)股份合作制企业工资总额的提取使用。在坚持工资总额的增长幅度应低于企业经济效益增长幅度,职工实际平均工资的增长幅度应低于本企业劳动生产率增长幅度的前提下,由企业自主决定年度工资总额。

(三十)改制企业实行劳动合同制。企业与职工应重新签订劳动合同并依法鉴证。

(三十一)改制企业用工应实行竞争上岗,择优使用,在同等条件下,优先安排持股职工上岗;改制企业原则上应接收原企业全部职工,对富余职工要采取积极措施分流安置。

(三十二)下岗职工自谋职业的,应与企业签订协议,非本人自愿不得解除劳动关系,住房等有关待遇不变;自愿解除劳动关系自谋职业的,经企业批准,可按上年全市同行业平均工资水平 3 倍的标准,给予一次性安置补助。

(三十三)企业改制时,距法定退休年龄不足 5 年的职工,经本人申请,企业批准,可实行企业内部退养,其生活费和社会保险费按规定的职工最低工资标准的 2 倍乘以提前退休年龄,从企业净资产中预留,由改制企业支付。社会保险费缴纳标准按在职职工同级标准,由改制企业向劳动保险部门全额缴纳;待到法定退休年龄后,由劳动保险部门全额承担其退休金。

(三十四)对企业内部待岗职工,要保证其最低生活收入,夫妻双方在同一企业的,不能同时裁员或下岗。

(三十五)下岗失业职工,持有劳动部门核发的待岗证的,享受失业救济金,具体数额按劳动部门有关政策规定办理。

九、义务和责任

(三十六)改制企业必须参加养老保险、失业救济等国家统一实行的社会保险,按时足额缴纳上述统筹金。

(三十七)改制企业必须接收全部离退休人员。原企业改制为若干个企业的,按职工分流的比例接收离退休人员,由企业向劳动保险部门办理离退休人员养老保险金发放的移交手续,实行社会化发放。

(三十八)改制企业应按批准的改制方案接受应承担的债权债务,并及时办理债权债务的转移手续。

(三十九)改制企业应按两则两制的规定进行会计核算和报表编制,并按《中华人民共和国会计法》《中华人民共和国统计法》规定按期如实向行业管理部门和有关部门报送会计、统计报表。

十、扶持政策

(四十)整体改制企业挂账的负资产,在 5 年内,用上缴的增值税地方留成的新增部分以及所得税返还予以抵补。

(四十一)部分国有企业改制前所欠银行贷款,经与银行协商同意后,可实行 2～3 年停息或计息不收息的优惠。

（四十二）原财政投入的部分，可转为国家对改制企业股权，对净资产为负数的，可用原财政投入部分抵补到零资产和扣除离退休职工安置等各项必要费用，其余转为股权或有偿使用。改制企业对非国有商业银行债权，经与债权人协商，可将债权变股权。

（四十三）采用分立分块搞活方式改制的企业，由原企业承担亏损和债务挂账；改制后的企业上缴的所得税和增值税地方留成新增部分由财政部门返还，由原企业按负债比例偿还债务。

（四十四）鼓励"试点城市""千户重点企业"跨地区、跨行业兼并联合东营市工业企业，鼓励中小企业挂靠大企业、大集团，可采取承担债务、购买、控股、划拨等多种形式实施兼并联合，被兼并企业所欠银行利息给予免息照顾，其他政策按一企一策执行。

优势企业兼并困难企业时，银行可采取"活一贷一"的办法给予扶持。

（四十五）企业改制时，工商行政管理、资产评估、土地管理等部门应尽量降低收费标准，具体规费收取标准为：

1. 资产评估、验资报告按最低标准的25%收取。

2. 工商变更登记、工本费按60%收取；注册资金变更登记费按60%收取。

3. 房屋产权变更登记按每户不高于50元收取。

4. 公证费各项合计按每户不高于100元收取。

除上述规定的项目标准以外，有关部门及中介服务机构不得以任何名义收取或加大改制企业的费用。

（四十六）企业改制后，要把按劳分配和按其他生产要素分配结合起来，并允许和鼓励以资本、技术入股以及贡献大的人员参与收益分配。具体办法可由企业根据自身情况确定。

十一、其他

（四十七）企业改制中，任何单位或个人不准徇私舞弊，弄虚作假，隐匿和转移公有资产。对造成公有资产流失的，要依法追究有关当事人的责任。

（四十八）改制企业的名称，符合《中华人民共和国公司法》要求的，改为有限责任公司或股份有限公司；改为股份合作制企业的，也可以不改变名称，但必须注明股份合作性质；工商行政管理机关从受理改制企业申请之日起15天内核发营业执照，其分支机构需办理变更登记的，7天内办完有关登记注册手续。

（四十九）本规定给予企业的优惠政策,在批复企业改制方案中载明;各职能部门要按照各自职责认真执行。

（五十）本规定适用于区县属以上工业企业,区县属以上交通、基建企业可参照执行。

（五十一）本规定由市经济贸易委员会负责解释。

专栏五　正和集团股份有限公司股本变动沿革

正和集团股份有限公司前身是始建于 1975 年的县属国有企业广饶县石油化工试验厂,位于山东省东营市广饶县石村辛桥,1994 年改制为国有股和内部职工股为股权构成的股份制企业,2005 年 4 月加入中国化工集团公司,现隶属于中国化工油气股份有限公司。

（1）1994 年 6 月 25 日正和集团股份有限公司成立时股本为 1 072.7 万元。

① 广饶县国资股 561 万股,占 52.30%。

② 职工集体股 156.5 万股,占 14.59%。

③ 职工个人股 355.2 万股,占 33.11%。

（2）1996 年 12 月调整股本结构并增加股本,股本增至 1 223.3 万元。

① 1996 年 10 月 25 日,广饶县人民政府批复意见,同意集体股 156.5 万元配送给个人。配送后注册资本仍为 1 072.7 万元,其中:广饶县国资股 561 万元,占 52.3%;职工个人股 511.7 万元,占 47.7%。

② 按照股东大会决议,经山东省经济体制改革委员会批准,股东同比例增资 150.6 万元,其中国有股 78.8 万股、内部职工股 71.8 万股,增资后股本为 1 223.3 万元。其中:广饶县国资股 639.8 万元,占 52.3%;职工个人股 583.5 万元,占 47.7%。

（3）1998 年 3 月 3 日,实施 1996 年度股东大会决议,每 10 股转增 7 股送 3 股,股本由 1 223.3 万股,变更为 2 446.6 万股。

（4）2001 年,国有股减持。

广饶县国有资产管理局将其持有的正和石化 1 279.6 万股中的 1 023.6 万股转让给姜文祥等 12 名自然人。股权转让后,正和石化股本总额仍为

2 446.6 万股,股本结构变更为:

①广饶县国有资产管理局持有 256 万股,占总股本的 10.46%。

②内部职工持有 1 167 万股,占总股本的 47.70%。

③姜文祥等 12 名自然人持有 1 023.6 万股,占总股本的 41.84%。

(5)2001 年,正和石化按 10:5 的比例以资本公积转增股本,转增后股份公司股本为 3 669.9 万股。其中:

①广饶县国有资产管理局持有 384 万股,占总股本的 10.46%。

②内部职工持有 1 750.5 万股,占总股本的 47.70%。

③姜文祥等 12 名自然人持有 1 535.4 万股,占总股本的 41.84%。

(6)2002 年,正和石化按 10:4 的比例以资本公积转增股本,转增后正和石化股本为 5 137.86 万股。其中:

①广饶县国有资产管理局持有 537.6 万股,占总股本的 10.46%。

②内部职工持有 2 450.7 万股,占总股本的 47.70%。

③姜文祥等 12 个自然人持有 2 149.56 万股,占总股本的 41.84%。

(7)广饶县国资退出。

① 2005 年 10 月,经在山东鲁信产权交易中心挂牌交易,广饶县财政局国有资产管理办公室(因机构改革,广饶县国资局并入县财政局)将其持有的正和石化 10.46%股权(537.6 万股)转让给姜文祥等自然人。至此,广饶县财政局国有资产管理办公室不再持有正和石化的股份。

② 姜文祥等 12 名自然人将其持有的公司 1 137.6 万股转让给中国化工油气开发中心。

(8)中国化工重组正和石化后企业股权结构的变化。

① 重组前股本为 5 137.86 万股。其中:广饶县国有资产管理局持有 537.6 万股,占总股本的 10.46%;内部职工持有 2 450.7 万股,占总股本的 47.70%;姜文祥等 12 名自然人持有 2 149.56 万股,占总股本的 41.84%。

② 2005 年 5 月,正和石化与中国化工油气开发中心股权重组。公司总股本为 10 450 万股,中国化工油气开发中心持股 51%,自然人持股 49%。

③ 2011 年 10 月,中国化工油气开发中心购买一部分自然人股,受让股份 3 673.32 万股,受让后中国化工油气开发中心持股 86.15%,其他自然人持股 13.85%。

④ 中国化工油气开发中心于 2012 年 5 月完成第二次股权受让,受让股份 755.472 万股。受让后中国化工油气开发中心持股 93.38%,自然人持股 6.62%。

(9)股份回购。

① 2018 年 11 月至 2019 年 4 月,公司完成了第一阶段的股权回购工作,共计回购减资 272.36 万股。减资后,公司股本总数 10 177.658 6 万股。股本构成为中国化工油气股份有限公司 9 758.390 6 万股,占总股本的 95.88%;社会自然人 419.268 万股,占总股本的 4.12%。

② 自 2019 年 4 月至今,股份回购工作继续进行中。

第十四章
公司上市:为企业插上资本的翅膀

第一节　关于公司上市

上市公司是指在国家法定的证券交易所挂牌转让股票的公司。公司为什么要上市?一是为了融资。马克思说:"假如必须等待积累去使单个资本增长到能够修铁路的程度,那么恐怕直到今天世界上还没有铁路,但是通过股份公司,转瞬之间就把这件事办成了。"上市是股份公司的高级形态,主要目的就是融资,这种融资属于直接融资,不用还本,一次性融资数额大,且可以多次融资,这种功能全世界是一致的,可以说公司上市为企业插上了资本的翅膀。二是为了转换企业经营机制,这是国内企业特别是国有企业上市的目的之一。上市后法人治理结构运行规范,财务状况透明,证券交易所、中介机构、股东、社会监管更加有效。三是提高了商誉。不但增加了公司无形资产,有时甚至成为所在城市的名片。这样,上市公司的多少、质量就成为衡量一个城市经济发展速度和质量的重要指标。城市的决策者们都会铆足了劲推动公司上市。

第二节　沪深证券交易所上市

从目前看,东营市上市公司数量和市值都不算大。2020年底,东营市在主板的上市公司有华泰股份、浙文互联(原科达股份)、石大胜华和宝莫股份4

家,创业板上市公司有国瓷材料 1 家,共 5 家,占山东 227 家上市公司的 2.2%,而山东省上市公司数量仅分别为广东省(675 家)、浙江省(517 家)的 33.63%、43.91%。东营市 5 家上市公司的总市值为 699.19 亿元,占山东省上市公司总市值 3.4 万亿元的 2.06%,而山东省上市公司总市值仅分别为广东省、浙江省的 21.13%、51.91%。市值最大的国瓷材料市值为 452.9 亿元。东营的这 5 家上市公司有 4 家为民企。

一、石油大明

中国石化胜利油田大明(集团)股份有限公司是 1992 年 12 月经东营市体改委批准,由胜利石油管理局等三家单位共同发起设立,并经山东省体改委和山东省人民政府批准确认的我国石油系统首家股份制试点企业。

1996 年 6 月 12 日,经中国证券监督管理委员会证监发审字〔1996〕88 号文件审核通过及深圳证券交易所深证发〔1996〕173 号文审核批准,公司股票在深圳证券交易所上网定价发行 1 441.9 万股社会公众股(另有 1 558.1 万股内部职工股随同新股一同上市)。6 月 28 日,3 000 万股股票在深交所正式挂牌交易(见图 14-1)。

图 14-1 石油大明在深交所上市仪式

根据公司同业竞争相关规定,按照中石化统一安排,经石油大明申请,深交所以《关于中国石化胜利油田大明(集团)股份有限公司人民币普通股股票终止上市的决定》(深证上〔2006〕31 号)批准了公司流通股股票终止上市交易。公司股票终止上市的日期为 2006 年 4 月 21 日。

二、华泰股份

东营市华泰纸业集团股份有限公司成立于 1993 年 3 月,经山东省体改委批准,作为全省首批 50 家大中型企业股份制试点单位之一,由原东营市造纸厂作为发起人,通过定向募集方式公开发行股票,改组为东营市华泰纸业集团股份有限公司。1994 年 1 月 16 日,东营市华泰纸业集团股份有限公司股票在东营市股份制发展服务中心举行柜台交易仪式。1995 年 9 月,更名为山东华泰纸业集团股份有限公司。1997 年 6 月,山东华泰纸业集团股份有限公司变更为山东华泰纸业股份有限公司。

2000 年 9 月 28 日,公司股票在上海证券交易所上市(见图 14-2)。公司是同行业首家上市公司、全球最大的新闻纸生产基地、中国企业 500 强、上市公司百强。首发募集资金 10.78 亿元,2007 年和 2009 年又进行了两次股份增发,共募集资金 18.9 亿元。截至 2020 年末,公司总股本 11.68 亿股,总资产 149.04 亿元,营业收入 123.08 亿元,净利润 6.47 亿元。

图 14-2　华泰股份在上交所上市仪式

三、科达股份

科达集团股份有限公司是 1993 年经东营市经济体制改革委员会《关于

东营市第二市政工程公司改组为股份制企业申请报告的批复》（东体改发〔1993〕35号）批准，由原东营市第二市政工程公司整体改制，以定向募集方式设立的股份有限公司。1993年10月30日，公司召开创立大会暨首次股东大会，并依法于当年12月17日在东营市工商行政管理局注册登记。1997年更名为山东科达集团股份有限公司，1998年更名为科达集团股份有限公司。2004年4月9日，经中国证券监督管理委员会证监发行字〔2004〕31号文批准，公司采用"面向二级市场投资者定价配售"方式向社会公开发行人民币普通股3 000万股，募集资金2.58亿元，发行后公司总股本为10 745.824万股，并于2004年4月20日办理了工商变更登记。4月26日，科达集团股份有限公司3 000万A股上市仪式在上海证券交易所交易大厅举行（见图14-3）。

图14-3 科达股份在上交所上市仪式

2015年，停牌一段时间的科达股份披露称，公司将以发行股份及支付现金的方式收购百孚思、上海同立、华邑众为、雨林木风、派瑞威行5家公司全部股权。2016年，公司请国际著名咨询公司BCG做战略咨询，定位于做以营销云为战略的数字营销公司。科达股份在2017年又完成二次并购，将爱创天杰、数字一百、智阅网络收归旗下，成为全国主板上市的第一家数字营销公司。2020年9月20日，科达集团与浙文互联签署股份转让协议，拟将其持有的8 000万股股份转让予浙文互联，占发行前公司总股本的6.04%，转让价款为 6.4 亿元;科达股份拟向浙文互联非公开发行股票 37 313.432 8 万股,认购价款 15 亿元,本次非公开发行完成后,浙文互联将持有科达股份总股本的 26.69%。2021 年 1 月 12 日,科达股份证券简称正式变更为"浙文互联",公司证券代码保持不变。

截至 2020 年末,公司总股本 13.25 亿股,总资产 70.12 亿元,2020 年营业收入 92.61 亿元,净利润 1 亿元。

四、宝莫股份

公司前身是东营胜利油田聚合物有限公司,成立于 1996 年 5 月 3 日。2005 年 12 月 20 日,经山东省发改委《关于同意东营胜利油田聚合物有限公司变更为山东宝莫生物化工股份有限公司的批复》(鲁发改资本〔2005〕1173 号)批准,东营胜利油田聚合物有限公司整体变更为山东宝莫生物化工股份有限公司。公司设立时的注册资本为 7 800 万元。2007 年 12 月,经山东省国资委《关于山东宝莫生物化工股份有限公司增资扩股有关问题的批复》(鲁国资产权函〔2007〕157 号)批准,公司注册资本由 7 800 万元增至 9 000 万元。2010 年 9 月 15 日在深圳证券交易所成功上市,发行股数 3 000 万股,募集资金 6.9 亿元。截至 2020 年末,公司总股本 6.12 亿股,总资产 10.1 亿元。2020 年营业收入 4.47 亿元,净利润 0.13 亿元。

五、国瓷材料

公司成立于 2005 年 4 月。2010 年 5 月 4 日,经山东省商务厅《关于同意山东国瓷功能材料有限公司变更为外商投资股份有限公司的批复》(鲁商务外资字〔2010〕343 号)批准,山东国瓷功能材料有限公司整体变更设立为股份有限公司。2010 年 5 月 25 日在山东省工商局登记注册成立,并领取了《企业法人营业执照》(注册号 370500400001069)。2011 年 12 月 23 日,国瓷材料首次公开发行股票。2012 年 1 月 13 日,公司在深交所创业板上市(见图 14-4)。截至 2020 年末,公司总股本 10.03 亿股,总资产 60.25 亿元。2020 年营业收入 25.42 亿元,净利润 6.21 亿元。

六、石大胜华

2002 年 12 月,山东石大胜华化工股份有限公司注册成立。2009 年 10 月,

图 14-4 国瓷材料在深交所上市仪式

公司正式更名为山东石大胜华化工集团股份有限公司,同时,山东石大胜华化工集团正式注册成立。2015 年 5 月,集团公司正式在上海证券交易所上市,股票简称"石大胜华",股票代码"603026"。发行股份 5 068 万股,募集资金 3.3亿元。截至 2020 年末,公司总股本 2.03 亿股,总资产 32.8 亿元。2020 年营业收入 44.75 亿元,净利润 2.6 亿元。

七、维远股份

利华益维远化学股份有限公司成立于 2010 年 12 月 23 日。主营业务为"苯酚、丙酮—双酚 A—聚碳酸酯"产业链有机化学新材料产品的研发、生产与销售,主要产品包括苯酚、丙酮、双酚 A、聚碳酸酯和异丙醇。2021 年 9 月 15 日,利华益维远化学股份有限公司(股票简称"维远股份",股票代码"600955")成功登陆上交所主板(见图 14-5),发行数量为 13 750 万股,本次 IPO 募集资金总额达 40.65 亿元,一举问鼎山东省有史以来最大的化工企业 IPO,也是近 5年来山东省最大的 IPO 项目。

本次发行募集资金投资项目包括"35 万吨/年苯酚、丙酮、异丙醇联合项目""10 万吨/年高纯碳酸二甲酯项目""60 万吨/年丙烷脱氢及 40 万吨/年高性能聚丙烯项目"等。

图 14-5　维远股份在上交所上市仪式

　　此次 IPO 项目建成投产后,公司将实现重要原材料丙烯和碳酸二甲酯的完全自主供应,并实现向下游通用塑料领域的纵向拓展,强化产业链优势;同时,将新增 35 万吨/年苯酚、丙酮产能,成为国内最大的苯酚、丙酮生产企业;另外还将新增异丙醇产品产能,产品进一步丰富,产业链进一步延伸和完善。

第三节　境外上市

　　2007 年 2 月 14 日,山东海科化工集团在英国伦敦证券交易所 AIM 市场上市(见图 14-6)。2008 年 8 月 11 日,中国鹏杰纺织有限公司在新加坡证券交易所上市,发行股份 8 880 万股,募集资金 2 040 万新元(约合 1 453 万美元)。2016 年 8 月 14 日,东营光伏太阳能有限公司在欧交所创业板 Alternext 市场上市,成为第三家在 Alternext 上市的中国企业,募集资金 512 万欧元。由于企业在海外证券市场融资能力不强以及企业自身经营等问题,部分企业退市。

图 14-6　山东海科化工集团股票在英国伦敦证券交易所 AIM 市场挂牌交易

第四节　新三板挂牌

新三板又称全国中小企业股份转让系统，原指中关村科技园区非上市股份有限公司进入代办股份系统进行转让试点，因挂牌企业均为高科技企业而不同于原转让系统内的退市企业及原 STAQ、NET 系统挂牌公司，故形象地称其为"新三板"。

2014 年 8 月 8 日，胜利方兰德石油装备股份有限公司成功在新三板挂牌，成为全市首家新三板挂牌公司，当年实现 3 家公司新三板挂牌。2015 年至 2020 年，全市分别新增挂牌企业 9 家、4 家、5 家、5 家、3 家、3 家。截至 2020 年末，全市共有新三板挂牌企业 20 家。

第五节　区域性股权交易市场挂牌

一、东营市股权交易中心

东营市股权交易中心成立于 1994 年，由隶属于东营市体改委的东营市股份制发展服务中心运作。交易市场挂牌公司仅有东营南里集团股份有限公司和华泰集团股份有限公司 2 家，开创了东营市企业股权证挂牌的先河。由于市场地位及交易局限性，中心运行半年即关闭。

二、山东省产权交易中心

山东省产权交易中心是经山东省人民政府同意,由山东省体改委批准成立的中介机构。1993年5月在山东省工商局登记注册,1994年3月8日开业。山东省产权交易中心行政上隶属山东省体改委领导,业务上接受省证券委、省国资局指导和监督,是全国产权交易市场的重要组成部分,先后有50多家非上市股份公司的股权申请在交易中心转让。1996年12月13日,鲁证指数达到350点,最高日成交额5 000万元。1997年与中国证券交易系统有限公司(简称中证交)联网,辐射北京、大连等地,1998年因故关闭非上市企业股权证转让业务。

1994年12月,华泰集团产权证在山东产权交易中心挂牌,成为东营市首家在山东产权交易中心挂牌的公司。由于市场交易规则制约,交易不活跃,价格不高,最低0.75元。1996年9月,科达集团股权证在山东产权交易中心挂牌,挂牌价格2.56元。1996年12月,万达集团股权证在山东产权交易中心挂牌。1997年4月,广饶石化产权证在山东产权交易中心挂牌。至1997年,东营市有4家企业先后在山东产权交易中心挂牌,4家公司以其良好的经营业绩和价格表现,形成了山东产权市场上的"东营板块"。

三、山东省区域性股权交易市场

山东省有区域性股权交易市场2家,分别是齐鲁股权交易中心、青岛蓝海股权交易中心。截至2020年末,全市在山东区域市场挂牌企业达到209家,其中齐鲁股权交易中心196家,青岛蓝海股权交易中心13家,累计实现融资11 723.9万元。

另外,我市部分企业在省外区域性股权交易市场挂牌。

第六节 政府助推企业上市

公司上市是一项复杂的系统工程,需要得到政府的大力支持。主要措施包括指导公司制订上市计划、促进公司规范运作、上市后备公司培育、上市协调推进、政策扶持等。这里主要摘录几个政府助推企业上市政策措施的文件规定。

一、2008年7月11日,市政府印发《关于推进企业上市融资工作的意见》(东政发〔2008〕16号)

《意见》规定：

（1）拟上市股份公司以出让方式获得土地使用权时,土地出让金一次性缴纳确有困难的,经市政府批准可分期缴纳,分期缴纳期限不超过3年,但应根据《国有建设用地使用权出让合同》规定,按照银行同期贷款利率向出让人支付相应的利息。为支持企业上市,按出让合同约定分期付款的,在分期付款期限内,对未缴足出让金的拟上市公司,规划、国土资源部门在公司上市前可为其提供土地出让合同等证明文件。公司上市后,已按规定缴足土地出让金的,企业纳税地财政给予企业实缴出让金政府纯收益部分30%数额的财政扶持。

（2）拟上市公司在最近5年内因享受国家和地方有关优惠政策（减免税、财政贴息贷款等）而形成的扶持资金,财政、税务部门在按上市要求进行规范的同时,作为国家扶持资金处理。

（3）拟上市公司根据上市要求调整以前年度的利润需补交所得税的,地方财政按实际补交的所得税地方留成部分给予无偿资金扶持,用于企业发展。

（4）对进入上市辅导期或进入境外上市程序的拟上市公司,由同级财政支付50%的上市前期费用,最多不超过200万元。企业3年内未能上市,须全部归还。

（5）拟上市公司在境内外首次发行股票上市,按照募集资金全部进入公司指定账户数额（扣除发行费用）的0.15%给予奖励,最高限额为200万元。上市公司通过配股、增发等形式在证券市场上实现再融资,按再融资额（扣除发行费用及本市辖区内法人股东认购部分）的0.1%给予奖励,最高限额为100万元。奖励资金由同级财政解决。奖励资金的50%奖给企业的主要负责人;另外50%奖给企业其他高层管理人员。

二、2014年7月9日,市政府办公室印发《关于东营市推动企业利用资本市场融资若干政策的通知》(东政办发〔2014〕17号)

《通知》规定：

（1）拟上市、拟股权挂牌企业在最近5年内因享受国家和地方有关优惠政策(减免税、财政贴息贷款等)而形成的扶持资金,财政、税务部门在按上市要求进行规范的同时,作为国家扶持资金处理。

（2）拟上市、拟股权挂牌企业自进入上市辅导期之日起 3 年内(不足 3 年上市的,至上市挂牌日止),在本市行政区域内自建自用的生产性建设项目,经同级政府同意,可给予城市基础设施配套费 50% 的减免。

（3）企业在沪深证券交易所(含主板、中小板及创业板)首发上市后,市政府给予企业法定代表人一次性奖励 100 万元;在境外证券交易所首发上市后,市政府给予企业法定代表人一次性奖励 100 万元。

（4）企业采用买壳、并购重组等资本运作方式上市,注册地迁至东营市的,市政府给予企业一次性奖励,最高不超过 100 万元。

三、2016 年 6 月 29 日,市政府印发《关于支持规模企业规范化公司制改制若干政策措施的通知》(东政发〔2016〕9 号）

《通知》规定:

（1）企业因改制而需要补缴营业税、增值税、企业所得税、个人所得税,如缴纳税款确有困难并符合税法规定的,由纳税人提出申请并经审核批准后,可暂缓缴纳相关税款。

（2）改制企业因改制增加的负担,由同级财政给予适当补偿。

（3）聘请符合省、市有关部门规定条件的中介机构产生的审计费、评估费、律师费等,由同级财政按照实际发生额的 50% 给予补助,单家企业最高补助 20 万元。

四、2020 年 1 月 7 日,市政府印发《关于加快推进企业上市挂牌工作的意见》(东政发〔2020〕1 号）

《意见》明确上市挂牌目标任务,力争到 2022 年,全市储备上市挂牌后备企业 100 家,新增上市企业 10 家以上,新增新三板挂牌企业 20 家以上。建立上市挂牌后备资源库。具体优惠政策如下:

（1）着力解决历史遗留问题。后备企业因按照上市挂牌要求进行财务规范而增加的地方财政贡献,由同级财政给予全额补助。后备企业自然人股东因盈余公积金和未分配利润等转增股本而增加的地方财政贡献,由同级财政给予全额补助。

（2）企业在沪、深证券交易所上市的,市财政给每家企业安排资金1 000万元,一次性奖励企业法定代表人（实际控制人）700万元,奖励证券公司保荐代表人300万元。企业在境外证券交易所成功上市的,市财政给每家企业安排资金600万元,一次性奖励企业法定代表人（实际控制人）600万元。企业在全国中小企业股份转让系统挂牌的,市财政给每家企业安排资金200万元,一次性奖励企业法定代表人（实际控制人）140万元,奖励证券公司项目负责人60万元。

（3）外地上市公司将注册地和主营业务迁入东营市的,市财政一次性奖励企业法定代表人（实际控制人）700万元;全国中小企业股份转让系统挂牌公司将注册地和主营业务迁入东营市的,市财政一次性奖励企业法定代表人（实际控制人）140万元。

专　栏　2020年末东营市沪深证券交易所上市公司股本市值

公司名称	总股本/亿股	市值/亿元
华泰股份	11.68	60.48
浙文互联	13.25	56.85
石大胜华	2.03	102.33
国瓷材料	10.04	452.90
宝莫股份	6.12	26.62

第十五章
企业破产

企业破产是企业改革的一种形式,鉴于东营市企业破产的特殊性及其借鉴意义,在这里专章阐述。

第一节　关于企业破产

1986年12月2日,第六届全国人民代表大会常务委员会第十八次会议通过的《中华人民共和国企业破产法(试行)》规定:企业因经营管理不善造成严重亏损,不能清偿到期债务的,依照该法规定宣告破产。

2006年8月27日,第十届全国人民代表大会常务委员会第二十三次会议通过的《中华人民共和国企业破产法》规定:企业法人不能清偿到期债务,并且资产不足以清偿全部债务或者明显缺乏清偿能力的,依照本法规定清理债务。

破产案件是指通过司法程序处理的无力偿债事件。1986年的《中华人民共和国企业破产法(试行)》所说的司法程序有2种:破产和解、清算。2006年的《中华人民共和国企业破产法》所说的司法程序包括3种:和解、重整和破产清算。

破产重整是企业破产法新引入的一项制度,是指专门针对可能或已经具备破产条件但又有维持价值和再生希望的企业,经由各方利害关系人的申请,在法院的主持和利害关系人的参与下,进行业务上的重组和债务调整,以帮助债务人摆脱财务困境、恢复营业能力的法律制度。破产重整制度作为公司破产制度的重要组成部分,已为多数市场经济国家采用。它的实施,对于弥补破产和解、破产清算制度的不足,防范大公司破产带来的社会问题,具有不可替代的作用。

企业破产是为了保障市场的健康发展,也是为了最大限度保护债权人和股东的利益,是一种进步的制度。破产是出清"僵尸企业",优化市场资源配置,促进市场经济发展的制度性安排。

企业破产是市场经济条件下优胜劣汰规律起作用的表现,是企业生态的自我修复,就像人之有生有灭、自然界之物竞天择。新建一家企业不容易,是贡献;破产一家企业更不容易,也是贡献。企业因资不抵债无法清偿到期债务而实施破产,投资人、债权人遭受了损失,职工下岗,政府失去了税源,是件不幸的事。但反过来说,企业破产后,固定资产还在,重整或清算的同时,新企业将诞生,投资人以其投入企业的资本额为限承担有限责任;基层银行因此产生的坏账到总行核销,减轻了负担;新生企业轻装上阵,安置了职工,培植了税源,投资人、债权人、职工、政府各得其所,从某种意义上说,企业破产又是一件很有意义的事。

第二节　两轮"破产潮"

建市以来,东营市出现了两轮在相对短的时间内大量企业破产的现象,姑且称其为两轮"破产潮"。究其原因,一是东营市经济发展迅猛,但由于成立时间短、基础差、底子薄,企业发展到一定阶段就会出现分化,部分企业掉队在所难免。二是宏观经济环境起伏不定,经济紧缩会带来部分企业经营困难。三是政府顺势而为引导助推企业集中实施破产。

一、第一轮"破产潮"(1998—2003 年)

依照 1986 年通过的《中华人民共和国破产法(试行)》,从 1999 年起,在全市范围内实施了比较集中的企业破产。当时的情况是近 30% 的地方国有、城镇集体企业因经营管理不善,无力清偿到期债务而实施破产清算。这些企业生产经营难以为继,大多处于停产状态,实际上造成了资源浪费,侵害了职工权益,影响了社会稳定,加重了银行负担,只有破产清算一条路可走。有利条件是当时的企业担保连锁反应相对较少,银行的破产债权核销比较容易,另外银行对破产债权经办人追责不严,属地银行部门对企业破产态度积极。这种情况下,市委、市政府审时度势,下大气力推进企业破产清算工作,我作为市体改委主任参与了第一轮企业"破产潮"的全过程。回过头来看这轮企业破产,市委、市政府决策及时高效,上级法规政策和东营实际结合得好,市中院、市直有关部门、企业配合得好,产生了全面的积极的深远的影响。

截至 2003 年 3 月末,东营市乡及乡以上一般竞争性国有、集体企业共797 家,其中 223 家实施了破产,也就是说 28% 的企业实施了破产清算。其中,全市 76 家乡及乡以上工业企业实施破产。另外,市直部门所办的 76 家实体企业大部分实施了破产清算或注销。

东营市第一次"破产潮"时期采取的是破产清算形式。破产案件依法由法院审理,破产财产由法院委托拍卖行公开拍卖,但政府的作用不可或缺。当时我作为市体改委主任,负责企业破产方案拟定、政策制定和组织推动等工作。考虑到职工安置和社会稳定等问题,开始时部分企业破产清算采取职工集资入股购买破产财产方式,当时叫破产重组,但效果不佳,不久这些重组企业又都实施了破产。我们及时进行了反思,认为虽然企业通过破产清算甩掉了债务包袱,但实际上是花钱复制旧体制,重组后的企业领导班子依旧软弱涣散,职工依旧出工不出力,银行依旧不贷款,经营管理上穿新鞋走老路,企业发展无望再次走进死胡同就成了必然。这种情况下,职工名义上就了业,实际上是隐性失业。政府没增加税收,反而贴进去不少。职工缴的股金还得视同集资款一并清偿,无清偿来源的只能由政府花钱偿付。吸取了失败的教训后,市里重新调整了思路措施,那就是"资产变现,关门走人"。企业破产财产通过拍卖行公开拍卖,不鼓励职工集体购买。在职工安置上,按不高于上年度地方企业平均职工工资收入的 3 倍发放一次性安置费,职工安置费来源为破产企业占用的国有划拨地处置所得,无划拨地的,由财政按每人 5 000 元发放。企业破产终结后,职工户口、档案、党团关系等移交所在地街道居委会。可以说,没有政府推动,企业连破产程序都进不了,破产债务清偿、职工利益保障等问题都难以有效解决。

这种破产方式属于东营独创,是解放思想敢闯敢试的产物,有其鲜明的特点：一是政府以强大的行政力量推动企业破产清算；二是套用了国家关于企业破产试点城市关于职工安置的政策，有些政策还有突破，如发放职工安置费、职工集资款视同欠发工资在第一序列清偿；三是"资产变现，关门走人"，不再搞破产重组，破产企业职工国有、城镇集体企业职工身份和政府脱钩。

这轮"破产潮"过去后，积极作用逐步显现，可谓是一举三得：一是职工获得了安置费，丢掉了幻想，实现了多种方式就业，有些人得以快速致富；二是政府维持了社会稳定，增加了新的税源；三是银行核销了坏账，实现了轻装上阵。

当然，在实施这轮企业破产过程中，也遇到了很大的困难和问题。首先是认识问题。有些人认为企业破产是砸了职工饭碗。实际上，破产企业大都早已停产停业，职工无法到企业上班，上班也无工资可发，欠发工资不能清偿，养老保险等保险费欠缴，饭碗早就砸了。有人说，企业破产导致市政府门前上访不断，影响了社会稳定。表面看，确实是这样，由企业集中破产引发的群体上访案件陡然增加，有些企业动辄出动几百人围堵市政府大楼，楼内工作人员被围在里边出不来，公安干警在艰难地维持秩序。实际上，企业破产必须经职代会或职工大会表决通过，通过破产清偿了对职工的欠发工资和欠缴的社会保险费，发放了安置费，是对职工负责的表现，是以积极主动的态度消除职工上访维权的缘由，若不实施破产，企业拖欠职工的工资和保险费会越来越多，职工上访会愈发激烈，问题也会始终无法解决。这是改革引发的阵痛，是无法避免的。这轮"破产潮"过后，再无企业破产引发的职工集体上访问题出现。

其次是法规政策问题。1996 年 7 月，国家国有资产管理局印发《关于印发〈关于城市"优化资本结构"试点国有资产管理工作的指导意见〉的通知》(国资企发〔1996〕64 号)，确定"优化资本结构"试点城市共 111 个，规定国有企业破产可以发放职工安置费，东营市不在名单之中，依规不能发放安置费。东营市坚持实事求是的原则，出台的文件中参照了国家政策，允许给职工发放安置费。再如市里的文件中有一条，破产企业职工集资款视同欠发职工工资，这和上边的政策是撞车的，但即使撞车也要变通执行，当时叫摸着石头过河，错了可以退回来，做出这样的决策即使在当时也是需要担当意识和创新精神的。

第三是组织领导问题。企业破产在当时是新生事物，国家的法律、政策也不完善，好多事情法院解决不了，离开了政府的组织领导企业破产将无法实施。当时,市政府确定由市体改委牵头配合市中院推进企业破产工作,市政府和市体改委出台了系列文件,市委组织部从市直部门抽调 108 名干部组成若干个由县级干部带队的工作组下沉到破产企业指导工作,从市直有关部门抽调了 8 名业务骨干到市中院帮助推进企业破产工作,举办了若干起企业破产培训班,我就曾经到若干企业讲解企业破产相关问题,这些都为推进这一轮企业破产工作提供了政策、宣传和组织保障。

二、企业破产零星发生(2004—2016 年)

2006 年的《中华人民共和国企业破产法》规定了企业破产司法程序包括 3 种:和解、重整和破产清算。也就是说,在 1986 年破产法规定的破产和解、清算 2 种司法程序的基础上加上了重整,但在相当长的一段时间内,东营市企业破产主要还是采取破产清算形式。

2004—2016 年,企业破产处于零星状态,没有大面积爆发。和第一轮企业"破产潮"时相比,企业破产法规政策执行要求严格了。法律层面对破产企业担保贷款处置要求严格执行法规政策,对金融机构贷款损失终身追责,也就是说金融机构坏账核销难度大了,取得金融机构对企业破产清算的支持不像以前那样容易了。在这种情况下,政府出于对当地金融生态环境的维护需要做的工作更艰巨了,实际上主导了债务处置,结果是债权人权益得到了尽可能多的保护,担保方偿债比例大了,政府直接和间接损失大幅增加。广饶凯银集团、垦利中旌威等企业的倒闭,均由政府牵头,协商债权人、担保方达成共识,平稳破产。主要做法:政府给担保企业相应的政策支持,由担保企业承接破产财产并按一定偿债比例支付债权方债权额,破产企业依法注销。通过这种方式,凯银集团 6 亿多元、中旌威 13 亿元的债务问题得以化解。债权人特别是银行损失减少,这样银行保持了较低的不良率;担保企业损失降到最低,避免了连环倒闭;市县(区)保住了良好的金融生态环境,贷款余额不断增加;企业有源源不断的资金支持,得以大力投资上项目。这段时间,由于宏观经济形势稳定,企业经营情况较好,银行又鼓励企业间采取连环担保的形式贷款,企业经营稳定,但保证贷款的占比也越来越高,给以后发生大规模企业破产埋下了伏笔。

三、第二轮"破产潮"（2017—2020 年）

2017 年之后，受宏观经济下行以及东营市企业高速发展过程中长期积累的企业杠杆率高、自主研发能力弱、产品同质化、市场竞争力差、管理能力与规模不匹配等负面因素集中暴露释放的影响，一大批企业流动性不足、经营亏损、减产停产、信用违约等问题逐步显现，形成企业债务风险。部分企业因严重资不抵债，被迫进入破产程序。破产企业呈现资产规模大、融资数额大、负债率高、担保关系复杂等特点，对全市经济运行和金融生态环境造成严重负面影响，带来巨大冲击。2017 年至 2020 年，全市法院系统共受理企业破产案件 331 件，涉及债权 2 066.57 亿元，资产 320.07 亿元。

对于这轮企业破产，地方党委政府是持审慎态度的，通过开展出险企业调研分析，对于存在严重资不抵债、经营连续亏损、银行贷款大量欠息逾期、到期债务难以偿付等问题，特别是银行等债权人对企业正常经营失去信心、企业负责人明确表达了破产意愿的企业，在综合考虑企业状况、充分听取银行机构等主要债权人意见的基础上，支持企业进入破产程序。如天信集团、大海集团、金茂纺织、胜通集团、东辰集团等企业，前期地方党委政府采取了积极的救助措施，但由于企业积重难返，亏损不断增加，资产加速流失，各类债权人的协调难度加大，与之存在互保关系的企业受到波及。这些企业已无起死回生的可能，实施破产是积极的、现实的选择。2017 年以来，先后对天信集团、大海集团、胜通集团、东辰集团、胜泰集团、信义集团等企业实施了破产重整，对昊龙集团、永泰集团、九泰集团、金山汽配等企业实施了破产清算。

企业破产过程中，处置资产是非常重要的环节，不仅关系到破产能否成功，也关系到产业能否延续、职工能否就业。主要做法是，政府支持破产资产管理人，积极引进资本实力强、管理水平高的大型企业，盘活破产企业优质资产，实现资源优化配置。2017 年以来，全市共引进德国博世马勒、韩国 SK 集团、浙江物产、四川东材科技、山东双星轮胎等 39 家企业参与重整投资和产业整合。

破产企业往往涉及一个或多个担保圈，支持企业破产很大程度上也是依法保护担保圈内的企业，防止担保企业因履行代偿责任造成风险扩散蔓延。对几家大型破产企业，在制定企业破产方案的同时，同步研究担保圈风险化解措施，商定各方认可的代偿方案，有效斩断担保关系。比如，对大海集团涉及的优质担保企业,按照担保额度15%的比例出资熔断担保关系。由市财金资产管理公司按本金的40%收购天信集团金融债权,切断天信集团与担保企业的担保关系。在胜通集团、东辰集团破产重整过程中,也设定了由担保企业按10%比例出资,斩断担保圈的方式路径。

这一轮企业破产的一个显著特点是部分企业采取了破产重整。破产重整实际上是"破"中求"立"促重生。破产重整的形式是"破",而实质是"立"。破产要使企业在市场竞争中破旧立新,得到重生,使资源得到优化利用。重整制度集中体现了破产的拯救功能,也代表了现代破产法的发展趋势。重整就是对仍然具有营运价值和营运可能的困境企业加以拯救。营运价值是企业作为营运实体的价值。破产重整的突出特点是在重整期间进行破产企业的保值和增值活动,实现破产企业的"营运价值"。《中华人民共和国企业破产法》中专门有一章是"重整"。这几年,企业破产中的重整案件逐渐增多。人民法院通过重整帮助一大批具有经营前景的企业尤其是大型企业化解风险、恢复活力。重整可以最大限度减少企业破产带来的社会震荡。企业经营面临破产,尤其是一些规模大、影响大、职工人数多的企业,停产和破产都会引起一定的社会震荡。山东胜通光学材料科技有限公司,因为母公司债务不能清偿而进入破产重整。在各方努力下,坚持"重整不停产",尽最大努力继续企业生产经营,保住了市场和客户,实现了资产保值增值,保证了重整成功。

重整实际上是对困难企业的一种法治救治方式,重整就是变资金"输血"为法治救治。重整过程中,坚持法治化原则,规范内部制度,优化管理模式,帮助企业通过重整来建立现代企业运营机制,推动企业技术升级和生产能力革新,彻底改变了过去单纯依赖资金输入的救治模式。

在企业破产实践中,还面临一些具体障碍,需要在改革中逐步突破。主要是对企业重整的条件尚不明晰,稍有不慎可能造成重整不成功,形成资源的浪费;重整企业信用修复不及时,影响其重返市场和融资等对外业务的开展;税收优惠和扶持政策落实不到位,也影响重整成效。

支持企业破产是一项系统性很强的工作,地方政府和法院必须加强协作联动。在重点破产案件审理中,创新实施了府院联动机制,市县乡三级政府分别成立了政府领导任组长,金融、公安、信访、税务、工商、财政、人社等相关部门负责人任成员的工作专班,专门负责与法院和管理人沟通配合。在重点问题决策、重大事项办理等方面形成了党委领导、政府支持、法院主办、各部门协作参与的破产案件处理综合工作机制,有效提高了企业破产案件的处置质效。2020年,市法院牵头制定《关于构建企业破产府院联动机制的推进方案》,实现府院协调联动常态化。

第三节　破产原因与启示

企业破产的原因是多方面的,就像幸福的家庭都是相似的,不幸的家庭各有各的不幸。归纳起来,起码有以下几点:

一是体制性因素。邓小平同志曾说:"制度好可以使坏人无法任意横行,制度不好可以使好人无法充分做好事,甚至会走向反面。"第一轮"破产潮"的到来有其必然性。建市10多年,国有和城镇集体中小企业数量增加较快,但总体上效益较差,突出的问题是机制不活,活力不足。若说个别企业效益不佳,是素质问题,企业普遍不景气就是体制问题,靠调班子、输点血解决不了根本问题,部分企业破产不可避免。

二是经营管理不善。相同体制下,人就成了第一要素。东营市建市时间短,没有企业人才的长期积累过程,昨天是农民,今天就成了企业负责人。企业管理人员特别是主要负责人基础差、底子薄,经营管理粗放,带来的就是经济效益低下。

三是产业政策影响。如从1999年开始,国家强令淘汰落后产能,对小玻璃、小炼油、小钢铁、小水泥等"五小"企业采取断电、取消生产许可证等措施,致使部分企业倒闭破产。2017年以来,山东省启动开展为期5年的化工产业安全生产转型升级专项行动,大批企业破产倒闭。

四是金融生态环境。进入"十三五",东营的金融生态环境急转直下,由全省最好,成为全省较差。银行资产不良率由不到5%急速升到12%以上。互相担保使得一家有难,多家牵连。银行抽贷、限贷,一时间全市企业上下叫苦连天,破产倒闭者横七竖八。

五是宏观经济形势。商品短缺时代,是个企业就能生存。高速增长时期,企业活下来相对容易。进入高质量发展时期,优胜劣汰加剧,高端、高质、高效成为追求目标。东营市的轮胎企业由于处于价值链中低端,创新不足,同质化严重,品牌效应不强,结果是倒闭增多,整合提升加速。

从企业破产至少可以得出两点启示:一是企业破产应顺势而为。东营工业是全国工业经济的一个缩影,但有一个现象是东营工业在规模增长、结构调整、质量变革、动能转换上往往比全国总体形势快半拍。就拿企业破产来说,1998—2003 年的第一轮"破产潮"就来得比全省乃至全国早。早有早的好处,劣势企业破产出清银行核销坏账相对容易,等我们将银行坏账核销完毕,大部分地区刚开始做破产清算工作。有利的是我们工业增长快人一步,遇到的趋势性、结构性困难先期到来,破产调整早走一步,经济好转也会早些到来。

东营市的第二轮企业"破产潮"来得比全国大多数地区早。2018 年以来,山东晨曦、江苏雨润、华晨、重庆力帆等企业实施破产重整,预示着新一轮的经济调整拉开序幕。这些企业破产在当地只是极个别现象,"破产潮"的出现还要再等几年。也就是说,东营的第二轮企业"破产潮"先于其他地区到来,其坏账核销将会享受到政策相对宽松的红利,因此破产出清会相对容易,关联企业的相关责任也会较快解决,等全国大规模企业"破产潮"出现,破产难度将会加大,而那时东营企业"破产潮"已经退却,经济将迎来新一轮上升期。拿东营市来看,企业"破产潮"的出现也具有从南往北的特点,经济最发达的广饶县最早出现企业扎堆破产,之后东营经济技术开发区、东营区、垦利区、东营港经济开发区跟上。随着企业破产出清进入尾声,广饶县经济率先回升,引领全市经济企稳回暖。

二是企业破产应化危为机。企业破产是市场经济条件下优胜劣汰市场规律起作用的表现,企业因经营管理不善不能清偿到期债务而破产,是无奈之举,对产业、企业生态圈是一种冲击,对金融机构来说不良资产由隐性转到显性,对政府来说减少了税源,对担保企业、供应链上的企业来说形成了损失,对职工来说丢掉了饭碗,因此说这是坏事,是危机。从另一方面讲,企业破产是一种自然而然的事,就像人有生老病死一样,企业有生有灭是常态,人类生态和企业生态都需要优胜劣汰。俗话说旧的不去,新的不来。企业破产给企业、给产业生态带来的也不全是负面影响,也有积极因素。通过企业破产,属地金融机构不良资产得以核销,股东以出资额为限承担有限责任,企业资产得以重新利用,有担保、债权关系的企业得以了断担保责任,职工合法利益得以保障,政府税收得以持续,区域产业生态得以优化。从现实情况看,破产重整让破产企业焕发了第二春。东营市根据全市产业链的需求,引进央企、国企和大型民企参与破产企业重组,帮助相关企业盘活资产,让包袱变为财富。投资 50 亿元的波鸿高速轨道交通车轮项目,引进了全球高铁轮轴制造行业巨头德国 BVV 集团的先进技术和生产工艺,与中国铁道科学研究院建立了研发中心,重新启用搁置多年的装置,占领了轨道交通设备制造的产业高端,带动了轮轴产业集群的发展。投资 5.6 亿元的东材科技光学膜项目,引入国内综合性绝缘材料研发制造龙头企业——四川东材科技集团整合原胜通集团光学膜板块,提升了项目水平,打破了全球行业市场垄断。

三是企业破产应府院联动。企业破产要经过法律程序,是一个经济问题,更是一种社会现象,必须从社会角度去认识。破产涉及大量衍生事务,比如职工安置、信用修复等,都对社会治理提出了新要求。企业破产有双重属性,没有政府的有效参与,难以顺利推进,也无法取得良好社会效果。运用法律依法推进破产程序属于法院职权范围,而社会问题的解决则属于行政管理职权范畴,需要行政机关协调推进。

府院联动是这些年推进企业破产的重要工作机制。府,就是政府;院,即法院。政府与法院协调联动,共同推进企业破产,已经成为行之有效的举措,有人形象地称之为"集千家之力,解一企之困"。东营市在两轮"破产潮"审理中都建立了府院联动机制,并且努力形成合力,共同化解破产程序中的诸多难题。企业破产时充分发挥政府职能优势,建立工作机制,加强政策支持,在法律法规框架下,利用"有形的手"解决市场缺陷,推动破产工作快速高效有序进行。

企业是社会的细胞,一些社会职能就是由企业承担起来的。当企业经营困难走到破产边缘时,承担社会职能更加困难。剥离和转移这些职能,既是企业顺利破产的条件,也是保障职工基本权益、维护社会稳定的需要。政府职能部门在这些方面发挥作用至关重要。

府院联动可以在企业破产中早期介入,给企业自救赢得时间和机遇。早期介入防止恶化是府院联动机制的一个重要功能。这主要体现在政府协调债委会发挥作用,在企业关键时期让债权人银行做到不抽贷、不压贷、不起诉、不申请执行,维护企业的经营价值,为企业救助保留必要条件。

府院联动的一个直接作用是,政府可以对企业破产提供资金支持。有些企业进入破产程序时，已经是无产可破，而且无破产费用也成为一些企业该破产而破产无法启动的重要因素。东营的做法：一是建立破产费用保障长效机制，畅通破产案件受理渠道。对企业无产可破的由市政府支付赔偿费用和职工安置资金。二是为满足债权人的受偿要求，政府安排国有投资公司出资收购部分破产财产。这种做法可能短期内造成国有资产损失，但从长期看，由于破产重整得以实施，破产企业生产经营得以继续，其后期政府收益可能高于短期损失，何况还维持了社会稳定，可以说收到了一箭双雕之效果。

专栏一　市属已终结破产程序工业企业职工工资等清偿情况

序号	企业名称	破产时间（年.月）	终结时间（年.月）	破产财产/万元 变现值	欠发工资/万元 工资	集资	欠缴养老保险费总额/万元	划拨地 亩	人均安置费/万元
1	塑料厂	2001.4	2002.2	1 467	378	201	275	60	0.9
2	家具公司	1998.8	2000.9	28.5	13.4	12	10	7.4	1.3
3	繁华工艺品公司	1998.4	2000.1	160	0	0	0	13	1
4	机械设备安装公司	1998.10	2000.3	15	9	0	6	9.8	1
5	新型建材厂	2000.3	2000.11	5	10	0	5.2	0	1.77
6	建材工业公司	2000.3	2000.6	160	35.1	1.9	10.4	21	1.77
7	乡镇企业总公司	1988.5	2000.6	166	153.3	0	100	6	1.5
8	石油化工机械厂	2000.3	2002.10	486	100	15.3	102.7	38	0.5
9	酿造厂	2000.5	2002.10	220	105	32.5	76.3	62	1.65
10	芳达植物油厂	2000.5	2001.9	287.4	108	0	16	64.6	1.65
11	饮料公司	2000.4	2001.4	165.3	66.7	0	2.08	23.31	1.65

注：统计截止时间为2003年10月31日。

专栏二　破产案例

一、天信集团破产

山东天信集团有限公司成立于 1998 年 1 月,关联企业注册资本合计约 14.8 亿元,注册地为东营经济技术开发区,业务涉及纺织、有色金属、光伏新能源、房地产、外贸、金融等,职工 3 500 余人,曾经入选中国民营企业 500 强。

从 2017 年 1 月 23 日开始,东营中院先后裁定受理了天信集团等 15 家公司的重整申请,依法指定北京大成律师事务所为重整管理人。同年 10 月 13 日,东营中院裁定天信集团等 15 家公司合并重整。根据审计评估,截至 2017 年 4 月 30 日,天信集团合并重整的 15 家关联公司账面资产总额 43.45 亿元,负债 146.05 亿元。

2018 年 4 月 20 日,天信集团破产重整召开第二次债权人会议,表决通过了天信集团重整计划(草案)。债权清偿顺序:一是有特定财产担保债权。有留债和债转股两种清偿方式:选择留债的,留债债权由持股平台公司负责清偿,在重整计划执行期内不予清偿,重整计划执行完毕后 10 年内偿还完毕,每年偿还 10%,延期清偿期间按照中国人民银行一年期存款基准利率付息,持股平台公司根据实际情况可提前偿还;选择债转股的,由债权人按照重整计划规定转为相应股权。二是职工债权。职工债权和社保债权在重整计划执行期内以现金方式全额清偿。三是税款债权。税款债权在重整计划执行期内税务机关不采取强制措施。重整计划执行完毕,根据相关法律法规的规定和税务机关的要求偿还。四是普通债权。每家普通债权人债权额 20 万元以下(含 20 万元)的部分在重整计划执行期内以现金方式全额清偿。每家普通债权人债权额超过 20 万元的部分有现金清偿和债转股两种清偿方式,由债权人选择确定。选择现金清偿的,每家普通债权人债权额超过 20 万元的部分按 6.5% 的清偿率在重整计划执行期内以现金方式清偿;选择债转股清偿的,每家普通债权人债权额超过 20 万元的部分由债权人按照重整计划规定转为相应股权。五是其他。经管理人审查确定,但尚未经债权人会议核查和法院裁定确认的债权,在法院裁定确认后,按照重整计划规定的同类债权的清偿条件获得清偿。已向管理人申报但经管理人审查暂不确定的债权以及仍在调查、公示的职工债权和社保债权,待该债权依法得到最终确认后,按照重整计划规定的同类债权清偿条件进行清偿。未依法申报的债权,重整计划执行完毕,按照重整计划规定的同类债权的清偿方式获得清偿。2018年5月22日,东营中院裁定批准山东天信集团有限公司等15家公司合并重整计划(草案),执行期限12个月。

二、大海集团破产

山东大海集团有限公司始建于1988年,关联企业注册资本合计59亿元,注册地址东营市广饶县,业务主要涉及有色金属制品生产销售、化工、纺织、新能源等领域,职工6 000余人。公司自2012年起连续多年入选中国企业500强,其中2018年列第217位,并一度位列中国民营企业500强第63位。

从2018年11月26日开始,东营中院先后裁定受理大海集团有限公司、金茂纺织化工等57家公司的重整申请,依法指定北京大成(济南)律师事务所为管理人。2019年7月24日,市中院裁定57家公司合并重整。经审计评估,截至2018年11月30日,大海集团合并重整的57家关联公司账面资产总额131.60亿元,清算评估值为50.99亿元,市场评估值为120.02亿元,负债379.13亿元。

2019年11月25日,大海集团破产重整第二次债权人会议召开,表决通过了大海集团重整计划(草案)。债务清偿方案:一是对有特定财产担保债权,按照担保物清算评估值给予优先受偿。二是对普通主债权的清偿,有三种方式供债权人选择:一是一次性10%现金清偿,清偿资金在重整计划草案通过后1个月内支付;二是10%现金清偿+35%转股或认购信托计划,清偿资金2019年年底前支付;三是10%现金清偿+未获清偿部分全额转股或认购信托计划,清偿资金不设定具体支付期限,通过未来企业经营收益或资产处置价款实现债权回收。担保圈风险化解方面,外部企业为大海集团提供担保债权的清偿,由正常经营的4家企业按其提供担保主债权金额的15%给予补偿,熔断全部担保圈。2019年12月4日,东营中院裁定批准大海集团有限公司等57家公司合并重整计划(草案),执行期2年。

三、胜通集团破产

山东胜通集团股份有限公司始建于 1997 年,注册资本合计 2.4 亿元,注册地址东营市垦利区,业务主要涉及金属制品、新材料、化工、房地产等领域,职工 2 000 余人,曾入选中国企业 500 强、中国制造业企业 500 强、中国民营企业 500 强、中国化工企业 100 强。

从 2019 年 3 月 15 日开始,东营中院先后裁定受理胜通集团等 11 家公司的重整申请,依法指定国浩律师(济南)事务所担任重整管理人。2019 年 6 月 3 日,东营中院裁定胜通集团等 11 家公司合并重整。经审计评估,截至 2019 年 3 月末,胜通集团合并重整的 11 家关联公司账面资产总额 45.86 亿元,清算评估值为 27.06 亿元,市场评估值为 52.4 亿元,负债 261.64 亿元。

2020 年 4 月 24 日,胜通集团破产重整第二次债权人会议召开,表决通过了胜通集团重整计划(草案)。债务清偿方案:一是对有特定财产担保债权,按照担保物清算评估值给予优先受偿。二是对职工债权的清偿,一次性以现金方式全额清偿。三是对税款债权的清偿,一次性以现金方式全额清偿。四是对普通债权的清偿,有三种方式供债权人选择:① 债权额 20 万元以下的,以现金方式全额清偿;② 债权额超过 20 万元的部分,按 10.16% 的清偿率以现金方式分期支付;③ 若有其他偿债资金到账,在扣除相关费用后向全体普通债权人按照未清偿完毕的债权部分同比例追加分配。担保圈风险化解方面:外部企业为胜通集团提供担保债权的清偿,按照胜通集团市级银行债委会决议,约定由正常经营的 2 家企业按其提供担保主债权金额的 10% 给予补偿,熔断全部担保圈。2020 年 5 月 31 日,东营市中院裁定批准胜通集团等 11 家公司合并重整计划(草案),执行期 2 年。

四、东辰集团破产

山东东辰集团有限公司始建于 1997 年,注册资本合计 2.1 亿元,注册地址东营市垦利区,主要有石油化工、生物化工、房地产、节能设备等板块,员工近 900 人,曾入选中国制造业企业 500 强、中国民营企业 500 强、中国电气工业 100 强、山东企业 100 强。

从 2019 年 3 月 15 日开始,东营市中院先后裁定受理山东东辰集团有限公司等 11 家公司的重整申请,依法指定北京德衡(济南)律师事务所担任重整管理人。2019 年 6 月 3 日,东营市中院裁定东辰集团有限公司等 11 家公司合并重整。经审计评估,截至 2019 年 3 月末,东辰集团合并重整的 11 家关联公司账面资产总额 33.16 亿元,清算评估值 18.67 亿元,市场评估值 33.72 亿元,负债 114.77 亿元。

2020 年 5 月 12 日,东辰集团破产重整第二次债权人会议召开,表决通过了东辰集团重整计划(草案)。债权清偿方案:一是对有特定财产担保债权,① 生物医药板块,有现金清偿和全额债转股两种选择方式;② 石油化工板块,有 30% 现金清偿 + 70% 留债、50% 现金清偿 + 50% 债转股、全额债转股三种选择方式;③ 诺德仓储板块和非核心资产,有整体资产抵押、实际变现价值范围内优先清偿、全额债转股三种选择方式;④ 机电板块和橡胶化工板块,以担保财产的实际变现价值为限优先受偿。二是对职工债权的清偿,在法院裁定批准重整计划 6 个月内清偿完毕。三是对税款债权的清偿,在重整执行期内清偿。四是对普通债权的清偿,债权额 5 万以下的,全额清偿;债权额在 5 万至 10 万的,按 60% 的比例清偿;债权额在 10 万以上的,有现金清偿、现金清偿 + 债转股/信托计划两种方式。2020 年 6 月 9 日,东营中院裁定批准东辰集团有限公司等 11 家公司合并重整计划(草案),执行期 1 年。

第十六章
进出口总额跃居全省前列

第一节 关于对外贸易

改革开放是党的一次伟大觉醒。"对内改革、对外开放"是中国的一项基本国策。实际上,开放也是改革,对外开放也是对外改革,开放是最大的改革。开放是中国经济腾飞的一个秘诀,其中对外贸易是对外开放的重要内容。

经过 40 多年的改革开放,我国从打开国门到全方位开放,从以制造业领域为主的开放到以服务贸易领域为重点的开放,从以货物和服务为重点的流动型开放到制度型、结构性开放,从经济全球化的参与者到经济全球化的推动者,走出了一条令世界瞩目的新型开放大国之路。当前,面对世界百年未有之大变局,我国坚持全面深化改革开放,正以高水平开放推动形成新时代改革发展的新格局。

对外贸易亦称"国外贸易"或"进出口贸易",简称"外贸",是指一个国家(地区)与另一个国家(地区)之间的商品、劳务和技术的交换活动。这种贸易由进口和出口两个部分组成。对运进商品或劳务的国家(地区)来说,就是进口;对运出商品或劳务的国家(地区)来说,就是出口。

在全球贸易和跨境投资大幅萎缩的情况下,2020 年我国货物进出口总额创历史新高,达到 321 557 亿元。其中,货物出口 179 326 亿元,进口 142 231 亿元,进出口相抵,顺差为 37 096 亿元,成为全球唯一实现货物贸易正增长的

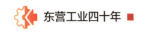

主要经济体。

发展对外贸易的作用具体体现在 4 个方面：一是发展对外贸易可以互通有无、调剂余缺，实现资源的优化配置。二是可以节约社会劳动，取得较好的经济效益。三是可以吸收和引进世界先进的科技成果，增强经济实力。四是可以促进国内企业不断更新技术，提高劳动生产率和产品的国际化水平。

数据显示，中国大陆（不含港澳台）货物服务出口在 2011 年以前多年占GDP 的 30％左右，最高的 2005 年占比达 37％，也就是说很大程度上中国是靠着向全世界尤其北美、欧洲发达国家出口，才保持了近 20 年的经济繁荣。自 2001 年中国入世以来的 20 年里，对外贸易可以说是中国经济繁荣的核心支柱，是承重墙。即便 2012 年之后，出口额占 GDP 比重出现显著下降，但到2016—2019 年，每年仍然占到 20％左右，这个比例完全是外需带来的经济支撑。

别的不说，就说 3 项关乎国计民生的重要战略物资。中国现在对进口依赖到了什么程度呢？首先是粮食。从 2014 年我国粮食进口突破 1 亿吨后，2018、2019 年都在 1 亿吨以上，其中大豆、玉米主要来自美国。其次是石油。中国经济繁荣的同时也使得中国取代美国，成为全世界最大的石油进口国。2020 年，中国从国际上进口了约 54 239 万吨石油。再次是芯片。2020 年中国芯片的进口额攀升至近 3 800 亿美元，约占国内进口总额的 18％，全世界每年芯片产量的 60％以上都被中国买走了。

再看留学生。2020 年，中国留学生在美国 36.9 万人，英国 12 万人，加拿大 14 万人，澳大利亚 26 万人，日本 12.4 万人，韩国 7 万人，这 6 个国家的中国留学生就有 108.3 万人。

仅以上数字就可看出对外开放有多么重要。

2020 年，中央提出"加快构建以国内大循环为主体、国内国际双循环相互促进的新发展格局"。在"十四五"规划和 2035 年远景目标纲要中，"新发展格局"贯穿全文。规划纲要提出，全面提高对外开放水平，推进贸易和投资自由化便利化，持续深化商品和要素流动型开放，稳步拓展规则、规制、管理、标准等制度性开放。这是中国对外开放指导思想的重大转变。流动型开放，强调商品和要素的自由流动，通过打通国内外市场，让商品和要素在全球根据市场规律充分流转实现最优配置。而制度型开放是一种更高水平的开放，要求更加注重与国际高标准市场规则体系的对接。实现从商品和要素流动型开放向制度型开放升级,推进规则、规制、标准、管理等制度性开放,是形成以服务贸易为重点高水平开放新格局的基本需求,意味着中国将实施更大范围、更宽领域、更深层次的开放,更好地参与国际经济合作,争取扩大开放的主动权、话语权。"双循环""制度型开放"要求东营市对外贸易、利用外资、对外投资将进入一个更高水平的新阶段。

第二节　进出口贸易

东营市进出口贸易呈现四大特点:一是规模快速膨胀。1986 年全市出口商品收购值为 6 540 万元。从进出口统计方式发生变化的 1996 年算起,是年全市实现进出口总值 0.40 亿美元,其中进口 0.29 亿美元,出口 0.11 亿美元。2000 年前,进出口总值位列全省倒数第一。2020 年实现进出口 194.49 亿美元,在全省列第六位,其中进口 66.32 亿美元,出口 128.17 亿美元。和 1996 年相比,进出口总额增长 485 倍,进口总额增长 228 倍,出口总额增长 1 164 倍。二是品类快速增加。从出口看,1999 年以前,出口商品以农副食品、纺织品、手工制品等初级产品为主,档次低,出口总量小,一直处于全省各地市排名的末位。工业品出口,1986 年只有沥青 1 种,收购值为 69.98 万元。2020 年,出口商品规模排在前三位的是橡胶轮胎、化工产品、石油装备。从进口看,2008 年,进口额排在前四位的是铜材、燃料油、废纸、天然橡胶。2020 年,进口额排在前七位的是原油、合成橡胶、铜及其制品、原料油、天然橡胶、纸浆、矿砂。三是出口工业品附加值有所提高,但仍然偏低。1988 年,全市工业品出口 8 个品种,分别是沥青、纯碱、卫生纸、油毛毡、有光纸、铸铁件、盖板、拉手,附加值很低。到后来,出口的轮胎、石油装备、化工产品的技术含量和附加值有所提高,但仍然偏低。四是进口商品质量提高。长期以来,东营市地炼企业靠进口燃料油维持生产。作为炼化企业生产的主要原料,燃料油质次价高,东营市地炼企业长时间靠吃"粗粮"和吃"细粮"的"三桶油"竞争。从 2015 年开始,有加工使用进口原油资质的企业由 3 家增加到 2020 年的 16 家,获准使用进口原油指标由 878 万吨增加到 3 735 万吨,有力地助推东营地炼企业高质量发展。

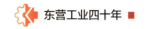

一、1995 年前的外贸收购

东营建市前，域内主要出口商品长期以农副土特产品和原料商品为主。1986 年前，东营市工业品的外贸收购值接近零。1986 年，工业品出口收购只有沥青 1 种，收购值为 69.98 万元，占当年出口商品收购总值的 1.07%。1987 年，工业品出口收购除沥青外新增轻工类卫生纸、罗汉帽 2 种，收购总值为 87.93 万元。随着改革开放的逐步深化，东营市工业生产不断发展，工业品出口收购随之有较快增长。1988 年，全市工业品出口收购增至三大类（化工、轻工、五矿）8 个品种（沥青、纯碱、卫生纸、油毛毡、有光纸、铸铁件、盖板、拉手），收购总值 467.54 万元。1989 年，工业品出口收购有所下降。翌年即有迅猛增长，共有商品四大类（轻工、纺织、五矿、化工）12 个品种（卫生纸、油毛毡、有光纸、毛笔头、管件、法兰盘、铸铁盖板、光六角帽、棉布、服装、棉纱、沥青），收购总值 1 374.35 万元，占当年出口商品收购总额的 10.5%。此后，工业品出口收购仍逐年增加。至 1995 年，工业品出口收购增至七大类（医保、五矿、轻工、建材、化工、纺织、服装）17 个品种（肝素钠、法兰盘、窗纱、小五金、铸铁件、水泥、卫生纸、球具、工作鞋、球网、盐基青莲 2B、棉纱、棉布、漂白布、睡衣、工作包、服装），收购值为 18 287 万元。

二、1995 年后的进出口

1996 年，国家改革出口统计制度，不再统计出口商品收购额，进出口数据以海关统计为准，并反馈到各地方政府，以便于指导外经贸工作。是年，全市实现进出口总值 3 946 万美元，其中出口 1 076 万美元，进口 2 870 万美元。1997 年末，全市有外贸企业 18 家，职工 521 人。1998 年初，亚洲金融危机爆发，当年，外贸出口不但没有下滑，反而同比增长 61.77%。

20 世纪 90 年代末，中国面临加入世贸组织，国家调整外贸经营战略，原有纯流通型外贸企业生存条件丧失，企业负债日趋严重，最终导致全面破产；但生产型企业获得自营进出口权后，迅速发展，成为出口创汇的主力军。截至 1999 年底，东营市获自营进出口权企业增至 28 家，实现进出口总值 6 367 万美元，新的外经贸格局基本形成。面对中国加入世贸组织谈判进程加快的新形势，1999 年底，市委、市政府作出在全市实施"大开放、大招商"和经济国际化战略的重大决策，并相继出台一系列政策措施，促进对外经贸工作的开展。

2000 年,全市共完成进出口总值 10 445 万美元,首次超过菏泽地区,位居全省第 16 位,一举甩掉建市以来戴了多年全省倒数第一的"帽子"。

2001 年,全市完成进出口总值 3.6 亿美元,同比增长 244.65%;进出口总值和出口总值两项均居全省第 11 位,进口总值居全省第九位,全市进出口贸易额首次达到全省中游水平。东营市外经贸局和山东大海集团、东营科英激光电子有限公司分别获得山东省"2001 年度出口创汇先进单位"称号。同年,东营市又有 30 家企业获得自营进出口权,获自营进出口权企业累计增至 86 家。

2002 年,全市完成进出口总值 5.19 亿美元,同比增长 44.17%。又有 55 家企业获得自营进出口权。

2003 年,由于发生伊拉克战争,国内发生严重"非典"疫情,外经贸工作遇到前所未有的困难。这年东营市又有 66 家企业获得自营进出口权,获得自营进出口权企业增至 207 家。东营市连续 2 年被省政府授予"外经贸先进市"称号。

2004 年,中国新的对外贸易法修订案颁布实施,将外贸经营权的行政审批改为登记备案制度,进一步释放了外经贸潜力。东营市进出口总值首次突破 10 亿美元大关。工业制成品出口值 56 488 万美元,占出口总值的 93.27%;出口过百万美元的企业有 42 家,出口过 500 万美元的商品有 11 种。对外贸易不仅实现量的扩张,而且达到质的飞跃。

2005 年,全市获得进出口经营资格的企业达到 429 家,当年实现出口业绩的企业有 184 家。工业制成品出口量进一步提高,占出口总值的 95.6%。出口过千万美元的企业有 12 家,进口过千万美元的商品有 7 种。

2008 年,全市实现进出口总值 41.19 亿美元,全省排名第七位,同比增长 55.32%,增幅居全省第四位。

2009 年,全市实现进出口总值 39.60 亿美元,比上年下降 3.9%。

2010 年,全市实现进出口总值 79.60 亿美元,进出口增幅连续 12 个月列全省首位,总量从 2009 年的第八位上升到第六位。首次入围全国外贸百强城市,排名第 52 位。

2011 年,全市进出口总值首次突破百亿美元大关,达到 102.2 亿美元,成为全省第七个进出口过百亿美元的城市。

2012 年,全市完成进出口总值 123.70 亿美元,比上年增长 20.7%。

2013 年,全市实现进出口总值 131.48 亿美元,居全省第 6 位。

2014 年,全市完成进出口总值 132.56 亿美元,居全省第 6 位。

2015 年,全市完成进出口总值 129.12 亿美元,同比下降 2.6%,分别高出全国和全省平均水平 5.7 个和 10.4 个百分点,总量列全省第六位。

2016 年,全市完成进出口总值 995.9 亿元,同比增长 24.7%,分别高出全国和全省平均水平 25.6 个和 21.2 个百分点,总量列全省第五位。

2017 年,全市完成进出口总值 1 312 亿元,同比增长 31.7%。

2018 年,全市完成进出口总值 1 627.94 亿元,同比增长 24.1%。

2019 年,全市完成进出口总值 1 629.15 亿元,列全省第四位。经济外向度 55.9%,居全省第一位。位居 2019 年"中国外贸百强城市"第 40 位,省内仅次于青岛、烟台。

2020 年,全市完成进出口总值 1 344.34 亿元,同比下降 17.5%,总量居全省第六位。

（一）出口

东营市自营进出口业务自 1994 年起步。

1996 年,全市出口 1 076 万美元,同比增长 51.63%。1999 年前,东营市出口商品结构和市场结构没有大的变化。商品以农副食品、纺织品、手工制品等初级产品为主,档次低;出口市场以亚洲市场为主,占整个出口份额的 80% 以上,市场单一,对亚洲市场依赖性强;出口总量小,一直处于全省各地市排名的末位。

2000 年,全市实施大开放战略,当年新获得自营进出口权企业 28 家,累计增至 54 家,全市出口 7 487 万美元,同比增长 204.60%,增幅居全省各地市首位,高于全省平均水平 190 个百分点,首次超过菏泽地区,位居全省第 16 位。开展进出口业务的企业 51 家,比上年增加 12 家。出口大户增多,首次出现出口总值超过 1 000 万美元的企业 3 家:山东大海集团有限公司出口 1 890 万美元,比上年增长 369%;东营市天信纺织有限公司出口 1 313 万美元,同比增长 401%;广饶县进出口公司出口 1 099 万美元,同比增长 488%。

2001 年,全市出口 18 177 万美元,同比增长 142.78%,比全省平均水平高出 126.1 个百分点,增幅继续居全省各地市首位。出口额居全省第 11 位,首次进入全省中游水平。出口商品结构明显改善,工业制成品出口同比增长好于原料型初级产品。

2003年,广饶县成为东营市第一个出口过亿美元县,东营经济技术开发区成为山东省出口过2亿美元的8个开发区之一。出口商品结构进一步优化,其中工业制成品出口40 874万美元,占比92.11%,比重不断上升;初级产品出口3 502万美元,占比7.89%,比重不断下降。出口过百万美元的企业有42家。出口过亿美元的商品有2个类别(激光头、纺织纱线织物及制品),出口过千万美元的商品有7个品种。

2006年,石油机械设备出口2.3亿美元,同比增长85%,比重为20%;橡胶轮胎出口2.3亿美元,同比增长124%,比重为21%。出口过千万美元的企业28家,比上年多10家。全市出口112 083万美元,同比增长31.17%。东营市年度出口首次突破10亿美元大关。

2009年,受国际金融危机及石油价格下降等因素影响,出口出现自1996年以来首次下滑,全市出口总额17.55亿美元,同比下降11%。

2011年,全市出口43.52亿美元,同比增长58.05%,居全省各地市第2位。从贸易方式看,完成加工贸易出口30.6亿美元,同比增长72.4%;一般贸易出口11.3亿美元,同比增长33.8%;其他贸易出口1.62亿美元,同比增长20.9%。

2012年,市政府出台《关于促进全市对外贸易稳定增长的意见》。全市出口49.91亿美元,同比增长14.32%,增幅连续12个月列全省首位,分别高于全国、全省平均增幅8.1个、11.9个百分点。从贸易方式看,完成加工贸易出口34.7亿美元,一般贸易出口13.7亿美元,其他贸易出口1.51亿美元。

2013年,全市出口58.1亿美元,同比增长16.44%。从企业看,全市有出口业绩的企业363家,市场遍及全球192个国家和地区,其中出口过亿美元企业13家,过千万美元企业69家。永盛集团、科瑞石油装备、山东昌丰轮胎居出口前三位,分别完成5.5亿美元、5.39亿美元、3.86亿美元,同比分别增长12.1%、20.3%、3%,合计占全市出口份额的25.42%。从贸易方式看,完成加工贸易出口38.9亿美元,一般贸易出口18.3亿美元,其他贸易出口0.9亿美元。从出口市场情况看,对亚洲出口22.5亿美元,对欧洲出口10.1亿美元,对北美出口11.1亿美元,对非洲出口5.9亿美元。从重点出口产品看,轮胎出口36.2亿美元,石油机械设备出口8.6亿美元,电器电子类产品出口1.23亿美元,纺织服装出口1.65亿美元。

2014年,全市完成出口60.95亿美元,总量列全省第5位。

2015年,全市完成出口49.68亿美元,同比下降18.5%,总量列全省第八位。

2016年,全市完成出口301.7亿元,同比下降2%,总量列全省第八位。

2017年,全市完成出口334.3亿元,同比增长10.8%。

2018年,全市完成出口368.98亿元,同比增长10.4%。从重点出口商品看,橡胶轮胎出口200.5亿元,增长11.0%;化工产品出口41.23亿元,增长6.6%。

2019年,全市完成出口342.76亿元,同比下降7.1%。从贸易方式看,加工贸易出口107.03亿元,下降29.6%;一般贸易出口211.28亿元,增长7.3%。从重点出口商品看,橡胶轮胎出口195.41亿元,下降2.6%;石油装备出口30.81亿元,下降5.2%;化工产品出口39.30亿元,下降4.6%;汽车零部件出口13.59亿元,下降19.7%;电解铜出口4.8亿元,下降70.8%。

2020年3月23日,市政府办公室印发《进一步促进外贸稳定增长政策措施》(东政办字〔2020〕14号)。针对受新冠疫情影响,全球外需出现短期性下降,对外贸易形势较为严峻,提出了"稳外贸"的12项具体措施。是年,全市完成出口455.34亿元,同比增长33%。从贸易方式看,加工贸易出口99.18亿元,下降7.3%;一般贸易出口328.26亿元,增长55.4%。从重点出口商品看,橡胶轮胎出口176.21亿元,下降9.8%;石油装备出口34.14亿元,增长10.8%;化工产品出口44.97亿元,增长14.4%。

（二）进口

1996年,全市进口2 870万美元。

2000年,全市进口2 958万美元。

2001年,全市进口贸易业务迅速发展,达到1.78亿美元,首次突破1亿美元大关。此后每年都上一个新台阶,至2006年增至7.59亿美元。

2007年,全市进口贸易再创新高,突破10亿美元大关,达到12.51亿美元。

2008年,全市进口21.47亿美元,同比增长71.62%,增幅在全省各地市排名第四位。从进口商品看,铜材进口4.13亿美元,同比增长81.5%;燃料油进口 3.88 亿美元,同比增长 2.84 倍;废纸进口 3.26 亿美元,同比增长 48.5%;天然橡胶进口 2.41 亿美元,同比增长 65.3%;机械及设备进口 1.34 亿美元,下降 27.2%。

2009 年,全市进口 22.05 亿美元,同比增长 2.70%。从重点进口市场看,主要来自东盟、美国、独联体、东欧、欧盟、中东、日本、韩国等国家和地区。

2010 年,全市进口 52.02 亿美元,同比增长 135.92%。

2011 年,全市进口 58.59 亿美元,居全省第五位,同比增长 12.63%。从进口商品看,矿砂进口 10.9 亿美元,同比增长 66.8%;铜材进口 9.96 亿美元,同比下降 19.6%;天然橡胶进口 8.56 亿美元,同比增长 63%;复合橡胶进口 3.1 亿美元,同比下降 11.5%;燃料油进口 4.83 亿美元,同比下降 0.3%;机械及设备进口 1.79 亿美元,同比下降 76.8%。

2012 年,全市进口 73.86 亿美元,同比增长 26.06%,增幅列全省第四位。

2013 年,全市进口 73.45 亿美元,同比下降 0.56%。

2014 年,全市进口 71.6 亿美元,总量列全省第四位。

2015 年,全市进口 79.44 亿美元,同比增长 10.9%,总量列全省第四位。

2016 年,全市进口 694.2 亿元,总量列全省第三位。垦利石化、利华益、亚通石化、天弘化学争取国家原油非国营贸易进口允许量和进口资质,合计获得配额 918 万吨,全年完成原油进口 212.7 万吨。

2017 年,全市进口 977.7 亿元。炼化企业获得 2017 年度原油进口允许量 2 247 万吨,年内全市进口原油 2 300 万吨,拉动全市进口增幅 40 多个百分点。

2018 年,全市进口 1 258.97 亿元。

2019 年,全市进口 1 286.39 亿元。

2020 年,受新冠疫情影响,全市进口 889.00 亿元,同比下降 30.9%。进口商品主要包括:原油进口 758.8 亿元,下降 33.3%;合成橡胶进口 11.6 亿元,增长 38.2%;铜及其制品进口 7.2 亿元,下降 90.7%;原料油进口 10 亿元,增长 44.3%;天然橡胶进口 12.6 亿元,增长 58.3%;纸浆进口 7.1 亿元,增长 20.2%;矿砂进口 6.1 亿元,下降 84%。

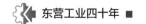

第三节　利用外资

东营市十分重视利用外资工作,不断加强组织领导,优化利用外资环境,对利用外资给予了大量的人力物力财力支持。随着本土企业逐步成长壮大,利用外资工作也呈加快之势。华泰集团等企业通过合资合作吸引外资,起到了筹集资金、引进先进技术和设备、嫁接外方先进管理经验的作用,促进了企业发展。但从总体上看,东营市利用外资还存在着外资规模小、外企中具有国际影响力的企业少、嫁接改造成效有待提高等问题。在迈向高质量发展的今天,利用外资工作需要大幅加强,将其锻造成经济发展的长板。

建市初期,东营地方工业基础相对薄弱,利用外资工作起步较晚。1988年6月,市政府颁发《东营市发展外向型经济实施办法(试行)》,鼓励外商投资。同年9月,首家中外合资企业经省外经贸委批准成立,即由东营市南郊畜牧场和加拿大北美皮毛公司合资兴办的东营加美养狐有限公司,项目总投资69.1万美元,外方投资17.3万美元。此后几年,东营市利用外资工作发展仍较缓慢。

1989—1990年,先后有2家合资企业成立,即东营繁华工艺品有限公司和东营丽利草酸有限公司,项目总投资分别为48万美元、36万美元,利用外资分别为19.2万美元和9万美元。

1991年,全市利用外资工作有所发展,共有6家合资企业成立,总投资1 167.3万美元,合同利用外资444万美元,当年实际利用外资66万美元。

1992年,全国改革开放的步伐加快,山东省外经贸委将符合国家产业政策、总投资1 000万美元以下的"三资"企业审批权下放到各地市,市委、市政府出台一系列鼓励外商投资的政策性文件,全市利用外资工作得以迅猛发展。是年,全市审批成立"三资"企业81家,项目总投资13 396.6万美元,合同利用外资4 845.3万美元,实际利用外资319万美元。其中,合同利用外资过百万美元的企业8家,合同利用外资额最大的为748万美元。

1993年3月,东营市被国务院批准列入沿海经济开放区,享受国家对沿海经济开放区实施的一系列优惠政策,利用外资工作继续发展。全市共批准成立"三资"企业109家,总投资17 215万美元,合同利用外资6 306万美元,实际利用外资 1 845 万美元。其中,合同利用外资额过百万美元的企业 11 家。

1994 年,国家实行宏观调控政策,压缩基建规模,调整"三资"企业税收政策,利用外资工作受其影响,项目有所减少,但项目规模和实际利用外资额仍保持上升的势头。是年,全市审批成立"三资"企业 48 家,项目总投资 10 742.4 万美元,合同利用外资 4 677 万美元,实际利用外资 2 500 万美元。是年,东营康普家具装饰材料有限公司成立,是中德合作创建的中密度纤维板生产企业,注册资本 1 680 万马克(约合人民币 9 744 万元)。其中,东营市纤维板筹建处投资 1 310 万马克(约合人民币 7 598 万元),占 78%;德国辛贝尔康普公司投资 370 万马克(约合人民币 2 146 万元),占 22%。

1995 年,全市批准成立"三资"企业 33 家,总投资 5 119.9 万美元,合同利用外资 2 381.8 万美元,实际利用外资 988 万美元。

至 1995 年底,全市共有省、市外经委审批成立的"三资"企业 280 家,总投资 47 794.3 万美元,合同利用外资 18 699.6 万美元,实际利用外资 5 763.5 万美元。其中,132 家企业投产,1995 年完成总产值 5.4 亿元,利税 6 285 万元,出口创汇 903 万美元。全市 280 家"三资"企业中,有工业企业 174 家。

1992—1995 年,外商投资方式始终以"中外合资"为主。1992 年,成立中外合作企业 1 家、外商独资企业 5 家;1993 年,成立中外合作企业 4 家、外商独资企业 9 家;1994 年,成立中外合作企业和外商独资企业各 1 家;1995 年,成立中外合作企业 3 家、外商独资企业 7 家。280 家"三资"企业中,中外合资企业 249 家、中外合作企业 9 家、外商独资企业 22 家。

1996 年,新批成立"三资"企业 27 家,合同利用外资 2 902 万美元,实际利用外资 2 089 万美元。

1997 年,批准成立"三资"企业 15 家,合同利用外资 3 293 万美元,实际利用外资 3 101 万美元。

1998 年,批准成立"三资"企业 14 家,合同利用外资 1 814 万美元,实际利用外资 3 471 万美元。

1999 年,市委、市政府作出实施"大开放、大招商"的战略决策,并成立招商工作机构,制定一系列招商引资优惠政策,加大市内外招商宣传力度,形成全民招商热潮。是年,新批外商投资企业 12 家,合同利用外资 2 390 万美元,同比增长 31.8%;实际利用外资 3 852 万美元,同比增长 11%。

2000 年,市政府建立"一站式"服务大厅,投资软环境进一步改善。是年,新批外商投资企业 62 家,实际利用外资 4 266 万美元。东营科英激光电子有限公司(DKC)成立于 2000 年 8 月,是科达集团的子公司,属省级高新技术企业,公司与日本三洋电机株式会社(SANYO)合作开展加工贸易,生产具有国际先进技术水平的激光头及相关电子产品,是中国进出口 500 强企业。

2001 年 4 月 1 日,联合国工业发展组织(UNIDO)确认东营市为"国际绿色产业示范区"。是年,新批外商投资企业 35 家,合同利用外资 6 863 万美元,实际利用外资 4 745 万美元。

2002 年,新批外商投资企业 38 家,合同利用外资 9 342 万美元,实际利用外资 8 102 万美元。

2003 年,克服国内发生"非典"疫情、国际上发生伊拉克战争产生的负面影响,新批外商投资企业 68 家,合同利用外资 23 310 万美元,同比增长 149.5%;按新口径(即只统计外商直接投资。老口径含:外商直接投资、外国政府贷款、企业国外贷款等数据)统计实际利用外资 17 034 万美元,同比增长 110.2%。

2004 年,新批外商投资企业 66 家,合同利用外资 25 446 万美元,实际利用外资 20 172 万美元。

2005 年,新批外商投资企业 69 家,合同利用外资 34 988 万美元,实际利用外资 11 569 万美元。

2006 年,新批外商投资企业 41 家,合同利用外资 19 870 万美元,实际利用外资 13 933 万美元。

2007 年,新批外商投资企业 38 家,合同利用外资 19 784 万美元,实际利用外资 16 717 万美元。

2008 年,受美国次贷危机影响,全球发生经济危机,从金融业迅速蔓延到实体经济,利用外资面临困难局面。是年,新批外商投资企业 25 家,合同利用外资 18 475 万美元,实际利用外资 17 961 万美元。

2009—2011 年,全市新批外商投资企业 56 家,合同利用外资 70 130 万美元,实际利用外资 51 516 万美元。10 月 7 日,华泰股份全资子公司东营协发化工有限公司与世界知名化工医药企业比利时索尔维集团签署合资合同,双方将在山东东营成立合资经营公司——山东华泰英特罗斯化工有限公司,共同建设年产能为 5 万吨的双氧水项目。此次合资项目总投资 2 950 万美元，双方分别以现金和实物进行出资，各占 50% 股权。

2012 年，全市新批外商投资企业 21 家，合同利用外资 23 000 万美元，实际利用外资 16 200 万美元。

2013 年，全市新批外商投资企业 19 家，合同利用外资 25 925 万美元，实际利用外资 21 333 万美元。

2014 年，全市实际利用外资 2.15 亿美元。

2015 年，全市新批外商投资企业 10 家，合同利用外资 15 740 万美元，实际利用外资 22 194 万美元。

2016 年，全市新批外商投资企业 7 家，合同利用外资 4 641 万美元，实际利用外资 22 304 万美元，其中澳亚乳制品项目到账外资 6 000 万美元。

2017 年，全市新设外商投资企业 12 家，合同利用外资 10 亿元，同比增长 215.6%；实际到账外资 15.8 亿元，增长 6.3%。

2018 年，全年新批外商投资企业 13 家，合同利用外资 9 851 万美元，实际利用外资 15 775 万美元。

2019 年，全年新批外商投资企业 35 家，合同外资 60 501 万美元，实际利用外资 24 385 万美元。

2020 年，利用外资统计数据大幅增加，全年新批外商投资企业 64 家，合同利用外资 16.58 亿美元，实际利用外资 4.45 亿美元。

截至 2020 年底，东营现存外商投资企业 245 家，合同利用外资 355 451.6 万美元，外商直接投资 179 800.6 万美元。有合资企业 116 家、合作企业 5 家、独资企业 120 家。合资企业合同利用外资 141 419.4 美元，外商直接投资 70 778.2 万美元；合作企业合同利用外资 308.7 万美元，外商直接投资 288.6 万美元；独资企业合同利用外资 210 243.9 万美元，外商直接投资 106 108.3 万美元；股份制企业合同利用外资 3 479.5 万美元，外商直接投资 2 625.5 万美元。按行业分，制造业项目最多，有 102 个，合同利用外资 124 505.9 万美元，实际利用外资 65 560.8 万美元。

第四节　境外办企业

伴随着对外贸易的开展,东营企业加快了"走出去"步伐,从石油装备、轮胎到高新技术产业递次展开,但总体上讲,境外办企业的规模尚小,技术含量不高,影响力不大。

1997年,东营维尔兰石油技术服务有限公司、胜利油田胜大集团分别在印度尼西亚和美国兴办企业,2家企业都是合资公司,合同投资总额分别是40万美元、15万美元。

1999年,山东大明恒泰塑料建材有限公司、胜利油田胜大集团总公司和胜利油田大明(集团)股份有限公司在美国兴办企业3家。

2000年,胜利油田大明(集团)股份有限公司在南非独资兴办1家企业,主要生产销售PVC塑料异型材等建材产品。

2001年,胜利油田宏发新技术有限责任公司在阿尔及利亚兴办1家企业。

2003年,胜利油田方圆科工贸有限责任公司与东营金川水土环境工程有限公司合资在巴拿马兴办1家企业,主要从事渔业捕捞业务。

2004年,东营美能石油技术服务有限公司、东营大齐工贸有限责任公司、山东三阳纺织集团有限公司分别在新西兰、印度尼西亚和中国香港特别行政区兴办企业,共计3家。

2005年,胜利油田方圆科工贸有限责任公司、胜利油田国际石油开发投资有限公司、东营光正化工有限责任公司、山东科瑞石油装备有限公司分别在哈萨克斯坦、玻利维亚、巴西兴办企业,共计4家。

2006年,山东万达电缆有限公司、山东科瑞石油装备有限公司、东营胜利石油技工贸公司、胜利油田东胜精攻石油开发集团股份有限公司分别在印度尼西亚、哈萨克斯坦、阿尔及利亚和蒙古国兴办企业,共计4家。

2007年,山东大海集团有限公司、华泰纸业股份有限公司、胜利油田孚瑞特石油装备有限责任公司分别在智利、柬埔寨和美国投资兴办境外企业,共计4家。大海集团在柬埔寨设立大海纺织有限公司,主要从事各类高档织物面料的生产销售,项目投资额2 003.7万美元。这是东营市首家境外协议投资额1 000万美元以上的项目。

2008年起,东营市境外投资企业迅速壮大。胜利油田高原石油装备有限公司、山东金宇轮胎有限公司、东营方圆有色金属有限公司、山东科瑞控股集团有限公司、东营金茂铝业高科技有限公司、山东大海集团有限公司、山东永泰化工集团有限公司、山东利津雅美纺织有限公司、山东国能石化进出口有限公司、山东黄河宜林木制品有限公司、山东万达电缆有限公司在美国、阿联酋等国家和中国香港特别行政区兴办企业11家,增资1家。

2009年,山东万达电缆有限公司、胜利油田胜利泵业有限责任公司、山东科瑞石油装备有限公司等企业在印度尼西亚、委内瑞拉、叙利亚等国家和地区投资兴办企业21家。

2010年,兴源轮胎集团有限公司、盛泰集团有限公司、山东陆海钻采科技有限公司等企业在土库曼斯坦、印度尼西亚等国家和中国香港特别行政区投资办厂17家,增资1家。新设企业中,有石油装备及化工企业11家、机电加工企业2家、橡胶轮胎企业2家,资源开发类项目2个。

2011年,山东万通石油化工集团有限公司、盛泰集团有限公司、山东科瑞石油装备有限公司等企业在美国、乌兹别克斯坦、厄瓜多尔等国家和中国香港特别行政区兴办企业16家,增资1家。

2012年,山东陆海钻采科技有限公司、山东万达电缆有限公司、山东山泰集团有限公司等在阿联酋、厄瓜多尔、德国等国家兴办企业14家,增资2家。

2013年,是建市后截至目前东营企业到境外投资办厂最多的一年。山东科瑞石油装备有限公司、万达控股集团有限公司、山东永泰化工集团有限公司等企业在土耳其、加蓬、美国等国家兴办企业23家,增资4家。山东永泰化工集团有限公司投资3 754万美元与泰尔(英国)有限公司合资收购英国考文普利斯国际控股有限公司,为悍马汽车等国际知名汽车生产配件。这是东营市企业首次并购境外知名品牌。

1996—2013年,全市在境外共设立企业、贸易公司或办事机构125家,其中生产性企业40家。

2014年,新批境外投资企业(机构)46家,实际对外投资0.8亿美元。

2015年,新批境外投资企业(机构)34家,增资3家,实际对外投资2.2亿美元。

2016年,新批境外投资企业(机构)21家,增资9家,对外投资2.7亿美元。广饶县贵和水产有限公司在毛里塔尼亚协议投资3 000万美元,山东亨圆铜业有限公司在美国协议投资1 000万美元。

2017年,新批境外投资企业(机构)22家,增资1家,实际对外投资8 520万美元。三阳纺织在越南投资338.7万美元注册成立盛阳越南纺织公司,海科化工出资1 312万美元在韩国并购日本企业动力碳科技公司。

2018年,新批境外投资企业(机构)13家,股权收购3家,实际对外投资3.78亿元。

2019年,新批境外投资企业(机构)14家,实际对外投资3.39亿元。

2020年,新批境外投资企业(机构)14家,实际对外投资12.63亿元。

截至2020年,全市共有境外投资企业(机构)196家,实际对外投资87亿元。

专栏一　外贸直通场站

外贸直通场站是将货物直接运至经批准开展口岸直通业务的内陆海关辖区海关监管场站,并在内陆海关办理出关业务的场所。

2004年,全省首家直通场站——华泰进口废纸直通场站开通运营。2017年5月31日,华泰进口废纸直通场站改造工程通过验收批复,开始正式运行。2004年至此次改造运行,累计检验检疫进口废纸800多万吨,为企业节约通关成本1亿多元。

2010年12月,东营经济技术开发区海关口岸直通监管场站总投资2 800万元,占地6.66万平方米,依托山东天圆铜业有限公司建设。

2016年4月,方圆公司进口铜废碎料监管场站正式开通运营,这也是继东营天圆、临沂金升之后全国第三家进口铜废碎料监管场站。场站总投资2.9亿元,占地330亩。全年可进口铜废碎料12余万吨,货值60亿元,为企业节约物流成本3 000余万元。2016年11月21日,总投资25亿元的科瑞海关直通监管场站项目正式通过济南海关验收,成为国内首家石油装备类海关监管场站。随着该场站的验收,全市300多家本地石油装备企业在家门口就能享受进出口集装箱、散货存储、通关及物流服务,不仅通关时间缩短一半,仅物流费用一年预计就可节省 4 000 余万元。

2017 年,根据海关总署公告 2017 年第 48 号要求,固体废物通关实行口岸验放,不允许转关,华泰直通场站、方圆直通场站注销。

专栏二　货物进出口、利用外资情况

年　份	进出口/亿美元	出口/亿美元	进口/亿美元	实际利用外资/亿美元	重点出口商品/亿美元		
					轮　胎	化工产品	石油装备
1996 年	0.40	0.11	0.29	0.21	无数据		
2000 年	1.04	0.75	0.29	0.43	无数据		
2005 年	14.83	8.54	6.28	1.16	1.00	0.37	1.00
2010 年	79.60	27.58	52.02	2.10	14.32	1.28	3.30
2015 年	129.12	49.68	79.44	2.22	26.28	4.62	7.06
2020 年	194.49	66.32	128.17	4.45	25.47	6.50	4.95

专栏三　原油非国营贸易进口允许量

2015 年 2 月,国家发改委发布《关于进口原油使用管理有关问题的通知》,国内地方炼厂开始申请进口原油使用资质。当年 11 月,利华益、垦利石化、亚通石化 3 家东营地炼企业获得原油非国营贸易进口资质,争取原油进口允许量(配额)合计 878 万吨,占全国总量的 41%。

截至 2017 年底,东营市共有 10 家地炼企业获得进口原油使用权,获准使用进口原油指标 2 770 万吨。东营市获准企业数占全国 32 家企业的 31.3%,获准指标占 27.08%。东营已成为全国获得进口原油使用资质数量最多的地级市,结束了长期以来加工使用进口燃料油的历史。

2020 年东营市共有 16 家地炼企业获得进口原油使用权,获准使用进口原油指标 3 735 万吨(见表 16-1),实际进口原油 3 666.9 万吨。

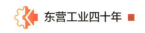

表 16-1　2020 年允许使用进口原油指标统计

公司名称	指标/万吨
利华益利津炼化有限公司	350
山东垦利石化集团有限公司	252
东营市亚通石化有限公司	276
山东天弘化学有限公司	440
东营齐润化工有限公司	220
山东神驰化工集团有限公司	252
东营市海科瑞林化工有限公司	210
山东胜星化工有限公司	220
山东东方华龙工贸集团有限公司	300
山东齐成石油化工有限公司	160
东营华联石油化工厂有限公司	170
山东富宇化工有限公司	164
山东海科化工集团有限公司	96
广饶科力达石化科技有限公司	150
山东万通石油化工集团有限公司	195
东营联合石化有限责任公司	280
合　　计	3 735

专栏四　实到外资金额超过 3 000 万美元的外资企业统计

企业名称	成立日期（年.月.日）	注册资本/万美元	合同外资金额/万美元	累计已统计实到外资金额/万美元
东营汇恒能源有限公司	2019.11.11	9 349.630 8	8 768.525 6	8 708.215 8
山东东海融资租赁股份有限公司	2011.11.29	7 823.5	7 122.514 4	7 278.42
东营润达新材料有限公司	2021.6.11	7 000	7 000	7 007.71
富友联合澳亚乳业有限公司	2015.6.5	6 500	6 500	6 460
山东米德复合材料有限公司	2018.8.28	10 665.528	6 447.276	6 454.932

续表

企业名称	成立日期 （年. 月. 日）	注册资本 /万美元	合同外资金额 /万美元	累计已统计实 到外资金额 /万美元
东营梁成发展有限公司	2021. 2. 26	14 448. 368	5 779. 347 2	5 732. 988
东营兴达金属制品有限公司	2021. 10. 15	10 000	10 000	5 000. 998
山东华元融资租赁有限公司	2013. 9. 26	1 457. 03	1 783. 35	4 692. 936
山东茂诺工贸有限公司	2021. 6. 4	5 000	5 000	4 035. 420
华润财金新能源（东营）有限公司	2020. 8. 6	9 305. 92	5 118. 256	4 022. 881
东营神州澳亚现代牧场有限公司	2013. 4. 9	4 000	4 000	4 000
山东瑞基融资租赁有限公司	2013. 1. 24	5 000	5 000	3 999. 98
山东中运祥新材料有限公司	2021. 12. 6	5 000	5 000	3 837. 579
东营光伏太阳能有限公司	2006. 4. 21	5 807. 52	−271. 648 0	3 679. 31
山东港能智能制造有限公司	2021. 8. 4	3 500	3 500	3 500
东营红芯电子有限公司	2010. 1. 15	4 700	4 700	3 282. 7
利津远海新材料有限公司	2022. 3. 18	8 066. 823	8 066. 823	3 163. 46
东营新城鸿熠房地产开发有限公司	2020. 11. 24	16 418. 554	6 467. 915 4	3 000. 003
山东恒远融资租赁有限公司	2012. 11. 9	3 000	3 000	3 000
东营广茂置业有限公司	2019. 9. 18	3 200	1 600	3 000
山东厚惟化学有限公司	2020. 6. 17	26 029. 325	1 0224. 334	3 000
东营鸿盛地产有限公司	2017. 12. 12	3 400	3 000	3 000

第十七章
招商引资：适合的才是合适的

第一节　关于招商引资

一、概念和作用

招商引资是指地方政府或开发区等组织，通过一些方式和活动，将本区域以外的资金与项目等生产要素吸引到当地投资兴业的行为。

改革开放以来，各地政府为了加快经济发展，通过税收优惠、基础设施配套、完善公共服务、举办投资说明会等举措进行全面的招商引资，促进当地经济的发展。

招商引资的主要作用：一是引进资金和项目；二是引进先进技术和设备；三是引进人才；四是引进先进管理经验。

二、招商方式

（1）政府组团招商：政府组团，以招商会的形式，到目的地城市推荐自己的资源优势和招商项目。

（2）小组招商：以小组为单位，不定期到目标引资地去洽谈项目。

（3）驻点招商：在重点招商目的地设立办事处，成立专门团队，长期负责在当地进行招商。

（4）展会招商：参加外地举办的各类展会，通过对招商项目的集中展示，达到招商引资的目的。

（5）文化招商:地方政府利用自己的特色文化,打文化招商牌。

（6）旅游招商:利用当地的旅游资源,吸引游客的同时,吸引投资者投资。

（7）以商招商:通过已经在当地投资的企业,利用商人之间的人际交往,用口碑传播、产业链链接的方式进行招商引资。

（8）委托招商:采取有偿的办法,委托对目标招商地熟悉的机构牵线搭桥,推荐项目,达到招商引资的目的。

（9）顾问招商:一般是委托目标招商地的知名人士和商界名人等作为招商顾问,有的还发政府聘书。

（10）全员招商:发动群众,人人都是招商者。

（11）网络招商:通过招商网络平台招商。

三、招商理念

（一）适合的才是合适的

在招商引资工作中首先要有正确的定位和方向,搞清自己想要什么、能要什么,才会事半功倍。我们都想要高科技,那不现实,都想要大企业,也不现实。看一个招商项目靠不靠谱,记住一句话,就是"适合的才是合适的"。也可以说他到这儿来比到别处去更合适,赚钱更多。上项目要看当地的资源禀赋、产业基础、软硬环境。拿芯片项目来说,武汉、济南都将其列入招商重点,不惜血本招商引资上几百亿、上千亿芯片项目,但都以失败而告终。为什么?因为芯片项目不适合这些地方搞,你硬要上,只能是被撞得头破血流。各地的发展,都要突出自己的优势吸引外商投资,让外商来得有理由。招商引资要有针对性,明确主题,正确定位后再去招商。啥大招啥、啥好招啥、啥时髦招啥,结果可能是啥也招不来,抑或招来一帮骗子、招来一群傻子,赔了钱又赔地,折了本还坏了名声,无一例外地落下一堆烂官司。招商引资是一种"双向"选择、"双赢"选择。将投资商和资金吸引到当地之后,其关键是如何让引进要素与当地优势要素相结合,产生更大的价值,形成优势产业,带动区域经济发展。东营招商最大的优势是资源优势和产业规模优势,招引传统加工、大化工项目是最佳选择,一味选那些我们没有产业基础、没有要素支撑的IT、北斗卫星、芯片、汽车、机床等热门行业,结果会是得不偿失、一地鸡毛。

（二）"舍得"

有舍才有得，大舍大得，小舍小得，不舍不得。企业来投资，是为了寻找最佳发展机会，是为了赚钱。一定要想明白，现在面临的是市场经济，可能这些企业进来，要价比较高，条件比较苛刻，但我们要看到，不给他条件，他就走了。所以，好项目就得大优惠，短期看来我们可能吃亏了，但从长远看并不吃亏。资本都是逐利的，这些企业还是很在乎优惠政策的。所以，我们不能光看自己口袋里怎么样，要看到周边的行情，大家都这么干、都优惠，没有优惠或优惠少了，这些企业就不一定来了。但我们也不要怕，人家是捧着钱来的，钱扔到这里，我们绝对不会吃亏。

（三）永远不说"不"

招商引资，最简单的是说"不"，最无能的也是说"不"。尤其是招商引资的前沿部门，更不能对企业轻易说"不"。工作人员轻轻的一个"不"字，就可能把一家企业挡在了外面，也就把就业和税收挡在了外面。在实际工作中，要仔细分析企业的要求，多想有没有其他变通的方法可以解决，可以先把企业的要求接下来，然后多想办法、多研究，看看政策以外有没有其它好的办法。就好像一个成功的营业员，如果没有顾客需要的商品，他会竭力向顾客推荐其它的商品。有句话说得好，"资源有限，创意无限"。

（四）亲商理念

打造良好投资环境要树立亲商理念，强化服务意识。要形成这样一种共识：来帮助我们吸引外资的是恩人，来投资我们的投资商是亲人，能打开招商引资局面的是能人，破坏投资环境的是罪人。

敢于和企业家交朋友。我们要让企业家放心来投资，关键是消除他们的害怕心理。如果我们连朋友都不敢跟他们交，他们是不敢把钱投在这里的。要敢于和企业家交朋友，不跟企业家交朋友，不跟他们交谈，生意怎么来？生意就是谈出来的。我们的政策是根据需求制定的，需求来源于企业，很多需求就是在交谈的时候反馈出来的。通过交朋友，可以沟通信息，根据企业家的需求调整我们的政策。

端正对企业家的态度。政府对企业家是四句话：你发展我鼓励，你困难我解决，你发财我高兴，你破产我惋惜。不要过多地直接参与企业的经济活动，关键是要营造一个良好的发展环境，搭建一个宽松的平台。

（五）富商理念

让人赚钱的地方就是好地方。好的投资环境，怎么来衡量，就是要让人心情愉快地赚钱，来我们这儿比到别处去赚钱多，这样的环境就是最好的投资环境。能够让企业赚钱，并且比较容易地赚到钱，才会有更多的人来投资，才会有人气，才会有财气。企业家来都是为了赚钱，不是来做慈善的。创造一个能够盈利的投资环境，才是对投资者最大的吸引。

（六）诚信理念

诚信要求招商引资全过程既"诚"又"信"，讲诚信要及时兑现在招商引资过程中制定的政策规则取信于投资商。"承诺多、兑现少""过河拆桥""关门打狗"对以后的招商引资会造成很大的负面影响。一些地方出现"招商时摆手、发展了伸手、出问题时背手、有纠纷时动手"的恶劣现象，是地方政府"诚信缺失"的具体体现。随着招商引资工作逐步规范化、诚信化，招商引资出现了新特点，即诚信胜于优惠，制度重于政策。

（七）专业人办专业事

过去的全民招商无疑是一种有效措施，既是一种招商形式，又是一种亲商、富商、软环境建设的手段，还是一种普及经济发展知识的途径，它适应经济粗放发展要求，捡到篮子里就是菜，啥来招啥，碰到啥招啥。随着改革开放的深入和经济高质量发展，传统招商方式已经不适应形势的变化，招商引资变为选商引资，只选合适的。什么样的合适？一般人无法判断，只能是专业人士辨别遴选，也就是专业人办专业事，专业招商成为必然选择。武汉弘芯千亿项目烂尾，牵出招商史上的一大丑闻。国内11个城市布局了非头部新能源汽车整车厂，但十几家造车新势力捞了不少钱之后，或者销量惨淡，或者濒临破产，几近团灭。小学文化、放羊娃出身的浙江天台县庞青年设下的"加水就能开的水氢发动机"千亿骗局连骗多市，何也？主政者为求显绩，听不进专业人士意见，拍脑袋决策，以至于上当受骗，留下天大的笑话。

（八）一味求洋、求高要不得

外商是各地竞相招揽的香饽饽。他香就香在既引来了项目，又引来了外资，既可以完成招商任务，又可以完成吸引外资任务。但实践证明，外商选择投资地点,有他一些内在的要求,譬如区位相邻、产业集群、资源地、市场集散地、服务业发达、人才科研优势等。罔顾这些要素,闭起眼来,一厢情愿招商,往往事倍功半,甚至赔本赚吆喝。一段时间,有些地区热衷于面向日韩招商,每年都要派出招商团开展招商活动,花钱雇佣联系人,在著名酒店开展推介活动,在当地报纸刊发宣传资料,举办隆重的签字仪式,每次都是成果丰硕,当地反响多么热烈,签约多少亿元,但过一段时间却发现几乎没引来项目。静下心来反思一下,譬如韩资在青岛、威海遍地开花,看中的是区位,是良好的可以对接的产业链条和发展环境,山东其他地区就另当别论了,可能几十年也找不到一家像样的韩资企业。

一味求高同样不可取。有些领导在招商中特别喜欢"高大上",被骗上当者不乏其人。俗话说,一方水土养一方人,同理,一方水土养一方企业。比如手机产业,只能在广东等南方省份搞,因为那儿有完善的产业链,有高技术人才,北方城市硬要搞,只能以失败而告终。传统产业有高端,新兴产业有低端,甭管是哪端,只要当地有比较优势,就可以招商落户。

(九)以商招商最靠谱

随着招商同质化竞争日趋激烈,以让利为核心的传统招商引资策略吸引投资的效能日渐式微,"以商招商"等创新招商理念的价值凸显。

以商招商的核心思想是"借力打力",充分发掘产业园区内外部企业和中介资源,借助招商主体单位以外的力量来实现招商的目的。"春江水暖鸭先知",企业对于产业园区的发展环境、营商环境最有发言权。企业对于产业园区的良好口碑往往具有更强的可信度和影响力,通过企业家之间的口口相传,其宣传效果远胜于招商人员的讲解。以商招商需要充分调动企业的积极性,借助企业的信息渠道、商务渠道、人脉资源吸引企业入驻;依托地区商会、行业协会、同乡联谊会等媒介载体放大示范效应、口碑效应,进而实现以最小的成本获取更好的招商效果。

这个"商"有3类:第一类是土生土长的本地企业,出于产业链条扩张或延伸的需要,寻找合作伙伴。比如利华益引进法液空,法液空是一家具有百年历史的大型跨国集团公司,成立于1902年。全球首位工业和医用气体及相关服务的提供商,向众多的行业提供氧气、氮气、氢气和其它气体及相关服务。利华益煤气化、丁辛醇生产环节需要氧气、氮气,自己建厂生产不如引进购买合算。经沟通,法液空在利津独资建厂,向利华益供应相关气体,产生了双赢的效果。第二类是外地投资者来此建厂取得成功,引荐企业来此投资。比如,国瓷公司在东营建厂取得成功后,吸引外地稀土企业来东营投资建厂。第三类是地区商会、行业协会、同乡联谊会等。

第二节　招商引资沿革

东营市 1999 年之前的招商引资,没有作为一个战略对待和实施,大都处于政府参与度低的零敲碎打状态。从 1999 年实施"大开放、大招商、大发展"战略至 2020 年,全市共引进市外投资约 3 700 亿元,实际利用外资约 36 亿美元,招商引资对实现经济跨越式发展,扩大社会就业,增加地方财政收入起到了积极作用,成为推动全市经济持续健康发展的重要手段。纵观东营市 1999 年以来的招商引资历程,大致经历了以下 3 个阶段:

一、全民招商阶段(1999—2007 年)

主要特点:人人肩上有指标,内资外资一起招,资金技术项目一起引,大中小项目一起上。

(一)主要措施

一是学习外地先进经验。1999 年 10 月,市委、市政府组织赴大庆市、公主岭市、大连市就对外开放和招商引资工作进行系统考察学习,作出了实施"大开放、大招商、大发展"战略决策,实行全民招商,开全省之先河。

二是强化目标责任。全市动员,全民参与。1999 年 12 月 3 日,东营市召开 5 万多人参加的招商引资动员大会。严格实行招商引资目标责任制,层层落实责任,人人承担任务;建立强有力的激励机制,对引荐人给予重奖;开展多层次的招商活动,如 2000 年仅市政府组织的专题招商活动就达 20 余次。

三是把软环境建设作为招商引资的生命工程。提出最优惠的政策、最优质的服务、最优良的秩序"三优"目标,建立项目联审、"一站式"办公大厅等。

四是创新工作体制机制。成立招商工作委员会和市招商办、市境外招商中心、外来投资者服务中心、外来投资者投诉中心,搭建了招商、服务、投诉三位一体的招商引资工作体系,建立了市领导月调度会议制度、项目包靠制度、考核奖惩制度等,形成了整体合力。

(二)主要成效

一是促进了思想解放。通过招商引资,倒逼干部群众解放思想、更新观念、提高素质,促进了政府职能和工作作风的转变,形成了齐心协力抓经济、一心一意谋发展的浓厚氛围和良好局面,其成效已经远远超出了招商引资本身。

二是促进了对外开放。引进了一批出口型企业,进出口额由1999年的1.08亿美元增长到2007年的26.52亿美元,推动了外向型经济发展。2000年,日本三洋电机株式会社与东营科英激光电子有限公司签订合作合同(见图17-1),首期设备投资4 000万美元,成为东营市引进的第一个世界500强企业投资项目,也是东营市当时最大的外商投资项目。美国友好投资公司与胜利油田大明集团共同投资成立了山东大明塑料型材有限公司。东营华联石油化工与泰安鲁润股份有限公司、中石化劳动服务公司共同成立了东营华联石油股份有限公司,注册资本5 000万元(外来投资3 500万元)。2002年,大力开展境外招商,全年派出出国招商、考察团体198批、677人次,接待入境考察2 316人次,共引进境外项目97个。是年,韩国工业园、鲁能工业园、新大工业园、胜利高原工业园等全面启动,项目质量明显提高,有力地带动了全市经济总量提升和产业结构调整。

图17-1 日本三洋电机株式会社与东营科英激光电子有限公司签订合作合同

三是促进了经济发展。1999—2007年,东营市经济总量实现了快速膨胀,GDP由330.84亿元增长到1 619.53亿元。地方经济占全市经济比重由46%提高到65%,规模以上工业企业由137家增加到737家,初步奠定了全市产业基础。

二、专业招商阶段(2007—2017年)

主要特点:以园区为主,以专业招商队伍为主,有针对性、有选择性地引进项目。

(一)主要措施

2007年后,不再实行全民招商,主要推进专业招商、产业招商。对市招商工作机构作出调整,撤销东营市招商工作委员会办公室,其原有行政职能划归市政府有关部门承担;保留东营市行政审批中心办公室,整建制划归市政府办公室管理;撤销东营市境外招商中心。调整后,市商务局负责指导全市境外招商引资综合管理工作;市发展和改革委员会负责指导全市国内招商引资相关工作;市招商局负责利用全市资源,提供招商信息,开展专业招商。市发改委等10个行业主管部门实行产业招商;东营经济技术开发区、东营港经济开发区、市招商局及各县区开发区实行专业招商。期间,市县区政府突出重点项目招商,不再统筹指导面上的招商引资工作,部门、园区招商各自为战。

(二)主要成效

先后引进了以中石化、中海油、美国斯伦贝谢、法国液化空气、泰国正大、中国商飞等为代表的国内外知名企业到东营市开展合资合作。这一阶段,对招商引资重要性认识不足,目标任务虚化,组织领导弱化,招商引资工作氛围淡化,招引规模数量明显减少。期间,市招商局最少时仅有9名工作人员。10年间实际利用外资年均在1.4~2.2亿美元之间,未超越过2003年的2.63亿美元。

三、精准招商阶段(2017年起)

主要特点:以高质量发展为引领,重点推进产业链招商,实行更灵活、更专业、更精准、更协同、更高效的招商。

（一）重点措施

一是深化机构改革。整合市发改委、商务局、招商局等部门相关职能，设立市投资促进局。创新运营模式，先后成立了市投资促进委员会、十大产业投资促进委员会，成立了高规格的市"双招双引"工作考核委员会，将"双招双引"作为一把手工程，由市主要领导亲自抓、带头抓，强化"双招双引"工作统筹。市级成立了招商引资、招才引智 2 个服务中心，13 个市直责任部门单位"2＋13＋N""双招双引"服务中心；各县区、开发区成立了专业化招商团队，实现了专业人干专业事。实行"链长制"，以相关市级领导为各产业招商组组长，各产业主管部门主要负责人为"链长"，各产业领军企业负责人为"链主"牵头企业。

二是创新招商方式。各县区、市属开发区在北京、上海、深圳等地建立了招商引资（招才引智）联络站。实施产业链精准招商，围绕优势产业，建立了资源库、项目库、对外合作企业库，委托专业机构制定东营市有色金属、生物医药、新材料、智能制造 4 个产业的产业链招引指南，按图索骥、精准招引。研究制定社会化招引措施，选聘浙江山东商会、华信集团（深圳）有限公司等 6 家商协会、企业签订了委托招商协议，探索中介招商、云招商，构建起专业化、市场化的招商网络。调动社会力量参与"双招双引"工作的积极性，促进"双招双引"向高质量、专业化方向发展。

三是强化跟踪服务。先后建立了顶格化推进、市领导帮包、"3＋N"联席会议等制度，突出高端高层对接，实行高质高效落实。建立完善市"双招双引"项目管理系统，建立了洽谈项目库、签约项目库、重点项目库和纳入省考核项目库。制定"双招双引"项目推进管理办法，对重点项目实施分级负责、领导包靠、专班推进，实现了项目全生命周期闭环管理。落实"要素跟着项目走"机制，谋划重点洽谈推进和拟开工项目，逐一梳理项目土地、环境容量、资金需求等问题，为项目落地提供要素保障。

四是加强督导考核。进一步优化考核指标，将考核对象按不同类别科学设置考核指标。树立奖优罚劣鲜明导向，对年度考核排名靠前的县区、市属开发区、省级以上开发区、市直有关部门单位给予奖励，对作出突出贡献的集体和个人予以表彰，表现优秀的干部优先提拔重用。对考核排名靠后的单位进行"否优"，并将考核结果作为"大竞赛、大比武"评比的标准。

(二)主要成效

2017 年以来,全市精准招商格局逐步形成。2019 年,全市到位外来投资(省外投资)232.8 亿元;实际利用外资 2.44 亿美元。其中,10 亿元以上项目 31 个、100 亿元以上项目 3 个。引进高精尖紧缺人才 12 人,新增省级以上创新平台 26 个,霍尼韦尔协同创新中心等一批科创项目落地开工,推动高端前沿科技成果在东营落地转化。2020 年,全市新签约项目 323 个,总投资 2 667 亿元。新引进央企、国企 36 家,世界 500 强企业 16 家,中国 500 强企业 12 家,内资到位资金 610.3 亿元,同比增长 162.2%,综合得分列全省第一方阵。实际使用外资 4.4 亿美元,同比增长 82.5%。入选省级以上人才工程 39 人,引进高层次创新创业人才团队 261 个,吸引高校毕业生 2.2 万人。

几年来,招大引强取得明显成效。瞄准央企、强企、外企等知名企业,开展精准对接,实现招大引强。2019 年,引进了华东(东营)新能源智能网联汽车试验场、中电光谷未来城、哈罗共享单车北方总部、中国能源工程集团 200 万吨/年化工新材料、霍尼韦尔 UOP 协同创新中心等项目。借助本地企业资源推动合资合作,促成了天东华润医药投资(混改)项目、浙江物产重整奥戈瑞项目、博世马勒公司并购万兴恒业项目、赛轮轮胎高性能半钢子午胎智能制造、中车集团收购华锐风电等项目。中国化工乙烯、东风集团新能源智能农机产业基地、航天科技卫星遥感大数据应用产业等项目加快推进。2020 年,引进了总投资 273.6 亿元的振华石化丙烷脱氢及环氧丙烷项目、投资 86 亿元的山东高速与富海集团合资建设 PX 二期和 PTA 项目、投资 9.3 亿元的中车兆源新材料产业园项目;波鸿(中国)轨道交通公司计划投资 50 亿元生产高铁车轮、轮轴、轮对,拟组建高铁车轮研发中心,设立 20 亿元高铁产业装备基金,在东营经济技术开发区打造高铁装备产业园;引进了国内最大锂电铜箔生产企业——深圳龙电,该公司投资 35 亿元,盘活了天园铜业资产,拉长了铜基新材料产业链条;引入国内综合性绝缘材料研发制造龙头企业——四川东材科技集团,实施了投资 5.6 亿元的东材科技光学膜项目,整合了原胜通集团光学膜板块。通过精准招商,实现了引进一个项目,聚集一片园区,催生一个产业的链式效应。

第三节　招商引资范例

一、中石化

如何发挥资源优势,发挥胜利油田辐射带动作用,实现转型发展,避免守着金山受穷,一直是东营人不断探究实践的课题。2011年,市经信委作为牵头部门开展了和中石化的合资合作工作。

(一)合作背景及沿革

2011年6月9日,省政府与中石化达成了加强合作、促进区域经济加快发展的共识。中石化领导表示要加大对山东的投资,逐步实现地方税收最大化。

获得这个信息后,市政府立即着手研究东营市与中石化合作发展石化产业的方案,就合作内容、方式和载体提出了建议。经与胜利油田沟通,将建议逐级反映到中石化集团公司,得到了中石化高层的认可。2011年7月22日,市委书记姜杰带队到中石化拜访了王天普总经理。王天普表示:一是将胜利油田分公司石油化工总厂改造成法人企业,规模扩大到550万吨/年,地方参股。二是中石化分别参股石大科技、利华益、垦利石化各20%~30%,提供原油支持。三是支持石大科技实施搬迁改造,规模扩大到500万吨/年,搬迁的设计、施工中石化可以全包。四是胜利原油在东营市的加工量逐步增加到1 300万吨/年左右,接近胜利油田产量的50%。五是合作后,各企业隶属关系不变,管理体制机制不变,安全管理主体责任不变,地方政府对企业的优惠政策不变。后来,中石化股份公司副总裁、集团公司总经理助理、发展计划部主任雷典武提出了地炼企业整合后再与中石化合作的想法。

2012年3月11日,中石化与省政府签署了《关于进一步加强石化产业合作框架协议》。

(二)合作主要内容

为进一步拓展合作领域,深化合作内容,双方按照国家、山东省统一规划,在山东省和中石化2012年3月签署的合作框架协议内,本着互惠互利、合作共赢的原则,推动胜利油田和东营市经济社会共同发展的合作思路,经友好协

商,2013 年 3 月 4 日,达成如下协议:

（1）中石化将加大投入,做强做优做大驻东营企业,积极支持东营经济社会发展。

① 中石化进一步加大对胜利油田的投入。依靠科技创新,加大常规油气和非常规油气资源的勘探开发力度,抓好增储上产,实现胜利油田原油产量硬稳定。

② 中石化积极支持东营市临港经济园区建设,原则同意出资 3 亿元与东营市人民政府共同建设五号桩防潮堤。

③ 中石化同意将水资源地附属土地用于合作发展,以实现油地双方互利共赢为原则,开展土地和水资源合资合作,加大水务工程投入,逐步实现东营区域水务市场一体化经营。

④ 中石化承诺对胜利油田石化总厂实施替代油田自用原油生产燃料油改造,逐步扩大规模到 500 万～550 万吨/年。由非法人企业变更为法人企业,吸收地方企业参股,股权比例控制在 1% 以内。

⑤ 中石化同意向东营市辖区内企业逐步增加原油供应。2013 年达到 240 万吨以上,2014 年达到 300 万吨以上,2015 年达到 500 万吨以上,以后逐年增加,生产的成品油交给中石化销售,增供的原油计划与中石化内部企业同质同价同要求。中石化向东营市辖区内企业逐步增加进口燃料油供应。

⑥ 中石化将同东营市人民政府充分沟通协商,与东营市内经原国家经贸委 2000 年清理整顿后保留的股权结构明晰、账务资产状况相对良好、具有较强实力、油品质量和环保设施配套较为完善的地方炼油企业合资合作。中石化支持东营市人民政府组织的地方石化企业整合重组、上大压小,建设炼化一体化项目工作,项目建成后中石化参股,保障原油供应,在规划设计、工艺技术、施工指导等方面提供支持。与中石化合作的企业,隶属关系不变,管理体制机制不变,安全环保主体责任不变,地方政府对企业的优惠政策不变。

⑦ 中石化同意支持东营市人民政府发展丙烯腈业务,愿意转让丙烯腈核心技术,与东营市人民政府在东营港经济开发区合资建设丙烯腈项目,中石化控股。

⑧ 中石化同意支持东营市人民政府以油田改制企业为基础发展石油和石化装备产业,在市场准入、研发平台建设、石油装备产业基金设立等方面给

予支持,并把高原公司、孚瑞特公司、胜机公司、胜动公司、胜利泵业公司、胜利伟业等石油装备生产研发企业纳入中石化战略联盟。

（2）东营市人民政府积极支持中石化发展,提供并创造良好的发展条件和环境。

① 东营市人民政府承诺支持中石化油气勘探开发。

② 东营市人民政府加大对油田改制企业支持力度。

③ 东营市人民政府积极支持中石化成品油和天然气营销网络设施建设。

④ 东营市人民政府大力支持中石化新星石油公司在东营市实施绿色低碳项目。

（三）已开展的主要合作事项及进展情况

截至 2020 年底,东营市和中石化的合作一直在推进过程中。当初确定的项目有的完全按协议实施,如丙烯腈项目;有的实施过程中出现较大变化,如联合石化项目,中石化只是提供了部分原油;有的没有进展,如胜利油田石化总厂改为股份制企业;有的是执行国家决策,如胜利油田"三供一业"、医疗机构移交地方。

1. 合作建设炼化一体化项目

按照和中石化的合作协议,成立了东营联合石化有限责任公司。公司成立于 2012 年 2 月 24 日,地处东营港经济开发区,占地面积 132.2 公顷,注册资本金 25 亿元,员工 700 余人,下辖东营海旺储运有限责任公司、富海化学科技有限公司 2 个全资子公司,控股东营威联化学有限公司,是由东营华联石油化工厂有限公司、山东万通石油化工集团有限公司、山东石大科技集团有限公司、万达集团股份有限公司、东营市石油化学工业集团总公司 5 家企业联合出资组建的大型炼化一体化企业,是东营市和中石化战略合作的重要载体。之后,经过了 3 次股权变更:第一次是万达股份退出。第二次是 2017 年 6 月与国企齐鲁交通合作,成为混合所有制企业。股权结构:齐鲁交通占 40%、富海集团占 37%、万通集团占 18%,其他股东有石大科技集团、东营市石化集团。第三次是万通集团、石大科技集团退出,股权结构为齐鲁交通 40%、富海集团 59.6%、东营市石化集团 0.4%。企业主要产品有柴油、石脑油、液化气、燃料油、硫黄、石油焦等,成为山东、天津、河北、江苏、浙江等中石油、中石化销售终端的优质供应商。投资 35 亿元,建成 420 万吨/年渣油脱蜡、230 万吨/年延迟焦化、4万标准立方米/[小]时制氢、150万吨/年混合芳烃加氢、3万吨/年硫黄回收等装置及配套设施。

威联化学由联合石化控股，后来由于胜通集团破产，退出了其控股的子公司在威联化学的股份，威联化学成为联合石化的全资子公司。该公司200万吨/年对二甲苯项目总投资114亿元，主要建设2套芳烃联合装置及配套设施。第一套装置于2020年9月13日调试出合格产品，项目5套主装置、16个单元一次性开车成功。第二套芳烃联合装置于2020年9月19日开始动工建设。项目全面建成后可形成440万吨/年连续重整、140万吨/年芳烃抽提、200万吨/年对二甲苯产能，年销售收入将突破500亿元。届时，公司产品也将由过去的单纯柴油、石脑油等各类油品，升级到油品外的多种化学品，实现从"一油独大"到"百化齐放"的升级，推动企业由燃料型向化工型转型。

项目技术水平国际领先，引入UOP、SHELL等国际领先工艺技术，吨产品综合能耗比国家先进值还要低28%；采用多项世界前沿的环保技术和设备，环保指标领先，SO_2、NO_x排放浓度分别比国家排放标准低90%和46%。

芳烃项目的投产开启了东营港乃至东营市炼化企业转型升级，建设"油头化身高化尾"的炼化一体化企业的开端，对全力打造鲁北高端石化产业基地核心区具有积极推动作用。

向上突破，计划依托对二甲苯项目进行强链发展，由原料整合上升为产能整合，建设2 000万吨炼化一体化项目，推进建设鲁北高端石化产业基地，推动地炼产能整合实现高质量发展。

向下延伸，在芳烃和烯烃产业链基础上，重点发展新型聚酯、改性树脂等高端化工新材料，全面推动化工板块转型升级、提质增效，打通"炼油—乙烯＋芳烃—聚烯烃新材料"产业链条，实现炼油、烯烃、芳烃之间的原料互供，建设世界一流的石化产业基地。

2019年5月28日，英国石油（BP）与威联化学达成协议，向其技术授权BP最新一代PTA（精对苯二甲酸）生产技术。250万吨/年精对苯二甲酸及配套工程项目是对二甲苯产业延伸项目，总投资46亿元，主要建设一套国内单体最大的精对苯二甲酸装置，年产精对苯二甲酸（PTA）250万吨，该项目将填补山东省PTA产能空白，带动区域PET产业发展，缓解我省纺织原料依赖南方省市购进的局面，有助于区域石化产业结构调整、新旧动能转换。2020年，联合石化确定进一步拉长产业链条,以 265 万吨 PTA、108 万吨 EG、80 万吨干净瓶片为主原料,投资 240 亿元新上年加工 200 万吨功能性绿色包装片材、150 万吨瓶片、50 万吨功能性聚酯薄膜。

联合石化的发展目标是坚持走高质量发展之路,依托对二甲苯和精对苯二甲酸项目补链强链,努力将公司建设成为能源化工行业价值链顶端的整合者、高附加值的创造者。

中石化虽然没有向联合石化入股,但可以说,没有双方协议的签订,就没有联合石化的成立。中石化也兑现了部分承诺,向联合石化提供部分孤东油田原油。

2. 高原公司创建国家采油装备工程技术研究中心

按照双方协议,东营市积极推动国家采油装备工程技术研究中心建设工作,中石化也给予了大力支持。该中心于 2013 年 4 月获科技部批准建设,是国内采油装备行业唯一的国家级工程技术研究中心。中心建设充分体现产学研结合的特色,依托高原公司,并与中国石油大学(华东)、中石化胜利油田分公司石油工程技术研究院协作。中心位于国家级开发区——东营市经济技术开发区,总投资 24 600 万元,主要面向采油装备行业发展的国际前沿,针对采油装备行业发展的共性和关键技术,开展技术研究、产品中试和产业化转化,引领国家采油装备行业创新发展。

3. 山东科鲁尔化学有限公司 26 万吨/年丙烯腈

齐鲁石化与万达集团于 2012 年 4 月 10 日签署了合资协议书,由齐鲁石化控股万达集团子公司山东科鲁尔化学有限公司(见图 17-2),公司注册资本5 亿元,股比为中石化齐鲁分公司 55%、万达集团 45%。26 万吨/年丙烯腈项目,一期 13 万吨/年丙烯腈项目投资 15 亿元,于 2014 年 12 月投产运行;二期工程,主要建设 13 万吨/年丙烯腈装置及相关配套设施,2020 年 5 月 22 日上午,举行 26 万吨/年丙烯腈生产及配套项目二期工程开工奠基仪式。

4. 胜利油田医院及"供水、供气、供热、物业管理"移交地方

按照国务院要求,胜利油田所属医院、"供水、供气、供热、物业管理"移交地方,已分别于 2018 年、2020 年完成。

图 17-2 山东科鲁尔化学有限公司厂景

二、中海油

2007 年 12 月底,了解到山东省人民政府、中国海洋石油总公司将要签订战略合作框架协议,主要合作项目是中海油控股潍坊海化,市委、市政府主要领导安排市经贸委跟进对接,争取促成和中海油的合作。接到任务后,市经贸委迅速了解情况,研究对策,拟定了方案。市委、市政府领导和市有关部门向省里和中海油做了大量工作。经过艰苦努力,中海油总公司和市政府达成了合作意向。

2008 年 1 月 2 日,省政府与中国海洋石油总公司战略合作框架协议签字仪式在山东大厦举行。双方主要领导姜大明代省长、中海油傅成玉总经理出席并致辞。山东省常务副省长王仁元与中海油分管副总经理吴振芳签署双方战略合作框架协议。东营市市长张建华与中海石油炼化公司副总经理李茂林签署双方合作协议。以上 2 个协议确定的主要合作项目包括中海油控股潍坊海化、整合东营市地炼企业等。

(一)合作协议内容

2008 年 5 月 5 日,王玉君副市长和中海油计划部总经理陈伟杰在东营宾馆召开专题会议,研究落实谈判原则问题。主要包括 5 个方面 23 条:(1)关于地方炼化企业重组:中海油绝对控股,重组后企业法人地位不变、已开工项目在重组后继续建设、重组企业与地方其他企业相互担保签订的贷款合同在存续期有效等。（2）关于成立中海炼化东营公司：中海油在山东省新上的炼化项目由中海炼化东营公司控股。（3）关于港口建设：中海油要尽快接收港口建设；尽快规划2×5万吨和2×5 000吨液体化工码头建设，这是东营市人民政府和中海油进行港口合作建设的前提；明确东营市人民政府和中海油对已建码头和未建码头的投资划分、权责关系，中海油要同步启动研究建设罐区。（4）东营市人民政府与中海油联合成立领导小组，在东营港建设中海油工业园。（5）其他事宜。

2008年9月4日，东营市人民政府与中海石油炼化有限责任公司签订了《东营港码头库区工程及炼化一体化项目合作协议》。按照中海炼化与市政府签署的协议，东营市是中海油实施"两洲一湾"发展战略环渤海湾的最佳区域。中海油在东营市建设炼化一体化基地、精细化工基地以及渤海油田专业服务和海洋工程基地。

甲方（东营市人民政府）负责东营港扩建工程（引桥工程、2×3万吨散杂货码头工程）的工程建设及管理。乙方（中海油）负责2×5万吨和2×5 000吨液体化工品码头工程、陆域堆场及库区的工程建设及管理，负责炼化一体化项目工程建设管理。乙方承担2×3万吨散杂货码头工程建设费用的50%（1.5亿元）后，该码头产权划归乙方100%所有。引桥工程由甲方负责建设并投资，产权归甲方所有，乙方自交接之日起30年内无偿使用，使用期内其他用户使用引桥的收费归乙方。甲方负责与胜利油田协调保证1 900米引堤提供给乙方无偿使用30年。

（二）中海油与东营中海化工的合作

2008年7月6日、7月30日，双方工作班子两次召开专题会议，就中海油和山东中海石油化工有限公司合作达成协议。主要条款：东营市人民政府将最终交易价格与审计后账面净资产（含账面净资产外的土地）之差额一次性付给中海炼化，由中海油山东公司通过炼制海洋原油所得的税收返还部分偿还。将中海化工净资产以外的666亩土地按每亩8万元计4 964万元列入净资产。将中海化工提出的1 900万元资产折旧调整为1 100万元，列入中海化工净资产，由河口区政府按中海油控股比例先予垫付。重组后的企业法人治理结构，由中海油方面派出董事长、财务总监或常务副总经理，中海化工派出总经理和销售经理。企业在建项目和已批复项目按原计划实施，规划项目继续抓紧落实，及早拿出重组后企业发展规划。

2008 年 9 月 4 日，中海石油炼化公司与山东中海石油化工有限公司签订股权转让协议。受让方持有目标公司（原中海石化）5 221.2 万元注册资本 51％股权，向转让方支付 12 000 万元的转让价款。受让方承诺，股权转让完成后，在市场原则条件下，目标公司的原油供应享受中海油关联企业的同等优惠待遇。双方同意，力争在 2010 年目标公司的年原油加工能力达到 500 万吨。目标公司首任董事长、常务副总经理、销售经理、财务经理由受让方委派，副董事长、总经理、分管销售的副总经理、财务副经理由转让方委派。

对于新建和收购项目的扶持政策（甲方为东营市人民政府，乙方为中海油）：

（1）自项目盈利年度起，甲方给予乙方 5 年内所得税第 1～3 年给予东营市留成部分全部金额的资金扶持，第 4～5 年给予东营市留成部分 50％的资金扶持，于次年第一季度兑现。

（2）自项目投产年度起，甲方以投产年上一年度上缴的增值税东营市留成部分为基数，10 年内给予乙方东营市留成增量部分 60％的资金扶持，于次年第一季度兑现；到期后将参照本协议的优惠幅度双方另行协商。

（3）对于加工海洋油产生的增值税增量部分，甲方承诺给予乙方东营市留成部分不低于 60％的资金扶持。

（4）甲方承诺将根据开发进度，给予乙方每平方千米 9 900 万元的财政扶持，用于项目区内基础设施配套。

（5）自港口营运之日起，凡涉及当地政府行政部门所收取并留用的港口费用，按"前三年全免，后两年减半"向乙方及乙方进出港口作业船舶收取。

2010 年 6 月 3 日下午，市委书记张秋波和中海油副总经理吴振芳在北京中海油大厦共同主持召开专题会议，双方形成了第 31 次专题会议纪要。

（1）中海石油东营石化公司董事长、总经理由中海油方出任。

（2）中海石油东营石化公司审计减值由河口区或者中海石油东营石化公司原股东负责。

（3）由东营市经信委负责解决中海石油东营石化公司生产、成品油批发经营、政府核准、环境评价、消防验收和资质等生产经营法律支持文件。

（4）在目前中海石油东营石化公司现有基础上，将其原油一次加工能力

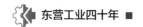

以改扩建的方式增加350万吨/年。

（5）口岸码头资质、手续由东营市交通局、商务局协助办理。

（6）东营市人民政府同意中海石油炼化山东有限公司首批使用的1 023亩土地，依法缴纳土地使用税，两年内，超出0.6元/平方米的差额部分，由东营港经济开发区管委会予以财政扶持。

2010年7月14日，中海石油东营石化公司停产。2010年12月7日，中海石油炼化与销售事业部副总经理郑保国一行6人，向东营市人民政府口头通报了中海油决定中海炼化终止与中海化工合作的意见。终止合作原因主要是经营资质、环保、土地三方面的问题不好解决。

之后，市政府做了大量工作，力争合作继续。

第一步，市政府发函不同意终止合作。

2010年12月17日，市政府向中海油发出《东营市人民政府关于推进中海炼化与中海化工合作的函》，主要内容包括：

东营市人民政府经认真研究，认为终止合作的理由不充分，决定不同意中海炼化终止与中海化工的合作。

（1）经营资质问题。

① 生产资质。中海石油东营石化有限公司的前身，是由经过国务院清理整顿保留下来的济南军区黄河三角洲生产基地化工厂（见《关于印发经清理整顿保留的小炼油厂名单的通知》），根据《关于军队逐步停办福利性企业的意见》要求改制而来的，中海石油东营石化有限公司一直沿用着济南军区黄河三角洲生产基地化工厂的法人机构代码，这足以证明其具有合法的生产资质。另外，国家政策规定，对于具有合法生产资质的企业，国家每年都给予一定数量的原油指标，指标原油也一直是连续供应的。

② 成品油生产许可证。山东省经信委已经出具了符合产业政策的批复，待中海石油东营石化有限公司恢复生产、国家质检总局核查后就能够获得成品油生产许可证。

③ 成品油批发资质。中海化工有一家全资子公司——东营河口中海利兴石化产品销售有限公司，具有成品油批发资质。合作谈判时中海油认为自己已有成品油批发资质，再重组一家没必要，便进行了剥离。现在，如果中海油批准中海石油东营石化有限公司申请成品油批发资质，市政府承诺，符合要

求后 2 个月内就可以拿到商务部的批文。另外,如果中海油同意,东营市也可以动员中海化工同意中海石油东营石化有限公司控股东营河口中海利兴石化产品销售有限公司,同样能够解决成品油批发资质问题。

(2)环保问题。中海石油东营石化有限公司现有的项目都是在 2009 年以前建成投产的,环保部的《建设项目环境影响评价文件分级审批规定》自 2009 年 3 月 1 日才开始施行。中海石油东营石化有限公司环保问题经过整改完全可以达到要求,东营市人民政府承诺帮助其完善环保手续。

(3)土地问题。如果中海石油东营石化有限公司因土地问题影响发展,可以到东营港经济开发区发展。

建议:一是顾全中海油与山东省及东营市战略合作的大局,继续履行中海炼化与中海化工签署的合作协议;二是尽快解决中海石油东营石化有限公司存在的问题,达到规范经营的要求;三是尽快恢复中海石油东营石化有限公司的生产经营,维护企业利益和职工的稳定;四是建立中海油与东营市合作推进机制,加快合作事项的推进步伐。

第二步,会议磋商继续合作并形成会议纪要。

2011 年 1 月 11 日下午,东营市委书记姜杰与中海油副总经理吴振芳等在东营宾馆召开专题会议,研究推进中海油与东营市经济合作有关事宜。会议主要精神纪要如下:

一是中海油继续推动与中海化工的合作。

二是中海油进一步扩大与东营市的合作。

三是东营市对中海油输油管线、岩盐开采项目给予大力支持。

第三步,发函恢复供油和生产。

(1)2011 年 8 月 11 日,东营市人民政府对中国海洋石油总公司发出《关于尽快为中海石油东营石化有限公司供油并同意其恢复生产的商请函》。主要内容:

根据贵公司要求,中海石油东营石化有限公司整顿工作已基本完成。中海石油东营石化公司已经停产 13 个月,损失巨大,而且职工情绪不稳。现商请贵公司尽快为中海石油东营石化有限公司供油并同意其恢复生产。并附函如下:

2011 年 8 月 5 日,山东省发改委对中国海洋石油总公司《关于中海石油东营石化有限公司有关问题的函》(鲁发改工业函〔2011〕98 号)的主要内容为:2010 年 3 月 11 日由东营市经济和信息化委员会申请补办《关于对中海石油东营石化有限公司申请补办 150 万吨/年常减压等装置建设项目立项手续的批复》(东经信发〔2010〕34 号),2011 年 2 月 24 日由东营市环保局补办的《关于中海石油东营石化有限公司 150 万吨/年常减压装置项目环境保护验收申请的批复》(东环验〔2011〕1006 号),2011 年 2 月 25 日由山东黄河河务局黄河口管理局出具《关于中海石油东营石化有限公司现有装置正常生产的复函》(黄河口水政函〔2011〕1 号)等手续,本着尊重历史、着眼大局、推进合作的原则,经省政府同意,对此我们予以确认。

(2)东营市人民政府对中海石油炼化公司出具《保函》。

东营市人民政府向中海石油炼化有限公司承诺:如果中海石油东营石化有限公司由于项目合法性问题被有关部门关停,市政府将积极予以协调努力解决问题;如果被关停,则积极协调解决对中海石油炼化有限责任公司经济损失的补偿问题,给予山东中海石油东营石化有限公司以相关的经济补偿。该保函于 2011 年 8 月 1 日起生效。有鉴于此,东营市人民政府授权其代表于 2011 年 8 月 1 日担保签字。姓名:陈安忠,职务:市经信委主任。

经过艰苦努力,中海石油东营石化有限公司的遗留问题已经解决,合作得以继续,合作双方签署了合作补充协议,2012 年 1 月 9 日起恢复供油,11 日恢复生产。

第四步,会议磋商扩大合作并形成纪要。

2012 年 2 月 6 日下午,中海油总公司分管副总经理吴振芳在中海油大厦与来访的东营市代市长申长友共同主持召开了专题会议,形成会议纪要。主要精神如下:

双方继续推进山东中海石油东营石化 500 万吨改扩建项目。东营市帮助中海油办理东营港至东营石化、中海沥青、潍坊海化 3 条长输管线在山东省和东营市的法律批准文件。东营市给予中海油海上油田终端建设大力支持,力争 2013 年建成投用。积极推进山东海化卤矿管线与原油管线同步实施。东营市人民政府承担的工作由市经信委牵头、陈安忠负责。

（三）合作事项进展及取得的成效

1. 关于东营港及库区建设

东营港 2×3 万吨泊位以半价 6.8 亿元卖给中海油东营公司，已建成的 7 000 多米的栈桥产权归政府，中海油东营公司无偿使用，另有 2.6 千米栈桥由中海油东营公司投资建设。中海油东营公司承接 2×5 万吨危化品码头的建设。建设了 116 万立方米的原油储罐。以上投资约为 33 亿元。计划建设通往中海石化和滨州石化的原油管道和东营—潍坊海化的地下盐卤输送管道。

中海油原油储备项目。项目总投资 124 亿元，占地 3 600 亩。主要建设 1 000 万立方米原油库及库外管线，共 100 座 10 万立方米外浮顶原油储罐，其中国储、商储各 50 座（见图 17-3）。预计建成后，可拉动东营港进口额 400 亿元以上。通过东营港大吨位码头，国储原油可以部分周转，商储一年可周转 5~7 次。每年增加东营港码头吞吐量 2 500 万吨。项目每年周转原油将达到 3 000 万吨以上，可直接供应当地的炼化企业，给东营炼化产业发展提供有力的优质燃料支撑。该项目 2021 年 3 月开工，计划 2022 年 9 月建成投用。

图 17-3　中海油 1 000 万立方米原油储备项目

2013 年，中海油渤海石油管理局实施的投资 11 亿元的 1 500 万吨/年渤海原油在东营港上岸终端项目，2014 年 5 月 8 日投产运行。2014 年原油上岸 100 万吨，2015 年 271 万吨，2016 年 383 万吨，2017 年 521 万吨，2018 年 524

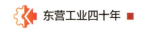
万吨,2019 年 559 万吨,2020 年 620 万吨。

截至 2020 年底,中海油东营公司码头、库区固定资产投资 27 亿元,累计接卸原油、燃料油等 9 444 万吨。这些原油除满足中海石化需求外,大部分交由东营其它地炼企业加工。

2. 关于中海东营石化

中海东营石化 2012 年实现税金 13.81 亿元,2013 年实现税金 11.94 亿元,连续两年上缴税金超过 10 亿元,位列东营市炼化企业第 1 名。公司于 2015 年 8 月 14 日调整了股权结构,中海炼化占 33%,董事长总经理人选也相应调整。公司扩建的 350 万吨/年升级改造及配套工程项目于 2018 年建成投产。2020 年,中海东营石化实现营业收入 119.67 亿元,利税 9.22 亿元,利润 3.29 亿元,上缴税金 5.93 亿元。

三、大唐东营电厂

大唐东营 2×1 000 兆瓦火电项目于 2020 年底满负荷试运行。从招商引资角度讲,这个项目有 4 个特点。

(一)时间跨度长

大唐东营 2×1 000 兆瓦火电项目从签订协议到动工建设,历时 12 年。2003 年 8 月 24 日,东营市人民政府和中国大唐集团有限公司签订协议,在东营港建设大型火电项目。2003 年 9 月项目启动。2013 年 3 月 5 日国家能源局发文批准开展前期工作,也就是拿到了人们所说的"大路条"。2015 年 8 月 7 日项目建设获省发改委核准。2015 年 9 月 29 日正式开工建设。

(二)争取难度大

这一时期,国家对新上火电项目实行上大压小政策。筹集压小指标就成了第一步的工作,这项工作需要地方政府和大唐一起做。2006 年东营市的压小指标为 13.7 万千瓦,不够用,市里千方百计协调收购了青岛、滨州的压小指标。大唐电力支付收购青岛、滨州 2 亿多元,东营市 9 000 多万元压小指标补偿资金。

接下来是争取省里支持。先是争取列入省"十一五"电厂建设规划,未果,潍坊、莱州电厂列进了省里的规划。经过争取,直到 2012 年,省发改委才把大唐东营火电项目列入报国家能源局的推荐项目中。

最关键的就是过国家能源局这一关了。要上电厂，必须拿到国家能源局的筹建许可文件，俗称"大路条"。因为省发改委没有把大唐东营火电项目列进山东省"十一五"电厂建设规划，增加了在国家层面的申请难度。

进入2013年后，大唐东营火电项目争取工作到了冲刺阶段。申长友市长领着我们多次到国家能源局汇报对接，才有了项目可以接续推进的可能。2013年3月6日，时值全国两会即将结束。我带领市和大唐东营电力的有关人员进京，协调在京参加全国人代会的申长友市长和大唐集团公司董事长陈进行会面，请求他们和国家能源局相关人员沟通。3月7日上午，我们到国家能源局火电处问询，得到的答复是你们回去吧。下午，火电处通知我们8号上午去拿文件。拿到批文后大唐东营电厂筹建处负责人陈增辉双手颤抖，眼含热泪，对市发改委王卫民科长说："你拿着吧，我心慌得很。"是啊，在场的人，对项目争取工作的千辛万苦，他是体会最深的。2003年到2013年，从40岁跑到了50多岁，才拿到筹建批复，酸甜苦辣，一时涌上心头。拿到批文后我立即给申长友市长发了短信，同时复印一份送给他，感谢他的支持。

2014年，国家能源局下放了项目核准立项权。2015年8月7日，山东省发改委对项目进行了核准立项。2016年，国家能源局又对火电项目实行"三个一批"，大部分项目停建、缓建。东营项目已完成了设备订购，土建已开工，若按规定缓建，将造成重大损失。又是好一阵忙活，好在没被宣布为缓建，项目建设才没受到大的影响。

（三）机组最先进

2015年12月5日，大唐集团董事长批示，大唐东营电厂"要按最好水平考虑，建成我国100万机组标杆"。设计4×1 000兆瓦超超临界二次散热机组，一期2×1 000兆瓦。能耗258.2千瓦时/度，烟尘、二氧化硫、氮氧化物排放，均具火电机组国内最优、世界先进水平。设备是上海发电机有限公司制造的国内首台单轴六缸六排汽发电机组。共建设2×1 000兆瓦超超临界燃煤发电机组，配套铁路专用线，取排海水工程以及脱硫、脱硝、除尘等环保设施，投资91.54亿元。其中一号、二号机组分别于2020年11月11日、12月16日满负荷试运行。该发电项目成功入选国家能源局第一批能源领域首台套重大技术装备项目。作为目前全球技术水平最高的百万千万机组，每发1度电比

同类型机组节约标煤 7 克,一年下来能节省标煤 20 万吨,减少排放二氧化硫 330 吨、氮氧化物 780 吨、烟尘 60 吨,真正实现了绿色低碳、清洁高效发展。

（四）发挥作用大

大唐东营电厂项目虽然时间跨度长,经历困难多,但也不失为东营市对央企同时又是世界 500 强企业招商的典范,其意义不言而喻。一是当地有了可靠的电力供应保障,为东营不缺电增添了砝码。二是增加了 90 多亿元的固定资产投资。三是增加了税收。市国税、地税部门测算过,该项目每年缴地方税费近 5 000 万元,其中建设阶段上缴地方税费 1 亿多元。四是支撑了疏港铁路的建设和运营。一期项目年用煤 400 多万吨,而疏港铁路年运量盈亏平衡点在 800 万吨,没有大唐东营火电项目支撑,疏港铁路建设将滞后若干年。五是技术进步示范作用。该项目所上机组技术水平国内最好、世界领先。

专　栏　《东营市招商引资奖励办法》（节选）

（东政办发〔2003〕37 号）

第一条　为深入实施"大开放、大招商、大发展"战略,鼓励为本市招商引资的国内外单位和个人,制定本办法。

第二条　本办法奖励对象为在招商办办理引荐人登记的招商引资第一引荐人(指首位将外来投资者介绍到东营市考察的单位或个人,以下统称引荐人),引荐人由外来投资者、技术权利人认定。

第三条　对引进资金、项目、技术的引荐人,根据"谁受益、谁奖励"的原则,按本办法给予奖励。

第四条　引进资金的奖励

（一）奖励范围。从市域外引进的用于地方经济社会事业投资的无偿资金或有偿资金。

（二）奖励标准。

1. 引进社会性无偿资金的,按实际到位资金额的 20% 给予奖励。

2. 引进无偿捐赠实物的,按评估价值的 10% 给予奖励。

3. 引进社会性(非金融)有偿资金且资金使用费低于同期银行贷款利息

的,按资金使用费低于银行贷款利息部分的 70% 给予奖励;资金使用费高于银行贷款利息的,与引荐人协商奖励金额。

(三)认定材料。资金到位后,由引荐人提供捐资证明、银行进账单、资金使用合同等材料。

第五条 引进项目的奖励

(一)奖励范围。从市域外引进在东营市行政区域内投资新建,流转税和所得税留成部分属地方财政收入并注册为独立法人的项目及地方公益性项目的生产经营性固定资产(指用于生产经营的房屋、建筑物及附属设施,征用的土地,机器设备,工具器具等,不包括非生产经营性办公生活配套设施、运输工具及从事捕捞、运输业的车船等)投资。

(二)奖励标准。

1. 工业加工类项目。属外来独资经营的,按到位外来生产性固定资产投资额的 2.5% 给予奖励;与本市合资经营的,按到位外来生产性固定资产投资额的 2% 给予奖励。引进世界 500 强企业的项目,按到位外来生产性固定资产投资额的 3% 给予奖励。

2. 农业开发类项目。按到位外来基础设施及经营性房屋、建筑物投资额的 0.5% 给予奖励。

3. 商贸流通类项目。引进政府鼓励发展且固定资产投资 200 万元以上的项目,属外来独资经营的,按到位外来经营性固定资产投资额的 1.5% 给予奖励;与本市合资经营的,按到位外来经营性固定资产投资额的 1% 给予奖励。引进无不动产投资的经营性企业,属外来独资经营的,按自纳税之日起一个年度内缴纳税收地方留成部分的 8% 给予奖励;与本市合资经营的,按外来股权比例计算的自纳税之日起一个年度内缴纳税收地方留成部分的 6% 给予奖励。

4. 基础设施及社会公益类项目。采取出让土地或以土地入股方式建设的,按到位外来经营性固定资产投资额的 1.5% 给予奖励;采取划拨或委托经营土地方式建设的,按到位外来经营性固定资产投资额的 1% 给予奖励。

5. 引进建设工业标准化厂房用于租赁经营的,按到位外来固定资产投资额的 2.5% 给予奖励。

6. 外来投资合同项目建成投产后再投资部分,包括原项目扩产、新上项目及成立子公司、分公司,按以上奖励标准的 10% 兑现奖励。

（三）认定材料。项目建成（标准化厂房承租方）投产或营业后，由引荐人提供营业执照、国税和地税登记证、验资报告、投资者身份证明、固定资产所有权及价值证明等材料。无不动产投入的，除提供以上材料外，还需提供同级税务部门出具的税收缴款书。

第六条　引进技术的奖励

（一）奖励范围。引进的以技术作价并注册登记为股权部分的投资。

（二）奖励标准。按技术折资入股额的1%给予奖励。

（三）认定材料。引进的技术用于生产后，由引荐人提供营业执照、技术股权证明、投资者身份证明、省级以上科技部门的技术鉴定证书等材料。

第七条　奖励的兑现。引进的资金、项目和技术，由引荐人申报，市招商办组织考核认定，在新闻媒体公示考核认定结果，确认无误后，奖金由市财政支付的，报经市政府批准后由市招商办会同市财政局办理；奖金由受益单位支付的，由市招商办责成受益单位办理。对引进的项目，投产或营业后先兑现应奖励金额的60%，其余部分在项目正常生产经营满2年后兑现。

第八条　本办法规定的奖金，均不含个人所得税。

第十八章

开发区:改革发展主阵地

第一节　关于开发区

一、概念

开发区是指一个国家或地区为吸引外部生产要素、促进自身发展而划出一定范围并在其中实施特殊政策和管理手段的特定区域。

二、功能定位

2016 年通过的《山东省经济开发区条例》将经济开发区的功能定位为"改革开放的先行区、经济转型升级的引领区、创新驱动和生态文明建设的示范区"。

三、发展原则

《山东省经济开发区条例》明确了经济开发区建设和发展的原则,规定经济开发区的建设和发展应当坚持创新、协调、绿色、开放、共享的发展理念,坚持新型城镇化和新型工业化相结合,遵循统一规划、市场主导、产业集聚、产城融合、差异化发展的原则。

四、类型划分

开发区分为国家级与省级两个等级。国家级开发区是经国务院批准设立

的开发区,省级开发区是指由省级人民政府批准设立的开发区。

国家级开发区主要包括经济技术开发区、高新技术产业开发区、出口加工区、保税区、台商投资区、边境合作经济区、国家旅游度假区等类型,它们虽都具有享受特殊经济政策地域的共同特性,但相互之间也有明显的差别。

1981 年,经国务院批准在沿海开放城市建立经济技术开发区。

省级开发区主要有两种类型:一类是经济开发区,功能类似于国家级经济技术开发区;一类是工业园区(产业园区),功能以发展各类工业项目为主,其中还包括一部分省级高新技术产业园区。

经济技术开发区:是国家最早在沿海开放城市设立的以发展知识密集型和技术密集型工业为主的特定区域,后来在全国范围内设立,实行经济特区的某些较为特殊的优惠政策和措施。

高新技术开发区:指国家在一些知识密集、技术密集的大中城市和沿海地区建立的发展高新技术的产业开发区。

第二节　开发区概况

东营市共有省级及以上开发区 9 家,包括东营经济技术开发区、东营港经济开发区、东营综合保税区、东营高新技术产业开发区、河口区经济开发区、垦利经济开发区、广饶经济开发区、大王经济开发区、山东利津经济开发区。目前形成了以国家级经济技术开发区为龙头,省级经济开发区为主体,布局合理,各具特色的发展格局。

综合自然地理和行政区划的区域特点,全市开发区已形成南部以广饶、大王经开区,中部以东营经开区和高新区,北部以东营港经开区为龙头的产业园区架构。2019 年,全市开发区规模以上企业数量 759 家,占全市的 81%。目前,除东营综保区外,东营市开发区大都以石化、盐化、新材料、机械制造和有色金属为主导产业。

从开发区综合水平上看,东营市开发区整体处于山东省中等偏上的水平。如,2019 年东营经济技术开发区排名全省国家级开发区第三位(全省共 15 家),垦利经济开发和广饶经济开发区分列山东省级工业园区第 21 位和第 30 位(全省共 131 家)。

2020年，全市9个开发区GDP为1 207.68亿元，占全市GDP的40.51%；工业主营业务收入5 030.9亿元，占全市工业主营业务收入的69.84%；实现一般公共预算收入100.1亿元，占全市一般公共预算收入的40.15%。开发区已成为东营市经济发展的主阵地、新旧动能转换的主战场。

同先进地区相比，东营市开发区还有较大差距。一是经济总量仍偏小。无论是开发区总体还是单体经济规模都不大。二是产业链现代化程度不高。主导产业以石化、盐化、轮胎、有色金属等传统产业为主，产业基础处于中低级水平，产业链条短，生产的多是初级产品，即使是最终产品其市场竞争力也不强。"链主"企业竞争力、辐射力不足以支撑产业链现代化的需要。三是科技创新能力不强。2018年东营经济技术开发区研发投入比重为3%，仅略高于全市2.64%的整体水平。四是经济效益不高。从一般公共预算收入占GDP的比重来看，2018年东营经济技术开发区为4.39%，低于东营市5.89%的整体水平。五是土地产出效率较低。土地利用效率最高的园区是垦利经济开发区，2018年为每平方千米10.3亿元，仅为苏州工业园区的53.7%。六是节能减排任务比较重。能源消耗和污染物排放相对较高。七是个别园区产业空置，盘活难度大。

第三节　东营经济技术开发区

东营经济技术开发区成立于1992年，2010年3月经国务院批准升级为国家级开发区，先后荣获"国家高新技术产业标准化示范区""国家循环化改造示范园区""国家循环经济标准化示范区""国家知识产权示范区"等荣誉称号。近年来，东营经济技术开发区加快产业转型升级，推进新旧动能转换，扩大对外开放，优化营商环境，拉开了高质量发展的新格局（见图18-1）。

一、改革发展情况

（一）体制改革不断深化

2020年，按照"大部门、扁平化"要求，开发区管委会实行瘦身强体，部门压减80%、员额压减53%，实行全员聘任、绩效考核。调整厘定全区产业发展方向，成立五大专业园区，实行市场化、专业化开发运营。提升制度供给，大力

图 18-1　东营经济技术开发区景色

推行"一窗受理",努力打造"国家行政审批制度改革标准化试点单位"服务品牌。

（二）综合经济实力不断提高

2020 年,全区实现地区生产总值 418.9 亿元,规模以上工业总产值 783.4 亿元,社会消费品零售总额 58.4 亿元,完成固定资产投资 117 亿元,规模以上服务业营业收入 74 亿元,一般公共预算收入 36 亿元。是年,在商务部国家级开发区综合发展水平考核评价中,在全国 218 家国家级开发区中列第 79 位,在山东省 15 家国家级开发区中列第 3 位。

（三）产业布局不断优化

新材料产业持续扩容提质,集群发展、集聚发展的路径更加清晰。5G 产业园、功能陶瓷材料产业园、稀土催化产业园、氧化铝纤维产业园等"园中园"加快建设,高端功能陶瓷材料、稀土催化材料、高性能纤维材料、先进复合材料、铜基新材料 5 条产业链条逐步完善,国瓷公司内燃机后处理装置蜂窝载体、中车兆源聚酰亚胺薄膜、东珩国纤高性能氧化铝纤维、合盛铜业高性能电子铜箔等新项目投产达效,2020 年新材料产业产值同比增长 70% 以上。

交通装备制造产业成为新亮点。波鸿(中国)轨交项目打破国外技术垄断,实现高铁车轮国产化,引领产业发展的新动能正在加快集聚。中车兆源在轨道交通电磁线领域市场地位持续巩固,国内市场占有率超过 50%。

石油装备制造及汽车零部件产业加快升级。

航空航天产业势头良好，融入大飞机和北斗导航两大国家战略步伐明显加快。总投资 20 亿元的空港产业园综合配套工程正在加快建设，欣邦电子应用于 C919 大型客机的耐火焰蔓延包覆层和高性能航空导线项目、新大集团与中国商飞合作的航空复合材料层压板项目开工，米德新型 PET 芯材项目投产运行。开发区成为省内唯一全国首批民用无人驾驶航空试验基地。

（四）对外开放不断拓展

近年来，开发区进一步推进全方位深层次开放，积极融入山东自贸区建设、环渤海地区合作发展、京津冀协同发展等区域发展战略，加强与"一带一路"沿线国家的经贸合作，集中突破利用外资和外经外贸工作，提高经济外向度；同时与满洲里边合区、烟台经济技术开发区、西宁经济技术开发区、南疆齐鲁工业园等建立了战略合作关系，推进园区合作共建。不断修订完善外经贸扶持政策，在进出口增量、增速等方面加大扶持力度。加快与中国外运股份有限公司等企业深度合作，扩大原油等大宗商品进口，引入华相集团北方油品跨境贸易和中储联合公司油品跨境贸易两大平台项目，开展原油进口和成品油国内贸易。跨境电商产业园开始运营，入驻高曼石油等跨境电商企业 27 家。不断深化与央企、省属国企合作，推进宝界供应链、新丝路集团、胜利油田能源公司、中蒙贸易等 15 个外贸项目建设。

（五）科技创新加力推进

构建起研发、转化和产业化的创新链条，区域创新能力大幅提升，成为全市区域创新中心。持续完善创新体系，出台《促进创新驱动发展的若干意见》，在全市率先建立"企业出题、先期投入、协同创新、市场验收、政府补助"的创新机制，发放 1 400 万元"科技创新券"，撬动企业科研投入超过 2 亿元，企业自主创新活力明显增强。积极鼓励创新型平台建设，国家级稀土催化研究院建成投入使用；国瓷公司成功创建国家企业技术中心，获批国家博士后科研工作站和"新材料检测评价中心"国家实验室认可资质；威玛装备获批省级工程实验室和省级技术中心；北航东营研究院、青岛科技大学东营资源化研究院入选首批省级新型研发机构；市级以上规范化科研机构达 156 家。创新主体作用持续加强；实施创新型企业、高成长型企业培育计划，区内 80% 以上规模以上企业与高校建立产学研合作关系,全区技术合同交易额突破 4.4 亿元;高新技术企业 108 家,科技型企业 227 家,国家科技型中小微入库企业 249 家,均居全市首位;全区高新技术产业产值占比 63.5%,高于全市 29 个百分点,科技对产业支撑能力明显提升;人才集聚效益日益凸显,省级以上创新创业公共服务平台达到 83 家,居全市首位;连续 2 年被评为"全省人才工作先进单位"和全省产才融合发展示范园区。

二、发展规划

(一)创新运营市场主体

按照"企业化管理、市场化运作"的思路,组建东营市东凯开发建设有限公司、东营市东凯产业投资管理有限公司和东营市东汇投资促进有限公司 3 家开发运营企业,承担开发建设,产业投资,发起设立产业基金和市场化、专业化"双招双引"工作,打造开发建设的融资平台、优质资产的运营商和主导产业培育的主力军。在"区中园"全面推开市场化改革,成立东营市东凯新材料产业园有限公司、东营市东凯交通装备制造产业园有限公司、东营市东凯空港产业园有限公司、东营市广利临港产业园有限公司、东营市悦来湖科教产业园有限公司 5 个园区开发运营公司,变现有的园区管理中心模式为专业开发运营公司模式,定位为产业园"双招双引"和园区运营服务主体,承担从项目洽谈考察、分析研判到落户服务的招商工作,以及园区企业管理服务的职责,承接相应产业发展具体任务,打造产业创新服务综合体。

(二)优化产业布局

坚持产业集聚集约发展,布局建设 5 个功能产业园区,明确不同功能定位和产业方向,推动要素资源向园区集中,打造功能完善、链条完整、管理一流的市场化专业化产业园区。

新材料产业园。规划建设稀土催化材料产业园、功能陶瓷材料产业园、氧化铝纤维产业园三大产业园区。以国瓷公司、新大新材料、东珩国纤、合盛铜业、中东兆源等龙头企业为核心,重点发展稀土催化材料、高端功能陶瓷、先进复合材料、高性能纤维及制品、铜基新材料五大产业链条。发挥国家级稀土催化研究院集聚带动功能,强化创新驱动和产业链条搭建,推动设立新材料产业发展基金,吸引社会资本参与,推动新材料产业集群发展,全力打造国内一流的千亿级新材料产业集群。

交通装备制造产业园。规划建设轨道交通产业园、汽车及零部件产业园、油田工业园等"园中园"。以波鸿轨交为龙头，联合中国铁运科学研究院集团有限公司建立研发中心，设立高铁装备产业投资基金，引进齿轮箱、刹车盘、轴承等配套协作厂家，建成集材料、车轮、车轴、轮对于一体的高铁车轮产业链，打造年产值100亿元的国际化、国产化轨道交通装备产业基地。推动整车项目复产，吸引行驶及制动系统、新能源汽车零部件和智能零部件等项目落地，探索开展同质配件和再造配件为核心的汽车零部件再制造试点，形成涵盖全链条的汽车产业制造体系。

广利临港产业园。依托广利化工园区，以华泰化工、金岭新材料等企业为龙头，以绿色、安全、创新发展为核心，加快氯碱化工与石油化工融合发展，发展高性能含氯、含氟高分子材料，瞄准工业环保、海洋经济、电子信息等广泛应用市场，延长产业链条，打造高性能膜和高性能纤维，提升附加值。引进、培育高端化工新材料企业，建设一批技术先进、带动作用大、竞争优势明显、环境友好项目，推进技术创新，加快创新平台建设，采用一体化、集群化、基地化、生态化发展模式，打造产业特色鲜明、科技含量高、充分体现循环经济特点、具有持续发展能力的高端化工产业基地。

空港产业园。持续深化与中国商飞、北京航空航天大学的战略合作，引进航空维修、航空制造、临空物流、北斗导航应用等高端制造与服务业态，打造特色临空经济园区；支持中车兆源、新大新材料、东珩国纤等优势企业与商飞开展协同研发和生产，推动融入大飞机制造产业链；建设以无人机飞行校验＋北斗无人空基测试为特色的民用无人驾驶航空综合应用拓展试验区，吸引和带动无人机研发、制造及相关应用产业入驻。加快空港产业园基础设施及综合配套项目建设，优化产业发展环境，提升东营胜利机场及中国商飞东营基地综合配套能力。

悦来湖科教创新园（见图18-2）。整合大学科技园、中电光谷未来城、东营软件园、互联网产业园、金融港等功能区块，促进创新要素聚集，培优创新生态，形成资源密集、辐射全市的科技人才高地。聚焦数字经济和先进制造融合，搭建"产业发展-创新驱动-配套服务"三层耦合创新体系，推动5G、新一代智能制造、软件和信息服务业、工业互联网等产业发展。依托东营软件园，搭建面向石油装备领域的工业软件开放平台,推动软件及信息化服务解决方案发展。坚持"数字经济＋产业应用"融合理念,持续推进制造业的数字化、网络化和智能化升级,联合龙头企业和平台公司,打造区域级—行业级—企业级的多层次工业互联网体系。大学科技园"高创谷"和"数创谷"正在争创国家级科技企业孵化器,"东营中石大科技成果转化中心"正在打造"国家级技术转移示范机构",为区域转型升级、新旧动能转换提供新的引擎。

图18-2　东营经济技术开发区悦来湖科教创新园区

东营经济技术开发区改革发展过程中也存在一些问题:先进制造业发展滞后,示范引领作用不大;研发投入占比较低,创新能力亟待提高;产业集群规模偏小,龙头企业缺乏,产业链现代化程度低;部分大企业发展质量差,陷入破产境地,债务风险很高;化工园区高质量发展路径尚不明确,节能减排任务较重;高素质人才培养引进乏力,尚未形成人才高地;办社会任务重,制约了开发区主体功能的发挥;推进产城一体过程中房地产开发挤占了产业发展空间;等等。总之,虽然取得了一些成绩,但国家级经济技术开发区的龙头尚未真正昂起来,高质量发展任重道远。

第四节　东营港经济开发区

东营港前身是始建于1985年的胜利油田黄河海港,1992年更名为东营港,1995年被国务院批准为一类开放口岸,在《黄河三角洲高效生态经济区发展规划》中被确定为黄河三角洲区域中心港。依港而建的东营港经济开发区是 2006 年 4 月经省政府批准设立的省级开发区。近年来,该区按照"新旧动能转换主战场、鲁北高端石化基地核心区、'双招双引'主阵地、新材料产业拓展示范区"目标定位,坚持"港区融合,三位一体",紧抓重大项目推进、"基础设施、物流、能源、消防安全应急、产业产品协同五个一体化"建设和环境优化提升,强力推动高端石化产业扩规模、提质效,全力打造鲁北高端石化基地核心区。"一区三园一基地"逐渐呈现融合联动、握指成拳的姿态,批示和公告面积达到 90.25 平方千米,成为全国化工园区 30 强中面积最大的园区。该区连续 8 年入选"中国化工园区 30 强",上榜 2020 化工园区 30 强,位居全国化工园区第 7 位,被授予"中国石油化工(东营港)产业区""全国绿色化工园区"、首批"山东化工行业示范园区"称号。

一、产业园区基本情况

(一)临港化工产业园

规划面积 87 平方千米,2018 年省政府认定的化工产业园 35.85 平方千米。2020 年底规模以上企业 49 家,投产和在建项目 90 多个,国际原油进口和使用资质达到 1 206 万吨,原油一次性炼化能力 1 580 万吨/年。是年,全区工业总产值突破 1 000 亿元,税收 60 亿元,进出口总额 310 亿元。建成全国单套能力最大的高吸水树脂生产线、聚丙烯酰胺生产线、氢氰酸-MMA 生产线,建设了全国民企第一套年产 5 万吨级乙丙橡胶生产线,初步形成了基础化工原料、精细化学品、专用化学品等门类齐全的产业体系。2020 年,开发区正加快推进 200 万吨/年对二甲苯、120 万吨丙烷脱氢、中海油原油仓储、中海油原油开采四大投资过百亿元重点项目,着力推动产业转型升级,实现经济高质量发展。

(二)滨海精细化工产业园

该园区坐落于利津县刁口乡,原隶属于利津县,2019 年 1 月划归东营港经济开发区管理。规划面积 27.47 平方千米,是 2018 年省政府认定的化工产业园,起步区 12.53 平方千米。重点发展生物医药、高端精细化学品、专用化学品、安全型食品添加剂等产业。目前,道合药业、广悦化工、科盛化学、奔月生物、美利达等企业已投产,生物医药产业园、创新原料药共享平台、平明医药

中间体、盈科化学 MMA、凯布尔聚酰亚胺电子薄膜等项目正在积极推进。

（三）新材料产业园

该园区原隶属于河口区，2019 年 1 月划归东营港经济开发区管理。规划面积 60 平方千米，2018 年省政府认定的化工产业园 41.87 平方千米，重点发展化工新材料、高端精细化学品两大主导产业。目前，彩客化学、戴瑞克新材料、科德化工、冠森高分子材料等项目已投产，上海安诺其、胜利方圆等重点项目全面开工建设，富海集团聚酯项目、本固新材料可降解塑料、冠森科技聚酰亚胺薄膜、彩客化学磷酸铁锂电池等新材料产业项目正在积极推进。

二、发展优势

在《鲁北高端石化产业基地发展规划（2018—2025 年）》"一基地四区十园"空间布局中，东营港经济开发区作为"东营炼化一体化区"的核心园区，石化产业基础、港口物流条件和土地资源储备等优势突出，具备建设世界一流石化产业园区的条件。

（一）建港条件好，支撑能力强

东营港处在渤海湾从天津至龙口 1 000 多千米海岸线上建设深水码头的最佳位置，已经成为环渤海地区最大的油品及液体化工品特色港口。东营港采用"政府主导、企业自建"的方式，2020 年底已建成泊位 57 个，其中液体化工码头 32 个，最大靠泊能力 8 万吨级，年吞吐能力突破 6 000 万吨。2019 年，4 个 10 万吨级油品液化品码头获批建设，已建码头升级工程全面启动，辐射全市及周边地区的 6 条外输管道加快建设，港口集疏运体系日益完善。南防波堤工程即将建成，10 万吨级航道 2020 年投用，将与已经建成的北防波堤、防潮堤工程形成 16.4 平方千米的"大环抱"港池，可建设 5 万～10 万吨级码头 100 余个，港口能级即将实现由 5 万吨到 25 万吨的历史跨越，港口建设加速迈入"深海"。东营疏港铁路通过德大、黄大铁路与全国铁路网连接，疏港通道逐步通往"内陆"。鲁北地区炼厂通过东营港用管线输送原油和成品油，比通过周边其他港口输送具有明显的比较优势。

（二）产业基础好，发展潜力大

开发区"一港三园"距离中心城区较远，地域空间相对独立，村庄少、人口少,石化"邻避"条件好。经过多年发展,东营港产业基础较为雄厚。一是区内炼化企业有了较大规模;二是油品仓储物流区液体化工品一次性仓储能力达560万立方米,远期规划将达到1500万立方米,力争打造成为环渤海地区重要的石化产品储备基地;三是建成了连接港口与码头库区的42千米公共管廊及近2 000千米的各类管道,初步实现了园区内企业物料运输"点对点",基本实现了公、铁、海、管多式联运的原料储存储运供应体系;四是炼化、盐化规模不断扩大,产业链条不断完善。

临港产业园形成了以丙烯—丙烯腈—丙烯酸—聚丙烯酰胺—高吸水性树脂—MMA为路径的丙烯产业链和以丁苯—顺丁—丁基橡胶—烷基化—芳构化—异构化为路径的碳四产业链;建成了国内单套能力最大的10万吨/年高吸水性树脂生产线和国内民营生产能力最大的MMA生产线;以200万吨/年PX项目为龙头的芳烃产业链条正在加快建设。

新材料产业园主要建有100万吨/年的重交沥青项目和全市规模最大的100万吨/年碳四综合利用项目、10万吨/年橡胶助剂项目、80万吨/年有色金属项目和部分精细化工项目,生产的DSD酸、丁二酸二甲酯等精细化工产品,全球市场占有率达到50%以上。

滨海精细化工产业园已建成道合药业原料药和高端药用化学品新材料、平明医药中间体、奔月纽甜和橙皮甜苷、科盛化学胶黏新材料、汇宇碳素等项目,正在建设东营港生物医药产业园、创新原料药中试基地和原料药产业链项目。2020年,全区完成进出口总额367.55亿元;实现一般公共预算收入17.19亿元;工业用电量达到31.2亿千瓦时;到位外资5 589万美元。

(三)配套条件好,承载能力强

临港产业园集中供热、污水处理、供水、供电等配套齐全,建成了国家石油炼制产品质量监督检验中心、华东石油交易中心等功能平台,疏港铁路、大唐东营电厂、地下综合管廊、固废危废处理等一系列重大基础设施加快建设。正在与山东高速集团合作组建公司,推进建设连通三区的公共管廊、地下管道等配套设施。区内的东营综合保税区于2015年5月6日获国务院批复设立,已注册公司220余家,注册资本32.6亿元。累计投入20亿元建设了污水处理厂、在线监测、应急指挥平台等环保基础设施。

三、产业发展方向

东营港经济开发区石化产业发展重点：加快推动基础产业整合优化、中下游产业高端化提升、新兴产业创新超越，推动产业结构由"一油独大"向"油头化身高化尾"转变，形成清洁能源、基础有机原料、差异化合成材料、化工新材料、高端专用化学品"五大优势产品集群"，逐步构建层次清晰、特色鲜明、优势突出的高端石化产业体系，实现高质量发展。

（一）临港化工产业园

1. 乙烯产业链条

乙烯是最重要的有机化工基础原料，是石油化工工业的基础，乙烯主要用于生产聚乙烯、环氧乙烷/乙二醇、乙苯/苯乙烯等基础化工产品，下游项目以专用精细化学品为主。临港化工产业园将重点选择国内市场缺口大、产品附加值高、市场前景好的项目，统一布局炼化一体化乙烯链条。

（1）乙烯→LDPE、HDPE、LLDPE。

（2）乙烯、氯气、氧氯化法 PVC→氯化 PP、PVC、PVDC；乙烯、氯气、氧氯化法 PVC→对二氯苯、聚苯硫醚。

（3）乙烯→环氧乙烷→乙二醇→聚乙二醇、乙醇胺/乙撑胺。

（4）乙烯→超高相对分子质量聚乙烯；乙烯→线性 α 烯烃→POE 弹性体。

（5）乙烯→醋酸乙烯→有机原料。

2. 丙烯产业链条

丙烯是重要的有机化工基础原料，主要用于生产丙烯腈和环氧丙烷等基础化工原料，下游以发展高附加值聚合物为重点。临港化工产业园丙烯产业链条相对完善，可适当进行补链，重点选择国内市场缺口大、产品附加值高的产业链下游项目。

（1）丙烷脱氢制丙烯（PDH）项目。

（2）丙烯→乙丙橡胶。

（3）丙烯→聚丙烯→PP 热性弹性体。

（4）丙烯→丙烯腈→MMA/PMMA、丁腈橡胶、ABS 工程塑料、MBS 树脂、碳纤维、腈纶、特种 ACR 树脂。

（5）丙烯→环氧丙烷→聚醚多元醇→聚氨酯。

（6）丙烯→丙烯酸→丙烯酸特种酯、丙烯酸橡胶、ASA 树脂。

3. 芳烃产业链条

芳烃是石油化学工业的重要基础原料。苯的最大用途是用来生产苯乙烯、环己烷和苯酚；甲苯大部分用作溶剂，化工上主要用于生产硝基甲苯、苯甲酸等；二甲苯中用量最大的是对二甲苯（PX），是生产聚酯纤维和薄膜的主要原料。PX 的主要下游产品是精对苯二甲酸（PTA），是我国紧缺的基础石化产品，主要用于生产聚酯。

（1）以 PX 为原料，向下延伸建设 PTA 项目，进一步延伸发展 PCT、PTT、PET、PBT 等产品。

（2）苯向下延伸己二酸、苯酚/丙酮、己内酰胺、苯乙烯 4 条支链。苯→苯酚/丙酮→双酚 A →环氧树脂、聚碳酸酯，苯→己内酰胺→尼龙 6 →锦纶，苯乙烯、聚苯乙烯、丁苯橡胶、SBS 树脂。

4. 碳四产业链条

园区目前以 C4 为原料的加工利用方案主要包括 C4 制异丁烯、丁二烯以及 C4 芳构化等。产业链条相对成熟，但因市场原因，C4 下游合成橡胶项目停滞。应积极发展以高端合成橡胶为重点的碳四烯烃产业链。

（1）炼厂醚后 C4 →正丁烯→异壬醇、2-丙基庚醇等特种高碳醇（C9/C10 高碳醇）。

（2）C4 烷烃→异构化装置异丁烷→脱氢＋MTBE 的方法（Oleflex）→异丁烯→聚异丁烯、异戊烯醇、叔丁醇。

5. 炼化一体化项目

园区共有 4 家炼化企业，分别是万达天弘、联合石化、亚通石化、海科瑞林，原油一次加工能力 1 580 万吨，2020 年达到约 2 000 万吨。下一步，将整合现有炼化资源，把地炼企业的下游石脑油作为基础原料，发展乙烯、芳烃项目。

（1）鼓励和引导联合石化整合市内地炼企业，新上一套 1 000 万吨/年炼化一体化项目，新上馏分油加氢、蜡油/重油加氢裂化、石脑油加氢和重石脑油加氢裂化等装置，为连续重整和联合芳烃提供有力的原料支撑。

（2）对园区现有炼化企业进行整合，本着"宜烯则烯、宜芳则芳"的原则统筹乙烯、芳烃原料综合利用。

（二）滨海精细化工产业园

围绕高端精细化工和生物医药两大主导产业，重点打造四大产业板块：一是发展抗肿瘤、抗病毒和治疗心血管、糖尿病、胃肠系统疾病、精神疾病类的创新原料药、特色原料药产业项目，配套建设原料药中试基地，全力打造生物医药产业园；二是发展电子化学品、药用化学品基础性新材料和新型塑料助剂、胶黏剂、印染助剂、环保型增塑剂、涂层树脂、涂料等各类有机化工原料和专用化学品；三是发展高倍甜味剂、香精等安全性食品添加剂；四是发展绿色高效、环保安全的小分子植保制剂和原药产业。

（三）新材料产业园

以化工新材料和高端精细化工为重点招商产业，利用临港高端石化基地内资源进行高端化精深加工，创新发展高附加值、高技术含量的石化金字塔顶端产品和石化产业"补短板"产品，重点发展聚酯包装化工新材料、高端精细化学品两大产业，布局化工产品的应用产业。

东营港经济开发区在取得巨大发展成就的同时，也存在没有大型炼化一体化企业、产业链条短、高端化工少、企业单体规模小、港口吞吐能力不大等问题，打造山东高端化工基地核心区任重道远。

第五节　东营综合保税区

东营综合保税区于 2015 年 5 月 6 日获国务院批复设立，规划围网面积 2.12 平方千米，是山东省第四家、全国第 54 家综合保税区。东营综保区分两期建设，一期 1.42 平方千米于 2016 年 12 月底封关运营，二期 0.70 平方千米于 2020 年 12 月通过正式验收。

一、基础设施建设

已建成投用 3 栋共 6 万平方米的保税仓库及 8 栋共 8.2 万平方米的标准化厂房。具有冷冻肉类、冰鲜水产和冷鲜果蔬等的保税仓储及进出口贸易功能的冷链物流园项目（一期）已投产运营，填补了我市保税冷链产业的空白（见图 18-3）。跨境电商综合服务平台及货物分拣系统等软硬件附属配套设施已建成，可提供跨境电商通关查验申报、物流配送、数据交换、外贸协同、外汇信用等综合服务。

图 18-3　冷链物流园

二、产业规划

东营综保区着眼加工制造、研发设计、物流分拨、销售服务、检测维修"五大中心"建设目标要求，统筹考虑东营综保区一期、二期以及配套区产业用地的高效利用，围绕综保区产业发展目标，强化区内区外统筹发展，构筑综保区产业特色和优势，明确了重点发展进口食品及加工、新材料、石油装备、供应链管理和创新服务等产业。

三、建设发展情况

一是外贸进出口快速发展。2020 年，东营综保区实现外贸进出口 122.75 亿元，同比增长 261.3%。全区外贸进出口总值占全市总量的 11.7%，同比提高 5.3 个百分点。

二是项目建设快速推进。SMT 智能制造、饲料加工、红酒灌装、葵花籽油分装、珠宝加工等项目即将投产，发动机检修租赁、食用油分装、珍缘珠宝加工等项目进展顺利。

三是新业态快速发展。积极引进跨境电商、保税研发、保税检测、融资租赁、供应链金融等特色产业功能平台，跨境电商产业园累计入驻企业45家（见图18-4）。

图18-4　跨境电商产业园

四是出台东营综保区企业发展扶持政策和招商引资优惠政策。

专栏一　省级及以上开发区产业分布

开发区名称	主 导 产 业	规模以上工业企业数量/家
东营经济技术开发区	新材料产业、交通装备制造产业、航空航天产业、现代服务业	335
东营港经济开发区	生态化工、电力能源、现代物流、装备制造、临港产业	136
东营综合保税区	进口食品及加工、新材料、石油装备、供应链管理、创新服务	13
东营高新技术产业开发区	石油技术服务、石油装备、海工装备	149
河口区经济开发区	新材料、新能源、石油装备与服务产业	54
垦利经济开发区	汽车及配套零部件、生物医药、新能源、新材料	80
广饶经济开发区	石油化工、橡胶轮胎、高端装备制造、汽车配件、纺织	98
大王经济开发区	绿色基础化工、橡胶轮胎、绿色造纸、汽车配件	136
山东利津经济开发区	有机化工和新材料、节能环保、装备制造、都市轻工、2.5产业、生物医药	90

专栏二 省级及以上开发区主要经济指标

一、东营经济技术开发区主要指标

项 目	2010 年	2015 年	2020 年	备 注
地区生产总值/亿元	199.15	356.42	418.89	2010 年 3 月 21 日,国务院批准东营经济开发区升级为国家级经济技术开发区,定名为东营经济技术开发区
固定资产投资/亿元	133.2	269.4	117.1	
规模以上工业增加值/亿元	157.2	262.8	178.1	
财政收入/亿元	7.27	17.38	36.02	

二、东营港经济开发区主要指标

项 目	2006 年	2010 年	2015 年	2020 年	备 注
地区生产总值/亿元	—	8.17	85.03	163.35	2006 年 4 月被省政府批准为省级经济开发区
固定资产投资/亿元	18.9	70	150	140	
规模以上工业增加值/亿元	—	7.8	63.77	44.34	
财政收入/亿元	0.1	0.7	5.9	17.2	

三、广饶经济开发区主要指标

项 目	2011 年	2015 年	2020 年	备 注
地区生产总值/亿元	139	180	80.7	1994 年 12 月被省政府批准为省级经济开发区
固定资产投资/亿元	90	167	24.9	
规模以上工业增加值/亿元	128	148	71	
财政收入/亿元	4.3	9.9	10.69	

四、垦利经济开发区主要指标

项　目	2011 年	2015 年	2020 年	备　注
地区生产总值/亿元	20.1	37.2	64.8	1995 年被省政府批准为省级经济开发区
固定资产投资/亿元	9.31	18.22	34.26	
规模以上工业增加值/亿元	12.5	22.4	38.7	
财政收入/亿元	2.4	3.5	5.2	

五、山东利津经济开发区主要指标

项　目	2011 年	2015 年	2020 年	备　注
地区生产总值/亿元	39.1	50.79	72.64	2006 年 3 月被省政府批准为省级经济开发区
固定资产投资/亿元	51.1	52.7	32.79	
规模以上工业增加值/亿元	26.5	40.63	61.54	
财政收入/亿元	0.68	1.37	8.72	

六、东营高新技术产业开发区主要指标

项　目	2011 年	2015 年	2020 年	备　注
地区生产总值/亿元	25.3	39.6	110.8	2006 年 3 月被省政府批准为省级经济开发区
固定资产投资/亿元	34.5	70.7	30.68	
规模以上工业增加值/亿元	23.2	30.6	44.2	
财政收入/亿元	0.56	0.66	5.4	

七、河口区经济开发区主要指标

项　目	2011 年	2015 年	2020 年	备　注
地区生产总值/亿元	38.7	72.1	86.5	2006 年 3 月被省政府批准为省级经济开发区
固定资产投资/亿元	2.9	53.4	28.97	
规模以上工业增加值/亿元	3.5	25.5	30	
财政收入/亿元	0.6	0.9	2.7	

八、大王经济开发区主要指标

项　目	2011 年	2015 年	2020 年	备　注
地区生产总值/亿元	142	176	210	2010 年 12 月 被省政府批准为省级经济开发区
固定资产投资/亿元	78	96	25	
规模以上工业增加值/亿元	75	81	90	
财政收入/亿元	4.9	7.5	14.2	

专栏三　开发区体制机制改革

一、制定政策

2019 年 7 月 10 日，省委出台《关于推动开发区体制机制改革创新促进高质量发展的意见》，正式启动省级及以上开发区的改革工作。

2020 年 9 月 28 日，市委出台《关于支持国家级东营经济技术开发区高质量发展的意见》《支持东营高新技术产业开发区高质量发展的意见》。截至 2020 年 10 月 8 日，东营市 9 个省级及以上开发区在全省率先完成开发区体制机制改革创新任务。

二、改革措施

按照省委、市委"市场化改革取向、去行政化改革方向"和"两剥离、两整合"的要求，东营市开发区改革有序展开。

（一）"管委会＋"模式

东营市开发区最初实行的是管委会体制，后来实行了开发区与行政区合一的管理体制。2019 年 7 月起，按照省里的统一安排，开发区实行"管委会＋"模式，各开发区组建国有开发公司、专业运营公司、专业招商公司三类公司。东营港经济开发区推行"管委会＋公司＋基金＋专业招商团队"体制。

（二）剥离社会管理职能

市属开发区将社会事务剥离到所在镇街和市直部门派出机构，县区属开发区将社会事务剥离到所在镇街和县区部门。管委会只保留经济管理职能,集中力量抓主责主业。整合归并工作机构,形成"管委会—工作机构—个人"三个层级的管理架构。改革后,全市9个省级及以上开发区管辖面积总体压减82.79%,管委会内设机构总体压减68.92%,代管镇街数量总体压减66.67%。

(三)竞争性用人

实行全员岗位聘任制,要求所有人员开展岗位竞争,并面向全国、面向社会公开选聘。改革后,9个开发区管委会人员总数从3 459人压减到905人,压减率达73.84%,向街道、市直部门派出机构分流1 234人,面向社会招聘专业人才209人。

(四)差异化考核

在管委会内部,全面推行KPI考核,分层次分部门分岗位设定目标分值,做到多干多得,优绩优酬。对专业运营公司,全面推行绩效考核,参考开发区综合发展水平评价办法,每年确定考核任务,完成任务给予奖励。

(五)聚焦主业

明确开发区功能定位和产业方向,一个开发区重点规划1~2个"十强产业+人工智能"特色产业集群,做优做强2~3个优势明显的主导产业。

第十九章
金融:现代工业的核心

第一节　关于金融

　　金融业是指经营金融商品的特殊行业,它包括银行业、保险业、信托业、证券业和租赁业。金融业具有指标性、垄断性、高风险性、效益依赖性和高负债经营性的特点。1991 年初,邓小平同志在视察上海时发表了"金融是现代经济的核心"的著名论断。他说:"金融很重要,是现代经济的核心。金融搞好了,一着棋活,全盘皆活。"2017 年 7 月,习近平总书记出席第五次全国金融工作会议时强调,"金融是国家重要的核心竞争力,金融安全是国家安全的重要组成部分,金融制度是经济社会发展中重要的基础性制度"。

　　金融在现代经济中的核心地位,是由其自身的特殊性质和作用所决定的。首先,现代经济是市场经济,市场经济离不开交换,市场经济从本质上讲就是一种发达的货币信用经济或金融经济,它的运行表现为价值流导向实物流,货币资金运动导向物质资源运动。其次,金融是现代经济中调节宏观经济的重要杠杆。社会主义市场经济要求市场在资源配置中起决定性作用,而金融是市场经济和资源配置间的纽带。金融业是联结国民经济各方面的纽带,它能够比较深入、全面地反映成千上万个企事业单位的经济活动。同时,利率、汇率、信贷、结算等金融手段又对微观经济主体有着直接的影响,调节着经济发展的规模、速度和结构。第三,金融是工业的血脉,实体经济是工业的肌体,金

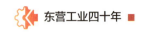

融通则工业兴。东营工业辉煌四十年,金融起到了核心、血脉作用。

第二节　机构沿革

一、金融监管部门

(一)中国人民银行东营市中心支行

1964 年,在胜利油田基地建立中国人民银行东营支行,系正科级单位,隶属中国人民银行惠民地区中心支行。建市后,中国人民银行山东省分行于1983 年 11 月 13 日决定建立中国人民银行东营市支行,系正处级单位。1984年 10 月,中国人民银行东营市支行改称中国人民银行东营市分行。既是管理金融的国家机关,又办理工商信贷和储蓄、结算等一般的银行业务。1985 年7 月初,分设中国工商银行东营市分行,人民银行不再兼办存贷款、结算等业务。1999 年,更名为中国人民银行东营市中心支行。2003 年 12 月 26 日,分设东营银监分局。中国人民银行东营市中心支行是中国人民银行的派出机构,在垦利县、广饶县、利津县设立 3 家支行。负责在辖内贯彻执行再贷款、存款准备金、再贴现、利率等货币政策,监督管理金融市场;防范和化解辖区金融风险,维护辖区金融稳定;管理辖区金融统计工作;管理辖区征信业,推动建立社会信用体系;管理辖区货币发行、现金管理和反假人民币业务;管理辖区支付结算工作;管理辖区金融业反洗钱工作;管理辖区外汇、外债、跨境人民币和国际收支业务;管理辖区国库、金融科技工作。

(二)中国银行保险监督管理委员会东营监管分局

2003 年 12 月 20 日,中国银行业监督管理委员会东营监管分局(简称东营银监分局)挂牌成立,在广饶、垦利、利津 3 县设立监管办事处。2018 年 12月 26 日,东营银监分局挂牌,主要负责根据银保监会和山东银保监局的授权和统一领导,依法依规独立对辖区银行业和保险业实行统一监督管理;对有关银行业和保险业机构及其业务范围实行准入管理,审查高级管理人员任职资格;对有关银行业、保险业机构实行现场检查和非现场监管,开展风险与合规评估,保护金融消费者合法权益,依法查处违法违规行为;统计有关数据和信息,跟踪、监测、预测辖区银行业、保险业运行情况等。

（三）东营市地方金融监督管理局

2009年12月18日，东营市金融工作办公室成立。金融办负责联系、协调驻市各类金融机构，做好相关服务工作；配合中央驻省、市金融监管机构做好银行、保险、证券金融机构的监管工作；监管权益类交易场所并会同有关方面防范金融风险；负责全市小额贷款公司、融资性担保公司设立的审核报批和监督管理；协调有关部门推动新型农村金融机构规范发展；对民间金融进行业务指导、经营约束、监督管理、风险处置。2013年12月12日，加挂东营市地方金融监督管理局牌子。2018年12月23日，将市金融工作办公室承担的行政职能，市商务局典当行、融资租赁公司、商业保理公司经营监督管理职责进行整合，组建市地方金融监督管理局，作为市政府工作部门，加挂市金融工作办公室牌子。

二、银行业金融机构

（一）政策性银行

1996年12月12日，中国农业发展银行东营市分行注册成立，成为全市唯一一家政策性银行。农发行东营市分行主要定位是发挥政策性金融职能，支持农业基础设施建设，贷款业务范围涉及粮食安全、物资储备、现代农业、住房、交通、水利、海洋、生态、扶贫、流通体系等"三农"领域。

（二）国有大型商业银行

1. 中国建设银行东营分行

1962年2月，设立中国人民建设银行东营办事处，直属中国人民建设银行山东省分行领导。1964年5月5日，更名为中国人民建设银行东营支行，仍归中国人民建设银行山东省分行直接领导。1977年1月26日，由中国人民建设银行惠民地区中心支行管理。这一时期，建设银行行使财政拨款职能，管理和监督使用基本建设资金。1983年10月19日，升格为中国人民建设银行东营市中心支行。1985年5月1日，更名为中国人民建设银行东营市分行，是管理胜利油田和东营市基本建设投资、经办国家政策性贷款和固定资产信贷业务的专业银行，行使财政、银行双重职能。1994年，将代理行使的财政职能和办理的政策性基本建设贷款业务移交，不再履行行政管理和政策性业务

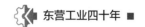

职能,向商业银行转轨。1996年2月13日,更名为中国建设银行东营市分行。2004年11月15日,更名为中国建设银行股份有限公司东营分行。

2. 中国农业银行东营分行

1983年12月7日,中国农业银行东营市分行成立,成立之初是主管全市农村金融的专业银行。随着金融体制改革的不断深入,中国农业银行先后经历了国有独资商业银行、国有控股商业银行等不同发展阶段。2009年1月15日,改制为股份有限公司。发展至今,中国农业银行东营分行已成长为面向"三农"、城乡联动、融入国际、服务多元的综合金融服务提供商。

3. 中国工商银行东营分行

1984年1月1日,中国人民银行东营市支行加挂中国工商银行东营市支行牌子,实为一个机构。1985年7月1日,市工商银行从市人民银行正式分设出来,与市人民银行两个机构一个领导班子,管辖东营区、河口区两区办事处和广饶、利津、垦利三个县支行。成立初期,工商银行体制上属于国家专业银行,性质上是国家融资渠道和金融宏观调控工具,东营分行承接由原人民银行办理的工商信贷和储蓄业务。1995年12月,国务院发布了《关于金融体制改革的决定》,以此为标志,工商银行由国家专业银行转变为自主经营、自担风险、自负盈亏、自我发展的国有商业银行。2005年10月28日,东营分行正式更名为中国工商银行股份有限公司东营分行,主要办理城镇居民储蓄,工商企业存款和机关团体、学校等单位存款,国营、城镇集体和个体工商企业流动资金、技术改造、科技开发等贷款,办理转账结算等业务。

4. 中国银行东营分行

1986年4月15日,筹建中国银行东营支行,统一经营东营市外汇业务及和外汇有关的人民币业务。1986年11月1日,中国银行东营支行正式成立,行使国家外汇外贸专业银行职能,大力支持外贸深化体制改革,支持外贸企业、"三资"企业发展和胜利油田能源建设。1990年,东营支行升格为分行。伴随着1994年经济体制改革的深入推进,由国家专业银行转变为国有独资商业银行。2004年8月26日,中国银行整体改制为股份制商业银行,东营中行也随之更名为中国银行股份有限公司东营分行。

5. 交通银行东营分行

交通银行东营分行于2010年12月28日试营业,2011年5月26日正式成立,主要业务包括存贷款业务,国内结算,票据承兑与贴现,政府债券发行、承销、兑付,国际结算业务,离岸业务等。

6. 中国邮政储蓄银行东营分行

2008年1月28日,在改革原邮政储蓄管理体制基础上,中国邮政储蓄银行股份有限公司东营市分行正式挂牌成立。2019年1月,银保监会将邮储银行纳入国有大型商业银行监管序列。

（三）全国性股份制商业银行

2009年至2017年,恒丰银行、华夏银行、中信银行、民生银行、招商银行、浦发银行、光大银行、兴业银行、平安银行、广发银行、浙商银行等股份制银行先后入驻东营市。截至2017年,12家全国性股份制银行中,有11家在东营设立分支机构。

（四）城市商业银行

1996年,全市共有城市信用社6家,分别是东营市城市信用社中心社、西城城市信用社、河口区城市信用社、广饶县城市信用社、垦利县城市信用社、利津县城市信用社,由东营市城市信用社中心社行使统一管理职能。1999年,对广饶、垦利、利津3县城市信用社实施归并改制,更名为农村信用社并归农村信用联社管理。2001年9月,在原东营市城市信用社中心社、东营市西城城市信用社和河口区城市信用社的基础上通过重组,成立东营市城市信用社。2005年9月,东营市商业银行正式挂牌成立。2011年11月17日,中国银监会批准东营市商业银行更名为东营银行。2012年3月,正式更名为东营银行。

从2011年至2018年,青岛银行、齐商银行、天津银行、威海市商业银行、齐鲁银行、烟台银行6家异地城市商业银行相继在东营设立分支机构。

（五）农村商业银行

建市前,东营域内有农村信用合作机构91个,分布于各乡镇。1978年,农村信用合作社与农业银行合署办公,农业银行受人民银行委托领导和管理农村信用社。1994年4月,农村信用合作社与农业银行实行分门办公,各县区分别组建了农村信用合作社联合社,但在业务上和人员上仍属农业银行东营分行管理。1995年底,全市共有农村信用合作社营业机构110个。1996年10月,全市农村信用合作社与农业银行脱钩,人民银行负责对农村信用合作社的直接监管,并承担行业管理职责。2003年,人民银行与银监会分设,农村信用社交由银监会代管。2004年6月,山东省农村信用社联合社成立,代表省政府行使对全省农村信用社的行业管理职责。2004年8月,省联社设立东营办事处。2004年8月至2005年12月,全市5个县区的联社全部改制为一级法人机构。2004年9月,广饶县农村信用联社改制为广饶农村合作银行。2006年6月,东营区农村信用联社和河口区农村信用联社分别改制为农村合作银行。此后,全市农村信用社、农村合作银行改制农村商业银行加速。2010年9月,广饶农村商业银行挂牌开业。2011年至2012年12月,利津、河口、垦利农村商业银行相继挂牌开业。2016年3月,胜利农村合作银行、河口区农村商业银行合并改制组建东营农村商业银行。2019年8月,根据银监会的要求,山东省农村信用社联合社东营办事处改组成立山东省农村信用社联合社东营审计中心,根据省联社的授权承担东营市辖内农村商业银行行业管理职责。

（六）村镇银行

2010—2014年,东营莱商村镇银行、垦利乐安村镇银行、广饶梁邹村镇银行、河口中成村镇银行、东营融和村镇银行、利津舜丰村镇银行6家村镇银行先后成立。

截至2020年底,全市有银行业金融机构35家,其中政策性银行1家、国有大型商业银行6家、全国性股份制商业银行11家、城市商业银行7家、农村商业银行4家、村镇银行6家。

三、地方金融组织

进入21世纪以来,随着市场经济体制的日益完善和企业内部改革的不断深化,域内以乡镇企业为主的民间投资、生产、营销、产品开发等经营活动,在资金运作方面逐渐采取多形式、多渠道的融资手段,如互助担保贷款、社会小额融资、拆借、非货币资产入股、技术成果入股等,有效缓解了资金短缺与加快发展的矛盾。适应实体经济多元化融资需求,以民间融资为主体的地方金融组织,在市场机制作用下,以高效的运行机制和便捷的服务模式逐步发展起来,成为区域金融体系的重要组成部分,为常规金融提供了有益补充。为推动地方金融组织稳健发展,东营市在国家和省政策框架下,围绕市场准入、规范监管、风险防控和业务创新等方面,结合地方金融组织行业特点进行了有益的探索实践。

2012年3月,东营市被省政府确定为全省民间融资规范引导试点市。全市在深入学习调研的基础上,确立了"规范、疏导、监管、利用"的试点工作思路,提出了"推动民间融资规范化、阳光化发展,推动以民间投入为主体的地方金融体系建设,推动民间资本投向实体经济,强化地方金融监管"4项主要任务。市政府出台了《关于开展民间融资规范引导试点工作的意见》(东政发〔2012〕17号),以及《关于开展民间借贷服务中心试点的实施意见》等6个配套文件,创设民间借贷服务中心、民间资本管理公司等新型组织,开展投资咨询类公司规范整顿,完善风险管控措施,试点工作取得显著成效。2013年7月,省政府在东营召开全省规范发展民间融资工作现场会,对东营试点工作给予充分肯定,在全省推广东营经验。一是建立民间借贷服务中心,推动创设民间借贷阳光化。民间借贷服务中心是由社团法人发起的公益性、服务性、非营利性民办非企业单位,通过为民间借贷搭建集信息登记发布、中介撮合、备案管理、法律咨询服务于一体的交易平台,实现了民间借贷的规范化、阳光化。截至2013年6月末,全市5家民间借贷服务中心累计登记社会资金35 388万元,总成交额达25 523万元。二是创设民间融资新兴组织,推动民间投资渠道多样化。设立民间资本管理公司,由区域内具有一定规模的实体企业发起,主要从事资本管理、项目投资、股权投资业务,吸纳更多的民间资本流向实体经济。截至2013年6月末,全市15家民间资本管理公司总注册资本8亿元,累计实现投资37 805万元。设立农村资金互助专业合作社,以农民、涉农企业为主体,自愿入股组成,为本社社员提供资金互助服务。截至2013年6月末,全市5家农村资金互助专业合作社吸纳农村社会资金6 799万元,为89家农户及涉农中小企业发放互助金2 995万元。拓宽小额贷款公司投融资渠道,更大程度上发挥小贷公司吸纳和规范民间资本的作用。截至2013年6月末,全市29家小额贷款公司注册资本47.36亿元,累计发放贷款75.44亿元。三是开展投资(咨询)类公司规范整顿,推动民间融资组织规范化。对全市183家投资(咨询)类公司在市场准入、业务行为、营业场所和从业人员等方面进行全面规范整顿,62家投资(咨询)类公司通过检查验收,起到了去劣存优、净化市场的效果。四是完善金融风险管控措施,推动地方金融监管常态化。市政府以文件形式明确金融办履行地方金融监管的职责,制定《东营市民间借贷服务中心监督管理暂行办法》《东营市民间资本管理公司监督管理暂行办法》《东营市投资(咨询)类公司监督管理暂行办法》等一系列具体的监管制度,实现了对民间融资机构的常态化监管。

截至 2020 年末,全市 26 家小额贷款公司累计贷款金额 25.26 亿元,贷款余额 43.37 亿元;10 家融资担保公司新增担保额 59.7 亿元,在保余额 63.03 亿元;15 家民间资本管理公司累计投资 2.48 亿元,投资余额 8.59 亿元;19 家典当企业典当总额 6.09 亿元,典当余额 2.75 亿;5 家融资租赁公司累计融资租赁业务发生额 0.8 亿,融资租赁资产余额 11.31 亿元;1 家大宗商品交易场所累计成交 75.80 亿元。

第三节　信贷投放

多年来,银行融资一直占据社会融资主导地位,是服务保障经济社会发展的重要力量。1983 年至 2017 年,东营市银行信贷规模持续保持上升态势。1983 年,全市银行机构各项贷款余额 3.41 亿元。2017 年,全市银行机构各项贷款余额 3 668.79 亿元,较 1983 年增加 3 665.38 亿元,增长 1 074 倍,达到建市以来最高点。2017—2019 年,受国家政策调整、宏观经济下行、区域企业债务风险爆发等因素影响,全市银行贷款逐年下滑。在此期间,东营市实施"金融动能转换三年行动计划",加强金融生态建设,全市银行贷款从 2020 年开始回升。截至 2020 年末,全市银行机构各项贷款余额 3 333.72 亿元,较年初增加 81.57 亿元。

第四节　金融生态建设

一、科学谋划金融业改革发展

2009 年底,为加快金融业发展,提升金融业对黄河三角洲高效生态经济区建设的服务保障能力,发挥金融业在区域经济发展中的先导作用,东营市提出"围绕一个目标,完成三大任务"的工作思路,即围绕建设黄河三角洲区域金融服务中心这一目标,着力完成"构建现代金融服务体系,努力扩大直接融资比例,优化区域金融发展环境"三大任务。2010年,根据国务院批复的《黄河三角洲高效生态经济区发展规划》,省、市《关于贯彻落实黄河三角洲高效生态经济区发展规划的实施意见》和省政府《关于金融支持黄河三角洲高效生态经济区发展的意见》等文件精神,编制了《东营市金融业发展规划2010—2020》,提出今后10年全市金融业发展总体目标和具体措施,这是全市第一个金融业总体规划。2013年11月,市政府出台《关于加快推进全市金融业改革发展的意见》(东政发〔2013〕20号),从完善金融市场体系、培育发展金融机构、增强金融服务能力及优化金融发展环境四大方向以及优化信贷结构、推动企业资本市场融资、发展民营金融机构等17个方面,规划东营市金融改革发展的目标和举措,加快全市金融业改革步伐。2016年7月,编制《东营市金融业发展"十三五"规划》,对未来5年全市金融工作进行了统筹谋划,确定了完善金融组织体系、活跃金融交易市场、提升金融服务水平、推进金融改革创新、完善金融监管体制、改善金融生态环境等重点措施。2019年1月9日,市委、市政府出台《东营市金融动能转换三年行动计划(2019—2021年)》(东发〔2019〕2号),就提高金融服务质效、防范化解金融风险、加强信用体系建设、优化金融生态环境提出了目标措施。

二、信用东营建设

金融信用,即提供贷款和产生债务。在许多场合,金融信用也可以指借债方偿还债务的信誉和能力。信用是金融的核心。金融的存在和正常运转有赖于良好的社会信用。

2002年6月20日,油地军校四方联合在黄河影院召开建设信用东营动员大会。同日,市委、市政府下发《关于建设信用东营的意见》(东发〔2002〕11号)。主要内容包括:全面建设"信用东营",大力培育政府信用、企业信用和个人信用三大主体,扎实推进信用道德、信用网络和信用制度三大建设,切实抓好金融信用、中介组织信用和产品信用3个突破口,大力加强社会信用体系建设。力争经过6年努力,树立起"文明立市、诚信立业"崭新形象,使东营成为与国际接轨的全国信用最好的城市之一。

之后,信用东营建设得到了金融系统的拥护和支持。4家国有商业银行省分行与东营签订合作协议。省工行决定加大呆账核销和不良资产处置力度，争取用 3 年将东营工行建成第一个"无不良贷款市分行"；省农行提出对优质企业和项目实行省市行联合营销，由省行直接匹配信贷规模；省中行提出在风险收益相对平衡的前提下，增加东营中行的贷款规模；省建行将东营建行确定为唯一一个信贷管理等级为 A 级的分行，在全省各市分行中享有最高的信贷审批权。2002 年，全市人民币贷款首次突破 200 亿元大关，达到 216.23 亿元，同比增长 29.9%，增幅居全省首位。2003 年，全社会存款余额 495.78 亿元，同比增长 24.5%；全社会各项贷款余额 296.71 亿元，同比增长 37.2%；年末全市不良贷款占比 4.23%，比年初降低 2.4 个百分点；商业类银行实现盈利 5.71 亿元，同比多增 1.7 亿元；不良贷款 13.14 亿元，比年初减少 0.52 亿元，实现绝对数和占比双下降。

2016 年后，随着经济发展由高速度向高质量转变，加之国内外经济形势趋紧，东营工业企业景气度下降，一些企业停止还本付息，部分企业实施破产重整，信贷不良资产骤增，多年来建立起来的银企互信关系出现裂痕。加快社会信用体系建设，重构银企互信关系尤为迫切。主要做法：一是加快社会信用体系建设。2016 年 8 月 21 日，市政府印发《东营市社会信用体系建设规划（2016—2020 年）》（东政发〔2016〕15 号）。2019 年 5 月 13 日，市政府制定印发《关于加快社会信用体系建设的实施意见》（东政字〔2019〕18 号），提出到 2019 年底，社会信用制度体系进一步完善，覆盖各领域的"红黑名单"制度逐步建立，市级公共信用信息系统信息实现交换共享，守信联合激励和失信联合惩戒领域逐步扩大。在此基础上，经过 3～5 年的努力，政务诚信、商务诚信、社会诚信和司法公信建设成果显现，信用监管体系基本健全，覆盖全社会的信用信息系统全面建成，守信联合激励和失信联合惩戒机制全面有效运行，全社会诚信意识普遍增强，经济社会发展信用环境明显改善。与此同时，出台了 2019 版东营市公共信用信息资源目录。加快银企互信专项系统建设，研究制定了系统建设方案，对银行用信余额 5 亿元以上的企业进行大数据分析。二是建立健全信用信息公示机制。建立政府部门涉企信息归集机制，归集全市各类市场主体注册登记信息。三是完善守信联合激励和失信联合惩戒措施。建立联合惩戒工作机制，印发了《东营市建立完善守信联合激励和失信联合惩戒制度 加快推进社会诚信建设实施方案》，上线运行联合奖惩应用系统，加快构建"一处失信、处处受限"的信用惩戒大格局。2018年开展了银企互信企业名单制管理工作,研究制定了《关于对银企互信企业实行名单制管理的通知》《关于进一步明确银企互信企业名单制管理工作有关事项的通知》,分6期将66家银行用信余额2亿元以上的优质诚信企业纳入名单制管理,保障了企业用信规模稳定。2020年初,东营市银企互信服务平台上线运行,整合政府和企业信用信息,为银企开展业务合作提供信用信息支持。截至2020年6月,平台共对接银行35家,上架"信易贷"产品205款。

三、政银企对接合作

为深化政银企对接合作,东营市探索形成了政府搭台、银企对接、集中签约、督促落实的合作模式。由政府行业管理部门提前梳理全市企业和重点项目融资需求,推送银行机构,银行和企业开展前期对接洽谈,市政府组织银行和企业开展集中签约,对签订的贷款合同或意向协议,逐个列出单子,定期调度进展情况,解决银行和企业合作过程中的困难问题。县区参照市级模式,结合区域实际,开展形式多样的银企对接活动。2010年以前,这项工作主要由市经贸委、市人民银行牵头开展。2010年以后,随着市金融办的成立,由市金融办会同市人民银行、东营银监分局等部门联合开展。在新冠疫情影响下,2020年初,组织召开金融支持企业高质量发展政银企对接视频会议,银企双方共签约213笔,金额累计329.82亿元,到位资金160.63亿元。各县区2020年累计推介项目895个,累计签约金额596.74亿元,到位资金384.91亿元。

发挥政府职能部门作用,合力开展金融工作。一是开展"银行行长走进百家企业"活动。2020年,组织35家银行机构主要负责人对130家企业开展现场走访调研,累计为82家企业发放贷款34.1亿元。二是将银行机构服务地方发展纳入年度综合考核,突出信贷投放和不良贷款处置,引导银行机构加大工作力度。三是建立银行机构稳定企业用信机制,制定《东营市银行业机构稳定企业用信评价办法》,按季度开展银行机构稳定企业用信评价工作。四是建立金融协调服务工作机制,组建金融协调服务办公室,2020年累计协调银企矛盾纠纷42起。五是深化民营和小微企业首贷培植行动,截至2020年末,累计培植首贷客户3 824家,累计发放贷款28.26亿元。六是出台《东营市"人才贷"风险补偿资金管理暂行办法》,支持我市高层次人才及其所在企业的科技成果转化和创新创业活动,2020年累计发放"人才贷"贷款14笔、7 900万元。七是深入推进应收账款融资业务,2020年通过平台完成融资282笔,融资金额81.2亿元。辖内25家银行机构建立了无还本续贷小微企业名单,名单内企业数量988家,存量余额76.6亿元,2020年新发放贷款60.97亿元。八是深入推动"银税互动"业务,受惠企业范围由纳税信用A级和B级企业扩大至M级企业,受惠企业达到52 944家,2020年新增银税贷款1 612笔、8.94亿元。

四、防范化解企业债务风险

自2017年以来,随着企业债务风险的集中爆发,全市金融生态环境恶化,东营由原来全省的金融生态安全区变为金融高风险区域。2019、2020年银行机构信贷规模大幅萎缩,不良贷款率、不良贷款额全省最高,全市不良贷款率最高达到13.73%,个别县区、开发区最高达到23.25%。2017—2020年,全市银行业亏损721.93亿元。大海集团、胜通集团、东辰集团等全市大型重点支柱企业出现债务风险,这些企业规模大、融资多、担保关系复杂,一旦处置不当极易造成风险扩大。特别是随着企业债务风险的不断显现,各类金融资本开始逃离东营,有些银行机构上级行为了规避风险,作出对东营地区只收不贷的决定,个别企业出现恶意逃废银行债务行为,银企互信关系不断恶化。面对严峻复杂的风险挑战,市委、市政府提出了在发展中化解企业债务风险的工作思路,自2019年年初开始实施"金融动能转换三年行动计划",集中精力、集中力量统筹推进金融服务、风险防控和环境建设三项重点工作。

建立顶格推动、专班推进的工作机制。成立了由市委、市政府主要负责同志任主任,相关市级领导同志任副主任的金融动能转换工作委员会,具体负责全市金融动能转换工作的统筹谋划和协调推进。委员会下设办公室,组建企业债务风险化解、打击恶意逃废金融债务、宣传引导及舆情处置3个工作专班,分别由市级领导牵头,扎实推进有关工作。把金融动能转换列入全市四项重点工作,制订"全市金融动能转换三年行动计划"和年度工作方案,明确工作目标和重点措施。完善考核激励机制,将各县区信贷增长、不良贷款处置、企业上市挂牌及银行机构服务经济发展情况纳入全市综合考核。

坚持市场化、法治化处置企业债务风险。市政府建立"1 + 3 + N"会商机制，"1"是指成立1个由市政府分管领导挂帅，有关部门单位和县区负责同志参加的高效率工作专班，采取"双周例会、月度通报"等措施，及时研究解决风险处置过程中遇到的困难和问题。"3"是指工作专班下设3个工作小组，"N"是指对实施的项目，一对一成立推进小组。每月召开会议，分析金融形势，针对出险企业研究处置措施。整合政监银企资源，坚持市场化、法治化原则，分类处置企业债务风险。扎实推进重点企业纾困解困，支持经营困难的企业通过稳定银行用信规模、改善企业经营管理、剥离非主业低效资产、开展对外合资合作等方式，推动企业逐步走上正常经营轨道。按照企业不停工、职工不下岗、产业得以延续、担保风险得到控制、债权人损失最小化的目标，有力有序推进天信集团、大海集团、胜通集团、东辰集团、盛泰集团、信义集团等一批规模大、负债多、担保关系复杂、社会影响面广的大型企业实施破产重整，取得积极成效。特别是部分破产企业成功招募到投资人重获"新生"，有效保护了担保链上的核心骨干支柱企业，没有造成大的影响社会稳定的事件，避免了区域金融塌方式崩溃，稳住了经济基本盘，保障了GDP、就业、固定资产投资等经济运行关键指标的持续稳定向好。

多措并举处置银行不良资产。银行机构的不良贷款作为存续在落后产能产业以及僵尸企业中的金融资源，是金融旧动能主要组成部分，如不尽快加以处置，不仅加重银行机构的经营负担，也影响着区域金融生态环境。充分用好银行机构处置不良资产的政策窗口期，引导支持银行机构通过核销、批转、清收等方式处置不良贷款。2017年以来的4年时间，全市累计处置不良贷款1 528.18亿元，处置规模占全省处置规模的近1/5，全市企业贷款总量的一半被集中处置，一批管理粗放、技术落后、产能过剩的旧动能加速退出。截至2020年末，全市不良贷款余额降至314.41亿元，不良贷款率降至9.43%，不良贷款余额、不良贷款率连续两年实现"双下降"，不良贷款率自2018年9月份以来首次降至个位数。

经过两年的艰苦努力，全市重点企业债务风险出清见底，金融业稳定向好的态势逐渐稳固。尤为可喜的是，银企关系逐步实现了由原来互不信任到相互理解，由原来单方面擅自行动向寻求积极可行化解办法的转变。全市"金融动能转换三年行动计划"目标任务提前一年完成，实现了由金融动能转换

阶段向金融生态修复阶段的重大转折。

五、优化金融法治环境

建市以来，东营市出现了两轮企业"破产潮"。第一轮出现在1996—2002年，全市222家企业实施破产，占全部797家乡及乡以上企业的28％，破产债权20亿元，其中银行债权12亿元。市政府出台了相关文件，坚持做到企业破产"资产变现，关门走人"，不搞破产重组。市县法院担当作为，依法规范推进企业破产。市县银行积极支持企业规范破产，跑上去争取核销破产债权，在支持地方经济发展的同时，有效减少了自身不良资产。第二轮出现在2016年后，企业倒闭量大面广，5家进入全国民营企业500强的企业相继实施破产重整，大量中小企业倒闭。为严厉打击恶意逃废金融债务行为，市委政法委和市公安局召开专题会议，出台了《关于严厉打击恶意逃废金融债务维护金融稳定的工作意见》。公安部门派出警力逐家银行机构进行走访，征集逃废金融债务线索，力求做到精准打击。2019年11月全市打逃专项行动以来，全市立案侦查涉嫌恶意逃废金融债务案件39起，涉案金额5.64亿余元，采取强制措施44人，挽回经济损失1.19亿余元。约谈525家企业及个人，归还银行贷款本息5亿余元，盘活不良贷款26.42亿元。市县两级法院均成立了破产案件审判团队或专门合议庭，完善金融案件专业团队审理和执行运行机制，建立破产及金融案件快速审理机制，畅通金融案件办理绿色通道，提高了金融案件审判和执行效率。2020年，全市法院金融案件收案2 058件，标的额358.48亿元；结案2 080件，标的额354.09亿元。重点针对金融破产案件，创新实施了府院联动机制，定期会商重大问题，提升企业破产工作质效。2020年，全市法院共受理各类破产案件161件，审结183件。构建金融案件"快执"机制，设立速执团队和精执团队，实现案件办理的繁简分流、轻重分离、快慢分道，大大缩短了办案周期。2020年，全市法院共收金融执行案件立案7 598件，立案标的额719.84亿元；结案7 622件，结案标的总额658.60亿元。

六、激励金融系统服务地方经济发展

2004年，市政府出台了金融系统考核奖励办法，由市经贸委牵头落实，之后每年都对金融系统进行考核奖励。市委、市政府领导每年都跑上去和省行

对接，表扬市行工作，求得省行支持。在全市评先树优中，金融系统都占较高份额。

2005年，市政府决定给全市金融系统干部职工建设金融安居工程，这在全省尚属首例，目的是调动金融系统服务地方经济发展的积极性。同年6月30日，市政府办公室发文成立市金融安居工程领导小组，办公室设在市经贸委。推进过程中创新了工程建设方式，由领导小组办公室确定购房条件，审核购房资质，确定代建商；代建商组织规划设计、综合配套；金融机构或联合，或单独成立施工指挥部，自行确定承建单位、监理单位，自行组织施工，承担工程建设质量、进度、安全责任，分房到户。经过确认的购房户1 624户，建筑面积25万平方米，每平方米房价不到2 000元。

自2020年始，进一步完善了对金融系统的激励政策。2021年3月3日，市政府出台了《关于支持银行业发展的十二条措施》，对年度考核成绩较好的银行机构，采取市委、市政府向上级行发感谢信、完善财政性资金存放管理、提高监管容忍度、返还班子成员个人所得税地方留成、为异地交流任职的班子成员提供免费周转房、行长享受市级劳模待遇、补充医疗保险等措施给予激励。

专栏一　《关于支持银行业发展的十二条措施》

（东政字〔2021〕14号）

为完善政策措施，支持全市银行业健康发展，提升银行业服务实体经济发展成效，结合我市实际，制定以下政策措施。

一、支持银行机构开拓市场，扩大业务规模

1. 深化政银企对接合作。加强与省政府金融支持东营高质量发展工作协调机制的沟通对接，开展邀请省级银行行长走进东营活动，争取与更多省级银行机构签订战略合作协议。市政府每季度向各省级银行机构推送全市经济社会发展情况，定期向各省级银行机构推介全市重点项目建设及融资需求信息，提供优质信贷投放载体。通过东营日报、东营广播电视台等市内媒体以及各类新媒体，围绕银行机构支持地方经济社会发展经验做法进行宣传报道，促进银企对接合作。

2. 支持银行机构创新产品服务。探索扩展动产、股权、知识产权等新型抵质押品种类,引导银行机构增加抵质押品目录,支持银行机构拓宽抵质押物范围。支持银行机构扩大"创业担保贷""人才贷""科技成果转化贷款""知识产权质押融资""见贷即担"业务量,落实"创业担保贷款""科技成果转化贷款"贴息政策;"见贷即担"综合损失风险补偿率不低于80%。

3. 降低银行机构运营成本。市保安服务公司进一步完善武装押运定价机制,根据与银行机构协商意见,超百千米收费不高于7元/千米,单车年收费标准不高于全省平均水平。加大再贷款、再贴现向上争取力度,为银行机构提供低成本流动性资金,支持银行机构扩大业务规模。

4. 发挥国有资本在稳定企业发展中的作用。发挥国有资本引领作用,推进企业所有制改革,筛选优质企业注入国有资本,支持企业新上项目、扩大经营,为银行机构信贷投放培育载体。发挥市供应链公司作用,围绕全市重点产业供应链核心企业,依托上下游业务提供供应链金融服务,资金封闭运行,保障企业资金流动性稳定。

二、支持银行机构处置不良贷款,提升信贷资产质量

5. 提升金融案件审结质效。完善企业破产处置府院联动常态化机制,充实金融案件专业团队力量,用好200万元企业破产援助资金,提高金融案件审结效率,对涉及银行处置不良贷款的案件实行专业化、集约化、精准化审理模式,年度金融案件办结率力争达到92%。

6. 完善银行机构风险管控及责任追究机制。探索将正常类债委会中在3家以上银行融资且余额20亿元以上的企业转换为联合授信管理,合理确定企业授信额度,有效防控风险。引导银行机构完善责任追究机制,探索建立容错纠错机制尽职免责,鼓励相关责任人放下包袱干事创业。

7. 支持地方法人银行机构处置不良资产。以土地及优质易变现资产置换、盘活抵债资产、国有平台公司承接等方式,帮助地方法人银行机构处置不良资产,提升资产质量。

三、提升政务服务质效,优化银行业营商环境

8. 扩大政务数据共享范围。完善东营银企互信服务平台功能,扩大信用信息整合范围。运用区块链技术,加强政务数据与银行信贷业务有效衔接和利用,在个人(企业)敏感信息有效授权的前提下,探索依托"东营掌上通"实

现政务数据、信贷业务"掌上查、掌上办"。为市级银行机构开通市协同办公系统账号,实现政策信息及时共享,公文办理高效运行。

9. 实行不动产登记网上办理。推广不动产登记业务"一网通办"模式,银行机构预售商品房抵押权预告登记、不动产抵押登记实现"网上"办理。对通过"一网通办"平台申请的业务取消现场核验环节,登记机构审核、登簿完成后,金融机构可依据"一网通办"平台即时生成的不动产登记电子证明发放贷款。市不动产登记中心设立金融服务点,支持各金融机构开展资金监管咨询、抵押放贷咨询等前期业务。

10. 依法保障各银行机构合法权益。持续深入开展打击恶意逃废金融债务专项行动,广泛征集涉案线索证据,对恶意逃废金融债务行为实施精准、严厉打击,支持银行机构全力追缴涉案资产。各县区、市属开发区每年至少确定1个典型进行重点打击,向社会曝光,提高震慑力,依法保障金融机构合法权益。推进个人破产制度试点工作,通过资产清查、协商偿债和剥离债务等方式,开展个人债务清理,督促引导债务人履行偿债义务。

四、完善激励政策,增强银行机构工作积极性

11. 完善政府性资金存放管理办法。新开立财政专户存放资金和变更财政专户开户银行存放资金,采取竞争性方式选择资金存放银行。每年年初根据各银行机构评价得分占比,将社会保险基金财政专户资金上年末存量资金的30%进行重新分配,当年新增资金归集到得分最高的银行,并适当提高财政性存款在地方法人银行的存放规模。各县区、市属开发区参照执行。

12. 优化银行工作评价激励体系。突出工作导向,对服务地方经济社会发展贡献突出的市级银行机构主要负责人,给予精神激励。完善年度银行机构综合评价办法,评价结果向各银行机构上级行通报,根据评价结果,每年对考核先进的市级银行机构负责人进行总额不低于300万元的资金奖励。根据班子成员对地方财政贡献数额给予全额支持。银行机构班子成员享受东营市高层次人才医疗保健服务,东营市人民医院设立服务专员,提供一对一陪检陪诊等优质服务,每年聘请省立医院专家团队进行集中查体。按照主要负责人每年不超过10 000元,其他班子成员不超过5 000元的标准,补充班子成员医疗或意外保险。根据个人需求,为异地交流任职的市级银行机构主要负责人提供相对集中的服务式公寓,安排子女入学。开通与胜利机场通航城市机场

的绿色通道服务,为银行机构班子成员出行创造条件。各县区、市属开发区参照制定本级评价奖励办法。

自 2021 年 3 月 3 日起施行,有效期至 2026 年 3 月 2 日。

专栏二　银行业贷款余额变化情况

年　度	贷款余额/亿元	年　度	贷款余额/亿元
1983 年	3.41	2002 年	218.75
1984 年	5.51	2003 年	303.37
1985 年	11.83	2004 年	364.93
1986 年	16.51	2005 年	425.44
1987 年	20.38	2006 年	518.88
1988 年	18.20	2007 年	621.92
1989 年	23.83	2008 年	715.97
1990 年	34.12	2009 年	934.26
1991 年	46.27	2010 年	1 189.51
1992 年	53.23	2011 年	1 439.57
1993 年	62.65	2012 年	1 805.98
1994 年	74.68	2013 年	2 161.31
1995 年	81.57	2014 年	2 600.04
1996 年	98.02	2015 年	3 031.24
1997 年	98.33	2016 年	3 507.50
1998 年	107.27	2017 年	3 668.79
1999 年	144.37	2018 年	3 553.15
2000 年	142.50	2019 年	3 252.15
2001 年	166.40		

专栏三 金融业增加值及其占比情况

年　度	增加值/亿元	占 GDP 比重/%	占服务业增加值比重/%
2013 年	124.5	3.83	14.23
2014 年	150.6	4.39	15.66
2015 年	164.7	4.8	14.9
2016 年	184.8	5.3	15.5
2017 年	192.5	5.1	15.0
2018 年	190.7	4.6	13.4
2019 年	163.06	5.6	14.9
2020 年	158.94	5.3	13.9

专栏四 银行业贷款质量效益情况

年　度	不良贷款余额/亿元	不良率/%	年内处置不良贷款/亿元	税后利润/亿元
2008 年	19.38	2.71	12.94	25.28
2009 年	20.29	2.17	7.47	27.53
2010 年	14.99	1.26	9.88	34.39
2011 年	12.24	0.85	7.92	48.51
2012 年	11.59	0.64	7.35	59.38
2013 年	10.86	0.50	6.88	74.47
2014 年	9.89	0.38	6.12	84.07
2015 年	21.40	0.71	19.61	86.89
2016 年	50.58	1.44	61.55	56.60
2017 年	179.02	4.88	223.19	−79.33
2018 年	440.88	12.41	321.93	−255.74
2019 年	389.87	11.99	519.26	−242.74
2020 年	314.42	9.43	463.80	−144.12

第二十章
新冠疫情来袭时

近年来,在谈论一些经济社会重大事件时,人们喜欢用到"灰犀牛"和"黑天鹅"。"黑天鹅"用来比喻小概率而影响巨大的事件,"灰犀牛"则用来比喻大概率且影响巨大的潜在危机。

灰犀牛体型笨重、反应迟缓,你能看见它在远处,却毫不在意,一旦它向你狂奔而来,定会让你猝不及防,直接将你扑倒在地。它并不神秘,却更危险。可以说,"灰犀牛"是一种大概率危机,在社会各个领域不断上演。很多危机事件,与其说是"黑天鹅",其实更像是"灰犀牛",在爆发前已有迹象显现,但却被忽视。次贷危机中,美国房地产泡沫、信贷过度膨胀等迹象早已显现;欧债危机中,欧洲多国债台高筑,财政赤字超标问题也远非一日之寒。在这些危机中,"灰犀牛"风险被忽视,得不到妥善应对,最终酿成重大危机。

17世纪之前,欧洲人一直认为天鹅都是白色的,但随着第一只黑天鹅在澳大利亚出现,这个信念动摇了。"黑天鹅"寓意不可预测的重大稀有事件,它在意料之外,却又改变着一切。人类总是过度相信经验,而不知道一只黑天鹅的出现就足以颠覆一切。然而,无论是在对股市的预期,还是政府的决策,或是普通人日常简单的抉择中,"黑天鹅"都是无法预测的。

本章写的是新冠疫情这一"黑天鹅"大爆发对东营市工业的影响。这里想说的是在全球经济一体化的今天,一个偶发事件冲击了世界经济特别是工业经济。事实说明:覆巢之下,没有完卵,应放眼全球看工业。

第一节　新冠疫情对国际国内经济的影响

2020 年,新冠疫情暴发,对经济造成重大影响。

一、对全球经济的影响

2020 年 4 月上旬,受新冠疫情影响,美国失业人员已经突破 660 万。全球仅剩不到 20 个国家尚未出现感染病例。

国际劳工组织警告,如果疫情得不到控制,全球可能有将近 2 500 万人丢掉饭碗。与此同时,1930 年"倒牛奶"一幕重现,这被视为经济萧条的重大信号。

据《今日美国报》消息,2020 年 3 月 31 日晚上 7 点左右,美国金 E 乳业接到了令任何奶农都会害怕的电话。他们被要求每天倒掉 2.5 万加仑的鲜奶,因为餐馆、学校、酒店和食品服务业务关闭,没有地方可供饮用牛奶,奶制品市场已经被摧毁。一小时后,威斯康星州西本德附近的一个家庭经营的农场打开水龙头,开始将牛奶冲进一个废水湖。随后每天将倒掉 22 万磅,直到下一个周一。据悉,受新冠疫情影响,威斯康星州的奶制品业受到沉重打击。由于没有买家,而奶制品又容易腐烂,不得不将大量牛奶倒进下水道。

疫情之下,石油战愈演愈烈。2020 年 3 月 31 日,布伦特、WTI 原油期货价格分别收报 25.92 美元每桶和 20.1 美元每桶,处于 18 年来最低位。至此,布伦特、WTI 原油期货价格 3 月全月累计分别下跌 47.82% 和 55.09%。2020 年第一季度累计分别下跌 60.73% 和 67.08%。

当地时间 2020 年 4 月 20 日,纽约商品交易所 5 月交货的轻质原油期货价格下跌 55.90 美元,收于每桶 −37.63 美元,跌幅为 305.97%,不仅价格创下了历史新低,而且也是石油期货从 1983 年在纽约商品交易所开始交易后首次跌入负数区间。油价负值意味着只要售出石油,生产商不仅赚不到钱,还得付出更多的钱,用以减轻自身石油库存的负担。

金融战狼烟四起。美股 10 天 4 次熔断。2020 年 3 月 18 日,当日盘中标普 500 指数跌超 7%,触发熔断机制。此次熔断是继 3 月 9 日、12 日、16 日之后,10 日内美股的第四次熔断,同时也是美股引入熔断机制以来史上第五次熔断。

全球股民惊呼"活久见"。美联储3月23日宣布实施"无底线"量化宽松政策。

新冠疫情使全球经济遭受重创。联合国发布的《2021年世界经济形势与展望》显示,2020年全球经济产出下降4.3%,为经济大萧条以来最为显著的萎缩(见表20-1)。相比而言,2009年全球金融危机期间,全球经济产出仅下降1.7%。

表20-1 2020年全球GDP超万亿美元国家GDP增速

排名	国　家	GDP/万亿美元	增　速	人口总量/亿人	备　注
1	美　国	20.95	−3.5%	3.32	
2	中　国	15.58	2.3%	14.00	
3	日　本	4.95	−4.8%	1.26	
4	德　国	3.78	−4.9%	0.83	
5	英　国	2.71	−9.9%	0.67	
6	印　度	2.62	−8.1%	13.24	
7	法　国	2.60	−8.3%	0.67	
8	意大利	1.85	−8.9%	0.60	
9	加拿大	1.64	−5.4%	0.38	
10	韩　国	1.63	−1.0%	0.52	
11	俄罗斯	1.47	−3.1%	1.46	
12	巴　西	1.44	−4.1%	2.10	
13	澳大利亚	1.36	−1.1%	0.25	
14	西班牙	1.28	−11.0%	0.47	
15	墨西哥	1.08	−8.2%	1.23	
16	印度尼西亚	1.06	−2.1%	2.62	

二、对我国经济的影响

2020年1—2月,我国一般公共预算收入同比下降9.9%。

2020年我国经济增长2.3%,总量突破100万亿元人民币,成为全球主要经济体中唯一正增长的国家。从结构上看,"三驾马车"中固定资产投资对GDP贡献达94%,创下历年之最;净出口对GDP贡献28%;消费对GDP贡献为−22%,创下了有史以来最低值。从季度趋势上看,2020年经济走势前低后高。第一季度出现了 40 年来唯一一次季度负增长,到第四季度逐渐恢复到正常甚至高于正常水平。全国一季度国内生产总值按可比价格计算,同比下降 6.8%。其中,第二产业增加值下降 9.6%。从各个季度来看,2020 年第一季度同比下降 6.8%,二季度增长 3.2%,三季度增长 4.9%,四季度增长 6.5%。

2020 年,我国 GDP 为 1 015 986 亿元人民币,按可比价格测算,比上年提高 2.3%。我国官方数据表明,虽然 2020 年中国 GDP 增长速度为 40 多年来的最低,但仍为世界主要经济体中唯一正增长的国家。

第二节　新冠疫情对全国及山东省工业的影响

一、对全国工业的影响

新冠疫情发生后,全国工业发展遭受重大影响。2020 年 1—2 月,规模以上工业增加值同比实际下降 13.5%(以下增加值增速均为扣除价格因素的实际增长率)。从环比看,2 月份,规模以上工业增加值比上月下降 26.63%。分行业看,1—2 月,41 个大类行业中只有 2 个行业增加值保持同比增长,分别是石油和天然气开采业增长 2.1%,烟草制品业增长 6.9%。39 个行业增加值下降,其中,农副食品加工业下降 16.0%,纺织业下降 27.2%,化学原料和化学制品制造业下降 12.3%,非金属矿物制品业下降 21.1%,黑色金属冶炼和压延加工业下降 2.0%,有色金属冶炼和压延加工业下降 8.5%,通用设备制造业下降 28.2%,专用设备制造业下降 24.4%,汽车制造业下降 31.8%,铁路、船舶、航空航天和其他运输设备制造业下降 28.2%,电气机械和器材制造业下降 24.7%,计算机、通信和其他电子设备制造业下降 13.8%,电力、热力生产和供应业下降 7.3%。1—2 月,工业企业产品销售率为 97.4%,同比下降 0.7 个百分点;工业企业实现出口交货值 13 545 亿元,同比名义下降 19.1%。

二、对山东省工业的影响

全省经济增速在一季度 GDP 下探到 −5.8% 后,二季度开始全面企稳回暖,前三季度增速实现由负转正,全年 GDP 增速达到 3.6%,高于全国 1.3 个百分点。2020 年 1—2 月,全省规模以上工业增加值下降 10.6%。从全年数

据看,规模以上工业增加值增长 5.0%,其中 12 月增长 9.2%,连续 5 个月保持 9% 以上的增速。

第三节　新冠疫情对东营工业的影响及采取的措施

一、新冠疫情对东营工业的影响

（一）透过数字看影响

先看一季度影响。2020 年 1—2 月,全市规模以上工业增加值从 2019 年 12 月的同比增长 4.4% 到同比下降 4.5%。从主要行业看,石油和天然气开采业增长 7.5%;石油加工业下降 2.3%;有色金属冶炼和压延业下降 8.8%;化学原料和化学制品制造业下降 12.7%;电器制造和器材制造业下降 23.2%;纺织业下降 33.4%。

分产品看,1—2 月,在统 121 种产品中有 85 种产品同比下降,36 种产品同比增长。原油加工量 667.2 万吨,同比下降 18.7%;汽油 113.6 万吨,同比下降 25.7%;柴油 162.4 万吨,同比下降 21.8%;其他石油制品 326.2 万吨,同比增长 22.2%;子午线轮胎外胎 661.0 万条,同比下降 35.8%;10 种有色金属 10.7 万吨,同比下降 6.8%;烧碱 23.7 万吨,同比下降 38.5%。

胜利原油每吨价格从 2019 年 12 月的 2 996 元降到了 2 544 元,而盈亏平衡点在 60 美元/桶左右。

1—2 月,全市完成进出口 225.95 亿元,同比下降 10.4%。其中出口 40.77 亿元,下降 19.2%;进口 185.18 亿元,下降 8.2%。从贸易方式看,全市加工贸易出口 12.52 亿元,下降 20.7%;一般贸易出口 24.25 亿元,下降 22.9%;其他贸易出口 4 亿元,增长 24.8%。从重点出口商品看,橡胶轮胎出口 18.22 亿元,下降 32%;化工产品出口 7.35 亿元,增长 18.5%;石油装备出口 5.68 亿元,增长 5.6%;汽车零部件出口 1.86 亿元,下降 7.1%;纺织品出口 1.36 亿元,增长 22.1%。

全市用电情况更能从客观上反映问题。2 月份,全市全社会用电量同比低 21.52%。第一产业用电量同比降低 9.22%,第二产业同比降低 26.74%,第三产业同比增长 6.51%,城乡居民生活用电量同比增长 29.04%。这说明,疫情严重影响一产、二产发展,大家宅在家的时间大幅增加。

疫情对工业用电量的影响尤为深重。1—2月,全市工业用电量36.54亿千瓦时,同比降低16.96%。其中,石油和天然气开采业同比降低18.73%,纺织业降低39.52%,宏远纺织2月份用电量同比降低28.05%,环比降低85.74%;石油、煤炭及其他燃料加工业增长11.07%,万通石化同比降低92.39%,环比降低11.41%;化学原料及化学制品业降低17.82%,赫邦化工同比降低17.22%,环比降低14.14%;橡胶和塑料制品业降低20.27%,万达宝通同比降低46.36%,环比降低62.29%;有色金属冶炼及加工业降低55.91%,方圆公司同比降低95.9%,环比降低45.01%;通用设备制造业降低34.48%。

2020年一季度,全市GDP同比下降5.0%,一般公共预算收入同比下降9.2%,规模以上工业增加值同比下降5.4%,进出口同比下降22.4%。其中,出口下降16.9%,进口下降24%,橡胶轮胎出口下降24.1%,石油装备下降7.9%,原油进口下降17.7%。

再看全年影响。新冠疫情暴发时,国内企业大都停工,外贸企业产品不能按时发货,面临毁约和客户流失的问题。国内新冠疫情好转后,外贸企业产量上去了,又面临着国外新冠疫情蔓延客户不能接单的问题。两个多月的时间内,银行网点停业,库存商品积压,外贸几乎停止,工人居家休息,机器不再轰鸣。油价骤降,库存大的企业遭受重创。与战胜疫情有关的企业加班加点,开足马力生产。消毒液、手套、口罩生产满负荷。俊富无纺布公司作为国内熔喷布大型生产企业成为国家定点企业,公司内一派繁忙景象。国内随着复工复产,生产逐步恢复,但欧美疫情失控,石油战、金融战烽烟四起。2020年注定是东营工业发展史上极不平凡的一年。东营工业增加值2019年12月同比增长4.4%,2020年3月同比降低5.4%,5月份转正,12月份增长6.3%。

2020年东营市GDP为2 981.19亿元,同比增长3.8%,居全省第4位。其中,规模以上工业增加值增长6.3%,居全省第6位。

(二)深层思考看影响

新冠疫情这只巨大的"黑天鹅"短时间内袭击中国、袭击全球,对中国、对世界经济发展影响深远。世界各国经济将因此重新排序,中国各地经济发展也经受了不同以往的考验。

1. 从短期影响看,疫情造成企业经营困难

第一,2020年春节后因疫情延迟复工等,客观上为企业发展蒙上阴影,短期内延迟复工带来的劳动力不足,对产业恢复造成巨大负面影响,逐步复工的企业也面临诸多困难。第二,中小微企业生存压力骤增。疫情削弱了中小微企业本就不高的危机抵抗力。一方面企业收入下滑,业务下降甚至枯竭;另一方面则是成本上升,导致中小微企业客户流失、供应链受阻、资金周转困难等接连出现。中小微企业面临降薪裁员压力,如果处理不慎,还将导致失业人员上升,对产业整体造成更大的负面影响。第三,产业链短期内受到巨大冲击,供给侧产业链整合发展困难。短期内由于延迟复工、交通物流受阻、需求下降、原材料价格多变等影响,产业链上的企业面临巨大的生存生产压力。

2. 从长期影响看,疫情加速产业转型

第一,疫情为企业的数字化转型创造了契机。疫情防控期间,企业不得不尝试线上工作和开展相关业务。对于制造业企业来说,利用疫情的契机抛弃落后产能,降低人力依赖,发展智能制造,将不得不作为企业的必选项。同时,疫情也推动了更多数字经济及相关技术的应用和普及,推动了产业数字化。区块链、物联网、大数据、人工智能、云计算等新一代数字技术,在此次的疫情防控监测以及线上业务的发展等方面发挥了重要作用。第二,疫情对产业链产生了长期影响。疫情加剧了全国、全球产业链的重构,一定程度上推动企业由产业链低端向高端迈进。东营市工业经济长期处于产业链、价值链中低端的局面将更加不可持续,必须凤凰涅槃、浴火重生,加速向高端转变。可以说,疫情延缓了东营工业发展的步伐,但却加快了由高速增长向高质量发展的转变,这也是一场被动的结构、速度和质量调整,调整后的东营工业经济将更加健康、更加可持续。

从疫情发生到2020年底,东营虽然一直保持域内零确诊,但疫情使东营市工业生产遭受了重大影响,特别是一季度影响最大。

二、战疫情、稳发展的措施

疫情发生以来,市委、市政府要求坚持疫情防控和经济发展"两手抓"。在全省率先实行疫情防控和经济社会发展"两条线"作战,率先实行"双指挥部"模式,在成立市委疫情处置指挥部的基础上,专门成立服务企业高质量发展指挥部,统筹协调督导企业复工工作。

2020年1月29日,东营市印发意见,指导企业切实做好春节后开工前的疫情防控准备。全市深入开展调查摸底工作,3天时间内全面掌握了企业疫情防控措施落实、职工来源、开工时间安排等情况。

2月2日,东营市印发意见,规范企业复工的条件和流程,并下达了全面复工动员令。

2月3日,中央提出新要求后,东营市进一步加大了企业复工复产工作力度,先后出台支持中小企业共渡难关15条政策、支持中小微企业解决复工达产面临突出问题5条政策,企业复工进度明显加快。

2月14日,在全省率先抽调251名市直机关干部充实到服务企业一线。

2月23日、3月1日分两批次抽调146人下沉基层,累计抽调397名市直机关干部,充实组建了40支服务队、120支小分队,实现了镇街、社区全覆盖。

市、县、乡三级共组建由2 144名干部组成的243支复工服务队,对"四上企业""一对一"配备了驻企联络员,对其余中小微企业由镇街实行"一对多"联络服务,形成了企业复工服务办、服务队和驻企联络员三级联动工作体系。

2月25日下午6时,24名外地务工人员乘坐"返岗直通车",抵达东营市海科新源化工有限责任公司。这是东营市首批从外地接回的返岗员工,也是市人社局开展保姆式服务企业的成效之一。

2月27日,东营市召开金融支持企业高质量发展政银企对接视频会议,推介全市重点建设项目和企业融资需求255笔、647.8亿元,9家银行机构与企业现场签约149.78亿元。为进一步深化银企合作,从金融机构中选派251名金融辅导员和76名服务专员,组建了81支辅导队,结对辅导1 049家企业。

开通"东营智慧人社APP"等网上信息渠道,对"四上企业"实行"一企一专员",帮助企业解决用工引才难题。举办"春风行动"线上招聘会9场,发布岗位22 130个。

3月12日,全市重点项目春季集中开工活动举行。一季度,全市计划开工项目591个,总投资2 695亿元,年度计划投资804亿元,同比分别增长34%、46%和31%。开工项目中,投资过5 000万元的项目334个,占项目总数的57%;投资10亿元以上的项目51个,投资总额1 217亿元,分别占总数的8.6%和45.2%。高端装备、新材料、新技术、文化旅游、现代高效农业、现代服务业

等方面项目数量占总数的 42％，同比提升 9 个百分点。

坚持抓早、抓主动，加强工作调度，推动项目尽快落地、及早开工，以项目攻坚稳定投资促增长增后劲。建立项目推进机制，每周召开"3＋N"重点项目会商会议、城市规划建设管理"1＋N"例会，集中解决项目推进中遇到的困难问题。对拟开工项目落实"要素资源跟着项目走"综合保障机制，简化审批手续，加快项目开工。

由市发展改革委牵头招引的舒朗医疗物资生产基地项目，从洽谈到投产仅用 9 天。2 月 25 日该项目首批产品下线，为东营市疫情防控医疗物资保障贡献了力量。

招商"不见面"，项目"云上签"。东营市将"线上"招商作为招商引资"主战场""主阵地"，开展精准招商、协同招商、"云洽谈"与"云签约"。截至 2020 年 2 月底，全市共开展"线上"对接活动 408 次，签约项目 11 个，计划总投资 132.3 亿元。推行"不见面"施工指导，视频连线解决重点项目所需关键技术人员不能及时到岗问题，推动项目快落地、快投产、快见效。

2020 年 3 月 23 日，东营市委疫情处置指挥部办公室第 129 号文发布《关于推进精准防控全面恢复正常生产生活秩序的通知》。之后，全市进一步加大指导服务企业力度，全力促开工、促生产，工业生产先抑后扬，逐步恢复正常状态。

疫情严重冲击了工业产业链和供应链。受疫情影响，口罩、防护服、医疗手套等防疫物资需求量巨大，全国最大熔喷口罩滤材生产企业——俊富无纺布公司，疫情防控期间满负荷 24 小时生产，坚持价格不上涨、质量不打折、产品不断供。自 2020 年 1 月 23 日至 3 月 25 日，共为全国口罩生产企业供应熔喷布原料 1 000 余吨，每日产品可供应 1 500 万只医疗外科口罩的生产。高峰时，该企业熔喷布产能占全国的 1/10。

市委、市政府指挥得当，企业积极应对，使得东营工业将疫情影响降到了较低，在应对"黑天鹅"袭击时交出了一份合格的答卷。2020 年 5 月东营工业增加值增幅转正，12 月份增长 6.3％，全年增长 6.3％，居全省第 6 位。

建市以来，东营工业经受了亚洲金融危机、非典、新冠疫情三次"黑天鹅"事件，其产生的影响后者更甚。通过"黑天鹅"事件，至少给我们六点启示。一是要有应对"黑天鹅"事件的长期准备，以不变应万变。随着经济全球化不断发展,世界任何一端的重大危机都极可能产生蝴蝶效应而波及全球。二是建立完善而又灵敏的预警预测预案机制。重大危机第一时间预警预测,启动并完善预案,往往成为总体战指挥链条上的初始关键。三是树立以最坏打算进行最万全准备的底线思维,才能赢得主动权。四是以疫情为变机,以新型基础设施建设为契机,重新思考并定义面向未来的新型制造业态:快速敏捷地按需响应,数字化、网络化和智能化,制造与服务深度融合的商业模式等。五是以制造产业链龙头企业为抓手,壮大产业集群,推进产业链现代化,增强区域工业自主可控能力。六是加大政府政策支持和组织协调力度。

专栏一　保市场主体的十条措施

2020 年 6 月,山东省人民政府办公厅印发《关于抓好保居民就业、保基本民生、保市场主体工作的十条措施的通知》(鲁政办〔2020〕77 号)。

一、加大免税力度。在全面落实国家减税降费政策的基础上,在地方权限内,从文件发布之日至 2020 年 12 月 31 日,对个体工商户和小微企业免除一切税费。

二、延长房租减免期限。对承租国有资产类经营性房产的个体工商户和小微企业,在落实已经出台的减免或减半征收房租的优惠政策基础上,再将减半征收房租期限延长至 2020 年 12 月 31 日。

三、支持夜经济等特色经营方式发展。2020 年 6 月 15 日前,各县(市、区)制定摆摊经营区域、时段的负面清单,并向社会公布。

四、实施社会保险补贴。对通过夜经济、小店经济等灵活就业的困难人员和离校 2 年内未就业高校毕业生,缴纳职工社会保险的,给予其不超过实际缴费 2/3 的社会保险补贴。其中就业困难人员补贴期限最长不超过 3 年,离校 2 年内未就业的高校毕业生补贴期限最长不超过 2 年。所需资金从就业补助资金中列支。

五、实施以工代训补贴。对中小微企业新吸纳就业困难人员、零就业家庭成员、离校 2 年内高校毕业生、登记失业人员就业并办理就业登记,组织开展以工代训的,按吸纳人数给予企业每月 500 元/人、最长 6 个月的职业培训补贴。对受疫情影响导致停工停业中小微企业开展以工代训的,根据以工代训人数给予企业每月 500 元/人、最长 6 个月的职业培训补贴,单个企业在政策执行期内最高补贴 10 万元。所需资金从职业技能提升行动专账资金中列支。

六、加强信贷资金支持。对保持现有抵押担保状态不变、承诺就业基本稳定的个体经营者和小微企业,其在 2020 年 6 月 1 日至 12 月 31 日到期的贷款允许延期,还本付息日期最长可延至 2021 年 3 月 31 日,免收罚息。金融机构要应延尽延,不得以任何理由拒绝办理。人民银行济南分行加强督促引导,并按规定对地方法人银行延期贷款给予激励。力争 2020 年全年全省地方法人金融机构新增普惠小微信用贷款 300 亿元。人民银行济南分行对符合条件的机构给予贷款本金 40% 的无息再贷款支持,并按照国家政策标准给予奖励。

七、扩大动产抵押登记范围。拓宽个体工商户和小微企业抵押物登记范围,对办理抵押的动产,做到应登尽登、应抵尽抵。对线上办理且手续齐全、审核通过的,即时办结;对线下办理且提交材料齐全、符合形式要求的,当场办理。

八、提供低成本的创业场所。各类创业孵化基地、大学科技园、小微企业园等应安排一定比例的场地,向应届毕业生免费提供,当地财政视成效给予奖补。为应届毕业生自主创业开辟绿色通道,相关部门免除开办企业的一次性政府收费。

九、扩大"一业一证"改革。2020 年 6 月底前全面实施"一业一证"改革,线上线下并行办理,实现"一证准营"。将企业开办环节由 5 个压缩为 2 个、办结时间由 3 个工作日压减为 1 个工作日,实行印章刻制、发票及税控设备领取、证章寄递"三免费"。

十、发展线上销售。

专栏二 2020年工业增加值增速趋势图

专栏三 2020年工业用电量趋势图

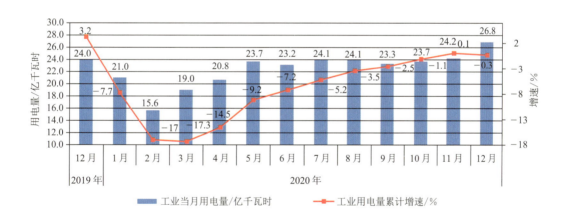

第二十一章
节能减排:绿水青山就是金山银山

第一节　关于节能减排

节能减排就是节约能源降低能源消耗、减少污染物排放。"节能减排"出自我国"十一五"规划纲要。纲要明确提出,"十一五"期间单位国内生产总值能耗降低20%左右、主要污染物排放总量减少10%。节能减排是建设资源节约型、环境友好型社会的必然选择;是推进经济结构调整,转变增长方式的必由之路;是维护中华民族和世界各民族长远利益的必然要求。

东营市的节能减排意义重大、任务艰巨。一是中央要求。这是必须完成的政治任务。节能减排是国策,是践行绿色发展理念的必然选择。二是形势倒逼。具有高度重化工业特点的东营工业能耗高、污染重、不可持续。三是群众期盼。老百姓希望喝上清洁的水,吸上新鲜的空气。

东营市的节能减排也有其特殊性。一是重化工业占比高,山东省确定的高耗能行业中东营仅没有钢铁和陶瓷,石油化工、盐化工、橡胶轮胎、有色金属等重化工业占比高达地方工业的80%以上,服务业占比全省最低。二是东营建市时间短,落后产能相对较少。三是基数低,完成任务难度大。"十五"末,能耗统计指标偏低,2005年万元GDP能耗0.83吨标准煤,属全省最低。指标低,下降空间就小,而山东省下达给各市的下降指标都差不多,即"十一五"期间东营等绝大多数地市下降22%,枣庄、淄博等下降23%。试想,一个新兴的重化工业城市，本身高耗能、高污染企业就多，新上企业能耗相对较高也是正常的，但却背着一个能耗最低的指标，和其他市同幅度降低，要完成任务指标就愈发困难了。万元 GDP 能耗在 1.5 吨标准煤往下降 23％和 0.83 吨标准煤往下降 22％，哪个容易一目了然。

只要思想不滑坡，办法总比困难多。为了顺利实现节能减排目标任务，东营市委、市政府主要采取了以下措施：一是成立领导小组，办公室设在原市经信委。二是制定实施方案，提出目标要求，下达任务计划，明确推进措施。三是突出工作重点。主要是结构节能减排，调整产业结构，加快发展现代服务业、先进制造业、新能源产业；技术节能减排，推广节能减排先进适用技术；管理节能减排，加强企业节能减排管理；重点产业、重点企业节能减排，推进能耗、排放大户节能减排工作。四是加大执法力度。五是严格督查考核。六是争取上级支持。要完成节能减排这一非常艰巨的任务，除了开展扎实有效的工作，还要取得上级理解、认可和支持，让上级主动替你想办法、做工作。

第二节　节能降耗

在实施"工业强市"战略中，深入贯彻落实国务院《节约能源管理暂行条例》（国发〔1986〕4 号）、省政府《节约能源管理实施细则》（鲁政发〔1986〕68 号）和 1998 年 1 月 1 日颁布实行的《中华人民共和国节约能源法》，坚持"能源开发与节约并重，把节能放在突出地位"，通过节能降耗推进经济增长方式的转变。

2004 年前，节能任务没有作为约束性指标下达，政府、企业、社会的节能工作基本处于自发状态，节能工作主要是开展资源节约与综合利用。2005 年，省政府与市政府签订"十一五"节能目标责任书，节能成为层层下达的约束性任务。中央、省、市、县（区）层层签订目标责任书，成立工作机构，召开会议，出台文件，节能工作层层推进，逐步展开。

一、节能任务完成情况

从"十一五"开始，省政府在核定全省各市 2005 年万元 GDP 能耗基数的基础上，确定对各市下达万元 GDP 能耗下降指标，严格考核奖惩，实行"一

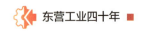

票否决"制度。经确认的万元 GDP 能耗指标,2005 年为 0.83 吨标准煤,2010 年为 0.546 吨标准煤,2015 年为 0.886 5 吨标准煤,2020 年为 0.734 8 吨标准煤。

(一)"十一五"节能

2005 年山东省核准的东营市万元 GDP 能耗基数为 0.83 吨标准煤,"十一五"省政府下达给东营市的节能目标任务为万元 GDP 能耗下降 22%,实际下降 22.03%,2010 年末达到 0.546 吨标准煤,列全省第 4(威海 0.418 吨标准煤、烟台 0.439 吨标准煤、青岛 0.452 吨标准煤)。东营市获得山东省"十一五"节能考核第一名。

(二)"十二五"节能

"十二五"省政府下达给东营市的节能目标任务为:万元 GDP 能耗在 0.546 吨标准煤的基础上下降 17%,东营市实际下降 21.22%,达到 0.43 吨标准煤,列全省第 5(威海 0.32 吨标准煤、烟台 0.33 吨标准煤、青岛 0.34 吨标准煤、济南 0.41 吨标准煤)。"十一五"和"十二五"期间,东营市各县区、经济开发区均顺利完成节能目标任务(见表 21-1)。

表 21-1 "十二五"期间节能目标完成情况

行政单位	2010年指标值/吨标准煤	降低目标/%	2011年降幅/%	2012年降幅/%	2013年降幅/%	2014年降幅/%	2015年降幅/%	累计降幅/%	完成进度/%	2015年完成指标值/吨标准煤
全 省	0.773	17	3.771	4.549	4.482	5.003	3.720	19.80	118.11	0.62
东营市	0.546	17	3.822	4.215	3.89	3.561	7.741	21.22	128.02	0.43

(三)"十三五"节能

"十三五"时期,全省降低目标为 17%,区别下达各市万元 GDP 能耗下降幅度目标任务(分 5 档,分别为 25%、19%、18%、17%、16%),东营市为最低档(共 5 个市,其余为威海、烟台、青岛、济南),即"十三五"万元 GDP 能耗由 0.886 5 吨标准煤下降 16%。

为什么"十三五"万元 GDP 能耗大幅高出"十二五"末呢?根据第 4 次

经济普查结果，2015 年全市全社会能源消费量由 1 659 万吨标准煤调整为 2 124.8 万吨标准煤，2017 年由 1 801 万吨标准煤调整为 2 306.9 万吨标准煤，2018 年为 2 345.3 万吨标准煤；2019 年为 2 351 万吨标准煤，万元 GDP 能耗为 0.796 8 吨标准煤。

"十三五"期间，东营以 2015 年万元 GDP 能耗 0.886 5 吨标准煤为基数（全省平均 0.62 吨标准煤），省下达东营市"十三五"单位地区生产总值能耗降低任务为 16%。2016—2019 年前 4 年累计下降 10.12%，2020 年下降目标为 6.54%，实际下降 7.77%。"十三五"期间万元 GDP 能耗达 0.734 8 吨标准煤，完成了 0.744 66 的下降任务要求。

2016 年目标任务为万元 GDP 能耗下降 3.66%，实际下降 0.25%，没有完成年度节能目标任务（胜利油田东营胜利国电有限公司 66 万千瓦机组投产净增 70.62 万吨标准煤能耗，如果别除这一能耗，东营市 2016 年万元 GDP 能耗将降低 4.215%）。

2017 年目标任务为万元 GDP 能耗下降 4.21%，实际下降 4.33%，超额完成年度节能目标任务，但因 2016 年原因未完成"十三五"进度目标。

2018 年目标任务为万元 GDP 能耗下降 3.5%，实际下降 2.68%。

2019 年目标任务为万元 GDP 能耗下降 2.8%，实际下降 5.85%。

2019 年 7 月，以 2018 年煤炭消费当量 1 781 万吨（其中煤炭 1 340 万吨，另为消费省直调煤电机组电量折煤量）为基数，省下达东营市 2019—2020 年煤炭压减任务 45 万吨，即 2020 年煤炭消费当量控制在 1 736 万吨以内。主要压煤措施：一是建立重点企业煤炭消费台账，加强月度统计数据、发电数据监测，实行对标控制。二是大力发展新能源折抵煤炭消费量。按 1 亿千瓦时折抵 4 万吨煤炭计算，每年约折抵 10 万吨。三是节能降耗。聘请省科学院生态所，对全市 63 家高耗能企业"一企一策"进行节能诊断，推进节能节煤技术改造。胜利发电厂燃煤机组改造，华泰化工热电厂燃煤机组背压改造以及滨海热力、华泰热力、大王热力等企业实施了节能改造。强制淘汰建成区 35 蒸吨以下、非建成区 20 蒸吨以下锅炉 7 台，计 120 蒸吨。预计从源头上削减煤炭消费能力 2 万吨以上。四是积极争取省统筹指标。胜利发电厂获批引进绿电计划 4 亿千瓦时，新发药业、威联化学分别获准使用省统筹煤炭替代指标 2.68 万吨、72 万吨。

2020年目标任务为万元GDP能耗下降6.5%,实际下降7.77%,万元GDP能耗0.7348吨标准煤。

二、节能工作

2004年前,节能工作主要是开展资源节约与综合利用。

2004年,召开了全市节能工作会议,由市政府与各县区政府及重点用能企业签订节能目标责任书,并纳入督查考核。市政府出台《关于发展循环经济建设节约型社会的意见》(东政发〔2005〕16号)。突出抓好节能、节水、节地、节材、发展循环经济"四节一循环"。启动实施循环经济"1320"示范工程,计划用3年时间在全市培植1个循环经济示范县、3个工业园区、20家企业,逐步构筑起企业、工业园、县区3个层面的工业循环经济体系。重点对市域内32家国家及省"千户重点用能企业"实施节能管理。当年全市万元GDP能耗0.79吨标准煤,规模以上工业万元增加值能耗0.88吨标准煤,均比上年下降4.5%,达到全省最好水平。

2005年,省政府与市政府签订"十一五"节能目标责任书。

(一)"十一五"节能工作

2006年,制定出台《节能目标责任考核办法》《节能减排综合性工作实施方案》《固定资产投资项目节能评估和审核办法》《超标准耗能加价管理办法》等文件。严把新上项目准入关,对未实施或未通过节能评估审查的新、改、扩建投资项目,一律不予审批、核准和备案。淘汰落后草浆产能2.22万吨、落后织机44台、橡胶轮胎产能200万条,关停小火电34.98万千瓦。"3个节能20项工程"首批筛选论证的10项重大节能技术、5项重大节能装备和10项重大节能示范工程进入实施阶段。完成32家省重点用能企业的能源审计工作,指导企业编制完成节能规划。东营经济技术开发区及华泰集团等16家企业的循环经济实施方案通过专家评审。全市万元GDP能耗0.77吨标准煤,规模以上工业万元增加值能耗0.83吨标准煤。

2007年,开展"节能攻坚年"活动。组织50家市重点耗能企业开展能效对标活动,审核万通石化集团等5家企业清洁生产情况,复审、认定17家资源综合利用企业,推广散装水泥124万吨,中心城推广散装水泥率逾95%。节能降耗超额完成年度目标任务,节能工作受到省政府表彰。

2008 年，建立节能工作"双目标"责任考核机制。严格节能评估审查，审查备案节能评估项目 115 个，遏制"两高一资"（高耗能、高污染、资源性）项目开工，实施第二批"3 个节能 20 项工程"。推行资源综合利用，开展循环经济试点示范工作，初步构建资源节约型企业、生态工业型园区、循环经济型区域 3 个层面的循环经济体系。加快淘汰落后产能，提前完成"十一五"落后产能淘汰任务。万元 GDP 能耗 0.69 吨标准煤。东营市连续两年受到省政府表彰。

2009—2010 年，对全市六大类高耗能行业的 417 家规模以上企业实施 A、B、C 三级预警调控，加快淘汰落后产能，主动淘汰高耗能机电设备、生产线等 621 台（套）。制定《关于加快推行合同能源管理促进节能降耗工作的实施意见》，胜动燃气被认定为全国首批节能服务公司。东营市经贸委被省政府授予"十一五"时期"山东省节能突出贡献单位"称号，记集体一等功。2010 年 6 月 7 日，市政府下发《关于进一步做好节能降耗工作确保完成"十一五"节能目标的通知》（东政发〔2010〕9 号）。

（二）"十二五"节能工作

2011—2013 年，重点实施培育 3 个循环经济示范县区、3 个循环经济示范园区、30 家循环经济示范企业、30 个循环经济示范项目"四个 3 工程"。审查备案节能评估项目 1 000 个，拒批高耗能项目 30 个。淘汰落后产能、高耗能项目 90 个，每年节能 20 万吨标准煤。东营经济技术开发区被国家发改委、财政部确定为首批园区循环化改造示范试点单位，万达集团等 5 家企业被认定为省节能环保示范企业，胜机石油装备公司的"HDPE 耐磨防腐油管再制造项目"被列为山东省循环经济示范项目，投资 50.2 亿元的 30 个重点循环经济项目相继竣工投产，每年可节约 11 万吨标准煤。全市散装水泥生产率为 89.64％，居全省前列。2012 年 3 月 14 日，市政府印发《关于加强"十二五"时期节能调控工作的意见》（东政发〔2012〕1 号）。2013 年，风电、光伏发电装机容量分别达到 79.1 万千瓦和 1.7 万千瓦，发电 13.94 亿千瓦时，占全市总发电量的 12.08％。全市有 10 个项目入选省重大节能技术产业化奖励项目，支持实施 29 个节能技术项目。实施 22 个炭黑尾气综合利用节能技术改造项目，年实现节能量 14.28 万吨标准煤。完善 10 大循环经济链条，完成省政府下达的 60 家企业清洁生产审核任务。全市工业固体废弃物综合利用率达到 80％。推进国家和省、市确定的"30 个重大节能技改项目和节能示范工程"

建设,年节约标准煤 28.26 万吨。11 家国家备案的节能服务公司共实施合同能源管理项目 30 个,年可节约标准煤 6.41 万吨。

2014 年 6 月 4 日,市政府印发《关于印发东营市化解过剩产能实施方案的通知》(东政发〔2014〕5 号)。12 月 2 日,市政府印发《关于开展新能源示范城市创建工作的意见》(东政发〔2014〕13 号)。全年受理节能评估项目 82 个,拒批高耗能项目 2 个。淘汰 37 个落后项目,年可节约能耗 18 万吨标准煤。全市有 10 个项目入选省重大节能技术产业化奖励项目,支持实施 29 个节能技术项目,以上项目建成后年可节约标准煤 24.54 万吨。全市 30 个重点循环经济项目有 25 个竣工,完成投资 50.2 亿元。

2015 年,实施 35 个重点节能技改项目。全市淘汰 30 个落后产能项目,淘汰炼化产能 40 万吨、轮胎产能 1 180 万条。组织 42 家企业开展清洁生产审核验收,认定 16 家资源综合利用企业,工业固体废弃物和散装水泥综合利用率都超过 85%。

(三)"十三五"节能工作

1. "十三五"时期东营市节能任务更加艰巨

东营市正处于工业化加速发展时期,产业结构偏重,能源消费需求十分旺盛。目前节能考核体系只考核下降幅度不考核能耗水平的弊端日益凸显,从根本上造成了东营市节能目标任务难以完成。

一是东营市能耗基数偏低。"十二五"末,东营市万元 GDP 能耗已经下降到 0.43 吨标准煤(仅高于威海、烟台、青岛、济南),单耗仅为产业结构相近地市的 52%。2015 年,东营市能耗负增长,是 2005 年以来规模以上工业能耗增速首次出现负增长的一年,也是全市规模以上工业能耗增速全年保持负增长的一年。从 2 月份的 -3.7% 到年底的 -0.2%,能耗增速负位运行造成"十三五"节能基数过低,影响整个"十三五"能耗核算结果。

二是胜利油田能耗强度不降反升。占东营市能耗总量 1/4 左右的胜利油田,其能耗强度不降反升。胜利油田经过 50 多年的勘探开发,已进入高含水和特高含水开发中后期,产量减少、能耗上升。另外原油价格的大幅下降,行业增加值率也下降,进一步推动了单耗的提升。

三是东营市产业结构偏重,短期无法根本改变。东营市第二产业比重较大,耗能低、污染少的第三产业比重偏低,服务业增加值占全市生产总值的比重多年来均列全省末位。工业中能耗高的传统产业又占主导地位,低能耗的高新技术产业和先进制造业比较少。据统计,2015 年东营市规模以上工业企业 921 家,其中省公布的六大高耗能行业企业 428 家,占 46.47%。2016 年,东营市规模以上工业能耗高开低走,万元工业能耗呈下降态势,但工业能耗增速与工业增加值增速差距较小,仅差 2 个百分点,远远低于"十二五"期间至少 5 个点的差距,工业的增长主要是靠能源的高消费拉动起来的。

四是重大耗能项目陆续上马。"十三五"以来,随着大唐电厂 2×100 万千瓦发电项目的投产,以及全市"十三五"时期计划开工并投产的 200 万吨/年 PX 项目、120 万吨己内酰胺-聚酰胺产业一体化项目以及其他重大项目,全市能耗水平势必提高(见表 21-2)。

表 21-2 新(拟)建项目综合能耗情况

项目名称	综合能耗(标准煤)
200 万吨/年 PX 项目	120 万吨/年
120 万吨/年乙烯项目	190 万吨/年
120 万吨己内酰胺项目	190 万吨/年
大唐东营电厂发电项目	153.24×2 万吨/年
合　计	806.48 万吨/年

2. 节能工作

2016 年,继续实施重点节能技改项目,淘汰落后产能,推广清洁生产。

2017 年,组织 6 家炼油企业淘汰 1 452 万吨常减压装置、重质油品综合利用装置。安排 950 万元节能专项资金。

2018 年,实施 34 个重点行业清洁生产技术改造计划项目,超额完成省下达任务。东营经济技术开发区园区循环化改造示范试点通过国家验收,累计获得国家补助近 2 亿元,年节能 4.5 万吨标准煤,减排 COD(化学需氧量)8 500 吨。

2019—2020 年,以节能型城市建设为抓手,"一企一策"制定差异化节能改造方案,推进重点用能单位节能技改,实施了石大胜华环氧丙烷装置氯醇化节能减排技术改造、威联化学 PX 项目余热利用、东营齐润化工有限公司高效环保锅炉改造等项目。大力发展太阳能、风能等新能源。积极推进能源在线

监测平台建设,助推重点用能单位节能挖潜、降本增效。实施绿色制造工程,推行产品绿色设计、绿色生产、绿色供应链、绿色管理。开展工业企业"亩产效益"评价改革,建立"标准地"制度。

第三节　减少排放

东营市工业经济迅猛发展,但环境污染也随之加重。为保护蓝天、碧水、绿地,"十一五"期间拉开了防污减排的序幕。

一、"十一五"减排

（一）任务指标完成情况

2006—2010 年,纳入国家减排体系的是化学需氧量和二氧化硫。经国家、省认定,东营市化学需氧量累计削减 20.64%,二氧化硫累计削减 40.4%。到 2010 年,万元 GDP 化学需氧量排放强度从 3.22 kg 下降到 1.25 kg,下降 61%;万元 GDP 二氧化硫排放强度从 10.33 kg 下降到 3.18 kg,下降 69%。两项指标均居全省前列,顺利完成减排任务。

（二）主要工作措施

一是强化污染治理,推动工程减排。全市 17 家电厂全部建设了烟气脱硫系统,12 家主要石化企业全部建设了硫回收设施。积极推进工业 COD 减排工程,以造纸废水深度处理、石化废水深度处理回用等为重点,先后实施了两轮污染治理设施再提高工程,新改造工业污水处理能力 40 万吨/日,COD 污水排放标准从 2005 年的 420 mg/L 提高到 2010 年的 60 mg/L。

二是大力推进结构减排。2006—2010 年,全市累计关停火电装机容量 45 万千瓦,关停草浆造纸生产线 13.5 万吨/年,关停立窑生产线 60 万吨,关停各类土小污染企业数百家。

二、"十二五"减排

（一）任务指标完成情况

1. 任务指标

"十二五"期间,国家减排体系增加了氨氮和氮氧化物排放量。下达给东营市的任务：在 2010 年基础上，化学需氧量排放量削减 13%（其中工业、生活排放量削减 17%）、氨氮排放量削减 15.9%（其中工业、生活排放量削减 17.3%）、二氧化硫排放量削减 14.5%、氮氧化物排放量削减 17%。

2. 完成情况

2015 年，全市主要污染物化学需氧量、氨氮、二氧化硫、氮氧化物排放量分别较 2010 年削减 14.75%、15.91%、19.20%、17.12%，完成省"十二五"下达任务的 113.49%、100.02%、132.44%、100.69%，4 项污染物均超额完成省政府下达的"十二五"减排目标任务。

（二）主要工作措施

一是以污染治理工程建设为重点，继续推进水气污染专项整治。二是调整优化产业结构，促进结构减排。三是推进污染源自动在线监测和远程监控子系统建设，加大对燃煤电厂脱硫脱硝设施建设运行，重点企业烟气脱硫脱硝设施日常运行，城市污水处理厂设施运行，重点行业、重点企业污染减排的监管力度，持续推进主要污染物总量减排。

三、"十三五"减排

党的十八大以来，中央确立了绿色发展理念，但真正掀起狂飙，彰显决心和信心，短时间取得显效，是 2017 年以来的中央环保督察。中央完善了环保督政制度，加强了督导力量，实行了史上最严格的问责，倒逼地方政府大力推进生态文明建设，东营市生态环保工作也实现了质的提升。2019 年，全省 16 市打好污染防治攻坚战考核，东营市位居第 1 名。2020 年，东营市圆满完成"十三五"各项考核目标任务，多项生态环境指标达到历史最好水平。2020 年，全市 PM2.5 浓度达到 45 微克/立方米，空气优良天数达到 251 天；国控河流达到优良水体，10 条省控河流断面全面消除劣 V 类水体。

针对减排工作，东营市坚持以"转方式、调结构、控新增"为主线，全市各级严格执行国家、省出台的环保法律法规和政策措施，认真贯彻减排工作的各项部署，加强组织领导，加大政策扶持力度，积极推进技术进步，严格目标责任管理，强化重点企业监管，狠抓结构减排、工程减排和管理减排，主要污染物减排工作取得阶段性成效。

（一）任务指标完成情况

1. 任务指标

2020 年，与 2015 年相比 4 项污染物累计削减比例分别为：化学需氧量累计削减 12.7%，重点工程减排量累计削减 7 316.93 吨；氨氮累计削减 16.6%，重点工程减排量累计削减 853.82 吨；二氧化硫累计削减 28.6%，重点工程减排量累计削减 12 461 吨；氮氧化物累计削减 26.5%，重点工程减排量累计削减 7 900 吨。

2. 完成情况

2020 年底，与 2015 年相比 4 项污染物累计削减进度为：化学需氧量累计削减 13.6%，氨氮累计削减 18.5%，二氧化硫累计削减 32%，氮氧化物累计削减 30%。化学需氧量重点工程减排量累计削减 10 664.1 吨，氨氮重点工程减排量累计削减 1 114.6 吨，二氧化硫重点工程减排量累计削减 13 994.7 吨，氮氧化物重点工程减排量累计削减量 10 123.2 吨，全面完成省"十三五"减排任务要求。

（二）主要工作措施

1. 明确目标责任，加强督查考核

一是分解落实目标任务。按照市政府印发的《东营市"十三五"节能减排综合性工作方案》（东政发〔2017〕40 号），结合全市经济社会发展规划，进一步明确了"十三五"主要污染物减排目标任务和工作方向，将年度任务分解落实到各县区、各责任单位。实施联席会议制度，发改、工信等拟定的重点发展规划都必须有环保专章，化工产业转型升级工作单设环保组，负责推进转型升级中环保工作。二是继续加强督查调度。市政府不定期安排相关部门进行督导，并根据工作进展情况召开调度会。以环保督察问题整改工作为契机，持续开展水气土环境污染整治专项行动、环保突出问题整改攻坚行动，推进了一大批环保工程落地，取缔了一大批散乱污企业和燃煤锅炉，河流水环境和大气环境质量均实现明显好转。市政府成立了由相关部门单位主要负责人为成员的环境保护委员会，设置环保督察专员办公室，4 名县级干部任环保督察专员，对督导过程中发现的问题，及时提出整改要求，实行重大问题挂牌督办。三是严格考核。将各县区、开发区主要污染物减排工作情况列入科学发展综合考核，严格执行环境保护目标责任制和环境保护"一票否决"制。

2. 深入推进水污染治理

以水污染治理工程建设为重点,持续推进水污染专项整治。一是加大工业污染水治理力度,所有直排环境的工业废水排放标准全部执行地表水类Ⅴ类标准(COD、氨氮分别执行 40 mg/L 和 2 mg/L),准备实施达到地表水Ⅳ类标准(COD、氨氮分别执行 30 mg/L 和 1.5 mg/L)的措施。二是加大生活污染治理力度。加快城市管网配套和污水处理厂建设,推进污水处理厂提标、污水管网建设和雨污分流改造、人工湿地水质净化工程建设等重点工程,确保生活污水全收集、全处理。全市共建成集中式污水处理厂45座,总处理能力达到96.7万吨/日,其中中心城共有生活污水处理厂6座,出水水质全部达到一级A标准。

3. 加强畜禽养殖污染防治

一是划定禁养区和限养区,对禁养区内所有养殖场全部强制退出。2017年以来累计关停、搬迁养殖场130余家,养殖专业户1800余家。二是鼓励大规模种养一体化项目,引入泰国正大集团、江西正邦集团、印尼佳发集团等国内外养殖龙头企业,实施种养一体化工程,建设沼气池、沼液池、沼液输送管线、堆肥场,按照土地消纳能力配套输送农田,实施养殖废物资源化利用。三是加快农业污染治理工程建设。在养殖小区建设集中式粪污处置中心,每个县区建设1～2处有机肥厂,服务周边养殖企业,确保养殖废弃物全部资源化利用,实现养殖废弃物的减量化、资源化、无害化。全市1372家畜禽规模养殖场全部配套建设粪污处理设施并正常运转,畜禽粪污综合利用率达94.05%,超出省定目标任务13个百分点。

4. 深入推进大气污染治理

一是以大气污染治理工程建设为重点,持续推进大气污染专项整治。全市燃煤机组(锅炉)全部完成了超低排放改造,重点行业实施了挥发性有机物综合整治和泄漏检测修复(LDAR)。二是推进新旧动能转换,促进结构减排。严格执行《山东省建设项目主要大气排放总量替代指标核算及管理办法》,对新增污染物排放项目实施差异化的倍量替代制度,确保增产不增污。启动35蒸吨/小时以下燃煤锅炉取缔,推广清洁能源使用,对新增燃煤设施严格实施燃煤替代。三是加强企业监管,促使企业主动减排。印发了《东营市生态环境局关于进一步加强排污许可证后监管的通知》,加强排污许可证后监管,督促排污单位及时报送执行报告,切实做到排污许可闭环管理;重点污染企业全部纳入重点排污名录监管,督促企业按时公开污染物排放信息,主动接受监督。完善污染源自动在线监测和远程监控系统建设,加大对燃煤电厂脱硫脱硝设施建设运行,重点企业烟气脱硫脱硝设施日常运行和重点行业、重点企业污染减排的监管力度,确保污染治理设施有效运行,污染减排效果真正体现。四是加大机动车污染治理。全面推行机动车环保标志管理,未取得环保检测合格标志不得核发安全技术检验合格标志、不得上路。在全省提前完成国二营运柴油货车淘汰工作,截至2020年底,淘汰国三营运柴油货车3 360辆,完成年度任务的122%。加大油品质量监管力度,强化对油品质量的检查和检测,确保国V标准车用汽柴油供应。

5. 持续推进"四减四增",从源头削减污染物排放

制定出台了《东营市加强污染源头控制推进"四减四增"三年行动方案(2018—2020年)》,通过调整优化产业、能源、交通运输结构,从源头上削减污染物排放总量。一是产业结构方面。三年整治"散乱污"企业89家,督导11家炼油企业产能退出,淘汰炼油产能656万吨。"十三五"期间,全市三次产业结构由5.6∶62.3∶32.1调整为5.3∶56.3∶38.4。二是能源结构方面。煤炭消费大幅压减,全面淘汰10蒸吨/小时及以下燃煤锅炉,淘汰7台35蒸吨/小时及以下燃煤锅炉,65蒸吨/小时以上燃煤锅炉全部实现超低排放,超额完成45万吨煤炭压减任务。城市燃气企业天然气储气能力大幅提升,达到3 374万立方米;农村燃气管道已通达1 400个村庄,22.8万户农民开通天然气。新能源供给能力增强。三是运输结构方面。东营港疏港铁路、黄大铁路正式投入运营。2020年全市铁路货运量达到926.3万吨,圆满完成省下达任务。全市建成油气管道总里程1 941.6千米,三年累计减少公路运输约273万辆次。四是农业投入结构方面。化肥使用量持续降低,累计建设水肥一体化面积11.3万亩。农药使用量逐年下降,2019年全市农药使用量较2015年减少了53.06%,提前完成省定目标。鼓励使用有机肥,全市现有有机肥生产厂家18家,生产能力40万吨。

专栏一　化工企业安全环保节能转型升级专项行动

2015 年 8 月 31 日 23 时 18 分,山东滨源化学有限公司新建年产 2 万吨改性型胶黏新材料联产项目二氨车间混二硝基苯装置在投料试车过程中发生重大爆炸事故,造成 13 人死亡,25 人受伤,直接经济损失 4 326 万元。面对突来横祸,东营市痛定思痛,以壮士断腕的决心做好安全环保节能工作。

一、加强领导,制定政策

事故发生后,在全省率先开展了提高安全环保节能水平促进化工产业转型升级工作。成立了提高安全环保节能水平促进化工产业转型升级领导小组,制定出台了《东营市提高安全环保节能水平促进化工产业转型升级工作方案》《化工生产企业"评级评价"有关指标标准》。

二、开展评级评价工作

2015 年 9 月至 2016 年底,对全市化工生产企业开展了以安全、环保、节能评级和综合评价为内容的首轮"三评级一评价";2017 年,加入质量评级,调整为"四评级一评价",开展了第二轮评级评价;2018 年,在省化工专项行动办公室的统一组织下,对石油加工企业、化工原料和化学制品制造企业、橡胶制品企业开展了第三轮评级评价("四评级一评价")。三轮评级评价取得了显著成效。

一是企业共组织整改安全、环保问题 3.18 万项,企业安全管理水平、安全保障能力有了较大提高,企业负责人落实主体责任、推动安全环保节能工作的意识普遍增强。2016 年以来,全市化工生产企业没有发生重特大安全生产事故,年均安全事故死伤少于 2 人。至 2018 年底,全市二氧化硫、二氧化氮、PM10、PM2.5 平均浓度分别较工作开展之初降低了 60%、12.5%、21.2% 和 21.3%。2016—2018 年年均空气优良天数为 259 天,较 2015 年增加了 32 天。

二是部分落后低效企业有序退出。2016—2018 年,全市关停化工生产企业 123 家,组织转产 190 家,推进重组 25 家,搬迁入园 17 家,329 家退出化工生产领域。2018 年底,全市化工生产企业压减到 553 家,申报化工园区内企

业和重点监控点企业 170 家。

三是组织企业整改节能、质量问题 1.23 万项，淘汰了一批落后用能设备，推动企业采用新装备、新工艺、新技术实施技术改造，工业发展水平得到显著提升。

三、强化规划引领，优化产业发展布局

2017 年以来，为聚焦打造鲁北高端石化产业基地核心区、培育万亿级化工产业集群的目标定位和重点任务，聘请中国石油和化学工业规划院编制了《东营市化工产业发展规划（2019—2025）》，确定了"一区一片多点"的产业布局原则，全市化工产业高质量发展的路径更加清晰，空间布局更加合理。

四、组织省级园区及重点监控点申报，推进项目实施

2017 年以来，山东省化工园区从 199 个压减到 84 个。东营市有 7 个化工园区、25 家企业获批省级园区和重点监控点，分别居全省第 3 位和第 1 位。特别是争取 4 家轮胎企业认定为重点监控点，为产业整合提升拓展了空间；3 家参与裕龙岛项目整合企业全部获批重点监控点，为企业"由油转化"转型发展创造了空间；争取省政府同意化工产业链初步形成且成长性良好的利华益、天弘化学保留发展，为企业持续创新升级赢取了空间。针对新获批省级园区起步区面积偏小的问题，争取省政府将园区扩区权限下放，东营港化工产业园、东营河口化工产业园已按程序完成扩区工作，园区面积分别由 5 平方千米、15.84 平方千米扩大至 35.85 平方千米、41.87 平方千米。在省政府"化工园区认定前，严格控制新建、扩建化工项目"的政策背景下，省级园区和重点监控点获批后，第一时间组织启动项目审批，打破了东营市长达 2 年无新增化工产能项目的不利局面。同时，对中央环保督察组反馈东营市未完成整改的 102 家违规化工企业进行分类处置。其中，补齐土地规划手续企业 10 家，关闭退出企业 20 家，拟关闭退出企业 49 家，拟补办手续企业 23 家。

五、聚焦产业发展主阵地，推进园区标准化建设

2020 年 7 月，出台了《东营市推进化工园区标准化建设指导意见（试行）》。是年底，各园区均已建成统一的污水处理厂、供热系统、应急指挥中心、公共管廊、危化品运输车辆专用停车场等公共配套设施及时完善提升。以安

全环保应急一体化平台为基础,各园区加快智慧化能力建设,提升园区及企业的本质安全水平。3 个园区获评"中国智慧化工园区试点示范(创建)单位",2 个园区入选省"智安化工园区"试点。

专栏二　2016—2020 年污染物总量减排汇总

污染物类别	COD	氨氮	二氧化硫	氮氧化物
2016 年减排比例(以 2015 年排放量为基数)/%	3.1	3.7	8.1	5.6
2016 年累计减排目标(以 2015 年排放量为基数)/%	2.5	3.3	5.4	5.4
2016 年累计减排比例(以 2015 年排放量为基数)/%	3.1	3.7	8.1	5.6
2017 年减排比例(以 2016 年排放量为基数)/%	2.41	4.1	5.95	6.64
2017 年累计减排目标(以 2015 年排放量为基数)/%	5.09	6.62	11.42	10.73
2017 年累计减排比例(以 2015 年排放量为基数)/%	5.50	7.90	13.5	11.8
2018 年减排比例(以 2017 年排放量为基数)/%	3.32	4.35	8.31	6.33
2018 年累计减排目标(以 2015 年排放量为基数)/%	8.42	10.86	18.2	16.96
2018 年累计减排比例(以 2015 年排放量为基数)/%	8.67	11.95	20.71	17.43
2019 年减排比例(以 2018 年排放量为基数)/%	3.40	3.75	9.55	7.05
2019 年累计减排目标(以 2015 年排放量为基数)/%	10.93	14.10	27.48	22.62
2019 年累计减排比例(以 2015 年排放量为基数)/%	11.78	15.25	28.29	22.57
2020 年减排比例(以 2019 年排放量为基数)/%	2.06	3.84	4.93	8.79
2020 年累计减排目标(以 2015 年排放量为基数)/%	12.7	16.6	28.6	26.5
2020 年累计减排比例(以 2015 年排放量为基数)/%	13.6	18.5	32	30

专栏三　中心城工业企业搬迁

1983 年东营建市以来,中心城周边逐步聚集了一批化工企业,这些企业对城市环境的污染日趋严重,市民反映强烈。2010 年初,市委、市政府决定对围城化工企业实施搬迁。市经贸委负责牵头落实。经市环保局摸底、市政府确认,华泰化工、天信纺织、人造板厂、联成化工等 35 家企业(后调整为 31 家)

列入搬迁范围。

自 2010 年 6 月起，东营市对中心城工业企业实施搬迁，除石大科技（已停产）没完成搬迁外，其余企业在 2013 年底前完成了搬迁。

搬迁（关停）企业分别为：市通远化工公司、市宝龙石油公司、市绿源水泥公司、东营兴盛环保公司、胜利油田龙昊化工公司、胜利油田环通化工合成材料厂、沃德石油科技公司、海洋生物化工公司、大舜化工公司、油田师专化工厂、市石大创新科技公司、东营凯达科技公司、垦利东垦更新化工厂、博美特化工公司、东营国丰精细化工公司、东营区瑞丰化工厂、市聚星化工公司、华泰化工集团有限公司、东营天信纺织公司、市达伟塑化公司、金盛石油技术公司、东营区福利化工厂、山东海科胜利电化有限公司、东营顺通化工（集团）有限公司、胜利油田东奥化工有限责任公司、胜利油田东胜星润化工有限责任公司、东辰控股集团有限公司东营经济技术开发区分公司、胜利石油管理局盛大化工一厂、东营市利通沥青化工有限公司、山东石大胜华化工集团股份有限公司、山东石大科技集团有限公司等。

企业搬迁是一项系统性工程，企业情况复杂，利益关系直接，涉及面广，政策性强。在确定搬迁企业名单后，制定相关政策措施就成了一项紧迫工作任务。经过外出学习、调查研究、征求意见，市经贸委就《东营市人民政府关于中心城工业企业搬迁工作的意见》（送审稿）召集市直有关部门讨论，大家对企业搬迁都双手赞成，但对企业搬迁补偿政策意见不一致。主持会议的时任常务副市长曹连杰同志力排众议，当场表态：这个文件符合实际，可操作性强，明天提交市政府常务会议，请大家予以支持。在第二天召开的市政府常务会议上也没人提反对意见，文件顺利通过。这说明，政府部门往往站在部门角度提出意见，这本身可能是对的，但某一项工作推进与否，往往事关大局，有些还需要打破条条框框的束缚。首先承办单位要不唯上、只唯实、敢担当，其次政府主要领导要敢于决策，甚至必要时要勇于承担责任，只有这样，才能干成事。一件事，本来政府职能部门有不同意见，甚至明确表态不同意，而这件事又非办不可，政府主要领导若非要等所有部门都同意才做决策，承办单位被夹在中间两头受气，那这件事大多办不好或办不成。

政策文件通过了，组织实施成了关键。既要层层传导压力，又要为企业解决实际困难。首先，要解决搬迁用地。有一家企业欲搬迁到一个经济开发区新上一战略性新兴产业项目，但选址成了难题，好地方开发区不让上，孬地方企业不去，那怎么办？部门负责人就必须出面协调。一方面，企业讲条件：落项目没有地我怎么搬？另一方面，给哪块地要由开发区管委来定，牵头部门没有决策权。当然，上级号召各级要想干事、会干事、干成事，有为才有位，牵头部门也是为了完成任务。其次，要帮企业运作项目。上项目先要有通行证，也就是要通过政府部门审批。本市审批的容易一些，到省里审批就另当别论了。山东海科胜利电化有限公司本就是生产离子膜烧碱的，搬迁到东营港经济开发区拟上 30 万吨离子膜烧碱项目，但这类项目省里已经停止审批。批不了就上不了，上不了就搬不了。那还能怎么办？跑吧。有关部门领导一趟趟往省里汇报。人家说，汇报有啥用？这类项目已停止审批了。回来叫上市领导再去济南向省领导汇报，最终省领导说特事特办吧，下不为例。就这样，新公司东营市赫邦化工有限公司得以成立，20 万吨离子膜烧碱项目得以上马，企业搬迁得以推进。第三，要落实搬迁补偿。企业搬迁后，土地被政府收回了，按说得兑现补偿政策吧，还真不是那回事。因为政府部门是"敲锣卖糖，各管各行"。收地的管收地，支付的管支付，属于两码事。企业找有关部门，有关部门互相推诿，都说该办，就是不办。企业来找：你们是牵头部门，不能说我们听话搬了，剩下的事你们就不管了。管，我们管。谁让咱是牵头部门呢，硬着头皮腆起脸来协调吧。找部门，部门说他们说了不算，找分管市领导，领导说财政日子挺紧，这么大的数额得市政府集体研究。看看，定好了的政策就执行不了。想想也是，财政日子永远是紧的，新官有时不理旧账，有时难理旧账。那咋办？没法办，靠时间来办。办不了，企业总来找，内心受煎熬，总感觉自己是个骗子。

经过艰苦卓绝的工作，中心城工业企业总算搬迁完毕。虽说后来企业搬迁损失补偿遇到一些困难，拖得久了些，但毕竟还是补偿了。2013 年华泰化工搬迁经认定的地上损失是 3.3 亿元，但补偿款兑现上有关部门先是久拖不决，直到 2018 年企业和市财政等部门才又签了个补充协议，但要求企业将补偿额降了 8 000 万元。企业无可奈何，但少给总比不给强，还是应了吧，到 2019 年终于兑现完毕。

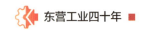

专栏四 《东营市人民政府关于中心城工业企业搬迁工作的意见》

（东政发〔2010〕10 号）

一、搬迁范围及搬迁方式

（一）搬迁范围。中心城内（东到东八路，西到郝纯路，北到德州路，南到南外环）因污染或城市规划建设需要搬迁的工业企业。

（二）搬迁方式。对需搬迁的企业自 2010 年起利用 3 年时间，全面完成搬迁工作。根据不同情况，采取以下方式：

1. 需搬迁的化工企业原则上迁入东营港经济开发区，其他企业迁入东营经济技术开发区或胜利工业园区。

2. 对部分基础条件好、具备转产能力的企业，经研究批准，可改变经营业态，就地转产服务业。

3. 对没有环评、安评等手续，不符合现行产业政策的企业，由环保等部门提请市或县区政府依法予以关停。

4. 对未按期完成搬迁任务或拒不执行搬迁任务的企业，依法予以关闭。

二、支持企业搬迁的相关政策措施

（一）财政税收支持

1. 市、县区、东营经济技术开发区分别设立中心城工业企业搬迁专项资金，专项资金由同级财政预算安排，主要用于对搬迁企业的扶持。专项资金管理办法由财政等部门另行制定。

2. 对按要求实施搬迁、转产的企业，各级各有关部门、单位多渠道争取国债资金和国家、省级各类治污减排、生态环保专项建设等补助资金予以支持。对符合排污费使用规定的企业，优先安排专项资金用于搬迁企业污染防治新技术、新工艺的推广应用。

3. 搬迁到东营港开发区的企业自投产纳税之日起至 2017 年底，缴纳税收的市级以下地方留成部分，按税收入库级次给予企业等额补助支持。特殊情况下，可适当延长扶持期限。搬迁到东营经济技术开发区等园区的企业自投产纳税之日起至 2014 年底,缴纳税收的市级以下地方留成部分,按税收入库级次给予企业等额补助支持。

4. 对企业搬迁或转产中涉及的技术改造、产品结构调整、节能节水和节能技术产业化等项目,符合条件的优先安排申请国家和省、市有关专项资金扶持。

(二)土地收益支持

1. 在规定期限内完成搬迁的企业,原厂址土地出让金扣除成本性支出及必需的政策性扣除后的净收益,全部等额补助支持企业;搬迁企业原厂址先行纳入政府土地储备的,可提前支付部分补偿费用。

2. 搬迁到东营港经济开发区的化工企业,新厂址占用土地所缴纳的土地出让金,地方留成部分扣除成本性支出及必需的政策性扣除后的净收益,全部等额补助支持企业。搬迁到其他区域的,给予一定扶持。

(三)住房建设支持。按照属地管理的原则,由企业迁入地县区政府、东营经济技术开发区管委会或东营港经济开发区管委会按照经济适用住房和棚户区改造的有关政策,组织实施搬迁企业职工家庭安置住房建设。同时,优先纳入市县经济适用房规划和建设。住房建设用地可以划拨方式供应,搬迁范围内原有住宅用地的出让净收益优先用于安置住房建设。职工原有住房与安置住房实行等面积产权调换,执行国家规定的住房设计最低套型面积。

(四)行政事业收费支持

1. 企业搬迁或转产过程中发生的行政事业性收费、政府性基金等收费项目,在扣除上缴上级资金和成本性支出后,全部予以减免。

2. 对搬迁企业在原址所占用的水、电、气使用指标、排污指标,由供水、电力、供气、环保部门按原指标变更至搬迁新址,不再收取费用。

(五)信贷资金支持。金融部门针对搬迁企业具体情况,拓宽抵押担保范围,创新担保方式和信贷产品,对搬迁项目建设、生产恢复等优先给予信贷资金支持。

搬迁企业享受的财政税收支持、土地收益支持和行政事业收费支持之和不得大于搬迁过程中企业固定资产损失。在搬迁计划期内企业擅自在现址建设的项目不纳入企业搬迁补偿范围,不享受相关扶持政策。对列入搬迁计划的企业,未按期完成搬迁任务的,搬迁时不给予相关优惠政策扶持。

第二十二章
企业家:全社会最稀缺的资源最宝贵的财富

第一节　企业家和企业家精神

一、企业家的概念

法国早期经济学家萨伊认为,企业家是冒险家,是把土地、劳动、资本这 3 个生产要素结合在一起进行活动的第四个生产要素,他承担着可能破产的风险。

英国经济学家马歇尔认为,企业家是以自己的创新力、洞察力和统帅力,发现和消除市场的不平衡性,给生产过程提出方向,使生产要素组织化的人。

美国经济学家熊彼特认为,企业家是不断在经济结构内部进行"革命突变",对旧的生产方式进行"创造性破坏",实现经济要素创新组合的人。他归纳了实现经济要素创新组合(也就是创新)的 5 种情况:① 采用一种新产品或一种产品的某种新的特性;② 采用一种新的生产方法,这种方法是在经验上尚未通过鉴定的;③ 开辟一个新市场;④ 取得或控制原材料(或半成品)的一种新的供应来源;⑤ 实现一种新的产业组织。熊彼特所谓的企业家,事实上是一种社会机制的人格化表述。

美国管理学家德鲁克也认为,企业家是革新者,是勇于承担风险、有目的地寻找革新源泉、善于捕捉变化并把变化作为可供开发利用机会的人。

以上表述也可看出企业家的一些本质特征:冒险,创新。因此,不妨将企业家定义为：企业家是担负着对土地、资本、劳动力等生产要素进行有效组织和管理、富有冒险和创新精神、具有社会责任感的高级管理人才。企业家与一般厂长、经理等经营者之不同，主要表现就在于企业家敢于冒险，善于创新。企业家是经济学上的概念，企业家代表一种素质，而不是一种职务。

二、企业家精神

概括起来，企业家精神有 7 个特质。

（一）创新是灵魂

熊彼特关于企业家是从事"创造性破坏"的创新者观点，凸显了企业家精神的实质和特征。一家企业最大的隐患，就是创新精神的消亡。创新是企业家活动的典型特征，从产品创新到技术创新、市场创新、组织形式创新等。创新精神的实质是"做不同的事，而不是将已经做过的事做得更好一些"。所以，具有创新精神的企业家更像一名充满激情的艺术家。

（二）冒险是天性

坎迪隆和奈特两位经济学家将企业家精神与风险或不确定性联系在一起。没有甘冒风险和承担风险的魄力，就不可能成为企业家。在条件极不成熟和外部环境极不明晰的情况下，他们敢为人先，第一个跳出来吃螃蟹。

（三）合作是精华

正如艾伯特•赫希曼所言：企业家在重大决策中实行集体行为而非个人行为。尽管伟大的企业家表面上常常是一个人的表演，但真正的企业家其实是擅长合作的，而且这种合作精神需要扩展到企业的每个员工和合作伙伴。企业家既不可能也没有必要成为一个超人，但企业家应努力成为蜘蛛人，要有非常强的"结网"的能力和意识。

（四）敬业是动力

马克斯•韦伯在《新教伦理与资本主义精神》中写道："这种需要人们不停地工作的事业，成为他们生活中不可或缺的组成部分。"事实上，这是唯一可能的动机。在生活中，一个人为了他的事业才生存，而不是为了他的生存才经营事业。"货币"只是成功的标志之一，对事业的忠诚和责任，才是企业家的"顶峰体验"和不竭动力。

（五）学习是关键

荀子曰："学不可以已。"彼得·圣吉在其名著《第五项修炼》中写道："真正的学习,涉及人之所以为人此一意义的核心。"以系统思考的角度来看,从企业家到整个企业必须是持续学习、全员学习、团队学习和终生学习。

（六）执着是本色

英特尔总裁葛洛夫有句名言："只有偏执狂才能生存。"这意味着在遵循摩尔定律的信息时代,只有坚持不懈持续不断地创新,以夸父逐日般的执着,咬定青山不放松,才可能稳操胜券。在发生经济危机时,资本家可以用脚投票,变卖股票退出企业,劳动者亦可以退出企业,然而企业家却是唯一不能退出企业的人。

（七）诚信是基石

诚信是企业家的立身之本。企业家在修炼领导艺术的所有原则中,诚信是绝对不能妥协的原则。市场经济是法治经济,更是信用经济、诚信经济。没有诚信的商业社会,将充满极大的道德风险,显著抬高交易成本,造成社会资源的巨大浪费。诺贝尔经济学奖得主弗里德曼更是明确指出："企业家只有一个责任,就是在符合游戏规则下,运用生产资源从事利润的活动。亦即须从事公开和自由的竞争,不能有欺瞒和欺诈。"

企业家是市场经济发展的"原动者",也是市场机制的最基本要素之一。

2020年7月21日,习近平总书记在京主持召开企业家座谈会并发表重要讲话。座谈会上,习近平总书记对弘扬企业家精神提了5点希望:爱国情怀、勇于创新、诚信守法、社会责任、国际视野。爱国排在了首位。讲话中的一些提法也非常精彩,如:企业营销无国界,企业家有祖国;创新就要敢于承担风险;危中有机,唯创新者胜;社会主义市场经济是信用经济、法治经济;企业既有经济责任、法律责任,也有社会责任、道德责任;有多大的视野,就有多大的胸怀……

第二节　老一代东营企业家的创业打拼精神

建市以来,东营地方工业从少得可怜、小得可怜、微不足道,发展到今天的大企业顶天立地、小企业铺天盖地,石化、轮胎、新闻纸等产业规模国内居首,华泰、利华益等企业国际知名，得益于埋头苦干、与时俱进、负重前行的企业家群体，其执牛耳者是如今仍活跃在奋斗舞台上的老企业家。一批具有鲜明时代特征、地方特色、世界水准的东营老企业家，胸怀家国，担当作为，在五彩斑斓的东营大地上书写着企业家精神的华彩篇章。上节阐述的企业家精神的7个方面，东营老企业家也都具备，但每个地方的资源禀赋、区位优势、产业基础、人才特点、时间阶段等的不同，造就了不同地区、不同时间阶段企业家精神之差异。我把东营老企业家精神概括为：敢闯敢冒、勤劳简朴、诚实守信、敢于做大。

首先是敢闯敢冒。东营老企业家大都出身寒微，学历不高，在成为企业负责人之前，有推小车干土方工程的，有烧砖窑的，有杀猪的，有卖香油的，有卖海鲜的，有跑运输的，有当村长的，有县乡行政事业单位职员。在时代大潮的裹挟下，这些人不满于现状，敢于冒险，呼朋引伴，赤膊上阵，一头扎进了改革开放大潮中，杀出了一条血路。他们在干中学，学中干，逢山开路，遇河架桥。李建华董事长领导的华泰集团从造纸作坊干起，现已成为亚洲最大的新闻纸企业。徐云亭董事长领导的利华益，从小炼油做起，探索"油头化身高化尾"模式，在做大做强自身企业的同时，为全市乃至全国石化企业蹚出了路子。尚吉永董事长领导的万达集团已成为千亿企业，刘双珉董事长领导的科达集团涉足电子信息产业，赵曰岭董事长领导的金岭集团盐化工规模效益领先，杨晓宏董事长领导的海科集团石化为主涉足生物制药、新能源，罗冰董事长领导的富海集团拉长炼化一体化产业链，李九玉董事长领导的神驰化工、王军董事长领导的万通集团保持良好发展势头，李新发董事长领导的新发集团靠技术创新成长为亚洲最大的 B 族维生素生产厂家等，都是闯出来的，冒出来的，干出来的。也有很多创业者或者因本领不强，或因时运不济，折戟沉沙，壮志未酬，但几个人倒下了，更多的人冲了上去，能人越聚越多，企业集群也滚雪球般发展，成就了东营工业的辉煌。

其次是勤劳俭朴。俗话说，财从勤中得，富由俭里来。因为起点低，因为创业难，要想成就事业，就得笨鸟先飞，就得汗珠子摔八瓣，就得掰着手指头勤算计。华泰集团公司董事长李建华几十年如一日，除非出差，否则从来都是早晨五点半到厂，节假日也不例外。试想，一个人这样坚持几年能够做到，几十年风雨无阻，太难了。榜样的力量是无穷的，在这样的老板身边工作，谁还不勤勤恳恳,挥洒汗水。华泰化工搬迁,为抢工期,炎炎烈日下,全体职工3个月不回家,主动加班加点,奋战在工地,衣服被汗水湿透,创造了华泰速度。

说到俭朴,人们可能认为企业家衣食住行条件优越,花钱如流水,何谈俭朴?实际上,企业家的行为方式会因地域、出身、经历、年龄、行业等有所不同。东营的老一代企业家,普遍保持简朴的作风。有一次和一位企业负责人出差,住的宾馆提供免费早餐。企业负责人说早饭多吃点,中午就不吃了。同行的人认为是说笑话,结果到中午真没安排午餐。东营的老一代企业家吃穿住行用大都保持了简朴的品德,鲜有花天酒地、穷奢极欲者。有一位老企业家,业内公认有钱,但他生活极其低调,乘坐廉价轿车,吃饭专拣小店,衣着朴素,背着装有巨款的编织袋坐火车普通座,没有一点大老板的派头。东营老企业家之所以生活俭朴,一是与他们出身有关,农民出身,过惯了苦日子,习惯成了自然。二是住在小城镇,从事着中低端的加工制造业,每天住所、办公室和车间三点一线,没必要摆出样子,俨然一副大老板的派头。三是大多白手起家,创业不易,节约成了习惯。当然,也不是所有的老企业家都保持俭朴作风,随着企业越做越大,企业家日趋奢靡浮华,导致企业倒闭破产的也不乏其人。

第三是诚实守信。市场经济是一种信用经济。作为市场经济主体的企业唯有诚信至上,才能百年不衰。诚信是企业的核心竞争力。东营老企业家大都出身于农民,实在是农民的本分。弃农从工后,实在、实干、实绩就成了他们形象的标签。东营建市以来前30多年的银企关系就是最好的明证。这段时间,东营银行系统的资产不良率长期维持在全省最低、全国领先,何也?企业家们信奉"有借有还再借不难"的古训,信守合同。银行在这种信用环境里没有后顾之忧,敢于投放贷款。广饶县银行系统贷大于存就是这么来的。至于保证产品质量、交货时间等本就是企业诚信应有之义,东营老企业家也是高度重视,视若生命。久久为功,诚实守信成了东营企业名片和无形资产,产生了区域品牌效应。

第四是敢于做大。短缺经济条件下的中国工业经济首先要解决的是有没有、够不够的问题,铺摊子上项目是当务之急,生产出产品就有人要。谁有本事搞到钱谁就能做大,谁足够大谁就有话语权,就受人敬仰。在这种环境下东营乡镇企业如雨后春笋般涌现,他们拼命借钱,玩命扩大规模。不会上项目怎么办?一是模仿。都是同乡,能力半斤八两,不相上下,你能干的,我也能干,甚至不用专门论证，借套图纸工艺就上项目，省劲还省钱。你上轮胎我也上，你上炼油我也上，你上烧碱我也上。二是赶超。大家相互不服气，子午胎你上200万套，我就上500万套；炼油规模你上100万吨，我上200万吨；烧碱规模你上10万吨，我上20万吨。这种不服输、比着干的氛围愈演愈烈。但是"萝卜快了不洗泥"，一味地做大，忽略了以创新为动力的核心竞争力，部分根基不稳、质量不高的大厦在进入高质量发展时代后纷纷倾倒就不足为奇了。

为创业，为奉献，东营老企业家把身家性命押注给企业，用一条命在搏事业。当今社会，谁是最给力、最可爱的人？谁又是最辛苦、最可怜的人？是他们。说他们最给力、最可爱，因为他们对东营经济的发展，出力甚巨。没有企业的兴旺发达，什么稳就业、稳发展，都将成为一句空话。说他们最辛苦、最可怜，是因为他们每天一睁眼便是各种成本开支，每个月面对山一样的薪资税费，现在都是刚性约束，哪里的支出缓了晚了，马上就能要你的命。而收入呢，经常是收不抵支，企业不得不靠借新债还旧债度日。

可以说东营10个老板，9个都是苦出来的。可能的确有极个别的老板和他们的二代过着灯红酒绿的奢靡生活，但是大部分老板普遍都生活简单，有的甚至像苦行僧。低调沉默，忍耐坚守，不眠不休，在某种程度上，目前东营制造业的许多老板就是在修行。80%的老板都患有胃炎，出现失眠、压抑、焦虑等症状。

改革开放以来，东营企业走过的道路和全国一样，概括成一句话，就是复制西方的各种各样的先进科技成果和成功商业经验。在这种情况下，东营很多敢闯敢试、勤劳俭朴，善于资源整合，精于运作政府关系，强于进行资本运作的人，或独辟蹊径，或简单模仿，快速地干成了事情，成了企业主。这是无可厚非的，但是所有这样做的后果也都很快显现出来，产品同质，竞争严重，创新滞后。优秀者凤毛麟角，一般者停滞不前，较差者惨遭淘汰。总的结果就是成也萧何，败也萧何，大部分企业都在投资做大这个自己最强的点上，付出了最大的代价。今天的东营工业体量已经较大，以前的简单复制和大胆抄袭已经不太走得通，或者是完全走不通。东营老一代企业家冒险、勤奋、敢于投资成就了事业，创新不足已经显得力不从心甚至无能为力，有的已经把企业带进了破产。在这样的背景下，东营确实需要若干个有创新思维和能力的企业家。只有有了一个个能够创造财富，并且创造思想和创造知识的企业家，东营经济甚

或中国经济,才有更加璀璨的明天。

目前,东营老一代企业家大多已步入中老年,有些到了交班的时候。但创业容易守业难,又真正有几家企业子承父业让人放心?我之所以写东营老一代企业家的创业打拼精神,是为了让后人了解并继承东营老企业家精神,把他们的创业精神传承下去。当然,企业家精神有鲜明的时代特色和地域特点。新时代企业家精神的核心是创新,这是东营老一代企业家精神不太具备的。因为改革开放以来经济高速增长是主旋律,创新的条件、地位和紧迫性不突出。进入中低速增长、高质量发展新时期,创新就成为第一位的需要和任务。东营新一代企业家诸如国瓷公司的张曦、华泰集团的李晓亮、齐润化工的李明刚、齐成的王兵、德仕能源的崔仕章等,已经扛起了自主创新大旗,大踏步前进了。

第三节 激励企业家干事创业

市场活力来自人,特别是来自企业家,来自企业家精神。几十年来,东营企业家艰苦创业,把个人抱负、企业成长与时代需要紧紧连在一起,成为东营发展的“顶梁柱”。企业家精神不会从天而降,而是需要良好环境激发出来。企业家成长主要靠自身素质和内生动力,也要靠党委、政府、社会等的外部激励,靠有利于企业家成长的外部环境,有企业家成长的肥沃土壤,让企业家创业有保障、干事有舞台、政治上有荣誉、社会上有地位。

一、着力营造依法保护企业家合法权益的法治环境

法制是最好的营商环境。广东汕头从全国最早的 4 个特区之一到现在的一蹶不振,很重要的一点是因当年走私猖獗被打击。打造良好的法治环境,一是深化法治政府建设。不断推进政府机构职能优化、协同高效。深入推进“放管服”改革。健全行政决策制度体系,不断提升行政决策公信力和执行力。健全行政执法工作体系,全面推进严格规范公正文明执法。健全行政权力制约和监督体系,促进行政权力规范透明运行。二是依法保护企业家人身权、财产权、自主经营权。只要不是严重违法犯罪行为则应坚持既往不咎,让企业家无后顾之忧。企业家在经营中出现的涉嫌违法行为,慎用司法措施。三是模

范执行上级保护企业自主经营权政策措施，从治理乱集资、乱摊派、乱罚款到简政放权到规范审批等，东营都走在了全省前列。四是推行有温度的执法。适度扩大免处罚、轻罚"两张清单"，让企业评价执法工作。

二、着力营造促进企业公平竞争诚信经营的市场环境

这里边有两个要素，一是公平竞争。良好市场环境要求市场在资源配置中起决定性作用。政府不断强化企业公平竞争的权益保障，依法平等保护各种所有制企业产权和自主经营权，切实防止滥用行政权力，排除、限制竞争行为。在落实企业投融资、招投标、生产经营等方面的优惠政策时一视同仁，一些约束性政策不厚此薄彼，像去产能、去杠杆，对各类所有制企业执行同样标准，在安监、环保等领域执法过程中，避免简单化、一刀切，保障不同市场主体平等获取市场要素，推动要素配置依据市场规则、市场价格、市场竞争实现效益最大化和效率最优化。二是诚信经营。开展信用东营建设，引导、保障政府、企业、社会守信用、讲诚信。建立健全以政务诚信为先导、企业诚信为重点、社会诚信为基础、司法诚信为保障的"四位一体"诚信体系。建设企业法人、非企业法人、自然人三大信息数据库，编制公共信用数据归集、联合奖惩措施、信用产品应用"三张清单"。

三、着力营造富有活力、可持续的金融环境

金融是现代经济的核心。企业发展首先要解决钱从哪里来的问题，有了金融活水，企业就有了血脉。一是帮助金融机构解决困难问题。着力解决经营困难，支持金融机构网点建设，改善职工居住环境。二是出台激励金融系统干事创业的政策。在人大代表、政协委员、劳动模范名额上向金融系统倾斜，使他们政治上有地位。拿出专项资金奖励银行主要负责人，使他们经济上得实惠。三是举办政银企洽谈会，架起银企合作的桥梁。四是加强信用建设。为促进银企互信，政府加大监督和执法的力度，严厉打击逃废银行债务行为，千方百计督促、帮助企业不失信。

四、着力营造尊重和激励企业家干事创业的社会环境

强化企业家政治激励，增加各级党代表、人大代表、政协委员中优秀企业家的数量，持续对企业家进行表彰奖励，大力宣传优秀企业家的先进事迹和突

出贡献,市、县党委政府主要领导为企业家站台,让优秀企业家在有关会议上在主席台就座,让优秀企业家有社会荣誉感,也为众多的企业经营者树立起了赶超的标杆。各级党政机关干部主动深入企业了解经营情况,帮助解决实际困难,当好企业的"引路人"。引导企业家爱国敬业、遵纪守法、创业创新、服务社会。2018年,市委、市政府印发了《关于弘扬企业家精神进一步支持企业家干事创业的意见》,助推亲商、富商、护商蔚然成风。

五、着力营造高效便捷的政务环境

有人说企业家要有三只眼,一只眼盯着生产,一只眼盯着市场,一只眼盯着政府,三者不可偏废,政府的作用不可小视。东营工业经济发展快,说明政务环境好,这主要得益于:一是培育"亲""清"新型政商关系。打造"审批事项少、办事效率高、服务质量优、群众获得感强"的一流营商环境,"不需要的时候无声无息,需要的时候无处不在",形成市场主体茁壮成长的阳光雨露。二是顶格制定落实惠企政策。让企业家真正享受到政策措施的"真金白银",而不能"看到政策,无法享受;看到空间,无法进入;看到机会,无法把握"。评价政策好不好,就看企业家脸上笑不笑、笑得灿不灿烂,如果笑得很灿烂,说明政策很好;笑得不怎么样,那说明政策一般;没笑脸,那说明这个政策就没有用。三是塑造好项目建设环境。东营市几十年来一直秉承"项目为王",围绕项目建设优化要素配置,秘诀是牢牢抓住投入这个"牛鼻子",不管东西南北风,扭住投入不放松。近年来推出的"拿地即开工""要素跟着项目走",就是这一理念的深化。四是树立"院墙外边我包办,院墙里边帮你办"理念,明确政企职责,建立"直通车"制度,畅通企业困难问题反映渠道,完善为企业办实事、解难题机制,主动为企业排忧解难,助推企业降本增效快速发展。

专栏一 2020年受到市委、市政府通报表扬的东营市30强企业

序号	企业名称	序号	企业名称
1	利华益集团股份有限公司	3	山东海科控股有限公司
2	华泰集团有限公司	4	东营齐润化工有限公司

续表

序号	企业名称	序号	企业名称
5	山东国瓷功能材料股份有限公司	18	山东华盛橡胶有限公司
6	万达控股集团有限公司	19	山东胜软科技股份有限公司
7	齐成(山东)石化集团有限公司	20	德仕能源科技集团股份有限公司
8	富海集团有限公司	21	山东中海化工集团有限公司
9	山东蓝海股份有限公司	22	山东金岭集团有限公司
10	新发药业有限公司	23	山东东方华龙工贸集团有限公司
11	山东石大胜华化工集团股份有限公司	24	山东诺尔生物科技有限公司
12	胜利新大实业集团有限公司	25	山东威玛装备科技股份有限公司
13	正和集团股份有限公司	26	山东神驰控股有限公司
14	胜利油田大明集团有限公司	27	东营俊富净化科技有限公司
15	山东华星石油化工集团有限公司	28	山东胜利建设监理股份有限公司
16	山东众成地产集团有限公司	29	赛轮(东营)轮胎股份有限公司
17	山东万得福生物科技有限公司	30	山东汇海医药化工有限公司

注：蓝海、众城、胜利建设为非工业类企业。

专栏二　2020年受到市委、市政府通报表扬的东营市优秀青年企业家

序号	姓　名	出生年月	单位及职务
1	李明刚	1974.9	东营齐润化工有限公司董事长
2	张　曦	1974.2	山东国瓷功能材料股份有限公司董事长
3	李晓亮	1979.10	山东华泰纸业股份有限公司董事长
4	王　兵	1982.1	齐成控股集团有限公司董事长
5	崔仕章	1973.11	德仕能源科技集团股份有限公司董事长
6	赵华刚	1975.5	山东天元信息技术集团有限公司总经理
7	张玉亮	1983.9	山东华盛橡胶有限公司总经理

续表

序号	姓　名	出生年月	单位及职务
8	荣帅帅	1985.5	山东诺尔生物科技有限公司总经理
9	刘东昌	1973.12	山东永利精工石油装备股份有限公司董事长
10	井良霄	1986.5	山东东珩国纤新材料有限公司董事长

第二十三章
交通物流硬环境的嬗变

第一节 交通网络：从公路独大到公铁河海空管并举

交通基础设施建设滞后曾经是东营经济社会发展的一大短板。公路方面，直到1995年，域内才有了第一条高速公路——疏港高速。铁路方面，建市前只有一条淄东铁路，并且直到2017年才改造为最高时速120千米/小时的电气化铁路；2015年才有了最高时速160千米/小时的德大铁路。港口方面，1984年建港的东营港有港无航的状况持续了若干年。航空方面，直到2011年，胜利机场改造复航后，航线才得到快速增加。也就是说，东营市建市后的若干年内一直处于交通基础设施单一化、低端化，进出不方便的状态。进入21世纪后特别是近10年来，东营市开始全面加快交通基础设施建设步伐，实现了从公路独大到公铁河海空管并举，全市初步形成了立体化交通网络。

截至2020年底，全市等级公路通车里程9 332千米，铁路里程354.1千米，东营港建成泊位65个，胜利机场通航城市达到22个，油气管道里程1 941.6千米（原油管线1 038.3千米、成品油管线223.3千米、天然气管线680千米）。2020年，全市完成公路货物运输量6 081万吨，货物运输周转量1 524 177万吨·千米。完成水路客运量2.86万人，水路货运量99.59万吨，货运周转量34 099.75万吨·千米，港口货物吞吐量6 021.67万吨。胜利机场完成货邮吞吐量649.03吨。下一步，随着京沪辅助通道的建设，东营市将步入"枢纽型"交通网络城市行列。

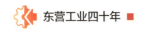

一、公路

截至 2020 年底，全市等级公路通车里程 9 332 千米。干线公路里程 893.58 千米，其中，高速公路通车里程 237 千米，普通国道 253.59 千米，普通省道 402.745 千米。县道 615.20 千米，乡道 1 664.61 千米，专用公路 1 236.29 千米，村道 4 922.07 千米。

（一）高速公路

2020 年底，全市高速公路通车里程 237 千米。

（1）东营港疏港高速公路。其前身是东港公路，南起胜利黄河大桥，北至东营海港，全长 58.647 千米。1993 年 8 月动工，1995 年 12 月建成通车，是东营市第一条全封闭式一级汽车专用公路。2000 年升级为高速公路，称东港高速公路。

（2）东青高速公路。东青高速公路是长深高速公路的一部分。北起胜利黄河大桥南接线，中经东营东西城之间、广饶县大王镇，南至青州市城北于家庄互通枢纽与济青高速公路相接，主线全长 88.05 千米，其中东营域内长72.7 千米。1998 年 4 月 28 日开工建设，2000 年 9 月 16 日建成通车。2013年 1 月 20 日，青（州）临（沭）高速公路全线贯通，与东青高速公路实现对接。

（3）荣乌高速公路东营段。荣乌高速公路东营段是国家重点公路建设规划网中的荣成至乌海线在山东域内的重要组成部分，在东营市域内全长 93.10千米。于 2005 年开工建设，2008 年建成通车（见图 23-1）。

图 23-1　荣乌高速公路

（4）济东高速公路。2016 年 12 月济东高速公路正式通车，是 2013 年印发的《国家公路网规划（2013—2030 年）》新增的 G25 长深高速公路 7 条联络线之一的 G2516 东吕高速公路的重要组成部分，是山东省高速公路网规划"八纵四横一环八连"的重要组成部分。

（5）长深高速公路。2019 年，长深高速广饶至高青段竣工通车，该项目向西延伸线——济南至高青高速公路项目已开工建设，2022 年将形成东营市到济南的最近距离高速公路通道。

（二）普通国省道干线公路

2019 年普通国省道命名编号调整后，东营市域内普通国省道由原来的 12 条调整为 10 条，总里程 665.639 千米。其中，国道由原来的 1 条调整为 3 条，省道由原来的 11 条调整为 7 条。

（三）农村公路

东营市的农村公路建设曾经创造过辉煌。2002 年，全市 1 744 个行政村全部通柏油路，东营成为山东省第一个完成行政村"双通"（村村通柏油公路、通客车）任务的地级市。截至 2020 年底，全市乡道 1 664.61 千米，村道 4 922.07 千米。全市县乡公路三级以上占比达到 56％，中等以上农村公路比例超过 90％。

二、铁路

截至 2020 年底，全市铁路里程 354.1 千米。2020 年全市完成铁路货运量 927 万吨。

（一）张东铁路（东营段）

张东铁路源于 1960 年为解决王旺庄黄河拦河坝水利工程运料和发展鲁北地方经济，兴建的张北（张店至北镇，实修至小营）地方轻便铁路。1966 年，为运输胜利油田原油，将轻便铁路改扩建后，由博兴延伸至东营，达到国家Ⅲ级标准铁路，称张东支线。1973 年 1 月，由山东省地方铁路局移交济南铁路局。张东铁路自淄博火车站向北经博兴至东营，正线全长 89 千米，属国家铁路。其中东营市域内长 22.5 千米，设史口和东营 2 个车站，史口站为货运站，东营站为客货运站。2014 年 6 月 16 日，张东铁路电气化扩能改造启动。线路于

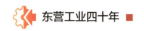

2016年4月14日正式开工,2017年底竣工,总投资11亿元,改造后分段提速至90～100千米/小时。

(二)德大铁路(东营段)

德大铁路是德龙烟铁路的一部分,正线全长256千米,德龙烟铁路的德州至大家洼段,与大莱龙铁路、龙烟铁路共同组成德龙烟铁路。按一级铁路等级设计,单线电气化,预留双线条件。近期最高时速为160千米,远期最高时速为200千米。设计货运能力每年4460万吨,客车每日10对。2010年5月开工建设,2015年9月28日竣工。德大铁路东营域内长59千米,设利津南站、龙居站、东营南站3个中间站。

(三)曹寿铁路

2014年12月通车,运营主体为山东寿平铁路有限公司(山东高速轨道交通集团有限公司益羊铁路管理处代管)。线路东起寿光域内的青大铁路田柳站、西至邹平县(今邹平市)孙镇,全长120千米,途经四市五县,归山东高速轨道交通集团下辖的山东寿平铁路有限公司管理。曹寿铁路东营域内线路长29千米,其中,广饶至寿光段,正线全长36.8千米,东营市域内10.5千米,配套建设华星支线3.4千米,铁路等级为地铁Ⅰ级,单线,内燃牵引,设计年货运能力2500万吨。广饶至博兴铁路西起张东铁路线曹王站,经博兴县曹王镇、湖滨镇、兴福镇进入广饶县李鹊镇、大王镇,全线正线长35千米,其中广饶县域内18.5千米,沿线设华星、李鹊、华泰3个站点。

(四)东营港疏港铁路

东营港疏港铁路全长114.24千米,全线设9个车站、8个区间,与黄大铁路利津站、德大铁路利津南站接轨,总投资56.8亿元,采用PPP模式,由中国中铁股份有限公司于2017年8月开工建设。2020年9月28日上午,一列载有3300吨煤炭的列车从西延铁路(西安—延安)红柳林站出发,以100千米/小时的速度驶入东营港疏港铁路,抵达大唐东营电厂,标志着东营港疏港铁路进入正式运营阶段。

(五)黄大铁路(东营段)

2020年12月26日,一列万吨重载列车从国家能源集团朔黄铁路黄骅南站驶出，标志着环渤海能源新通道黄大铁路提前全线开通运营，比计划时间提前 16 个月。黄大铁路是国家环渤海湾铁路通道的重要组成部分，全长 216.8 千米，其中东营域内 60.9 千米，主要承担朔黄铁路能源运输疏解任务，与朔黄铁路、黄万铁路组成横跨山西、河北两省，北通天津港、河北黄骅港，南达山东龙口港的国家西煤东运第二大通道干线铁路网。开通运营后，将进一步完善黄河三角洲地区及环渤海地区煤炭运输网络，有力促进河北、山东铁路沿线地区经济发展。

（六）京沪高铁辅助通道（东营段筹建）

京沪辅助通道是中国"八纵八横"高速铁路网中第二纵，定于 2022 年 11 月开工建设。

三、港口

截至 2020 年底，东营港已建成泊位 65 个，其中万吨级以上泊位 18 个，含 5 万吨级泊位 2 个、3 万吨级泊位 4 个。全市完成货物吞吐量 6 021.67 万吨，其中东营港区 5 599.2 万吨。

（一）东营港区

东营港区原称黄河海港，始建于 1984 年，主要为胜利油田浅海石油开发服务，属油田生产性自备码头。1994 年 4 月 18 日，更名为东营港。1995 年 12 月，国务院批准东营港为国家一类开放口岸。1997 年 12 月，东营港正式对外开放。

2011 年 11 月，《东营港总体规划》经山东省政府批复，将东营港设为主港区，规划港口岸线 21.5 千米，其中深水岸线 20 千米，按照双堤环抱港池加引桥总体布局设计（见图 23-2）。

2019 年 7 月 17 日，东营港务集团进行了工商变更，成为山东渤海湾港口集团的全资子公司。

2020 年完成货物吞吐量 5 599.2 万吨，已成为环渤海地区重要的油品和液体化工品特色港口。目前，正在推进建设东营港区 10 万吨航道工程、25 万吨级单点系泊码头项目、4×10 万吨级液体散货泊位项目（见图 23-3）、10 万吨级集装箱码头项目。

图 23-2 东营港一突堤吹填

图 23-3 东营港区 4×10 万吨级油品化工泊位施工现场

（二）广利港区

广利港区始建于 1985 年 4 月，1986 年 9 月建成通航。1987—1990 年，年均吞吐量为 150 万吨，其中主要是胜利油田生产建设所用的沙石等建材。1992 年，胜利油田将广利港区移交东营市转为渔港使用。2014 年，东营市人民政府正式启动广利港区扩建工程（见图 23-4）。

2019 年 7 月 18 日，山东广利港集团进行了工商变更，成为山东渤海湾港口集团全资子公司。

2020 年，小清河复航工程开工建设（见图 23-5），广利港区连接小清河航道工程和广利港区海河联运专用泊位工程研究论证工作顺利推进，项目建成后，广利港将成为河海联运中转港口。

图 23-4　广利港建设

图 23-5　小清河通航工程王道闸施工

四、机场

东营胜利机场（原名为东营永安机场）起初由胜利石油管理局投资兴建，始建于 1984 年 5 月，一期工程于 1985 年 10 月竣工验收。1989 年 4 月，国务院、中央军委批复同意机场二期工程立项建设，并确定由东营市人民政府负责机场的经营管理。2001 年 3 月，市政府投资 7 800 万元对机场进行第一次提升改造。2001 年 7 月 24 日，山东省计委批准东营机场建设工程初步设计，同意该项目按照 2010 年旅客吞吐量 12 万人次，高峰小时旅客流量 150 人次设计，核定项目总概算 4 766 万元，飞行区等级为 4C 级。

2007年,市政府投资9.3亿元启动机场二次升级改造工程,新建航站楼2.6万平方米,跑道由2 200米延长至2 800米,飞行区等级由4C级升级为4D级,可起降波音757、767等同类飞机。2011年1月15日,永安机场更名为东营胜利机场。2011年4月13日,扩建后的机场正式复航。

2018年7月12日,国产大飞机C919第102架机转场东营试飞(见图23-6),完成首次空中远距离转场飞行。胜利机场成为国内第二个开展C919国产大飞机试飞的机场。

图23-6　C919国产大飞机试飞

2020年10月21日,依托胜利机场,我市成为首批国家民用驾驶航空试验基地(试验区)之一。是年,东营胜利机场航线数量达到24条,覆盖国内22个重要一线城市和主要节点城市。受新冠疫情影响,旅客吞吐量45.6万人,货邮吞吐量649吨。

五、油气管网

油气管道运输烃类损耗率为公路运输的3%,成本为公路运输的1/8,能耗为公路运输的1/6,事故发生率为公路运输的1/16。为加快发展管道运输,进一步优化调整炼化产业运输结构,2017年,东营市在全省率先编制了《东营市原油成品油天然气管网中长期发展规划(2016—2050)》,并结合鲁北高端化工基地建设及地炼企业整合需要,及时进行修编调整,科学规划"四横二纵十支线"油品管网和"二横二纵六环网"天然气管网,加快构建"来源多元、外通内畅、互联互通、区域成网"的油气管网体系。原油输送方面,以"东青烟日四港共保"为主,满足全市现有炼厂原油输送需求,同时保障后期新上大型炼化一体化项目需要。成品油输送方面,按管道输送 60％的商品量,以"东烟潍日四港齐送"为主,辅之铁路运输,保障成品油运输需求。天然气管道方面,主要规划中石油、中石化一线、中石化二线、中海油等 9 处气源接入点进入东营市的天然气管线。

2018、2019 两年,东营全市新增原油管道 670.4 千米(达到 1 187.4 千米),成品油管道约 190 千米,天然气管道 210 千米。连接中石化二线的广饶至东营港(一期)天然气管线于 2019 年 10 月开工建设。2018 年,全市实现管输原油 2 022 万吨,年减少公路运输 61 万辆次以上。2019 年,全市实现管输原油 3 102 万吨,年减少公路运输 93 万辆次以上。

2020 年,全市实现管输原油 3 966.73 万吨,减少公路运输 119.01 万辆次以上。是年 1 月 8 日,随着青岛港服务东营区、垦利区、利津县炼化企业管线的竣工投用,正式形成了东营港、青岛港、烟台港、日照港原油运输的"港口＋管道"模式,全市 17 家骨干炼化企业实现原油管输,5 家企业实现成品油管输。是年 5 月,东营市新建东营港至广饶(南北输油西线)原油成品油支线管道工程。本支线管道长 199 千米,支线原油管道长 210.4 千米,成品油管道长度 442.4 千米,涉及东营辖区内各县区炼厂支线 17 条,市外炼厂预留支线 4 条。原油管道设计输量为 3 511 万吨/年,其中东营域内设计输量 2 523 万吨/年,东营周边(滨州和淄博)设计输量 988 万吨/年;成品油管道设计输量为 2 415 万吨/年,其中东营域内设计输量 1 737 万吨/年,东营周边(滨州和淄博)设计输量 678 万吨/年。同时,计划开工建设东营港至广饶原油管道,年底前完成河口—东营港输油管道主体工程。

截至 2020 年底,全市原油管线 1 038.3 千米,成品油管线 223.3 千米,天然气管线 680 千米。

六、至 2025 年交通建设规划

按照规划,到 2025 年,全市人民期盼已久的高铁梦将会实现,市域内铁路四通八达,高速公路更加畅通,港口、机场成为国际转运枢纽,各种交通运输方式无缝衔接,东西互济、南北贯通、陆海联动、功能完善的现代化综合交通体

系加快形成。届时,铁路运营里程达到 510 千米,其中高铁 140 千米。公路通车里程突破 1 万千米,新增高速公路 120 千米。跨黄河通道达到 7 座,新增 4 座。港口吞吐量突破亿吨。民航客运量突破 100 万人次。管道输送能力突破 5 000 万吨,形成"一总部四园区"为架构的物流节点网络,实现"港口 + 管道"模式覆盖全市石化企业原油进入通道,"管道 + 铁路"模式满足炼化企业成品油外送。

第二节　物流业快速发展

物流是以满足客户需求为目的,为提高原料、在制品和制成品以及相关信息从供应到消费的流动和储存效率与效益而对其进行的计划、执行和控制的过程。这是美国物流管理协会 1985 年给物流下的定义。

物流业是指物品从供应地向接受地的实体流动过程。物流业是根据实际需要,将运输、储存、装卸、搬运、包装、流通加工、配送、信息处理等基本功能实施有机结合的活动集合。物流业是一个新兴产业,不能仅仅等同于运输业或者仓储业。物流业是复合型服务业,是支撑国民经济发展的基础性、战略性、先导性产业。物流业是生产性服务业。

东营作为衔接环渤海地区与黄河流域的重要战略节点、山东半岛城市群和省会经济圈的重要沿海港口城市、全国资源未枯竭型城市转型发展的示范城市,在畅通交通物流大通道,促进区域交流协作,扩大对外开放上具有独特优势。

建市以来,东营市物流业经历了从起步、快速发展到提质增效 3 个阶段,实现了单纯点对点运输到储存配送一体化链条供应、从传统货物运输到信息化赋能、两方物流到三方物流、单一公路运输到公铁河海空管联运的诸多历史性变革,为推动经济持续健康发展提供了有力支撑。

一、传统物流与现代物流

传统物流一般指产品出厂后的包装、运输、装卸、仓储。现代物流的特征:一是物流过程一体化,提出了物流系统化或总体物流、综合物流管理的概念,并付诸实施。具体地说,就是使物流向两头延伸并加入新的内涵,使社会物流与企业物流有机结合在一起，从采购物流开始，经过生产物流，再进入销售物流，与此同时，要经过包装、运输、仓储、装卸、加工、配送到达用户（消费者）手中，最后还有回收物流。可以这样讲，现代物流包含了产品从"生"到"死"的整个物理性流通全过程。二是物流技术专业化。表现为现代技术在物流活动中得到了广泛的应用。例如，条形码技术、自动化技术、网络技术、智能化和柔性化技术等。运输、装卸、仓储等也普遍采用专业化、标准化、智能化的物流设施和设备。这些现代技术和设施设备的应用，大大提高了物流活动的效率，扩大了物流活动的领域。三是物流管理信息化。物流信息化是整个社会信息化的必然要求。现代物流高度依赖于对大量数据信息的采集、分析、处理和及时更新，在信息技术、网络技术高度发达的现代社会，从客户资料取得和订单处理的数据库，物流信息处理的电子化和计算机化到信息传递的实时化和标准化，信息化渗透至物流的每一个领域，为数众多的无车船和固定物流设备的第三方物流者正是依赖其信息优势展开全球经营的。从某种意义上说，现代物流竞争已成为物流信息的竞争。四是物流服务社会化。突出表现为第三方物流与物流中心的迅猛发展。随着社会分工的深化和市场需求的日益复杂，生产经营对物流技术和物流管理的要求也越来越高。众多工商企业逐渐认识到依靠企业自身的力量不可能在每一个领域都获得竞争优势。他们更倾向于采用资源外取的方式，将本企业不擅长的物流环节交由专业物流公司或者在企业内部设立相对独立的物流专业部门，而将有限的资源集中于自己真正的优势领域。专业的物流部门由于具有人才优势、技术优势和信息优势，可以采用更为先进的物流技术和管理方式取得规模经济效益，从而达到物流合理化。产品从供方到需方全过程中达到环节最少，时间最短，路程最短，费用最省。

中国的传统物流建立在计划经济体制时代，物流职能主要由以行政区划建立的各国营储运企业承担，它适应了当时"少品种、大批量、少批次、长周期"的货物储存和运输。改革开放后，中国消费市场的顾客需求转变为多品种、小批量、多批次、短周期，商流渠道也因此发生了大规模改组，进而也带来了物流渠道的重组，其结果是在商流领域出现了多级经销制、多级代理制、多级代销制及配送制（配送制度被视为具有商流功能的一种流通形式）；物流领域则出现了物流中心、配送中心等为客户提供专门的物流配送服务。传统的储运企业所提供的简单储存、运输、包装等服务在物流渠道重组中逐步被集成化、系统化、增值化的现代化物流服务所取代,新兴的非国有(包括外资)物流企业大量涌现,对传统的储运企业提出了挑战,以期占有更多的国内物流市场。

从传统物流渠道的角度来看,商流是从制造商经批发商、零售商到消费者,与之对应的,现代物流则是从制造商经储运企业到批发零售企业再到消费者这样一个流程。现代物流同传统物流相比,具有更为突出的特征:物流反应快速化、物流功能集成化、物流服务系列化、物流作业规范化、物流目标系统化、物流经营市场化、物流手段现代化和物流组织网络化。衡量现阶段的物流发展水平,上述"八化"是一条基本的评价指标。面对经济发展"双循环"新格局,适应高质量发展对物流业发展的新需求,推动物流产业新一轮革新,已成为目前一项十分迫切的任务。

二、物流业发展历程

东营市物流企业注册起步于 2000 年,当年仅注册物流企业 2 家。到 2020 年,全市在册物流企业已达 1 370 家。

经营范围逐步扩大。经营范围从开始的单纯运输扩大至运输、仓储和综合物流(见图 23-7)。分工更加细化,由原来的公路运输发展到铁路、水路、管道等多种形式。货物运输、分销配送、储存、信息处理、流通加工、国际货代、增值服务一系列专业综合性物流企业初具规模。

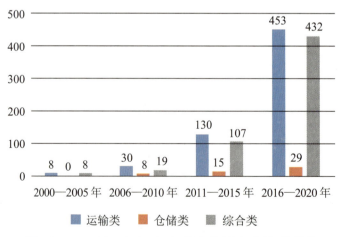

图 23-7 2000—2020 年东营市物流企业类型变化

配送体系逐步完善。自发性货物集散地开始形成,配送货运站依托商贸、工矿园区开始发展,企业自有车辆逐步增多,自管仓库渐成规模,运营网络逐渐拓展。由以前的单点和线,逐步形成完善的成品分拨物流体系、备件配送体系和返回物流体系。零担、班车、专线、整车配送已能提供"B2B、B2C 的门对门"运输配送。全市已基本形成以干线运输、区域配送、社区(乡村)配送三级联动的运输配送体系。

东营市物流业发展大致经历了 4 个阶段。

(一)起步期(1978—1999 年)

东营建市前,骨干运输企业大都是国有和集体企业,主要有市运输公司、市第二运输公司和各县区运输公司。建市后,运输主体发生了很大变化。一是地方国有、城镇集体运输公司。这些企业 1996 年后伴随着企业改制转为民营企业。二是乡镇办运输公司,这些企业后来也改制为民营企业。当时规模较大的运输企业六户镇运输队,承担了各大炼油厂原油代运业务,1995 年实现产值 350 万元,利税 115 万元。至 1995 年底,市、县区公司货运车辆 417 部,个体货运车辆 2 396 部。三是部分企业自购运输工具从事运输业务。四是城乡居民购买汽车、拖拉机从事运输业个体经营。

这段时期,运输方式主要以公路运输为主。铁路运输方面,1972 年建成通车的张东线铁路主要承担为胜利油田运输物资、原油、煤炭等任务。1984 年后,改称淄东线。海上运输方面,1992 年 7 月,东营市船务公司成立,购置日本二手客货滚装船"鲁东渡八号",同年 8 月 26 日,正式开通东营至旅顺客货滚装运输航线,1993 年 12 月 8 日,改为东营至大连客货滚装航线。由于该船缺乏基本备件,安全隐患大,运营效益差,几年后市船务公司实施破产。

这一时期,东营市物流业处于起步期,传统的、相对封闭的、信息化程度较低的运输、仓储业有了一定发展。

(二)快速成长期(2000—2004 年)

这一时期,物流业快速发展。一是随着中国加入世贸组织,进出口贸易大幅增长;二是经过建市多年的发展,东营市工业经济实力迅速增强。三是物流业态由传统物流向现代物流加速转变。东营市是山东省推广现代物流较早的地市之一。20 世纪 90 年代末,东营市根据省里工作部署,开始向工业企业引进现代物流理念和先进物流设备,开展了各类讲座和咨询诊断等活动。2001年起,全市物流业开始有较大发展。通过推广应用供产销物流一体化管理、物资超市管理、招标采购、准时制生产、物流外包等先进物流管理模式,采用先进物流装备和信息技术,企业传统物流业务得到有效改造和提高,企业经营成果取得明显成效。经过运输等简单物流业务环节外包的初期发展阶段,工业企业物流需求一体化趋势开始显现,推动东营市现代物流及其产业加快发展。

华泰集团是东营市最早开展现代物流活动的工业企业。20世纪末,华泰集团基于自身原材料、产成品及设备运输的需要,购进解放牌卡车70多台,招收司机90名,成立运输车队,开展传统模式的物流运输。华泰物流随着华泰集团公司的快速发展,开始搭建遍布全国的运输网络,实施物流资源整合,实现仓储物流集中调度。东营市域内的其他物流企业也相继开始筹建。2001年9月,位于垦利县(今垦利区)胜坨镇工业园区的东营市汇东物流有限公司挂牌成立。11月,东营市西郊铁路货场有限责任公司成立,主要从事燃料油、石油焦、煤炭、钢材、建材、木材等物资运输和铁路运输物资上下站服务业务。2002年6月,注册资金3 000万元的东营国泰运输有限公司成立,主要从事普通货物运输、危险品货物运输等业务。2003年,华泰物流形成较大规模,集团公司成立东营华泰通和物流有限公司,7月,华泰集团举行东营陆路口岸华泰国际物流公司奠基仪式,华泰物流开始向规模化、正规化方向发展。同月,山东盛运物流有限公司成立,主要从事第三方物流、仓储管理和车辆信息化服务等业务。2004年6月,山东海科化工集团在东营胜利工业园区成立仓储物流企业——东营市海科运输有限责任公司(下简称海科运输),从事油品、气体等危化品运输。7月,华泰集团经青岛海关、山东省出入境检验检疫局和山东省交通运输厅批准设立、投资兴建的东营华泰直通场站开始运营,成为全省第一家依托企业建立的海关监管直通场站。至年底,全市重点调度的大部分工业企业大都开展现代物流工作,在采购、仓储、运输、配送等供应物流方面按照现代物流理念运作,更多地关注产前产中产后的流程整合与优化,供应链管理的理念在生产经营中得到重视,并开始探索推进现代物流路子。与此同时,东营市传统的交通、仓储企业也在加快业务转型。邮政系统打破传统业务模式,开办区域内和城市间物品配送业务。部分交运商贸企业成立运输、商品物流公司,拓展经营领域,提高经济效益。

总体上看,这一时期东营市的现代物流处于物流理念推广阶段,存在许多制约因素。在认识方面,部分企业对现代物流存在误区,在一定程度上忽视了物流系统的整体效益,一些本应从企业内部剥离出来交给第三方企业经营的物流服务仍保留在企业内部。在物流企业组织方面,仍处于"小、散、弱"状态。"小"主要表现在规模小,缺少在全国具有竞争能力的大型企业集团;"散"主要表现在布局散,物流企业聚集发展的载体建设相对滞后;"弱"主要表现在管理能力不强、技术装备水平不高、物流服务功能单一等。在管理体制方面,存在着物流管理体制不畅、协调机制不健全等问题,主要是政府管理职能整合不够、物流企业认定标准不统一、物流服务标准化建设相对滞后、统计指标体系缺乏等。在政策方面,东营市尚未将现代物流业作为一个新兴产业出台相关扶持政策。

（三）现代物流业快速发展期（2005—2011 年）

　　为促进现代物流业发展,东营市于 2005 年出台了《东营市"十一五"物流业发展规划》,全市物流业进入规范发展新阶段。2005 年,华泰集团设立东营地区首家公用型保税仓库,为周边进出口企业的橡胶、棉花提供保税物流服务,填补东营地区无公用保税仓库的空白。至 2005 年底,全市工业企业仓储物流资产总额增至 2.75 亿元,营业总收入达到 8.86 亿元。全市注册为物流公司的企业 67 家,连锁经营企业 19 家,物流配送中心 8 家,物流业务增加值 17.73 亿元,物流业呈现较好发展态势。

　　2006 年起,东营市通过规划新建和从制造业企业中剥离物流业,加快推进物流载体建设,开始筹划建设物流园区和规范发展物流中心（企业）。计划筹建东营港临港物流园区、广饶物流园区、大王保税物流园区等物流园区,重点发展华泰集团、盛运物流、东营市西郊铁路货场等物流中心,培育十方、汇东、富海、广通、国泰、人和、金浩、东昊、天意、海科运输等物流企业,逐步形成了以物流园区、物流中心为骨架的物流网络。物流载体建设步入快车道,进一步推动了全市社会物流企业集聚发展。

　　2009—2010 年,华泰集团依托直通场站、保税仓库、兴广铁路等资源优势,投资 5 亿元建设广饶国际贸易物流仓储园区、黄岛临港国际物流园区两大项目。

　　到 2010 年底,东营市物流业立足黄河三角洲,面向全省和全国,构建多层次物流运输网,推进物流园区筹划建设,培育物流骨干企业,提高物流社会化、专业化和现代化水平,初步建成了以第三方物流企业为市场主体的现代物流服务体系,东营逐步成为区域性物流中心和环渤海经济圈重要物流城市。是年,全市物流业增加值占服务业增加值的13.6%。

2011年4月,东营市黄河三角洲国际物流港投资有限公司成立。是年12月,山东金浩物流有限公司成立。是年,东营市社会物流总额达到9393亿元。自这一年起,东营市每年动态选取30家骨干物流企业,在政策、信息、项目、培训等方面给予重点支持,华泰物流、盛运物流、西郊货场等一批具有现代物流特征的物流企业逐步发展壮大,初步形成了具有石油化工、农资农产品、轮胎、纸制品等物流优势的产业集群。

(四)提质增效期(2012年以后)

2012年1月,盛运物流公司引入"供应链金融"概念,打造银行、物流、企业三方合作共赢典范,取得金融机构监管资质授权,在金融部门和中小企业之间架起桥梁,合作客户近百家,累计监管额度突破20亿元。

2013年底,华泰集团广饶国际贸易物流仓储园区、黄岛临港国际物流园区两大项目一期竣工投用,华泰集团建立起鲁北地区业务量最大、进出口箱量最多、省内设施最完善、操作最规范的公用型内陆场站。人和物流建立人和物流园区,在中国危运网组建"互联网+"电商平台。盛运物流公司拥有"盛运物流网""盛运物流WMS仓储管理信息系统""北斗和GPS卫星定位系统"等先进信息系统,成为集商流、物流、信息流、资金流于一体的综合性服务平台。是年,全市社会货物物流总额10245亿元。当年底,全市营业收入过100万元的仓储物流企业达到367家。全市地方现代物流业完成增加值120亿元,同比增长13%,物流业增加值占服务业增加值的比重达16.3%。

2014年,全市实现社会货物物流总额14490亿元,同比增长12%;物流业实现增加值144亿元,同比增长11%。物流园区建设步伐加快推进,临港物流园建设完成总工程量的94%,海科铁路物流园可行性研究报告编制完成,进入土地收储阶段。

2015年,临港物流园建设初具规模,广饶物流园用地及专用线铺设有序推进。大王物流园用地指标纳入调控程序,黄河三角洲国际物流港仓储能力和信息化配套部分基本完工。人和物流公司、广饶物流园等9家企业通过省星级物流企业评审。

2016 年,全市实现社会货物物流总额 15 482.8 亿元。临港物流园(见图 23-8)建设基本完成,广饶物流园、海科物流园项目顺利推进。7 家物流企业入选山东省第五批星级物流企业和物流园区。

图 23-8　临港物流园区

2017 年,全市实现社会货物物流总额 15 959.3 亿元。其中工业品物流 12 846.7 亿元。受进口快速增长影响,进口货物物流总额 977.7 亿元,同比增长 40.8%,占物流总额的比重由上年同期的 5.2% 提高到 6.1%。外地货物流入 1 793.2 亿元,增长 35.7%。

2020 年,加快建设中心城区综合物流园、东营港综合物流园区、鲁北铁路物流园区三大物流园区。

三、物流业发展现状

(一)物流规模

2020 年,受新冠疫情影响,全市社会货物物流总额 5 775.76 亿元。其中,农产品物流总额 265.99 亿元,占物流总额的比重为 4.61%;工业品物流总额 3 306.54 亿元,占比为 57.25%;商贸物流总额 930.47 亿元,占比为 16.11%;进口货物物流总额 550.45 亿元,占比为 9.53%;外地货物流入物流总额为 601.83 亿元,占比为 10.42%;再生资源物流总额 4.39 亿元,占比为 0.08%;单位与居民物品物流总额 116.09 亿元,占比为 2.00%。

2020年,全市社会物流总费用924.17亿元。其中,运输费用473.63亿元,占社会物流总费用的比重为51.25%;保管费用361.99亿元,占比为39.17%;管理费用88.55亿元,占比为9.58%。

2020年,全市物流业总收入595.34亿元。其中,快递业务高速增长,全市快递服务企业业务量达2757.49万件,业务收入完成8.75亿元。

(二)市场主体

至2020年底,全市注册物流及相关企业1370家。其中运输类企业690家,仓储类企业93家,综合类企业556家,其他31家。

广饶县企业最多,达到365家,其中运输类企业158家,仓储类企业37家,普通货运及仓储企业81家;垦利区企业280家,东营区企业234家,利津县企业227家,东营经济技术开发区企业143家,东营港经济开发区企业65家,河口区企业56家。

注册资本金1000万及以上企业234家。其中广饶县67家,垦利区37家,利津县37家,东营经济技术开发区34家,东营区34家,东营港经济开发区15家,河口区6家。

到2020年底,全市限额以上物流企业达185家,其中运输型148家,仓储型20家,综合型17家,企业从业人员6.8万人。快递企业快速发展,"四通一达"、京东、苏宁、菜鸟等国内知名物流企业站点相继落户东营。物流业态日益完善,相继自发形成一批以农副食品、冷链物流、汽车贸易、生物医药、能源化工等为主要内容的特色物流企业,为大物流产业发展创造了有利条件。多式联运、冷链+高效物流、铁路+城市配送、水运+中转集放等新业态新模式不断涌现。多业联动、跨界融合发展趋势日益增强,海科控股基于互联网的产运销一体化平台入选2020年省级产业互联网平台示范项目。危品汇供应链一体化服务平台入选工信部2019年制造业"双创"平台试点示范项目、2020年支撑疫情防控和复工复产互联网平台解决方案。结合产业特点,东营市正积极开展与海尔卡奥斯、浪潮云、华为云、腾讯云等"双跨"平台的对接合作。

(三)弱项短板

一是企业综合竞争力不强。物流企业规模偏小、业务单一,组织模式和信息化水平比较落后,多数企业仅能提供简单的运输、仓储服务,缺少能够提供集现代化运输、配送、仓储、包装以及物流信息、物流金融、物流规划等多种功能于一体的供应链服务企业,行业整体竞争力相对较弱,抗风险能力较差。

二是产业发展基础不够稳固。物流园区布局不够合理,功能有待完善。高效便捷的综合性交通运输网络尚未建立,铁路、海上、空中运输规模偏小。

三是标准化水平亟待提高。东营市虽然建设运营了一些物流信息平台,甚至个别特色平台在省内乃至国内走在前列,但是总体而言,标准不统一、信息不对称,物流、商流、资金流、信息流"四流一体"的服务体系共享成果尚未规模化显现。

四是专业人才缺口较大。高素质人才是支持物流服务业集聚发展的必要条件,目前东营市现有物流人才距离产业转型升级、创新发展的需求还有较大差距,供应链物流管理、国际物流综合服务、物流金融、物流信息等领域的高层次人才缺口较大。

四、发展规划

2020 年 7 月,市政府发布《东营市现代物流业中长期发展规划(2020—2035 年)》,确定了东营市物流业发展阶段与目标。

近中期,按照"基础先行、先导引领、优势突破、潜力挖掘"的工作思路,重点抓好物流载体建设、物流载体运营先导引进培育、交通运输仓储优化壮大、优势领域突破发展等工作。到 2025 年,物流节点载体网络建设加快推进,物流产业集群培育实现突破性进展,物流贸易、物流金融等高端产业延伸发展,物流业总体规模持续扩大。

(一)物流业总体规模

到 2025 年,全市物流相关产业及延伸产业增加值超过 230 亿元,占 GDP 的比重约为 5.6%,成为全市新的支柱产业之一。

(二)载体建设

各物流园区、物流中心运营主体企业发展模式明确,高起点制定园区发展战略规划、空间布局规划和实施方案,主体功能区建成并成功运营,基本形成市域核心层物流节点骨干载体网络,产业集聚度显著提高。东营港综合物流园区建成运营规模 3 500 亩,形成以公铁水管联运为核心物流运输功能的生产服务港口型物流枢纽;鲁北铁路物流园区建成运营规模 2 500 亩,形成以公铁管联运为核心物流运输功能,重点服务于东营市高端石化产业基地建设的生产服务陆港型物流园区;中心城区综合物流园区建成运营规模 1 500 亩,形成以公铁联运为核心物流运输功能的商贸服务型物流园区;广饶物流园区整合扩建到 2 000 亩规模,形成公铁管联运为核心物流运输功能的生产服务型物流园区;空港、广利港两个特色物流中心起步区投入运营。危化品运输物流信息平台整合能力进一步提升,物流统计平台和物流大数据基地初步形成规模,基本具备了建设智慧物流总部基地的产业发展条件。物流节点网络实现与部分省内国家物流枢纽的有效对接,并将物流服务延伸到鲁疆产业协作基地,物流辐射能力不断增强,基本确立区域性物流枢纽网络地位。

(三)物流产业领域发展

引进培育不少于 3 家载体运营企业。全市货运量达到 16 250 万吨。交通运输仓储与邮政业营业收入和增加值实现翻番,分别达到 230 亿元、120 亿元。优势产业供应链物流,整合物流资源超过 3 000 万吨。石化产业供应链物流,罐区总规模超过 1 000 万吨(实际将远大于此,仅东营港的中海油原油罐区就达 1 000 万立方米),原油、成品油超市化运营模式成功运行。轮胎产业供应链物流,建成骨干轮胎企业参加的橡胶轮胎物流系统,助力轮胎企业重组和品牌突破。大宗物资供应链物流,电煤精细化供应保障基地建成并成功运营,矿石等大宗物资物流系统建设取得明显进展。发展物流贸易与物流金融,建成千亿级交易结算平台,平台总授信超过 300 亿元,优势产业供应链物流基金成功组建,大宗物资物流贸易额超过 5 000 亿元,实现增加值超过 110 亿元,成为驱动东营市物流业高速增长的重要延伸领域。

远期,继续加强物流载体网络建设和物流产业培育,逐步推进"外拓"。到 2035 年,建立起完善的物流体系和具有强辐射能力的物流网络,全市货运量达到 34 000 万吨,全市物流相关产业及延伸产业增加值超过 590 亿元,占 GDP 比重达到 7.9%,现代物流业发展成为全市重要的战略优势产业,物流节点载体网络建设成为全省重要的生产服务型区域物流枢纽,东营市打造成为沿黄沿海和山东半岛城市群交通物流重要节点城市。

专栏一　东营市公路通车里程

年　份	等级公路/千米	高速公路/千米
1983 年	1 135	0
1995 年	3 786	0
2000 年	4 460	133
2005 年	4 750	144.9
2010 年	8 111	181
2015 年	9 040	180.6
2020 年	9 332	237

专栏二　东营市港口年货物吞吐量增长情况

年　份	泊位数量/个	最大泊位等级/吨	年吞吐量/万吨
1987 年	6	500	80
1988 年	10	2 000	150
1997 年	21	3 000	300
2009 年	23	30 000	510
2012 年	31	50 000	1 630
2020 年	65	50 000	6 022

专栏三　东营市交通货物运输量

年　份	公路货运量/万吨	公路货运周转量/(万吨·千米)	水路货运量/万吨	水路货运周转量/(万吨·千米)	港口货物吞吐量/万吨	航空货邮吞吐量/吨
1983 年	510	9 671				
1985 年	1 108	67 024				

续表

年 份	公路货运量/万吨	公路货运周转量/(万吨·千米)	水路货运量/万吨	水路货运周转量/(万吨·千米)	港口货物吞吐量/万吨	航空货邮吞吐量/吨
1990 年	1 085	96 479	2	315		
1995 年	1 303	134 615	5	1 623		
2000 年	1 947	208 091				
2005 年	3 610	413 464	62			
2010 年	6 271	1 259 985	138	132 278		156
2015 年	4 958	1 233 166	230	230 865	3 365	410
2020 年	6 081	1 524 177	100	34 100	6 022	649

专栏四　三大输油管道接入广饶，原油从港口直达厂区

定好流量，打开输油泵，原油通过地下管线直达厂区。根据生产需要，位于广饶经济开发区的正和集团股份有限公司日前进行了一次 19 万吨的原油补充，供油方是山东联合能源管道输送有限公司位于广饶县大王镇的烟淄输油管线东营输油站。

"就像自来水一样方便，打开阀门接油即可。"正和集团技术质量部部长杨金生介绍，目前集团已实现原油补给 100% 管线运输，"以前靠公路运输的时候，每天进出厂区的罐车不下 400 辆，即使这样也会出现原油告急的情况。采用管线运输后，问题迎刃而解。去年新冠疫情防控形势最严峻、公路运输受限的情况下，集团的原油储备也一直保持在高水平。"

相比"港口—汽运—炼厂"的公路运输模式，"港口—管道—炼厂"的管线运输模式更省钱。正和集团首席技术官王贤山算了一笔账，公路运输每吨的平均成本在 120 元左右，而管线运输的平均成本仅为 60 元左右，节省 50%。

广饶县原油一次加工能力 2 760 万吨/年，运输需求较大。基于产业现状和发展需要，从 2012 年开始，该县主动对接烟台港、青岛港、日照港、东营港等省内主要港口，布局县内原油管道输送网。"烟淄输油管线""董家港—潍坊—鲁中、鲁北输油管线""日照港—京博输油管线"三大输油管线先后在广饶铺

线设站，全县建成原油输送管线 260 千米、原油库区 2 个。

管线运输相较公路运输安全性优势突出。"管线下地，每年减少公路运输 60 万辆/次以上。"广饶县发展和改革局副局长郑立强说。为保障管线正常运转，该县专门成立油气管道巡护中心。

环保节能是其另一大优势。东营市生态环境局广饶县分局生态环境监控中心主任吕艳荷介绍，1 辆重型柴油车污染物排放量相当于 200 辆家用小轿车。同时，油气管线运输烃类损耗率仅为公路运输的 3%，能耗为公路运输的 1/6。

广饶县主要炼化企业共有 8 家，7 家企业已实现原油管线进厂。全部实现原油管线运输后，全年可减少挥发性有机化合物挥发 1.38 万吨，减少排放一氧化碳 1 658 吨、碳氢化合物 506 吨、氮氧化合物 2 210 吨、固体颗粒物 22 吨，每年可为炼化企业节省运输成本超 16 亿元。

（《大众日报》，2020 年 3 月 28 日，李明）

专栏五　2020 年底各县区限额以上物流企业数量统计

县（区）	运输型数量/家	仓储型数量/家	综合型数量/家	合计/家
东营区	6	1	1	8
河口区	9	0	0	9
垦利区	43	2	3	48
广饶县	61	3	3	67
利津县	13	5	3	21
东营经济技术开发区	4	0	2	6
东营港经济开发区	3	7	2	12
东营综合保税区	0	2	1	3
黄三角农高区	9	0	2	11
总　计	148	20	17	185

第二十四章
有形的手:从"婆婆"到"店小二"

我国计划经济体制时期,政企职责不分,政府扮演了婆婆的角色,包揽一切,企业不是法人实体,没有经营自主权。改革开放后,企业生产经营活动受两只手影响,一只是无形的手,叫市场的手;一只是有形的手,叫政府的手。随着市场经济体制不断完善,政府的手由过去伸得太长,管了一些不该管也管不好的事,到逐渐回归本位,扮演店小二角色,通过法治手段确定政府权力清单,保障市场在资源配置中起决定性作用和更好发挥政府作用。东营市在不断深化改革,建立良好政企关系,打造政务环境东营样板上见识早、动作实、有特色。

第一节　政府职能转变沿革

传统计划经济体制的主要弊端是:政企职责不分,条块分割,国家对企业统得过多过死,权力过于集中,忽视商品生产、价值规律和市场机制的作用,分配中平均主义严重,这就造成了企业缺乏应有的自主权,企业吃国家"大锅饭"、职工吃企业"大锅饭"的局面,严重压抑了企业和广大职工群众的积极性、主动性、创造性,使本来应该生机盎然的社会主义经济在很大程度上失去了活力。东营市建市前,企业数量少、规模小、效益差,且多为国有、城镇集体企业,政府管理企业事无巨细,企业只能说是政府管理下的一个个车间,经营自主权难以落实。

伴随着全国行政体制改革和政府职能转变,东营市政府职能转变大体可以分为 4 个阶段。

一、放权让利阶段(1983—1987 年)

(一)两步利改税

1983 年进行了国有企业利改税第一步改革,之后又于 1984 年进行了第二步改革。利改税是将国有企业财政缴款中的上缴利润改为缴纳所得税,是一种国家参与国有企业收入分配制度的改革。它适应经济体制改革的需要,促进单一税制向复税制过渡,促成工商税收制度的全面改革,以税收法律形式调整并固定国家与企业的分配关系,保证财政收入的稳定增长。

(二)扩大企业自主权

1984 年 5 月 10 日,国务院印发《关于进一步扩大国营工业企业自主权的暂行规定》,进一步下放了生产经营计划、产品销售、产品价格、资金使用、资产处置、人事劳动管理、工资奖金、联合经营等 10 个方面的权力,一定程度上解决了国家和企业的分配关系,调动了企业和职工的积极性,搞活了经济,提升了企业素质,提高了经济效益。

二、转换企业经营机制阶段(1988—1992 年)

1988 年 2 月 27 日,国务院印发《全民所有制工业企业承包经营责任制暂行条例》,规定实行承包经营责任制,按照"包死基数、确保上缴、超收多留、欠收自补"的原则,确定国家与企业的分配关系。

1992 年 5 月 15 日,国家体改委、国家计委、财政部、中国人民银行、国务院生产办公室联合发布《关于印发〈股份制企业试点办法〉的通知》(体改生〔1992〕30 号),拉开了股份制改革的序幕。

1992 年 7 月 23 日,《全民所有制工业企业转换经营机制条例》(国务院令第 103 号)发布实施,目标是使企业适应市场的要求,成为依法自主经营、自负盈亏、自我发展、自我约束的商品生产和经营单位,成为独立享有民事权利和承担民事义务的企业法人。企业享有以下 14 项权利:生产经营决策权,产品、劳务定价权,产品销售权,物资采购权,进出口权,投资决策权,留用资金支配

权,资产处置权,联营、兼并权,劳动用工权,人事管理权,工资、奖金分配权,内部机构设置权,拒绝摊派权。规定厂长对企业盈亏负有直接经营责任;职工按照企业内部经济责任制,对企业盈亏也负有相应责任。

三、推进民营化取向的产权制度改革,建立现代企业制度阶段(1993—2002 年)

这一阶段宏观层面上的改革重点是,转变政府职能、推进政企分开,明确部门职权、理顺权责关系,精简机构、压缩人员编制。通过改革,初步建立了适应社会主义市场经济体制要求的行政体制。微观层面上的企业改革主要是建立现代企业制度。

1993 年 11 月,党的十四届三中全会召开,大会通过了《中共中央关于建立社会主义市场经济体制若干问题的决定》,提出建立现代企业制度。现代企业制度是以市场经济为基础,以企业法人制度为主体,以有限责任制度为核心,以产权清晰、权责明确、政企分开、管理科学为条件的新型企业制度。

1996 年开始,东营市掀起企业产权制度改革高潮。主要是通过股份制、股份合作制、兼并、破产等形式,使公有资本从一般竞争性企业退出,鼓励全部退出。全市 797 家乡及乡以上企业只有市人造板厂、市石化集团有限公司、垦利化肥厂等极少数企业因种种原因没能改制。改制后的股份制、股份合作制企业全部建立起"三会一层"法人治理结构。东营的企业民营化改制真正实现了政企分开,企业真正成了"四自"法人实体和市场竞争主体,竞争活力迸发。全市工业经济规模以全省最快的速度增长,这才有了后来民营经济发展的"东营现象"。

四、建设服务型政府阶段(2003—2012 年)

党的十六大以来,行政体制改革的主要任务是推进服务型政府和法治政府建设。党的十六大提出:"完善政府的经济调节、市场监管、社会管理和公共服务的职能。"党的十七大提出,要加快行政管理体制改革,建设服务型政府。通过改革,实现政府职能向创造良好发展环境、提供优质公共服务、维护社会公平正义的根本转变。

五、"放管服"改革阶段（2013年以后）

党的十八大以来，以习近平同志为核心的党中央对加快转变政府职能提出了明确要求。新一届政府把"放管服"改革作为政府职能转变的"先手棋"和"当头炮"，在"放"上下大气力，努力做好简政放权的"减法"；在"管"和"服"上不断创新，努力做好监管的"加法"和服务的"乘法"。这一阶段，行政体制改革的主要任务是推进简政放权、放管结合、优化服务和统筹推进机构改革，将行政体制改革向纵深推进。

2018年6月，山东省实施"一次办好"改革，东营市也出台了相应的文件，推进"放管服"改革进入新阶段。

2020年10月29日颁布的《中华人民共和国国民经济和社会发展第十四个五年规划和2035年远景目标纲要》提出，坚持和完善社会主义基本经济制度，充分发挥市场在资源配置中的决定性作用，更好发挥政府作用，推动有效市场和有为政府更好结合。这就要求着力完善土地、劳动力、资本等要素市场化配置的体制机制，加强营商环境立法和产权保护，实现竞争主体在法律上平等、政策上一致的公平待遇。

第二节　"一次办好"改革

在学习借鉴外省市先进经验的基础上，2018年山东省提出推进"一次办好"改革，以促进审批服务便民化。核心内涵是"一次办结、群众满意"，以"应办即办"为原则、"说办就办"为承诺、"一次办结"为目标、"办就办好"为理念，从"办"的角度倒逼各级各部门更新观念、转变作风、提升效能，加快建设人民满意的服务型政府。由于"一次办好"是"放管服"改革的重要内容，在这里作为一节专门介绍。

2018年6月，省政府出台《关于深化"一次办好"改革深入推进审批服务便民化实施方案》，6月20日召开新闻发布会进行解读。根据该方案，山东以企业开办不动产登记、施工许可为突破口，大力精简环节、材料和流程，压缩办理时限，进一步梳理省、市、县三级权力事项，实施精准协同放权。同时，扎实推进"证照分离"试点，改革审批方式，加强综合监管，降低企业准入门槛，清

理规范中介服务。为此,安排部署了 6 项重点任务:公布"一次办好"事项清单、健全"一次办好"服务网络、创新"一次办好"服务模式、推行"一次办好"集中审批、完善"一次办好"服务标准、强化"一次办好"信息支撑。

一、加强领导,制定方案

东营市委、市政府高度重视"一次办好"改革,将其作为"一把手"工程,及时调整成立了由市政府主要领导任组长的推进政府职能转变和"放管服"改革协调小组,制定了《东营市推进政府职能转变和"放管服"改革协调小组工作规则(试行)》(东政办〔2019〕10 号),建立会议制度、会商制度,明确工作职责,确保高效有序运转。同时,强化督查考核,将"一次办好"改革列为市委、市政府重点督查事项,列入市直部门单位和县区(开发区)党政领导干部综合考核评价体系,充分发挥考核"指挥棒"作用,推动改革任务落实。

2018 年 8 月,市委、市政府出台《关于深化"一次办好"改革深入推进审批服务便民化工作方案》,就深化"一次办好"改革,深入推进审批服务便民化等作了部署。明确要求今后将聚焦制约审批服务的堵点和难点,全面推行"马上办、网上办、就近办、一次办",用最短的时间、最快的速度把服务企业和群众的事项办好,全力打造"审批事项少、办事效率高、服务质量优、群众获得感强"的发展环境,建设人民满意的服务型政府。

二、突出重点,注重成效

具体工作中,重点围绕下放权力、简化审批、信息互通、优化服务 4 个方面,对照世界银行营商环境评价体系,查缺补漏,改革攻坚,努力打造"手续最简、环节最少、成本最低、效率最高"的政务环境。

(一)聚焦"放","市县同权"拓展延伸

重点解决长期存在的基层审批服务事项少,企业群众办事上下跑、来回跑等突出问题,推行审批办理"不出县"。从 2019 年开始,按照"应放尽放、放无可放"的原则启动"市权下放",在东营区、垦利区、东营经济技术开发区开展了"同权审批"试点,率先实现"市县同权",简政放权考核列全省第 2 位。2020 年,将改革进一步向基层拓展延伸,采取直接下放、委托下放、服务窗口前移、下放实质性审核权 4 种形式,梳理下放市级行政许可事项 145 项,河口

区、广饶县、利津县、东营港经济开发区全部实现"市县同权"。至此,市一级的行政许可事项全部可以在县区办理,有效解决了跨层级审批、企业和群众办事来回跑等问题。

(二)聚焦"简",审批服务效能不断提升

按照"两年内办事环节减少一半、提交材料减少一半、办理时限减少一半"的目标,从 2019 年开始,大力精简低效无效的环节、手续、流程,实现了审批服务提速提效。一是推动企业开办更加便利。利用企业开办"一窗通"系统,实现企业开办全程网办,办理时间由原来 3 个工作日压减到 1 个工作日。开展"一业一证"改革试点,在完成省里批准的 8 个试点行业基础上,将改革进一步拓展到 20 个行业,平均压减许可环节 71%、申报材料 80%、审批时间 78%,有效解决了"准入不准营"问题。在全省率先推出"政府免单服务",实现企业开办"零成本",已有 11 000 多家新开办企业受益。2020 年,全市新登记市场主体 60 077 户,同比增长 4.7%。二是推动项目审批更加简化。对工程建设项目审批全链条进行流程重构,办理事项由原来的 63 项精简到 42 项,压减 1/3;申请材料由 284 项精简到 142 项,压减 50%。全面启动以简化施工许可证审批、施工图审查、规划方案审查、建筑方案审查、市政设施接入服务、简易低风险项目审批为主的"六简审批"改革,全面开展并联审批、联合办理,取消了小型项目施工图审查,在全省率先实现施工许可证自助打印、立项批复电子证明核发,简易低风险项目审批时间压减到 20 个工作日以内。三是推动便民服务更加高效。从与群众、企业联系最紧密的领域入手,简化审批流程。不动产一般转移、抵押登记由 5 个工作日压减到 2 个和 1 个工作日。医保申办材料由 80 份压减到 52 份,精简 35%,在全省率先启用医保缴费电子票据。加快跨境电子商务综合试验区建设,出口退税办结时限压减到了 5 个工作日,较省要求减少了 5 个工作日。实行集"一站式服务、24 小时自助服务、指尖出入境、多拍优选、刷脸支付、移动办证"六位一体的"e 出境"便民服务,办证时间缩短到 15 分钟,中心城形成 15 分钟出入境业务办理便民服务圈,入选全省优化营商环境典型案例。

(三)聚焦"通",网办掌办事项大幅增加

随着流程再造和"一次办好"改革的深入推进,对汇聚数据、打通网络、信

息共享提出了更高要求。为此,2020 年集中开展"数聚赋能"专项行动,梳理可网办事项 5 847 项,可网办率达到 93.7%。一是扩大网"通"范围。打通不动产登记省市"一网通办"平台,推行不动产登记"网上申请、网上审核、网上反馈、现场核验、一次办结"新模式,一般转移、抵押登记由 5 个工作日分别压减到了 2 个、1 个。二是拓展数"通"渠道。建成全市统一的政务大数据平台和六大基础资源库,开发接口 9 260 个,汇聚数据 4.8 亿条,开放数据目录 1.4 万个,实现国家、省、市、县四级政务数据上下贯通。打通人社、医保、自然资源、公积金等 7 个部门自建系统信息壁垒,已有 70 个市直部门数据实现横向互联,是省直部门的 3 倍。三是提高"通"用效能。"东营掌上通"移动服务端注册用户突破 74 万,注册率全省第一,发布应用超过 900 项,1.6 万个企业用户可以通过"东营掌上通"实时查询惠企政策。

(四)聚焦"优",群众办事体验持续优化

针对群众反映的政务大厅布局分散、上班族办事不便捷、办理流程烦琐等问题,开展政务服务专项整治。一是加强标准化建设。市县两级政务服务大厅全部实行分领域"一窗受理",推行"好差评"、帮办代办、"吐槽找茬"、容新容缺、窗口无权否决等服务机制。2020 年"好差评"汇聚办件 70 万条,质检通过率 100%;帮办代办业务 8 200 余人次,是上年的 6 倍。二是开展全天候服务。针对社保、医保、公积金、公证、公安等高频领域,在工作日的午休时间、双休日的 9∶00—17∶00 等非工作时间,照常为企业和群众提供政务服务,做到"政务服务不打烊"。2020 年,非工作时间累计办理事项 5 604 件,服务人次 5 730 人,纳入全省"一次办好"改革典型案例。三是探索一件事办理。聚焦群众办成"一件事",在利津县试点基础上,组织各县区认领"30+10"主题、高频事项,现已完成网上配置,进行了系统优化。将退休职工公积金提取、医保年限认定补缴、老年乘车卡办理、老年优待证申领等事项打包成"一件事",实现一次申请、多证齐发。四是创新监管方式。推行"一二三+企业评价"免罚轻罚工作法,实行有温度的执法,减轻了企业经营负担,被省里肯定推广。

专栏一 《关于建立"要素跟着项目走"机制的通知》(节选)

(东政办字〔2020〕25号)

一、市级统筹保重点

1. 明确统筹保障重点。主要包括已列入省级的重大项目、新旧动能转换优选项目、"双招双引"重点签约项目、补短板强弱项加快培育新经济增长点项目;地方政府专项债项目;市重点项目、市新旧动能转换优选项目、市政府投资项目;市高成长型中小企业新上项目;市委、市政府确定的其他重点项目。

二、土地跟着项目走

2. 积极开展"标准地"试点。由市自然资源局牵头,会同有关部门、单位研究制定"标准地"试点实施方案,在东营经济技术开发区、东营高新技术产业开发区、垦利经济开发区划定区域对新增工业项目开展试点。完善"标准地"基础设施配套,开展区域能评、环评、水评等评估工作,明确项目准入要求,推行告知承诺制,加强批后监管,确保"拿地即开工"。

3. 改革传统土地要素分配方式。新增建设用地指标实行全市统筹,优先保障重点项目建设。以项目质量、项目落地开工实效作为配置计划指标依据,提高土地资源配置效益。通过预支上年度全市50%新增建设用地指标方式,保障急需落地重点项目部分用地指标。

4. 加大存量土地盘活力度。加强批而未供和闲置土地处置,对各县区、市属开发区下达盘活存量土地年度目标任务,目标任务内指标由市级统筹10%,超目标任务部分全部留存县区、市属开发区;完善建设用地使用权转让、出租、抵押二级市场,建立土地供给与节约集约用地挂钩机制,对新增用地坚持与盘活存量相挂钩。落实省有关推进城镇低效用地再开发的意见措施,强化正向激励和反向倒逼,引导工业区、老旧小区连片开发,推动企业转型升级和节约集约用地。盘活的存量土地优先用于保障重点项目建设和招商引资需要。

三、能耗跟着项目走

5. 开展单位能耗产出效益评价。制定传统行业用能标准,分区域、行业、

企业开展单位能耗产出效益综合评价工作。评价结果作为实施差别化资源要素配置、奖惩和行政监督的重要依据。

6. 节能挖潜整合腾退部分指标。以煤电、化工、轮胎、公共机构等领域为重点,开展重点企业、用能单位节能改造行动,加快炼化企业整合步伐,推动传统产业高新化。通过节能改造和引导煤电企业提高燃煤热值、掺烧兰炭等降低煤炭消费。企业节能挖潜指标优先保障本企业项目建设。企业破产关闭、节能标准提升强制消减量纳入市县统筹指标范围,优先保障重点项目建设。

7. 积极争取省级指标支持。加大省新能源指标争取力度,加快风电、地热、潮汐、生物质等新能源开发,推进能源结构调整,为项目能耗拓展更大空间。紧盯省计划统筹建立的用能权交易机制和交易平台,密切关注政策推进情况,最大限度地争取依申请使用省收储能耗指标,支持企业市场竞购省收储能耗指标。争取好省"十四五"分配指标。

四、污染物排放总量替代指标跟着项目走

8. 统筹使用污染物排放指标。对保障范围内的省重点项目实施等量替代,项目所在地污染物排放总量替代指标统筹不足部分,可实施全市统筹。各排污企业因污染物排放标准提升必须减排的污染物排放量(被动减排量)纳入市县统筹范围,企业破产后的污染物排放量纳入市县统筹范围。压减腾退指标优先保障省重点项目建设。搬迁入园、煤改气、技术改造等项目,其原依法核定的排放总量指标可以等量带入新建项目。

9. 实行污染物消减量预支。按照先立后破的原则,保障范围内的重点项目所需污染物总量指标,可从拟替代关停的现有企业、设施或者治理项目形成的污染物消减量中预支,污染物减排方案应于新项目投产前全部实施完成。

10. 鼓励企业实施污染物减排措施。对于已经达到现行污染物排放要求进一步采取减排措施的企业,形成的可替代总量指标(主动减排量)可优先用于本单位新建项目。

五、水资源跟着项目走

11. 加强重点项目用水保障。在保障民生用水的基础上,优先落实保障重点项目用水。压缩办理时限,将水资源论证、取水设施验收发证、取水许可延续阶段由法定时限 45 个、20 个、45 个工作日分别压缩到 22 个、10 个、20 个工作日,取水许可变更手续当场即办。

六、资金跟着项目走

12. 强化重点项目融资支持。市发展改革委牵头建立重点项目建设资金需求清单，市地方金融监管局会同人民银行、银保监部门优先向金融机构推送并组织开展好银企对接活动。各金融机构要针对重点项目建设融资需求，开辟绿色通道，优化信贷流程，压缩审批时间，为项目提供优质快捷高效金融服务。建立基金投资项目库，分区域和行业组织基金项目推介活动，积极争取省级基金支持，吸引社会资本加大对重点项目支持力度。

13. 加强政府投资资金统筹。强化各级政府投资年度计划与本级预算衔接，发挥政府投资引导带动作用。加强地方政府专项债券和本级预算资金使用管理，统筹使用好上级资金，在资金安排上重点向省、市重点项目和手续完备、前期工作准备充分的好项目大项目倾斜。深化政银企合作，充分利用好新旧动能转换基金、政府与社会资本合作（PPP）等模式，拓宽融资渠道。鼓励现有国有公司及转型后的融资平台公司以市场化主体身份，依法依规参与政府公共基础设施和公益性项目建设。

七、工作保障措施

14. 完善项目申报评估。重点项目确定后，由县级发展改革部门会同同级相关部门、单位，对拟申请要素项目进行初审，并按照重要程度进行排序，经本级政府（开发区管委会）批准后，向市发展改革委进行申报。市发展改革委组织市财政、工业和信息化、自然资源、生态环境、住房城建管理、水务、应急、行政审批、地方金融监管等部门，按产业、技术水平、投资强度、经济效益等指标，以及开工时间、投资进度、社会效益等条件进行论证和评估后，列出项目单子，提交市政府"3 + N"重点项目会商、城市规划建设管理"1 + N"会议研究。

15. 建立调整退出机制。对已享受要素保障政策项目，定期开展监测督导，推动项目尽早开工建设，坚决避免批而未供和闲置土地等要素沉淀。要素使用单位签订承诺书，列出项目推进详细计划、投资强度、亩产效益等内容。对因自身原因出现不能按时完工、竣工或投资强度达不到要求等情况，依法依约收回配置要素。

16. 强化工作激励措施。以"3 + N"重点项目会商机制为基础，水务、地方金融监管等部门参与，形成工作协同合力，指导各级开展"要素跟着项目走"落实工作。对于重点项目建设进度快、"要素跟着项目走"工作成效明显

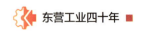

的项目和县区、市属开发区,在相关要素资源安排上予以优先考虑,每年年初列支要素指标时,予以综合奖励。

专栏二 政府助力工业项目建设攻坚

为打好 2021 年工业项目建设攻坚战,重点抓好 5 个方面的工作。

一、抓前期,高质量策划生成项目

重点落实 3 项措施。

(一)以规划生成项目

市委六届九次全会审议通过了"十四五"规划建议和《黄河三角洲生态保护和高质量发展实施规划》,以此为引领,明年 3 月底黄河三角洲 9 个专项规划全部出台,6 月底"十四五"33 个重点领域规划全部出台。由市发改委总牵头,各规划编制专班负责,卡准时间节点,尽快完善提升,确保进度平衡。突出规划项目化、清单化,前瞻性谋划布局一批引领性强、可落地的重大工程、重点项目,提高规划执行力。加大向上汇报争取力度,在上级规划中体现更多东营项目、东营元素。

(二)以储备接续项目

发挥好市县项目谋划储备工作专班的作用,一手抓项目谋划,一手抓分类入库。由市发改委牵头,重点建好"四个库",分别明确项目入库标准:一是基础项目库。包括"十四五"规划纲要及重点领域规划生成的项目,黄河三角洲系列规划生成的项目,各县区、开发区、各行业领域谋划提出的项目,是一个装总的基础库。二是 3 年滚动项目库。主要是 3 年内能够实施的项目,入库项目需经过相关职能部门和行业专家评审,开展项目落地可行性和要素指标需求必要性论证评估。三是年度重点项目库。入库项目必须是已经开始办理前期手续、年内能够开工的项目。四是申报项目库。所有在库项目,全部实行"身份证"管理,一项目一档案,明确项目主体、投资额度、建设内容、推进计划和责任单位。

（三）以招商引进项目

推动落实市招商引资专班明年目标确定的新签约项目数量、总投资额度、引进到位资金及增长率，全市实际利用外资计划。

二、抓龙头，高标准推进重大项目

重点是 4 个投资过百亿的产业项目和 4 个引领作用突出的产业园区。

（一）4 个投资过百亿的产业项目

（1）中国化工集团山东化工原料基地项目。

（2）PX 二期及 PTA 项目。

（3）利华益集团高端化工及新材料产业园项目。

（4）振华石化丙烷脱氢及环氧丙烷项目。

（二）4 个引领作用突出的产业园区

（1）稀土功能材料产业园。

（2）氧化铝纤维产业园。

（3）波鸿轨交高铁装备产业园。

（4）新发生物医药产业园。

三、抓机制，高效率调度推进项目

围绕项目全周期调度管理，把已经建立的良性机制坚持好、执行好，做到常态化、制度化。

（一）以"2＋2"攻坚强化攻势

由市发改委牵头，对一季度拟开工项目，年前拉出单子，迅速启动规划选址、用地、环评等前期工作，统筹落实征地拆迁、市政配套、资金来源等事项，集中落实建设条件，做好开工准备。加强"百日攻坚"过程化调度，"百日攻坚"期间组织开展问题排查、审批提速、融资争资、要素统筹、晾晒比看 5 个专项行动，集中优势力量打好攻坚战。

（二）以"3＋N"会商解决问题

坚持每周召开"3＋N"会商会议，研究项目要素配置和建设推进过程中

遇到的具体问题,确保"项目有事、一周上会";建立精准交办、限时办结、问题销号制度,提高决策执行力。"3＋N"例会决策事项和落实情况每周向书记、市长报告。

(三)以平台调度推动项目

用好两个平台:一是省重点项目督导平台。由市发改委牵头,按时上报项目进展和视频信息,实现重点项目坐标管理。二是市重点工作指挥平台。将省重点项目、专项债项目和市级层面推进的重点项目纳入平台,每月晾晒进展,实行红黄蓝三色标识管理,市领导在线指挥、跟踪问效。

(四)以审批攻坚提高效率

由流程再造工作专班牵头,相关部门负责,集中开展工程建设项目审批制度改革攻坚:一是采取多部门攻坚模式,6月底前将投资项目在线审批监管平台、环评审批系统、国网电力系统与工程建设项目审批管理系统"数据壁垒"打通,实现工程建设项目全流程在线审批和监管。二是12月底前省级以上开发区完成区域评估,不再进行单个项目评估评价,区内项目全部共享、免费使用评估成果。三是3月底前推广使用"多规合一"业务平台,对项目前期区域评估、项目生成等组织过程实行模拟审批,实现项目策划生成"一张蓝图"。四是6月底前推广企业应用电子印章无纸化申报,实行工程建设项目档案电子化管理,实现审批全程电子化。

四、抓要素,高精度匹配保障项目

深化"要素跟着项目走"改革,坚持盘活存量、扩大增量两手抓,增强市级统筹能力,让资源要素精准滴灌项目。

(一)保障建设用地需求

由市自然资源和规划局、市发改委牵头负责,落实5项措施:一是争取更多项目纳入国家、省重点项目,争取上级指标,实行单独指标保障。二是对拟落地项目开展部门综合评价,科学、合理安排用地指标,优先保障大项目、好项目用地。三是加大用地指标市级统筹力度,省下达新增建设用地指标的增量部分全部纳入市级统筹;城镇低效用地、批而未供土地、闲置土地处置形成的存量部分,市县按3∶7比例分配,确保市政府统筹1万亩用地指标,保证重大项目用地。四是建立集体经营性建设用地入市制度，优化二级市场线上平台，市县两级建立标准一致、规则统一、内容衔接的线下办理窗口。五是深化"标准地"改革，将"标准地"向仓储、科技研发、服务业等区域和投资项目延伸，推广"标准地＋区域评价＋承诺备案＋联合验收＋信用监管"模式，进一步提高"拿地即开工"制度的实效。

（二）保障能耗指标需求

由市发改委牵头负责，落实 3 项措施：一是通过实施工业、交通、建筑等重点领域节能，淘汰落后、高耗能设备，置换能耗指标 30 万吨。二是推进太阳能、生物质发电等新能源发展，置换传统煤电指标 9 万吨。三是争取省用能指标支持和依申请使用省收储能耗指标，支持企业市场竞购省收储能耗指标，争取省重点项目在省交易平台竞购约 50％能耗指标 30 万吨，其余由市县统筹解决。

（三）保障污染物排放指标需求

由市生态环境局牵头负责，落实 3 项措施：一是对保障范围内的省重点项目实施等量替代，项目所在地指标不足部分，实施全市统筹。排污企业因污染物排放标准提升必须减排的污染物排放量，纳入市县统筹范围。二是实行污染物消减量预支，按照先立后破的原则，保障范围内的重点项目所需污染物总量指标，从拟替代关停的企业、设施或者治理项目形成的污染物消减量中预支，污染物减排措施于新项目投产前落实到位。三是对已达到现行污染物排放要求、进一步采取减排措施的企业，形成可替代总量指标优先用于本单位新建项目。

（四）保障项目建设融资需求

从 4 个方面破解企业融资瓶颈：一是深化政银企合作。由市地方金融监管局、市人行、市银保监分局牵头负责，借助银企互信服务平台，通过已上架的 35 家银行 209 款金融产品，推广"信息＋信用＋信贷"智慧信用服务新模式，深化民营企业和小微企业首贷培植行动，争取更多小微企业被纳入无还本续贷名单，全年新增贷款 400 亿元。二是用好市新旧动能转换基金。由市财政局牵头负责，加大明月湖基金中心招商力度，全年入驻企业 60 家以上，在管基金规模达到 26 亿元以上，打造"区域股权投资聚集区、产融深入结合新平台、新旧动能转换助推器"。市财金集团牵头建立基金投资项目库,储备一批符合产业发展方向和基金投资特点的项目,通过举办项目推介会等形式,促进资本与项目联姻。三是放大政府投资牵引作用。由市工信局、市财政局牵头负责,安排3亿元专项资金,继续实施"千企技改"工程。由市发改委、市财政局牵头,积极争取中央和省扶持资金,足额落实配套资金。四是推动企业挂牌上市。由市地方金融监管局牵头负责,对筛选确定的重点上市后备企业,按照已报证监会审核、拟报证监会或交易所审核、拟报山东证监局辅导备案等不同层次,按周调度,加快推进。建立市、县联动培育机制,深入挖掘后备资源,明后两年新增上市公司5家,2021—2023年新增上市公司10家。

五、抓组织领导

一是压实项目责任。落实部门、县区、项目单位3个层面的责任,突出"一把手"抓项目、负总责,确保项目顺利推进。二是强化绩效考核。通过量化打分、精细化调度、开展项目竞赛比武等措施,形成奖优罚劣、激励担当的有效机制。三是加强项目管理。严格依法规范项目流程,确保项目实施全过程合法合规。严格执行政府资金管理各项制度,严防工程建设领域廉政风险。四是加强舆论宣传。充分利用各类媒体资源,通过多种形式,集中报道项目建设成效,对重大标志性项目进行连续深度宣传,营造项目建设攻坚的浓厚氛围。

(2020年12月东营市发改委主任郭顺先在市有关会议上的发言,有删节)

第二十五章
迈向高质量发展新时期

第一节　高质量发展是新时期发展的主题

一、什么是高质量发展

习近平总书记指出："高质量发展，就是能够很好满足人民日益增长的美好生活需要的发展，是体现新发展理念的发展，是创新成为第一动力、协调成为内生特点、绿色成为普遍形态、开放成为必由之路、共享成为根本目的的发展。"

高质量发展，是"十四五"乃至更长时期我国发展的重大主题。全面建设社会主义现代化国家，从根本上说仍是发展问题，而这个发展必须是高质量发展。从领域看，这不只是一个经济要求，而是对经济社会发展方方面面的总要求；从地域看，这不只是对经济发达地区的要求，而是所有地区发展都必须贯彻的要求；从时域看，这不是一时一事的要求，而是必须长期坚持的要求。

二、高质量发展是建设现代化强国的必然要求

2020 年，中国迈过了两道坎儿：一道是 GDP 突破了 100 万亿元人民币，占世界经济的比重达到 17％；一道是人均收入比 2010 年翻了一番。中国 GDP 总量 1986 年突破 1 万亿元，1991 年突破 2 万亿元，1995 年突破 5 万亿元，2001 年突破 10 万亿元，2006 年突破 20 万亿元。2012 年突破 50 万亿元。其

中 2010 年,中国的 GDP 超过了日本,中国成为世界第二大经济体。两年后世界见证了自工业文明以来,一个新"世界工厂"的诞生,中国的制造业产值超过了美国。从 1 万亿元到 10 万亿元,中国用了 15 年,从 10 万亿元到 100 万亿元,中国用了 20 年。

2020 年《财富》世界 500 强,中国大陆企业数量达到 124 家,历史上第一次超过美国(121 家)。1997 年,中国大陆只有 4 家企业进入这个排行榜,2001 年 12 家,以后逐年迅速增加。2008 年以来,中国大陆企业在排行榜中的数量先是超过了德国、法国和英国,后来超过了日本,2020 年超过了美国。

2020 年,中国 220 多种工业产品产量居世界第一位,货物贸易总量居世界第一位,制造业增加值连续 11 年居世界第一位,高速铁路营运总里程达到 3.8 万千米,高速公路里程超过 15.5 万千米,5G 终端连接数已超过 2 亿,均居世界第一。英国智库经济与商业研究中心研究的结果是,中国将在 2028 年取代美国成为世界头号经济体。

在经济发展取得举世瞩目成就的同时,我们也应该清醒地看到存在的问题。

第一,中国经济高速发展的阶段已经过去,依靠规模扩张实现总量增长的模式面临新的转变,未来要转向依靠科技发展来提高全要素生产率,实现经济可持续增长。

第二,近年来国际环境日趋严峻,以美国为首的西方国家和中国打起了贸易战、科技战。2019—2020 年,美国陆续将中国近 300 家机构和个人列入实体清单。围剿中兴,禁止华为使用 EDA,禁止使用 MATLAB 工业软件,限制部分中国赴美留学生或访问学者的签证……这一系列手段下来,美国是要切断中国获取世界顶尖技术和关键零部件以进行消化吸收再创新的循环通道。中美脱钩最可怕的事情在于,它一定会加剧中国受低收入国家低人力成本竞争和高收入国家高创新竞争的双重挤压,从而提高了中国经济增速放缓的危险系数。

第三,国内劳动力红利消退。劳动力数量扩张对经济增长的贡献率持续下滑,由改革开放初期的 17.2% 下降至 2019 年末的 −0.1%。劳动力质量对经济增长的贡献率有所增强,2013—2020 年,贡献率增加到 7.8%。2011 年,中国 15～59 岁劳动年龄人口达到峰值 94 072 万人，2019 年末下降到 91 125 万人。这"蒸发"掉的 2 947 万人，相当于澳大利亚的人口总数。2000 年，中国 60 岁及以上的老年人口为 1.3 亿，占总人口的比例为 10.3%；2019 年末，老年人口达到 2.54 亿，占总人口的比例增至 18.1%。20 年时间，增加了将近 1 倍。劳动人口的减少，以及老年人的增多，都会导致社会消费水平下滑，内需增长放缓甚至萎缩。

第四，依赖国际大循环的出口导向发展战略难以适应新格局、新模式和新使命的要求，开始呈现出种种弊端。一是全球化红利的递减和分配模式的巨变导致全球化发展的动能大幅度减弱，中国经济外需出现严重萎缩，要求中国必须将经济发展的动能从"出口-投资驱动模式"转向"内需-创新驱动模式"。二是"两头在外"贸易模式使中国难以摆脱全球价值链的约束，存在陷入"比较优势低水平陷阱"之中的危险，构建新的国际合作模式和国际竞争力要求中国必须全面强化国内分工体系升级，形成"以内促外"的新格局。三是虽然一般性生产要素流动充分，但对高端和创新型生产要素的吸引和集聚力不够。四是国际经贸规则面临大调整、大重塑，并朝着高标准化方向发展，要求全方位对外开放，推动由商品和要素流动性开放向规则等制度性开放转变。

第五，资源环境约束增大。党的十九届五中全会提出，要坚持自主可控、安全高效，分行业做好供应链战略设计和精准施策，推动全产业链优化升级；加强国际产业安全合作，形成具有更强创新力、更高附加值、更安全可靠的产业链供应链。以钢铁业为例，2020 年，我国高炉生铁产量为 8.88 亿吨，占全球产量的 68.3%；进口铁矿石 11.7 亿吨，占全球进口量的 76.1%，铁矿石对外依存度超过 80%。与此同时，我国力争 2030 年前实现碳达峰、2060 年前实现碳中和。中国目前碳排放总量占全球的 30%，碳排放增量占全球增量的 60%。资源大量消耗、排放大量增加的粗放式发展遇到了空前挑战。

第六，跨越中等收入陷阱成为紧迫任务。20 世纪 60 年代以来，在全球 100 多个中等收入经济体中，只有十几个成为高收入经济体。这些取得成功的国家和地区，都是在经历了高速增长阶段后实现了经济发展从量的扩张转向质的提高。而那些徘徊不前甚至倒退的国家和地区，则是没有自觉地推动和实现这种根本性转变。经济发展中量的积累到了一定阶段必须及时转向质的提升，我国经济发展也需要顺应并遵循这一规律。

第七，与美国、德国、日本等发达国家相比，我国制造业还有不小的差距。在技术创新方面，引领全球产业变革从"0"到"1"的创新突破少；在资源整合方面，主导全球价值链分配的"链主"型企业少；在基础能力方面，关键材料、核心零部件、先进工艺还存在不少瓶颈；在质量美誉度方面，部分产品的可靠性、稳定性和一致性亟待提升；在品牌实力方面，享誉世界的中国品牌不多。

综上所述，中国经济进入新常态，出现新变化。早在2014年，习近平总书记就深刻指出：总体来说，我国经济进入新常态后，经济增长速度从高速增长转向中高速增长，经济增长方式从规模速度型粗放增长转向质量效率型集约增长，经济结构从增量扩能为主转向调整存量、做优增量并举的深度调整，经济发展动力从传统增长点转向新的增长点。这些变化，是不以人的意志为转移的经济发展客观必然。适应新变化，必须实现高质量发展。

从经济发展的阶段来看，从2021年开始，中国已从温饱时代进入小康时代。温饱时代的核心是消灭贫困，而小康社会的核心是现代化。按照现代化的目标，2035年要基本实现现代化，2050年要建成现代化强国。立足新阶段，必须实现高质量发展。

当前，从制造业发展趋势看，全球价值链攀升也带给我国制造业高质量发展机遇。一方面，我国制造业迎来"换道超车"的机遇。以智能制造为代表的新型制造技术是具有颠覆性的创新成果，其发展成熟及商业化应用催生了大量新产品、新模式和新业态，最终将形成一批新兴产业，成为制造业转型升级的强大动能。特别是在新型制造技术催生的新兴产业领域，后发国家与发达国家处于大致相同的起跑线上，这为后发国家提供了"换道超车"的机遇。凭借良好的制造能力和信息产业基础，我国制造业有望在新一代信息技术、高端装备制造、新能源、新材料等领域率先实现向全球价值链中高端的攀升，并带动传统产业升级。另一方面，这一情况或将倒逼我国加快实现高技术产品的进口替代。近年来，全球供应链的演进方向正在发生变化，各国都高度重视供应链安全并实施相应的战略举措，如何实现高技术产品的进口替代成为一个重要课题。在此背景下，依托进口替代强化国内供应链体系，也将显著增强我国的供应链优势和高技术产业的竞争力。

第二节　高质量发展的东营选择

一、东营工业高质量发展势在必行

2011—2020 年中国 GDP 排名下滑最大的 10 个城市中,山东占了一半。就 GDP 而言,在全国 300 余个地级市中,过去十年,东营从曾经的第 44 名跌到第 89 名,后退了 45 位。1996 年以来,东营工业企业出现了破产潮。为什么会这样?

一是增加值转化率较低。东营传统产业占工业比重约为 80%,重化工业占传统产业比重约为 80%,以石油、盐打头的石油开采、石化、轮胎、盐化等传统产业占工业产值的 60%以上。传统产业高加工度、高端化才能带来较高的增加值转化率,而总体上看东营工业原料型产品多,深加工产品少,处于产业链的上中游,价值链的中低端,技术含量偏低,增加值转化率底,对 GDP 的拉动作用不够强。

二是过度负债型的经济发展模式不可持续。在"项目为王"指引下,企业自有资金不足,单纯靠银行贷款支撑项目建设,陷入了靠新项目贷款上老项目、靠流动资金贷款搞固定资产投资的恶性循环,不少企业叫苦"再不上项目就没钱了",以至于很多企业每年都是负利润,连财务费用都挣不出来。

三是结构不尽合理。三次产业中服务业特别是生产性服务业发展滞后。工业处于产业链上中游、价值链的中低端。企业组织结构中大企业一柱擎天,中小企业发展缓慢。技术结构中中低技术占绝大多数,高新技术发展不足。人才结构中高精尖人才严重匮乏,本土人才成长缓慢。

四是产业链供应链现代化程度低。尽管有些产业规模庞大,但产业基础薄弱,产业链供应链长度延伸不够,厚度拓展不足,韧性较差,"链主"企业作用不突出。

五是龙头企业引领作用不大。能够面向国内外整合产业资源的企业少,在全国同行业间有规模优势足以影响市场走向的企业少,创新引领行业变革发展的企业少,聚合带动中小企业集群发展的企业少。

六是技术创新能力不强。企业对技术创新的认识不到位,平台建设滞后,研发投入不足,自主研发的水平偏低。从工业4.0的角度看,除了极少数龙头企业外,东营绝大部分传统制造业企业还处于工业2.0(机械化)至3.0(自动化)区间的水平上,智能化、高端化水平低。第一大产业石化产业基本没有自主创新能力,企业竞争力取决于购买设备和工艺包的先进程度。

七是管理现代化水平不高。企业经营者普遍存在现代管理、科学管理、严格管理意识淡薄能力不足问题。绝大部分企业在制定决策时不做充分的市场调研,更没有做科学的战略规划,有的上项目甚至照搬照抄邻近企业图纸和工艺。企业习惯于凭感觉和经验进行经营与管理,有的企业多年来连盈亏平衡点都算不准。管理者大多是亲属和旧部,一直沿用经验管理、家族式管理等管理模式,"内部人控制"现象突出,有些企业关键岗位被亲戚垄断,连螺丝钉、拖把都得花高价买亲戚的。

八是节能减排任务艰巨。三次产业中工业为主、工业中重化工业为主的产业结构,决定了东营工业节能减排量大面广,绿色发展任重道远。

九是制造业与服务业融合不够紧密。一是服务业竞争力不强。一方面全市制造业部门高端服务活动(研发、管理)比重较低。另一方面全市制造业服务化总体上还较为低端,研发、商务、市场营销等高智能服务占比较低。二是全市"两业融合"程度明显偏低。较低的产业融合度导致全市制造业企业利润构成中服务增加值所占的比例相对较低。三是"两业融合"发展生态体系尚未成型。

十是人才特别是高端人才缺乏。一方面,企业更多地关注市场、核心技术引进等问题,忽视人才的培养、引进与储备,造成了企业扩张中的人才短缺和匮乏。另一方面,企业人才的使用、激励、服务等机制不健全、不完善,人才积极性发挥受到制约。就拿人才激励来说,东营工业企业中实施股权激励的凤毛麟角。第三,企业创立之初的以个人为中心、以亲情为主导的管理模式造就了"家族式"控制特点,对引进人才具有一定的排斥性。第四,高校、科研院所少,距离大城市较远,也是造成东营人才缺乏的重要因素。

以上问题的存在,说明东营工业还处在中低质量发展阶段,高质量发展已经成为东营工业发展的必然要求。

我们不妨再以东营市纺织服装产业的发展来看一下高质量发展的必要性。

纺织服装产业链各环节主要包括原材料供应、纺纱、织布、印染、后整理、成衣生产、品牌服装管理等,上游为棉花、化纤等原材料以及纺纱、织布、印染和后整理,中游为服装、床上用品制造,下游为品牌零售行业,其核心竞争力主要体现在销售渠道布局、品牌开发与运作能力、产品设计研发、供应链管理等方面,越往下游,附加值越高。

东营建市后很长一段时间棉花种植面积大、产量高,棉纺织业生产规模一度位列全省前三位。遗憾的是,东营纺织服装业产业链条一直没有健全,只停留在棉花种植、纺纱、织布等上游环节,而且产品技术含量、附加值不高,品牌效应差。近年来,一方面,产能过剩和成本压力对经营不善的中小型纺企造成挤压;另一方面,行业内部的整合趋势及品牌对供应商的优中选优倾向对行业龙头形成利好,东营纺织业比较优势逐渐失去,现在仅有的几家企业也只能维持惨淡运营。这说明一个产业、一家企业如果做不到顺势而为逐步走向高质量发展,走下坡路甚至被时代抛弃是迟早发生的事情。

在经历了近40年的高速增长后,支撑东营经济持续高速增长的诸多因素开始逐步弱化。多年高速增长积累的结构性痼疾、外部环境的变化和内生增长动能转换使得继续依靠要素投入的传统增长逻辑受到挑战,简单地以要素投入为特点的规模导向型的企业经营模式不再适应新时代的要求。必须坚持把改革发展发力点转移到调整经济结构和寻找新的增长动能方面,经济发展模式需要从低成本竞争优势向高质量、高适用性优势转变,从以往的速度规模型经济增长模式向质量效益型经济发展模式转变。

二、东营工业高质量发展的思路对策

和全国一样,通过近40年的高速增长,东营工业成功解决了"有没有""多不多"的问题,这是今后发展的基础,也是优势所在,现在强调高质量发展,根本在于解决"好不好"的问题。东营工业经济实现内涵式集约型高质量发展,是适应发展新阶段、新变化的必然要求。推动东营工业高质量发展是一项系统工程,需要理清思路、统筹谋划、重点突破、协同推进,把握"制造业+"发展趋势,按照加快建设实体经济、科技创新、现代金融、人力资源协同发展的产业体系的新要求,促进"制造业+科技""制造业+金融""制造业+人才"等要素深度融合,催生"制造业+生产性服务业""制造业+互联网、大数据"

等一批新兴产业发展,加快向高端化、智能化、品牌化、绿色化、服务化等的转型,提升整体效益和综合竞争力。

（一）工业为主

东营作为一个资源型城市,工业强,东营兴,工业立市是东营的不二选择。城市产业定位要看其资源禀赋、环境特点、物流条件和产业基础等各种因素。从资源禀赋看,东营地下石油、盐卤资源丰富,这就为发展石化、盐化工业提供了资源条件。东营因油而生、因油而兴,是名副其实的石油城、石化城。从环境特点看,东营属于沿海沿黄大平原,远离大城市,地广人稀,环境容量大。从物流条件看,随着德大、黄大铁路投运,京沪高铁辅助通道建设,以高速公路、铁路、东营港、广利港、胜利机场等为主的公铁水空管立体交通体系渐趋完善,有效降低了物流成本。从营商环境看,东营建市以来一直抓软环境建设,企业在这里投资创业放心舒心。从产业基础看,地炼、子午胎、石油装备、新闻纸产能全国第一,阴极铜产能全国第五,盐化工、纺织、光伏、精密铸造等生产规模居全省前列。骨干企业发展迅速,14家企业入围2020年全国民营企业500强。从三次产业比例看,2020年为5.3∶56.3∶38.4,一产份额小,三产虽发展较快但占比依然不高,在山东省长期处于末位,工业一直并将长期占据主导地位。以上特点决定了东营产业定位必然是工业为主。工业是东营的优势所在、立市之本、强市所依,必须咬定工业发展不放松。

从产业发展规律看,世界各国经济基本上是沿着"农业—轻工业—重化工业—高新技术产业—服务业"的轨迹向前发展。从长期来看,东营工业也将沿着以上轨迹前行。东营发展重化工业是规律使然、优势所在、潜力所在、希望所在,其特点决定了东营工业所处的重化工业占主导地位的时间可能比一般地区要长。一是我们有丰富的石油、原盐等化工资源;二是有较为雄厚的化工产业基础和骨干企业优势;三是发展化工的地理位置优越,环境容量较大,现在在全国找一块东营港经济开发区这样的化工园区不太容易;四是经济社会发展永远离不开化工,化工行业有巨大的市场需求。

按照工业为主和重化工业的产业定位,东营工业发展目标是打造山东高质量发展增长极,路径是按照高端高质高效要求改造提升传统产业、发展战略型新兴产业。重点是实施创新驱动,做强做大石化、盐化等化工产业,高标准整合化工存量资源,高起点新上化工项目,努力吸引外来投资,推进炼化一体化、石化盐化结合等高端项目实施,选准突破口建链、延链、补链、强链,加快向价值链高端延伸,打造实力强、规模大、效益好的化工产业高地。东营港经济开发区是东营发展化工产业特别是高端化工的主战场,应扭住高技术含量、高附加值的重点项目特别是大型炼化一体化、聚酯新材料等项目不放松,加快港口建设,加快推进完善港区一体化、基础设施一体化、物流一体化、能源一体化、消防安全应急一体化、产业协同化,通过科学规划、项目实施、环境优化,打造鲁北高端石化产业基地核心区,形成在全国乃至世界有一定知名度和影响力的高端化工产业集聚区。

需要强调的是,在坚持工业为主的同时,需要大力推进工业和服务业融合发展。作为产业融合发展的重要领域,服务业与工业融合发展要以需求为导向,通过工业服务业化和服务业工业化等路径,推动生产性制造向服务型制造转变,协同推进产业融合和科技创新,加快产业技术、产业业态和产业模式创新。

(二)企业为尊

企业是市场竞争的主体,是财富创造的源泉,是充分就业的载体,是民生福祉的保证,更是城市竞争力的核心。必须在全社会树立"企业为尊"的观念。一个不尊崇企业的地区是没有希望的。尊者,敬重、推崇、重视、尊奉也。怎么"尊"?一是重视企业在经济发展、社会进步中的作用,给予相应的社会地位,在全社会形成尊商、护商、富商的良好氛围。二是创造有利于企业公平竞争、优胜劣汰的良好市场环境。三是打造便捷高效质优价廉的要素配置环境。四是提供良好的政务服务环境。一个尊崇企业的地区,肯定是企业乐于投资的地区、容易赚钱的地区、民富区强的地区。

企业家是全社会最稀缺的资源、最宝贵的财富。尊崇企业,就应该尊崇企业家。2019年,山东省委出台《关于弘扬企业家精神支持企业家干事创业的若干措施》,之后东营市也出台了相应文件,对企业家重视程度之高、激励措施之实前所未有。文件从对企业家尊重、激励、保护、服务、关爱、培养6个方面拟定了措施。2019年6月28日,东营市举行"担当作为、狠抓落实"大竞赛大比武暨"七一"表彰奖励大会,主席台第一排"C位",留给了刚刚评选出的3位优秀民营企业家。安排受表彰的企业家在主席台前排就座,标志着尊崇企业家将蔚然成风,再掀高潮。我们要做的是领风气之先,着力打造企业家创

新创业的新高地,让企业家愿意来这里创业,让企业家在这里创业舒心,在这里创业有成就感。

(三)创新为魂

工业发展,创新为魂。新旧动能转换要求必须将依靠资金、劳动力、土地等传统动能推动发展转到创新驱动发展上来。自2016年始,东营市有色金属、石油装备、纺织等产业部分企业陷入困境,原因是多方面的,但深层问题是创新力不强,有些企业根本没把创新当回事,没想法、没能力、没精力搞创新,主要表现在:创新意识淡薄,创新投入不足,创新载体偏少,创新成果不多。过去有些企业少创新或不创新虽然活不好,但勉强可以活着,但现在不行了,不创新,活不了。

创新为魂,就要真正树立"创新是发展第一动力"理念,把创新作为新旧动能转换的核心、高质量发展的关键来抓。从一定意义上来讲,抓创新就是抓新旧动能转换,就是抓高质量发展。创新主体主要是政府层面和企业层面,内容主要是制度创新、管理创新和技术创新。

从政府层面看,应突出创新在现代化强市建设中的核心地位,以奋勇争先的魄力、以前所未有的力度抓创新。一是深化"放管服"改革、"一次办好"、流程再造、开发区体制创新等改革。二是加强国家采油工程技术研究院、山东省高端石化产业技术研究院等创新平台建设,完善"研发—中试—产业化"全链条布局,采取"以院代园""以院带基地"等模式,推进新材料、石化、轮胎、石油装备等产业技术创新上水平。三是加强园区高新技术产业规划建设,促进东营高新区高端石油装备、东营经济技术开发区高端新材料、东营港经济开发区高端炼化一体化上规模、上档次。四是提高创新在政府年度考核中的比重,让考核这根指挥棒强力推动创新。五是整合运用新型举市体制和市场化激励机制优势,探索实施和完善创新型领军企业工程、创新联合体工程和共性技术平台工程建设,紧扣产业链、供应链,部署创新链。六是完善科技成果转化贷款风险补偿机制,制定科技信贷贴息、奖补等政策,引导金融资本向创新型企业倾斜。七是引进高端人才,培养本土人才,增强高新技术产业智力支撑。

从企业层面讲,以制造业转型升级和抢占国际国内竞争制高点为主要目标,通过技术创新、产品创新、商业模式创新、业态创新、品牌创新和管理创新等手段推动制造业高质量发展。一是强化企业创新主体地位和主导作用。企业要将创新摆上"第一"的位置，牢牢把握创新平台、科技人才、研发投入3个关键，聚焦提高产业基础研究能力、关键技术突破能力、前瞻技术布局能力三大核心，提高核心竞争力。二是突出技术创新。深化政产学研金服用合作，重视共性关键技术的研发，加快科技成果转化应用，推进机器换人、数字化与智能工厂建设，迅速提升科技创新能力。三是推进企业经理人制度创新。优秀的企业经理人是企业兴旺发达的关键。在企业由高速增长向高质量发展的转折时期，有必要引入职业经理人制度。一般认为，将经营管理工作作为长期职业，具备一定职业素质和职业能力，并掌握企业经营权的群体就是职业经理人。当前，老一代企业经理人已逐渐退出企业领导核心地位，必须解决好"创二代"接班和建立职业经理人制度有效结合这个极其关键的问题。有些"创二代"具备接班条件，可以顺理成章接班。有些"创二代"属于扶不起的阿斗，不能接班，只能实行所有权和经营权的分离，让职业经理人上位，"创二代"退居股东地位。但不管"创二代"接班与否，都要培养职业经理人阶层，让专业人干专业事，让职业经理人得其位、享其利。四是推进管理创新。管理创新的内容可以分为3个方面：管理思想理论上的创新；管理制度上的创新；管理具体技术方法上的创新。按业务组织的系统，将创新分为战略创新、模式创新、流程创新、标准创新、观念创新、风气创新、结构创新、制度创新。以企业职能部门的管理而言，企业管理创新包括研发管理创新、生产管理创新、市场营销和销售管理创新、采购和供应链管理创新、人力资源管理创新、财务管理创新、信息管理创新等类创新。比较而言，东营市工业企业的管理大都停留在传统管理阶段，"内部人控制"现象比较普遍，管理水平比较粗放，管理创新实践活动尚处于初级阶段，需要全方位补课。五是大幅度增加创新投入。投入是推进创新特别是技术创新的"牛鼻子"。在经济转型、产业升级的浪潮中，只有舍得花眼下的钱，才能等来腾飞的机遇。有数据统计，当前市内企业科研经费投入强度在1%以下，2018年全国研发投入强度在1%以下的有黑龙江、贵州、吉林等9个省、自治区、直辖市，山东省是2.15%，可见东营市企业研发投入强度水平之低。创新投入不足已经是制约东营市经济高质量发展的最大短板，必须采取革命性举措大幅增加创新特别是技术创新投入。

（四）质量为本

以质量为本的发展，就是坚持质量引领、以质取胜，把发展质量放在第一位,推动质量变革,提供更高质量、更为满意的产品和服务,推动更高质量、更可持续的发展。

一要以壮士断腕的决心调整优化结构。结构调整是改革发展的主线。没有好的结构,就没有高的质量。从优化产业结构讲,化工、橡胶、有色金属、石油装备等优势产业中,最具优势和发展潜力、最值得培育的还是化工,有些产业在东营市发展可能只赚名声不赚钱,只有必要性,没有可行性。从优化组织结构讲,又强又大的企业是东营的顶梁柱,扶强扶优政策要用到极限,只大不强的企业需要认真甄别分类施策,大量的破产倒闭企业需要规范快速地出清。石化产业整合已迫在眉睫,有的还要跨市整合,实现真正意义上的"腾笼换鸟"。弱鸟、丑鸟等老鸟留不住了,强鸟、靓鸟等新鸟从何而来、如何培育,这是一个必须解决的现实问题。要坚持先立后破,笼子空出长时间不用,肯定会年久失修一派破败景象,要尽量避免空笼;笼子也要修修,硬件更硬,软件更优,好鸟才能来,一个破笼子,是引不来好鸟的。笼子好,诱饵也要好。要引好鸟,既要有好笼,还要有诱饵,这是摆在东营面前的重大课题。整合的目的是越整越强,越整越大,1+1大于2。但不管怎么整,都需要项目支撑,说一千道一万,瞄准高端产品,新上高端项目是关键。上项目要有资金,在目前这个特定时期,钱从哪里来就成了关键之关键。重构良好的金融生态环境,多渠道解决资金投入显得尤为重要和紧迫。从优化技术结构讲,对高新技术产业、产品顶格扶持,对低技术含量产业、产品也不能一棍子打死,但要督促、支持其向技术链高端延伸。

二要努力促进品牌提升。品牌意味着市场的认可、消费者的口碑,是品质的象征、美誉度的体现,是生产者和消费者共同的追求,是供给侧和需求侧升级的方向,也是企业乃至国家综合竞争力的反映。就目前来看,品牌建设是东营工业发展的短板,如轮胎企业,大多生产的是中低端的产品,同质化严重,品牌效应不强。有些企业不得不进行贴牌生产,贴牌生产的轮胎每条卖上千元,用自己的商标只能卖两三百元。有些品牌虽然质量较高,但缺乏知名度、美誉度和竞争力。这就要求把实施品牌战略、加强品牌建设、发展品牌经济、谋求品牌效应提到前所未有的高度,引导企业坚定不移走品牌带动、品牌引领的发展之路,建设品牌强市。加大对品牌培育的投入,完善品牌培育、发展和保护机制,有序推进品牌建设工作。充分调动行业协会、科研机构、消费者组织等各方力量,切实形成推进品牌建设的强大合力。利用报刊、广播电视等传统媒体和互联网新媒体积极宣传东营市品牌,讲好东营品牌故事。

三要弘扬工匠精神。习近平总书记指出,在长期实践中,我们培育形成了"执着专注、精益求精、一丝不苟、追求卓越"的工匠精神。之所以要大力弘扬工匠精神,是因为它适应了时代的需要。弘扬工匠精神,把新发展理念贯穿到每一个车间,把高质量发展体现于每一道工艺,就能以更多微观创新汇聚起转型升级的宏观动能。

（五）高端引领

从行业的角度讲,高端制造业是指制造业中新出现的具有高技术含量、高附加值、强竞争力的行业,如现代通信、航空航天、新材料、生物制药等;从所处产业链的环节上讲,高端制造业处于某个产业链的高端环节,如石化产业的乙烯、对二甲苯等。东营制造业规模庞大,但大多处于产业链、价值链中低端,产业、企业、产品竞争力不强,已不适应高质量发展的要求,发展高端制造业十分紧迫。一是要瞄准全球生产体系的高端,大力发展技术含量高、附加值大、竞争力强的先进装备制造产业和战略性新兴产业。二是要改造提升传统产业,着力推动石化、盐化、有色金属、轮胎、石油装备、纺织等规模较大的基础制造产业,由价值链的中低端向高端延伸。三是要加强产业高端载体建设。强化企业主体地位,支持企业通过多种方式实现对资源要素、技术研发和市场开发的有效整合,着力发展引领创新生态的头部企业,大力发展跨界融合的平台型企业,助力发展链接双循环的全球化企业,培育发展具有创新活力的中小企业群落,打造形成一批具有全国影响力和竞争力的引领性产业集群。通过强化高端载体引领功能,充分发挥其开路先锋作用,全力优生态、拉长板、提能级、强供给,不断提高产业链、供应链的稳定性和竞争力,更好支撑东营打造成为国内国际双循环的重要节点,推动经济高质量发展。四是着力提高制造业智能化水平。智能化是制造业高端发展的"牛鼻子",应大力推进产业智慧化和智慧产业化,发展数字经济,打造一批智慧车间和智能工厂。

（六）集群发展

产业集群是指在特定区域中,具有竞争与合作关系,且在地理上集中,由交互关联性的企业、专业化供应商、服务供应商、金融机构、相关产业的厂商及其他相关机构等组成的群体。产业集群的优势是促进集聚集约发展,产业集群形成后,可以通过多种途径,如拉长链条、刺激创新、降低成本、提高效率等,提升整个区域的竞争能力,并形成一种集群竞争力。

东营制造业正处于由大变强的关键时期,培育发展一批先进制造业集群特别是创新型集群,是推动东营制造业在产业组织和空间布局上实现高质量发展的重要支撑,对优化和稳定产业链、供应链,构建现代产业体系,畅通制造业国内国际双循环具有重要意义。

东营发展产业集群的思路应做出调整,由过去规模膨胀式地发展优势特色产业集群转到发展集约经营式的先进制造业集群特别是创新型产业集群,坚持全市一张图,锚定石化、盐化、轮胎、有色金属、石油装备、新材料、生物医药七大集群,实施"建链""补链""强链""联链""延链"五大工程,优化集群空间布局,系统建构高能级创新平台等产业发展平台,推动产业共性关键技术攻关,培育一批具有全球竞争力的"链主"企业和"专精特新"中小企业。支持集群创新治理模式,培育建设专业化集群发展促进组织。依托市场化机制,发挥政府政策引导和助推作用,谋划一批先进制造业集群重大工程和项目,推进产业基础高级化、产业链现代化。

(七)专注为要

专注为要就是突出主业,慎重推进多元化,尽量不搞无关多元化。为什么说专注为要?一是形势变了。过去走的是以投资拉动的粗放式高速增长的路子,只要有钱,上什么项目都可能挣到钱,特别是在短缺经济年代,搞多元化可以迅速膨胀企业规模,还可以规避经营风险,亦即所谓的东方不亮西方亮;从另一方面讲,老的企业家群体大都干不了高端工业,只能搞中低端的传统加工业,并且有"看大哥"习惯,你搞离子膜烧碱,我也搞;你上轮胎,我也上。在效仿效应下,都喜欢搞多元化经营。现在讲求高质量发展,企业要有核心竞争力,你多元化经营过多过滥,只是把摊子搞大了,但什么都不精,什么都不强,何谈核心竞争力?二是过去有经验教训。东营市14家企业入围"2020中国民营企业500强",这是了不起的成绩。但500强并不是真的强,而是大,实际上是500大,大不表明强。这14家企业,真正谈得上强的,屈指可数。强企业有一个共同特点是专注,不热衷于搞多元化经营,特别是不搞无关多元化经营。有的只是潜心搞一元化经营,把它做出竞争力,做强做大,做成国际知名企业,比如华泰集团、富海集团、金岭集团、新发药业、国瓷公司。反观破产倒闭企业、经营困难企业，大都是搞多元化经营，指望东方不亮西方亮，到头来什么都没做好，什么都没做强，哪儿都不亮。比如天信、大海，海南的海南航空，广东的恒大，搞了无关多元化，企业要么已破产倒闭，要么在生死线上苦苦挣扎。因为国内外企业发展史上清楚地写着盲目多元化大多失败，九死一生。做好一件事情已经很难，同时出圈，跨界做好几件事情难上加难。你的团队、经历、能力、经验等很难兼顾。少即是多，应该专注，把简单的事情做到极致。连恒大这样的房地产巨无霸都不得不无奈地从粮食和矿泉水行业退出。企业和人一样，什么都懂，什么都会，不现实，也不可能。三是中央、省委有要求。习近平总书记指出，做企业、做事业，不是仅仅赚几个钱的问题。做实体经济，要实实在在、心无旁骛地做一个主业，这是本分。山东省委发文要求省属企业主业一般不超过 3 个，单个主业的资产总额、营业收入、利润总额等原则上不低于企业总额的 25%。四是远学有榜样。华为总裁任正非认为，一个企业只把一件事做成已经不容易了。今天我们想到华为，首先想到手机，其次想到的是通信，而不是一个面目模糊什么都做的大公司。单纯做事，一条路走到黑，做出辨识度是任正非的准则，也是东营工业企业的必然选择。

专注为要需把握以下几点：一是加强战略管理。对主业发展情况深入研究分析，包括产业竞争力、盈利或支撑能力等，明确主业发展思路目标和路径措施，持续提升主业竞争优势。华泰集团的新闻纸做到了极致，新发药业的 B 族维生素做到了亚洲第一，金岭集团的盐化工成为行业翘楚，这些企业无一不是专心做一个行业，做成了强企。二是加强投资管理。优化投资结构，在制定实施年度投资经营计划时，优先向主业配置资源，加大主业投资发展力度，严控非主业投资活动，严格限制非主业投资比例和计划外非主业项目，避免盲目扩张。三是优化整合资源。聚焦主业，突出主业开展专业化整合，推动技术、人才、资本等要素向主业集中，不断增强主业的资源配置效率、盈利能力和市场竞争力。积极利用资本市场和产权市场进行开放式重组，逐步剥离、有序退出不具备发展优势的非主业资产和业务。华泰集团先后兼并了东营市化工厂以及广东新会、石家庄、日照等地的造纸厂、纸浆厂，极大地增强了主业实力。四是政府要加强指导和引导，采取激励和约束措施助推企业突出主业。

（八）绿色低碳

绿色发展理念以人与自然和谐为价值取向，以绿色低碳循环为主要原则。绿色发展从广义上说涵盖节约、低碳、循环、生态环保、人与自然和谐等内容，从狭义上说，绿色一般表示生态环保的内涵；循环发展就是通过发展循环经济，提高资源利用效率，其基本理念是没有废物，废物是放错地方的资源，实质是解决资源可持续利用和资源消耗引起的环境污染问题；低碳发展就是以低碳排放为特征的发展，主要是通过节约能源提高能效，发展可再生能源和清洁能源，增加森林碳汇，降低能耗强度、碳强度以及碳排放总量，实质是解决能源可持续问题和能源消费引起的气候变化等环境问题。

作为重化工业城市，东营产业结构偏重，高耗能、高污染产业占比高，能源结构不合理，资源节约和环境保护任务重。东营工业发展应布局绿色低碳新赛道，紧扣能源清洁化、原料低碳化、材料功能化、过程高效化、终端电气化、资源循环化趋势，聚焦发展新技术、新工艺、新材料、新装备、新能源，构建特色产业园区体系。

一是传统产业升级改造。加强资源节约、环境保护技术的研发和引进消化，对重点行业、重点企业、重点项目以及重点工艺流程进行技术改造，提高资源生产效率，控制污染物和温室气体排放。制定更加严格的环境、安全、能耗、水耗、资源综合利用技术标准，严格控制高耗能、高污染工业规模。依法关闭一批浪费资源、污染环境和不具备安全生产能力的落后产能。采用智能化、数字化技术改造提升传统产业。

二是发展节能产业。一要加大节能关键和共性技术、装备与部件研发和攻关力度，重点攻克低品位余热发电、高效节能电机、高性能隔热材料、中低浓度瓦斯利用等量大面广的节能技术和装备。二要采取财政、税收等措施，促进成熟的技术、装备和产品的推广应用，继续实施好重点节能工程。三要创新机制，大力发展节能服务产业。

三是发展资源综合利用产业。一要实施共伴生矿产资源和大宗固体废物综合利用等循环经济重点工程。二要大力推动再制造产业发展。三要加强再生资源回收体系建设。

四是发展新能源产业。加快发展太阳能、风能、地热、生物质能等新能源。

五是发展环保产业。一要加强水环境保护。加快城镇污水处理厂及配套管网建设,推进重点领域水污染防治。二要加强大气环境保护。深入推进燃煤电厂脱硫设施建设,加快推进重点耗能行业二氧化硫综合整治,加快实施燃煤电厂和机动车氮氧化物控制示范工程。三要加强固体废弃物处理设施建设。加快城镇生活垃圾处理设施建设,推动垃圾焚烧发电厂建设,大力推进污泥无害化处置和医疗废物及危险废物处理设施建设,加强重金属污染综合治理。

此外,要大力发展电子技术、生物、航空航天、新材料、海洋等战略性新兴产业。

（九）两业融合

从行业规律来看,受数字技术变革和商业模式创新等多重因素影响,现代产业跨界融合越来越明显,突出表现是在现代生产过程中,制造业的生产流通过程日益出现服务化元素,而借助于产业链的纵向拓展和横向延伸,服务业也与制造业深度绑定。这种制造业与服务业融合共生的现象,被称为"两业融合"。

服务业是拉动经济的主力。产业融合源于不断演进的工业化进程。由于不同产业之间利润率存在差异,劳动力会从第一产业转向第二产业,再从第二产业转向第三产业。现代产业的发展导致第一和第二产业比重下降,而第三产业占比随之提升。从全球来看,经济服务化趋势非常明显,世界银行统计显示,2000年全球服务业增加值在全球生产总值中的占比为60.17%,2009年为63.89%,2019年上升至69.97%。2020年服务业增加值占比,全国54.5%,山东省53.6%。

在日益精细化的现代产业分工体系下,服务业深度融入其他产业的生产过程,尤其是专业性强、创新活跃、产业融合度高、带动作用显著的生产性服务业,已成为推动产业结构调整和引领产业向价值链高端延伸的主力军。

制造业服务化已成为一种趋势。基于制造业和服务业日益普遍的跨界融合现象,特别是研发设计、第三方物流、融资租赁、信息技术、节能环保、检验检测认证、电子商务、商务咨询、服务外包、售后、人力资源和品牌建设等生产性服务业对制造业转型升级的重要支撑作用,世界各国都把先进制造业和现代服务业的融合发展作为一项重要政策推进。总体来看,在服务业占据相对主导地位的现代产业组织体系下,推动生产方式向柔性、智能、精细化转变,助力制造业由生产型向生产服务型转变,引导制造业企业延伸服务链条、促进服务

增值,不仅是促进制造业向高端、智能、绿色、服务方向发展,培育制造业竞争新优势的重要实现路径,也是有效防范经济过度服务化潜在危害的有效手段。

总的看,东营两业有了一定基础,出现了一些积极变化,但东营市服务业增加值占比低,2000年为11%,2020年为38.4%,大大低于全国、全省的平均水平;制造业部门高端服务活动(研发、管理)比重较低;制造业服务化总体上还较为低端,研发、商务、市场营销等高智能服务占比较低。较低的产业融合度,导致东营制造业企业利润构成中服务增加值所占的比例相对较低。

促进东营两业融合,一要不断壮大生产性服务业实力。高质量发展的服务业是两业融合的重要基础,尤其是作为直接参与制造业生产和流通过程的生产性服务业。促进两业融合的重点是扎实提升生产性服务业发展水平,重点做好研发设计、信息技术、金融、物流、检验检测认证和品牌管理等生产性服务业,引导企业以产业升级需求为导向,打破"大而全""小而全"格局,分离和外包非核心业务,不断提升服务供给质量,形成对制造业强大的"虹吸效应"。二要以更包容态度支持新业态发展。通过出台两业融合负面清单,建立包容审慎监管规则,划定刚性底线、制定柔性边界、厘清监管责任,同时通过加强数字公共基础设施建设等措施,引导新业态健康可持续发展。三要抓住数字化转型这一关键变量。牵住数字化这一"牛鼻子",把数字化转型作为制造业和服务业融合发展的主要抓手,利用数字技术对传统产业链和供应链进行智能化改造,从而促进实体经济高质量发展。四要培育有利于两业融合的创新生态。健全职业教育与普通高等教育有机结合的多层次人才培养体系。优化双创环境,打破科技成果转化的隐形壁垒。用好金融工具,扩大直接融资,完善多层次资本市场,支持创新企业成长壮大。

(十)环境为先

环境是发展的首要条件,环境是生产力,是核心竞争力。什么样的环境造就什么样的产业。这里的环境包括自然资源、基础设施、气候条件、产业基础等硬环境,也包括法治环境、政务环境、文化传承等软环境。对东营来讲,在持续加强基础设施、自然生态等硬环境建设的同时,尤其要优化金融、人才、创新、政务、社会等的生态环境,推动金融、人才、技术、数据等高级要素的协同发力。一是完善现代金融服务机制,打造良好金融生态。支持现代金融机构通过资本纽带构建产业链上下游协作互动的产业生态圈,发挥现代金融的资本媒介、跨期风险配置、财富管理、并购重组和高效支付服务等功能,降低信息和交易成本,促进各类生产要素优化配置。二是探索"开放引智"新机制,打造良好人才生态。制订实施人才特殊支持计划、"才聚东营"计划,加快培养引进集聚掌握关键核心技术、引领未来产业变革的"高精尖缺"和"卡脖子"领域人才。加快补齐人才激励短板。探索实施从经理层激励到普惠制激励的股权激励计划,吸引人才、留住人才,激发人才创造激情。建立产业界与教育界的有效沟通机制,根据产业需求及时调整教育资源投入方向,构建由企业、技术学校、应用型大学和社会服务机构组成的终身学习体系。三是及时研究调整人工智能、数字经济等领域相关政策,营造更加适宜的创新生态。四是推进"一次办好""要素跟着项目走"等改革,顶格研究落实优惠政策,打造良好政务生态。

近年来,东营工业发展立足新阶段,贯彻新理念,融入新格局,开拓了高质量发展新局面。一是新动能不断增强,装备和高技术产业引领增长。高新技术产业产值占比由 2018 年的 28.15% 提高到 2020 年的 34.21%。2017—2020 年,"四新"经济增加值由 324.85 亿元增长到 489.98 亿元,占生产总值比重由 12.3% 提高到 17.7%。二是传统产业改造升级取得新进展,传统产业的技术水平和先进产能比重不断提高。全市炼化产业占比由 2018 年的 34.3% 下降到 2020 年的 27.6%,石化产业规模已经超过了炼油产业。高端化工占石化产业比重 3 年提高了 12 个百分点。三是数字化、智能化转型持续推进。互联网技术、数字化智能化制造技术已广泛融入制造业企业研发设计生产等各环节。

雄关漫道真如铁,而今迈步从头越。东营工业在追求数量规模的高速增长阶段开拓进取,成绩斐然;在追求质量效益的高质量发展新时期也一定会走在前列,再创辉煌。

专 栏 富海品牌

品牌是企业的生命,同样也是一个国家或地区综合实力的组成部分。为了扩大自主品牌的知名度和影响力,国务院批复国家发改委《关于设立"中国品牌日"的请示》,同意自 2017 年起,将每年 5 月 10 日设立为"中国品牌日"。

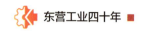

东营市对企业品牌建设愈来愈高度重视,近年来取得的成果也越来越多,涌现出了若干先进典型,富海品牌就是其中的佼佼者。富海集团有限公司成立于 1998 年 3 月 18 日,产业涉及石油化工、煤化工、终端连锁、物流运输、地产开发等领域。先后荣获"中国企业 500 强""中国化工企业 100 强""中国优秀企业"、国家级"守合同重信用企业""2019 年全国质量标杆企业""厚道鲁商"、东营市市长质量奖等荣誉和称号,并连续两年入围中国品牌价值评价能源化工行业前十名。中国品牌建设促进会评出的 2021 年中国能源化工品牌价值 20 强中,富海集团排名第 18 位,品牌价值 89.02 亿元。

石油炼化产业是富海集团支柱产业。富海集团拥有华联石化和联合石化两大生产基地,拥有国家批准的原油进口使用配额 450 万吨/年,一次加工能力位列全国民营独立炼厂前三。

公司加快新旧动能转换与产业升级,布局高端化工新材料领域,全力打造"平安、绿色、智能、开放、尽责"的领先型现代化企业,做最具竞争力的能源化工平台。

一、品牌建设

(一)平安富海

秉持"安全决不妥协"的安全文化理念,健全 HSE 管理责任制度,推进安全双体系建设,引入杜邦安全管理体系,打造富海专业安全管理队伍,推行"0135 安全管理模式",形成富海特色安全管理体系与安全生产长效机制。

(二)绿色富海

践行绿色发展理念,强化环保主体责任。推进绿色工厂建设,实施清洁生产,累计投入数十亿元,推进节能减排,提高资源综合利用效率,研发节能清洁汽油,实现绿色高质量发展,连续 3 年在区域内"四评级一评价"工作中荣获第一,联合石化入选首批山东省绿色工厂示范企业。

(三)智能富海

以"智慧工厂"为核心,以自有云平台为硬件基础,围绕数据主线,应用现代信息技术和互联网技术,实施"532"信息工程,打造"智慧富海"运营平台。通过 SRM、量本利系统、PIMS、LIMS、石化电商、CRM、BI、富海佳油等智慧信息系统,实现信息资源高效获取、共享、集成、应用,为产供销一体化与精准营销提供保障。采用"数字化＋精益"相融合方式,实施涵盖计划经营、原料采购、生产运行、储运管理、能源管理、计量管理、质量管理、健康安全环保以及设备管理9大业务领域的智能工厂建设。

（四）开放富海

以石化行业转型升级为契机,以开放的思维,延伸和拓宽产业链条,打造开放、共享、多赢的领先型能源化工平台。探索混合所有制经济模式,与齐鲁交通集团、中国石油大学等国企和高等院校合作,建设高端化工新材料产业基地和国家级产学研实训基地。开展多维度、一体化合作,发挥价值链条协同优势,打造开放式招标平台,优化配置全球资源,实现石化供应链条价值增值。共享炼化产业平台资源优势与品牌优势,推出终端连锁加盟合作模式,为客户提供"富海佳油"智慧系统,与链条相关方融合赋能,共同构建石化生态圈。

（五）尽责富海

富海集团坚持践行绿色发展理念,依法合规诚信经营,全面履行社会责任。发布首个高于国家标准的节能清洁车用汽油团体标准,推动燃油产品清洁化;获得国家级"守合同重信用企业"称号;近3年公益投入累计超2 400万元,重点支持教育、环保等领域,通过志愿服务、社会捐助、济困帮扶等多种形式参与公益事业,开展向困难职工献爱心活动,获得了政府、社会和员工的高度认同。

二、体系建设

为打造"平安、绿色、智能、开放、尽责"富海品牌,富海集团着力推进技术研发、质量管理、客户服务、终端网络等的体系建设。

（一）产品技术研发体系

科技强企是富海集团一直遵循并长期坚持的经营理念。富海集团先后获评山东省高清洁油品工程实验室、山东省高新技术企业、山东省企业技术中心、东营市科技型企业、东营市工程实验室。富海集团积极推动前沿技术成果转化和落地应用,与国内外知名院校、科研机构、高新技术企业建立了稳定的战略合作关系和良好的交流机制;拥有完善的油品测试实验室,通过台架实验装置对油品燃烧的各方面性能进行综合测评优化,完善油品各方面指标性能,提升顾客使用感受。富海集团质检中心通过山东省质量技术监督局检验能力验证,并通过了CNAS实验室认证,同时具备第三方检验的能力。定期与外部实验室作比对,通过计量设备校验、不确定度评估、设备能力验证、化验人员培训等控制手段,充分保证专业的检测能力,为产品质量监控提供坚实基础。到2020年底,拥有先进的检测设备342台,总资产达到2.7亿元,90%的化验设备达到国内先进水平。2021年3月22日,富海研究院上海研发基地启用仪式在上海市松江区金地威新科创园举行,标志着科技引领富海集团发展迈上一个新的水平。

(二)全面质量管理体系

坚持"标准引领、全面管理、持续改进"的质量理念,以标准引领铸就富海品质,研发节能清洁汽油新产品,发布节能清洁车用汽油团体标准,填补了国内清洁车用汽油标准的空白;实施全国首个"成品油质量全链条可追溯管控体系"团体标准,实现成品油从原料入厂、生产、批发、运输、仓储、零售站点等全链条质量管理管控与可追溯;参与GB/T 19004国家标准修订。

从产品研发、原料采购、生产流程、油品储运、产品销售到售后服务等环节进行系统化、全流程、自动化质量检测与控制;通过ISO 9001质量管理体系认证和ISO 14001环境管理体系认证,建立起全方位、多层次的质量管理体系。通过不断提高产品出厂标准,优化产品指标,持续改进产品使用性能,提升客户使用感受,实现顾客满意。

富海集团新能源控股有限公司践行"标准引领、全面管理、持续改进"质量理念,以卓越绩效模式整合管理体系,以持续满足客户高质量需求为目标,推行全面质量管理,提升管理成熟度,实现由产品质量到经营质量的全面提升,为公司战略目标的实现筑牢质量之基,助力打造专业化、集约化、高端化千亿级能源化工产业集团,获得第十九届全国质量奖,名列第三位。

(三)客户服务体系

富海集团在不断发展壮大过程中,始终将客户服务放在重要位置,不断提升综合服务能力,坚持为客户提供人性化、细节化、标准化的贴心服务。

富海集团启动6S服务提升专项项目,通过优化服务流程提升装车效率、解决客户就餐、客户服务满意调查、建立微信客户服务群、召开服务提升改善会等方式，提升服务质量，为客户提供更快捷的购买服务，华联石化与联合石化现场服务质量明显提升，为公司树立了良好的服务形象和品牌形象，赢得了客户的良好口碑。"以服务提升为目的，以规范化建设为标准，以服务客户为落脚点"的营销服务体系初步形成。2019年2月，富海集团荣获全国炼化行业首个"现场管理成熟度五星级"。

2019年8月，由富海集团主导起草、东营质量协会发布的炼化及零售终端行业首个服务团体标准《成品油生产发售和终端零售服务规范》在全国团体标准信息平台正式发布实施。这是炼化行业发布的首个服务团体标准。本规范对成品油生产发售、终端零售服务的相关服务设计、服务规范、安全与应急管理、服务投诉与处理等内容进行了规范，强化炼厂发售服务，发展终端零售服务，引领行业标准，以推动炼化行业服务水平不断提升。

（四）终端网络体系

富海集团坚持"与客户携手共赢"的企业理念，发挥富海炼化产业平台资源优势与品牌优势，推出"统一品牌形象、统一油源供应、统一营销服务，共同创建终端品牌、共同创新营销模式"的"三统一、两共创"连锁加盟合作模式，深度整合产业链条，与链条相关方融合赋能，构建石化生态圈，打造全价值链终端加盟品牌。现有终端站点300余座，零售网络覆盖山东、江苏、河北、山西、内蒙古、安徽、河南、重庆、陕西、宁夏等全国12个省市自治区，服务千万车主。

后 记

四十年流金岁月,四十年风云激荡。借势借力改革开放的大潮,东营市坚定实施工业强市战略,大力发展石油替代产业,蹚出了一条资源型城市成功转型的路子,创造了工业发展的骄人业绩,积累了弥足珍贵的实践经验。其中,蕴含的鲜明东营精神、独特东营智慧、多维东营方案、生动东营故事,尤其值得总结和推广。本书力图完整地反映近 40 年来东营工业发展的全貌,记录和叙述重要事件、关键历程,并尝试讲清楚成功经验背后的内在逻辑。

我从事经济工作近 30 年,先后在东营市体改委、经贸委、经信委、发改委等部门担任主要负责人,在工业战线上洒下过汗水、留下过足迹、实现过价值,可以说对东营工业发展殚精竭虑、饱含深情。站在新的历史起点上,作为东营工业发展历程的见证者、亲历者和推动者,我觉得有责任把东营工业近四十年的发展历程勾画出来,把经验教训总结出来,把感悟体会表达出来,向读者展示东营工业发展的历史脉络:昨天我们如何走过,今天我们如何把握,明天我们如何展望。

在本书编写过程中,得到了李寿凯、马庆华、李梦来、王志安、陈立、蔡印松、苟军民、陈锐、王清海、刘炳骅、李良、王晓东、刘金明、农林、高海港等的鼎力相助;我的老师,曾在山东省文联、省作家协会、省新闻出版局、省委省直机关工委等部门担任主要负责人的卢得志先生为本书作序。在此一并表示衷心感谢。

面对厚重繁杂的工业理论知识、日新月异的工业实践、近四十年的历史跨度,要写出一本类似于史志性质的著作供人们参考,我深感理论肤浅、能力欠缺。再加上部分资料由于时间间隔太久,已无法溯源并考究其准确性。因此本书肯定存在诸多不足甚至争议之处,敬请广大读者批评指正。

谨以此书献给东营建市四十周年!

作 者

2022 年 12 月